国家卫生和计划生育委员会"十三五"规划教材

全国高等中医药教育教材

供康复治疗学等专业用

临床康复学

第 2 版

主　编　张安仁　冯晓东

副主编　齐　瑞　何　坚　杨俊兴　张为民　朱路文

编　委（按姓氏笔画为序）

王鹏琴（辽宁中医药大学）　　　张为民（长春中医药大学）

冯晓东（河南中医药大学）　　　张安仁（成都中医药大学）

朱路文（黑龙江中医药大学）　　钟建国（成都医学院）

齐　瑞（上海中医药大学）　　　秦照梅（山东中医药大学）

齐素萍（汕头大学医学院）　　　黄怡然（北京中医药大学）

江　玥（成都中医药大学）　　　崔银洁（天津中医药大学）

杨俊兴（广州中医药大学）　　　解光尧（浙江中医药大学）

何　坚（福建中医药大学）

人民卫生出版社

图书在版编目（CIP）数据

临床康复学/张安仁,冯晓东主编. —2 版. —北京：人民
卫生出版社,2018

ISBN 978-7-117-26889-9

Ⅰ.①临…　Ⅱ.①张…②冯…　Ⅲ.①康复医学-医学
院校-教材　Ⅳ.①R49

中国版本图书馆 CIP 数据核字（2018）第 164837 号

人卫智网　www.ipmph.com	医学教育、学术、考试、健康， 购书智慧智能综合服务平台
人卫官网　www.pmph.com	人卫官方资讯发布平台

临床康复学

第 2 版

主　　编：张安仁　冯晓东

出版发行：人民卫生出版社（中继线 010-59780011）

地　　址：北京市朝阳区潘家园南里 19 号

邮　　编：100021

E - mail：pmph @ pmph.com

购书热线：010-59787592　010-59787584　010-65264830

印　　刷：天津安泰印刷有限公司

经　　销：新华书店

开　　本：787×1092　1/16　　印张：28

字　　数：645 千字

版　　次：2012 年 7 月第 1 版　2018 年 4 月第 2 版
　　　　　2020 年 3 月第 2 版第 3 次印刷（总第 8 次印刷）

标准书号：ISBN 978-7-117-26889-9

定　　价：66.00 元

打击盗版举报电话：010-59787491　E-mail：WQ @ pmph.com
（凡属印装质量问题请与本社市场营销中心联系退换）

《临床康复学》网络增值服务编委会

修订说明

　　为了更好地贯彻落实《国家中长期教育改革和发展规划纲要（2010-2020）》《医药卫生中长期人才发展规划（2011-2020）》《中医药发展战略规划纲要（2016-2030年）》和《国务院办公厅关于深化高等学校创新创业教育改革的实施意见》精神，做好新一轮全国高等中医药教育教材建设工作，人民卫生出版社在教育部、国家卫生和计划生育委员会、国家中医药管理局的领导下，在上一轮教材建设的基础上，组织和规划了全国高等中医药教育本科国家卫生和计划生育委员会"十三五"规划教材的编写和修订工作。

　　为做好新一轮教材的出版工作，人民卫生出版社在教育部高等中医学本科教学指导委员会和第二届全国高等中医药教育教材建设指导委员会的大力支持下，先后成立了第三届全国高等中医药教育教材建设指导委员会、首届全国高等中医药教育数字教材建设指导委员会和相应的教材评审委员会，以指导和组织教材的遴选、评审和修订工作，确保教材编写质量。

　　根据"十三五"期间高等中医药教育教学改革和高等中医药人才培养目标，在上述工作的基础上，人民卫生出版社规划、确定了中医学、针灸推拿学、中药学、中西医临床医学、护理学、康复治疗学6个专业139种国家卫生和计划生育委员会"十三五"规划教材。教材主编、副主编和编委的遴选按照公开、公平、公正的原则，在全国近50所高等院校4000余位专家和学者申报的基础上，近3000位申报者经教材建设指导委员会、教材评审委员会审定批准，聘任为主审、主编、副主编、编委。

　　本套教材的主要特色如下：

　　1. 定位准确，面向实际　教材的深度和广度符合各专业教学大纲的要求和特定学制、特定对象、特定层次的培养目标，紧扣教学活动和知识结构，以解决目前各院校教材使用中的突出问题为出发点和落脚点，对人才培养体系、课程体系、教材体系进行充分调研和论证，使之更加符合教改实际、适应中医药人才培养要求和市场需求。

　　2. 夯实基础，整体优化　以培养高素质、复合型、创新型中医药人才为宗旨，以体现中医药基本理论、基本知识、基本思维、基本技能为指导，对课程体系进行充分调研和认真分析，以科学严谨的治学态度，对教材体系进行科学设计、整体优化，教材编写综合考虑学科的分化、交叉，既要充分体现不同学科自身特点，又注意各学科之间有机衔接；确保理论体系完善，知识点结合完备，内容精练、完整，概念准确，切合教学实际。

　　3. 注重衔接，详略得当　严格界定本科教材与职业教育教材、研究生教材、毕业后教育教材的知识范畴，认真总结、详细讨论现阶段中医药本科各课程的知识和理论框架，使其在教材中得以凸显，既要相互联系，又要在编写思路、框架设计、内容取舍等方面有一定的区分度。

　　4. 注重传承，突出特色　本套教材是培养复合型、创新型中医药人才的重要工具，是中医药文明传承的重要载体,传统的中医药文化是国家软实力的重要体现。因此,教材既要反映原汁原味的中医药知识,培养学生的中医思维,又要使学生中西医学融会贯通,既要传承经典,又要创新发挥,体现本版教材"重传承、厚基础、强人文、宽应用"的特点。

5. **纸质数字,融合发展**　教材编写充分体现与时代融合、与现代科技融合、与现代医学融合的特色和理念,适度增加新进展、新技术、新方法,充分培养学生的探索精神、创新精神;同时,将移动互联、网络增值、慕课、翻转课堂等新的教学理念和教学技术、学习方式融入教材建设之中,开发多媒体教材、数字教材等新媒体形式教材。

6. **创新形式,提高效用**　教材仍将传承上版模块化编写的设计思路,同时图文并茂、版式精美;内容方面注重提高效用,将大量应用问题导入、案例教学、探究教学等教材编写理念,以提高学生的学习兴趣和学习效果。

7. **突出实用,注重技能**　增设技能教材、实验实训内容及相关栏目,适当增加实践教学学时数,增强学生综合运用所学知识的能力和动手能力,体现医学生早临床、多临床、反复临床的特点,使教师好教、学生好学、临床好用。

8. **立足精品,树立标准**　始终坚持中国特色的教材建设的机制和模式;编委会精心编写,出版社精心审校,全程全员坚持质量控制体系,把打造精品教材作为崇高的历史使命,严把各个环节质量关,力保教材的精品属性,通过教材建设推动和深化高等中医药教育教学改革,力争打造国内外高等中医药教育标准化教材。

9. **三点兼顾,有机结合**　以基本知识点作为主体内容,适度增加新进展、新技术、新方法,并与劳动部门颁发的职业资格证书或技能鉴定标准和国家医师资格考试有效衔接,使知识点、创新点、执业点三点结合;紧密联系临床和科研实际情况,避免理论与实践脱节、教学与临床脱节。

本轮教材的修订编写,教育部、国家卫生和计划生育委员会、国家中医药管理局有关领导和教育部全国高等学校本科中医学教学指导委员会、中药学教学指导委员会等相关专家给予了大力支持和指导,得到了全国各医药卫生院校和部分医院、科研机构领导、专家和教师的积极支持和参与,在此,对有关单位和个人表示衷心的感谢! 希望各院校在教学使用中以及在探索课程体系、课程标准和教材建设与改革的进程中,及时提出宝贵意见或建议,以便不断修订和完善,为下一轮教材的修订工作奠定坚实的基础。

人民卫生出版社有限公司

2017 年 3 月

全国高等中医药教育本科
国家卫生和计划生育委员会"十三五"规划教材
教材目录

中医学等专业

序号	教材名称	主编	
1	中国传统文化（第2版）	臧守虎	
2	大学语文（第3版）	李亚军	赵鸿君
3	中国医学史（第2版）	梁永宣	
4	中国古代哲学（第2版）	崔瑞兰	
5	中医文化学	张其成	
6	医古文（第3版）	王兴伊	傅海燕
7	中医学导论（第2版）	石作荣	
8	中医各家学说（第2版）	刘桂荣	
9	*中医基础理论（第3版）	高思华	王 键
10	中医诊断学（第3版）	陈家旭	邹小娟
11	中药学（第3版）	唐德才	吴庆光
12	方剂学（第3版）	谢 鸣	
13	*内经讲义（第3版）	贺 娟	苏 颖
14	*伤寒论讲义（第3版）	李赛美	李宇航
15	金匮要略讲义（第3版）	张 琦	林昌松
16	温病学（第3版）	谷晓红	冯全生
17	*针灸学（第3版）	赵吉平	李 瑛
18	*推拿学（第3版）	刘明军	孙武权
19	中医临床经典概要（第2版）	周春祥	蒋 健
20	*中医内科学（第3版）	薛博瑜	吴 伟
21	*中医外科学（第3版）	何清湖	秦国政
22	*中医妇科学（第3版）	罗颂平	刘燕峰
23	*中医儿科学（第3版）	韩新民	熊 磊
24	*中医眼科学（第2版）	段俊国	
25	中医骨伤科学（第2版）	詹红生	何 伟
26	中医耳鼻咽喉科学（第2版）	阮 岩	
27	中医急重症学（第2版）	刘清泉	
28	中医养生康复学（第2版）	章文春	郭海英
29	中医英语	吴 青	
30	医学统计学（第2版）	史周华	
31	医学生物学（第2版）	高碧珍	
32	生物化学（第3版）	郑晓珂	
33	医用化学（第2版）	杨怀霞	

34	正常人体解剖学(第2版)	申国明	
35	生理学(第3版)	郭 健	杜 联
36	神经生理学(第2版)	赵铁建	郭 健
37	病理学(第2版)	马跃荣	苏 宁
38	组织学与胚胎学(第3版)	刘黎青	
39	免疫学基础与病原生物学(第2版)	罗 晶	郝 钰
40	药理学(第3版)	廖端芳	周玖瑶
41	医学伦理学(第2版)	刘东梅	
42	医学心理学(第2版)	孔军辉	
43	诊断学基础(第2版)	成战鹰	王肖龙
44	影像学(第2版)	王芳军	
45	循证医学(第2版)	刘建平	
46	西医内科学(第2版)	钟 森	倪 伟
47	西医外科学(第2版)	王 广	
48	医患沟通学(第2版)	余小萍	
49	历代名医医案选读	胡方林	李成文
50	医学文献检索(第2版)	高巧林	章新友
51	科技论文写作(第2版)	李成文	
52	中医药科研思路与方法(第2版)	胡鸿毅	

中药学、中药资源与开发、中药制药等专业

序号	教材名称	主编姓名	
53	高等数学(第2版)	杨 洁	
54	解剖生理学(第2版)	邵水金	朱大诚
55	中医学基础(第2版)	何建成	
56	无机化学(第2版)	刘幸平	吴巧凤
57	分析化学(第2版)	张 梅	
58	仪器分析(第2版)	尹 华	王新宏
59	物理化学(第2版)	张小华	张师愚
60	有机化学(第2版)	赵 骏	康 威
61	医药数理统计(第2版)	李秀昌	
62	中药文献检索(第2版)	章新友	
63	医药拉丁语(第2版)	李 峰	巢建国
64	药用植物学(第2版)	熊耀康	严铸云
65	中药药理学(第2版)	陆 茵	马越鸣
66	中药化学(第2版)	石任兵	邱 峰
67	中药药剂学(第2版)	李范珠	李永吉
68	中药炮制学(第2版)	吴 皓	李 飞
69	中药鉴定学(第2版)	王喜军	
70	中药分析学(第2版)	贡济宇	张 丽
71	制药工程(第2版)	王 沛	
72	医药国际贸易实务	徐爱军	
73	药事管理与法规(第2版)	谢 明	田 侃
74	中成药学(第2版)	杜守颖	崔 瑛
75	中药商品学(第3版)	张贵君	
76	临床中药学(第2版)	王 建	张 冰
77	临床中药学理论与实践	张 冰	

78	药品市场营销学(第2版)	汤少梁	
79	中西药物配伍与合理应用	王 伟	朱全刚
80	中药资源学	裴 瑾	
81	保健食品研究与开发	张 艺	贡济宇
82	波谱解析(第2版)	冯卫生	

针灸推拿学等专业

序号	教材名称	主编姓名	
83	*针灸医籍选读(第2版)	高希言	
84	经络腧穴学(第2版)	许能贵	胡 玲
85	神经病学(第2版)	孙忠人	杨文明
86	实验针灸学(第2版)	余曙光	徐 斌
87	推拿手法学(第3版)	王之虹	
88	*刺法灸法学(第2版)	方剑乔	吴焕淦
89	推拿功法学(第2版)	吕 明	顾一煌
90	针灸治疗学(第2版)	杜元灏	董 勤
91	*推拿治疗学(第3版)	宋柏林	于天源
92	小儿推拿学(第2版)	廖品东	
93	针刀刀法手法学	郭长青	
94	针刀医学	张天民	

中西医临床医学等专业

序号	教材名称	主编姓名	
95	预防医学(第2版)	王泓午	魏高文
96	急救医学(第2版)	方邦江	
97	中西医结合临床医学导论(第2版)	战丽彬	洪铭范
98	中西医全科医学导论(第2版)	郝微微	郭 栋
99	中西医结合内科学(第2版)	郭 姣	
100	中西医结合外科学(第2版)	谭志健	
101	中西医结合妇产科学(第2版)	连 方	吴效科
102	中西医结合儿科学(第2版)	肖 臻	常 克
103	中西医结合传染病学(第2版)	黄象安	高月求
104	健康管理(第2版)	张晓天	
105	社区康复(第2版)	朱天民	

护理学等专业

序号	教材名称	主编姓名	
106	正常人体学(第2版)	孙红梅	包怡敏
107	医用化学与生物化学(第2版)	柯尊记	
108	疾病学基础(第2版)	王 易	
109	护理学导论(第2版)	杨巧菊	
110	护理学基础(第2版)	马小琴	
111	健康评估(第2版)	张雅丽	
112	护理人文修养与沟通技术(第2版)	张翠娣	
113	护理心理学(第2版)	李丽萍	
114	中医护理学基础	孙秋华	陈莉军

115	中医临床护理学	胡 慧
116	内科护理学(第2版)	沈翠珍 高 静
117	外科护理学(第2版)	彭晓玲
118	妇产科护理学(第2版)	单伟颖
119	儿科护理学(第2版)	段红梅
120	*急救护理学(第2版)	许 虹
121	传染病护理学(第2版)	陈 璇
122	精神科护理学(第2版)	余雨枫
123	护理管理学(第2版)	胡艳宁
124	社区护理学(第2版)	张先庚
125	康复护理学(第2版)	陈锦秀
126	老年护理学	徐桂华
127	护理综合技能	陈 燕

康复治疗学等专业

序号	教材名称	主编姓名
128	局部解剖学(第2版)	张跃明 武煜明
129	运动医学(第2版)	王拥军 潘华山
130	神经定位诊断学(第2版)	张云云
131	中国传统康复技能(第2版)	李 丽 章文春
132	康复医学概论(第2版)	陈立典
133	康复评定学(第2版)	王 艳
134	物理治疗学(第2版)	张 宏 姜贵云
135	作业治疗学(第2版)	胡 军
136	言语治疗学(第2版)	万 萍
137	临床康复学(第2版)	张安仁 冯晓东
138	康复疗法学(第2版)	陈红霞
139	康复工程学(第2版)	刘夕东

注:①本套教材均配网络增值服务;②教材名称左上角标有 * 号者为"十二五"普通高等教育本科国家级规划教材。

第三届全国高等中医药教育教材建设指导委员会名单

顾　　　问	王永炎	陈可冀	石学敏	沈自尹	陈凯先	石鹏建	王启明
	秦怀金	王志勇	卢国慧	邓铁涛	张灿玾	张学文	张　琪
	周仲瑛	路志正	颜德馨	颜正华	严世芸	李今庸	施　杞
	晁恩祥	张炳厚	栗德林	高学敏	鲁兆麟	王　琦	孙树椿
	王和鸣	韩丽沙					

主 任 委 员　张伯礼

副主任委员	徐安龙	徐建光	胡　刚	王省良	梁繁荣	匡海学	武继彪
	王　键						

常 务 委 员（按姓氏笔画为序）

	马存根	方剑乔	孔祥骊	吕文亮	刘旭光	许能贵	孙秋华
	李金田	杨　柱	杨关林	谷晓红	宋柏林	陈立典	陈明人
	周永学	周桂桐	郑玉玲	胡鸿毅	高树中	郭　姣	唐　农
	黄桂成	廖端芳	熊　磊				

委　　　员（按姓氏笔画为序）

	王彦晖	车念聪	牛　阳	文绍敦	孔令义	田宜春	吕志平
	安冬青	李永民	杨世忠	杨光华	杨思进	吴范武	陈利国
	陈锦秀	徐桂华	殷　军	曹文富	董秋红		

秘 书 长　周桂桐（兼）　王　飞

秘　　　书　唐德才　梁沛华　闫永红　何文忠　储全根

全国高等中医药教育本科
康复治疗学专业教材评审委员会名单

顾　　问　张学文　王　琦

主 任 委 员　陈立典

副主任委员　王拥军

委　　员（按姓氏笔画为序）

丛德玉　李　丽　杨世忠　陈红霞　金荣疆　郭永明　唐　强

秘　　书　陶　静

前　言

　　临床康复学是指综合采用各种康复治疗手段,对临床各类病、伤、残患者的功能障碍进行有针对性的康复评定、康复治疗及相关问题研究的一门课程,是康复治疗学重要的专业课程和主干课程。本教材主要供高等中医药院校康复治疗学专业使用,也可供康复专业相关人员临床参考之用。

　　本书是《临床康复学》教材的第2版,本次修订秉承"转变思想、质量为本,能力为重、尊重规律"的指导思想,对全书结构和内容进行了适当调整。本教材共分六个部分,以功能障碍为主线,贯穿神经、骨骼肌肉、心肺等系统疾病,从疾病的概述、康复评定和康复治疗、康复教育等几方面进行编写。在传承中医药文化的同时,紧跟康复医学发展脉搏,注重知识的更新,增加了康复教育的基本知识,适当引入康复结局评价内容,强调了康复医学的整体观和功能观,强化康复理念和临床思路,以体现临床康复思维的基本模式和特点,旨在培养学生的临床思维能力、科学能力和创新能力,提高学生的自学能力和实践能力。

　　本书在编写的过程中得到了人民卫生出版社和作者所在单位的大力支持,在此表示衷心的感谢。

　　在教材的编写中,全体参编人员以认真负责的精神,查阅了大量国内外文献资料,精益求精地推敲编撰内容,对教材做了反复的校对和修改。但由于水平有限,疏漏之处在所难免,敬请广大师生、康复学同仁们不吝赐教,使本教材不断提高、不断完善。

编者

2018 年 1 月

目　录

第一章

总　论

学习目的

通过学习临床康复学定义、临床康复目标，临床康复的工作特点、工作方式，康复医师和治疗师的资格与职责，以及国际功能、残疾和健康分类等知识，对临床康复学这门课程有一个宏观的、全面的了解，对康复医师和治疗师的职责、临床康复的工作方式有一个初步的认识，为临床康复学各个系统疾病康复的学习打下基础。

学习要点

临床康复学的定义和临床康复的目标；临床康复的工作方式和工作特点；康复医师和康复治疗师的职责；ICF 的模式、应用领域、成分、特点。

第一节　临床康复学概述

随着康复医学的发展，康复作为一种理念已渗透到临床医疗的全部过程以及养生保健领域，临床医学是以治疗疾病为核心，康复医学则以改善功能为主导。专科康复的开展，促进了与临床专科相应的临床康复学的发展。近几年，在一些国家出现了临床专科康复医师，如骨科康复医师、神经康复医师。专科康复学和专科康复医师队伍的发展体现了临床康复学已深入临床工作，体现了康复医学与临床治疗的密切关系。

一、临床康复学的定义

临床康复学是一门研究因伤病导致功能障碍的预防、治疗和促进伤残患者功能与能力最大限度恢复的医学学科。临床康复学研究的主要对象是临床相关疾病所引起的功能障碍患者。由于功能障碍可以是潜在的，也可以是现存的、可逆的或不可逆的，可以在疾病之前出现、与疾病并存或成为疾病的后遗症，所以，临床康复学实际上涉及临床各个学科，它涵盖了临床各学科的知识，侧重康复医学的内容。临床康复学的基本领域主要包括：

1. **骨科康复学**（orthopaedic rehabilitation）　是一门研究由骨与关节、肌肉及软组织病损、畸形所致的功能障碍及康复处理的学科。康复治疗手段包括必要的手术治疗、手术前后的功能训练、假肢和矫形器的装配等。

2. 神经康复学(neurological rehabilitation) 是一门研究由中枢神经系统及外周神经系统病损所致的功能障碍及康复处理的学科。

3. 心肺康复学(cardiac pulmonary rehabilitation) 是一门研究由呼吸、循环系统病损所致的心肺功能障碍及康复处理的学科。

4. 其他康复学 包括儿科康复学、肿瘤康复学、疼痛康复学、老年病康复学等内外科疾病康复学。

二、临床康复的目标

在制订临床康复治疗计划时,每个患者具体的康复目标往往是不同的。确定每一个患者具体的康复目标主要依据其病损的分类诊断和功能评定,同时参考患者的年龄、体质,有无其他合并症等情况。但是从临床康复的基本观点出发,患者的基本康复目标是一致的。临床康复学的目的是利用以医学为主的多种手段,设法使患者已经受限或丧失的功能和能力恢复到可能达到的最大限度,帮助他们重返社会,从而达到接近正常或比较正常的生活。康复基本目标主要包括两个方面:增加患者的独立能力(independence),使患者能回归社会并进行创造性生活(productive life)。

1. 重新获得独立能力 重新获得独立能力是康复的首要目标。长期以来,康复被认为是一个通过康复训练等手段使患者获得尽可能高的身体独立水平的过程。日常生活活动或生活自理能力的明显提高往往被作为临床康复成功的标志。独立能力的概念被极大程度地限制在身体的独立能力范围之内,即把生活自理能力作为独立能力的指标。然而,独立能力不能被单纯看做身体或生理功能上的,还应包括独立作出决定和解决问题的能力,即自决能力(self-determination)。举个例子,如果只强调身体的独立能力,那么仅能使得高位脊髓损伤患者通过指导别人协助和应用某些辅助器械达到一种相对独立的生活方式,而不能真正获得独立能力。因此,在所有患者的临床康复过程中,要同时注意培养患者的自决能力,从而尽可能地达到身心独立。独立功能评定体现了身体的独立和自决能力两方面内容。

2. 重归社会、提高生活质量 至今,很多康复工作者仍把康复目标局限于生活自理能力或独立能力的恢复或提高,康复治疗方法局限于物理疗法、作业疗法等体能方面的训练,社会适应能力的恢复及潜在就业能力的恢复往往被忽视,甚至被忽略。患者和家属满足于患者生活自理,认为重新工作是不可能或不必要的。生活自理能力的恢复,为社会适应能力和就业能力的恢复奠定了基础,但是生活自理能力的恢复并不意味着社会适应能力和就业能力的恢复。患者虽然有生活自理能力,可以在家庭环境中进行一定程度的独立活动,但仍难以回归社会。事实上,他们只是社会资源的消耗者,并不能通过自己潜在的就业劳动能力(包括体力和智力)为社会提供资源。同时,他们既不能作为社会精神或物质财富的创造者来创造性地生活,也不能通过创造财富增加自信、自立。因此,只注重生活自理能力的恢复,实际上只是对人的自然属性的康复,而只有注重社会适应能力和就业能力的恢复,才是对人的社会属性进行"康复",否则,其对自然属性的康复就失去了重要价值。例如脊髓损伤患者中,有一定文化水平和专业技术能力的患者通过必要的训练,应用部分科学技术(如计算机)也可从事一定的工作。同时,研究结果显示,脊髓损伤患者在生活自理活动以外的其他方面所消耗的平均时间实际上少于正常人所用的时间,因此可以有更多的时间从事更有意义的工作,这已经被一些事业上取得成功的患者所证实。对康复患者应进行力所能及的职业康复训练,使他们今后能重返合适的工作岗位,从而真正地回归社会,达到全面康复的目标。

第二节　工作特点及工作方式

临床康复是指综合采用各种康复治疗手段,对各类伤、残、病患者的病理和生理异常以及相应的功能障碍进行针对性的康复医疗实践。临床康复以功能康复、整体康复、重返社会为基本原则。与临床医学不同,临床康复有着自己的工作特点及方式。

一、临床康复的工作特点

临床康复学与临床医学有很大的不同,从某种意义上讲,临床康复学是一种功能医学,它的主要任务之一是研究患者的功能障碍和残疾,以及如何去治疗或克服残疾给患者带来的功能障碍。这样,临床康复的工作内容也就有了它自己的特色,即康复评定、康复治疗、康复教育。

(一)康复评定

康复评定是康复治疗的基础,是临床决策过程中的重要组成部分,康复评定贯穿于康复治疗的全过程。它类似于临床医学的诊断过程,但又不完全相同。康复评定的重点是客观、准确地检查、判断患者功能障碍的性质、部位、范围、程度,确定尚存的代偿能力,估计功能障碍的发展、转归和预后,确定康复目标,制订出可行的康复治疗措施,判定康复治疗效果,决定康复治疗后患者回归及去向的过程。

1. 康复评定的内容

(1)身体功能评定:主要指身体的生理功能和心理功能。一般包括:认知功能评定、精神和心理功能评定、运动功能评定、感觉功能评定、协调与平衡功能评定、言语功能评定、吞咽功能评定、排尿障碍评定、排便障碍评定等。

(2)身体结构评定:身体结构是身体的解剖部位如器官、肢体及其组成。身体结构评定可关注以下几方面,如躯体外观结构与颜色、影像学与超声检查、神经电生理评定等。

(3)活动和参与受限评定:活动指个体执行一项任务或行动,活动受限是指个体在进行活动时可能遇到的困难。参与是个体投入到生活情景中,参与受限是指个体投入到生活情景中可能经历到的问题。包括日常生活活动能力评定、生活质量评定、社会生活能力评定和就业能力评定等。

(4)个人和环境因素评定:个人因素包括性别、年龄、其他方面的健康状况、身体素质、生活方式、社会背景、性格特点、心理品质等因素;环境因素主要指人们居住和生活的物理、社会和态度环境,包括其他人员的态度、社会体制和服务、政策和法律法规等。

2. 康复评定的分期

(1)初期评定:在患者入院初期完成。目的是全面了解患者功能状况和障碍程度、致残原因、康复潜力,据此确定康复目标和制订康复治疗计划,也为中、末期评定判断治疗效果提供客观指标。

(2)中期评定:在康复治疗中期完成。目的是经过康复治疗后,评定患者的功能情况,有无康复效果,分析原因,并据此调整康复治疗计划。根据患者康复进展的需要可组织多次中期评定。

(3)末期评定:在康复治疗结束时进行。目的是经过康复治疗后,评定患者总的功能情况,评价康复治疗效果,提出重返家庭、社会或做进一步康复治疗的建议。

3. 康复评定会 康复评定会是康复评定工作的一种重要形式。一般是由康复医师主持召开,康复治疗师、康复护士、康复工程师等相关专业人员参加的康复治疗组会议,在会上小组成员根据其本人的检查及分析,对患者功能障碍性质、部位、程度、发展、预后及康复目标充分发表意见,提出各自领域的康复对策、康复目标和治疗处理意见(包括近期、中期、远期),然后由康复医师归纳总结为一个完整的康复评定和治疗方案,拟定计划,指派各专业人员分别实施。治疗中期再次召开评定会,对计划执行情况进行评定、修改和补充。治疗结束时再召开评定会,对康复治疗效果进行总结并为下阶段康复治疗或出院后去向提出意见。

4. 康复评定应当作出的判断

(1)确定患者功能障碍的种类和主要的功能障碍。

(2)确定患者功能障碍的程度:对患者功能障碍不仅应了解其种类,还应判断其严重程度。

(3)判断患者的代偿能力:在康复医疗工作中,不仅应了解患者功能障碍的情况,知道其丧失了什么功能,还应该了解其代偿能力如何,还残存什么功能,能发挥多大的代偿能力,并研究怎样利用这些残存的功能去发挥代偿作用,提高患者的生活和社会适应能力。

(4)确定康复治疗目标:通过对患者功能障碍的种类、严重程度和主要功能障碍全面、系统、准确地评定,才能明确治疗重点。通过康复治疗和训练,预期使患者的功能障碍恢复到何种水平,这种水平即是康复治疗需要达到的目标。最基本的目标是患者生活自理能力的恢复水平,其次是对家庭及社会适应能力的恢复程度等。治疗目标又可分为:

1)近期目标:是康复治疗初级阶段应达到的目标。

2)中期目标:是康复治疗过程中,分阶段应达到的目标。

3)出院目标:是患者康复治疗结束准备出院时应达到的目标。

4)远期目标:是患者出院后回归家庭和社会后所能达到的水平。

(5)决定承担各种功能训练任务的专业成员:根据患者功能障碍的种类和严重程度,结合康复治疗小组各成员的专长,将功能恢复训练的各方面任务恰如其分地分配给能胜任的成员,充分发挥康复治疗小组各专业的特长,分工协作,共同完成恢复患者功能的任务。

(6)决定各种康复治疗措施:康复评定会议要综合各专业评定结果的意见,根据功能障碍的主次,制订康复治疗计划并对康复治疗的先后顺序作出合理的安排。影响患者生活自理能力最严重的以及患者感到最痛苦并最迫切希望解决的问题,应优先考虑。

（7）判定康复治疗效果、修改康复治疗计划：康复治疗工作中，可根据需要随时对患者的状况进行评定，修改康复治疗计划，变更康复治疗措施，取得更好的康复治疗效果。

（8）判定康复结局及转归：康复治疗结束，应对患者作出全面的评定，指出康复治疗后患者的去向，例如，回归家庭、回归社会、回归工作岗位、转至其他康复机构（如康复中心、疗养院、社区康复服务站）继续康复治疗等。

（二）康复治疗

康复治疗技术的应用是康复医学不同于其他临床医学的又一特征之处。康复治疗以康复训练为主要手段，当然并不排斥临床行之有效的其他方法的应用，比如药物、手术、石膏、夹板、传统医学疗法等。主要康复训练疗法简介如下：

1. 物理疗法（physical therapy，PT） 包括运动疗法和物理因子疗法。

（1）运动疗法：是物理疗法的主要组成部分，它是通过运动对身体的功能障碍和功能低下进行预防、改善和功能恢复的治疗方法。应用被动运动、主动运动、抗阻运动、神经发育疗法等各种运动方法来训练患者，如肢体瘫痪后如何设法使其运动，如何将不正常的运动模式转变为正常或接近正常的模式，改善关节活动，增强肌力，增进运动的协调性，提高身体平衡能力等。总之，该疗法是有针对性地、循序渐进地恢复患者丧失或减弱的运动功能，同时能够预防和治疗肌肉萎缩、关节僵直、骨质疏松、肢体畸形等并发症的发生。

（2）物理因子疗法：主要是应用除力学因素以外的电、光、声、磁、水、冷、热等各种物理因子治疗疾病，促进患者康复的治疗方法。

2. 作业疗法（occupational therapy，OT） 是针对患者的功能障碍，从日常生活活动、手工操作劳动及文体活动中选出一些针对性强，能恢复患者减弱的功能和技巧的作业活动，让患者按照指定的要求进行训练，逐步恢复其功能，从而提高患者的日常生活活动能力，使其能生活和学习自理。在日常生活活动方面，常选用进食、梳洗、穿衣、床椅转移等活动。在手工操作方面，常选用木工、手工制作等；在文体活动方面，常选用套环、拼七巧板、绘画及各种有康复价值的游戏等。对于活动困难者，作业治疗师可为他们制作自助具，如患者手握持困难，可为他们准备粗柄勺，以便握持；对装配上肢假肢矫形器以及配备特殊轮椅者，进行操纵和使用训练；对于认知障碍的患者，进行认知功能的训练；以及为某些需要辅助具的患者配制辅助具等（主要是上肢，为方便日常生活或训练用）。

3. 言语疗法（speech therapy，ST） 是采用各种科学的方法，对言语障碍的患者，如脑瘫、脑血管病、脑外伤等有交流障碍的患者，进行针对性训练，改善言语功能。

4. 心理疗法（psychotherapy） 心理是脑的功能对客观现实的反映，患者心理往往存在不同程度的改变。心理疗法是通过观察、谈话、实验和心理测验（智力、人格、精神、心理等），对患者的心理异常进行诊断后，再采用精神支持疗法、暗示疗法、行为疗法、松弛疗法、音乐疗法等对患者进行训练、教育和治疗，从而减轻或消除症状，改善心理和精神状态，使康复治疗顺利进行，最终实现全面康复。

5. 康复护理（rehabilitation nursing，RN） 康复护理以整体康复为基本理念，结合每位患者不同的病情，不同的工作环境，家庭生活背景进行个体化早期介入。康复护士是康复治疗组重要成员之一，主要任务是与其他康复专业人员共同协作，对患者施

行符合康复要求的专业护理和必要的功能训练,预防并发症,防止继发性残疾,减轻残疾的影响,提高生活自理能力,使患者最大限度地康复并回归社会。具体康复护理内容应包括:防治长期卧床导致的各种不良反应(例如早期活动防止废用综合征,定时翻身防压疮,鼓励患者尽量主动做各种活动等);指导患者自主完成日常生活活动(如穿衣、吃饭、洗漱等);配合治疗师训练患者的肢体运动功能(如坐、站、走等);做好患者的心理康复工作等。

6. 康复工程(rehabilitation engineering) 康复工程是应用现代工程学的原理和方法去恢复、代偿或重建患者功能的学科。康复工程与康复医学有着密切的联系,两者的共同目标都是帮助功能障碍者改善功能,回归社会和生活。康复工程为康复医学提供了技术和工程方法,解决了一些原来康复医学范围内无法解决的问题,因此康复工程在康复医学中占有重要地位,起着不可代替的作用。具体工作有:①康复评定设备的研制;②功能恢复训练器械的研制;③功能代偿性用品的研制(如使用假肢弥补人的肢体缺损和代偿已丧失肢体的部分功能,使用矫形器预防或矫正畸形,支持或协助功能运动,限制关节异常活动,缓解神经压迫);④功能重建性用品的研制(人工喉、人工耳蜗等);⑤康复工程材料的研制(人工骨关节、肌肉、血管等);⑥装饰性假器官的研制(人工眼、耳、鼻、乳房等)。

7. 中医康复疗法 针灸、太极拳、五禽戏、推拿、中药熏蒸、内服中药汤剂等已有数千年的历史,对功能障碍的改善具有较好的效果,尤其对疼痛、瘫痪、失眠、认知功能障碍等作用显著。

(三)康复教育

康复教育是康复工作的重要组成部分。努力推动和普及公众健康卫生教育,预防因病致功能障碍的发生,早期采取康复措施,实施功能障碍的三级预防,能改善或恢复患者的功能和结构,防止残疾的发生、发展,提高或恢复患者的日常生活活动能力和社会参与能力。

对患者和家属进行疾病知识和康复常识的宣教,增进患者对疾病的了解,使患者能够正确看待疾病和功能障碍,减轻其焦虑程度,改善患者在治疗中的配合程度。通过康复教育,对危险因素进行积极的干预,改变不良生活方式,减少有害健康行为,促进危险因素的转变。家属或陪护人员掌握正确的康复常识,有助于减少并发症和继发功能障碍。必要时对家居、周围环境进行改造,可方便患者更好的参与生活、参与社会。

二、临床康复的工作方式

综合医院康复医学科是在康复医学理论指导下,应用功能评定和物理治疗、作业治疗、言语治疗、心理治疗、中医治疗、康复工程等康复医学诊断和治疗技术,为患者提供全面、系统的康复医学专业诊疗服务的临床科室。

(一)康复治疗组

临床康复的工作方式需要多专业合作,具有特殊康复技能的人员共同组建康复治疗组。康复治疗组对病残者进行康复评定、治疗、教育与训练,以达到使服务对象功能提高、融入社会、最大限度地提高生活质量的目的。相关专业人员包括:康复医师、物理治疗师、作业治疗师、言语治疗师、心理治疗师、假肢与矫形器师、文体治疗师、康复护士、社会工作者等。治疗组成员的任务：

1. 康复医师(physiatrist) 负责患者的诊断，确定主要的功能障碍或出院目标，决定患者的药物、手术和其他医疗问题，并与其他治疗组成员协作，共同制订并检查督促康复治疗计划的执行。通常康复医师担任治疗组会议组织者的角色。当然这一角色也可以由其他专业人员担任。康复医师必须首先是合格的临床医师，然后还要经过系统的康复医学专业训练和考核。

2. 物理治疗师(physical therapist) 主要职责是恢复患者躯体和肢体运动能力，包括关节活动、肌力、肌肉耐力、全身耐力和心肺功能等，对患者进行步态训练，坐、站和转移训练、牵张训练、协调和平衡训练、皮肤整体感觉训练、各种物理因子治疗(如冷、热、电、磁、光、超声、水疗等)。

3. 作业治疗师(occupational therapist) 主要职责是恢复患者日常生活、学习、娱乐和工作能力，包括患者的生活自理活动能力(衣、食、住、行、个人卫生等)、职业能力、转移能力，使用矫形器、假肢和辅助具的能力等，必要时训练患者的感觉、感知和认知能力、轮椅技巧训练等。此外，还包括出院前向患者提供家庭和工作环境改造建议、就业建议等。患者家属和陪护者的训练也是作业治疗师的责任。

4. 言语治疗师(speech-language pathologist) 主要职责是评定和治疗神经源性言语障碍，包括失语症(aphasia)、构音障碍(dysarthria)、失用症(apraxia)以及认知性交流障碍(cognitive-communication impairments)。

5. 心理治疗师(psychologist therapist) 主要职责是配合其他康复人员对患者进行心理评定、心理咨询、心理疏导、应激处理、行为治疗等，改善患者心理状态，以促进全面康复。

6. 假肢与矫形器师(prosthetist and orthotist) 主要职责是康复评定、假肢和矫形器的制作、穿戴假肢和矫形器前后的康复训练，并指导患者和家属进行假肢和矫形器的日常维护等。

7. 文体治疗师(recreational therapist) 主要职责是根据患者生活方式、兴趣爱好、社交能力、情绪行为等特点，训练患者进行娱乐和体育活动的能力并教育患者如何正确地参与其中，激发患者主动活动的热情和积极性。

8. 康复护士(rehabilitation nurse) 康复护理除了要完成临床护理的内容，即减轻患者的病痛和促进健康，还要执行康复护理任务，如患者卧床期间的体位摆放、床上活动、直肠和膀胱处理、辅助器具使用辅导、治疗时间安排等。

9. 社会工作者(social worker) 主要职责是与患者家庭和社区联络，评定患者的家居情况、家庭收入情况、就业情况、生活方式等，并协调患者的治疗费用，为患者进行出院安排，为患者及家属排忧解难。

10. 其他治疗师 与康复治疗相关的其他治疗技术人员还包括：运动治疗师(kinesiotherapist)、园艺治疗师(horticultural therapist)、音乐治疗师(music therapist)、足疗师(podiatrist)、舞蹈治疗师(dance therapist)等。

所有成员不仅要致力于特定的专业目标，还要对康复治疗的所有结果承担共同的责任，共同参与康复目标的确定，提供与目标相关的观察结果(不仅局限于自身的专业)，与所有成员共享工作经验，互相学习，取长补短。因此，学科协作模式比学科组合模式更加注重参与康复过程的各个成员的独立性和相互作用。

（二）临床康复的治疗模式

康复治疗组模式（team approach）是临床康复医疗的基本工作形式。康复医学是多专业和跨学科的学科，因此，多学科康复治疗组的工作形式是所有临床康复医学工作者都应该了解和实践的重要内容。

1. 治疗组会议（team meeting） 是由康复医师、康复治疗师、康复护士、社会工作者、心理治疗师、假肢与矫形器师等参加的康复评定和治疗方案讨论会。实施方式一般为：会议前确定患者的主要问题，然后由治疗组负责人确定会议日期、内容和地点。会议可以定期或不定期，在会议上各专业人员报告患者评定结果，确定或回顾治疗目标，设定治疗重点内容，并确定出院日期。会议的宗旨是治疗组成员提供相互交流讨论的平台，弥补各个专业的缺点或"盲点"，对患者近期和远期治疗目标以及最重要的治疗策略和方针达成共识。必要时患者及其家属也可以参加会议，这样可以有效提高患者对医务人员的信任，也有助于提高治疗效果。会议通常是每周进行1次，但需要耗费较多的时间和人力资源，效率较低，因此，应根据实际情况进行。

2. 查房（ward round） 查房是临床医学传统的病房工作模式，是由上级医师指导下级医师进行医疗处置观察，患者一般被动参与。康复医学科的查房与临床医学查房模式相类似，康复医师查房时相关治疗师和护士同时参加，查房地点通常在治疗室进行，这样不影响患者治疗，也有利于直接观察患者的康复治疗情况。这种方式的针对性强、效率高，是今后的发展趋势。

3. 会诊（consultation） 请相关学科专家对特殊问题共同进行诊疗讨论，是医院工作的基本形式。康复医学的横向多学科合作大部分以会诊的形式进行，必要时也可邀请兄弟学科专家参加。

康复医学的核心是通过多层次、多学科、多渠道的集体合作方式，对患者和残疾者进行训练和再训练，使其功能障碍得到最大限度的恢复，并尽可能恢复他们的社会角色和价值。这种方式可以使各康复医疗相关专业的作用得到充分发挥和扩大，因此已经成为康复医疗最典型的工作特征。

第三节　资格与职责

我国政府十分重视康复事业。2012年2月，为贯彻《中共中央国务院关于深化医药卫生体制改革的意见》提出的"注重预防、治疗、康复三者的结合"原则，满足人民群众日益增长的康复医疗服务需求，全面加强康复医疗服务能力建设，卫生部研究制定了《"十二五"时期康复医疗工作指导意见》。2016年10月12日中国残联、国家卫生计生委、民政部、教育部、人力资源社会保障部联合印发《残疾人康复服务"十三五"实施方案》，提出到2020年构建与经济社会发展相协调、与残疾人康复需求相适应的多元化康复服务体系、多层次康复保障制度，普遍满足城乡残疾人的基本康复服务需求，主要措施包括：完善多层次的残疾人康复保障政策；健全多元化残疾人康复服务体系；提升残疾人康复服务专业化水平，建设中国康复大学；加强残疾预防工作，实施《国家残疾预防行动计划（2016—2020年）》等。这些目标勾画了我国康复事业的宏伟蓝图，令人鼓舞，催人向上。

一、康复医学资格考试制度的建立

为了适应医药卫生体制改革的需要,科学、客观、公正地评价卫生专业人员的技术能力和水平,完善评价机制,提高卫生专业人员的业务素质,按照人事部、卫生部关于加强卫生专业技术职务的评聘工作要求,其中一个重要的措施是逐步推行卫生专业技术资格考试制度,实行以考代评与执业准入并轨的考试制度。考试在人事部、卫生部的统一领导下进行,实行全国统一组织、统一考试时间、统一考试大纲、统一考试命题、统一合格标准,原则上每年进行一次。考试合格后可取得全国统一印制的、在全国范围内有效的专业技术资格证书,它是担任相应专业技术职务的必备条件。2000 年开始执业医师和执业助理医师准入的全国统一考试,2001 年开始初、中级专业技术资格考试,其中包括康复医学专业中级(主治医师)资格考试,2002 年资格考试的范围进一步扩展,增加了康复医学治疗技术专业初、中级(技师、主管技师)资格考试和技师执业准入考试。

报考卫生专业技术资格的人员必须具备人事部、卫生部所规定的有关政治思想、医德医风、相应学历和工作年限的基本条件。关于初、中级卫生技术资格考试的内容,有统一的严格要求。在考试的学科设置中,按卫生部有关综合医院科室设置的要求定位于康复医学科,其中"医"资格考试列入康复医学专业。"技"资格考试列入康复医学治疗技术专业。

二、康复医学专业人员考试的要求

康复医学科的"医""技"两个系列人员同属康复医学科范畴,在考试中对"医""技"两个系列及其中不同层次的要求是有区别的。康复医学专业、康复医学治疗技术专业的考试大纲基本体现了康复医学科的"医""技"中级职称资格评审条件的要求,对"医""技"的初、中级资格区分为掌握、熟悉、了解等不同程度的要求。在"基础知识"方面,报考医、技初中级资格的人员均应熟悉与本专业密切相关的基本理论知识,如解剖学、生理学、病理学、医用物理学、康复医学总论等。报考技士执业准入者则应掌握在校学习的解剖学、生理学、病理学、药理学课程。在"相关专业知识"方面,报考医、技初、中级资格的人员均应熟悉与本专业较密切相关的临床医学科(如骨科学、神经科学、内科学、外科学等)的基本理论与基础知识。报考"医"中级资格者还应了解本专业常用的医学影像诊断学、医学检验等科学的原理与方法,熟悉其临床应用,并能正确评价其临床意义。报考"技"初、中级资格者还应了解本专业常用治疗设备的基本结构与原理。报考技士执业准入者则应掌握在校学习的内科学、外科学的课程。在"专业知识"和"专业实践能力"方面,报考"医"中级资格者应掌握物理疗法学(含运动疗法学)、运动功能评定学、电诊断学等基本知识,了解肌电图等神经电生理检查、作业治疗学、言语治疗学、心理学等基本知识以及常用康复医学工程装置的应用,并应掌握骨科、神经科、内科、外科等科室常见病的康复评定,康复治疗的原理、技术、方法,以及相应适应证、禁忌证。报考"技"初、中级资格者应掌握物理疗法学(含运动疗法学)的基本知识、常用物理疗法的操作规程和注意事项、本专业常见伤病的解剖定位及伤病不同病理阶段的治疗操作常规、禁忌证和注意事项,并应具有分析本专业常见技术故障原因和错误操作后果的能力。报考技士执业准入者则应掌握"技"系列人员所应掌握的最基本原理和最常见伤病的常用治疗方法。我国康复医学教育的不断发展和执业准入及专业技术职务考试制度的建立和完善,对推动我国康复医学事业的可持续发展具有极其重要的意义。

三、康复医师和康复治疗师的职责

康复医师和康复治疗师在临床工作中有明确的职责分工,康复医师的职责主要是针对患者的医学管理、功能评估及康复处方。康复医师应会使用各个治疗区和实验室常见的医疗设施,并熟知其安全性、校准和保养方法。包括透热、超声波、辐射热和传导热源、其他热疗和水疗器具、紫外线、运动器具、手杖、拐杖、步行器和其他行走辅助器、轮椅、残疾司机特殊器具、电诊断和肌电图仪、尿动力实验仪器、简单的夹板装置以及听力测试器具。应充分利用心理、职业和社会能力评定器具和检查仪器,根据病情知道其使用及测定结果的解释。

康复治疗师的主要职责是在综合的康复治疗中,为患者进行物理治疗和作业治疗,促进其康复。主要任务为使用身体运动和各种物理因子(电、光、热、冷、水、磁、力等)作为治疗手段,进行神经肌肉和骨关节运动功能的评估与训练;使用日常生活活动训练、手工艺治疗、认知训练等作业治疗手段对患者进行认知功能、家居及社会生活等能力的评估和训练,促进身心康复,重返社会,改善生活质量。康复治疗师属医学相关领域专业技术人才,不属医师范畴。康复治疗师需要具有本专业的理论知识,具有物理治疗、作业治疗及其他康复治疗方面的技术能力,具有较好的语言沟通技巧和社会工作能力及一定的组织管理能力,懂得如何示范治疗操作和进行讲解,懂得康复治疗临床实用性研究的基本方法,能在指导下协助收集资料,进行试验性治疗等。

在专业培养方向上,目前国际治疗师教育采取的是分专业培养的方式,即物理治疗师、作业治疗师、言语治疗师等。而我国有的地方还存在着康复医师和治疗师混为一体培养的情况,这不利于康复医学的发展。两者是不同的培养体系,康复医师的培养应该在掌握全面的临床医学知识和技能基础上,接受康复医学专科培训。康复医师只有掌握了全面的康复知识,才能正确指导治疗师的工作。我国康复人才的高学历培养,应从我国的实际情况出发,逐渐专业分化,接轨国际康复治疗专业人才的培养方法,结合中国康复治疗教育的具体实践,更新思想、转变观念、改革教学,走出一条具有中国特色的康复专业人才培养之路。

第四节 国际功能、残疾和健康分类

2001 年世界卫生组织(WHO)建立了新的残疾分类体系,即国际功能、残疾和健康分类(international classification of functioning, disability and health, ICF)。这个体系随着近年 WHO 的研究及推广应用,已经在世界上多数国家的康复评定架构中采用,并成为其他医学领域和康复专业人员之间沟通的桥梁。

一、ICF 的模式

ICF 将"疾病的结局"分类转变为"健康的成分"分类,以健康新概念为基础,即健康代表一种功能状态,体现个人作为个体和社会成员完成全部生活的能力,它把功能作为判断健康的主要因素。ICF 强调以功能为基础,强调环境与内因的重要性。功能又分身体功能和结构、活动与参与三个方面。当三者均正常时为健康状态;相反,当身体功能和结构受损伤和(或)能力受限和(或)参与局限性时为残疾。因此,残疾可分为损伤、活动受限和参与局限性三类或三个水平。

ICF 的理论模式:包括功能与残疾模式、医学和社会模式。

功能与残疾模式:ICF 将功能和残疾分类作为一种交互作用和演进的过程,提供了一种多角度方法。ICF 成分间的交互作用见图1-1。

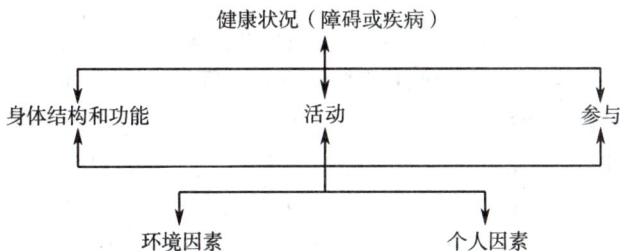

图 1-1 国际功能、残疾和健康分类模式图

医学和社会模式:医学模式认为残疾是有关人的问题,是直接由疾病、损伤或其他健康状况造成的结果,对付残疾的重点是治疗或个体的调适和行为改变。社会模式则认为残疾主要是由社会引发的问题,而且基本上是个体难以充分融入社会的问题,残疾不仅是个体的属性,而且是多种条件的复杂集合,其中的许多问题是由社会环境造成的。

在 ICF 模式中,以上各个项目间的关系是双向的、有关联的、相互作用的。残疾的存在可能改变健康状况本身。从一种损伤或多种损伤可以推断能力受限,从而合理推断活动的受限程度。然而,重要的是如何独立收集这些结构上的数据并解释之间的关系和因果联系。如果从整体的健康经历来看,则所有的构成成分都是有用的。

此外,上述模式说明了背景性因素(包括环境因素和个人因素)在整个过程中所起的正面或负面的影响。这些因素与具有健康问题的个体之间交互作用,从而决定了个体功能的水平和程度。环境因素包括个体和社会两个不同层面:①个体所处的现实环境,如家庭、工作场所和学校等,包括环境的自然和物质特征以及直接接触人群,如家人和熟人、同行和陌生人等;②社会机构、服务机构和社区体制均会对个体产生影响,包括与工作环境有关的组织、服务机构、社区活动、态度和意识形态等。个人因素包括性别、年龄、种族、其他健康状况、生活方式、习惯、社会背景、教育、职业等,这些因素都可能在任何层次的残疾中发挥作用。ICF 重视环境对个体的影响,因此,对于任何一种疾病或创伤患者,不仅要从损伤、活动受限和参与局限性三个层面进行评定,还要了解个体的健康状况和功能水平,同时也应当评定影响个体的背景性因素。在康复实施过程中,则要在提高个体功能水平的同时,积极改善环境和个人因素,有针对性地采取三级预防措施,发挥康复的主动性和积极性,以预防或减轻残疾的发生和程度,实现高水平的康复。

二、ICF 的应用领域

1. 统计工具 用于健康或康复数据的收集和记录(如用于人口研究和调查或用于管理信息系统)。

2. 研究工具 测量与功能、残疾和健康有关的结果、生活质量或环境因素。

3. 临床工具 用于需求评定、为特定状况选择治疗方法、进行职业评定、康复及其结果评估。

4. 社会政策工具 用于社会保障计划、赔偿系统、政策的制定与实施以及评估等多个方面。

5. 教育工具 用于课程设计、提高社会意识及采取社会行动。

尽管 ICF 原本只是作为一种健康和与健康有关问题的分类,但它也可以用于像保险、社会保障、劳动就业、教育、经济、社会政策和一般立法以及环境改造等方面。因此,它已经被接受作为联合国社会分类的一部分,并参照和具体体现了《残疾人平等机会标准规则》。因此,ICF 为实施国际人权法案以及国家法律提供了一种适当的工具。中国尚未建立自有的评定体系,利用 ICF 模式有利于实现康复评定结果的信息共享。

三、ICF 的成分

ICF 具有两部分,每一部分有两种成分。

第一部分:功能和残疾。包括:①身体功能和结构;②活动和参与。

第二部分:背景性因素。包括:①环境因素;②个人因素。

每一成分均可用正面或负面术语表述,每一成分由不同领域所构成,而在每个领域中,类目是分类的单位。个体的健康和与健康有关的状况可以通过选择适当的类目或编码并加上限定值进行记录,这些数字编码用以具体显示在该类目上功能或残疾的范围或程度,或显示环境因素是有利或障碍因素的程度。ICF 的成分见表 1-1。

表 1-1 ICF 的成分

	第一部分:功能和残疾		第二部分:背景性因素	
成分	身体功能和结构	活动和参与	环境因素	个人因素
领域	身体功能、身体结构	生活领域(任务、行动)	功能和残疾的外在影响	功能和残疾的内在影响
结构	身体功能的改变(生理的)、身体结构的改变(解剖的)	能力:在标准环境中完成任务 活动表现:在现实环境中完成任务	自然、社会和态度等外在因素的积极或消极影响	个人特质的影响
积极方面	功能和结构的结合	活动参与	有利因素	不适用
消极方面	功能损伤 残疾	参与局限性活动受限	障碍或不利因素	不适用

四、ICF 的编码

ICF 运用了一种字母数字编码系统,即上述四个成分:身体功能、身体结构、活动和参与以及环境因素分别以字母 b、s、d 和 e 来代表。如字母 b(body)代表身体的功能,s(structure)代表身体结构,d 根据使用者的选择,可以用 a 或 p 替代以分别显示活动(activity)、参与(participation),e(environment)代表环境因素,紧接这些字母的是用章数开头的数字(一位数),后面是第二级水平(两位数)以及第三级和第四级水平(各为一位数)。ICF 的类目是嵌入式的,对于成分比较广泛的类目则在下一级的子类目中包含更详细的内容(如在活动和参与成分的第 4 章中,活动分别包括站立、坐下、步行、搬运物体等子类目)。简略版(简版)包含两级水平,而全文版(详版)则包含四级水平,但简略版和全文版的编码是一致的。

例如:

b2:感觉功能和疼痛(一级水平类目)

b210:视功能(二级水平类目)

b2102:视觉质量(三级水平类目)

b21022:对比感觉(四级水平类目)

任何个体在每一水平上均可有其编码范围,它们可以是独立的,也可以是相互关联的。使用限定值是 ICF 编码的一个重要特点。ICF 编码只有再加上一个限定值后才算完整,限定值用于显示健康水平的程度(即问题的严重性)。限定值是在小数点后的一位、两位或多位数字。使用任何编码应该至少加上一位限定值,没有限定值的编码没有意义。其中身体功能和结构的一级限定值、活动和参与的活动表现和能力限定值,以及环境因素的一级限定值描述在各构成成分中出现问题的大小。ICF 各成分编码中限定值并非一致,例如:

身体功能:一级限定值,用于显示损伤的范围和程度。

身体结构:一级限定值,用于显示损伤的范围和程度。二级限定值,用于显示身体结构各方面改变的性质。三级限定值,用于显示损伤的部位。

活动和参与:一级限定值,即活动表现,指活动受限的程度。二级限定值,即能力,指无辅助时参与局限程度。

环境因素:一级限定值,使用负性和正性量度法,分别显示障碍和有利因素的范围。有利因素用"+"号代替小数点。

在 ICF 三个构成成分(身体功能和结构、活动和参与、环境因素)进行定量评定时,也使用限定值方法,对于不同结构下存在的损伤、受限、局限性或障碍等问题,使用下面括号中的恰当的定性词汇,并根据相关分类领域作出选择(xxx 表示二级水平的领域数)。针对可以使用校正值或其他标准测量的大范围的实例,对其损伤、能力受限、活动表现问题或障碍情况进行量化。例如,当"没有问题"或"完全问题"被确定时,编码有直到 5% 的误差范围。而"中度问题"被确定时,编码的误差范围可达到有完全问题者的一半程度。不同领域中的百分率要参照相应的人口百分率标准进行校正。

xxx.0:没有问题(无,缺乏,微不足道……)0%~4%

xxx.1:轻度问题(略有一点儿,很低……)5%~24%

xxx.2：中度问题(中等程度,一般……)25%~49%

xxx.3：重度问题(很高,非常……)50%~95%

xxx.4：完全问题(全部……)96%~100%

xxx.8：未特指

xxx.9：不适用

例如,s730.3 代表严重上肢结构损害,最后一位数字"3"作为一级限定值表示上肢损伤的范围和程度属于"重度损伤"。而 s7300.32 代表上肢的部分缺失,最后一位数字"2"作为二级限定值表示其上肢结构改变的性质属于中等程度,在具体的限定值定义中对应"部分缺失"。

在 ICF 的应用过程中,限定值的判断体现对功能障碍范围及程度的评定,对于治疗效果及预后的判断具有重要意义,但也常存在不同个体评定结果的差异,影响其应用的信度。因此,本书的康复评定部分以 ICF 框架为基础,主要介绍各种疾病所涉及的"身体功能和结构""活动""参与"三个层次的"功能与残疾"状态的评定,部分还涉及环境因素。为各种疾病相关的 ICF 各成分限定值的判断提供客观的依据,有利于减少不同个体间评定结果的差异。

五、ICF 的特点

ICF 在其理论架构上以及类目术语上,建立了完备的术语系统,用于功能与残疾的分类。其特点如下：

1. 广泛性　该分类系统可以应用于所有处于不同健康状态的人,而不同于以往将残疾人作为一个特殊群体加以分离的分类法。

2. 平等性　强调促进残疾人充分参与社会生活,不同健康状态(身体和心理)均无活动或者参与的限制。

3. 准确定义　在四个分类维度中,各个具体的类目均有操作性定义,并且给出了各类的基本属性、分界(使用包括与不包括术语)、测量方法以及具体的实例。

4. 类目使用中性词语　许多类别以及项目均使用中性词来说明每个维度的积极与消极方面,避免了过去使用的对残疾人带有贬义的消极词汇。

5. 结构与功能分离　将身体结构与功能缺损分开处理,以反映身体所有缺损状态。

6. 用活动受限代替残疾　活动是一个中性词,用活动取代残疾反映了目前残疾人对自己状态的新认识。该分类还使用严重程度指标,对限制活动的情况进行描述。

7. 用参与受限代替残障　该分类系统用参与(participation)代替残障(handicap),并列举了一系列环境因素以确定参与社会生活的程度。

六、ICF 的临床应用

WHO 及有关机构为了推动 ICF 在临床和研究项目中的应用和发展,开发设计了《国际功能、残疾和健康分类》检查表(简称检查表)供临床使用。最新版本的检查表(临床版)包括 152 项类目,代表了 ICF 一、二级分类中最相关的维度。在所有152 个编码中,列出了 38 项"身体功能"项目、20 项"身体结构"项目、57 项"活动和参与"项目以及 37 项"环境"项目。如果用户发现确定项目不在 152 项项目范围内时，可以为每个成分最多追加 2 个编码，每一编码都可以加上相应的限定值限定。

ICF 检查表作为一种综合性的以及包括环境因素的检查表，有着不同于其他检查表的特点。检查表运用了多种信息来源，如自我报告、医学检查、临床记录、家庭成员的报告等。检查者要根据这些不同来源的信息作出临床判断。在填写调查表时要应用访谈程序。检查者希望使用一套从现象定义开始的标准描述语言，以相同的方式提出最初的问题，而后则由临床医师自由应用相关的技术进行评估和记录，检查者能评估多种来源的信息以作出判断。由于临床判断和自我报告都是调查表的完整组成部分，检查表并不是为受训练的受试者专门设计的。

与以往的检查表相比，ICF 检查表可以确定功能问题程度[残损、能力和(或)参与受限]以及环境因素的促进或阻碍范围。严重程度限定值区分为无、轻度、中度、重度、完全、未特指、不适用。对限定值的每一等级都给出了解释或同义词以及百分比范围。例如，"中度"一词通常用来表示中等的、平均程度的问题，意思是这一问题在特定时间内出现率在 50% 以上，在强度上影响了人们的日常生活，在最近 30 天内频繁发生。值得注意的是，为限定值划分的百分等级范围是各维度把人群的平均水平用一个百分等级作参照计算。这里要注意的是百分等级是一个统计学概念，不是百分率的概念。

ICF 检查表不同于其他临床专业领域所应用的量表或检查表。各专业领域的检查表所检查的内容是与各领域或专业密切相关的，而 ICF 检查表由于涵盖了不同的领域，包括身体结构与功能、活动和参与以及环境因素等，它综合了不同领域检查表的内容，同时又能在一个综合的理论基础上以一种综合的方法，收集不同领域所涉及的信息内容，这样就达到了不同领域针对同一测评对象的数据进行交换的目的。

在具体应用中，需要根据患者的具体情况选择不同的 ICF 成分进行评定。如对于肘关节以上截肢患者，不仅需要进行肢体残端的形态测量等身体结构的评定，还要进行关节活动度的测量、残端肌力的测定等身体功能的评定。此外，还需要进行与上肢功能密切相关的日常生活活动能力，和职业、学习等活动及其参与能力的评定，以及环境和个人因素的影响；对于中枢性瘫痪的患者，评定同样包括上、下肢结构和功能、平衡、感觉、精神及言语等身体功能，日常生活活动能力和社会参与能力及背景性因素的评定。

目前，WHO 在全世界开展多中心合作项目，建立与疾病相关的 ICF 核心分类组合(core sets)，以简化 ICF 的评定过程，因为具体病症涉及的 ICF 编码可能只有几十种，不需要进行所有的 ICF 成分的判定。如骨关节炎，涉及的 ICF 身体功能层次主要包括"b280 痛觉、b710 关节活动功能、b730 肌肉力量功能、b770 步态功能、b715 关节稳定功能、b740 肌肉耐力功能、b780 与肌肉和运动功能有关的感觉、b760 随意运动控制功能、b134 睡眠功能、b735 肌张力功能"等。通过研究建立各疾病相关的标准核心组合，将大大提高 ICF 在康复评定实施中的效率。

为了保障 ICF 在临床中应用的信度与效度，并且保证其不致被误用或滥用，WHO 提出了 ICF 临床应用的伦理道德原则，主要有以下两个方面：①临床医师应该尽可能向个体或个体的支持者解释使用 ICF 的目的，欢迎提出有关在使用 ICF 对功能进行分

笔记

类时遇到的问题;②对于其功能被分类的个体(或其支持者)应该有机会参与,特别是对关于使用类目和评估提出适当性的意见并进行确认。

第五节 康复医学整体观

康复医学的目的是实现全面康复,着重于恢复机体功能,提高患者生活质量,使病、伤、残者能重返社会。康复医学的核心是功能,采用多学科、多专业合作的团队方式,强调整体康复、全面康复,范畴包括医学康复、教育康复、康复工程、职业康复、社会康复等,具有多学科协作性、广泛性和社会性。

一、人体功能的关联性

人体是一个有机的整体,构成人体的各个组成部分之间在功能上不可分割,在功能上互相影响、互相协调、互为补充。人与环境也是一个统一体,人与自然、人与社会、精神与形体以及形体内部之间具有整体性的联系。

(一)人体的组织、器官、系统和功能相互关联

人体每一个组织器官结构都有其特定功能,组织器官的形态结构是功能活动的物质基础。反之,功能的变化又能影响该器官形态结构的发展。构成人体的各个组织、器官和系统并不是孤立存在、独自发挥作用和功能,而是有机地整合在一起,全面调节人体各项功能活动,既相互制约,又相互协调、相互促进。

例如,骨骼肌是运动系统的主动部分,骨骼肌的收缩和舒张运动牵引骨骼改变位置,而产生运动。而人体的运动功能并非解剖意义上的单块肌肉收缩舒张或几块肌肉协同运动的简单叠加,对运动功能障碍的分析也不是基于简单的对单块肌肉或某一肌群功能的分析。肌肉、骨骼、筋膜之间纵向连接,将人形成了一个整体。当人体的某一部分运动时,整个身体都在响应。身体牵一发而动全身,身体的任何动作都与整体相联系。某一部位的肌肉张力平衡和骨骼的正常排列被破坏,都有可能导致力学的失衡,引发其他部位的疼痛或运动功能障碍。此外,运动功能也不仅仅依靠运动系统来完成,肌肉的随意运动需要神经系统的协调控制。例如前庭神经系统病变,会直接导致平衡功能障碍,进而影响步行。运动系统也不仅仅影响运动功能,例如腹部核心肌群的力量,不仅影响躯体的平衡和运动控制,也影响了人体主要的呼吸模式,甚至影响呼吸功能。

(二)人体的各个功能相互关联

人体是一个完整统一的有机体,虽然由各自执行不同功能的器官系统所构成,但是各功能之间同样存在千丝万缕的联系。任何一个功能发生改变也会在一定程度上导致其他功能改变,进而影响整体的功能水平。

在医学领域,功能涵盖了人类所有的身体功能(平衡、步行及言语),身体结构,心理和精神(情绪、情感及人格),所做的一切事件(活动、任务及技能)及渴望成为的角色(父母、工作人员及选举人),它们之间相互影响,相互关联。当机体某一功能发生障碍时,与之相关的功能会受到不同程度的影响。反之,机体某一功能障碍的恢复也有利于促进相关功能的改善。例如,作为人体整体功能核心的心肺功能在维持人体正常功能水平的过程中扮演着重要角色,心肺功能的改善不仅能够有效地预防心血管系

统、呼吸系统以及代谢性疾病,同时也能显著提高患者的肢体运动功能、平衡功能等。在临床康复工作中,整个康复团队都应该掌握人体功能的相关性,使患者潜在或存在的功能障碍能够早发现、早治疗,有效防止二次损伤,从而使患者的功能得到最大限度的恢复。

(三) 人体功能与个人因素和环境因素的相关性

个体的健康状况、功能状况和残疾情况与环境因素之间相互作用、相互影响。社会环境、自然环境、家庭和社会支持,与个体的身体功能和结构、活动和参与密切相关。个体的生活方式、年龄、性别、教育水平、社会背景、心理素质、行为方式,也会直接影响个体的活动和参与能力。因此,在观察和学习过程中既要关注患者存在的主要功能障碍,也要从整体上把握人体各功能之间的关联性,综合生理、心理、环境等因素,评价个体、家庭、社会生活以及职业劳动的功能活动,最终实现全面康复的目标。

二、康复目标的全面性

康复的目标是使病、伤、残者已经丧失的功能尽快、尽最大可能地得到恢复和重建,使其在体格上、精神上、社会上和经济上的能力得到尽可能的恢复,重新走向家庭、工作和社会。康复的目标不仅是改善患者的功能,还要提高患者生活质量,最终使患者回归家庭和社会,并实现经济自立而成为社会独立的一员。功能障碍的多维性、康复评定的复杂性、康复需求的多样性,以及康复对象进行活动和参与的社会性,决定了康复目标的全面性。

康复目标具有阶段性。近期目标是目前最迫切需要解决以及最有可能改善的一部分,远期目标是建立在多个近期目标的基础上完成的大目标。每个阶段确立的目标都是康复进程中极其重要的一环,且环环相扣。近期目标是远期目标的前提和基础,而远期目标是近期目标的延伸。通过每一阶段康复目标的实现,最终实现全面康复的目标。

康复医学与临床医学不同,康复医学关注的核心是功能障碍,功能障碍是综合的、多维的。例如脑卒中患者不仅会出现运动功能障碍,同时还伴有感觉功能障碍、认知功能障碍、言语、吞咽功能障碍等。由于功能障碍的多维性,康复目标的制定也应全面化、整体化,不仅要考虑主要功能障碍,也要兼顾其他功能障碍。

康复目标是着眼于整个人,不单局限于改善躯体功能障碍,更在于从生理、心理、社会及职业方面加以整体提高,使患者最大限度地恢复活动和参与能力,回归家庭、回归社会,实现作为社会人的个人价值。因此,功能恢复是社会参与的前提,社会参与是功能恢复的全面体现。

三、康复方法的协同性

康复医学强调向患者提供全面、综合性的康复治疗,这就要求协同应用各种康复治疗手段,以团队的形式协同工作,多学科、多专业协同治疗,采取综合、全面、整体的康复措施,改善患者功能,提高生活质量,最终实现全面康复的目标。

(一) 康复手段协同应用

康复医学是一门专业性很强的学科,其治疗手段也复杂多样,包括运动疗法、物理因子疗法、作业疗法、言语治疗等。要实现全面康复的目标,必须协同应用各种治疗手段,充分发挥各疗法的优势。

(二)康复团队协同工作

康复医学涉及的功能障碍常常包括身体的、心理的、日常活动和社会参与能力等多方面内容,非单一康复治疗所能解决。这就要求康复治疗以团队协作的方式开展治疗工作。领队是康复医师,成员包括物理治疗师、作业治疗师、言语治疗师、心理治疗师、假肢与矫形器师、文体治疗师、康复护士、社会工作者等,团队所有成员之间团结协作,发挥各自所长,围绕一个共同目标,最终实现全面康复的目标。

(三)多专业、多学科协作治疗

康复医学以功能为核心,面向各类功能障碍患者,涉及内容涵盖身体结构异常,生理和心理障碍、活动受限和社会参与受限等多个方面。功能障碍常以复合的形式表现出来,可能累及多个器官受损、多种功能受限,因而需要采取综合、全面的康复方法,进行多方面的治疗和训练。因此,需要多学科参与到康复工作中来。康复医学与临床医学相互渗透、交叉融合,多学科、多专业相互协作,综合利用各种有效手段,恢复或改善患者的功能,增加独立生活能力,提高生存质量,最终达到全面康复、重返社会的目标。

四、结局评价的前瞻性

康复是一个长期的系统工程,不仅要关注现阶段的康复,还要关注将来的进展。因此,对患者进行康复结局评价就显得尤为重要。康复结局评价是国际上评价康复医疗质量的通用标准,它既可以改善患者的康复结局,提高康复医疗效率和康复服务的满意度,也可以更有效地优化医疗资源配置。

1. 康复结局评价的功能整体观 康复结局是对个体和人群水平上的功能进行整体概括。随着功能整体观意识的深入,人们对康复结局有了更新的认识。康复结局评价涵盖了身体结构、身体功能、活动参与以及环境因素、个人因素等范畴,评估的内容并不局限于躯体的运动感觉功能和日常生活活动能力,还涉及意识认知、情绪心理、生活质量等方面;此外,对参与能力,个人因素,环境因素,社会因素更加重视,如对家庭、社区无障碍环境的评估,对智能家居系统、信息交流系统、交通出行系统的改造和应用将成为结局评价的重要内容。

2. 康复结局评价贯穿康复治疗全程 康复医疗已贯穿于急救医学与社会医疗全过程,涉及急诊救治、早期康复介入、社区和家庭康复、职业训练等。康复结局评价也是基于完整康复服务体系、康复医疗全程的疗效服务评价,收集分析的数据除患者在院康复期间的康复方案、疗效评估、干预措施、费用组成等医疗数据外,患者出院后的后续康复过程、长期康复结局,以及个体、环境因素对患者的社区参与能力、职业康复进展的影响也是评价的一部分。

3. 康复结局评价的前瞻性 康复结局评价动态、连续的监测康复治疗全程的临床医疗信息和康复费用参数,对功能评估、治疗方案、病历报告、干预措施、医疗花费等数据进行查询、传递、分析和评估,不仅能辅以形成完整、经济、可行的康复方案,规范康复诊疗流程,改善患者的康复结局,提高康复医疗效益,还有助于分析我国的居民康复服务需求,为康复医疗保险费用支付提供依据。展望未来,康复结局评价必将成为医疗卫生质量评估的重要组成部分,在引领康复医疗服务体系建设、全民康复医疗保障、临床康复方案决策、医疗服务质量提升、康复资源配置优化等方面发挥积极的作用。

学习小结

1. 学习内容

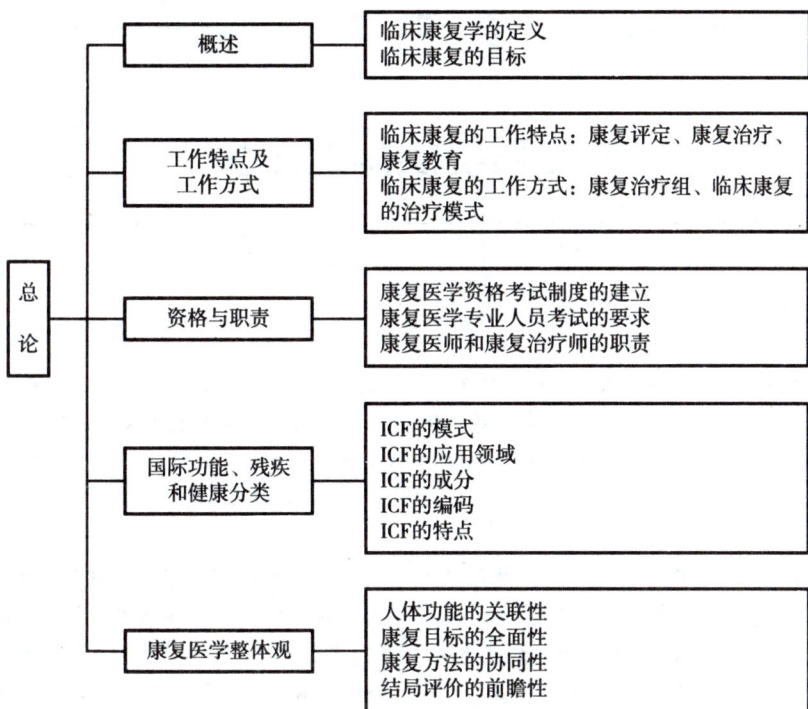

2. 学习方法

康复治疗组模式是临床康复医疗的基本工作形式。临床康复是以康复评定、康复治疗、康复预防为工作特色。康复评定是康复治疗的基础,康复治疗以康复训练为主要手段。

(张安仁)

复习思考题

1. 临床康复的工作特点是什么?
2. 临床康复的工作方式有哪些?
3. 试述康复医师和康复治疗师各自的职责。
4. ICF 的模式是什么?
5. 如何理解康复医学整体观?

第二章

神经系统疾病的康复

学习目的

　　神经系统疾病的康复是本教材的重点之一,通过学习神经系统常见疾病的康复评定、康复治疗等相关知识,使学生掌握神经系统疾病康复的方案、流程,正确运用康复治疗技术,为临床康复实践打下坚实的基础;同时,学好本章也有助于理解掌握教材后续章节内容,如第六章神经源性膀胱、言语功能障碍、失认症等临床常见问题康复的学习。

学习要点

　　神经系统常见疾病的定义、临床特征,康复评定内容和方法、康复目标制订和康复治疗技术;脑卒中的临床特征、神经功能损伤程度和运动功能障碍的评定、急性期和恢复期的运动疗法;颅脑损伤认知功能障碍的评定与康复训练;脊髓损伤神经平面和完全性程度的评定,脊髓损伤早期和中后期的运动疗法、作业疗法;小儿脑性瘫痪反射发育、运动功能的评定,运动疗法的康复训练;周围神经电生理学评定和恢复期的康复治疗;帕金森病的临床特征、Yahr 分期评定和运动疗法;老年痴呆认知功能障碍的评定与训练;持续性植物状态意识障碍的评定和感官环境刺激疗法。

第一节　脑卒中的康复

　　脑卒中是神经系统的常见病、多发病,具有发病率高、致残率高、死亡率高和复发率高的特点,严重危害着人类的生命健康。据统计,在存活的脑卒中患者中,均有不同程度地丧失劳动能力,其中重度致残者约占 40%,严重影响了患者的生活质量。脑卒中后进行有效的康复治疗能最大限度地改善患者功能障碍,促进患者积极参与社会生活,提高其生活质量。

一、概述

(一) 定义

　　脑卒中(stroke),又称脑血管意外(cerebral vascular accident,CVA),是指起病迅速,由脑血管病变引起的局限性或全脑功能障碍,持续时间超过 24 小时或引起死亡的临床症候群。临床上将其分为两大类:缺血性脑卒中和出血性脑卒中。缺血性脑卒中包括短暂性脑缺血发作(transient ischemic attack,TIA)、脑血栓形成(cerebral thrombosis)

及脑栓塞（cerebral embolism）；出血性脑卒中包括脑出血（cerebral hemorrhage）及蛛网膜下腔出血（subarachnoid hemorrhage）。

（二）流行病学

脑卒中是导致人类死亡的三大疾病之一，在全球范围内，每年约460万人死亡，其中1/3在工业化国家，其余发生在发展中国家，患病和死亡主要发生在65岁以上人群。日本是脑卒中发病率、死亡率最高的国家之一，脑血管病死亡率一直居死因之首。中国脑卒中发病率大约是2‰，高于欧美，与日本相近。中国每年新发卒中患者约150万，现存脑卒中患者为600万~700万，约40%的患者会遗留中度功能障碍，15%~30%的患者会留下重度功能障碍，70%~80%的卒中患者有不同程度的劳动力丧失和独立生活能力下降。

（三）病因及发病机制

引起脑卒中的原因较多，如动脉硬化、血管炎、先天性血管病、外伤、药物、血液病及各种栓子和血流动力学改变都可引起急性或慢性脑血管疾病，具体分类如下：

1. 血管壁病变　以高血压性动脉硬化和动脉粥样硬化所致的血管损害最常见，其次为结核、梅毒、结缔组织疾病和钩端螺旋体等病因所致的动脉炎，再次为先天性血管病（如动脉瘤、血管畸形和先天性狭窄）和各种原因（外伤、颅脑手术、插入导管、穿刺等）所致的血管损伤，另外还有药物、毒物、恶性肿瘤等所致的血管病损等。

2. 心脏病和血流动力学改变　如高血压、低血压或血压的急骤波动，以及心功能障碍、传导阻滞、风湿性或非风湿性心瓣膜病、心肌病及心律失常，特别是心房纤颤。

3. 血液成分和血液流变学改变　包括各种原因所致的高黏血症，如脱水、红细胞增多症、高纤维蛋白原血症等。另外还有凝血机制异常，特别是应用抗凝剂、避孕药物、弥散性血管内凝血和各种血液性疾病等。

4. 其他病因　包括空气、脂肪、癌细胞和寄生虫等栓子，脑血管受压、外伤、痉挛等。

（四）临床特征

1. 运动功能障碍　脑卒中后高级中枢神经元受损，下运动神经元失去控制，反射活动活跃，患者的肢体不能完成在一定体位下单个关节的分离运动和协调运动，而出现多种形式的运动障碍。如，联合反应（associated reaction）、协同运动（synergic movement）和姿势反射（posture reaction）等。

（1）联合反应：联合反应是指偏瘫时，即使患侧肢体不能做任何随意运动，但当健侧上下肢紧张性随意收缩时，其兴奋可波及患侧而引起患侧上下肢发生肌肉紧张，产生相似的运动。

（2）协同运动：协同运动是指偏瘫患者期望完成某项活动时不能做单关节的分离运动，只有多关节同时活动时才能将动作完成。

（3）姿势反射：指由体位改变导致四肢屈肌、伸肌张力按一定模式变化的一种运动，称为姿势反射。主要包括紧张性迷路反射、紧张性颈反射、紧张性腰反射、阳性支撑反射、对侧伸肌反射及抓握反射等。

2. 感觉功能障碍　脑卒中后感觉传导通路受损,出现感觉障碍(disturbances of sensation),主要表现为一般感觉障碍,如浅感觉的痛觉、温觉、触觉,深感觉的关节位置觉、震动觉、运动觉,以及复合感觉(如实体觉、定位觉、两点辨别觉)和特殊感觉(如偏盲)等。

3. 平衡功能障碍　平衡功能的产生需要功能完整的深感觉及前庭、小脑和锥体外系等的参与,由各种反射活动、外周本体感觉和视觉调整以及肌群间的相互协作共同完成。以上任何一个环节出现问题均可导致平衡功能障碍。

4. 认知障碍　认知是指人们认识与知晓(理解)事物过程的总称,包括感知、识别、记忆、概念形成、思维、推理及表象过程。认知障碍(cognitive disorder)指与上述学习记忆以及思维判断有关的大脑高级智能加工过程出现异常,从而引起严重学习、记忆障碍(learning and memory impairment),同时伴有失语(aphasia)、失用(apraxia)、失认(agnosia)或行为异常(disturbance in executive functioning)等,可单独存在,但多相伴出现。

(1) 学习、记忆障碍:记忆是处理、贮存和回忆信息的能力,与学习和知觉相关。记忆过程包括感觉输入→感觉记忆→短时记忆→长时记忆→贮存信息的回忆等过程。短时记忆涉及特定蛋白质的磷酸化和去磷酸化平衡,而长时记忆除特定蛋白质的磷酸化改变外,还涉及新蛋白质的合成。在大脑皮质不同的部位受损伤时,可引起不同类型的记忆障碍,如颞叶海马区受损主要引起空间记忆障碍,蓝斑、杏仁核区受损主要引起情感记忆障碍等。

(2) 失认:失认是指脑损害时患者并无视觉、听觉、触觉、智能及意识障碍的情况下,不能通过某一种感觉辨认以往熟悉的物体,但能通过其他感觉通道进行认识。例如,患者看到手表而不知为何物,通过触摸手表的外形或听表走动的声音,便可知其为手表。

(3) 失用:失用是指脑部疾患时患者并无任何运动麻痹、共济失调、肌张力障碍和感觉障碍,也无意识及智能障碍,不能在全身动作的配合下正确使用一部分肢体功能去完成那些本来已经形成习惯的动作。如不能按要求做伸舌、吞咽、洗脸、刷牙、划火柴和开锁等简单动作,但患者在不经意的情况下却能自发地做这些动作。一般认为,左侧缘上回是运用功能的皮质代表区,由该处发出的纤维至同侧中央前回,再经胼胝体而到达右侧中央前回。因此左侧顶叶缘上回病变可产生双侧失用症,从左侧缘上回至同侧中央前回间的病变可引起右侧肢体失用,胼胝体前部或右侧皮质下白质受损时引起左侧肢体失用。

(4) 其他精神、神经活动的改变:患者常常表现出语多唠叨、情绪多变、焦虑、抑郁、激动(agitation)、欣快等精神、神经活动方面的异常改变。

5. 言语障碍　言语障碍是由脑损伤后引起语言和作为语言基础的认知过程的障碍。言语障碍可粗略分为理解及表达两个方面。因为交流可通过语言或者文字进行,所以受到影响的能力包括语言表达、语言理解、书写及阅读等几个方面。卒中后言语障碍主要表现为失语症和构音障碍等。

(1) 失语症(aphasia):是指由于大脑半球损伤而导致已获得的语言能力丧失或受损,并非发音器官功能障碍所致。其功能障碍因卒中部位不同而异,主要表现为听、说、读、写四大方面的功能障碍。

（2）构音障碍（dysarthria）：是指由于神经系统损害导致与言语有关的肌肉无力、肌张力异常以及运动不协调等，产生发声、发音、共鸣、韵律等言语运动控制障碍。患者通常听理解正常并能正确地选择词汇以及按语法排列词句，但不能很好地控制重音、音量和音调。分型及临床特征详见《康复评定学》。

6. 吞咽障碍　吞咽障碍在脑卒中患者中是很常见的，急性期影像学检查发现发生率为 25% ~ 50%。主要表现为流口水、进食呛咳、反复肺部感染、体重下降、口腔失用等障碍。吞咽障碍的表现、程度与病变部位有关，延髓的神经核或其周围神经受累而导致真性延髓性麻痹，双侧大脑运动皮质及皮质延髓束受损导致假性延髓性麻痹。

7. 协调运动障碍　高级中枢对低级中枢控制失灵，损伤平面以下的反射异常，肌张力过高，肢体各肌群之间失去了相互协调能力，正常的精细、协调、分离运动被粗大的共同运动或痉挛所取代，一般上肢较下肢重，远端比近端重，精细动作比粗大动作受影响明显，运动协调障碍在动作的初始和终止时最明显。尽管偏瘫侧肢体有肌肉收缩活动，如出现用力屈肘、握拳等动作，但这些动作是屈肌共同运动中伴随着痉挛出现而产生的，不能协调地进行复杂的精细动作，无法随意恢复到原来的伸展位。

8. 反射亢进　脑损伤后，高级与低级中枢之间的相互调节、制约受损，损伤平面以下的各级中枢失去了上一级中枢的控制，正常反射活动丧失，原始的、异常的反射活动被释放，并夸张地出现，引起反射性肌张力异常，表现为平衡反射、调整反射能力减弱，出现病理反射、脊髓反射、肌紧张反射（姿势反射）亢进，造成躯体整体和局部平衡功能的失调，影响了正常功能活动。

9. 心理障碍　最常见的是抑郁症（depression），有的伴有焦虑。

脑卒中的各种功能障碍，均可导致患者的日常生活活动能力和功能独立性不同程度的下降，严重影响其生活质量。

二、康复评定

脑卒中康复评定是脑卒中康复的重要内容之一。评定结果对康复治疗目标、康复治疗方案的制定起着指导作用。临床主要评定方法如下：

（一）神经功能损伤程度的评定

1. 格拉斯哥昏迷量表（Glasgow coma scale, GCS）　GCS 用以确定患者有无昏迷及昏迷的严重程度。GCS 分数 ≤ 8 分为昏迷状态，是重度损伤，9 ~ 12 分为中度损伤，13 ~ 15 分为轻度损伤。

2. 脑卒中患者临床神经功能缺损程度评分　该评分标准简单、实用、可靠、易于操作，是脑卒中最基本的功能评定方法之一，主要用来评定脑卒中损伤程度（表 2-1）。它的最高分是 45 分，最低分是 0 分；轻型是 0 ~ 15 分，中型是 16 ~ 30 分，重型是 31 ~ 45 分。

3. 美国国立研究院脑卒中评分表（NIH stroke scale, NIHSS）　是一种有效的标准化的脑卒中后神经功能缺损严重程度评价工具。包含 11 项检测内容，得分低说明神经功能损害程度轻，得分高说明损害程度重（表 2-2）。

表2-1 神经功能缺损程度评分标准

评价内容	得分	评价内容	得分
意识(最大刺激、最佳反应)		7. 上肢肌力	
1. 提问:①年龄;②现在是几月份		Ⅴ度:正常	0
相差2岁或1个月都算正确		Ⅳ度:不能抵抗外力	1
都正确	0	Ⅲ度:抬臂高于肩	2
一项正确	1	Ⅲ度:平肩或以下	3
都不正确进行以下检查		Ⅱ度:上肢与躯干夹角>45°	4
2. 两项指令:握拳、伸掌;睁眼、闭眼,可示范		Ⅰ度:上肢与躯干夹角<45°	5
		8. 手肌力	
均完成	0	Ⅴ度:正常	0
完成一项	3	Ⅳ度:不能紧握拳	1
均不能完成,进行以下检查	4	Ⅲ度:握空拳,能伸开	2
3. 强烈局部刺激健侧肢体		Ⅲ度:能屈指,不能伸	3
定向退让	6	Ⅱ度:能屈指,不能及掌	4
定向肢体回缩	7	Ⅰ度:指微动	5
肢体伸直	8	0	6
无反应	9	9. 下肢肌力	
4. 水平凝视功能		Ⅴ度:正常	0
正常	0	Ⅳ度:不能抵抗外力	1
侧方凝视功能受限	1	Ⅲ度:抬腿45°以上,踝或趾可动	2
眼球侧方凝视	2	Ⅲ度:抬腿45°左右,踝或趾不能动	3
5. 面瘫		Ⅱ度:抬腿离床不足45°	4
正常	0	Ⅰ度:水平移动,不能抬高	5
轻瘫,可动	1	0	6
全瘫	2	10. 步行能力	
6. 语言		正常行走	0
正常	0	独立行走5m以上,跛行	1
交谈有一定困难,需借助表情动作表达;或流利但不易听懂,错语多	2	独立行走,需拐杖	2
		他人扶持下可以行走	3
可简单交流,但复述困难,语言多迂回,有命名障碍	5	能自己站立,不能走	4
词不达意	6	坐不需支持,但不能站立	5
		卧床	6

表 2-2　美国国立研究院脑卒中评分表

1.	意识与定向力	得分
	（1）意识水平	
	清醒	0
	嗜睡	1
	昏睡	2
	昏迷	3
	（2）定向力问题（现在的月份和患者的年龄，回答必须正确，接近的答案不给分）	
	两个问题均回答正确	0
	一个问题回答正确	1
	两个问题回答均不正确	2
	（3）定向力命令（睁眼闭眼，健侧手握拳与张开）	
	两个任务执行均正确	0
	一个任务执行正确	1
	两个任务执行均不正确	2
2.	瞳孔对光反应	
	双眼均有反应	0
	一眼有反应	1
	双眼均无反应	2
3.	凝视（只评水平凝视功能）	
	正常	0
	部分凝视麻痹	1
	完全性凝视麻痹	2
4.	视野	
	没有视野缺失	0
	部分偏盲	1
	完全偏盲	2
	双侧偏盲	3
5.	面瘫	
	正常	0
	轻度瘫痪	1
	部分瘫痪	2
	完全性瘫痪	3
6.	上肢的运动（如果坐位，上肢前屈至 90°，手掌向下；如果卧位，前屈 45°，观察上肢是否在 10 秒内跌落）	
	保持 10 秒	0
	不到 10 秒	1
	不能抗重力	2
	直接跌落	3

笔记

续表

7.	下肢的运动(下肢抬高 30°,常常在卧位检测下肢是否在 5 秒内跌落)	
	保持 5 秒	0
	不到 5 秒	1
	不能抗重力	2
	直接跌落	3
8.	跖反射	
	正常	0
	可疑	1
	伸性	2
	双向伸性	3
9.	肢体共济失调(指鼻试验和足跟膝胫试验)	
	无共济失调	0
	上肢或下肢共济失调	1
	上下肢体均共济失调	2
10.	感觉	
	正常	0
	部分缺失	1
	明显缺失	2
11.	忽视	
	没有忽视	0
	存在一种类型的忽视	1
	存在一种以上类型的忽视	2
12.	构音障碍	
	正常	0
	轻度至中度障碍	1
	重度障碍	2
13.	语言	
	没有失语	0
	轻中度失语	1
	重度失语	2
	完全性失语	3

（二）运动功能评定

常用的运动功能评定方法主要有 Brunnstrom 偏瘫功能评价法、Fugl-Meyer 法、上田敏法。其中 Fugl-Meyer 法在感觉运动功能和平衡功能方面信度和效度较好,其缺点是评定过于复杂和费时;上田敏法对于上下肢、手指运动功能评定简易、快速,但使用较局限。

1. Brunnstrom 偏瘫功能评价法　主要分为 6 个阶段进行评定(表 2-3)。

表 2-3　Brunnstrom 偏瘫功能恢复过程 6 阶段及功能评定标准表

阶段	上肢	手	下肢
Ⅰ	无任何运动	无任何运动	无任何运动
Ⅱ	出现痉挛,出现联合反应	仅有极细微的屈曲	出现痉挛,出现联合反应
Ⅲ	可随意发出协同运动	可有钩状抓握,但不能伸指	坐和站位上,有髋、膝、踝的协同性屈曲
Ⅳ	出现脱离协同运动的活动: 1. 肩伸展 0°,屈肘 90°的情况下,前臂能旋前、旋后 2. 肘伸直的情况下,肩可前屈 90° 3. 手背可触及腰骶	能侧捏及松开拇指,手指有半随意的小范围伸展	在坐位上,可屈膝 90° 以上,可使足向后滑向椅子后方,在足跟不离地的情况下能背屈踝
Ⅴ	出现相对独立于协同运动的活动: 1. 肘伸直时肩可外展 90° 2. 在肘伸直时肩前屈 30° ~ 90°的情况下,前臂可旋前和旋后 3. 肘伸直,前臂中立位可上举过头	可做球状和圆柱状抓握,手指可做集团伸展,但不能单独伸展	痉挛减弱,共同运动进一步减弱,分离运动增强 1. 立位,髋伸展位能屈膝 2. 立位,膝伸直,足稍向前踏出,踝能背屈
Ⅵ	协调运动大致正常,手指指鼻无明显辨距不良,但速度比健侧慢(≤5 秒)	所有抓握均能完成,但速度和准确性比健侧差	协调运动大致正常。立位时可在伸膝位髋外展;坐位时可完成髋交替地内外旋,并伴有踝内、外翻

2. 简化 Fugl-Meyer 评定法　Fugl-Meyer 评定法是由 Fugl-Meyer 等在 Brunnstrom 评定法的基础上制订的综合躯体功能的定量评定法,其内容包括上肢、下肢、平衡、四肢感觉功能和关节活动度的评测。简化 Fugl-Meyer 评定法是一种只评定上、下肢运动功能的简化评定形式,具有省时、简便的优点。简化 Fugl-Meyer 运动功能评定中各单项评分充分完成为 2 分,不能完成为 0 分,部分完成为 1 分。其中上肢 33 项,下肢 17 项,上下肢满分为 100 分(表 2-4)。

表 2-4　Fugl-Meyer 运动功能评定积分总表

	入院日期	出院日期	最大积分
运动			
上肢			36
腕和手			30
上肢总积分			66
下肢总积分			34

笔记

续表

	入院日期	出院日期	最大积分
总运动积分			100
平衡总积分			14
感觉总积分			24
被动关节活动度			
运动总积分			44
疼痛总积分			44
Fugl-Meyer 总分			226

3. 上田敏偏瘫功能评价　上田敏偏瘫功能评定法将偏瘫功能评定分为 12 级,并进行肢位、姿势、检查种类和检查动作的标准化判定,是一种半定量的评定方法。

4. 运动功能评定量表(motor assessment scale,MAS)　是由澳大利亚 Carr 等人于 1985 年提出的,由 8 个不同的运动功能项目和一个有关全身肌张力的项目组成。每一项评定记分为 0~6 分,检测内容有仰卧位翻至侧卧位、侧卧位至床边坐、坐位平衡、坐位至站位、行走、上肢功能、手的运动和手的精细活动等。

5. Rivermead 运动指数(RMI)　是由英国 Rivermead 康复中心 1991 年编制的、专门用于评估运动功能的方法。该方法针对性强、简单、实用、易于掌握,但相对较粗略。共有 15 项评测内容和 2 个功能等级(0~1 分),能独立完成规定的运动得 1 分,不能完成则为 0 分。

6. 改良 Ashworth 肌张力分级评定法　主要用于上运动神经元损伤肌张力增高的评定,通过被动活动关节来了解受累肌肉的张力情况。具体内容详见《康复评定学》有关章节。

(三)平衡功能评定

1. 三级平衡检测法　三级平衡检测法在临床上经常使用,Ⅰ级平衡是指在静态下不借助外力,患者可以保持坐位或站立位平衡;Ⅱ级平衡是指在支撑面不动(坐位或站立位),身体某个或几个部位运动时可以保持半衡;Ⅲ级平衡是指患者在外力作用或外来干扰下仍可以保持坐位或站立平衡。

2. Berg 平衡评定量表(Berg balance scale test)　Berg 平衡评定量表是脑卒中康复临床与研究中最常用的量表,一共有 14 项检测内容,包括:①坐—站;②无支撑站立;③足着地,无支撑坐位;④站—坐;⑤床—椅转移;⑥无支撑闭眼站立;⑦双足并拢,无支撑站立;⑧上肢向前伸;⑨从地面拾物;⑩转身向后看;⑪转体 360°;⑫用足交替踏台阶;⑬双足前后位,无支撑站立;⑭单腿站立。每项评分 0~4 分,满分 56 分,得分高表明平衡功能好,得分低表明平衡功能差。

3. 平衡测试分析系统检测　通过检测了解患者动态和静态时身体重心分布情况来判断其平衡能力。一般正常人身体重心分布是两侧肢体分别承担体重的 50%,脑卒中患者健侧大于患侧。

(四)日常生活活动能力的评定

日常生活活动(activity of daily living,ADL)能力的评定是脑卒中临床康复常用的功能评定,其方法主要有改良 Barthel 指数和功能独立性评定(functional independence measure,FIM)。

(五)生活质量评定

生活质量(quality of life,QOL)评定分为主观取向、客观取向和疾病相关的 QOL3 种,常用的量表有生活满意度量表、WHO-QOL100 和 SF-36 等。

(六)其他功能障碍的评定

其他功能障碍的评定还包括感觉功能评定、认知功能评定、失语症评定、构音障碍评定和心理评定等,请参见有关章节和相关书籍。

三、康复治疗

脑卒中后早期介入康复可最大程度上恢复患者功能,一般在 3 个月左右达到康复平台期。脑卒中 6 个月后患侧肢体的运动功能提高,但提升空间较小;言语、认知、家务及工作技能在 2 年内都有进一步恢复的空间。

康复时机的选择:早期康复有助于改善脑卒中患者受损的功能,减轻残疾的程度,提高其生活质量。通常生命体征稳定 48 小时后、原发神经病学疾患无加重或有改善的情况下进行康复治疗。对伴有严重的并发症,如血压过高、严重的精神障碍、重度感染、急性心肌梗死或心功能不全等,应积极治疗并发症,待患者病情稳定后方可逐步进行康复治疗。

脑卒中的康复基本原则:①选择合适的康复时机;②康复评定贯穿脑卒中治疗的全过程,包括急性期、恢复早期(亚急性期)、恢复中后期和后遗症期;③康复治疗计划是建立在康复评定的基础上,由康复治疗小组共同制订,并在治疗方案实施过程中逐步加以修正和完善;④康复治疗注意循序渐进,要有脑卒中患者的主动参与及其家属的配合,并与日常生活和健康教育相结合;⑤采用综合康复方案,包括物理治疗、作业治疗、言语治疗、心理治疗、中医康复治疗和康复工程;⑥常规的药物治疗和必要的手术治疗。

(一)急性期的康复治疗

脑卒中急性期持续时间一般为 2~4 周,待病情稳定后康复治疗即可进行。

急性期康复目标:预防压疮、呼吸道和泌尿道感染、深静脉血栓形成及关节挛缩和变形等并发症;尽快从床上的被动活动过渡到主动活动;为主动活动训练创造条件,尽早开始床上的生活自理;为恢复期功能训练做准备。

1. 运动疗法

(1)床上正确体位的摆放:脑卒中急性期的大部分患者肢体呈弛缓状态。异常体位会导致关节半脱位和关节周围软组织损伤,长时间异常体位可造成肢体的痉挛模式。正确体位的摆放能预防和减轻脑卒中患者特异性病理模式,防止因卧床引起的继发性功能障碍。

1)健侧卧位(图 2-1):是患者最舒服的体位。患肩前伸,肘、腕、指各关节伸展,放在胸前的垫枕上,上肢向头顶上举约 100°。患腿屈曲向前放在身体前面的另一垫枕上,既不外旋,也不内旋,避免足内翻。

2)患侧卧位(图 2-2):患肩前伸,将患肩拉出,避免受压和后缩,肘、腕、指各关节伸展,前臂旋后。患侧髋关节伸展,膝关节微屈,健腿屈曲向前放在身体前面的垫枕上。患侧卧位时,康复人员应注意患肩、患髋不能压在身体下面。

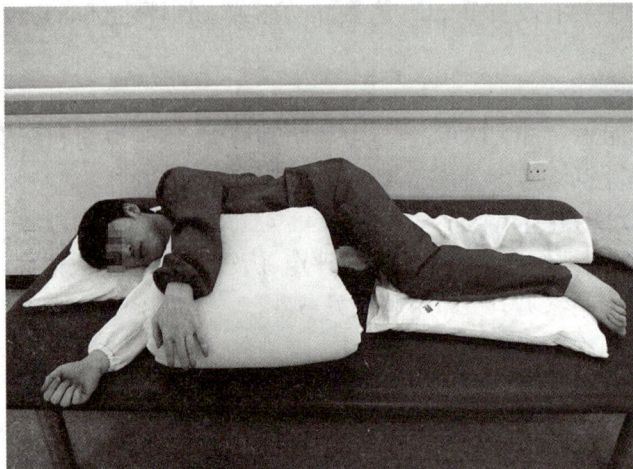

图 2-1 健侧卧位

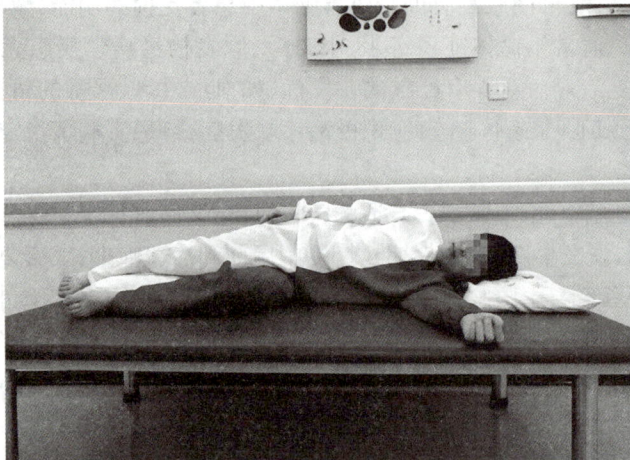

图 2-2 患侧卧位

3）仰卧位（图 2-3）：仰卧位不是最佳的体位，因为仰卧位可以加重患者的痉挛模式，如患侧肩胛骨后缩及内收，上肢屈曲、内旋（常常放在胸前），髋关节轻度屈曲及下肢外旋（可引起外踝压疮）、足下垂及内翻。为预防这些异常，患肩应放在体旁的垫枕上，肩关节前伸，保持伸肘，腕背伸，手指伸展。患侧臀部和大腿下放置垫枕，使骨盆前伸，防止患腿外旋，膝下可置一小枕，使膝关节微屈，足底避免接触任何支撑物，以免足底感受器受刺激，通过阳性支持反射加重足下垂。另外，偏瘫患者应避免半卧位，因该体位的躯干屈曲及下肢伸展姿势直接强化了痉挛模式。

（2）床上体位变换：任何一种体位若持续时间过长，都可能引起继发性损伤，如关节挛缩、压疮等。因此，为了防止关节的挛缩或维持某一种体位时间过长而导致的压疮，要适时变换体位。

1）被动向健侧翻身：先旋转上半部躯干，再旋转下半部躯干。治疗者一手放在颈部下方，另一手放在患侧肩胛骨周围，将患者头部及上半部躯干旋转呈侧卧位；然后，一手放在患侧骨盆将其转向侧方，另一手放在患侧膝关节后方，将患侧下肢旋转并摆放于自然半屈位。

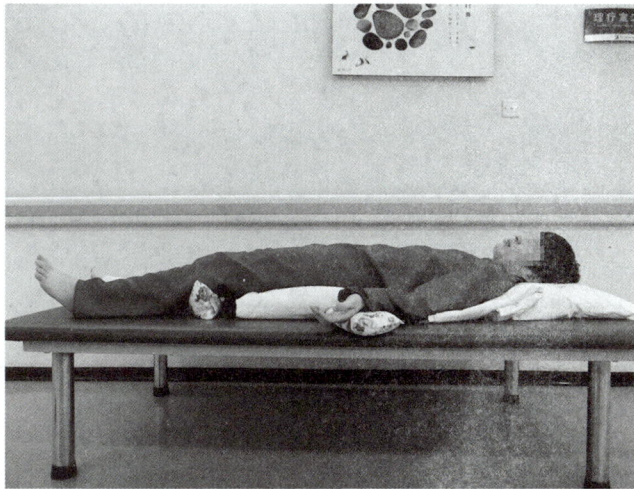

图 2-3 仰卧位

2）被动向患侧翻身：治疗者先将患侧上肢放置于外展 90°的位置，再让患者自行将身体转向患侧，若患者处于昏迷状态或体力较差时，则可采用向健侧翻身的方法帮助患者翻身。

体位变换应注意以下几点：①每隔 2 小时变换一次体位。在特殊情况下亦不应超过 3 小时，否则，压疮开始形成。②变换体位时不要在肢体远端牵拉，必须对肢体远端及近端均进行支撑并缓慢进行活动。③出现下列症状时，应暂时停止体位变化：血压明显下降，收缩压在 13.33kPa 以下；头部轻度前屈时出现瞳孔散大；患侧瞳孔散大和对光反射消失；呼吸不规则；呕吐频繁；双侧弛缓性麻痹；频发性全身痉挛；去大脑强直状态。

（3）被动活动关节：对昏迷或不能做主动运动的患者，应做患肢关节的被动活动。通过被动活动关节，既可防治关节挛缩和变形，又能早期体验正确的运动感觉，保持大脑皮质对运动的"记忆"。

肢体的被动活动应注意以下几点：①被动运动要在关节正常活动范围内进行，若患者出现疼痛，不可勉强；②要充分固定活动关节的近端关节，以防止替代运动；③动作要缓慢、柔和、有节律性，避免因粗暴动作而造成的软组织损伤；④对容易引起变形或已有变形的关节要重点运动；⑤活动顺序应从近端关节至远端关节，各关节要进行各方向的运动，每个动作各做 3~5 次，每天 2 次；⑥两侧均要进行，先做健侧，后做患侧。

（4）床上活动：当肢体肌力部分恢复时，可进行早期的助力运动；待肌力恢复至 3~4 级时，可让患者进行主动活动。急性期的主动训练主要是在床上进行的，目的是使患者独立完成各种床上的早期训练后达到独立完成从卧位到床边坐位的转移。

1）双手交叉上举训练：患者仰卧，双手手指交叉，患手拇指置于健手拇指之上（Bobath 握手）（图 2-4），用健侧上肢带动患侧上肢在胸前伸肘上举，然后屈肘，双手返回置于胸前，如此反复进行。上举过程中，要保证肩胛骨前伸，肘关节伸直，患者可将其上肢上举过头。

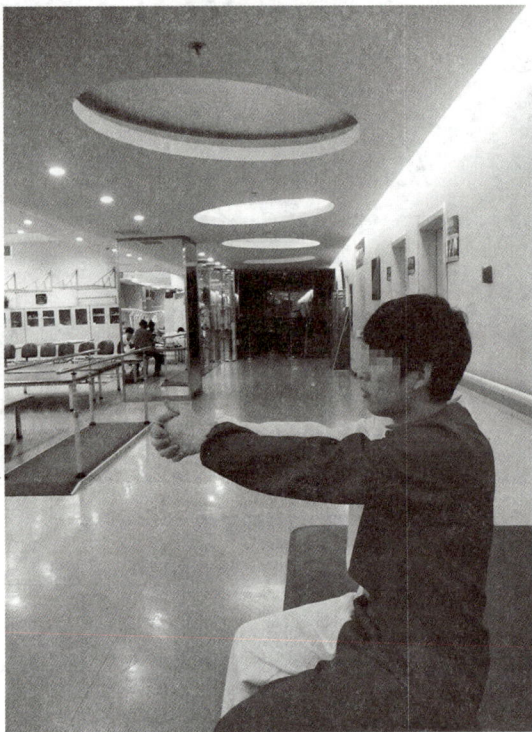

图 2-4　Bobath 握手

2）双手交叉摆动训练：在完成前项训练的基础上，进行上举后向左、右两侧摆动的训练。摆动的速度不宜过快，但幅度应逐渐加大，并伴随躯干的转移。

3）利用健侧下肢辅助抬腿训练：患者仰卧，用健侧足从患侧腘窝处插入并沿患侧小腿伸展，将患足置于健足上方。患者利用健侧下肢将患侧下肢抬起，尽量抬高，患侧下肢不得屈曲。然后缓慢放回床面，如此反复进行。

4）"桥式"运动：患者仰卧，上肢伸直放于体侧，双腿屈髋屈膝，足支撑在床上。嘱患者将臀部主动抬起，并保持骨盆成水平位，维持一段时间后慢慢放下（双桥式运动）（图 2-5）。最初，治疗者可以通过轻拍患侧臀部，刺激其活动，帮助伸髋。随着控制能力的改善，为了进一步提高患侧髋关节伸展控制能力，可逐步调整桥式运动的难度。如将健足从治疗床上抬起，或将健腿置于患腿上，以患侧单腿完成桥式运动，单桥式运动见图 2-6。

2. 物理因子治疗　常用的有局部机械性刺激（如用手在肌肉表面拍打等）、冰刺激、功能性电刺激、肌电生物反馈和局部气压治疗等，可使瘫痪肢体肌肉通过被动引发的收缩与放松逐步改善其张力。

3. 中医康复疗法

（1）针刺疗法：脑卒中患者只要生命体征稳定就可以开始头针治疗。

1）头针：头针的取穴方法较多，常用的有头皮针标准线取穴法、头穴分区取穴法、头穴透刺取穴法、头穴丛刺取穴法。如，于氏头针（头穴丛刺针法），将头部划分为 7 个治疗区，根据不同功能障碍选择相应的治疗区，采用丛刺、间断捻转法，捻转速度为每分钟 200 转，留针 6~8 小时。

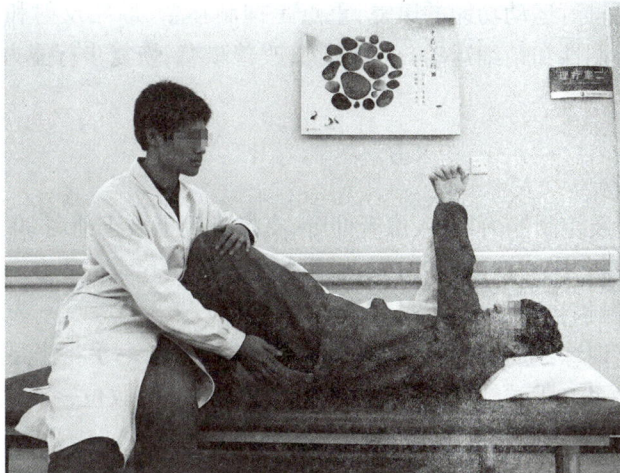

图 2-5　双桥式运动

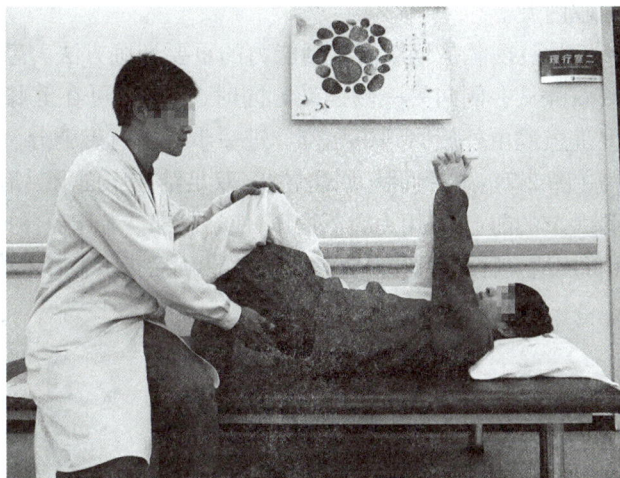

图 2-6　单桥式运动

2）体针：上肢以手阳明经穴为主，如肩髃、曲池、手三里、合谷等；下肢以足阳明经穴为主，如足三里、解溪等；小腿部以足太阳、足少阳经穴为主，如环跳、阳陵泉、昆仑等。针刺得气后连接脉冲针灸治疗仪，采用疏波，每次治疗 30 分钟，每日 1 次。

（2）中药治疗：高热不退、痰热内闭清窍者可用安宫牛黄丸，鼻饲或灌肠，1 丸，每 6~8 小时 1 次；痰湿蒙蔽清窍者可灌服苏合香丸，1 丸，每 6~8 小时 1 次鼻饲；出现脱证的患者可以选择使用具有扶正作用的中药注射液，如生脉注射液、参脉注射液、参附注射液。

（3）推拿疗法：推拿常采用㨰法治疗，一般从患侧近端至远端，改善血液循环，预防肌肉萎缩。同时可选择阳明经穴位点按，以促进患侧肢体功能的恢复。推拿后可被动活动掌指关节、肩关节及踝关节等。髋关节和肘关节活动时，应注意活动力度不宜过大，以免发生损伤造成骨化性肌炎。

（二）恢复期的康复治疗

脑卒中发病后 1~3 个月是康复治疗和功能恢复的最佳时期。恢复后期功能进步缓慢或停滞不前，出现肢体的失用。

恢复期康复目标:运动功能的康复,重点是抑制痉挛、原始反射和异常运动模式,增强肌力,促进协调性和精细运动;步行训练,改善步态,恢复步行能力,提高日常生活活动能力。

1. 运动疗法

（1）床上活动

1）分离运动及控制能力训练:患者仰卧,支撑患侧上肢于前屈90°,让患者上抬肩部,使手伸向天花板并保持一定的时间,或患侧上肢随治疗者的手在一定范围内活动,并让患者用患手触摸自己的前额、另一侧肩部等部位。

2）屈曲分离训练:患者仰卧,上肢置于体侧。治疗者一手将患足保持在背伸位、足底支撑于床面;另一手扶持患侧膝关节,维持髋关节呈内收位,令患足不离开床面完成髋、膝关节屈曲,然后缓慢地伸直下肢,如此反复练习。

3）伸展分离训练:患者仰卧,患膝屈曲,治疗者用手握住患足(不应接触足尖),使其充分背伸和足外翻。随后缓慢地诱导患侧下肢伸展,让患者不要用力向下蹬,并避免髋关节出现内收内旋。

4）髋控制能力训练:摆髋是早期髋控制能力的重要训练方法。患者仰卧,屈髋屈膝,足支撑在床上,双膝从一侧向另一侧摆动。同时,治疗者可在健膝内侧施加阻力,加强联合反应以促进患髋由外旋回到中立位。进一步可进行患腿分、合运动。

5）踝背屈训练(图2-7):患者仰卧,屈髋屈膝,双足踏在床面上。治疗者一手拇、示指分开,夹住患侧踝关节的前上方,用力向下按压,使足底保持着床位,另一手使足背屈外翻。当被动踝背屈抵抗消失后,让患者主动保持该位置,随后指示患者主动背屈踝关节。

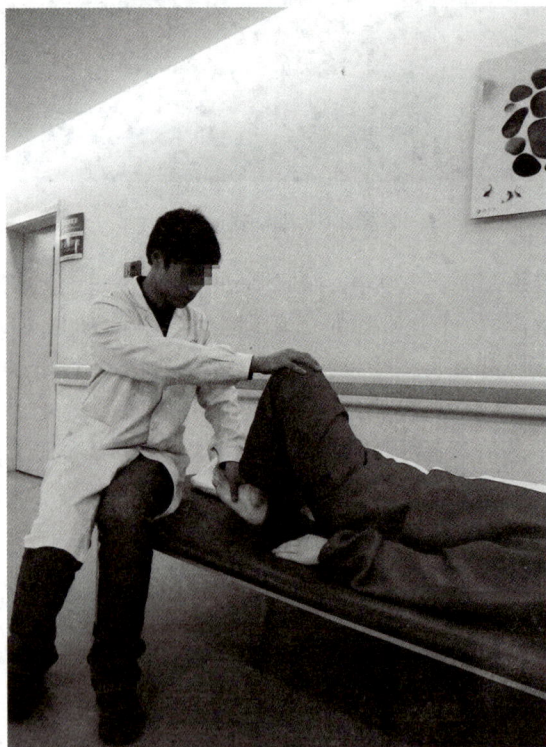

图2-7　踝背屈训练

（2）翻身训练（图 2-8、图 2-9）：患者仰卧，双上肢 Bobath 握手伸肘，头转向要翻转的一侧，肩上举约 90°，健侧上肢带动患肢伸肘向前送，用力转动躯干向翻身侧，同时摆膝，完成肩胛带、骨盆带的共同摆动而达到侧卧。

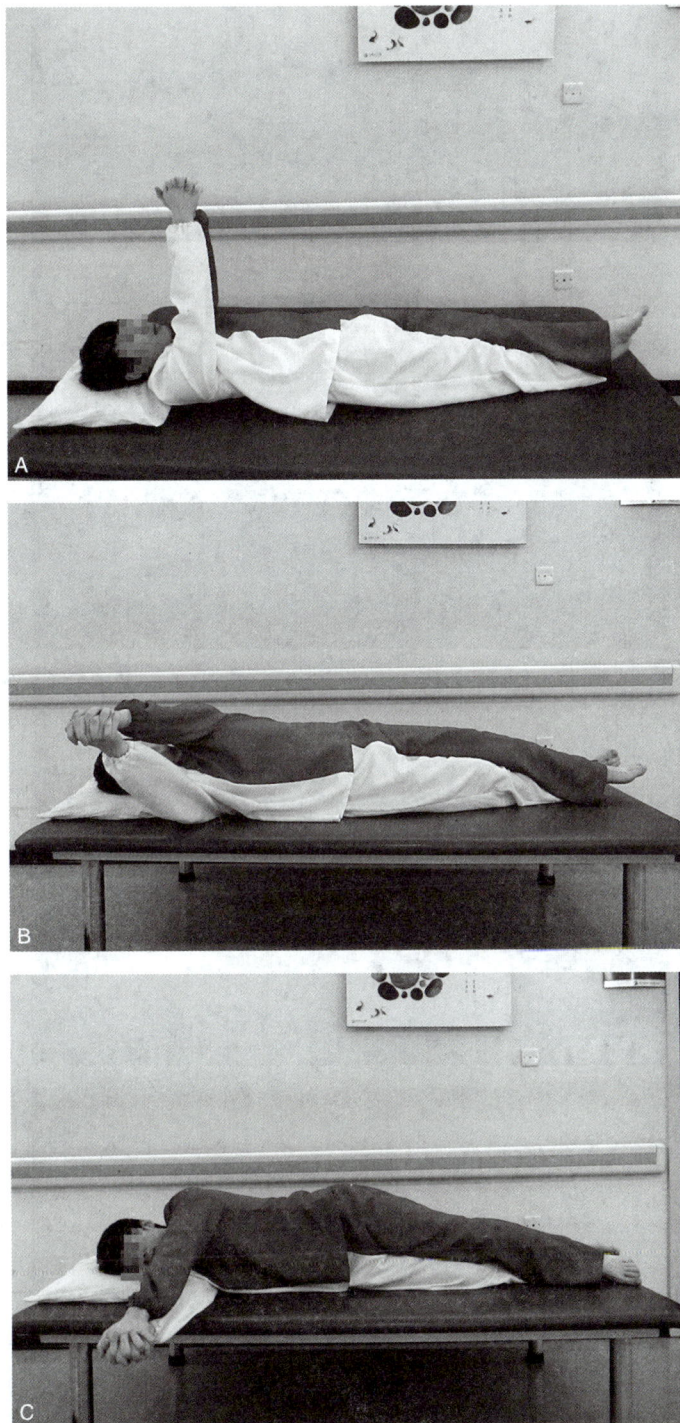

图 2-8 向健侧翻身

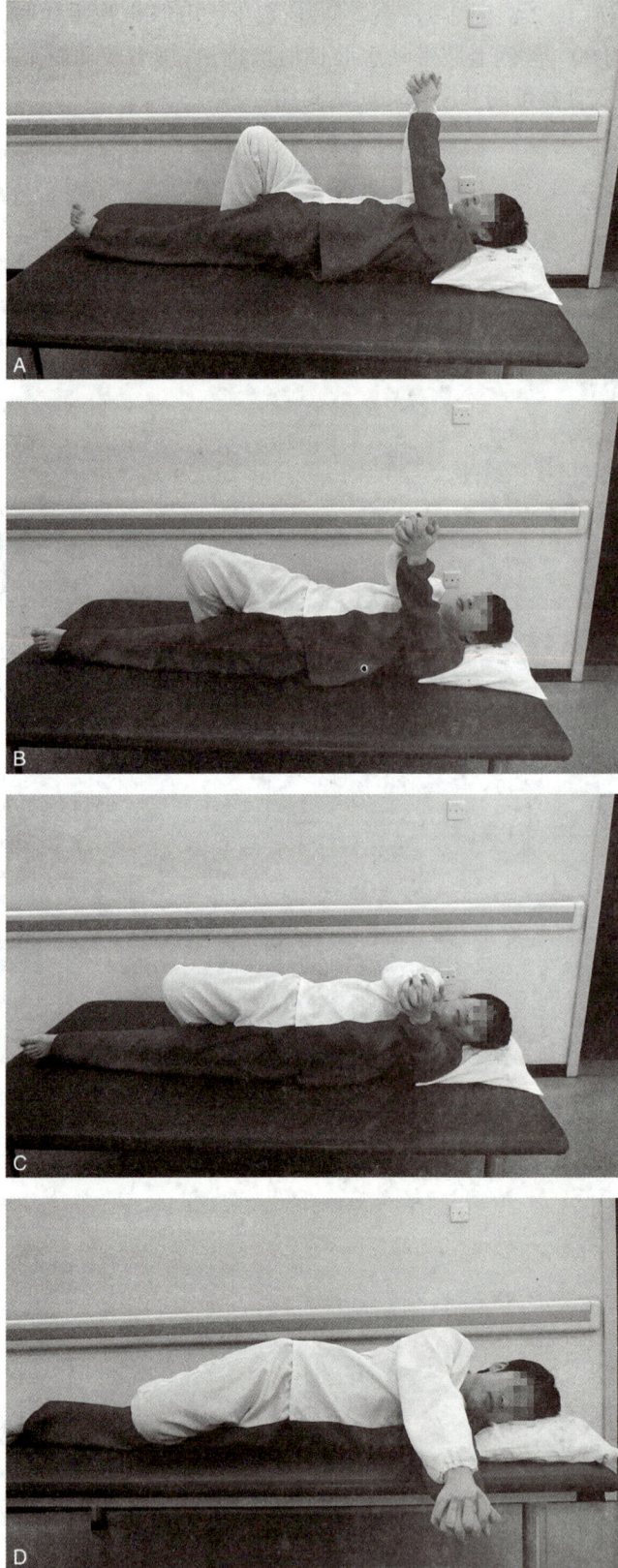

图 2-9　向患侧翻身

（3）坐位训练

1）坐起训练：患者首先从仰卧位变换为侧卧位，用健手握住患手置于腹部，头抬起，健侧肘关节屈曲，上臂呈直立位以支撑上半身抬起；健足插入患足下呈交叉状，以健足带动患足向床边挪动；上半身进一步上抬、前倾，同时健手手掌向下放在床上，以支撑身体起立。两足下垂在床沿上。坐起，移开交叉的双腿，两足着地。

2）坐位平衡训练：平衡训练分为静态平衡训练和动态平衡训练。静态平衡训练要求患者无支撑下在床边或椅子上静坐位，髋关节、膝关节和踝关节均屈曲90°，足踏地或支撑台，双足分开约一脚宽，双手置于膝上。治疗者协助患者调整躯干和头至中立位，当感到双手已不再用力时松开双手，此时患者可保持该位置数秒，然后慢慢地倒向一侧。随后治疗者要求患者自己调整身体至原位，必要时给予帮助。静态平衡完成后，让患者自己双手手指交叉在一起，伸向前、后、左、右、上和下方并有重心相应的移动，此为自动态坐位平衡训练。患者一旦在受到突然的推、拉外力仍保持平衡（他动态平衡），就可以认为已完成坐位平衡训练。

3）坐位时身体重心向患侧转移训练：偏瘫患者坐位时常出现脊柱向健侧侧弯，身体重心向健侧偏移。治疗者站在患者对面，一手置于患侧腋下，协助患侧上肢肩胛带上提，肩关节外展、外旋，肘关节伸展，腕关节背伸，患手支撑于床面上；另一手置于健侧躯干或患侧肘部，调整患者姿势，使患侧躯干伸展，完成身体重心向患侧转移，达到患侧负重的目的。

（4）立位训练

1）站起训练（图2-10）：患者坐位，双足平放于地面，足尖与膝盖成一直线。治疗者坐在患者对面，膝关节屈曲并抵住患侧膝关节，用肘部将患者上肢抵在自己的腰部，另一手置于患者肩部，协助患者将身体重心向前移动。当双肩前移超过双足时，膝关节伸展而完成起立动作。起立时尽量患侧负重，抬头看前方。

2）站位平衡训练：静态站位平衡训练是在患者站起后，让患者松开双手，上肢垂于体侧，治疗者逐渐除去支撑，让患者保持站位。注意站位时不能有膝过伸。患者能独立保持静态站位后，让患者重心逐渐向患侧转移，训练患腿的持重能力。同时让患者双手交叉的上肢（或仅用健侧上肢）伸向各个方向，并伴有随躯干（重心）相应的摆动，训练自动态站位平衡。如在受到突发外力的推拉时仍能保持平衡，说明已达到他动态站位平衡。

3）患侧下肢负重训练：当患侧下肢负重能力逐渐提高后，就可以开始患侧单腿站立训练。患者站立位，身体重心移向患侧，健手可抓握一固定扶手起保护作用，为避免患侧膝关节过度伸展，治疗者可用手辅助膝关节保持屈曲15°左右，然后患者将其健足抬起，置于患侧膝关节内侧，躯干、骨盆及患侧下肢位置不动，将健侧下肢内收、内旋。

（5）步行训练

1）步行前准备：如扶持站立位下患腿的前后摆动、踏步、屈膝、伸髋练习，患腿负重，健腿向前向后移动及进一步训练患腿的平衡。

2）扶持步行：治疗者站在偏瘫侧，一手握住患手，掌心向前；另一手从患侧腋下穿出置于胸前，手背靠在胸前处，与患者一起缓缓向前步行，训练时要按照正确的步行动作行走或在平行杠内步行，然后扶杖步行（四脚杖、三脚杖、单脚杖）到徒手步行。

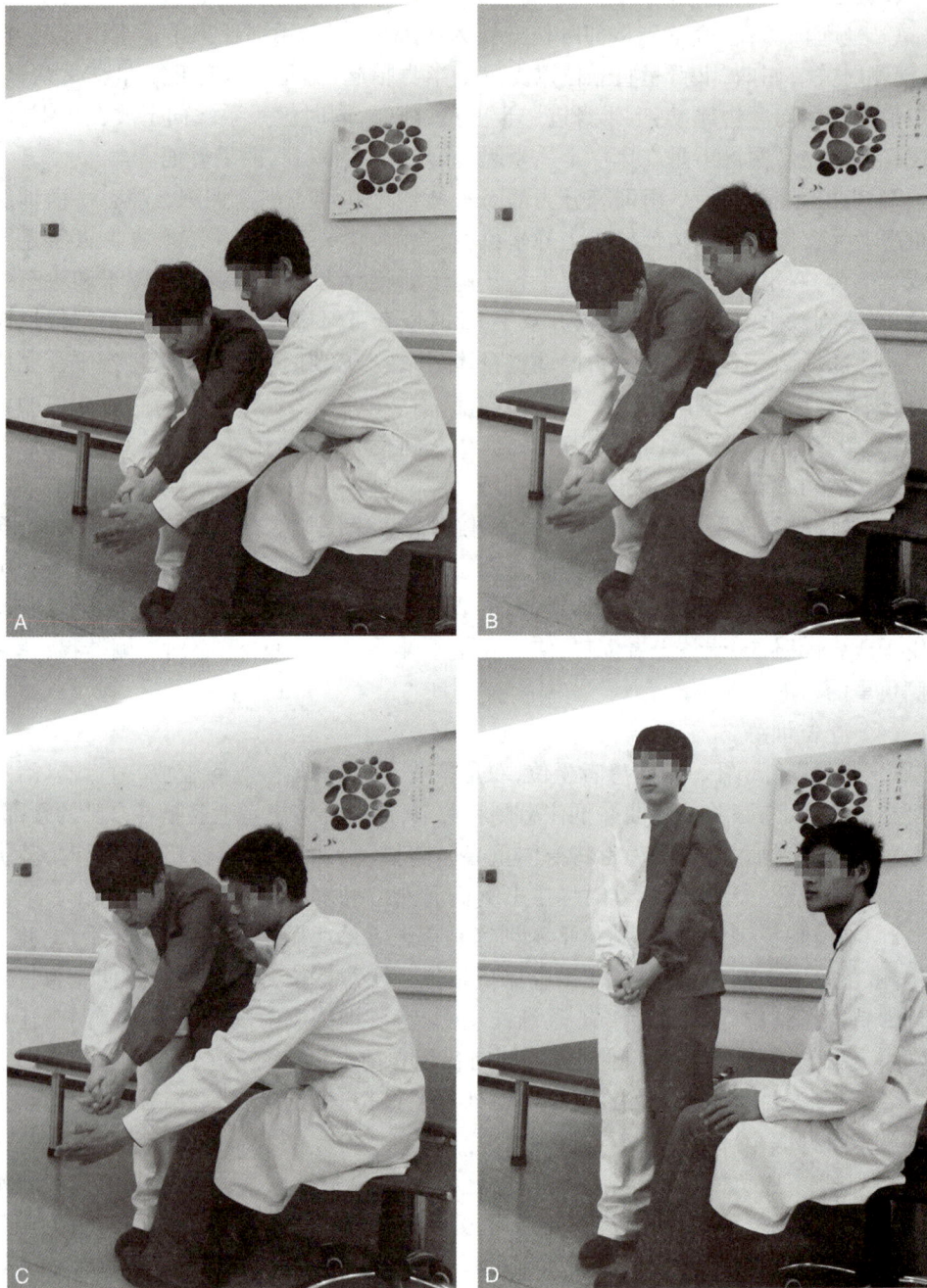

图 2-10 站起训练

3）改善步态训练：步行早期常有膝过伸和膝打软（膝突然屈曲）现象，应进行针对性的膝关节控制训练。

4）复杂步行训练：如高抬腿步、弓箭步、绕圈走、转换方向、越过障碍走、各种速度和节律的步行，以及训练步行耐久力（如长距离的步行、接力游戏），增加下肢力量（如上斜坡、上楼梯），训练步行稳定性（如在窄步道上步行），训练协调性（如踏固定自行车、踏脚踏式织布机等）。

（6）上下楼梯训练：偏瘫患者上下楼梯训练应遵照健足先上、患足先下的原则。治疗者站在患侧后方，一手协助控制膝关节，另一手扶持健侧腰部，帮助将重心转移至患侧，健足先蹬上一层台阶。当健侧下肢在高一层台阶上支撑时，重心充分前移，治疗者一手固定腰部，另一手协助患足抬起，髋膝关节屈曲，将患足置于高一层台阶。如此反复进行，逐渐减少帮助，最终能够独立上楼梯（图2-11）。下楼梯时，治疗者站在患侧，一手置于患膝上方，稍向外展方向引导，协助完成膝关节的屈曲及迈步，另一手置于健侧腰部身体向前方移动。患者健手轻扶楼梯扶手以提高稳定性，但不能把整个前臂放在扶手上（图2-12）。

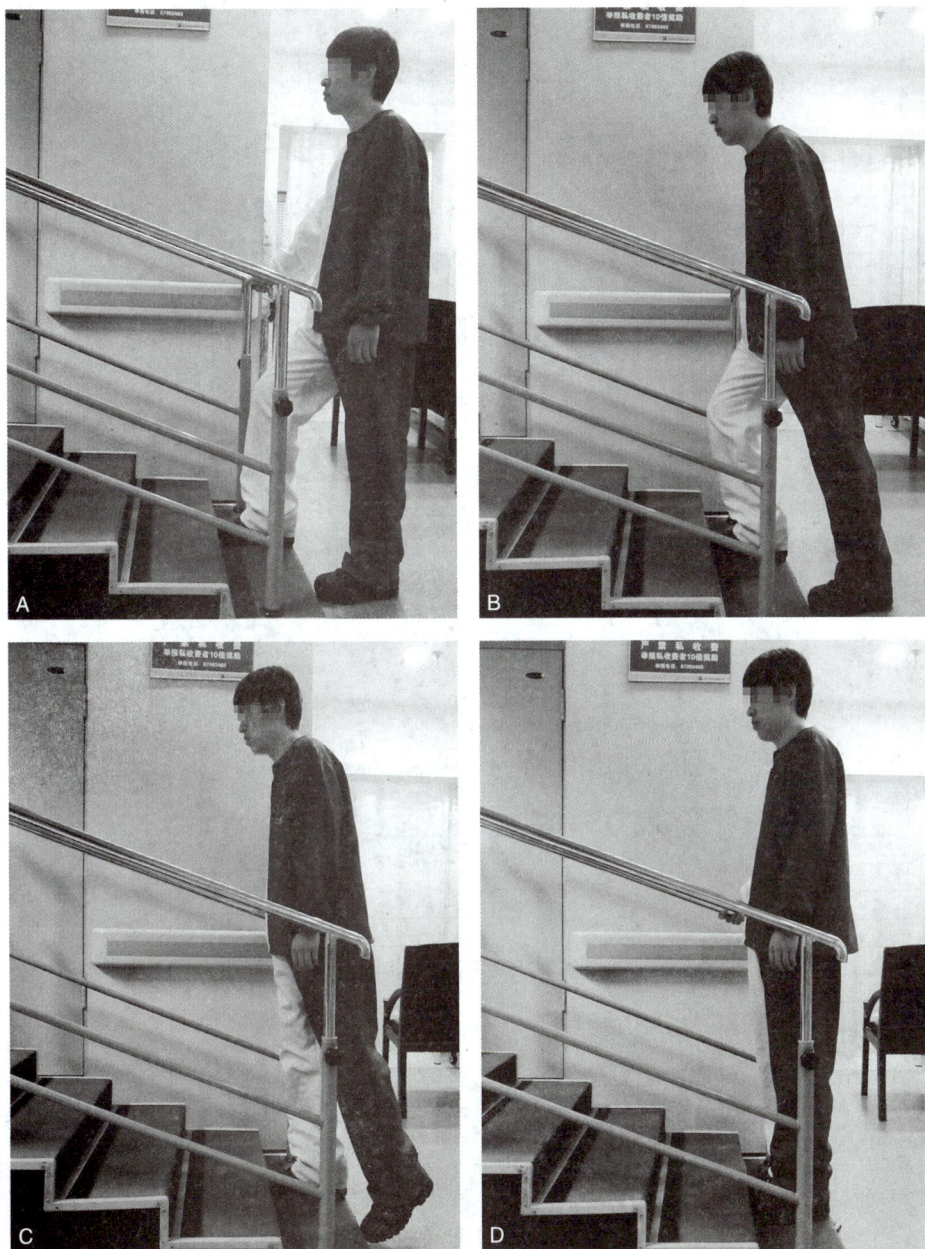

图 2-11　上楼梯训练

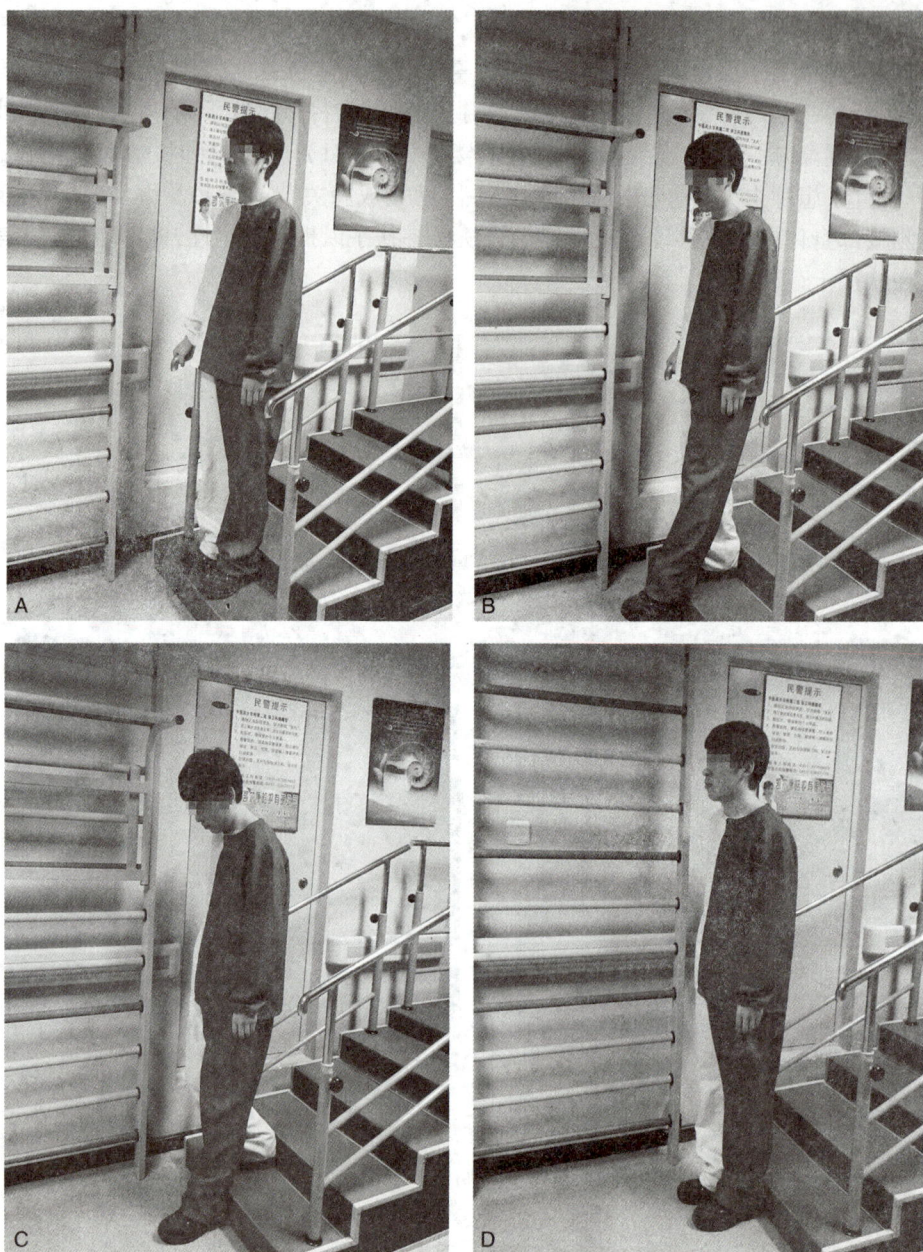

图 2-12 下楼梯训练

2. 作业疗法

（1）作业治疗：对偏瘫患者应针对其功能障碍采用作业治疗。

1）肩、肘、腕的训练：应用墙式或桌式插件进行肩、肘、腕关节的训练，捶钉木板、调和黏土等做肘伸屈的训练。

2）前臂旋前或旋后的训练：拧龙头、拧螺帽，利用圆盘状插件等。

3）手指精细活动：用栓状插件进行拇指的对指、内收、屈曲活动，捡豆、和面、编织、刺绣、拼图、打字等。

4）改善协调平衡功能的训练：脚踏缝纫机、拉锯，保龄球、砂磨板作业等。

5）认知功能的作业训练：脑卒中患者很多存在认知障碍，主要包括注意力障碍、记忆力障碍及定向力障碍等。要针对性地采取相应的作业训练，如注意力、记忆力、定向力、表达力、计算力、理解力等的作业训练。

（2）日常生活活动能力训练：包括床椅转移、穿衣、进食、上厕所、洗澡、行走、上下楼梯、个人卫生等。通过作业治疗，使患者尽可能实现生活自理。

3. 物理因子治疗　在脑卒中的康复治疗中可根据需要选择一些恰当的物理因子治疗手段，能提高肌力、缓解痉挛、促进功能重建。如功能性电刺激疗法能减轻脑卒中患者肩关节半脱位。

4. 言语治疗　尽早地进行言语训练可提高患者残存的言语功能，改善患者的交流能力，促进患者全面康复。

5. 心理疗法　脑卒中患者的心理治疗在于早期发现问题，及时干预，恶性的情绪对患者全身的状况和各方面的功能都有负面影响。治疗以心理干预和药物为主。

6. 康复工程　脑卒中患者在功能训练和日常生活中要使用或借助一些助行器、自助具或矫形器来矫正或改善其功能障碍。

7. 中医康复疗法

（1）中药疗法：此阶段病机大多为虚实夹杂。气虚血瘀者，宜益气活血，方用补阳还五汤加减；肝肾阴亏者，宜滋补肝肾，方用镇肝熄风汤加减；痰湿阻滞者，宜化痰祛湿，方用半夏白术天麻汤加减。

（2）针灸疗法

1）头针：取穴方法亦同"急性期"。

2）体针：选穴主要在偏瘫侧肢体相应的拮抗肌上选取，兴奋拮抗肌以对抗重力肌的痉挛。取肩髃、臂臑、天井、手三里、外关、髀关、承扶、委中、阳陵泉、悬钟等穴，针刺得气后连接脉冲针灸治疗仪，采用疏密波，每次治疗30分钟，每日1次。痉挛较重的患者，可在四肢末梢（手、足）行温针灸。

3）耳针：可取神门、脑干、枕、颞区、肝、肾，用王不留行籽贴敷，每3日1次，辨证取穴。

（3）推拿疗法：此期对偏瘫肢体进行推拿时，多采用较缓和的手法，如揉、摩、擦手法，治疗时间宜长，以使痉挛肌群松弛。穴位推拿的取穴，可参照针灸取穴进行。手法要平稳，由轻而重，以不引起肌肉痉挛为宜。推拿可结合运动疗法同时进行。

（4）功法训练：可选用太极拳、八段锦、六字诀等。如太极云手动作可改善患者的平衡功能。

（5）中药熏洗法：若偏瘫日久，恢复较慢，可用透骨草、荆芥、防风、桂枝、当归、苏木、牛膝、红花、桑枝，水煎后熏蒸烫洗患肢。

（三）后遗症期的康复治疗

后遗症期是指脑卒中发病后1年以上，此期患者不同程度地留下各种后遗症，如痉挛、肌力减退、挛缩畸形、共济失调、姿势异常等。

后遗症期康复目标：维持性训练，利用残余功能，防止功能退化。

1. 继续强化患侧的康复训练，以防止功能退化，提高日常生活活动能力。强制运动疗法主要应用于慢性期卒中患者(发病半年以上)的上肢治疗。患肢至少具备主动伸腕10°,拇指掌侧或桡侧外展10°,其余四指中任意两指的掌指和指间关节可以伸10°。患者没有明显的平衡障碍,能自己穿戴吊带,无严重的认知障碍、痉挛、疼痛及并发症。在连续10~15天内对患侧上肢保持每天至少6小时的训练量,同时对健侧上肢进行2~3周的限制性使用。

2. 患侧功能不可恢复或恢复很差的,应充分发挥健侧的代偿作用。

3. 矫形器和辅助器具的使用　针对患者功能水平、对残疾的适应水平、居住环境与建筑情况,指导其使用各种矫形器、辅助器具,是十分必要的,如日常生活中用以帮助吃饭、洗澡、穿衣、修饰、行走的器具和轮椅,以及用于支持和制动、预防畸形的各种矫形器。这些器具的运用可以补偿患者的功能,帮助患者提高日常生活活动能力。

4. 改善周围环境　为方便患者完成日常生活活动和预防跌倒。例如,门槛和台阶改成斜坡,厕所改成坐厕或凳式便器,在经常活动的范围内,墙上应装上扶手,床铺以40cm左右为宜。

5. 中医康复疗法

(1) 中药疗法:脑卒中后遗症期主要病机是气虚血瘀、脉络痹阻。治疗应以益气活血为原则,方用补阳还五汤加减。

(2) 针灸疗法:取穴以阳明经穴位为主,以补益气血,加强肌肉功能,促进肢体功能恢复。

(3) 推拿疗法:同"恢复期"。

(4) 功法训练:同"恢复期"。

（四）康复治疗适应证和禁忌证

1. 适应证　病情比较稳定,即神经功能缺损不再恶化;并发症病情稳定;有明显的持续性神经功能缺损,如运动功能障碍、自主活动障碍、言语交流障碍、大小便控制障碍、认知功能障碍或吞咽障碍等;有充分的认知功能可以完成学习活动;有充分的交流能力可以与治疗师一起完成交流性活动;具有耐受主动性康复训练的身体素质(如支撑坐位可达到1小时或可从事康复活动);预计可以达到康复治疗的目标。

2. 禁忌证　病情过于严重或在进行性加重中,如深度昏迷、颅内压过高、严重的精神障碍、血压过高、神经病学症状仍在发展中;伴有严重的合并症,如严重的感染(吸入性肺炎等)、糖尿病酮症、急性心肌梗死等;存在严重的系统性并发症,如失代偿性心功能不全、心绞痛、急性肾功能不全等。

四、脑卒中并发症的康复

脑卒中的并发症直接影响到脑卒中后各种功能的恢复,这些并发症较常见的有肩部并发症、直立性低血压、深静脉血栓形成、肺部感染、泌尿系统感染、骨质疏松、骨折、痉挛、关节挛缩、压疮以及废用综合征、误用综合征等。其中痉挛和关节挛缩、骨质疏松和骨折、压疮的康复可参见相关章节。

（一）肩部并发症

肩部并发症是脑卒中后常见并发症之一,主要包括肩关节半脱位、肩痛、肩手综合

征,下面分别介绍:

1. 肩关节半脱位　肩关节半脱位是脑卒中早期的常见并发症,多在脑卒中 3 周内发生,对患者上肢功能的恢复影响极大。卒中患者肩关节半脱位的原因是卒中后早期,上肢不同程度的瘫痪,肩关节稳定性减弱,偏瘫侧肩关节周围肌肉肌张力低下,维持肩关节正常解剖位置的周围肌肉松弛,使固定肩关节的稳定结构强度降低,导致肩关节脱离关节窝的正常位置。

对于肩关节半脱位最主要的是预防:①在软瘫时做好肩部关节的保护,避免对瘫痪肩的过分牵拉;②患侧卧位时间不宜过长,以免在无知觉时损伤肩关节;③在痉挛性瘫痪时,做肩外展上举运动时宜掌面向上使肩外旋,让肱骨大结节避开肩峰的挤压;④同时须配合做肩胛骨的被动活动,增加肩胛骨的活动范围。

肩关节半脱位的治疗方法:①矫正肩胛骨的姿势,注意良肢位摆放;②纠正肩胛骨的位置,抵抗肩胛骨后缩:Bobath 式握手,双上肢伸展充分上举,多次反复进行,卧位、坐位均可;③活动肩胛带:让肩胛骨向上、外、前活动;④刺激肩关节周围起稳定作用肌群的张力和活动;⑤肩关节无痛范围被动运动,保持肩关节的正常活动范围。

2. 肩痛　肩痛是脑卒中后常见和严重的并发症之一,多在脑卒中发病后很长时间甚至数月后发生,发病率高达 84%。它不仅给患者带来身心上的痛苦,而且使患者的进一步康复受到极大影响。肩痛发病原因很多,一般认为主要由于肌痉挛破坏肩关节运动的正常机制以及患侧肩部处理不当,导致肩关节外展时所必需的肩肱关节节律紊乱,使肱骨头、喙肩韧带以及软组织之间产生摩擦和压迫,从而刺激了软组织中高度密集的神经感受器所致。

治疗应针对偏瘫后肩痛的发病机制使用神经促通技术,纠正肩胛骨的下沉、后缩及肱骨的内旋、内收,以减轻肩带肌的痉挛。注意纠正患者的坐、卧体位和进行患肢被动、自主运动;同时,还应由治疗师实施有效的抗痉挛活动,使肩周各组肌群间的张力逐步恢复平衡,促进肩胛骨与肱骨间的协调和同步运动,从而使肩关节的痉挛状态得到明显改善。另外还可以采用止痛药物控制疼痛,并在局部采用超声波、超短波等物理疗法进行综合治疗。

3. 肩手综合征　肩手综合征是脑卒中后常见的并发症,常在脑卒中后 1～3 个月内发生。发病机制尚不清楚,一般认为与反射性交感神经营养不良有关,也有人认为与机械作用致静脉回流障碍有关。表现为突然出现的肩部疼痛、运动受限、手部疼痛及水肿;后期出现手部肌肉萎缩、手指挛缩畸形,甚至患手的运动功能永远丧失。常用的预防及治疗方法有:

(1) 患肢正确的放置:将患肢抬高,防止患手长时间处于下垂位;维持腕关节于背伸位,可上翘夹板固定腕关节。卧位时,将上肢平放,远端抬高与心脏平齐,手指放开,半握空拳,可置一圆形物体于手掌中。此姿势可促进静脉血的回流。

(2) 向心性加压缠绕:即以一根粗 1～2mm 的长布带,对患肢手指、手掌、手背做向心性缠绕,至腕关节以上,随后立即除去绕线。反复进行可减轻水肿,促进周围血管收缩舒张自行调节功能。

(3) 冰疗:即将患手浸于冰水混合液中,连续 3 次,中间可有短暂的间歇,本法可消肿、止痛并解痉。但应注意避免冻伤和血压升高。

（4）冷热水交替法：即先把患手浸泡在冷水中 5~10 分钟,然后再浸泡在温热水中 10~15 分钟,每日 3 次。以促进末梢血管收缩舒张调节的能力。

（5）主动运动：在可能的情况下,练习主动活动,如可训练患者旋转患肩,屈伸肘腕关节,但要适量适度,以患者自觉能承受的感觉为度,避免过度运动,人为损伤肌肉及肌腱。

（6）被动运动：医护人员帮助活动患肢,顺应肩、肘、腕各关节的活动,活动应轻柔,以不产生疼痛为度。在卒中早期即开始训练,卒中后 24~48 小时即可进行,越早越好,可预防肩痛的发生,维持各个关节的活动度。

（7）还可应用针刺、中药、推拿、物理治疗等手段综合治疗肩手综合征。

（二）直立性低血压

正常人由卧位至立位时因体位血压调节反射的作用能维持正常的循环供血。脑卒中长期卧床患者体位血压调节反射机制障碍,患者站立时,收缩期血压可迅速降低,极易出现头晕、恶心,甚至昏厥等脑缺血表现。预防应强调早期起坐;起床动作要缓慢进行;可穿弹性长袜;有条件者可以利用起立床（斜床）训练,逐渐提高倾斜角度达到 90°,延长训练时间至 30 分钟。

（三）深静脉血栓形成

当下肢偏瘫严重时,缺血性脑卒中患者的深静脉血栓形成发生率在卧床患者中高达 50%~75%,且多发生在 1~2 周内。典型的症状是患腿肿胀,痛觉保留的患者可有痛感。约半数患者并无典型的临床症状而必须靠高灵敏度的多普勒血流仪确诊。一旦确诊,应避免下肢剧烈运动,使用抗凝药治疗（低分子肝素、华法林等）,局部理疗也可能有一定帮助,必要时行手术治疗。

（四）废用综合征

废用综合征是指长期卧床不活动,或活动量不足及各种刺激减少的患者,由于全身或局部生理功能衰退而出现关节挛缩、肺部感染、压疮、深静脉血栓、便秘、肌肉萎缩、心肺功能下降、直立性低血压、智力减退等一系列的症候群。大多数废用综合征的表现可以通过积极的康复训练得到预防。对"失用状态"比较明显的患者,应酌情进行被动关节活动训练,提高心肺功能的处理,增加神经肌肉反应性的处理（如利用保护性反应、姿势反应、平衡反应、多种感觉刺激、适当的手法治疗等）以及及时地处理各种并发症等。在积极控制废用综合征的同时,介入主动性运动,并使患者得到正确的康复训练。但是,如果已经出现了废用综合征的表现,再进行积极的康复训练也只能部分逆转。

（五）误用综合征

误用综合征是指脑卒中偏瘫患者在康复过程中,由于运动方法不适当,而使偏瘫肢体肌群运动不协调,不能实现有效活动功能的一组症状。存在该综合征的患者,其偏瘫肢体伸、屈肌群肌力发展不平衡,常出现肌痉挛,不能进行分离运动,给患者日常生活活动增加困难。它是偏瘫肢体功能康复的一大障碍。在脑卒中患者常见的有:由于发病后对肢体及关节不正确的摆放和不合理用力所致的炎症,韧带、肌腱和肌肉等的损伤,骨关节变形、痉挛状态的增强,强肌和弱肌不平衡加剧,以及形成"划圈"步态和上肢"挎篮"状,并伴有肩痛、肩关节半脱位等症状。如果在患病早期就开始正确的训练,可完全或部分预防这种异常模式的形成。

知识链接

脑卒中的针康治疗体系

近年来,随着中国康复医学事业的发展,中医疗法在改善患者功能障碍上的优势逐渐被国内外医学界认可,并与现代康复技术不断融合,形成了具有中医康复特色的中国康复医学。现阶段,中医康复方法结合现代康复技术广泛应用在脑卒中临床康复中。例如:头针结合促通技术、推拿结合康复技术、电针结合经颅磁刺激等。有学者系统挖掘整理整体康复、辨证康复的文献,引入现代康复功能观,系统总结中医康复疗法与现代康复技术的优缺点,确定了针刺与康复同步治疗的整体康复思路,提出了脑卒中的针康结合治疗理念,制定了脑卒中针康治疗体系。

五、康复教育

1. 一级预防教育　是指对有脑卒中倾向但无脑卒中病史的个体发生脑卒中的预防,对危险因素应积极防治。

（1）防治高血压:高血压是脑卒中发病的最主要因素。不同疾病要控制在不同的血压水平,一般人控制在 140/90mmHg 下,糖尿病患者控制在 130/80mmHg 下,心血管患者舒张压控制在 85mmHg 下。并注意血压负荷,在血压高峰前服药,老年高血压患者应逐步降压以避免并发症。

（2）防治高脂血症:控制饱和脂肪酸、反式脂肪酸的摄入,尽量食用不饱和脂肪酸。

（3）防治高血糖:控制总热量,控制蛋白、脂肪、碳水化合物比例,增加运动量,调整心态、调整生活方式。有糖尿病家族史者,要定期复查血糖。患病前预防糖尿病发生,患病后预防糖尿病并发症。

（4）抗抑郁症:在小于 65 岁的人群中,抑郁症是脑卒中或 TIA 的独立危险因素;小于 60 岁人群中,可使卒中危险增加 4 倍。应积极治疗抑郁症,包括抗抑郁药物和心理治疗。

2. 二级预防教育　是指对已有 TIA、腔隙性脑梗死等脑血管事件的个体发生脑卒中的预防。TIA 未经治疗或治疗无效,约 1/3 发展为脑梗死,1/3 继续发作,1/3 可自行缓解。LI 预后良好,多数病后 2~3 个月明显恢复,死亡率、致残率较低,复发率较高。在 TIA、LI、RIND 等发作期,应积极治疗;在其缓解期,应积极预防,加强认识,消除病因和危险因素,防止再发。

3. 三级预防教育　是指对已发生脑卒中的个体发生残疾残障的预防。应在早期积极进行康复治疗,应克服悲观或焦虑情绪,积极主动配合康复治疗师治疗,规范系统地进行康复治疗。同时,家庭成员的积极配合和社会相关因素的参与,都对其功能结局产生积极的影响。

经过系统的康复治疗,大多数脑卒中患者功能障碍可有很大改善。重症患者可能经历时间更长。少数患者功能恢复可能不理想。影响脑卒中功能恢复的因素很多,预测是相对的,不是绝对的,有部分患者,数年后仍有恢复。

脑卒中后如不进行康复治疗,可使合并症和并发症频繁出现;可造成脑卒中的反复发作；可导致终生残疾，甚至残障。

第二节　颅脑损伤的康复

随着社会的发展，工矿事故、交通意外等危险因素不断增多，颅脑损伤的发病率呈上升趋势。虽然众多颅脑损伤患者经过积极抢救、手术等治疗后幸存下来，但常遗留不同程度的功能障碍。这些障碍严重影响着患者的生活和工作，给自身及其家庭带来痛苦和困难。因此，对颅脑损伤患者进行早期和积极的康复治疗，使受损的功能得以最大限度地恢复和代偿，具有重要的现实意义。

一、概述

（一）定义

颅脑损伤（traumatic brain injury，TBI）指致伤外力作用于头部，导致头皮、颅骨、脑膜、脑血管和脑组织发生机械性改变，从而引起暂时性或永久性的神经功能障碍。颅脑损伤的康复主要依靠有效的康复手段，对颅脑损伤患者的运动、认知、言语等功能障碍进行康复治疗，消除或改善功能障碍，使患者最大限度地恢复正常的生活、工作能力并参与社会活动。

（二）流行病学

颅脑损伤是危害人类生命健康的重要疾病之一。在我国，年发病率为 55.4/10 万人口，仅次于四肢创伤，但病死率居首位。在美国，年发病率为 100/10 万人口。经研究发现，颅脑损伤男性发病率高于女性，男女比例约为 2∶1，青年多见，老年患者死亡率高。

（三）病因及发病机制

颅脑损伤主要见于各种交通事故、工矿事故、高处坠落、失足跌倒、火器伤以及各种锐器或钝器对头部的伤害，常复合身体其他部位的严重损伤。

不同类型的颅脑损伤发病机制不尽相同，但均表现为脑组织及脑血管的直接或间接病理生理改变，如神经纤维断裂、神经通路传导障碍、神经细胞功能丧失及脑缺血、颅内血肿、脑水肿、颅内压增高等。

脑组织遭受撞击后，电子显微镜下可见神经元线粒体变化、ATP 酶消失、血-脑屏障通透性变化等现象，局部碰撞点见灰质及表面出血，轴突在其髓鞘内出现广泛分散的肿胀、撕裂，并伴毛细血管和小血管的出血。通过脂质过氧化反应，引起血管完整性破坏、脑微循环血流紊乱、细胞膜通透性改变、细胞肿胀等，从而产生脑水肿，进一步使颅内压升高，引起脑移位，甚至脑疝。

（四）临床特征

虽然颅脑损伤的临床表现差异较大，但其功能障碍具有一定的共性，主要表现为以下几个方面：

1. 意识障碍　绝大多数患者伤后即出现不同程度的意识障碍，可表现为嗜睡、昏睡、浅昏迷或深昏迷等。意识障碍的程度反映了脑损伤的严重程度，如昏迷程度深、持续时间长，则提示损伤程度重。

2. 认知功能障碍　认知功能属于大脑皮质的高级活动范畴。颅脑损伤后常见的认知功能障碍包括记忆障碍、失认症、失用症、定向力障碍、注意力降低、思维能力障碍等,其中以觉醒和注意障碍最常见。颅脑损伤患者出现的认知障碍,由于损伤性质、部位、严重程度不同而各不相同。最多见的灰质损伤部位是额叶和颞叶,白质损伤部位是中脑和胼胝体。这些部位的损伤,即使轻微,也可出现记忆力下降、注意力集中困难等症状,严重损伤还可能有感知、交流和处事行为障碍。

3. 运动功能障碍　由于颅脑损伤形式多样,导致运动功能障碍差异很大,可出现单肢瘫、偏瘫、三肢瘫或四肢瘫。通常伴肌张力异常,出现痉挛、运动整合能力丧失、姿势异常、共济失调、手足徐动等。

4. 言语功能障碍　颅脑损伤后常见的言语功能障碍有构音障碍、言语错乱、失语等。

5. 情绪和行为功能障碍　颅脑损伤患者经受突发性外伤,往往会因回忆受伤情景、头痛引起的不适、担心生命危险等出现不良情绪,导致否认、抑郁、倦怠、嗜睡、易怒、攻击性强及躁动不安,严重者还会出现人格改变、类神经质反应、行为失控等。

6. 日常生活活动能力障碍　主要因为认知、运动、心理及行为等功能障碍,使患者的日常生活活动受到不同程度的限制。

7. 职业能力障碍　中重度颅脑损伤患者往往因各种功能障碍无法重返原来的工作岗位。

8. 其他部分颅脑损伤患者还可能出现以下功能障碍或损伤,如吞咽功能障碍、感觉障碍,邻近脑神经损伤、继发性癫痫等。

知识链接

脑的解剖与功能

颅脑损伤患者的功能障碍和损伤的部位有直接关系。大脑由左右半球组成,分为额叶、颞叶、顶叶、枕叶4个脑叶,分别负责不同的功能。额叶负责思维、计划,与人格和情感有关;顶叶负责感觉,与痛觉、温觉、触觉、空间辨识、艺术鉴赏和言语功能有关;颞叶负责听觉,与记忆和情感有关;枕叶负责视觉,与视觉记忆、图形轮廓识别、运动感知有关。

二、康复评定

颅脑损伤可导致多种严重的功能障碍,主要包括意识、认知、运动、情绪、行为、日常生活能力等障碍,这些功能障碍是影响患者生存质量的主要因素。因此,对颅脑损伤患者的功能障碍进行早期、全面的康复评定,对确定患者病情的严重程度、制订康复目标和具体的康复治疗计划、评定康复治疗效果、判断预后以及临床研究等均有重要意义。主要包括以下几方面内容:

(一)损伤严重程度的评定

颅脑损伤的严重程度主要通过意识障碍程度来判断,昏迷的深度和持续时间是判断颅脑损伤严重程度的指标。常用的有格拉斯哥昏迷量表(Glasgow coma scale,GCS)和盖尔维斯顿定向力及记忆遗忘检查(Galveston orientation and amnesia test,GOAT)。

1. 格拉斯哥昏迷量表　是目前国际上普遍采用的评定颅脑损伤患者意识障碍程度的量表,该量表从检查患者睁眼反应、言语反应和运动反应3个方面制订出具体评分标准,以三者的总分表示意识障碍的严重程度。此表内容简单,评分标准具体,结果可靠,并对预后有一定的指导意义。评分越低,昏迷时间越长,伤后遗忘时间越长,远期预后越差。GCS 总分为 15 分,最高计分 15 分,最低计分 3 分。总分越低,表示意识障碍越重。具体内容见本套教材《康复评定学》相关章节。

临床上根据 GCS 计分和昏迷时间长短将脑外伤的严重程度分为轻、中、重和特重四型(表 2-5)。

表2-5　颅脑损伤严重程度评定

严重程度	GCS	伤后昏迷时间
轻型	13~15 分	<20 分钟
中型	9~12 分	20 分钟至 6 小时
重型	6~8 分	伤后昏迷或再次昏迷≥6 小时
特重型	3~5 分	伤后昏迷或再次昏迷 1 周以上

2. 盖尔维斯顿定向力及记忆遗忘检查　GOAT 是评定伤后遗忘(post traumatic amnesia,PTA)客观可靠的方法。该方法主要通过向患者提问的方式了解患者的连续记忆是否恢复(表 2-6)。

表2-6　盖尔维斯顿定向力及记忆遗忘检查表

姓名:　　　性别:　　出生日期:　年　月　日　　　受伤时间:
诊断:　　　　　　　　　　　　　　　　　　　检查时间:

(1) 你叫什么名字?(2 分)
　　你的生日是什么时候?(4 分)
　　你现在在哪里?(4 分)
(2) 你现在在什么地方? 城市名(5 分)
　　医院名(5 分)
(3) 你是哪一天入院的?(5 分)
　　你是怎样到医院的?(5 分)
(4) 受伤后你记得的第一件事是什么?(5 分)
　　你能详细描述受伤后记得的第一件事吗?(5 分)
　　(例如:时间、地点、伴随情况等)
(5) 你能描述事故发生前的最后一件事情吗?(5 分)
　　你能详述伤前记住的第一件事吗?(5 分)
　　(例如:时间、地点、伴随情况等)
(6) 现在是几点? 几分?(最高 5 分,与当时时间相差半小时扣 1 分)
(7) 今天是星期几?(最高 5 分,与正确答案相差 1 天扣 1 分)
(8) 今天是几号?(最高 5 分,与正确答案相差 1 天扣 1 分)
(9) 现在是几月份?(最高 15 分,与正确月份相差 1 个月扣 5 分)
(10) 今年是公元多少年?(最高 30 分,与正确年份相差 1 年扣 10 分)

注:GOAT 满分 100 分;75~100 分为正常;66~74 分为边缘;<66 分为异常。一般认为≥75 分才可认为是脱离了 PTA。

（二）认知功能障碍评定

认知功能是指大脑加工、储存和提取信息的能力，即人们对事物的构成、性能与他物的关系、发展动力、发展方向及基本规律的把握能力。包括语言信息、智慧技能、认知策略等方面。颅脑损伤后认知功能障碍很常见，主要涉及感知、意识、记忆力、理解力、注意力、专注力、思维能力、推理能力和解决问题的能力等。常用的方法有：Rancho Los Amigos（RLA）认知功能分级；神经行为认知状态测试（neurobehavioralcognitive status examination，NCSE）；洛文斯顿作业疗法认知评定成套测验（Loewenstein occupational therapy cognitive assessment，LOTCA）等。

1. Rancho Los Amigos（RLA）认知功能分级　　按 RLA 的等级评定标准，颅脑损伤患者恢复过程中的认知与行为变化包括从无反应到有目的反应共 8 个等级。虽然不能表明患者特定的认知障碍，但可大致反映患者颅脑损伤后的认知及行为状态，并常常作为制订治疗计划的依据，因此在临床上广泛使用（表 2-7）。

表 2-7　Rancho Los Amigos（RLA）认知功能分级

分级	特点	认知与行为表现
Ⅰ级	没有反应	患者处于深昏迷，对任何刺激完全无反应
Ⅱ级	一般反应	患者对无特定方式的刺激呈现不协调和无目的的反应，与出现的刺激无关
Ⅲ级	局部反应	患者对特殊刺激起反应，但与刺激不协调，反应直接与刺激的类型有关，以不协调延迟方式（如闭着眼睛或握着手）执行简单命令
Ⅳ级	烦躁反应	患者处于躁动状态，行为古怪，毫无目的，不能辨别人与物，不能配合治疗，词语常与环境不相干或不恰当，可以出现虚构症状，无选择性注意，缺乏短期和长期的回忆
Ⅴ级	错乱反应	患者能对简单命令取得相当一致的反应，但随着命令复杂性的增加或缺乏外在结构，反应呈无目的、随机或零碎性；对环境可表现出总体上的注意，但精力涣散，缺乏特殊注意能力，用词常常不恰当并且是闲谈，记忆严重障碍常显示出使用对象不当；可以完成以前常有结构性的学习任务，如借助帮助可完成自理活动，在监护下可完成进食，但不能学习新信息
Ⅵ级	适当反应	患者表现出与目的有关的行为，但要依赖外界的传入与指导，遵从简单的指令，过去的记忆比现在的记忆更深、更详细
Ⅶ级	自主反应	患者在医院和家中表现恰当，能自主地进行日常生活活动，很少出差错，但比较机械，对活动回忆肤浅，能进行新的活动，但速度慢，借助结构能够启动社会或娱乐性活动，判断力仍有障碍
Ⅷ级	有目的反应	患者能够回忆并且整合过去和最近的事件，对环境有认识和反应，能进行新的学习，一旦学习活动展开，不需要监视，但仍未完全恢复到发病前的能力，如抽象思维、对应激的耐受性、对紧急或不寻常情况的判断等

2. 神经行为认知状态测试（NCSE）

（1）评测工具：NCSE 能比较敏感地反映患者认知障碍的内容及程度，且操作比较方便。它具有良好的效度和信度，是一个全面性的标准认知评估量表，可按患者的认知状况作出初步的筛选和评估。国外及中国香港地区普遍应用，目前国内有电子版评估和训练软件。

（2）评测内容及方法：NCSE 评估认知功能包括 3 个一般因素（意识水平、注意力和定向能力）和 5 个主要的认知功能区域（语言能力、结构能力、记忆力、计算能力和推理能力）。除了记忆及定向分测验外，其余所有分测验都先给予"筛查试"，若受试者通过"筛查试"则认定该项认知功能未受损，不需进一步评估。若"筛查试"未通过，则给予该分测验的一系列难度渐增的"等级试"。

（3）特点：根据 NCSE 评估所得到的信息，判断是否存在认知障碍，同时明确了认知功能受损的区域以及尚存的功能。临床常用的认知功能筛查量表如 MMSE、CCSE 等，仅得出单一的总分性评估结论，对于特定的认知障碍，如失语、失用症不敏感，NCSE 则充分考虑了以上几个因素。

3. 洛文斯顿作业疗法认知评定成套测验（LOTCA） LOTCA 是目前认知评估领域应用较为广泛的方法之一。测验包括 4 个方面 20 项，4 个方面是定向力、知觉、视运动组织和思维操作检查，20 项检查每项满分可得 4~5 分，通过评价即可了解每个领域的认知情况。在西方国家已经广泛应用于颅脑损伤、脑血管意外以及健康人群的认知功能评定。经验证，LOTCA 在我国应用于颅脑损伤的评定具有良好的信度、效度和灵敏度。其优点是项目简化、全面、易操作，而且该方法能与治疗密切结合。

4. 记忆能力评估 常用 Rivermead 行为记忆能力测验（Rivermead behavioural memory test，RBMT）和韦氏记忆量表（Wechsler memory scale，WMS）。

（1）Rivermead 行为记忆能力测验（RBMT）：该方法几乎能够覆盖记忆障碍的桌面测验和自然观察法，但它是用标准化的方法进行测验。其目的是在医院的室内环境下评定日常生活的记忆功能。RBMT 包含 11 个项目，包括时空及时间的定向、记忆姓名（延迟忆述）、记忆图片（实时忆述及延迟忆述）、记忆样貌（实时忆述及延迟忆述）、记忆故事（实时忆述及延迟忆述）、记忆要做的事情（延迟忆述）、记忆说话信息（延迟忆述）、记忆所走路线（实时忆述及延迟忆述）、记忆对象摆放位置（实时忆述及延迟忆述）等。评定方法：患者各项目得到的初步积分会转化成标准分数及筛选分数。经过测试后的记忆功能水平可分为正常、轻度障碍、中度障碍及重度障碍。22~24 分为正常，17~21 分为轻度障碍，10~16 分为中度障碍，0~9 分为重度障碍（表2-8）。

表 2-8 Rivermead 行为记忆功能评定表

检查项目	操作方法	评分标准
1. 记住姓和名	让患者看一张人像照片，并告知他照片上人的姓和名。延迟一段时间后让他回答照片上人的姓和名，延迟期间让他看一些其他东西。可先让患者跟着复述一遍人名，确认其注意集中且记住了之后再开始	姓和名均答对，2分；仅答出姓或名1分；否则0分
2. 记住藏起的物品	向患者借一些属于他个人的梳子、铅笔、手帕、治疗时间表等不贵重的物品，当着他的面藏在抽屉或柜橱内，然后让他进行一些与此无关的活动，结束前问患者上述物品放于何处	正确指出所藏的地点，1分；否则0分

检查项目	操作方法	评分标准
3. 记住预约的申请	告诉患者,医师将闹钟定于 20 分钟后闹响,让他 20 分钟后听到闹钟响时提出一次预约的申请,如向医师问"您能告诉我什么时候再来就诊吗?"	钟响当时能提出正确问题,1 分;否则 0 分
4. 记住一段短的路线	让患者看着医师手拿一信封在屋内走一条分 5 段的路线:椅子→门→窗前→书桌,并在书桌上放下信封→椅子,从书桌上拿信封放到患者前面。让患者照做,提前告知患者需关注的重点,在做的过程中不再给予提示	5 段全记住,1 分;否则 0 分
5. 延迟后记住一段短路线	方法同 4,但不立刻让患者重复,而是延迟一段时间再让他重复,延迟期间和他谈一些其他事情	全记住,1 分;否则 0 分
6. 记住一项任务	即观察 4 中放信封的地点是否对	立即和延迟后都对,1 分;否则 0 分
7. 学一种新技能	找一个可设定时间、月、日的计算器或大一些的电子表,让患者学习设定月、日、时和分(操作顺序可依所用工具的要求而定)。①按下设定按钮(set);②输入月份,如为 3 月,输入 3;③输入日,如为 16 日,输入 16;④按下仪器上的日期(date)按钮,通知患者这是日期;⑤输入时间,如为 1 时 54 分,输入 1-5-4,按下时刻(time)按钮,通知患者这是时刻。然后按复位按钮,消除一切输入,让患者尝试 3 次	3 次内成功,1 分;否则 0 分
8. 定向	问患者下列问题:①今年是哪一年?②本月是哪个月?③今日是星期几?④今日是本月的几号?⑤现在我们在哪里?⑥现在我们在哪个城市?⑦您多大年纪?⑧您何年出生?⑨现在总理的名字是什么?⑩谁是现届的国家主席?	①~⑦全对,1 分;否则 0 分
9. 日期	问题 8 中的第④题时记下错、对	正确,1 分,否则 0 分
10. 辨认面孔	让患者细看一些面部照片,每张看 5 秒,一共看 5 张。然后逐张问他这是男的还是女的?是不到 40 岁,还是大于 40 岁?然后给患者 10 张面部照片,其中有 5 张是刚看过的,让他挑出来	全对,1 分;否则 0 分
11. 认识图画	让患者看 10 张用线条图绘的物体画,每次一张,每张看 5 秒,让他叫出每图中的物体的名字。在延迟后让患者从 20 张图画中找出刚看过的 10 张	全对,1 分;否则 0 分

注:以上 11 题除第一题最高 2 分外,余各题最高为 1 分,满分为 12 分。正常人总分 9~12 分,平均 10.12 分,标准差为 1.16 分。脑损伤时至少 3 项不能完成,总分 0~9 分,平均 3.76 分,标准差为 2.84 分。对脑损伤患者最难的是 1、2、3、10 题,对第 2 题尤感困难。

（2）韦氏记忆量表（WMS）：是常用的成套记忆力评定表，也是神经心理测验之一，该量表（中文版）共有 10 项分测验，分别测量长时记忆、短时记忆和瞬时记忆。长时记忆是指给患者看抽屉内的剪刀，数分钟后提问患者剪刀在何处等。短时记忆是让患者记住不熟悉的人名，然后主试者与之交谈无关内容，1 分钟时让患者说出该人名。瞬时记忆是数字复述，主试者从两位数开始，以每秒一数的速度念各行数字，每念完一列即让患者复述，能复述 5~7 位数字为正常。该量表特点是对各个方面的记忆功能都予以评定，其结果也有助于鉴别器质性和功能性的记忆障碍。

5. 解决问题能力评估 该项目评估包括执行功能障碍的行为评估法（behavioral assessment of dysexecutive function，BADS），后设认知能力面试（metacomponential interview）以及 Raven 的演变图形（Raven's progressive matrices，RPM）。BADS 主要是针对额前叶执行能力障碍所设计的。由于额前叶障碍的患者往往在筛选评估中各方面的认知功能障碍都有好的表现，因此 BADS 在一些模拟的活动中，例如转换及遵守规则、计划行动以及思考方法等便能找出患者在其他测试中无法评定出的执行能力障碍。

6. 感知功能评定 感知功能评定包括感觉功能、知觉功能评定两个方面。感觉功能方面，一般检查触觉、痛觉、听觉、视觉等。知觉障碍评定包括失认症、失用症的评定。

（三）言语功能障碍评定

言语是人类特有的复杂的高级神经活动，言语功能障碍直接影响患者的社会生活能力和职业能力，使其社交活动受限。颅脑损伤患者言语障碍的特点是：构音障碍、言语错乱、失语。失语的评定可采用汉语失语症成套测验（aphasia battey of Chinese，ABC）和中国康复研究中心版的失语症检查法（CRRCAE）；构音障碍的常用评定方法有 Frenchay 构音障碍评定。具体内容见本套教材《康复评定学》相关章节。

（四）运动功能障碍的评定

目前国际上统一的运动功能评定方法主要有：Brunnstrom 等级评定法、Fugl-Meyer 评定法、Rivermead 运动指数等。具体内容见本套教材《康复评定学》相关章节。

1. Brunnstrom 等级评定法 瑞典物理治疗师 Signe Brunnstrom 提出了著名的偏瘫恢复 6 阶段理论，并据此理论设计制订了偏瘫功能恢复 6 级评价标准。该评价标准的特点是：内容精简、省时、易重复，而且容易被患者接受，每个阶段采用罗马数字代替，医师看一下数字即知患者的运动功能处在一种什么状态；其不足是敏感度较差，常出现患者功能障碍虽有进步，而功能级别却无变化的现象。

2. Fugl-Meyer 评定法 由瑞典医师 Fugl-Meyer 等人在 Brunnstrom 等级评定法的基础上发展而来，是目前公认的、使用最为广泛的评价方法。由 4 部分组成：运动、平衡、感觉、关节活动度及疼痛。优点是内容详细，并进行了量化，提高了评价信度和敏感度，有利于学术交流和科研；同时，该积分与姿势、步态、ADL 有明显的相关性。缺点：较费时，需要患者积极配合和集中注意力，运动能力的评价只注重肢体而忽略了躯干运动。

3. Rivermead 运动指数评定 Rivermead 运动指数评定由英格兰 Rivermead 康复中心设计而成，该方法可采用实际操作来评估，也可通过询问获得评价结果。优点是省时，全部评价只需几分钟，可作为一种快速评价运动障碍的量化方法，对运动功能的评价内容从易到难，很容易判断患者的运动障碍处于何种状态，对运动功能的评价也较全面；但该方法的不足是其敏感度及对于手功能的评价不及简化 Fugl-Meyer 评定法。

（五）行为障碍的评定

颅脑损伤患者行为障碍的评定主要依据症状判断和观察记录,如攻击、冲动、丧失自知力、无积极性、严重的强迫观念、癔症等。在没有专门心理人员的情况下,可按行为障碍常见的临床表现来评定。

1. 发作性失控　发作性失控往往是颞叶内部损伤的结果,发作时脑电图有阵发异常,是一种突发无诱因、无预谋、无计划的发作,直接作用于最靠近的人或物,如打破家具、向人吐唾液、抓伤他人、放纵地进行其他狂乱行为等,其发作时间短,发作后有自责感。

2. 额叶攻击行为　因额叶受损引起,特点是对细小的诱因或挫折发生过度的反应,其行为直接针对诱因,最常见的是间歇性的激惹行为,并逐步升级为一种完全与诱因不相称的反应。

3. 负性行为障碍　常因额叶和脑干高位受损引起,特点是精神运动迟滞、感情淡漠、失去主动性,即使日常生活中最简单、最常规的活动也不愿完成。

（六）情绪障碍的评定

颅脑损伤患者常表现为抑郁或焦虑,对于有抑郁症状的患者可用汉密尔顿抑郁量表(Hamilton depression scale,HAMD)和抑郁自评量表(self-rating depression scale,SDS)进行评定;对于有焦虑症状的患者,可采用汉密尔顿焦虑量表(Hamilton anxiety scale,HAMA)和焦虑自评量表(self-rating anxiety scale,SAS)进行评定。

（七）日常生活活动能力的评定

日常生活活动能力(activities of daily living,ADL)评价的方法很多,但最常用又能定量的是 Barthel 指数或改良 Barthel 指数、功能独立性评定(functional independence measure,FIM)。

（八）电生理评定

神经电生理学,特别是大脑功能的电生理研究已成为颅脑损伤研究的重要领域。如体感诱发电位(SEP)对脑损害的定位诊断、病情及对意识障碍的预后判断具有重要价值,事件相关电位(ERP)与脑损伤后认知功能障碍恢复相关性强。

（九）颅脑损伤结局的评定

常采用格拉斯哥结局量表(Glasgow outcome scale,GOS)预测颅脑损伤的结局(表2-9)。

表2-9　格拉斯哥结局量表

分级	简写	特征
Ⅰ死亡	D	死亡
Ⅱ持续性植物状态	PVS	无意识、无言语、无反应,有心跳呼吸,在睡眠觉醒阶段偶有睁眼,偶有哈欠、吸吮等无意识动作,从行为判断大脑皮质无功能。特点:无意识,但仍存活
Ⅲ严重残疾	SD	有意识,但由于精神、躯体残疾或由于精神残疾而躯体尚好而不能生活自理。记忆、注意、思维、言语均有严重残疾,24 小时均需他人照顾。特点:有意识,但不能独立

续表

分级	简写	特征
Ⅳ中度残疾	MD	有记忆、思维、言语障碍、极轻偏瘫、共济失调等,可勉强利用交通工具,在日常生活、家庭中尚能独立,可在庇护性工厂中参加一些工作。特点:残疾,但能独立
Ⅴ恢复良好	GR	能重新进入正常社交生活,并能恢复工作,可遗留各种轻度的神经学和病理学缺陷。特点:恢复良好,但仍有缺陷

三、康复治疗

颅脑损伤的康复治疗应全面、早期介入,贯穿急救、外科手术、神经科重症监护病房、医院康复、社区康复、家庭康复全过程。分为3个阶段,即急性期、恢复期和后遗症期。主要目的是促进功能恢复、预防各种并发症、改善日常生活活动能力,使患者尽快重返社会及工作岗位。

(一)康复治疗原则

1. 早期介入　目前国际上一致强调颅脑损伤的康复治疗要从急性期开始介入,及早给予患者各种良性刺激尽快促醒,预防各种并发症的发生等。

2. 全面康复　颅脑损伤引起的功能障碍是多方面的,因此康复治疗应当采取综合治疗方法,如运动疗法、物理因子疗法、作业疗法、言语疗法、认知功能训练、心理疗法、针灸疗法等,才能取得良好的康复治疗效果。

3. 循序渐进　在进行各种治疗和训练的过程中,要遵循治疗时间由短到长,难度由简到繁,使患者逐渐适应。

4. 因人而异　由于每位患者损伤的部位、程度不同,患者的体质、性格不同,在制订治疗方案时,应因人而异,采取个性化的治疗方案。

5. 持之以恒　颅脑损伤的康复治疗没有一个明确的终点,随着时间的推移,康复治疗效果会逐渐减弱,但不会停止。

(二)急性期的康复治疗

急性期指受伤后经过急救处理,生命体征平稳后的早期阶段。在急性期内,患者病情变化较快,并发症多,及时接受康复治疗对疾病的结局有重要的影响。故在患者生命体征平稳后,应当尽早介入康复治疗。

康复目标:维持生命体征平稳,促进意识恢复,预防各种并发症,改善呼吸、吞咽、进食等功能,保持四肢及肩胛骨的被动活动,预防关节僵硬及肌张力异常,提高患者的运动控制能力等。

1. 促醒治疗　部分严重颅脑损伤患者会出现不同程度的意识障碍,治疗应首先从促醒开始。意识功能恢复的大致顺序为:自发睁眼→觉醒周期变化→逐渐能听从命令→开始说话。可以通过各种感觉刺激,以帮助患者苏醒,恢复意识。

(1)听觉刺激:经常播放患者病前较熟悉的音乐;家属经常对患者谈话,谈话内容主要包括回忆对患者影响较大的事件、患者喜欢和感兴趣的话题等。通过患者面部及身体其他方面的变化,观察患者对听觉刺激的反应。

(2)感觉刺激:肢体关节位置觉、皮肤触觉刺激对大脑皮质有一定的刺激作用。

可由治疗师每天对患者的四肢关节进行被动活动,利用毛巾、毛刷等从肢体远端至近端快速擦刷、拍打、挤压,进行皮肤刺激。

（3）视觉刺激:可在患者头部上方放置五彩灯,通过不断变换的彩色灯光刺激视网膜、大脑皮质。

（4）穴位刺激:选用头针刺激感觉区、运动区、百会、四神聪、神庭、人中、合谷、内关、三阴交、劳宫、涌泉、十宣等穴位,采用提插泻法和电针刺激,有助于解除大脑皮质的抑制状态,起到开窍醒脑的作用。

2. 高压氧疗法

（1）作用机制:提高血氧分压,增加血氧含量,增加血氧弥散距离;促进侧支循环的建立;增加血-脑屏障的通透性,提高脑脊液的氧分压。

（2）方法:舱内一般为 2~3 个大气压压力,面罩间歇吸氧。每天 1 次,10 次为1 个疗程。

3. 运动疗法

（1）良肢位摆放:能预防和减轻肌肉弛缓或痉挛带来的特异性病理模式,预防关节半脱位等并发症的发生。原则:头的位置不宜过低,以利于颅内静脉回流;患侧上肢保持肩胛骨向前、肩前屈、肘伸展,下肢保持髋、膝关节微屈和踝关节中立位。目前多主张采用患侧卧位或健侧卧位,少采用仰卧位。具体方法参见本书第二章第一节。

（2）关节被动活动:患者生命体征稍稳定以后就应立即开始对瘫痪肢体关节进行被动运动训练,每日 1~2 次,每一关节在各轴向活动 20 次即可,以避免关节挛缩和畸形的发生。进行被动运动时要注意动作轻柔、缓慢、有节奏,活动范围应达到最大生理范围,但不可超过,以免拉伤肌肉或韧带。

（3）床上体位变换:瘫痪患者应经常变换体位以预防压疮。在保持至少每 2 小时变换一次体位的同时,还应使用气垫床,密切观察皮肤颜色变化,并避免皮肤破损,保持皮肤的干燥、清洁等。具体方法参见本书第二章第一节内容。

（4）尽早活动:一旦生命体征稳定、神志清醒,应鼓励患者尽早进行深呼吸、肢体主动运动、床上活动和坐位、站位练习。可应用起立床对患者进行训练,预防直立性低血压、骨质疏松及泌尿系统感染,治疗时应注意观察患者的呼吸、心率和血压的变化。

4. 排痰训练　每次翻身时用空掌从患者背部肺底部向上拍打至肺尖部,帮助患者排痰,并指导患者做体位排痰引流,以保持呼吸道通畅,预防肺部感染。

5. 物理因子疗法　高热患者可以采用冰毯、冰帽治疗,部分患者还可接受中频、低频治疗。

6. 中医康复疗法

（1）针灸治疗:选用醒脑开窍针刺法,选穴以阴经和督脉为主,主穴取内关、人中、三阴交,辅穴取极泉、委中、尺泽,配穴:吞咽困难加取风池、翳风、完骨,手功能障碍加取合谷,言语障碍加取廉泉、金津、玉液,痉挛加头针。行针手法以泻为主,每天 2 次,20 次为 1 个疗程,持续治疗 3~5 个疗程。

（2）推拿治疗:对患肢进行早期推拿可促进血液、淋巴回流,同时又是一种运动感觉刺激,有利于促进运动功能的恢复。推拿手法主要选择揉法、滚法、推法、拿法等放松类手法,具体操作时要轻柔、缓慢、有节律地进行,不宜用强刺激手法。

（三）恢复期的康复治疗

急性期结束后，患者生命体征相对稳定，即进入恢复期治疗。在此期内康复治疗应全面介入，重点改善患者的运动、言语、认知等功能障碍，提高患者的 ADL 能力。

恢复期康复目标：在急性期康复治疗效果的基础上，使患者最大限度地恢复运动功能、认知功能、言语交流功能，学会应对残疾，尽可能在工作、个人生活等方面达到自理。

1. 运动疗法　恢复期的运动治疗主要是进一步改善和加强患者感觉和运动功能，训练各种转移能力、姿势控制及平衡能力，尽可能使患者达到日常生活活动自理。主要采用神经发育疗法，包括 Brunnstrom 技术、Rood 技术、Bobath 技术、神经肌肉本体感觉促进技术以及运动再学习技术，如床上运动、翻身训练、坐起训练、坐位训练、站起训练、站位训练、步行训练等。通过训练，促进神经功能的恢复，使颅脑损伤患者重新恢复机体的平衡、协调及运动控制功能。颅脑损伤恢复期的运动疗法与脑卒中恢复期的运动疗法相类似，还可参见本书第二章第一节相关内容。

2. 认知功能训练　是患者参与（engagement）、觉悟（awareness）、掌握（master）、接受（acceptance）和自我认同（ego identity）的一个过程。治疗方法包括知觉、注意力、记忆力、思维及解决问题能力等训练。认知功能训练应贯穿康复治疗的全过程；训练时应在安静的环境中进行；训练时向患者出示简单具体的训练材料；训练过程中引导患者体验成功的喜悦，提高其治疗积极性。

（1）知觉障碍的训练：知觉是指大脑将感觉信息进行综合，在人脑中产生对该事物的整体反应或对事物之间简单关系的反应，包括视知觉、听知觉、触知觉、味知觉、嗅知觉。颅脑损伤引起的知觉障碍往往会对康复训练造成很大的影响，因此应给予重视和先行处理。知觉障碍表现为各种失认症和失用症，两者的具体训练方法不同。

1）失用症的训练：①结构性失用的训练：训练患者对家庭常用物品的排列、堆放等，可让治疗师先示范，再让患者模仿练习。开始时可给予较多的暗示、提醒，有进步后再逐步减少暗示和提醒，并逐步增加难度。②运动失用的训练：如训练患者完成刷牙动作，可将刷牙动作分解，然后提示患者一步一步完成。也可将牙刷放在患者手中，通过触觉提示完成一系列刷牙动作。反复练习，改善后可逐步减少暗示、提醒。③穿衣失用的训练：训练穿衣时，训练者可暗示、提醒患者穿衣，甚至可以一步一步用言语指导并手把手地教患者穿衣。④意念性失用的训练：当患者不能按指令要求完成系列动作，如泡茶后喝茶、洗菜后切菜、摆放餐具后吃饭等动作时，可通过视觉暗示帮助患者。也可将连续动作分解，然后分步进行训练，在上一个动作将要结束时，提醒下一个动作，启发患者有意识地活动。⑤意念运动性失用的训练：治疗时要设法触动其无意识的自发运动。如要让患者洗脸，可以将毛巾放在患者手中，通过触觉提示完成一系列洗脸动作。启发患者的无意识活动以达到治疗的目的。

2）失认症的训练：详见本书第六章第九节。

（2）注意力的训练：注意力障碍的康复是认知康复的中心问题。虽然它只是认知障碍的一个方面，但只有纠正了注意力，记忆、学习、交流、解决问题等认知障碍的康复才能有效地进行。颅脑损伤患者往往不能注意或集中足够的时间去处理一项活动任务，容易受到外界环境因素的干扰而精力分散。因此，这类患者的训练应遵循以下原则：每次训练前，在给予口令、建议、提供信息或改变活动时，应确定患者注意力集中；

应用功能性活动治疗,提高注意能力和应变能力;治疗先在一个安静、不分散注意力的环境下进行,逐渐转移到接近正常的环境中;当患者注意力改善时,逐渐增加治疗时间和任务难度;教会患者主动地观察周围环境,识别潜在的引起注意力不集中的因素,并排除它们或改变它们的位置;强调按活动顺序完成每个步骤,并准确地解释为什么这样做;与患者及家属一起制订目标、实施训练计划。鼓励家属、照顾者参与训练,使其了解患者的情况并掌握照顾技巧,鼓励他们在非治疗时间应用训练时所学到的技巧督促患者;在注意力训练的同时,应兼顾其他认知障碍的康复。

1)信息处理训练:如兴趣法,用患者感兴趣的东西和熟悉的活动刺激其注意,如使用电脑游戏、专门编制的软件、虚拟软件的应用等,还有示范法、奖赏法、电话交谈等。

2)以技术为基础的训练:这种训练不仅要集中注意力,还需要一些理解、判断能力。①猜测游戏(shell game):取透明的两个杯子和一个弹球,在患者注视下,治疗师将透明的杯子扣在弹球上,让患者指出哪个杯中扣有弹球,反复数次。成功后改用不透明的两个杯子,操作同前,反复多次。成功后改用 3 个或更多的不透明杯子和一个弹球,方法同前。再成功后难度逐渐增加。②删除作业(cancellation task):在一张白纸中央写上一行大写的英文字母,如 PWSGZ(亦可依患者文化程度选用数字或图形),让患者用铅笔删去治疗师指定的字母,如"S"。成功后更改字母的顺序和要删除的字母,反复进行数次。再成功后难度逐渐增加。③时间感(time sense):给患者一个秒表,要求按口令启动并于 10 秒内停止。然后将时间由 10 秒逐步延长至 1 分钟,当误差小于 1~2 秒时改为不让患者看表,启动后让他心算到 10 秒时停止,然后将时间延长到 2 分钟时停止,误差不应超过 1.5/10。在此基础上,改为治疗师一边与患者交谈,一边与患者进行上述训练。④代币法(taken economy programme):让治疗师用简单的方法在 30 分钟的治疗中每 2 分钟记录一次患者是否注意治疗任务,连记 5 日作为行为基线。然后在治疗中应用代币法,每当患者能注意治疗时就给予代币,每次治疗中患者得到的代币数要达到给定值才能换取患者喜爱的实物,当注意改善后,治疗师逐步提高上述的给定值。

(3)记忆力的训练:记忆力是指保持、恢复并在之后可再次使用信息的能力。颅脑损伤可导致逆向或顺向记忆障碍,逆向记忆障碍是指不能回忆受伤前的事,更为多见的是顺向记忆障碍,表现为不能记忆新的信息。记忆障碍常在康复治疗中限制了患者学习新技能的能力,常常使一些常规治疗不能正常进行,并严重影响患者的交流和工作。进行记忆训练时,要遵循因人而异、循序渐进的原则,要帮助患者学会充分利用记忆策略和记忆辅助物,而不是单调、重复的训练。

1)常用的记忆策略:①朗诵法:反复朗诵需要记住的信息,随后回忆与朗诵一致的图示印象,如回忆不出再朗诵,最终达到能回忆起来的目的。②背诵法:是反复无声地背诵记住的信息。背诵的好处是背诵一个项目可以增加患者的注意时间,从而加强对它们的记忆;另外,背诵可以将一些项目保持在短期的记忆之中,将它们编好码,并将之转移到长期记忆中去。③PQRST 法:P(preview)——先预习要记住的内容;Q(question)——向自己提与内容有关的问题;R(read)——为了回答问题而仔细阅读资料;S(state)——反复陈述阅读过的资料;T(test)——用回答问题的方式来检验自己的记忆。④提示法:用活动信息的第一个字母或首个词句来提醒记忆,如"今天我

要练习步行",让患者记住"今天"一词,在练习步行前可问患者"今天"有何安排? 使患者回忆"今天"一词,随之联想到"练习步行"。⑤叙述法:将需要记住的信息融合到一个故事里,当患者在表达故事情节时,记忆信息不断地叙述出来,提示患者从事已安排好的工作。⑥印象法:在患者大脑中产生一个印象帮助记忆,比如购物活动信息在大脑中形成一个熟悉的商店印象,当这个印象出来后,随之回忆商店的距离、交通条件等。⑦视意象:是让患者将要记住的信息在大脑中形成与之有关的视觉形象的方法。如需患者记住几个人的名字,则应让患者在脑海中想起这几人独特的面容特征,作为姓名之间的区别和联系等。⑧语言或视觉提示:让患者记住一件事物时,口头提问有关的问题并同时让他观看相关的图片等。⑨姓名和面容记忆:用视觉想象帮助记忆姓名和面容,用连接法训练记忆:将作业分解为许多步骤,每次只要求患者记住一个步骤,记住后再加入下一步。⑩联想记忆:要患者培养成一种良好的、善于将新信息和已知的、熟悉的信息联系起来的记忆方法。

2)记忆训练课:①视觉记忆(visual memory):先将 3~5 张绘有日常生活中熟悉物品的图片卡放在患者面前,告诉患者每卡可以看 5 秒,看后将卡片收走,让患者口述或用笔写下所看到的物品的名称,反复数次,成功后增加卡片的数目,反复数次。成功后再增加卡片的行数(如原仅一行,现改放 2~3 行卡片等)。②地图作业(map task):在患者面前放一张大的、上有街道和建筑物而无文字标明的城市地图,告诉患者先由治疗师用手指从某处出发,沿其中街道走到某一点停住,再让患者将手放在治疗师手指停止处,从该处找回到出发点,反复 10 次,连续 2 日无错误,再增加难度(路程更长、绕弯更多等)。③彩色积木块排列(color block sequence):用 6 块 2.5cm×2.5cm×2.5cm 不同颜色的积木块和 1 个秒表,以每 3 秒一块的速度向患者展示木块,展示完毕,让患者按治疗师所展示次序展示木块,正确的记"+",不正确的记"−",反复 10 次,连续 2 日均 10 次完全正确时,加大难度进行(增多积木块数或缩短陈示时间等)。

3)辅助记忆法:是利用身体外部的辅助物或提示来帮助记忆的方法。①日记本:应用的条件是患者能阅读,最好能写。如不能写,由他人代写也可以,且患者能提取信息中的关键词。应用时要注意一人一本,随身携带,放置的地点要恒定,开始使用时记录要勤,以 15 分钟为时间段记下要记的事,记忆能力改善后再逐步延长。在患者视力不佳、注意力差或口语能力不良等情况下使用日记本的效果较差。②时间表:将有规律的活动写在大而醒目的时间表上,贴在患者经常停留的场所。起初,经常提醒患者观看时间表,让他知道什么时候应当做什么。这样,即使有严重的记忆障碍,患者也能掌握生活的规律。③地图:适用于伴有空间、时间定向障碍的患者。用大的地图、罗马字和鲜明的路线,标明常去的地点和顺序,以便应用。④闹钟、手表和各种电子辅助物:可以定时报时的手表较为适用,如日记本上为每 15 分钟记一次事,则将手表调到每 15 分钟报时一次,则可及时地提醒患者看日记本。⑤记忆提示工具:包括清单、标签、记号等。如治疗师或家人为患者列出要记住的事情清单,患者按清单完成任务;在橱柜、衣柜、抽屉及房门上用易粘贴的纸条做标签,写上内置何种物品及其位置,补偿记忆丧失,对于那些忘记物品放在家中何处,不知道哪间房间属于自己的记忆障碍者而言,则是一个有效的方法;在日历牌上做记号,以刺激患者记住重要的约会和事情;让患者常携带记事本,本中记有家庭地址、常用电话号码、生日等,并让他经常做记录和查阅等。需要注意的是,记忆的康复训练不必从零开始,绝大多数患者并不是所有的记忆都丧失了,通常只是在某些时候记不住一些事情。在记忆重建过程中帮助最大的是强化仍留在记忆中的东西,这是一个自然渐进的过程。

(4)思维及解决问题能力的训练:思维是心理活动最复杂的形式,是认知过程的最高阶段,是大脑对客观事物概括和间接的反映。思维包括推理、分析、综合、比较、抽象、概括等多种过程,而这些过程往往表现于人类对问题的解决中。简易的训练方法如下:

1)指出报纸中的消息:取一张当地的报纸,首先问患者有关报纸首页的信息,如大标题、日期、报纸的名称等。如回答无误,再让其指出报纸中的专栏,如体育、商业、广告等。如回答无误,难度逐渐增加。

2)数字作业:让患者按顺序写出 0～10 的数字,如有困难,可排列 10 张数字卡。成功后,加大数字系列,反复进行。随后改为让患者按奇数或偶数的规律说出或写出一系列数字,并由治疗师任意改变起点的数字。在此基础上再进行该列数字的算术处理,如在该列数字每 4 个数字的末一个数字上,加上由治疗师指定的数目,并由患者报出两者相加的结果等方式以增加训练的难度。

3)问题状况的处理:给患者纸和笔,纸上写有一个简单动作的步骤,如刷牙、将牙膏挤在牙刷上、清理牙膏和牙刷等,问患者孰先孰后。更换几种简单动作,回答正确后再让其分析更复杂的动作,如煎鸡蛋、补自行车内胎等,此时让患者自己说出或写出步骤,如漏了其中某一步或几步,治疗师可以问"这一步该放在哪里?"训练成功后,治疗师可以向患者假设一些需要其作出决定的困难处境,看其如何解决,如问"丢失钱包该怎么办?""在新城市中迷了路怎么办?""在隆重的宴会上穿着不恰当怎么办?"

4)从一般到特殊的推理:请患者从工具、动物、植物、国家、职业、食品、运动等内容中随便指出一项,如食品,让患者尽量多地想出与食品有关的细目。如回答顺利,可对一些项目给出一些限制条件,让患者想出符合这些条件的项目。如谈到运动时,可向患者提出哪些需要跑步,哪些需要用球,哪些运动队员之间有身体接触等,这时患者必须除外一些不符合上述条件的项目,其中就有了决定的过程。成功后问题难度逐渐增加。

5)分类:给患者一张上面有 30 项物品名称的单子,并告诉他 30 项物品都属于三类(如食品、家具、衣服)物品中的一类,让其进行分类,如不能进行,可以帮助他。训练成功后,仍给上面列有 30 项物品的清单,让患者进行更细的分类,如初步分为食品后,再细分是植物、肉、奶制品等。成功后难度逐渐增加。可做预算:让患者假设做一个家庭在房租、水、电、食品等方面的每月开支账目(可做 6 个月或 1 年的),然后问患者某一个月的哪一项花费最高或最低?回答正确后,再让患者算算各项开支每年的总消耗是多少,如每年电费花费是多少等。回答正确后,问题难度逐渐增加。

(5)计算机辅助训练:随着我国经济的发展和人民生活水平的提高,计算机的应用越来越广泛。在注意、记忆、反应、手-眼协调、言语、知觉、分辨等康复中,计算机的作用是肯定的。其特点是:可用高度受控的方式提供单刺激,患者自己可以完成训练,而且可以自己控制治疗过程,从而提高患者自身的主动性和能动性;能准确、客观、即时地提供反馈;趣味性较大,患者乐于使用。在选用计算机程序时,治疗师应注意:有稳定的、可被控制的难度;训练课程能培养患者的能力;指导应简明易懂;有一致的反应形式;有与年龄相应的内容;有患者乐于接受的反馈方式;各种参数可调;有保存记录的方法等。

知识拓展

虚拟现实认知康复技术

虚拟现实认知康复技术是计算机科学和认知科学相结合的现代康复训练方法。该技术可使人沉浸在计算机实时产生的三维虚拟环境中,并进行交互,为患者提供一种可控的认知康复训练环境,并在康复训练过程中同步进行康复评定和监控,整个康复训练过程在患者熟悉的环境中进行。训练内容设计新颖,紧扣患者心理,犹如游戏一样引人入胜,患者也乐于参与,是现代认知康复领域研究的热点。

3. 作业治疗　颅脑损伤患者由于精神、情绪异常、行为失控、肢体运动功能障碍等原因,不能自我料理日常生活,作业治疗对其功能恢复有着特殊的意义,如治疗性作业训练(滚筒运动、体操棒训练、板钉训练、操球训练等)和日常生活活动能力训练(床与轮椅间的转移、轮椅训练、进食、洗漱、修饰、更衣、入浴、如厕等训练)等,具体训练方法参见脑卒中恢复期的康复。训练中可尽量逐渐减少他人的帮助,充分调动患者的主观能动性,以达到生活自理。

4. 言语治疗　言语是人类特有的复杂的高级神经活动。颅脑损伤患者言语障碍的特点是损伤程度重,失语和构音障碍常同时存在,治疗难度大,50%左右为命名性失语,早期多表现为言语错乱。患者病情稳定后即可开始言语训练,以方便医患之间的交流,提高整体康复的效果。具体内容详见本书第六章第六节。

5. 心理及行为治疗　颅脑损伤患者常出现抑郁、焦虑、恐惧、情感脆弱等情绪及自控能力差、依赖、攻击等行为方面的异常。治疗过程中应为患者创造适当的环境,可采用支持、认知、行为和集体心理治疗等技术和方法,如脱敏疗法、行为塑造、代币疗法等。必要时可应用抗精神类药物进行治疗,如使用卡马西平、奥氮平治疗攻击行为或躁狂,氟西汀改善抑郁等。

6. 康复工程　对部分功能障碍的患者需要矫形器及各种自助具的代偿、替代和补偿。包括:①多功能固定带;②腕关节背伸位固定板;③进食类自助具:弹性筷子,叉、勺、防滑垫,盘档等;④更衣类自助具:系扣器、拉锁环、穿衣棒、穿袜自助具;⑤梳洗修饰类自助具:刷子、梳子、固定式的指甲刀;⑥沐浴类自助具;⑦写字用自助具;⑧炊事自助具;⑨手杖:有单足手杖、三足手杖、四足手杖;⑩踝足矫形器。

7. 物理因子疗法　在颅脑损伤的康复治疗中可根据患者不同时期的临床表现及并发症选择恰当的物理因子治疗方法。

(1) 温热疗法:可用蜡疗、温水浴、红外线等,可改善血液循环,减轻疼痛。

(2) 冷疗:长时间冷敷、快速冰水浸泡,可抑制肌梭的活动,降低神经传导速度,缓解肌痉挛,但作用短暂。

(3) 功能性电刺激:可通过刺激痉挛肌的拮抗肌收缩来抑制痉挛肌。

(4) 低频脉冲电疗法:可增强肌张力及兴奋支配肌肉的运动或感觉麻痹的神经,以增强肢体运动功能。

(5) 超声波治疗:利用频率大于2000Hz的超声波的机械振动波和在介质中的传播达到机械、温热及化学治疗作用,达到缓解肌肉痉挛、止痛、镇静和促进伤口愈合的

笔记

作用。

（6）高频电疗：对肺部感染及尿路感染有显著效果。

（7）磁疗：对于肩关节半脱位产生的肩痛及髋、膝、踝等关节疼痛的患者可以进行磁疗缓解疼痛。

（8）光疗：紫外线照射具有杀菌作用，亦可促进压疮患者肉芽组织的生长。

8. 中医康复疗法

（1）针灸治疗：针对恢复期颅脑损伤患者，针刺能够改善大脑皮质的血液循环和脑组织的摄氧代谢能力，减轻脑水肿，保护损伤的脑组织。在颅脑损伤的治疗和功能恢复方面有较好的疗效。临床较常用的有体针、头针及耳针。具体操作方法参见本书脑卒中恢复期的针灸治疗。

（2）中药治疗：参见本书第二章第一节内容。

（四）后遗症期的康复治疗

颅脑损伤患者经过急性期、恢复期康复治疗后，各种功能得到不同程度的改善，但仍遗留部分功能障碍，如痉挛、关节畸形、认知言语障碍，需进入后遗症期康复。

后遗症期康复目标：进一步改善和提高患者的运动、言语、认知功能，学会使用新的方法来代偿不能恢复的功能；增强患者在各种环境中的独立和适应能力，争取最大限度的生活自理，回归社会。

1. 维持和强化康复训练　目的是维持或促进功能的进步，至少防止功能的退化。

2. 功能代偿　加强健侧肢体的功能训练及矫形器和辅助器具的使用，以增强其代偿功能。

3. 强化职业训练　TBI患者大部分是青壮年，现实中很多患者即使在功能恢复后仍无法重返工作岗位，因此，当患者的运动功能、认知功能等基本恢复后，应进行一些有针对性的职业能力训练。具体内容包括患者个体能力的评估、就业环境的评估、技能训练等。可在模拟环境中进行训练。为满足某些工作的特殊需要，也可为患侧的上下肢装配一定的支具，以利于重返工作岗位。

4. 心理疗法　患者家属要从患者思维、情绪变化中发现其积极和消极因素，采用说服、解释、启发、鼓励、对比等方法，调动患者的积极性，提高其战胜伤残的信心。

5. 注意事项　此期患者残留的各种功能障碍恢复较慢，会导致焦虑、忧愁、痛苦等不良情绪，担心自己成为家庭的负担和累赘，丧失生活的信心。因此，应积极争取家庭的配合，尽早开始制订家庭康复训练方案，从易到难、循序渐进，坚持不懈，可以达到理想的康复效果。

四、颅脑损伤并发症的康复

颅脑损伤患者的并发症主要包括：继发性癫痫、精神障碍、持续性植物状态、中枢性高热等。任何并发症的发生都会影响康复效果，延缓康复进程，甚至危及患者的生命。因此应进行预防，当并发症发生后采取综合的康复治疗措施，减轻并发症的影响。

（一）继发性癫痫

1. 概述　继发性癫痫（post-traumatic epilepsy）是颅脑损伤最常见的严重并发症之一，其发生率与脑损伤的部位、类型、受伤时间及严重程度均密切相关，可出现于伤后的任何时期（高峰时间为伤后1个月、半年和1年），长期存在并反复发作。

颅脑损伤引起的脑组织原发性或继发性损害,均可造成神经元本身或其周围的胶质细胞以及血管的改变,因此促使各个脑细胞过度放电和异常的超同化,导致癫痫灶形成。

继发性癫痫的临床表现形式有多种,根据发作情况主要可分为大发作、小发作、精神运动性发作(复杂部分性发作)和局限性发作。

2. 康复评定　电生理检查,如脑电图、癫痫患者生活质量量表评定、华盛顿癫痫社会心理调查表评定、利物浦评价组合量表、癫痫患者外科调查表、美国癫痫基金会关注指数等。

3. 康复治疗

(1)物理因子治疗:①直流电疗法具有较好的镇静效果;②离子导入法可用 Br^- 或 Ca^{2+} 导入或中药导入,能消除疲劳和减少发病频率,提高生活质量。

(2)心理治疗:主要通过改善颅脑损伤患者的抑郁、焦虑等心理障碍,提高其对生活质量的满足感,从而可以减少癫痫的发作频率。

(3)生物反馈疗法:癫痫患者常用脑电生物反馈治疗,它通过脑电图仪将患者的电活动记录下来,让患者学会识别癫痫发作前的信号,通过产生抗癫痫脑电图来抑制癫痫的急性发作。

(4)行为治疗:癫痫患者的行为治疗包括一般支持治疗、识别先兆和触发因素、正确处理日常压力、学习自我观察、进行放松训练及提高社会能力等方面。

(5)中医康复疗法

1)毫针刺法:主要以豁痰开窍,息风止痫为治疗原则,可选用水沟、长强、筋缩、鸠尾、丰隆、阳陵泉等为主穴,针刺得气后留针 20 分钟,每天 1 次,10 次为 1 个疗程。

2)耳针:取胃、皮质下、神门、心、枕、脑点。每次选 2~3 穴,毫针强刺激,留针20 分钟,间歇行针。每天 1 次,10 次为 1 个疗程。

3)中药治疗:应根据癫痫的标本虚实辨证施治。频繁发作,以治标为主,着重清泻肝火,豁痰息风,开窍定痫;平时则补虚以治其本,使用益气养血,健脾化痰,滋补肝肾,宁心安神的中药,从而调理脏腑功能,固本培元。

继发性癫痫的康复预防:避免癫痫发作的诱因,如饮食应营养丰富、均衡、易于消化,多食清淡、含维生素高的蔬菜和水果,切忌暴饮暴食;建立良好的生活习惯,适当从事一些轻体力劳动,避免过度劳累及从事精神高度紧张的工作;保持心情愉悦,避免大喜大悲,所居住环境应安静、舒适,尽量避免不必要的干扰等。

(二)精神障碍

1. 概述　颅脑损伤患者出现的精神障碍是由于颅脑受到外力的直接或间接作用,引起器质性或功能性障碍,从而出现精神异常,可见于颅脑损伤的任何时期。其产生的概率决定于脑组织受损的严重程度,并与个体素质、社会心理因素等密切相关。

颅脑损伤引起的精神障碍,与脑损伤的程度、部位、急性期的病理生理变化等多种因素有关。损伤程度越严重、部位越广泛,越容易引起精神障碍。其次,其发生发展还与社会心理因素有关,部分精神障碍纯属功能性,颅脑损伤可能只是诱发因素。

颅脑损伤引起的精神障碍临床上有多种表现形式,常见的有两类:一种以持续性心理功能缺损为主;另一种以情绪障碍与无力状态为主。

2. 康复评定量表　包括住院精神病患者康复疗效评定量表、精神病简明评定量表、日常生活活动能力评定量表等。

3．康复治疗

（1）作业治疗

1）阅读：是通过治疗师、阅读媒体与患者三者之间的互动过程来改善患者的情绪，提高认知水平，改善精神障碍。

2）手工制作：教患者折纸、陶艺加工、编织、串珠等，培养患者动手动脑能力，还可以借机鼓励患者对生活树立信心。

3）书画练习与欣赏：书画作品欣赏给人以美的享受，创作或欣赏书画作品可以不断丰富患者的生活内容，提高患者的自信。

4）音乐治疗：音乐可以给患者带来愉悦和满足感，将音乐治疗和心理治疗有机地结合起来，可以让患者在艺术表演和欣赏中认识自己的不良行为，从而逐步强化正常行为。音乐治疗还可以帮助患者减轻焦虑、抑郁，增加注意力、表达力、想象力及思考力，还可以稳定患者的情绪。

（2）心理疗法：需要进行一对一的治疗，态度和蔼，言语谨慎，与患者建立良好的医患关系。对敏感多疑的患者态度应自然大方，不要在其面前与他人窃窃私语，避免引起患者的猜测和不安。对兴奋躁动的患者，可启发诱导其合作，尽量减少刺激，避免激惹患者。对抑郁及焦虑不安的患者，应多与他们交谈，专心倾听他们的诉说，对于他们提出的问题，用通俗的语言给予解释、指导。

（三）中枢性高热

1．概述　中枢性高热是颅脑损伤后严重的并发症之一，是由于颅脑损伤后导致脑干或下丘脑损伤，引起体温调节中枢的功能紊乱，发生体温异常，表现为高热，体温可高达41℃以上，头颈、躯干体温上升明显。发病早期若出现高热且持续时间长，处理不当可危及患者生命。

2．康复治疗

（1）冷疗：①头部给予冰枕、冰帽，使患者脑部处于低温环境，降低脑细胞的代谢和耗氧量；②置冰袋于双侧腋下及腹股沟等皮肤表浅大血管处持续降温；③用36～40℃的温水或30%～50%的酒精进行擦浴；④冰毯机降温，设置冰毯温度20℃，逐步降低体温，每3小时降低1℃，降温不宜过快，以免引起寒战。

（2）中医康复疗法

1）针灸治疗：取大椎、尺泽、曲泽、十二井穴、委中、十宣穴点刺放血，每天2次；毫针刺法：取大椎、曲池、合谷、外关穴位，针刺得气后留针20分钟，每天1次，10次为1个疗程。

2）中药治疗：常用清肝息风，化痰清热，醒脑开窍的药物进行治疗，常用方剂为安宫牛黄丸。

五、康复教育

颅脑损伤是一种常见创伤，造成颅脑损伤的主要原因是交通事故、工矿事故、坠落和跌伤、暴力伤害等。做好预防工作尤为必要，如定期进行安全筛查，加强交通安全、生产安全和运动安全的教育，设置高空作业防护、家中设置防跌倒设施，以预防损伤的发生。一旦发生颅脑损伤，应及时送往医院救治，入院后积极完善相关检查，早期发现、早期诊断、早期治疗。给予适当的药物治疗和必要的手术治疗,尽快稳定生命体征,积极保护脑细胞和脑组织,保存神经功能。应尽早介入康复治疗,采取各种积极的措施恢复和改善功能,预防继发性功能障碍的发生,防止残疾。

对颅脑损伤患者及其家属进行疾病宣教,使患者能够正确对待疾病的伤残,接受现实,帮助患者了解康复的必要性和训练的长期性,保持良好的心理状态,有利于患者积极进行自我康复训练,最大限度发挥潜在的能力,提高功能训练水平。教会家属和患者康复护理技巧,指导良好的体位摆放,有利于预防肩关节脱位、肌肉萎缩、痉挛、挛缩等继发功能障碍的发生,避免出现肺部感染、泌尿系统感染等并发症;指导家属和患者学习康复训练的技能,正确使用康复器具,使家庭成员能为患者康复训练做出贡献,更好地帮助患者进行家庭和社区康复,为回归家庭和社会创造条件。

第三节　脊髓损伤的康复

脊髓损伤是临床常见病,以高发病率、高致残率、低死亡率为特点,严重影响患者的生活质量,增加其家庭负担。为此,积极开展脊髓损伤康复,对预防和减少脊髓功能的进一步损害、预防并发症的发生、最大限度利用残存功能,使患者重新开始自理生活、重返社会具有重要意义。

一、概述

(一)定义

脊髓损伤(spinal cord injury,SCI)是由于各种致病因素引发脊髓结构、功能的损害,造成损伤平面以下运动、感觉、括约肌和自主神经功能障碍。其中,颈段脊髓损伤表现为四肢瘫痪者又称四肢瘫(tetraplegia),胸段以下脊髓损伤引起躯干及下肢瘫痪而未累及上肢者称截瘫(paraplegia)。

(二)流行病学

脊髓损伤的发病率在不同国家地区存在差异。在欧美国家,脊髓损伤发病率约为12~50/100万人口;日本的发病率约为39.4/100万人口。中国北京地区的调查资料显示,年发病率约为68/100万人口。脊髓损伤好发于青壮年,男女比率约为3.5:1,这可能与该年龄段男性从事高风险社会活动有关。

(三)病因及发病机制

1. 病因

(1)外伤:是造成脊髓损伤的主要原因。包括车祸、坠落、暴力、体育意外、杂技事故、工矿事故及自然灾害等,也包括刀枪伤或爆炸性损伤、挥鞭性损伤。

(2)非外伤:多由感染性、血管性、退行性、发育性疾病及肿瘤等原因所致。

2. 发病机制

(1)闭合性损伤:多因车祸、坠落等外伤导致脊柱过度伸展、屈曲、扭转,造成脊柱骨折、脱位,以及脊椎附件、韧带和脊髓供血血管的损伤,进而引发脊髓的闭合性损伤。

(2)开放性损伤:脊髓损伤可由于爆裂伤、血管损伤,也可因子弹贯穿或骨折断端刺破脊髓所致。

(3)挥鞭性损伤:是一种特殊的颈段脊髓损伤,指由于身体剧烈加速或减速运动而头部的运动不同步,致使颈椎连续过度伸屈而造成的颈髓损伤。

3. 病理变化　急性期主要归结于组织出血、水肿、变性和坏死,晚期主要表现为瘢痕增生、囊肿、硬膜粘连、神经胶质化。由于脊髓损伤的急性期病理变化发展迅速,呈持续性加重,故一般认为,伤后6小时内是抢救的黄金时期。

(四)临床特征

由于损伤部位与损伤程度的不同,脊髓损伤的临床表现也各不相同,但大多具有以下共同点。

1. 运动功能障碍　颈段脊髓损伤表现为四肢瘫痪,胸段及胸段以下脊髓损伤引起躯干及下肢瘫痪;脊髓休克期呈现弛缓性瘫痪,休克期结束后,脊髓锥体束受损的患者出现痉挛性瘫痪。马尾神经受损出现弛缓性瘫痪。

2. 感觉功能障碍　损伤平面以下各种感觉减退或消失,完全性损伤患者鞍区(会阴区)感觉消失。

3. 膀胱功能障碍　脊髓损伤会造成脊髓反射中枢与皮质高级中枢的联系障碍,从而出现尿潴留或尿失禁。

4. 直肠功能障碍　脊髓休克期主要表现为大便失禁。脊髓休克期后,脊髓腰段以上的完全性损伤主要表现为便秘。

5. 呼吸功能障碍　①胸腰椎移行部以上的脊髓损伤时,因肋间肌麻痹而导致呼吸功能低下;②第4颈髓以上损伤因膈肌瘫痪而不能呼吸。

6. 自主神经反射障碍　主要表现为阵发性高血压、搏动性头痛、视物不清、心动过缓、损伤平面以上出汗、面部潮红和鼻塞等症状。

7. 性功能障碍　脊髓损伤患者多有不同程度的性功能和生育功能障碍。

8. 其他并发症　脊髓损伤可出现中枢性疼痛、痉挛、关节挛缩、肌肉萎缩、压疮、深静脉血栓、骨质疏松等并发症。

9. 临床上,不完全性脊髓损伤还有以下几种特殊类型:

(1)中央索综合征(central cord syndrome):病变多发生于颈段,主要表现为上肢功能障碍重于下肢功能障碍,运动功能障碍重于感觉功能障碍,骶部感觉有残留。

(2)半切综合征:又称布朗-塞卡综合征(brown-sequard),是由于脊髓半侧损害造成损伤平面以下同侧本体感觉和运动功能障碍,对侧痛温觉障碍。

(3)前索综合征(anterior cord syndrome):脊髓前部损伤造成损伤平面以下不同程度的运动功能和痛温觉障碍,而本体感觉存在。

(4)后索综合征(posterior cord syndrome):脊髓后部损伤,损伤平面以下本体感觉丧失,而运动和痛温觉存在。

(5)圆锥综合征(conus medullaris syndrome):脊髓骶段的圆锥损伤和椎管内的腰神经根损伤。临床表现除运动、感觉障碍外,还包括膀胱、肠道功能障碍和下肢反射消失,部分患者可以保留骶反射。

(6)马尾综合征(cauda equine syndrome):指椎管内的腰骶神经根损伤,引起膀胱、肠道和下肢反射消失,呈现外周神经损伤的特征,表现为迟缓型瘫痪。

(7)脊髓震荡(spinal concussion):指暂时性和可逆性脊髓或马尾神经功能丧失,可见于单纯性压缩性骨折,甚至影像学检查阴性的患者。脊髓并没有受到机械性压迫,也无解剖上的损害。

二、康复评定

脊髓损伤引起的功能障碍多种多样，与损伤水平、损伤程度密切相关。这就要求，在临床康复中对脊髓损伤患者进行全面、细致的康复评定，为制订康复计划提供可靠依据。

（一）感觉功能评定

1. 感觉关键点　感觉功能采用美国脊柱损伤学会（American spinal injury association，ASIA）制定的脊髓损伤神经学分类标准来评定。方法为检查身体左右两侧各 28 个皮节区关键点（$C_2 \sim S_{4-5}$）。皮节（dermatome）是指每个脊髓节段内神经（根）的感觉神经轴突支配的皮肤区域。每个关键点要检查 2 种感觉，即轻触觉和针刺觉（锐/钝辨别觉）。检查时以患者脸颊的感觉作为正常参照点，按照 3 个等级分别评定打分。

分级标准：0＝缺失；1＝改变（受损或部分感知，包括感觉过敏）；2＝正常或未受损；NT＝无法检查。

检查需要在患者闭眼或视觉遮挡的情况下进行。轻触觉检查使用棉棒末端的细丝划过皮肤表面，接触范围不超过 1cm。针刺觉用一次性安全别针的两端进行检查，使用尖端检查锐痛觉，圆形端检查钝痛觉。不能区别钝性和锐性感觉应评为 0 分。

两侧感觉关键点的检查部位见表 2-10。

表 2-10　28 个感觉关键点

皮节	关键感觉点
C_2	枕骨隆突外侧 1cm（或耳后 3cm）
C_3	锁骨上窝与锁骨中线交点
C_4	肩锁关节
C_5	肘前窝外侧（桡侧），肘横纹外侧端
C_6	拇指近节指骨背侧
C_7	中指近节指骨背侧
C_8	小指近节指骨背侧
T_1	肘前窝内侧（尺侧），肱骨内上髁近端
T_2	腋窝顶点
T_3	锁骨中线第 3 肋间隙
T_4	锁骨中线第 4 肋间隙（乳头水平）
T_5	锁骨中线第 5 肋间隙（$T_4 \sim T_6$ 的中点）
T_6	锁骨中线第 6 肋间隙（剑突水平）
T_7	锁骨中线第 7 肋间隙（$T_6 \sim T_8$ 的中点）
T_8	锁骨中线第 8 肋间隙（$T_6 \sim T_{10}$ 的中点）
T_9	锁骨中线第 9 肋间隙（$T_8 \sim T_{10}$ 的中点）
T_{10}	锁骨中线第 10 肋间隙（脐水平）
T_{11}	锁骨中线第 11 肋间隙（$T_{10} \sim T_{12}$ 的中点）
T_{12}	锁骨中线与腹股沟韧带中点
L_1	T_{12} 感觉关键点和 L_2 感觉关键点之间的中点

续表

皮节	关键感觉点
L$_2$	大腿前内侧,腹股沟韧带中点(T$_{12}$)与股骨内侧髁连线的中点
L$_3$	膝关节上方股骨内侧髁
L$_4$	内踝
L$_5$	足背第 3 跖趾关节
S$_1$	足跟(跟骨)外侧
S$_2$	腘窝中点
S$_3$	坐骨结节或臀下皱襞
S$_{4-5}$	肛周区域,皮肤黏膜交界处外 1cm 以内(记为 1 个平面)

2. 感觉评分(sensory scores)　每个皮节感觉检查项目产生轻触觉和针刺觉评分。将身体两侧各个皮节的评分相加,产生 2 个总的感觉评分,即轻触觉总分和针刺觉总分。正常者两侧感觉总积分为 112 分,分数越高,表示感觉越接近正常。

3. 感觉平面(sensory level)　脊髓损伤患者身体左右两侧的感觉受损平面可能不同,应分别对身体两侧的感觉平面进行检查,即:右侧轻触觉、右侧针刺觉、左侧轻触觉、左侧针刺觉检查。感觉平面是轻触觉和针刺觉均正常的最远端皮节。

4. 直肠深压觉　方法是检查者将示指插入肛门,对直肠壁轻柔施压,或使用拇指在插入的示指上轻轻挤压肛门以施加压力。如患者在肛门区域感觉到任何可重现的压觉,即意味着患者为感觉不完全性损伤。

(二)运动功能的评定

1. 运动关键肌　检查项目为与肌节(C$_5$~T$_1$ 及 L$_2$~S$_1$)相对应的 10 对关键肌。肌节(myotome)是指每个脊髓节段内神经(根)的运动神经轴突支配的肌纤维,关键肌是确定神经平面的标志性肌肉(表 2-11)。

表 2-11　10 对关键肌

肌节	关键肌	肌节	关键肌
C$_5$	屈肘肌(肱二头肌、肱肌)	L$_2$	屈髋肌(髂腰肌)
C$_6$	伸腕肌(桡侧腕长伸肌、桡侧腕短伸肌)	L$_3$	伸膝肌(股四头肌)
C$_7$	伸肘肌(肱三头肌)	L$_4$	踝背伸肌(胫前肌)
C$_8$	中指屈肌(指深屈肌)	L$_5$	踇趾伸肌(踇长伸肌)
T$_1$	小指外展肌	S$_1$	踝跖屈肌群(腓肠肌、比目鱼肌)

评分方法:评定时采用仰卧位,采用徒手肌力评定法,按照从上至下的顺序对身体两侧每个关键肌的功能进行检查。每个肌肉的肌力使用 6 分法进行评分:

0=完全瘫痪;1=可触及或可见肌肉收缩;2=无重力情况下,可全关节活动范围主动运动;3=对抗重力情况下,可全关节活动范围主动运动;4=肌肉处于特定体位,可对抗重力和适度阻力,进行全关节活动范围主动运动;5=(正常)肌肉处于特定体位,可对抗重力及充分阻力,进行全关节活动范围主动运动;5*=假定不存在明显的抑制因素(如:疼痛、废用)时,对抗重力和充分阻力的情况下,进行全关节活动范围主动运动;NT=无法检查(如:制动、不能进行分级的严重疼痛、肢体截肢或挛缩超过关节活动度的 50%)。

2. 运动评分(motor scores)　将各个肌节的评分及身体两侧的评分相加,分别产生上肢运动评分和下肢运动评分,上肢总分50分,下肢总分50分。运动评分越高,表示肌肉功能越佳。

3. 运动平面　通过检查10对关键肌的功能来确定。运动平面是指肌力为3级或3级以上的最远端关键肌,且该平面以上节段的关键肌功能均为正常(5级)。如脊髓C_7节段发出的神经纤维主要支配肱三头肌,在检查SCI患者时,若肱三头肌肌力≥3级,C_6节段支配的伸腕肌肌力5级,则可判断运动平面为C_7。由于身体两侧的运动损伤平面可能不一致,应左右两侧分别记录。

4. 痉挛评定　目前临床多用改良Ashworth评定标准来评定痉挛程度,具体评定方法及评分标准参见教材《康复评定学》。

5. 步行运动指数评定(ambulatory motor index,AMI)　脊髓损伤后截瘫步行功能可采用步行运动指数来预测。

(1)方法:评测屈髋肌、伸髋肌、髋外展肌、伸膝肌、屈膝肌5组肌群的肌力。

(2)分级标准:0分=无;1分=差;2分=尚可;3分=良;4分=正常。

(3)预后判断:通过AMI总分判断。

AMI　6分:有可能步行。

AMI　6~8分:需要在膝踝足矫形器(knee ankle foot orthosis,KAFO)支具或双拐帮助下行走。

AMI　≥12分:社区内行走。

(三)神经损伤平面的评定

神经损伤平面(neurological level of injury,NLI)是指身体两侧感觉和肌肉抗重力功能均正常的最低脊髓节段,其近端节段的感觉和运动功能均正常(未受损)。如C_6损伤,意味着C_1~C_6节段依然完好,C_7~S_5节段有损伤。

> **知识链接**
>
> **脊髓节段与椎骨序数的关系**
>
> 脊髓和脊柱的长度不等,脊髓节段的位置并不与其相应椎骨对应。成人上颈髓节段(C_1~C_4)约与相同序数的椎体相平,下颈髓节段(C_5~C_8)和上胸髓节段(T_1~T_4)约与高1个序数的椎体相平,中胸髓节段(T_5~T_8)约与高2个序数的椎体相平,下胸髓节段(T_9~T_{12})约与高3个序数的椎体相平,腰髓节段约平对胸10~12椎体,骶髓、尾髓节段约平对腰1椎体。因此,脊髓损伤水平不能根据脊椎损伤水平判断,而需要根据各节段脊髓所支配肌肉的肌力检查及皮肤感觉检查来判定。

在评定时应注意,损伤平面的确定主要以运动损伤平面来确定。确定损伤平面时,该平面关键肌的肌力必须≥3级,该平面以上关键肌的肌力必须正常。但脊髓T_2~L_1节段的运动损伤平面难以确定,故主要以感觉损伤平面来确定。感觉平面和运动平面可能不一致,身体两侧的损伤平面也可能不一致,在评定时应同时检查身体两侧的运动损伤平面和感觉损伤平面,并分别记录身体两侧的运动和感觉评分,总评定平面以最高脊髓节段为准。

（四）损伤程度的评定

脊髓损伤分为完全性脊髓损伤和不完全性脊髓损伤,是否为完全性脊髓损伤应以最低骶段($S_4 \sim S_5$)有无感觉和(或)运动功能为准,即S_{4-5}皮节保留轻触觉或针刺觉,保留直肠深压觉或随意肛门括约肌收缩。骶段功能的残留也可通过骶反射的存在得到证实。骶反射的检查方法见表2-12。

表2-12　骶反射的检查方法和结果

	反射	检查方法阳性结果
Ⅰ	球海绵体-肛门反射	捏龟头或阴蒂,肛门外括约肌收缩
Ⅱ	肛门黏膜皮肤反射	针刺肛门皮肤与黏膜交界处,肛门外括约肌收缩
Ⅲ	肛指诊反射	将手指在肛门内提插,肛门外括约肌收缩
Ⅳ	耻骨上轻叩反射	轻叩耻骨上区,肛门外括约肌收缩

1. 完全性损伤的确定　完全性损伤是指损伤后不存在骶段感觉和(或)运动功能的残留,但损伤平面以下可有部分感觉和运动保留,称为部分保留区(zone of partial preservation,ZPP)。部分保留区是因为脊髓损伤水平以下一些皮节和肌节保留部分神经支配,故仍存在感觉或运动功能的残留。完全性损伤的确定必须在脊髓休克消失后才可作出,原因在于脊髓休克阶段一切反射均暂时消失,因而无法判断。

2. 不完全性损伤的确定和分级　不完全性损伤是指脊髓损伤后损伤平面以下最低骶段($S_4 \sim S_5$)仍有运动和(或)感觉功能存留。不完全性脊髓损伤提示脊髓损伤平面未发生完全性的横贯性损害,预后较完全性脊髓损伤好。损伤程度采用 ASIA 修订的脊髓损伤神经功能分级标准(AISA impairment scale,AIS)评定(表2-13)。

表2-13　ASIA 脊髓损伤分级

	损伤程度	损伤表现
A	完全性损伤	$S_4 \sim S_5$无任何感觉或运动功能保留
B	不完全感觉损伤	神经平面以下包括鞍区 $S_4 \sim S_5$无运动功能保留,有感觉功能保留,且身体任何一侧运动平面以下无 3 个节段以上的运动功能保留(0~2级)
C	不完全运动损伤	在神经平面以下保留运动功能,并且神经损伤平面以下超过一半关键肌的肌力小于 3 级
D	不完全运动损伤	在神经平面以下保留运动功能,并且神经损伤平面以下至少一半(一半或以上)关键肌的肌力大于或等于 3 级
E	正常	检查所有节段的感觉和运动功能均正常,且患者既往有神经功能障碍,则分级为 E 级。既往无 SCI 者不能评为 E 级

（五）脊髓休克的评定

脊髓休克是指脊髓受到外力作用后短时间内出现损伤平面以下的脊髓功能完全消失。持续时间一般为数小时至数周,偶有数月之久。损伤平面以下一切神经反射消失,肌张力降低,但这并不意味着完全性损伤。因此,在这一时期无法对脊髓损伤程度作出正确的评估。球海绵体-肛门反射是判断脊髓休克是否结束的指征之一。具体方法:用戴手套的示指插入患者肛门,另一手刺激龟头(男性)或阴蒂(女性),若手指可以明显感觉到肛门括约肌的收缩,则为阳性,提示脊髓休克期结束。但正常人中有15%~30%不出现该反射,应通过观察损伤平面以下出现感觉、运动或痉挛这几个指征来确定是否度过脊髓休克期。

(六)神经电生理评定

神经电生理评定技术对脊髓的功能评定比较客观,灵敏度较高,其变化先于临床体征,在判断脊髓损伤程度、评价脊髓残存功能、手术监测、治疗评定等方面能作出客观、准确、可靠的评定,为脊髓损伤预后的评估、治疗方案的制定及疗效判定提供了相对客观的指标。脊髓损伤常用的神经电生理检查包括:

1. 运动诱发电位(motor evoked potentials,MEP)　运动诱发电位是指应用电或磁刺激皮质运动区或脊髓,产生兴奋,通过下行传导通路,使脊髓前角细胞或周围神经运动纤维兴奋,在相应肌肉表面记录到的电位,分为经颅电刺激(transcranial electrical stimulation,TES)技术和经颅磁刺激(transcranial magnetic stimulation,TMS)技术。MEP可以直接检测脊髓运动传导束的功能并预测运动功能的恢复,是脊髓神经及轴突功能完整程度的反映,为脊髓损伤临床最常用的电生理检查方法。

2. 脊髓诱发电位(spinal cord evoked potentials,SCEP)　在给予周围神经刺激时,在相应脊髓节段可引出与刺激有锁时关系的节段性与传导性电位,称SCEP。SCEP反映了脊髓某一节段神经元与传导纤维的综合功能,有助于判断脊髓损伤的程度、治疗反应及预后,其波形及曲线倾斜度可估计脊髓感觉功能状态,可确定病变范围并分析症状,还可帮助了解脊髓损伤后病变发展及破坏程度。

3. 皮质体感诱发电位(cortical somatosensory evoked potentials,CSEP)　CSEP是指连续刺激周围神经引起的冲动,在大脑皮质体感区记录到的时间和空间上的综合电位变化。CSEP是一种非创性检查方法,可估计脊髓损伤的严重程度,判断预后,早期敏感地区分完全性与不完全性脊髓损伤,对于脊柱、脊髓手术则能起到监护脊髓功能的作用。

4. 节段性体感诱发电位(segmental somatosensory evoked potentials,SSEP)　多用于神经根、脊髓节段性感觉损伤的定位,并能判断脊髓损伤的程度。SSEP波幅降低通常为传导阻滞所致,常见于病损早期;潜伏期延长则为传导障碍所致,常见于病损后期。脊髓严重受损者则诱发不出任何图形。

5. F波(F-wave)和H反射(H-reflex)　F波检查可帮助判断脊髓前角细胞传导有无异常;H反射可提供被测神经传入和传出通路的传导信息,并反映脊髓灰质功能,是判断脊髓损伤后灰质破坏程度的有效方法。

(七)心理评定

长期严重功能障碍导致大多数脊髓损伤患者都存在不同程度的心理障碍,常表现为抑郁、焦虑、烦躁等,临床上多采用汉密尔顿焦虑量表、汉密尔顿抑郁量表、抑郁自评量表、焦虑自评量表等。

(八)日常生活活动能力的评定

日常生活活动能力是人们在家庭、医疗机构和社区中的基本能力之一。对于截瘫患者的 ADL 评定可采用改良 Barthel 指数(modified barthel index,MBI),四肢瘫患者可采用四肢瘫功能指数(quadriplegic index of function,QIF)。此外,运用较广泛的还有功能独立性评定量表(functional independance measure,FIM)。

QIF 分 10 部分,与 Barthel 指数相比,QIF 对于四肢瘫患者功能改善的灵敏度较高,更适用于四肢瘫患者(表 2-14)。

表 2-14 四肢瘫功能指数(QIF)评定

评定项目	评定项目	评定项目
Ⅰ.转移 16 分	涂抹面包	Ⅷ.膀胱功能 28 分
床——轮椅	准备简单食物	自主排空:A. 厕所;B. 便盆
轮椅——床	使用适宜的设备	间歇导尿(ICP)
轮椅——马桶(坐便器)	Ⅴ.穿脱衣物 20 分	反射性膀胱
马桶(坐便器)——轮椅	穿室内上衣	留置导尿
轮椅——汽车	脱室内上衣	回肠替代膀胱术后
汽车——轮椅	穿室内裤子	挤压排尿
轮椅——淋浴(浴盆)	脱室内裤子	Ⅸ.直肠功能 24 分
淋浴(浴盆)——轮椅	穿室外上衣(较繁重)	完全控制:A. 厕所;B. 便盆
Ⅱ.梳洗 12 分	脱室外上衣	使用栓剂:A. 厕所;B. 便盆
刷牙(处理义齿)	穿脱袜子	(床、垫上)
洗(梳头发)	穿脱鞋	用手指抠:A. 厕所;B. 便盆
剃须(男性)	扣纽扣	手指或机械刺激:A. 厕所;
处理月经(女性)	Ⅵ.轮椅活动 28 分	B. 便盆/床上
Ⅲ.洗澡 8 分	转弯(直角)	Ⅹ.护理知识 20 分
洗(擦干上半身)	后退	皮肤护理
洗(擦干下半身)	刹闸	饮食与营养
洗(擦干脚)	粗糙地面上驱动轮椅	药物
洗(擦干头发)	驱动轮椅上斜坡	矫形器或其他器械
(如患者在床上洗澡,须获得	保持坐位平衡	关节活动
所有必需物品)	Ⅶ.床上活动 20 分	自主神经反射过度的控制
Ⅳ.进食 24 分	仰卧位——俯卧位	上呼吸道感染
用杯子(玻璃杯)喝水	卧位——长坐位	泌尿道感染
使用勺子	仰卧位——侧卧位	深静脉血栓
使用叉子	侧卧位——对侧卧位	获得别人的帮助
倒出饮料(水)	长坐位保持平衡	
打开瓶盖(罐头)		

得分总和:
[QIF 分数 =(总分/200)×100]

注:表中各内容的评分采用 5 级制,分别为 0 分、1 分、2 分、3 分、4 分,每项一般最高得分为 4 分。

需要注意的是,QIF 量表在具体应用时,由于各项重要性的不同,还需要进行 QIF 得分的权重换算。即将 QIF 得分乘以或除以权重系数,方得出最终分值,其权重计算方法见表 2-15。

表 2-15　QIF 得分权重法

项目及权重法
Ⅰ　转移:各单项得分之和除以 2
Ⅱ　梳洗:取各单项得分之和
Ⅲ　洗澡:各单项得分之和除以 2
Ⅳ　进食:各单项之和除以 0.75
Ⅴ　穿脱衣物:把第 5 和第 6 项得分乘以 1.5,再加上第 1~4 项、第 7~9 项得分,上述总分除以 2
Ⅵ　轮椅活动:取各单项得分之和
Ⅶ　床上活动:取各单项得分之和
Ⅷ　膀胱功能:取得分最高项的分数乘以 7
Ⅸ　直肠功能:取得分最高项的分数乘以 6

注:表中所示Ⅰ项为转移,下列 8 个单项,如每项最高分为 4 分,则各单项得分之和为 8,得分 = 32 分,但应按表中要求权重,即将总分 32 除以 2,故得 16 分。余各项类同。

（九）参与能力的评定

参与能力是患者适应周围环境,独立参与社会生活的能力。其评定内容包括社会生活能力、就业能力和生活质量的评定,具体评定内容详见本套教材《康复评定学》相关章节。

（十）其他评定

脊髓损伤除引起运动、感觉功能障碍外,还会导致膀胱和直肠功能障碍、呼吸功能障碍、自主神经反射障碍、性功能障碍等。因此,对脊髓损伤患者的评定内容还应当包括以上功能障碍的评定,具体评定内容详见本套教材《康复评定学》相关章节。

三、康复治疗

脊髓损伤的康复治疗包括早期和中后期两个阶段,治疗方法有运动疗法、作业疗法、物理因子疗法、心理疗法、康复工程、中医康复疗法、健康教育和药物治疗等,应做到早期康复介入,综合协同治疗,最终达到回归家庭、回归社会的目标。不同脊髓损伤水平的基本康复目标见表 2-16。

表 2-16　不同脊髓损伤基本康复目标

损伤水平	活动能力	生活能力
$C_1 \sim C_3$	依赖膈肌维持呼吸,可用声控方式操纵某些活动	完全依赖
C_4	使用电动高靠背轮椅,用口或下颌操纵,有时需要辅助呼吸	大部分依赖
C_5	可用手在平坦路面上驱动高靠背轮椅,需要上肢辅助器具及特殊改进轮椅	中度依赖
C_6	可用手驱动轮椅,独立穿上衣、上下床及上下汽车,基本可以独立完成转移,可驾驶特殊改装汽车	小部分依赖

笔记

续表

损伤水平	活动能力	生活能力
C_7	轮椅使用,可独立完成床-椅转移/厕所/浴室的转移	大部分自理
$C_8 \sim T_4$	可用手驱动轮椅活动,使用骨盆长支具站立	基本自理
$T_5 \sim T_8$	可用支具进行治疗性步行	基本自理
$T_9 \sim T_{12}$	可用长下肢支具进行治疗性步行	基本自理
$L_1 \sim L_3$	长腿矫形器扶杖家庭功能性步行,长距离行动需轮椅	基本自理
$L_4 \sim S_1$	短腿矫形器扶杖进行社区功能性步行,无须轮椅	基本自理

(一)早期康复

早期康复一般指在脊髓损伤后8周内,在临床中应尽可能在急救阶段就开始康复介入。此期康复的主要目标是:①预防和及时处理呼吸道感染、泌尿系统感染、压疮、深静脉血栓等并发症;②维持关节活动度和肌肉软组织的正常长度,并对受损平面以上的肢体和受损平面下的残存肌力进行肌力和肌耐力训练;③防止废用综合征,预防肌肉萎缩、骨质疏松和关节挛缩等。

临床上,脊髓损伤早期又包括急性不稳定期(卧床期)和急性稳定期(轮椅活动期)两个阶段,具体康复方案见表2-17。

表2-17　早期康复方案

急性不稳定期(卧床期)	急性稳定期(轮椅活动期)
良肢位训练	ROM训练和肌肉牵张训练
床上体位变换训练	肌力增强训练
床上ROM训练	早期床上坐起及起立床站立训练
呼吸及排痰训练	早期轮椅使用训练
大、小便的管理	初步转移训练
床上肌力增强训练	初步生活自理训练
	高压氧等物理因子治疗
	针灸、推拿、中药等治疗
	早期心理干预

1. 急性不稳定期　为急性脊柱脊髓损伤后2~4周之内,又称卧床期。脊柱和病情的相对不稳定是这一时期的特点,患者需要卧床和必要的制动。但是这一时期也是开展早期康复的重要时期。早期康复训练,不仅对预防并发症和稳定病情有重要意义,也为中后期的康复打下良好基础。

康复原则:①以床旁康复训练为主;②在进行关节活动度(range of motion,ROM)训练和肌力增强训练时,应注意脊柱的稳定性问题,要控制肢体活动的范围与强度,并应循序渐进;③临床治疗与康复治疗应同时进行,互相配合;④此期康复训练强度不宜过大,以每天1~2次为宜。

急性不稳定期康复的主要内容包括体位摆放、床上体位变换训练、床上ROM训练、呼吸及排痰训练、大小便的管理和早期床上肌力增强训练等。

（1）体位摆放：卧床时保持肢体于功能位，以防止压疮、关节挛缩和肌肉痉挛等。四肢瘫患者，采用手夹板，使腕、手保持于功能位。

1）仰卧位：患者双上肢置于身体两侧枕头上，肘关节伸展，腕关节背屈，拇指对掌，手指轻度屈曲，或将两枕头垫在前臂或手下，使手的位置高于肩部。两腿之间放一枕头，保持髋关节伸展并轻度外展，膝关节伸展（但需注意勿过伸），踝关节背屈，足跟放一垫圈（图2-13）。

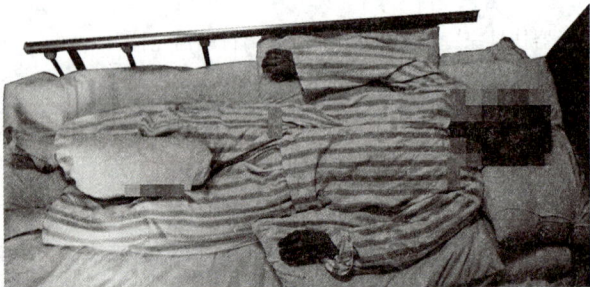

图2-13　仰卧良肢位摆放

2）侧卧位：双肩均向前伸，呈屈曲位，一侧肩胛骨着床。肘关节屈曲，前臂旋后，上方的前臂放在胸前的枕头上。腕关节自然伸展，手指自然屈曲。躯干后放一枕头给予支持。位于下方的髋、膝关节伸展，上方髋、膝关节屈曲放在枕头上。踝关节自然背屈，上方踝关节下垫一枕头防止踝关节跖屈内翻（图2-14）。

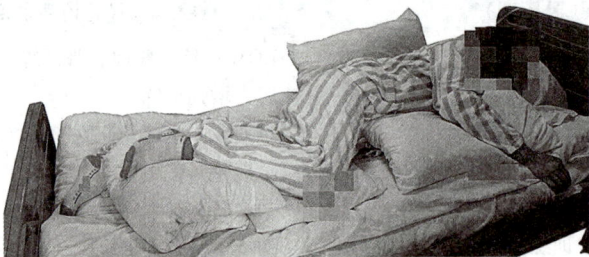

图2-14　侧卧良肢位摆放

（2）床上体位变换训练：正确的体位变换可有效防止压疮和肢体挛缩。对卧床患者应定时变换体位，一般每2小时翻身1次，采用间歇充气床垫者可以适当延长翻身间隔，但不能替代体位变换。进行翻身时要注意脊柱的稳定性，一般由2~3人进行轴向翻身，且应避免在床上拖动患者，损伤皮肤。

（3）床上ROM训练：生命体征稳定后即开始对瘫痪肢体的关节进行被动活动，每个肢体从近端到远端关节的活动应在10分钟以上，以避免关节挛缩和畸形。

ROM训练的注意事项：①动作轻柔、缓慢、有节奏，活动范围应尽量达到最大生理范围，但不可超越，要注意控制在无痛范围内，以免拉伤肌肉或韧带。②下肢髋关节屈曲的同时要外展（<45°），膝关节伸展要缓慢，不能过伸。髋关节内旋、外旋要在屈髋90°、屈膝90°时进行。③髋关节外展要限制在45°以内，以免损伤内收肌群。④患者仰卧位时被动屈曲膝关节，需同时外旋髋关节。对膝关节的内侧要加以保护，以免损伤内侧副韧带。⑤对上位胸椎骨折，过度的肩关节屈曲有可能影响骨折部位的稳定；

在下胸椎或腰椎骨折时,进行屈髋、屈膝运动时,要格外小心,不可造成腰椎活动。⑥对颈髓损伤患者,应进行肩胛骨和肩带肌的被动活动与训练,这对于恢复上肢功能意义重大;但禁止同时屈曲腕关节和指关节,以免拉伤伸肌肌腱。⑦对颈椎不稳者,肩关节外展应<90°;腰椎不稳者,髋关节屈曲应<90°。

(4)呼吸及排痰训练:与呼吸有关的肌肉有膈肌($C_{3~5}$支配)、肋间肌($T_1~T_7$支配)和腹肌($T_6~T_{12}$支配)等。脊髓损伤后,其损伤平面以下的呼吸肌瘫痪,胸廓的活动度降低,肺活量下降,尤其是急性期患者,呼吸道分泌物增多又不易排出,容易诱发肺部感染和肺不张。因此,脊髓损伤患者应进行深呼吸、咳嗽、咳痰及体位排痰训练,以预防及治疗呼吸系统并发症。

1)呼吸功能训练:脊髓损伤患者每日应进行2次以上的呼吸训练,增加肺活量,清除呼吸道分泌物。延长呼气时间,提高呼吸肌肌力,可设计多种多样的主动呼吸训练方法,如吹蜡烛、吹气球等。

2)辅助咳嗽:腹肌部分或全部麻痹的患者,不能做咳嗽动作,治疗师要用双手在其膈肌下面施加压力,以代替其腹肌的功能,协助完成咳嗽动作。一般可用单人辅助法,但若患者胸部较宽,或肺部感染、痰液黏稠,就需采用两人辅助法,为患者提供咳嗽所需的足够压力。所需的压力酌情而定,以不使骨折处疼痛,又能把痰排出为度。最初2周内,每天治疗3~4次,以后每天1次。也可以让患者自行练习,或在家人、治疗师帮助下练习咳嗽,预防肺不张或肺炎,这对于颈髓损伤患者尤为重要。

3)体位排痰训练:当患者因腹肌麻痹而不能完成咳嗽动作时,常使用体位排痰,使粘在气管壁上的痰液松动并排出体外。具体方法包括叩击法和振动法。

体位排痰的注意事项:①在体位排痰之前要了解疼痛和关节活动受限的部位;②排痰前要针对肺部感染的位置确定相应的引流体位;③饭后30~60分钟内不能进行体位排痰;④防止粗暴手法引起肋骨骨折;⑤四肢瘫患者每日至少做一次预防性体位引流。

(5)膀胱功能训练:脊髓损伤后早期常有尿潴留,且此期因急救需要,难以控制摄入量,临床一般采用留置导尿方式。留置导尿要注意夹放导尿管的时机,膀胱储尿在300~400ml时有利于膀胱自主排尿功能的恢复。要记录水的出入量,以判断放尿时机。留置导尿时每日进水量必须达到2500~3000ml,尿量在1500~1800ml。

脊髓损伤患者的留置导尿要尽早结束,改为间歇导尿的方式,目的是减少患者对医务人员的依赖性,提高患者的生活独立性。如患者完全不能自主排尿,使用频率可以为每天3~4次;如果能够部分排尿,使用频率可以为每天1~2次。每次导出的尿液一般以400ml左右(生理性膀胱容量)为宜。残余尿量少于80~100ml时可以停止间歇导尿。在间歇导尿的同时,要尽早进行排尿训练。每次导尿前,配合各种辅助手法进行膀胱功能训练,如耻骨上区叩击法、屏气法、Crede手法等。

间歇导尿的注意事项:①患者必须定时定量喝水、定时排尿,以便合理选择导尿时机;②患者每日进水量控制在1600~2000ml左右为宜;③充分清洗和合理保存导尿管;④选用适当尺寸的导尿管,插入动作必须轻柔,不可暴力,避免尿道损伤;⑤间歇导尿开始阶段,应每周检查尿常规、细菌计数及细菌培养1次,发现感染应根据尿细菌培养结果及药敏试验结果选用抗菌药物。

(6)直肠功能训练:脊髓损伤后的大便问题主要是便秘。首先要强调保证足量粗纤维的饮食(例如素菜等)和规律的排便习惯。可采用肛门直肠润滑剂、缓泻剂和手指肛门牵张法促进排便。

（7）早期床上肌力增强训练：截瘫患者双下肢功能丧失，很多时候要用双上肢的功能来代偿。在卧床期间，不但要防止上肢和躯干肌肉的肌力下降或肌肉萎缩，而且要锻炼出比健康人还强健的肌力。因此，卧床期间进行的肌力训练，除了等长运动及左右对称性运动，还要包括利用哑铃、沙袋等上肢肌力增强的训练。但要注意，胸椎骨折所致胸髓损伤，左右不对称的上肢肌力强化训练会产生胸椎旋转，肩关节过度屈曲会引起胸椎的伸展，诱发骨折部位不稳而产生疼痛。

2. 急性稳定期　急性不稳定期结束后，脊髓损伤的第4~8周为急性稳定期，又称轮椅活动期。此期患者经过内固定或外固定支架的应用，重建了脊柱的稳定性；危及生命的复合伤也得到了处理或控制，脊髓损伤的病理生化改变进入相对稳定的阶段；脊髓休克期多已结束，脊髓损伤的水平和程度基本确定。康复成为首位的任务，患者应逐步离床乘轮椅进入PT室或OT室进行评定与训练。

在强化急性不稳定期的有关训练的基础上，此期应增加肌肉牵张训练、床上坐起训练、起立床站立训练和ADL训练等。由于每个患者的年龄、体质不同，脊髓损伤水平与程度不同，因此训练内容、强度均有区别。本期应强化康复训练内容，每日康复训练时间总量应在2小时左右。在训练过程中注意监护心肺功能变化。在PT、OT训练室完成训练后，患者可在病房内护士的指导下自行训练。此期内应对需用下肢支具者进行测量制作以准备用于训练。在从卧床期过渡到轮椅活动期训练时，应注意脊柱稳定性和直立性低血压的防治。

（1）运动疗法

1）ROM训练：此期的ROM训练主要以患者主动运动为主。训练目的在于保证起坐、支撑、转移等动作训练能够顺利进行，如有关节挛缩阻碍动作训练时则应由康复治疗师积极采取对策。

2）肌肉牵张训练：主要以牵拉下肢的腘绳肌、内收肌和跟腱为主，方法包括治疗师被动手法牵拉和患者自我牵拉。可帮助患者降低肌肉张力，对肌痉挛有一定的治疗作用。牵拉腘绳肌是为了使患者直腿抬高大于90°，以实现独立坐起；牵拉内收肌是为了避免患者因内收肌痉挛而造成会阴部清洗困难；牵拉跟腱是为了防止跟腱挛缩，以利于步行训练。

3）肌力增强训练：此期肌力训练的目的是为了使肌力达到3级以上，以恢复肌肉的实用功能。尤其是在应用轮椅、拐杖或助行器时，要求有足够的肌力稳定肩及肘关节。因此，患者在卧床、坐位时均要重视肩带肌的训练，包括上肢支撑力训练、肱三头肌和肱二头肌训练和握力训练。对于四肢瘫患者，背阔肌训练非常重要，对其进行强化训练则可保持坐位和躯干的平衡。而手指肌力的增强可用抓网球来训练。腰方肌是上提骨盆的重要肌肉，截瘫患者应进行强化练习，为以后的步行训练打好基础。

根据不同的情况和条件可选用徒手或哑铃、沙袋、弹簧、拉力计以及重物滑轮系统等简单器械进行抗阻运动，卧位时可采用举重、支撑等方式，坐位时可利用支撑架等。肌力3级及以上的肌肉，可以采用主动运动、渐进性抗阻训练；肌力2级时可以采用滑板练习或辅助性动力运动；肌力0~1级时采用功能性电刺激等方式进行训练。

4）早期床上坐起训练：对脊髓损伤后脊柱稳定性良好者应早期（佩戴脊柱矫形器）开始坐起训练，每次30分钟至2小时，每天2次。开始时将床头摇起30°，如无不良反应,则每日将床头逐渐升高,一直到90°,并维持训练。一般而言,从平卧位到直立位需1周的适应时间,适应时间长短与损伤平面相关。

5)早期起立床站立训练:患者经过坐起训练后无直立性低血压等不良反应即可进行站立训练。患者站起立床,从倾斜20°开始,角度渐增,直至达到90°,如有不良反应发生,应及时降低起立床的高度。训练时应注意保持脊柱的稳定性。

(2)作业疗法

1)四肢瘫的作业治疗:在早期,四肢瘫患者作业治疗是从日常生活动作及一些身边动作的自立开始,以逐渐建立持续坐位保持为目标,并重视患者心理自信的恢复。具体包括:①支持疗法:会话、读书、朗读、欣赏音乐、听收音机、看电视等;②精神心理疗法:理解患者心理,精神鼓励等;③自助具及其装置:口杖、口棒、书架、镜子、特制呼叫器等;④自我辅助运动:如棋类训练,亦可进行利用呼气的简单游戏,较轻的四肢瘫患者可开始进行吃饭、刷牙、刮脸、擦脸、梳头、写字(根据需要使用吊带)等ADL基本动作的训练。

2)截瘫的作业治疗:除最低限度的生活自理能力保持和心理支持外,截瘫患者此期还要进行增加残存肌力的作业治疗训练。具体如下:①功能性作业:包括良肢位摆放、双下肢ROM训练和上肢躯干肌力强化等;②支持性作业治疗:除交谈、游戏等一般支持性作业外,在卧位、床上半坐位也可进行简单的手工作业;③更衣、物品整理等ADL训练。

(3)物理因子疗法

1)压力疗法:SCI患者长期卧床易导致下肢深静脉血栓及淋巴回流障碍。压力疗法可促进静脉血和淋巴回流,有利于预防深静脉血栓形成、防止肌肉萎缩、促进肢体水肿的消散。但已有下肢深静脉血栓形成者属禁忌证。中后期SCI患者同样适用。

2)功能性电刺激(functional electrical stimulation,FES)疗法:急性期SCI患者容易出现尿失禁,FES刺激尿道括约肌和盆底肌,可增强其肌力。对男性患者可用体表电极或直肠电极,对女性患者可用阴道电极。此外,高位脊髓损伤患者早期由于冈上肌、三角肌无力,常出现肩关节半脱位,FES用双相方波刺激冈上肌和三角肌后部,能取得较好的效果。对于高位脊髓损伤所致的呼吸肌麻痹患者,将接收器植入皮下,环式电极经手术置于双侧膈神经上,或将表面电极放在颈部膈神经的运动点(肌腹隆起处)上,进行功能性电刺激,可引起膈肌收缩。

3)调制中频电疗法(modulated medium frequency current therapy,MMFCT):可兴奋神经肌肉,预防和减轻肌萎缩和骨质疏松。

4)神经肌肉电刺激(neuromuscular electrical stimulation,NES):运用NES可使肌肉收缩,防止肢体出现失用性肌萎缩。此外,电刺激小腿肌肉可以减少发生深静脉血栓的危险。

5)超短波疗法:中小剂量超短波疗法对SCI患者出现的肺部感染及尿路感染有明显效果。但有金属内固定器和外固定架的患者禁用。

6)紫外线疗法:SCI患者容易出现压疮,大剂量紫外线照射,特别是波长为253.7nm的短波紫外线照射杀菌作用最强,适用于压疮感染期。若照射创面、溃疡或有脓液痂皮的部位时,应先将坏死组织和分泌物清理干净,照射范围应包括伤口周围1~2cm正常组织。

7)高压氧疗法:高压氧治疗可以增加脊髓血氧含量,提高血氧分压,促进侧支循环的生成,改善脊髓缺氧。如果患者生命体征稳定,全身情况许可,应于伤后尽早进行。

（4）心理疗法

1）早期脊髓损伤患者的心理过程：①休克期：一般是在刚受伤的时候，此时患者多是感到震惊，在此期间全面依赖医护人员及家属，虽对伤患有一定的不安，但在精神上可以说还是较为稳定的。②否认期：否认是在治疗中脊髓损伤患者首先出现的心理问题，患者对不可知的未来内心充满了不安感。这个否认期，也正是让患者开始训练其残存功能的时期，患者如不合作，将丧失时机。③紊乱期：开始功能训练后，患者行动范围扩大，开始与病友交流而不得不承认自己的瘫痪是永久性、不可恢复的。正视、承认这种严重的情况后，又将出现失眠、食欲低下、发怒、讲歪理、抑郁、反抗等身心症状及行动，又出现否认、悲叹或为重新生存而奋斗，或又陷于消沉，种种感情交错在一起，这种混乱表现在越是规规矩矩、死板的人身上越严重，可出现神经症的某些身体症状或剧烈的疼痛。

2）早期心理治疗：主要是使患者尽早克服悲观、失望、消沉、焦虑、抑郁的情绪，勇敢面对现实，积极配合康复治疗。具体心理干预时，要根据患者的心理特点以及心理障碍的临床表现，选择行为疗法、认知疗法、作业心理支持等适当的方法。

（5）康复工程

1）上、下肢支具：在早期，患者麻痹的肌肉呈迟缓状态，易于因循环障碍产生水肿，为避免无意识的肌肉伸展，保持肢体良好功能位，防止水肿、畸形的发生，应及早应用支具。颈髓损伤患者早期使用的支具有防止肩关节半脱位的肩支具和防止足下垂和跟腱挛缩的足支具，手部夹板对颈髓损伤患者也是必需的，而且应在入院后48小时内提供。

2）脊柱支具：脊柱支具亦称躯干矫形器，是通过作用于皮肤、软组织、肋骨的应力，来稳定脊柱、矫正和防止畸形。根据脊柱部位的不同而分为颈椎支具、腰骶椎支具、胸腰骶椎支具、颈胸腰骶椎支具。

（6）中医康复疗法

1）针灸疗法：脊髓损伤早期患者，脊柱不稳定，不宜俯卧位接受针刺。当选择仰卧位，多以肢体阳明经、少阳经为主，酌情选用阴经穴位。下肢瘫痪主要取风市、阳陵泉、足三里、申脉、悬钟、三阴交、太溪等穴；上肢瘫痪取肩髃、肩贞、曲池、手三里、外关、阳溪、合谷等穴。膀胱功能障碍选用中极、关元、气海、液门、中渚等穴。直肠功能障碍选用上巨虚、下巨虚、天枢等穴。

2）中药治疗：早期多以活血化瘀通络为主要治则，可选用复元活血汤加减，多选用桃仁、川红花、炙甘草、酒大黄、当归、穿山甲、柴胡、天花粉等药。大量使用活血化瘀药物的时候，注意防止活血过度而致出血。

（二）中后期康复

当患者生命体征平稳后，应在早期康复训练的基础上开始进行中后期的康复治疗（表2-18）。脊髓损伤中后期的康复治疗目标为：进一步改善和加强患者残存功能，训练各种转移能力、姿势控制及平衡能力，尽可能使患者获得独立生活活动能力。具体说来，是要在早期康复治疗的基础上进一步强化肌力、平衡等体能性训练。在此基础上，根据康复目标进行轮椅移乘、驱动训练，使患者掌握在不同环境下驱动轮椅的技巧。同时，应强化患者每30分钟进行1次坐位减压的习惯，以预防压疮的发生。对有可能恢复站立或步行的患者，应使用相应下肢支具进行站立和步行训练，包括应用平行杠、拐杖站立和步行训练。对不能恢复步行的患者加强残存肌力和全身耐力的训练、轮椅技巧和日常生活技巧的训练。

表2-18 中后期康复训练

四肢瘫	截瘫
肌力增强训练	坐位保持训练
翻身等训练	翻身、起坐、支撑训练
轮椅驱动训练	站立、步行、转移、轮椅操纵和 ADL 等训练
物理因子治疗	FES、TENS 等物理因子治疗
上肢支具、自助具的应用训练	下肢支具应用训练
针灸、推拿、中药等治疗	针灸、推拿、中药等治疗
心理治疗	心理治疗

1. 运动疗法

（1）坐位保持训练

1）坐位保持的必要条件：脊髓损伤患者日常活动大部分在轮椅上进行，坐位保持是日常生活动作的基础。取得稳定性坐位的条件：①躯干有屈曲活动，能避免因骨盆倾斜而不能保持平衡；②上肢有充分的功能，在无靠背的垫上能保持躯干的相对稳定；③克服直立性低血压的问题。

2）截瘫患者的坐位保持训练

轮椅坐位训练：刚开始坐轮椅时，尽量选择稳定的高靠背轮椅，轮椅座面上放10cm 厚的垫子。

长坐位训练：在有稳定的轮椅坐位后，开始无靠背状态下的坐位训练。可先在垫上开始髋关节屈曲 90°、膝关节完全伸展的长坐位保持训练。在坐位平衡训练中，需先进行睁眼状态下的平衡训练，再逐步过渡到闭眼状态下的平衡训练。可让患者坐在一镜子前面，通过视觉反馈来建立新的姿势感觉。首先进行自我支撑的坐位训练（图 2-15）；接着再进行长坐位平衡训练（图 2-16）。

端坐位训练：床边坐位保持平衡，是横向转移动作的重要基础。训练中，为安全起见，可在患者前方放上床，康复治疗师在后方，按长坐位同样顺序进行训练（图 2-17）。

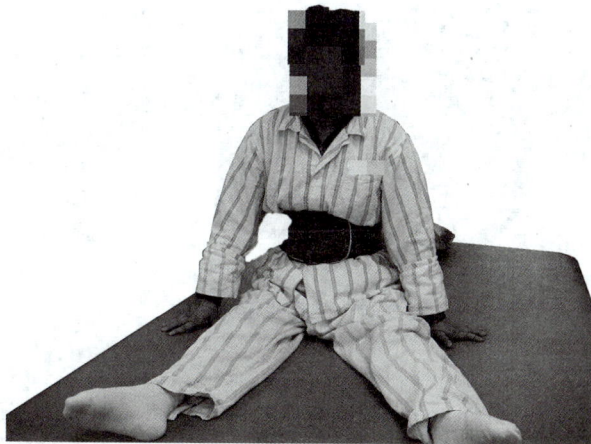

图 2-15 自行长腿坐位训练

图2-16　长坐位平衡训练　　　　　　　　　　图2-17　端坐位训练

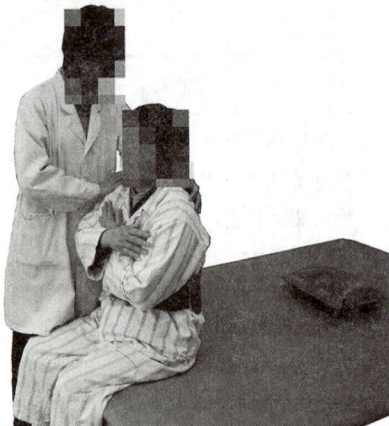

3）四肢瘫患者的坐位训练：①床上被动坐位：四肢瘫患者，坐位训练早期多出现直立性低血压症状，此时多用起立床慢慢增加直立性低血压的耐受。在病房内，可将头从30°开始慢慢抬起，如有不适立即回到仰卧位。不断地反复进行则不适感会逐渐减少，随着头部上抬角度一点点地增加，坐位时间也随之延长。②轮椅坐位的开始：颈髓损伤轮椅坐位训练的早期，为增加稳定性、减少直立性低血压，多使用高靠背轮椅。待坐位稳定、低血压症状减少后再换至普通型轮椅。如在普通型轮椅上发生低血压，则由辅助人员抬起轮椅的前轮即可（图2-18）。③长坐位与轮椅坐位的训练：训练顺序与截瘫相同，损伤水平在脊髓 C_6 节段以上者，肱三头肌无残存功能，需练习在伸展位下锁住肘关节以支撑体重。

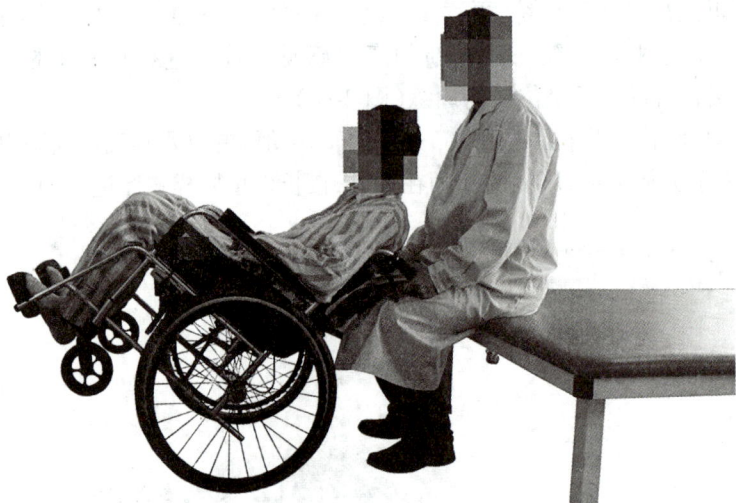

图2-18　轮椅坐位的开始

（2）翻身训练

1）翻身动作的必要条件：正常人的翻身动作在身体任何部位都可开始，但脊髓损伤患者的翻身动作则常由上肢与头颈部的旋转开始，顺次向尾部传递，最后旋转下肢而结束。故损伤水平越高，动力源能够产生活动的部位就越少，动作也越困难，尤其高位颈髓损伤者,上肢不能自由旋转,翻身困难。胸腰髓损伤时,为辅助下肢的旋转,必须按压地面方可,故上半身旋转运动量小的时候,难以完成翻身动作。为易于完成翻身动作,许多患者利用上肢的反作用来加大上半身的旋转运动的量,或抓住床栏而使上半身强力旋转。能够完成翻身的患者还必须具备较强的三角肌、肱二头肌、肱肌或肱桡肌肌力,肩、肘关节活动不受限。

2)翻身训练的方法:截瘫患者可采用抓住病床护栏翻身,也可以借助摆动姿势,不抓物品翻身;四肢瘫患者的翻身训练基本方法与截瘫相同,但需要更多时间。训练中康复治疗师给予的辅助力量可以增减,开始的体位不是侧卧位而是半侧卧位,采取分阶段进行。在翻身训练前,先被动改善患者躯干的旋转活动范围,进而使动作易于完成。

(3)起坐动作训练

1)起坐动作的必要条件:起坐动作也是决定脊髓损伤患者 ADL 能力的基本动作,起坐动作不能完成时,患者不能离开床边。脊髓损伤者由上肢及颈部肌力来进行仰卧位到坐位的动作,故动作中必需的肩伸展肌、水平外展肌、伸肘肌必须强而有力。高位脊髓损伤患者,躯干是否有充分的活动度,也是获得起坐动作的决定性因素。此外,起坐动作中要很好地掌握时间来移动重心位置而不失去平衡。

2)起坐训练方法:截瘫患者一般采取用肘起坐方法,上肢肌力弱及训练早期时多使用翻身起坐的方法。四肢瘫者起坐动作的方法有多种,可根据瘫痪水平和残存肌力、关节活动范围等来选择合适的方法进行训练。为了能够在任何情况下都能坐起,患者要学会多种方法,包括抓住几根绳或床上吊环起坐、抓住护栏起坐和不抓物体的起坐方法。

(4)支撑动作训练

1)支撑动作的必要条件:支撑动作是预防压疮和自己变换姿势和位置的基本动作。要完成支撑动作,上肢要有充分的肌力,尤其肩胛带周围的肌力是必需的。

2)截瘫患者支撑动作训练:将手撑在股骨大粗隆的侧方,肘伸展,肩胛带下掣,抬起臀部。开始训练时用支撑台,由此使有效上肢长度加长,易于完成上提臀部动作。在抬起状态下,臀部可向左右前后活动。练习中,在足跟与垫子之间可铺上滑行板而减轻摩擦,此动作可由康复治疗师帮助完成。在臀部能抬高后,可开始练习向高处转移,此时需把垫子铺在台上以保护臀部皮肤(图 2-19)。

3)四肢瘫患者的训练:四肢瘫患者中,支撑动作对恢复失去的姿势非常重要。为提高姿势复原的能力,可在垫上、轮椅上向前后、左右破坏平衡,然后做恢复姿势的训练。

四肢瘫在开始训练时,易于向前方倾倒,可在膝上放枕头练习。如果肱三头肌瘫痪无力,在向前方倾倒时,可利用闭链运动的机制,屈曲、内收肩关节而伸展肘关节,用此动作使姿势复原。

(5)站立训练:脊髓损伤患者的站立训练在早期就可以进行,这个时期主要是在治疗师帮助下站立或在平行杠内站立进行训练。截瘫或不完全性四肢瘫患者站立训练为双手抓住平行杠并向下支撑,身体向上伸展,双脚承重后伸髋;完全性四肢瘫患者可由治疗师帮助进行站立训练,患者双臂抱住治疗师颈部,必要时身体前倾,下颌勾住治疗师的肩部以保持稳定。治疗师面对患者,两腿分开跨过患者双下肢,双手置于患

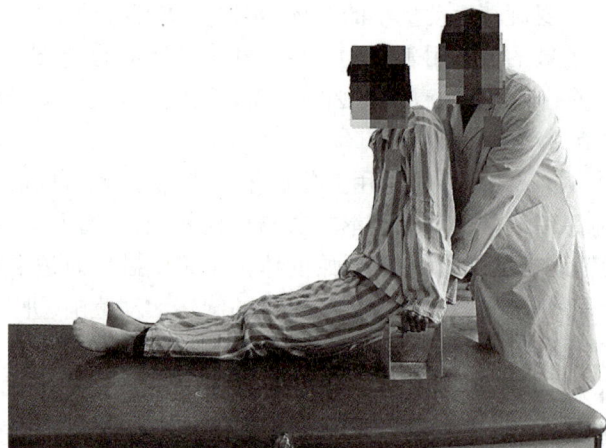

图 2-19　支撑动作训练

者臀下,协助患者站立并保持平衡。开始站立训练时,时间不宜过长,一般 5~10 分钟,若患者无不适,可逐渐延长。站立训练还包括从轮椅上站起、从地上站起等。患者从轮椅上站起,上肢肌肉功能必须完好,从地上站起要求患者脊髓 C_6~T_1 节段支配肌群功能完好。

在站立时也应加强站立平衡训练,主要是从静态到动态平衡的训练过程。患者可以在平行杠内进行,在治疗师的监护下,先以一只手扶住平行杠,另一手放开或抬高离开平衡杠保持平衡,后练习手臂在各方运动的站立平衡,继之可练习躯干的前后移动。也可使用辅助支具在治疗床边进行站立平衡训练。

(6) 步行训练:步行训练是脊髓损伤患者重返社会最为重要的康复治疗。完全性脊髓损伤患者步行的基本条件是上肢有足够的支撑力和控制力;不完全性脊髓损伤患者,则要根据残留肌力的情况确定步行能力。

1) 平行杠步行:平行杠步行训练主要是练习患者站立平衡能力,为后期步行做好准备。首先为防止膝关节屈曲,应用支架或石膏夹板和弹力带将双侧膝关节固定,将轮椅靠近平行杠一端,将座位前移,双手握住平行杠近端,用力将身体撑起,在平行杠间保持站立位,两足两手的位置与身体重心取得平衡,并逐渐松开双手,练习站立平衡。

平行杠内的步行姿势与双拐(腋杖)步行一样,截瘫患者以四点移动、交替移动、同时移动、小幅(摆至步)四点步行、最后大幅(摆过步)两点移动的顺序进行训练。腰方肌是上提骨盆的主要肌肉,如该肌无功能,则变成拖地步行。如果有功能则足可离地,或四点步行或两点步行。

2) 治疗性步行:是指患者因不耐受长时间穿戴矫形器完成日常生活活动,而短暂使用膝踝足矫形器及框架助行器进行的一种非功能性步行训练,一般适合于脊髓 T_6~T_{12} 平面损伤患者。其价值主要体现在:①能给患者走的感觉,增加其自信心;②可以预防和减少压疮;③防止骨质疏松;④促进血液循环和大小便的排空。因此,即使该步行训练无功能,也要积极练习(图 2-20、图 2-21)。

图 2-20　助行器步行训练　　　　图 2-21　截瘫行走器步行训练

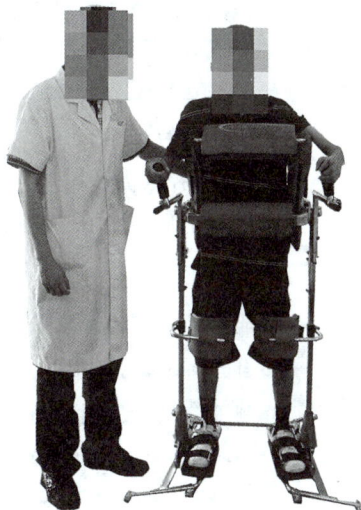

3）功能性步行：功能性步行必须符合下列标准：①安全，独立行走时稳定，无须监护，不会跌倒；②姿势基本正常；③无须笨重的助行器；④站立时双手可以游离做其他活动；⑤有一定的步行速度和效力。

功能性步行训练的目的，在于使患者学会使用轮椅和拐杖的方法，以便在不同的场合使用。靠拐杖步行能扩大患者独立活动的范围，大大地改善其日常生活活动能力。进行功能性步行训练，多数患者需要矫形器。如用 Calipers 式长下肢矫形器固定膝关节，并使双足保持在背屈位，此种矫形器可使下肢承受体重，是大多数患者不可缺少的机器。

临床上，功能性步行分为家庭功能性步行和社区功能性步行两种。前者主要满足患者室内行走，但步行的速度和耐力较差，行走距离不能达到 900m，一般适合于脊髓 $L_1 \sim L_3$ 平面损伤患者。后者是指患者能长时间耐受穿戴踝足矫形器，能独立上下楼梯，能独立进行日常生活活动，能连续行走 900m 左右，主要适用于 L_4 以下平面损伤患者。

4）减重步行训练：减重步行训练主要作用是降低患者体重，使其原来较难支撑体重的肢体可以很容易地步行，且不会因平衡原因而跌倒，还可根据患者具体情况调整所减重量、步行速度和斜率等来增加训练的难度，为独立步行做准备。适用于虽然下肢肌力不足以支撑体重、平衡功能还不太好，但具备站立能力，且能交替迈步的患者。

治疗时让患者站在步行系统的电动跑台上，通过减重吊带固定腰部和双大腿，调整减重的比例，原则上根据患者下肢运动能力情况，先减 40% 体重，然后根据患者步行改善情况逐步增加下肢负重程度。每次训练 15～30 分钟，每天 1～2 次。开始行走时需要 1～2 名治疗师协助双腿的交替移动。

2. 作业疗法　中后期脊髓损伤患者的作业疗法主要包括转移训练、轮椅训练及进食、穿脱衣、个人卫生等日常生活活动能力训练。不同损伤水平患者作业治疗的训练目标和计划见表 2-19。

83

表2-19　不同损伤水平患者作业治疗的训练目标和计划

损伤水平	训练目标	训练计划
C_5损伤	1. 利用辅助具进食 2. 使用手控电动轮椅 3. 他人帮助下完成床到轮椅转移	1. 肌力训练 2. 进食自助具使用 3. 长坐位及平衡训练 4. 关节活动度维持训练
C_6损伤	1. 徒手翻身、坐起 2. 自己穿简单的衣服 3. 利用三角架或横木转移 4. 用抓捏支具抓捏物品	1. 徒手翻身训练 2. 坐起训练 3. 肌力训练 4. 驱动轮椅训练 5. 转移训练
C_7损伤	1. 生活基本自理 2. 独立完成坐位时的减压训练 3. 用滑板做各种转移动作	1. 动作训练 2. 各种转移训练 3. 肌力训练
$C_8 \sim T_2$损伤	1. 独立床上活动 2. 独立轮椅活动 3. 独立处理大小便 4. 独立穿衣、写字、使用通讯工具	1. 上肢强度和耐力训练 2. 坐位减压训练 3. 轮椅后轮平衡和上下马路技巧性轮椅操作技术训练
$T_3 \sim T_{12}$损伤	1. 生活自理 2. 轮椅上独立 3. 治疗性步行	1. 站位平衡训练 2. 平行杠迈步训练 3. 摆至步和摆过步训练
$L_1 \sim L_2$损伤	1. 能进行$T_1 \sim L_2$损伤患者的一切活动 2. 利用膝、踝关节矫形器和肘拐、手杖功能性步行	1. 步行训练 2. 上下楼梯训练 3. 上下坡训练 4. 跌倒爬起训练
$L_3 \sim L_5$损伤	1. $L_1 \sim L_2$损伤患者的一切活动 2. 社区功能性步行	1. 佩戴踝关节矫形器,四点步、摆至步、摆过步训练 2. 其他训练计划同$L_1 \sim L_2$损伤的患者

（1）转移训练:转移是SCI患者必须掌握的技能。转移训练包括帮助转移和独立转移,帮助转移指患者在他人的帮助下转移体位,有两人帮助和一人帮助。独立转移指患者独立完成转移动作。转移训练包括床与轮椅之间的转移、轮椅与凳子之间的转移、轮椅与坐便器之间的转移、淋浴间(浴盆)的转移,以及轮椅与地之间的转移等。在转移时可以借助一些辅助具,四肢瘫患者可利用扶手、绳子等工具,截瘫患者可借助滑板等工具(图2-22、图2-23)。

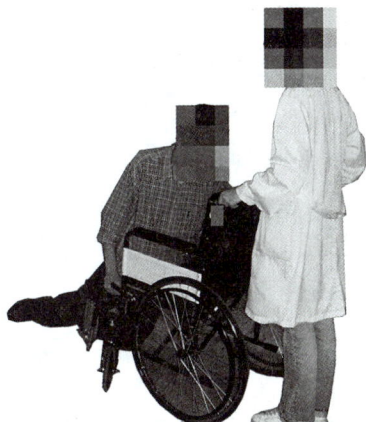

图2-22　地面到轮椅转移训练

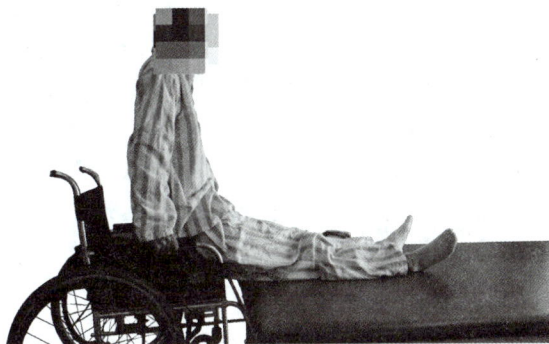

图2-23　轮椅到床转移训练

　　(2)轮椅训练:轮椅是替代脊髓损伤患者下肢的终身伴侣,即使是具有拐杖步行能力的患者,在距离较长或复杂路面等许多场合都需要使用轮椅。轮椅操纵是脊髓损伤患者真正回归社会所必须掌握的技术,轮椅操纵技术的高低是其康复水平和未来生活质量高低的重要标准。

　　脊髓损伤后2~3个月,患者脊柱稳定性良好,坐位训练已完成,可独立坐15分钟以上时,即可开始进行轮椅训练。上肢力量及耐力是良好轮椅操纵的前提。轮椅训练首先是轮椅上平衡训练,其次是轮椅操纵训练。

　　1)轮椅上平衡训练:患者选择合适的姿势,可采用身体重心落在坐骨结节上方或后方(后倾坐姿)或相反的前倾坐姿。前倾坐姿的稳定性和平衡性更好,而后倾坐姿较省力和灵活。

　　2)轮椅各部件操作训练:包括手闸的操作、卸下扶手、从地板上拾起物品、用手向下触摸脚踏板、在轮椅上使臀部前移的支撑等基本操作训练。

　　3)轮椅驱动训练:如前后轮操纵、左右转进退操纵、前轮翘起行走、旋转训练,上下台阶、坡道,跨越障碍、狭窄场所的转换方向、蛇形前进,以及安全跌倒和重新坐直的训练等多项内容(图2-24、图2-25)。

　　4)特殊控制的练习:如电动、气控、颌控、颏控、声控、舌控轮椅等训练。

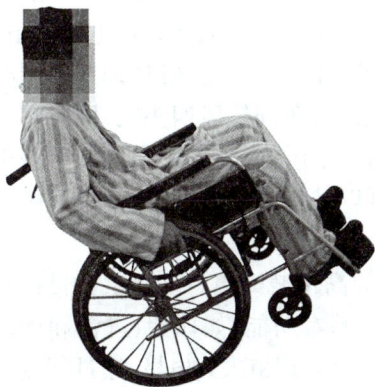

图2-24　前轮翘起训练

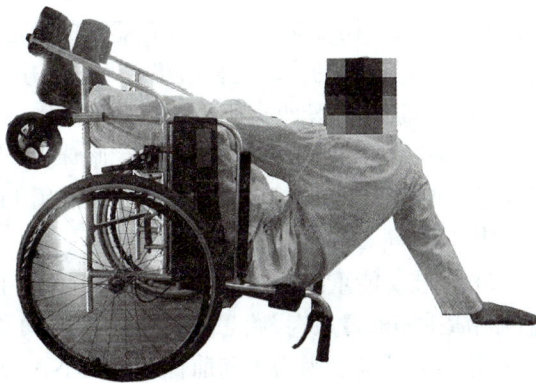

图2-25　安全跌倒训练

知识拓展

智能轮椅

智能轮椅是未来轮椅的发展方向，它将传感技术、机器视觉、机器人导航和定位、模式识别及人机交互等先进技术应用于电动轮椅上，从而使轮椅变成了高度自动化的智能轮椅式移动机器人。比如声控和气控轮椅采用识别语言或呼气吸气控制，操纵电动轮椅的前进、后退、转弯、升降、调速和制动；还有通过神经冲动控制轮椅的操作也将成为未来智能轮椅发展的一个方向。

5）轮椅训练的注意事项：①配合轮椅的减压训练，每坐 15～30 分钟，必须使用上肢撑起或侧倾躯干，使臀部减压，以避免坐骨结节处发生压疮；②防止骨盆倾斜和脊柱侧弯。

（3）ADL 能力训练：脊髓损伤患者，特别是四肢瘫患者，训练 ADL 能力尤其重要。基本的 ADL 活动包括各种移动（翻身、坐起、转移）、进食、更衣、梳洗修饰、洗澡及如厕等自理活动。工具性的 ADL 活动包括做家务、交通工具的使用、娱乐设施的使用、购物、保养维护轮椅、矫形器或行走辅助具；阅读、打电话以及应付火灾、突然发病等。吃饭、梳洗、上肢穿衣等活动能在床上进行时，就可过渡到轮椅水平。洗澡可在床上或洗澡椅上给予帮助完成。此外，ADL 训练应与手功能训练结合进行。四肢瘫患者可借助自助具和手部支具代偿部分功能，环境控制系统及护理机器人可极大地帮助四肢瘫患者生活自理。

（4）其他作业疗法：包括职业性劳动动作、工艺劳动动作（如编织等）、改善心理状态的作业训练、增强社会交往的训练以及休闲活动训练等，是患者出院后能适应家庭、社会生活和劳动的需要。

3. 物理因子疗法

（1）功能性电刺激（FES）疗法：在脊髓损伤中后期，FES 疗法的治疗目的主要是帮助患者重建上下肢和膀胱功能，完成如抓握、步行等功能活动，促进随意协调控制运动的恢复。

1）下肢功能重建：主要对象为脊髓 $T_4 \sim T_{12}$ 损伤的截瘫患者。这部分患者一般可以借助助行器或拐杖支持上身，保持躯干的稳定，下肢则可在功能性电刺激的作用下，完成站立和行走的动作。对截瘫患者一般采用 4 通道刺激，在双站立相（即双足同时站立时），刺激双侧股四头肌；在单侧站立相，一个通道刺激同侧股四头肌，同时对侧处于摆动相，一个通道刺激胫骨前肌。临床上，也可增加两个通道，分别刺激双侧臀中肌或臀大肌，控制骨盆活动。这样，患者使用 FES 可以站立、转移、行走，使得下肢功能重建。

2）上肢功能重建：主要对象为脊髓 $C_4 \sim C_6$ 损伤的高位截瘫患者。其主要目标是通过刺激手和前臂肌肉，给患者提供上肢运动和手的基本功能，如抓握、进食和饮水等，重建上肢功能。因为手和前臂肌肉较小，一般临床上多用植入式电极，通过同侧肩部肌肉或对侧上肢来控制开关。

3）膀胱功能重建：对于脊髓损伤中后期膀胱逼尿肌麻痹出现尿潴留的情况，FES

治疗采用植入式电极刺激逼尿肌,使其收缩并达到一定强度,克服尿道括约肌的压力,使尿排出。电极植入的位置和刺激部位有几种:①直接刺激逼尿肌;②刺激脊髓排尿中枢;③刺激单侧骶神经根;④刺激骶神经根的部分分支。

知识拓展

脑-机接口技术在脊髓损伤功能重建中的应用

目前脊髓损伤的研究主要集中在损伤的病理生理机制和神经修复再生研究上,然而其现状并不乐观。随着现代科技在医学中的发展,我们应突破传统康复思维瓶颈,跨学科合作、多技术综合转化利用,开创脊髓功能重建时代。患者由于脊髓损伤使肌肉与大脑失去了通路联系,而通过人工植入的肌电控制系统代替大脑与肌肉的联系,可重建肌肉的功能。近年来,脑-机接口技术成为功能重建的热门话题。在颅内植入电极后,大脑就可以仅靠大脑神经信号来控制假肢,这为脑-机接口的科学研究拉开了序幕。脑-机接口是一种新兴的神经界面技术,是在人或动物脑与外部设备间创建直接通路,通过提取人或动物脑电活动,经计算机分析后将其转化为控制信号,控制外部机器,以帮助患者弥补功能缺陷。但这项技术中的临床应用存在一定的问题,比如怎样保证电极长期有效工作。微电极植入技术创伤大,长期植入后易被神经胶质细胞包裹,导致神经信号减弱甚至交互失败。无创头皮脑电"脑-机接口"技术也有不少难题,如脑电信号如何精准采集,如何去除大量的干扰信息,如何减少治疗信号在到达靶区域前的衰减,怎样保证设备长期稳定的工作,等等。

(2)神经肌肉电刺激疗法:应用低频脉冲电流刺激神经肌肉引起肌肉收缩,可加速神经的再生和传导功能的恢复,促使失神经支配的肌肉恢复功能。

(3)经皮电神经刺激疗法(transcutaneous electrical nerve stimulation,TENS):SCI患者在中后期可出现肢体烧灼感及疼痛感,应用经皮电神经刺激作用于体表刺激感觉神经可达到镇痛的目的。注意治疗时电极应与皮肤充分接触,否则会产生电热烧伤。

(4)肌电生物反馈疗法:肌电生物反馈通过训练使患者自主提高患肢肌肉张力,增强肌肉功能,使松弛肌肉的收缩功能得以恢复。

(5)磁疗法:对于SCI患者关节炎症水肿疼痛及异位骨化症有较好的抗炎退肿及镇痛效果。另外,磁疗对SCI长期卧床的患者可以起到抗骨质疏松的作用。

(6)水疗法:温水浴(36~38℃)可使血管扩张、充血,促进血液循环和新陈代谢,降低神经的兴奋性,缓解痉挛,减轻疼痛。另外,水中运动疗法适用于不完全性脊髓损伤患者,患者在水上进行功能锻炼时,利用水的浮力,可降低训练时的难度。水疗应在餐后1~2小时进行,运动池训练温度以36~38℃为宜。

(7)石蜡疗法:对于存在关节挛缩或肌肉痉挛的患者可用石蜡疗法,以其温热作用来缓解肌肉痉挛,机械压迫作用来促进水肿消散。分别有蜡饼法、浸蜡法、刷蜡法。

4.心理疗法 脊髓损伤中后期,患者心理主要会经历抑郁或焦虑阶段、对抗独立阶段和适应阶段等过程,除了急性期运用的心理康复治疗方法外,在中后期心理干预有其特殊性。

在抑郁或焦虑反应阶段,会有患者产生自杀想法和自杀行为,此时要注意观察患者可能出现的自杀倾向以及自杀行为,帮助制订预防自杀的措施。在对抗独立阶段,针对患者对生活缺乏自信心而产生的依赖性心理反应,在结合患者的物理治疗、作业治疗、日常生活技能训练和职业技能训练的同时,鼓励患者树立生活的信心;可通过展示过去成功康复的案例,帮助患者在日常生活和训练中建立新的应对行为模式。在适应阶段,由于生活方式的变化和由此产生的社会角色的转变,患者面对新生活会感到选择职业困难,因此要帮助患者进行求职咨询、职前培训,帮助其看到自己的潜能,扬长避短,努力适应环境。

5. 康复工程 辅助器械的应用是脊髓损伤患者康复治疗的重要组成部分,正确根据适应证选择相应的矫形器或支具和合理安装使用其他辅助器械,不仅可以改善患者的生活自理能力,而且有利于患者心理和体质的全面康复,对患者早日开始自理的、创造性的生活有重要意义。

使用矫形器的前提条件:脊柱稳定是脊髓损伤患者应用步行矫形器的必要条件之一。在装配步行矫形器之前,患者应首先进行肌力(主要是上肢肌力)训练以及平衡、站立和转移能力的训练。此外,患者的年龄、体质、体重、有无压疮和泌尿系统并发症等对应用步行矫形器也有一定影响。患者的心肺功能应基本在正常生理范围。

(1)上肢支具和自助具的应用:主要用于改善和代偿功能,有利于动作的完成。常用的有进食、穿衣、转移、洗澡、书写和居家等自助器具等。

(2)下肢支具:脊髓损伤患者应用的下肢支具又称为截瘫矫形器,对于截瘫患者重新获得站立、行走能力,预防并发症和保持身心健康都有重要意义。目前,截瘫矫形器主要可分为助动矫形器和无助动矫形器两种类型。脊髓损伤的水平与程度是确定应用步行矫形器的主要因素。T_{10}以上脊髓损伤患者须使用助动矫形器,如复式截瘫步行器(reciprocating gait orthosis,RGO)或改进往复式截瘫步行器(advanced reciprocating gait orthosis,ARGO)。T_{10}以下完全损伤者,可借助无助动矫形器让其恢复行走功能。下胸段脊髓水平损伤致腰腹肌受损患者,须使用带骨盆托的髋膝踝足矫形器(hip knee ankle foot orthosis,HKAFO);腰髓平面损伤引起膝、踝关节不稳,但腰肌和腹肌功能存在,尚能控制骨盆的患者可用膝踝足矫形器(KAFO)。

(3)环境控制系统(environmental control system or unite,ECS or ECU):是专为四肢瘫或其他重度残疾者设计的一种自动控制系统。系统可以帮助患者利用其残存的活动能力,有效地控制病床周围环境中的一些常用设施,并按照编好的程序完成特定的任务。环境控制系统是残疾人与环境间的桥梁,可以帮助残疾人不同程度地减少日常生活依赖程度、提高生活自理能力,在提高重度残疾人的生活质量方面有着积极意义。

6. 中医康复疗法

(1)电针疗法:合并脊柱骨折的患者,此期脊柱已相对稳定,可翻身成俯卧位,故此期针刺取穴一般多取背部督脉经穴、华佗夹脊穴及膀胱经背俞穴,尤其以损伤脊柱周围的穴位为重点。下肢瘫痪者还可选用环跳、承扶、昆仑、承山、三阴交等,上肢瘫痪者可选用肩髃、肩贞、臂臑、手三里、内关等。膀胱功能障碍者,选用中极、水分、委阳、委中;大肠功能障碍者,选用八髎、下巨虚、上巨虚,条件允许者,可针刺长强。

(2)其他:临床上还可采用灸法、穴位注射、推拿疗法和中药口服等中医康复疗法治疗脊髓损伤，达到通督温阳，化瘀通络的功效，改善脊髓损伤患者肢体血液循环，防止肌萎缩，维持、扩大关节活动度和缓解肌痉挛。

四、脊髓损伤并发症的康复

脊髓损伤的并发症很多，常见的有中枢性疼痛、深静脉血栓、异位骨化症、压疮、神经源性膀胱、神经源性大肠、痉挛、骨质疏松症、泌尿系统感染、性功能障碍等。对这些并发症的处理显得尤为重要，若处理不当，会严重影响患者的后期康复，甚至危及生命。压疮、神经源性膀胱、神经源性大肠、痉挛、骨质疏松症、性功能障碍等问题的处理详见本教材相关章节。

（一）中枢性疼痛

1. 概述　中枢性疼痛为脊髓损伤的主要并发症之一，是脊髓损伤患者主观上感觉到的损伤平面以下区域以自发痛为主要症状的难治性疼痛。表现为刀割痛、烧灼痛、紧缩痛、刺痛、放射痛、冷痛等。其疼痛具有迟发性，疼痛部位不确定，疼痛的性质、程度、发作频率变化多端，疼痛的发作时间、间隔时间多不固定，对常规止痛措施无反应或反应微弱，对药物易耐受、易成瘾等特点。严重者可影响患者日常生活，导致患者产生药物依赖性、抑郁甚至自杀。其发生机制尚不明确。

2. 康复评定　目前多以目测类比评分法（visual analogue scale，VAS）、数字疼痛评分法（numerical pain rating scale，NPRS）和简化的 McGill 疼痛问卷（short-form of McGill pain questionnaire，SF-MPQ）进行评定，具体评定方法及量表见本教材和《康复评定学》相关章节。

3. 康复治疗　目前尚无一种特效的治疗方法，可采取物理疗法、心理疗法、药物疗法和中医康复疗法等联合治疗。

（1）物理疗法：常选用经皮电刺激。将经皮电刺激仪电极片放于脊柱两侧的感觉减退平面以上，避开肾区，刺激频率以 15～150Hz 序贯进行，强度取患者感到舒适的最大强度为宜，每次 20 分钟，每天 1 次。

（2）心理疗法：心理因素及情感反应与疼痛存在双向作用，疼痛会加重抑郁状态，而不良情绪、忧郁又会诱发疼痛加重，通过心理支持及放松疗法可转移患者对疼痛的注意力，直接调节中枢兴奋性。因此，临床上对脊髓损伤后中枢性疼痛患者常会采用以心理健康教育、心理疏导及放松治疗为主的心理疗法。

（3）药物疗法：①抗癫痫药：通过抑制异常神经元放电而治疗中枢性疼痛，多用卡马西平、加巴喷丁等药物；②抗抑郁药物：三环类抗抑郁药可降低中枢兴奋性，从而起到减缓疼痛的作用，但因其有无法忍受的副作用与迟发反应而使其应用受限；③其他药物：鞘内注射巴氯芬、吗啡或吗啡与可乐定联合应用也取得了一定进展。

（4）中医康复疗法

1）针刺疗法：以通经脉，调神志为主要治则。可选损伤平面夹脊穴、内关、水沟及疼痛部位的循经取穴，针刺得气后，施以平补平泻手法，夹脊穴连接电针仪，选用连续波或疏密波，刺激量为耐受量，每次 20 分钟，每天 1 次。

2）耳穴疗法：用王不留行籽贴于耳穴，如心、肾、神门、皮质下。嘱患者每天按压数次，以胀痛为度，3～5 天更换 1 次穴位贴。

3）推拿疗法：由双下肢远端开始，选用拿捏法、揉法，配合点按法，逐渐向近端进行,强度适中,并可在脊柱两侧、痛感觉平面以上区域沿神经根走向进行操作,每次20分钟,每天2次。

(二)深静脉血栓

1. 概述 脊髓损伤患者的深静脉血栓指因长期卧床和运动受限,下肢静脉壁处于松弛状态,静脉内血液较长时间淤滞而形成血栓的一种疾病,表现为下肢肿胀、发硬、压痛,受累小腿有紧实、饱满感,活动后加重,沿血管可扪及条索状,偶有发热、心率加快。临床上容易被忽视,若血栓脱落易形成肺栓塞,危及生命。

2. 康复评定 ①测肢体周径及皮温;②血管彩超;③静脉造影;④放射性核素造影。

3. 康复治疗

(1)一般治疗:下肢深静脉血栓患者需卧床休息2周,患肢抬高,下床活动时穿弹力袜或应用弹力绷带,以促进静脉回流。

(2)抗凝治疗:是目前治疗深静脉血栓的最主要方法。常用药物有肝素、香豆素类衍化物。适用于深静脉血栓形成及血栓取除术后,或既往有肺栓塞病史者。有出血性疾病、肝肾功能严重不良者禁用。

(3)溶栓疗法:可选用尿激酶等药物进行溶栓或抗凝治疗。

(4)手术治疗:对广泛性髂静脉血栓形成者可手术取栓。

(5)预防要点:增加患肢被动活动,定时翻身,尽早床上活动;保持大便通畅,避免增加腹压,避免膝下放硬枕、过度屈髋、穿过紧的衣物,影响静脉回流;尽量避免在患肢静脉输液,特别是刺激性液体。

(三)异位骨化症

1. 概述 异位骨化症是脊髓损伤中常见的并发症,是非骨组织部位形成骨组织,造成关节活动受限或丧失,多发生在软组织中。目前尚无明确的病因及发病机制。异位骨化症多发生在脊髓损伤平面以下,最常见于髋关节,其次为膝关节、肩关节、肘关节及脊柱。发病初期表现为不明原因的低热、局部皮温升高及软组织肿胀,常在影像学检查时发现,症状严重时表现为关节活动受限、关节僵直及运动障碍。当脊髓损伤患者出现不明原因的低热时可考虑此症的可能。

2. 康复评定 常用X线片观察病变经过,CT有利于早期诊断,骨扫描是骨化进展的重要参考依据。

3. 康复治疗

(1)运动疗法:确诊后即应停止被动活动,1周后可重新开始运动,增加关节活动范围,但训练手法宜轻柔,不可采用暴力,关节活动应在无痛范围内,不可以造成明显疼痛,否则可加重病情。

(2)物理治疗:早期常用局部冷疗,后期可采用温热疗法。

(3)药物治疗:①非甾体抗炎药:临床常用的预防异位骨化症的药物是吲哚美辛,其作用机制是改变触发骨质重建的局部炎症反应;②双磷酸盐类药物:也被用于预防异位骨化症,可以调节免疫和抗炎症反应。

(4)手术治疗:对于引起严重症状或功能障碍的患者,可行手术切除骨化组织,以增加关节活动范围。目前对于手术时机的选择尚无明确指标,多建议在异位骨化症发生1年后,且骨化成熟后手术。手术2~3天后如无血肿,可开始被动关节活动训练。

（5）其他：目前基因治疗、自由基清除剂治疗及放射性治疗在异位骨化症的防治方面已取得一定进展，有可能为异位骨化症的防治提供新的方法。

五、康复教育

脊髓损伤是一种严重的致残性疾病。造成脊髓损伤的原因有交通事故、高处坠落、工矿事故、重物砸伤等外伤性因素及感染、肿瘤等非外伤因素。因此，做好一级预防工作，包括加强安全生产、交通安全等知识的教育，提高全社会的防范意识，如驾驶或乘坐汽车时系安全带，驾车速度不宜过快，高空作业时做好安全防护，及时注射预防脊髓灰质炎疫苗或服用预防糖丸等，以预防疾病的发生。二级预防应做到早发现、早诊断、早治疗。意外伤害一旦发生，应及时救治。在转运的过程中要注意生命体征的维持、安全有效的脊柱固定，并将患者及时安全地转运至附近具有诊疗能力的医疗机构，早期诊断、治疗。一旦发现脊柱脊髓肿瘤压迫、脊髓血管畸形、脊髓炎等疾病，应及早就医，进行规范的治疗。三级预防是延缓病情发展，防止残疾，改善生活质量。康复治疗应尽早介入。患者经过早期治疗，脊柱恢复稳定，炎症得到控制，即应积极开展早期康复干预和综合康复治疗，有利于功能的及早恢复，并预防继发性功能障碍的发生。

脊髓损伤患者的康复训练必须医护、家属和患者三位一体参与整个训练计划。对患者和家属进行疾病宣教，有利于患者和家属正确地认知疾病，宣教康复知识和康复训练的意义，有利于提高患者康复训练积极性，家属的介入为患者回归家庭创造条件；教育家属掌握康复护理知识和康复训练技能，可防止并发症和二次残疾。

脊髓损伤患者的护理尤为重要。脊髓损伤患者容易出现深静脉血栓、呼吸道感染、泌尿系统感染、压疮、足下垂等并发症。对患者及家属进行疾病宣教和康复护理教育，使患者及家属认识到护理对于预防脊髓损伤并发症的重要性。对于下肢深静脉血栓的形成，要灌输预防为主的理念，如改善不良生活习惯，戒烟酒；饮食上避免高脂饮食；平卧位时抬高下肢 20°~30°，以利于下肢静脉回流，预防下肢静脉血栓；早期进行功能锻炼；应用预防下肢深静脉血栓的药物等。高颈段脊髓损伤或老年患者回家后长期卧床均易发生呼吸道感染，要鼓励患者咳嗽，压住胸廓或腹壁辅助咳痰，进行体位排痰等。脊髓损伤患者常伴泌尿系统感染，护理上应注意保持会阴部清洁，重视饮水训练，定时、定量饮水和定时排尿，早期教会患者家属导尿，后期可教患者自行导尿，保持小便通畅。脊髓损伤患者由于长期卧床，易发生压疮，要教育患者及家属早期正确认识，积极预防。护理上应注意保持床铺柔软平整、床单清洁，有条件者可使用气垫床。家属勤帮患者翻身拍背，更换体位，每隔 1~2 小时翻身 1 次，用软而厚的垫子保护骨突部位不受长时间的压迫，或用防压疮气垫，并定期按摩，促进局部血液循环，保持皮肤清洁，保持床褥的清洁、干燥、平整。长期卧床的脊髓损伤患者、很少进行治疗性站立和治疗性步行者，易患骨质疏松症，应加强离床的站立和行走，必要时进行抗骨质疏松的药物治疗。同时，SCI 患者可因为骨质疏松而增加骨折的危险，在家中和社区进行关节活动度练习或在转移过程中避免跌倒而致骨折发生，应有人保护。此外，截瘫患者常伴足下垂，应予以佩戴踝足矫形器，预防跟腱挛缩或痉挛性跖屈的发生。重视心理疏导和精神关爱，坚持功能训练，使患者保持最大限度的生活自理能力，最终回归家庭、回归社会。

第四节　小儿脑性瘫痪的康复

　　脑性瘫痪(cerebral palsy,CP)简称脑瘫,由发育不成熟的大脑、先天性发育缺陷或获得性等非进行性脑损伤所致,主要表现为运动障碍,伴或不伴有感知觉和智力缺陷,给家庭和社会造成极大负担。早期康复对脑瘫患儿的功能改善非常重要。

一、概述

(一)定义

　　脑性瘫痪是一组持续存在的中枢性运动和姿势发育障碍、活动受限症候群,这种症候群是由于发育中的胎儿或婴幼儿脑部非进行性损伤所致。脑性瘫痪的运动障碍常伴有感觉、知觉、认知、交流和行为障碍,以及癫痫和继发性肌肉、骨骼问题。

(二)流行病学

　　最近几十年来产科保健和新生儿诊疗技术不断发展与完善,但脑瘫的发生率并没有降低,患病率约为每1000活产儿中有2.0~3.5个。在美国脑瘫患儿有55万,在日本脑瘫患病率为1.50‰,丹麦为2.08‰,挪威为2.34‰,我国1998年部分地区的调查显示患病率为1.92‰。

(三)病因及发病机制

　　脑瘫的病因尚不明确,任何可引起脑损伤和脑发育不全的因素都可以导致脑瘫的发生,危险因素通常分为产前因素、分娩期因素和新生儿期因素。产前因素主要包括遗传因素、母亲智力低下、多胎、先天畸形、宫内感染及母孕期营养障碍、妊娠期高血压疾病和胎盘异常等导致胎儿期缺血缺氧的因素;分娩期因素主要包括早产、低出生体重、臀位分娩、难产、窒息、脐带过短或绕颈等;新生儿期因素主要为新生儿惊厥、高胆红素血症、呼吸窘迫综合征、缺血缺氧性脑病、中枢感染等。这些因素可导致婴儿的大脑损伤,常见者为不同程度的大脑皮质萎缩和脑室扩大、脑室周围白质软化变性、神经细胞减少及胶质细胞增生、基底结对称性异常、髓鞘形成过多、灰质异位、细胞异常、发育缺陷等。

(四)临床特征

　　由于诱发因素、病理表现不同,脑瘫的临床表现较为复杂,不同的脑瘫患儿具有不同的临床表现,同一个患儿在不同时期也可以表现不同,但是一般具有如下特点:①肌张力异常:脑瘫患儿的肌张力可高可低,甚至在不同时期可发生改变,如肌张力低下逐渐转变为肌张力增高;②动作及姿势异常:脑瘫患儿具有异常的运动模式和异常的姿势;③原始反射和姿势反应异常:脑瘫患儿常表现为原始反射延迟或消失、平衡反应或保护性反应减弱或延迟出现;④运动发育迟缓:脑瘫患儿的运动发育一般不能达到同龄正常儿童的发育水平。

　　脑瘫可分为以下6型:

　　1. 痉挛型四肢瘫(spastic quadriplegia)　以锥体系受损为主,包括皮质运动区损伤。牵张反射亢进是本型的特征。四肢肌张力增高,上肢背伸、内收、内旋,拇指内收,躯干前屈,下肢内收、内旋、交叉、膝关节屈曲、剪刀步、尖足、足内外翻,拱背坐,腱反射亢进、踝阵挛、折刀征和锥体束征等。

2.痉挛型双瘫(spastic diplegia)　症状同痉挛型四肢瘫,主要表现为双下肢痉挛及功能障碍重于双上肢。

3.痉挛型偏瘫(spastic hemiplegia)　症状同痉挛型四肢瘫,表现在一侧肢体。

4.不随意运动型(dyskinetic)　以锥体外系受损为主,主要包括舞蹈性手足徐动和肌张力障碍;该型最明显的特征是非对称性姿势,头部和四肢出现不随意运动,即进行某种动作时常夹杂许多多余动作,四肢、头部不停地晃动,难以自我控制。该型肌张力可高可低,可随年龄改变。腱反射正常、锥体外系征 TLR(+)、ATNR(+)。静止时肌张力低下,随意运动时增强,对刺激敏感,表情奇特,挤眉弄眼,颈部不稳定,构音与发音障碍,流涎、摄食困难,婴儿期多表现为肌张力低下。

5.共济失调型(ataxia)　以小脑受损为主,以及锥体系、锥体外系损伤。主要特点是由于运动感觉和平衡感觉障碍造成不协调运动。为获得平衡,两脚左右分离较远,步态蹒跚,方向性差。运动笨拙、不协调,可有意向性震颤及眼球震颤,平衡障碍、站立时重心在足跟部、基底宽、醉汉步态、身体僵硬。肌张力可偏低、运动速度慢、头部活动少、分离动作差。闭目难立征(+)、指鼻试验(+)、腱反射正常。

6.混合型(mixed types)　具有两型以上的特点。

二、康复评定

脑瘫的功能障碍是多方面的,包括运动、言语、认知心理、体格发育和日常生活能力等障碍。因此,对脑瘫患者的康复评定应是早期、全面的综合评定,根据评定结果制订不同阶段的康复治疗目标和个性化康复治疗方案。主要包括以下评定内容:

(一)反射情况

小儿的重要反射包括原始反射、姿势反应或保护性反应、肌腱反射、病理征等(表2-20)。具体内容参见本套教材《康复评定学》相关章节。

表2-20　小儿的重要反射

反射	正常持续时间	刺激	反应
吸吮反射	0~3个月	把指头放入婴儿口中	唇腭出现吸吮动作
握持反射	0~3个月	将手指或合适的物体放于患儿掌心靠内侧处	手指屈曲紧握物体,头部移至身体正中
格兰身体侧弯反射	0~2个月	摩擦背部脊柱侧边	身体向刺激一侧弯曲
拥抱反射	0~6个月	患儿平躺,将头及上半身扶起,然后突然放手使头部往后掉	患儿惊吓,将手臂向外伸,手张开,若将患儿抱起,手臂往内收
非对称性紧张性颈反射	0~6个月	平躺,头保持中立,手脚伸直,然后将头转向一侧	与脸部同侧的手脚伸直,对侧手脚屈曲
对称性紧张性颈反射	0~6个月	四肢跪地或趴于医师膝上,然后将患儿头向下压 患儿姿势如上,将头部往上抬起	手部屈曲或肌张力增加,腿部伸直或伸肌张力增加 手部伸直或屈肌张力增加,腿部屈曲或屈肌张力增加

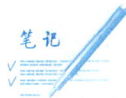

续表

反射	正常持续时间	刺激	反应
紧张性迷路反射	0~4个月	仰卧,头正中,手脚伸直	手脚被动屈起时全身伸肌张力同时增加
		仰卧,姿势同上	头无法抬起,肩向后缩,身体及手脚伸直
翻正反射	1~2个月至终身	眼睛蒙起,抱起,仰式、俯式,身体倾向左方、右方	头自动抬起,保持脸部垂直,口在水平线上
两栖类式反射	6个月至终身	俯卧,头保持正中,手伸直放于头两侧,腿伸直然后抬高一侧骨盆	同侧的肘、髋、膝关节均自动弯曲
颈立直反射	0~2个月	仰卧位将头向一侧回旋	可见整个身体也一起回旋
迷路立直	2~4个月	蒙住患儿眼睛,前后左右倾斜	可见头部始终保持立直
视性立直	4个月至终生	不蒙住眼睛,做法同上	同上
躯干立直	3个月至终生	仰卧位使躯干向一侧倾斜	可见患儿主动将头抬起
落下伞	6个月至终生	头向下由高处接近床面	可见两上肢伸展呈支撑反应

（二）发育水平测定

主要评定脑瘫患儿的发育水平较正常同龄儿落后的程度。常用的量表有Peabody运动发育量表、Gesell发育量表等。具体内容参见本套教材《康复评定学》相关章节。

（三）运动能力评定

脑瘫的运动能力评定包括了粗大运动与精细动作的评定,粗大运动评定常使用运动年龄评价(motor age test,MAT)量表和GMFM(gross motor function measure)量表,精细动作评定常使用Peabody精细运动发育量表。

运动年龄评价(motor age test,MAT)量表是以0~72个月的正常儿童动作能力为标准,与障碍儿的动作能力进行比较的评价方法。可以用运动指数(motor quotient,MQ)来表示,根据中国正常儿童运动能力发育年龄标准来测出脑瘫儿治疗前后的MQ值。

GMFM量表是小儿脑瘫临床评定运动功能改变的常用量表,具有正常运动功能的儿童在5岁内能完成所有项目。有GMFM-88及GMFM-66两个版本。GMFM-88包括88项评定指标,分5个功能区,A区:卧位与翻身;B区:坐位;C区:爬与跪;D区:站立位;E区:行走与跑跳。2002年GMGF-66评定标准是对GMGF-88量表通过Rasch分析后得出的评定标准。

Peabody精细运动发育量表可以评定6~72个月小儿的精细运动功能,主要是对抓握能区和视觉-运动统合能区进行评定,其中抓握能区共有26个项目。视觉-运动统合能区共有72个项目,每个项目得分都分为0、1、2三档。具体内容参见本套教材《康复评定学》相关章节。

（四）肌张力测定

可以通过观察静态体位和运动中各关节角度来评定肌张力情况,如"角弓反张"

体位、"剪刀步态"等。还可以通过被动屈伸肢体或测量关节被动活动角度来了解肌张力。改良的 Ashworth 量表是评定肌张力的常用量表,共分 6 个级别。具体内容参见本套教材《康复评定学》相关章节。

（五）关节活动范围

测量关节活动范围或肌肉长度是比较可靠、客观的方法。但是,对于痉挛型脑瘫患儿,需要鉴别是功能性还是结构性异常,以判断痉挛和挛缩的程度。如果患儿关节活动范围因痉挛而受限,放松时正常,则这种受限为功能性而非结构性。

（六）肌力评定

肌力是肌肉在收缩或紧张时所表现出来的能力,以肌肉最大兴奋时所负荷的重量来表示。由于脑瘫患儿长期的四肢、躯干自主运动障碍,大多数患儿有不同程度、不同部位的肌力降低。临床上普遍采用徒手肌力检查分级法进行肌力评定,该方法以抗重力运动幅度和抗阻力运动幅度为依据,将肌力以 0~5 分的分级数字分为 6 个等级。

（七）日常生活能力评定

常用的有日常生活活动能力(ADL)评定量表和儿童功能独立性评定量表(functional independence measure,WeeFIM),具体内容参见本套教材《康复评定学》相关章节。

（八）感知认知评定

脑瘫虽然以运动功能障碍为主,但实质上运动功能与儿童的感知、认知紧密相关。评定患儿的感知认知发育,可以达到整体评定的目的。可以根据儿童发育不同阶段的关键年龄所应具备的标准参考和应用各类量表或自行编制量表进行评定。

（九）患儿和家长或照顾者的满意度评定

这是一种较为主观性的评定方法,但它所提供的重要信息是其他评定方法所不能及的。如照顾的容易程度、体位的控制、个人卫生、喂养、转移、在学校的运动能力和耐力,以及照顾者和患儿之间的相互关系等。

（十）其他方面的评定

脑瘫儿童多有姿势异常,表现多样,与原始反射残存和肌张力异常有关,可从不同体位对其异常姿势进行评定,包括步态分析等。此外,对伴有言语障碍、听力和视觉障碍者,应对患儿进行相应评定。

三、康复治疗

脑瘫康复治疗的目标是减轻致残因素造成的后果,尽可能地改善运动功能,尽可能减少继发性残损(如关节挛缩),提高生活自理能力、交流能力、社会适应力,改善患儿生活质量,争取达到生活自理和能够接受正常的教育或特殊教育,为将来参与社会活动、劳动和工作奠定基础。

（一）运动疗法

通过利用中枢神经系统损伤后的康复治疗技术和相关理论来制订治疗性训练方案。

1. 头部控制训练　俯卧位抬头是小儿发育过程中出现的第一个有里程碑意义的大动作,而且在儿童做各种姿势运动时,都是以头部直立为先行,不能控制头部的婴儿是难以完成其他动作的。因此,头部控制对于小儿的整体运动发育及日常生活动作等高级运动功能的发育有着相当重要的作用。

（1）仰卧位拉起头抗重力训练（图2-26）：患儿坐在治疗师身上,仰卧位,治疗师握其前臂,缓慢将患儿拉起,在这个过程中可停止片刻,诱导患儿主动收缩上肢,使肘关节屈曲,保持头部直立。

（2）巴氏球俯卧位脊柱伸展训练（图2-27）：患儿匍匐于Bobath球上,治疗师位于患儿身后,握其下肢或按其腰部,予缓慢俯冲动作,使球向前滚动,诱发患儿自发抬头。

图2-26 仰卧位拉起头抗重力训练

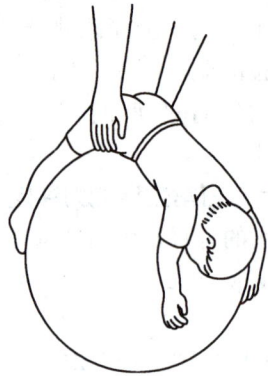

图2-27 巴氏球俯卧位脊柱伸展训练

2. 翻身训练 翻身是由卧位向直立位动作发育的中间环节,是更广泛接触外界空间的准备,打好这一阶段的基础,对今后的站、行有重要的作用。

（1）患儿取仰卧位,治疗师双手分别握住患儿双臂上举过头,将两臂左右交叉,后方侧上肢向欲翻向侧用力,从而带动患儿身体旋转,完成一次肩控式翻身动作。

（2）患儿取俯卧位,治疗师双手分别握住患儿双上肢前臂,将两臂左右交叉,后方侧上肢向欲翻向侧用力,从而带动患儿身体旋转,完成一次肩控式翻身动作。

（3）患儿取仰卧位,治疗师握其小腿,屈曲单侧的髋和膝带动骨盆,向左翻时右下肢屈曲,身体向左侧回旋,同时向下牵拉屈曲侧的下肢,身体回旋至俯卧位。

（4）患儿取俯卧位,一侧上肢上举,另一侧上肢自然屈曲,治疗师握其小腿,屈曲单侧的髋和膝带动骨盆,向左翻时右下肢屈曲,身体向左侧回旋,同时向下牵拉屈曲侧的下肢,身体回旋至仰卧位。

3. 坐位训练 坐位是臀部着床,从骨盆部开始向上的身体垂直于地面的姿势。获得坐位的最终目标是无须上肢支撑、脊柱垂直伸展的稳定坐位。正常小儿7~8个月可以坐,不会坐常因坐位发育停滞,在扶腰坐以前的阶段或出现跪坐、坐位后倾等异常姿势。

（1）坐位稳定训练（图2-28）：患儿坐位,双腿伸直,背向治疗师,坐时要保持头与躯干在一条直线上,颜面正中的对称姿势,使患儿的身体重心向一侧移动,用这侧臀部支持体重,引起躯干向对侧的回旋。双侧交替进行。

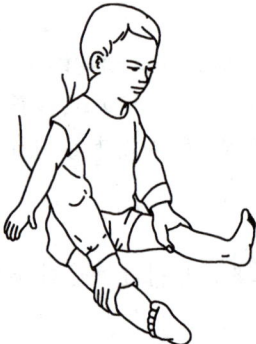

图2-28 坐位稳定训练

（2）坐位平衡板训练：患儿取长坐位坐于平衡板上，身体与平衡板呈垂直或平行方向，治疗师缓慢晃动平衡板，诱导患儿躯体重心移动并自动回旋身体保持平衡状态。

4. 爬行训练　爬行运动是步行以外的代表性的移行运动，典型的爬行运动是两手、两膝着床，两肩与骨盆抬起，保持躯干的空间水平位的四爬姿势，即在四点支撑状态下，至少有一个肢体离开支持面，四肢交替运动驱动身体向前移动。爬行在婴幼儿动作发育中非常重要，爬行不仅可促进全身动作的协调发展，为直立行走打下基础，而且可以较早地面对世界，增加空间的搜寻，主动接受和认识事物，促进婴幼儿认知能力的发育。

许多脑瘫患儿由于上下肢异常姿势，如下肢痉挛、上肢后伸导致无法出现良好的四肢交互运动。在消除异常姿势的基础上进行下述训练将有助于改善四肢交互运动能力。

四爬训练（图2-29）：患儿以两手、两膝、小腿前部、足背均匀着地支撑。上肢与大腿同时垂直于地面。由治疗师协助，从右侧开始运动时，首先颜面转向右上方，随着右侧骨盆转动，右侧下肢屈曲。其后颜面转向左方，重心转移至右侧上下肢，左上肢伸展，最后形成两手、两下肢支撑身体。反复交替进行。

5. 膝立位训练　膝立位（直跪）是婴幼儿由爬行运动向独站运动移行过程中过渡的一个体位，是站和行运动的基础，膝立位的训练在婴幼儿运动发育过程中具有重要意义。

膝立位训练：训练中患儿正确的双膝立位是双膝关节屈曲90°跪地，双髋关节充分伸展（即挺直腰部）。在训练初期，治疗师或家属可扶持患儿两侧髋部，以帮助他们保持正确的双膝立位姿势和维持身体平衡，或者让患儿扶住栏杆或沙发等物体，自己练习双膝立位动作，然后逐渐减少对患儿的扶持，让患儿尽量避免抓扶栏杆等物体，以达到独自直跪的效果。同时不断纠正患儿在练习中出现的各种异常姿势（图2-30）。

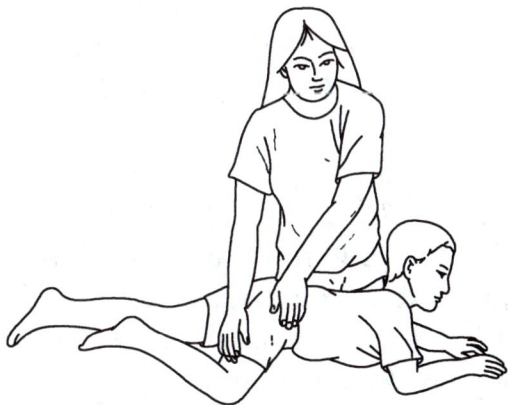

图2-29　四爬训练

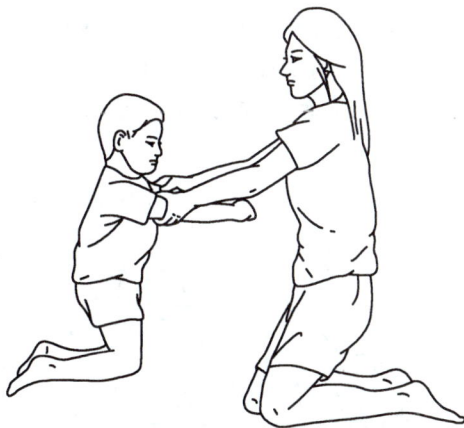

图2-30　膝立位训练

6. 从坐位到站位的转换训练　由坐位到站位的转换，不仅仅是一两个动作的出现，同时也标志着大关节负重能力的提高，是良好步行的重要准备。

坐位、立位姿势相互转换：学会在坐起时先使身体前倾和重心前移，在挺腰动作中鼓励患儿借助上肢和下肢的支撑和协同动作，达到身体重心上移和维持身体平衡。学会从坐位起立到立位的动作后,就可以进行再从立位回到坐位的训练。在训练中先让患儿学会通过屈曲髋关节来实现弯腰、膝关节屈曲和身体重心向下、向后移动的动作,同时通过弯腰后上半身前倾来维持整个身体的平衡。训练初期患儿由于难以维持身体的稳定,可予双手扶栏杆,然后逐渐改用单手扶持,最终实现独自落座(图2-31)。

图 2-31　站立训练

7. 独自站立训练　站位是行走的基础,正确的静态站立姿势是两腿直立,脚底踩平,头居中,躯干伸展,双肩双髋处于同一平面。动态的站立姿势是指站立时头、躯干、四肢各部位可随意进行适当的活动而仍能保持平衡。患儿只有完成立位静态、动态平衡,才能正常行走。

8. 行走训练　正常婴幼儿1岁左右开始独立行走,这时婴幼儿已能控制自己的部分动作,能够到处走动,也就有了一定的独立性和自主性。正确的行走训练不仅可以帮助患儿尽早探索这个世界,而且对于维持协调的步态,为以后发育的跑、跳等动作打下扎实的基础。

(1)控制骨盆带助行训练:患儿取立位,开始可扶持物体,治疗师于患儿身后,用双手扶持其两侧骨盆部位,用手的力量帮助患儿骨盆回旋及身体重心移动,以带动双下肢随着骨盆的旋转向前迈出,从而让患儿找到交替步行和交替负重的感觉(图2-32)。

(2)控制肩关节助行训练:患儿取立位,治疗师在患儿身后站立,两手手指张开,放在患儿的双肩及胸部以支持、协助控制患儿姿势,当患儿迈步向前,体重在两下肢间移动时,治疗师将患儿未负重侧的肩或躯干在对角线上推向下方,诱发侧方的矫正活动,同时使非负重侧骨盆稍向后方回旋,负重侧骨盆稍向前方回旋,然后诱发负重侧的下肢向前方移动,并将摆动期一侧的骨盆推向前方。随着患儿步行能力的提高,要逐渐减少对患儿的支持(图2-33)。

(3)助行器协助行走训练:患儿扶助行器进行行走训练(图2-34)。

图 2-32　控制骨盆带助行训练

图 2-33　控制肩关节助行训练

图 2-34　助行器协助行走训练

（二）作业疗法

　　脑瘫患儿的作业疗法,是将治疗内容设计为作业活动,主要是治疗躯体功能障碍或残疾,改善上肢的活动能力。其内容主要包括手的精细功能训练、日常生活能力训练、文具和辅助工具的制作和应用,以及生活环境设施的改造等（表 2-21）。作业治疗常采用游戏、文娱活动、集体活动等形式来促进患儿感觉运动技能的发展,因此,在物理治疗的同时联合应用与患儿年龄相适应的各种作业活动训练,可提高脑瘫治疗的趣味性,使患儿投入更多的注意力。

表 2-21　作业疗法的应用方式

功能性活动	自我照顾活动	相关的活动	休闲活动	家务活动
1. 抓握与放松运动	1. 洗脸、刷牙、沐浴、如厕	1. 学习知识的相关活动	1. 学会遵守规则	1. 计划并准备餐饮
2. 眼-手协调运动	2. 学习穿着	2. 认同从事该项活动	2. 学会成为队员	2. 购置食物及其他
3. 伸手取物运动	3. 学习进食与营养	3. 形成该项学习者的自我概念	3. 学习何为得与失,如何对待得失	3. 洗涤食品及餐具
4. 握持和携物运动	4. 学习安全转移或移动		4. 学习如何设定目标	4. 整理清洁床褥
5. 提举和放置运动				5. 洗涤、晾干、烫熨、储物

（三）物理因子疗法

　　1. 功能性电刺激　缓解脑瘫患儿的肢体和躯干肌肉的痉挛,进而改善运动异常及姿势异常,调节肌肉组织的生物化学特性,辅助康复治疗。

　　2. 水疗　有利于脑瘫患儿全身或局部肌肉张力的降低,提高运动能力。

　　3. 经颅磁刺激技术　通过影响大脑神经电活动和代谢活动增强神经可塑性,改善局部血液循环,通过皮质脊髓束抑制脊髓水平的兴奋性,降低 α 和 γ 运动神经元的兴奋性,从而降低肢体肌张力,缓解痉挛。

（四）言语疗法

脑瘫患儿常有构音障碍,因发音器官肌张力异常引起,常合并吞咽、咀嚼不协调,可通过言语治疗来改善发音、吞咽等障碍。

（五）心理疗法

脑瘫患儿常见的心理行为问题有自闭、多动等症状。拥有健康的家庭环境、增加与同龄儿的交往,以及尽早进行心理行为干预是防治心理性疾患的关键。

（六）康复工程

在物理治疗和作业治疗中常配合使用支具、矫形器以及其他辅助装置,通过限制关节异常活动、协助控制肌痉挛、保持软组织活动度,达到预防畸形、辅助改善运动功能等目的。

（七）中医康复疗法

1. 体针疗法　针灸治疗本病应辨证取穴,根据不同证候选取配穴。选用百会、大椎、四神聪、悬钟、足三里和合谷等为主穴。言语障碍可选配通里、廉泉、承浆、金津、玉液等;颈软可选配天柱、颈百劳等;上肢瘫可选配肩髃、曲池、手三里、外关等;下肢瘫可选配环跳、风市、阳陵泉、解溪、申脉等;腰部软瘫可选配命门、腰眼、腰阳关等;智力低下可选配风池、风府、神门等;耳聋选配太溪、耳门、听宫等。操作时毫针平补平泻,可加灸,每天 1 次,需注意靠近重要器官的穴位不得留针,安全部位可留针 10~15 分钟,10 次为 1 个疗程。囟门未闭者禁针百会、四神聪。

2. 头针疗法　选取额中线、顶颞前斜线、顶旁 1 线、顶旁 2 线、顶中线、颞后线和枕下旁线,采取毫针平刺,每次视具体病情选 2~3 线（区）,每日 1 次,每次留针 20~30 分钟,每隔 5 分钟快速行针 1 分钟,捻转每分钟 200 次,10 次为 1 个疗程。需注意囟门未闭者禁针囟门区域。

3. 耳针疗法　选取枕、皮质下、心、肾、交感和神门,毫针刺,每次 3~5 穴,每次留针 20~30 分钟,每天 1 次,亦可用王不留行籽贴压。

4. 推拿疗法　推拿治疗的选穴与常用体针疗法和头针疗法的选穴相同,手法宜轻柔。

四、康复教育

做好脑瘫的三级预防和继发损伤的预防,对于减少脑瘫的发生和改善预后十分重要。

1. 预防措施　主要防止脑瘫的产生,研究和采取正确的措施,预防能够导致脑瘫的各种原因。坚持优生优育,保证胎儿健康发育;定期进行产前检查,如有高血压、妊娠毒血症可及时治疗,避免难产;保证孕妇良好的营养、预防早产;孕期避免不必要的服药,妊娠期间(尤其是前 3 个月)做好风疹预防工作;鼓励母乳喂养,增强婴儿抵抗感染的能力。

2. 早期发现　早期发现可疑脑瘫患儿是实施脑瘫康复的关键,主要从运动、语言和进食 3 个方面进行观察。

(1)运动方面:出生后 1~2 个月,身体特别僵硬,穿衣或活动其身体时感到困难;3 个月时双腿僵硬,不能抬头,双手不能支撑;6 个月坐时出现圆背,不能抬头,上肢僵硬,手握拳,将其推向坐位时,头后仰或背向后伸;9 个月时用手玩东西的能力较差,下肢僵硬,脚尖着地,不能用下肢负重;12 个月不能扶物站立,下肢僵硬、脚尖着地;不会爬,只用身体一侧或用手拖自己;抬头、坐和运用双手活动迟于同龄孩子或常用一只手活动;18 个月时一侧上肢僵硬,一侧脚尖站立行走,站立平衡差;大部分时间用一只手玩,一侧下肢可能僵硬,坐时一侧身体负重。

（2）语言方面:出生后不爱哭或容易哭,易激惹,睡眠差或终日睡;或者 5~6 个月仍不会哭,且对外界反应淡漠;不会发音或极少发音;8~12 个月对成人的语言仍然毫不理解。

（3）进食方面:吸吮和吞咽差,舌头常将奶和食物推出,闭嘴困难。

如果发现有这些症状,应及时去医院就诊,明确诊断,给予针对性的治疗。

3. 积极应对　对已经造成损害的脑瘫患儿,采取各种措施防止发生残疾。对已经发生残疾的脑瘫患儿,应通过各种措施,预防残障的发生。力争保存现存功能,并提供教育及职业康复机会,以减少残障给个人、家庭、社会造成的严重影响。

第五节　周围神经损伤的康复

周围神经损伤(peripheral nerve injury)临床上十分常见,虽不会危及生命,但可引起严重的功能障碍,影响生活质量。积极、适当的康复治疗,可促进神经的修复与再生、改善功能障碍、缩短病程、预防或减轻并发症、提高生活质量。

一、概述

（一）定义

周围神经(peripheral nerve)分为脑神经、脊神经、自主神经,由神经节、神经丛、神经干和神经末梢组成,是传导中枢和躯体各组织间信号的装置。多数周围神经为混合神经,包含感觉纤维、运动纤维及自主神经纤维。

周围神经病损一般可分为周围神经病(peripheral neuropathy)和周围神经损伤两大类。周围神经病是指周围神经的某些部位由于炎症、中毒、缺血、营养缺乏、代谢障碍等引起的病变,轴突变性(axonal degeneration)是其常见的一种病理改变。周围神经损伤是指周围神经丛、神经干或其分支受外力作用而发生的损伤,主要病理变化是损伤远端神经纤维发生瓦勒变性(Wallerian degeneration)。本节重点讨论周围神经损伤的康复。

（二）流行病学

不论平时还是战时,周围神经损伤都十分常见。根据第二次世界大战的战伤统计,四肢神经损伤占外伤总数的 10%;在火器伤骨折中,约 60% 合并神经损伤。周围神经损伤多发生于桡神经、臂丛神经、尺神经、正中神经、坐骨神经、腓总神经等,上肢神经损伤较下肢神经损伤多见,占四肢神经损伤的 60%~70%。骨、关节损伤可伴发神经损伤,如肱骨干骨折可伴有桡神经损伤,肘关节脱位可有正中神经及尺神经损伤,腓骨颈骨折可伴有腓总神经损伤等。

（三）病因及发病机制

周围神经损伤的病因很多,常见的有机械性损伤、火器伤、医源性损伤等。其发病机制为:①切割伤:如刀割伤、电锯伤、玻璃割伤等,造成神经完全或不完全断裂;②牵拉伤:如产伤致婴儿头与肩部分离,过度牵拉引起臂丛神经损伤;③压迫性损伤:如骨折、关节脱位、石膏包扎过紧等,造成神经受压;④火器伤:如枪弹伤和弹片伤,造成神经断裂;⑤医源性损伤:如药物注射性损伤,是由注射时针刺直接损伤或药物成分的化学性损伤所致。

(四) 临床特征

1. 运动障碍 表现为该神经支配的肌肉或肌群呈弛缓性瘫痪、肌张力降低、肌肉萎缩、肢体姿势异常等。

2. 感觉障碍 表现为感觉减退或消失、感觉过敏;主观有麻木感、感觉异常、自发疼痛等。

3. 反射障碍 表现为腱反射减弱或消失。

4. 自主神经功能障碍 即神经营养性改变。表现为早期皮肤潮红或发绀、皮温升高、干燥无汗;后期皮肤苍白、皮温降低、指(趾)甲粗糙变脆等。

5. 神经干叩击试验(Tinel 征)阳性。

📡 知识链接

周围神经损伤的分类

按英国学者 Seddon 的方法可分为:

1. 神经失用(neurapraxia) 神经纤维传导功能暂时丧失,轴突的连续性存在,神经纤维不发生瓦勒变性。临床表现为运动障碍明显而无肌萎缩,感觉迟钝而不消失。神经功能于数周内自行恢复,不留后遗症。

2. 神经轴突断裂(axonotmesis) 神经内膜管完整,轴突断裂致损伤的远端出现瓦勒变性,轴索可沿施万鞘管长入末梢。临床表现为该神经分布区运动和感觉功能部分或完全丧失。神经功能多可完全恢复,但因神经再生速度平均为每天 $1\sim2mm$,故需要较长时间。

3. 神经断裂(neurotmesis) 神经的连续性中断,神经功能完全丧失。神经断端出血、水肿,日后形成瘢痕。神经断裂必须手术修复,术后神经功能可恢复或不完全恢复。

二、康复评定

周围神经损伤后,除了详细的病史采集和全身体格检查外,还必须进行一系列的康复评定。康复评定的目的在于正确判断病损的部位、性质、程度,确定康复目标,制订康复计划,评价康复疗效,作出预后判断。

(一) 形态观察

主要观察皮肤是否完整、肌肉有无肿胀或萎缩、肢体有无畸形、步态和姿势有无异常等。用尺或容积仪测量受累肢体周径并与其相对应的健侧肢体周径对比。

(二) 运动功能评定

1. 肌力评定 常用徒手肌力检查法(manual muscle test, MMT),按 6 级肌力分级标准检查记录,并与健侧对比。当肌力达到 3 级以上时,也可用器械测试法,包括握力

笔记

测试、捏力测试、背肌肌力测试、四肢肌群肌力测试等。注意肌力检查时，每块肌肉分别进行测定而不能以关节功能来代替各肌肉功能。

2. 关节活动范围测定　测量患肢各关节、各轴位的关节活动范围，包括主动、被动关节活动范围测定，并与健侧对比。

3. 反射检查　主要包括肱二头肌反射、肱三头肌反射、桡骨膜反射、膝反射、踝反射等，并进行双侧对比检查。

4. 运动功能恢复等级评定　由英国医学研究会(the British medical research council, BMRC)提出，将神经损伤后的运动功能恢复情况分为6级，见表2-22。此法简单易行，是评定运动功能恢复最常用的方法。

表2-22　周围神经损伤后运动功能恢复评定表

恢复等级	评定标准
0级(M0)	肌肉无收缩
1级(M1)	近端肌肉可见收缩
2级(M2)	近、远端肌肉均可见收缩
3级(M3)	所有重要肌肉能抗阻力收缩
4级(M4)	能进行所有运动，包括独立的或协同的运动
5级(M5)	完全正常

（三）感觉功能评定

周围神经损伤后感觉功能恢复的评定可参考英国医学研究会的分级评定表，见表2-23。为了查明神经损伤程度及术后恢复情况可做 Von Frey 试验。后期感觉功能恢复评定可用两点辨别觉方法即测量手指能够辨别出两点间的最小距离，距离越小，恢复越好。

表2-23　周围神经损伤后感觉功能恢复评定表

恢复等级	评定标准
0级(S0)	感觉无恢复
1级(S1)	支配区内皮肤深感觉恢复
2级(S2)	支配区内皮肤痛觉和触觉部分恢复
3级(S3)	支配区内皮肤痛觉和触觉恢复，感觉过敏消失
4级(S3$^+$)	感觉达到S3水平外，两点辨别觉部分恢复
5级(S4)	完全恢复

（四）自主神经功能检查

1. 外观　有无指端变尖、指腹干瘪、皮肤干燥、指纹模糊、指甲增厚，有无溃疡等。

2. 皮肤温度　用半导体皮肤温度计分别测定单一神经支配的患侧及健侧皮温。

3. 发汗试验　是临床上较为客观及常用的检查方法。无汗表示神经损伤，从无汗到有汗则表示神经功能逐渐恢复，而且恢复早期为多汗。常用的方法为：

（1）碘淀粉试验：即在患肢检查部位涂抹 2.5% 碘酒，待其干燥后再敷以淀粉，若有出汗则局部变为蓝色。

（2）茚三酮试验：即将患手指腹印压在涂有茚三酮的试纸上，出现蓝紫色指纹，则表示有汗。

（五）神经干叩击试验

即 Tinel 征。按压或叩击神经干，如果局部出现针刺样疼痛，并有麻痛感向该神经支配区放射为阳性，表示为神经损伤部位。或从神经修复处向远端沿神经干叩击，Tinel 征阳性则是神经恢复的表现。Tinel 征可帮助判断神经损伤的部位，同时定期复查此项试验亦可了解神经再生进程。

（六）电生理学评定

对周围神经病损具有重要意义，能客观反映出神经肌肉所处的功能状态，对判断周围神经病损的部位、范围、性质、程度和预后等均有重要价值，是临床及科研中首选的评定方法。定期进行评定，可监测病损神经的再生与功能恢复情况。常用方法有：

1. 直流感应电测定 应用间断直流电和感应电刺激神经、肌肉，根据阈值的变化和肌肉收缩反应状况来判断神经肌肉的功能状态。

2. 强度-时间曲线 强度-时间曲线是神经肌肉兴奋性电诊断方法。通过时值测定和曲线描记判断肌肉有无失神经支配，是完全或是部分，并可反映神经是否再生。

3. 肌电图检查 肌电图检查对周围神经病损有重要的评定价值，可判断失神经的范围、程度及神经再生的情况。由于神经损伤后，受累神经出现变性和坏死多在神经损伤后 3 周左右才出现，故最好在损伤后 3 周进行肌电图检查。完全性神经损伤时肌肉不能自主收缩，运动单位丧失，记录不到电位，或出现纤颤电位、正锐波等；部分损伤时可见平均时限延长，波幅及电压降低，变化程度与损伤的轻重有关。

4. 神经传导速度测定 神经传导速度测定对周围神经病损的评定是最为有用的，既可用于感觉神经，也可用于运动神经的功能评定，以及确定受损部位。周围神经病损后，神经传导速度改变明显。当神经完全断离时，运动和感觉神经传导消失，刺激神经无电位变化，这种情况一般于神经损伤后 3~5 天出现；当神经部分断离时，神经传导速度减慢。

5. 体感诱发电位检查 体感诱发电位具有灵敏度高、重复性好等优点。对常规肌电图难以查出的病变，体感诱发电位可容易做出诊断，如周围神经靠近中枢部位的损伤等。

（七）手功能评定

包括抓、握、捏等。可采用 Carroll 手功能评定法等。

（八）日常生活活动能力评定

日常生活活动能力（ADL）评定包括躯体的日常生活活动能力（PADL）和工具性日常生活活动能力（IADL）。常用的标准化的 PADL 评定有 Barthel 指数、Katz 指数、PULSES 评定、修订的 Kenny 自理评定等。常用的 IADL 评定有功能活动问卷（FAQ）、快速残疾评定量表（RDRS）等。详见本套教材《康复评定学》有关内容。

三、康复治疗

周围神经损伤的治疗原则为不论手术与否,均应尽早消除病因,减轻对神经的损伤;采取综合治疗措施,改善神经损伤所致的功能障碍。

康复治疗的目的是防治并发症,预防肌肉肌腱挛缩、关节僵硬,防止肌肉萎缩,促进受损神经再生,增强肌力,恢复运动与感觉功能,最终恢复患者的生活和工作能力。对于功能恢复不完全或不能恢复的功能,可使用矫形器代偿,以最大限度地恢复其生活能力。

康复治疗应早期介入,越早介入,效果越好。根据周围神经损伤的不同时期进行有针对性的治疗。

(一)早期

一般为发病后5~10天,此期的治疗重点是首先要去除病因,及早消除炎症、水肿,减轻对神经的损害,预防关节挛缩的发生,为神经再生做好准备。具体措施有:

1. 关节保持功能位　周围神经损伤后,由于肿胀、疼痛、不良的肢位、受累肌与拮抗肌之间失去平衡等因素的影响,常易出现肌肉肌腱挛缩。防止挛缩最好的方法是肢体保持良肢位,应用矫形器、石膏托、三角巾、夹板等,将受累肢体各关节保持在功能位,防止挛缩、畸形发生。如腓总神经损伤致足下垂时,可用足托或穿矫形鞋将踝关节保持在90°功能位,以预防跟腱挛缩。

2. 运动疗法　为防止关节出现挛缩和畸形,故早期受累肢体应在无痛范围内做各关节全范围、各轴向的被动运动,每天至少1~2次,以保持受累关节正常活动范围。同时避免过度牵拉患肢,防止造成神经再次损伤。若受损程度较轻,出现主动运动时则进行主动运动,可刺激相应运动皮质及脊髓前角细胞,促进轴突再生。神经吻合术后的患者,术后2~3周内避免进行牵拉神经的运动。

3. 物理因子疗法　早期可应用超短波、微波、激光、红外线等疗法,通过扩张血管,改善神经及周围组织的血液循环和营养代谢,提高免疫细胞吞噬功能,既有利于消除炎症、促进水肿吸收,又有利于神经再生。神经吻合术后应用物理因子治疗,可软化术后瘢痕、松解粘连、促进神经再生。

4. 肢体出现肿胀的处理　周围神经损伤后肢体出现肿胀与损伤后血液循环障碍、组织液渗出增多有关。一般采用抬高患肢、弹力绷带包扎、被固定的肢体做肌肉等长性收缩运动、患肢做轻柔的向心性按摩与受累肢体的被动活动、冰敷等措施。此外,物理因子如石蜡疗法的温热作用及机械作用等均可改善局部血液循环,促进组织水肿和积液的吸收。

5. 受损部位的保护　受损肢体因感觉障碍,易发生继发性外伤,如烫伤等,且由于局部营养障碍,一旦发生损伤,治疗困难且不易恢复,故应注意对受累部位多加保护,如戴手套、穿袜等。若出现外伤,可选择适当的物理因子进行治疗,如紫外线、超短波、激光等,促进伤口早期愈合。

6. 药物疗法　肌注或静滴神经生长因子(nerve growth factor,NGF)可促进神经再生;维生素 B_1、维生素 B_{12}、复合辅酶、甲钴胺片等神经营养药物亦有促进神经再生的作用。

7. 其他　有条件者也可行高压氧治疗等。

（二）恢复期

急性期炎症水肿消退后，即进入恢复期。早期的治疗措施仍可有选择地继续使用。此期的治疗重点是促进神经再生、保持肌肉质量、增强肌力和促进感觉功能恢复，防止肢体发生挛缩畸形，最大限度地恢复其功能，改善患者的日常生活和工作能力，提高患者的生活质量。对于功能恢复不完全或不能恢复的功能，可使用矫形器代偿。

1. 运动疗法　目的是改善和维持关节活动范围，增强肌力和耐力。采用被动运动、主动助力运动、主动运动、抗阻运动等训练。

根据肌力检查结果，受累神经支配肌肉肌力为 0~1 级时，施行电刺激、电针、针灸、中枢冲动传递训练、被动运动、肌电生物反馈、等长收缩等治疗；受累神经支配肌肉肌力为 2~3 级时，进行主动助力运动、主动运动及器械性运动，随着肌力的增强，逐渐减少助力，但应注意运动量不宜过大，以免肌肉疲劳；受累神经支配肌肉肌力为 3 级以上时，可以进行抗阻力运动，以争取肌力的最大恢复，同时进行速度、耐力、灵活性、协调性与平衡性的专门训练。

2. 作业疗法　根据功能障碍的部位及程度、肌力及耐力的检测结果，进行有关的作业治疗。

（1）上肢周围神经损伤患者可进行木工、编织、泥塑、打字、修配仪器、套圈、雕刻、缝纫、刺绣、拧螺丝等操作，下肢周围神经损伤患者可进行踏自行车、缝纫机等练习。同时进行 ADL 训练，如上肢练习洗脸、梳头、穿衣、伸手取物等动作。也可选择文艺和娱乐活动以改善心理状态。治疗中不断增加训练的难度与时间，以增强肌肉的灵活性和耐力，并应注意防止由于感觉障碍而引起机械摩擦性损伤。

（2）感觉训练：针对患者的不同情况，采取相应的治疗方法。①患者病损区如有感觉过敏现象，可用不同程度的连续刺激进行脱敏，即选用不同质地、不同材料的物品，如棉花、棉布、毛巾、毛刷、米粒、沙子等刺激敏感区，刺激量逐渐加大，使之产生适应性和耐受性，刺激程度由弱到强，刺激物由软到硬。②感觉减退或消失、实体感缺失者，需要采用感觉重建训练法进行训练。感觉训练时先进行触觉训练，选用软物（如橡皮擦）摩擦手指掌侧皮肤，然后是震动觉训练。③后期训练重点是各种物体的辨别，涉及对多种大小、形状、质地和材料不同的物体鉴别训练。可将一系列不同大小、形状、质地、材料制成的日常用品，如钥匙、螺钉、曲形针、纽扣、硬币、手表、橡皮块等物体放在布袋中让患者用手触摸辨认。采用循序渐进的训练原则，即由大物体到小物体、由简单物体到复杂物体、由粗糙质地到纤细质地、由单一类物体到混合物体。

3. 物理因子疗法　神经肌肉电刺激疗法可使神经肌肉兴奋性和生物电活性升高，利于损伤神经的修复再生，防止和延缓肌肉萎缩的发生和发展，保持和恢复肌肉质量以迎接神经再支配。以能输出指数曲线波或三角波的低频脉冲电刺激疗法为首选。调制中频电疗法亦可达到此作用。失神经支配后的第 1 个月，肌肉萎缩最快，故宜及早进行神经肌肉电刺激，且失神经后数月仍有必要进行神经肌肉电刺激治疗。

4. 心理疗法　周围神经损伤患者常常伴有不同程度的心理问题，表现为情感脆弱、急躁、焦虑、抑郁等。让患者了解疾病的性质、程度和康复治疗方案，通过医学宣教、心理疏导等方式来消除或减轻患者的心理障碍,使其发挥主观能动性,积极地进行康复治疗。也可通过作业疗法来改善患者的心理状态。

5. 康复工程　对于功能恢复不完全或不能恢复的功能,应根据患者的具体情况选择合适的矫形器进行代偿。矫形器可预防、矫正挛缩畸形,动力性矫形器可帮助瘫痪肢体完成某些功能性活动,下肢的某些矫形器还有承重作用。注意矫形器重量宜轻,尺寸要合适,避免对感觉丧失部位的压迫。如足部肌力不平衡所致足内翻、足外翻、足下垂,可用下肢短矫形器矫正;大腿肌群无力致膝关节支撑不稳、小腿外翻、屈曲挛缩,可用下肢长矫形器矫正。

6. 中医康复疗法

(1)中药疗法:依据中医理论进行辨证论治,以活血化瘀、益气补血为主。常用的有参苓白术散、六味地黄丸、独活寄生汤、大活络丹、小活络丹等。

(2)针灸疗法:以受损局部取穴为主、远端取穴为辅的原则,根据辨证虚实,采取或泻或补或平补平泻的手法。也可选用脉冲电针仪治疗。

(3)推拿疗法:以受损局部治疗为主,手法宜轻柔。主要作用是改善血液循环、防止粘连、促进肌肉功能恢复。

7. 手术疗法　对保守治疗(一般3个月)无效而又有手术指征的周围神经损伤患者应及时进行手术治疗。如神经探查术、神经松解术、神经移植术等。

知识拓展

干细胞移植

近年来在干细胞与再生医学研究领域取得了很大的进展,采用干细胞移植方法治疗神经系统疾病的报道也越来越多。研究表明,干细胞在特定环境下,可按一定程序分化成新的功能细胞,这一特性使其成为替代衰老、修复受损组织的理想种子细胞。干细胞主要作用是促进了施万细胞(Schwann cells)的生长,进而促进受损神经纤维的恢复。有文献报道临床研究中采用脂肪干细胞、神经干细胞治疗周围神经损伤,可促进患者的运动功能及感觉功能的恢复。

(三)常见周围神经损伤的康复

1. 臂丛神经损伤

(1)概述:臂丛神经(图2-35)由$C_5 \sim C_8$前支和T_1前支大部分纤维组成。在前斜角肌外缘由$C_5 \sim C_6$组成上干,C_7为中干,$C_8 \sim T_1$组成下干。臂丛的5个来源反复分支、组合后,最后形成3个束,分别称为臂丛的外侧束、内侧束和后束。各束在喙突平面分出神经支,外侧束分为肌皮神经和正中神经外侧头,内侧束分出尺神经和正中神经内侧头,后束分出腋神经和桡神经。正中神经的内、外侧头分别在腋动脉两侧至其前方组成正中神经。

临床上常将臂丛神经分为上臂丛($C_5 \sim C_7$)和下臂丛($C_8 \sim T_1$)。臂丛神经损伤多由牵拉所致,如上肢过度牵拉或过度伸展、肩关节脱位、高处坠落、重物压伤颈肩部以及胎儿娩出时过度牵拉等,皆可引起臂丛神经的全部或部分损伤。

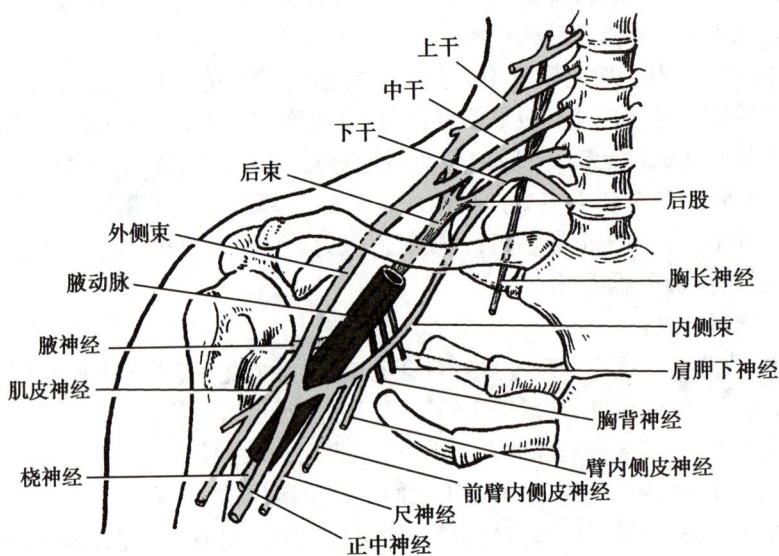

图 2-35 臂丛神经解剖

（2）临床特征

1）由于解剖特点，臂丛神经损伤有不同表现：①上臂丛神经损伤时，腋神经、肌皮神经、肩胛上下神经、肩胛背神经发生麻痹，桡神经和正中神经部分麻痹。冈上肌、肩胛提肌、大小菱形肌、三角肌、肱二头肌、肱桡肌、桡侧腕屈肌、指伸肌及拇展肌等出现瘫痪或部分瘫痪。表现为肩关节外展与外旋障碍，肘关节屈曲障碍，腕关节屈伸肌力弱，手指活动尚可，上肢伸侧感觉大部分缺失。②下臂丛神经损伤时，尺神经及部分正中神经和桡神经麻痹，表现为手的功能障碍，即手指不能伸屈，而肩、肘、腕关节活动基本正常。患侧常出现 Horner 征。③全臂丛神经损伤时，则引起整个上肢迟缓性瘫痪及感觉障碍、腱反射消失、肌肉萎缩、自主神经功能障碍及 Horner 征，此型比较严重而少见。

2）腱反射：腱反射减弱或消失。反射检查仅在患侧减弱或消失、健侧存在时才有意义。臂丛神经反射检查见表 2-24。

表 2-24 臂丛神经反射检查

反射	传入神经	中枢	传出神经
三角肌反射	腋神经	$C_5 \sim C_6$	腋神经肌支
肱二头肌反射	肌皮神经	$C_5 \sim C_6$	肌皮神经
桡骨膜反射	桡神经	$C_5 \sim C_8$	正中、肌皮及桡神经
肱三头肌反射	桡神经	$C_6 \sim C_7$	桡神经

（3）康复评定

1）形态观察：肌肉有无肿胀或萎缩、肢体有无畸形等。进行肢体周径测量，并与健侧肢体相对应的部位比较。

2）运动功能评定：包括肌力评定、关节活动范围测定、反射检查等。

3）感觉功能评定:包括浅感觉、深感觉、复合感觉。评定可参考英国医学研究会的分级评定表。

4）手功能评定:包括抓、握、捏等。

5）Tinel 征检查。

6）周围神经电生理学评定:电诊断、肌电图、神经传导速度等对判断周围神经损伤的范围、部位、性质与程度有重要价值。

7）自主神经功能检查:常用发汗试验。

8）日常生活活动能力评定。

（4）康复治疗

1）损伤早期:去除病因,消除炎症、水肿,减轻对神经的损害,预防关节挛缩畸形的发生。

①运动疗法:损伤上肢受累关节进行无痛范围的被动活动,每天至少 1~2 次,以保持受累关节正常活动范围,防止肌肉萎缩和关节僵硬。当患肢出现主动运动时,应积极进行主动活动,当肌力达到 3 级及以上时,鼓励患者进行自身抗重力或抗阻力训练,强度不宜过大,运动时间不宜过长,以适度疲劳为宜。神经吻合术后的患者,术后 2~3 周内避免进行牵拉神经的运动,必要时可采用夹板限制过度活动。

②关节保持功能位,预防关节挛缩变形:上臂丛神经损伤时,采用外展支架或腋下垫一棉纱卷支撑,手部用拇外展支具以预防肩关节内收、内旋及拇指内收挛缩,三角巾悬吊患肢,肘关节屈曲 90°;下臂丛神经损伤时,采用支具使腕关节保持在功能位,手呈半握拳状。

③物理因子疗法:根据具体情况可选择下列疗法进行治疗:A. 超短波疗法:板状电极,置于损伤上肢,对置法,无热量,每次 10~12 分钟,每天 1 次,15~20 次为 1 个疗程。B. 直流电碘离子导入疗法:对置法或并置法,每次 15~20 分钟,每天 1 次,15~20 次为 1 个疗程。C. 紫外线疗法:Ⅰ级红斑量,于损伤上肢隔 1~2 天照射 1 次,6~10 次为 1 个疗程。D. 氦-氖激光或半导体激光沿神经走行的表浅部位选穴位照射,每次 3~5 分钟,每天 1 次,5~10 次为 1 个疗程。E. 超声波疗法:声头置于损伤上肢或手术伤口周围,接触移动法,强度 0.5~1.5W/cm²,每次 5~10 分钟,每天 1 次,10~15 次为 1 个疗程。

④为防止肢体出现肿胀,一般采用抬高患肢、弹力绷带包扎、被固定的肢体做肌肉等长收缩运动、患肢做轻柔的向心性按摩、受累肢体的被动活动、冰敷等措施。

⑤药物疗法:肌注或静滴神经生长因子(NGF)可促进神经再生;维生素 B_1、维生素 B_{12}、复合辅酶、甲钴胺片等神经营养药物亦有促进神经再生的作用。

2）恢复期:促进神经再生、保持肌肉质量、增强肌力和促进感觉功能恢复,防止肢体发生挛缩畸形,最大限度地恢复其功能。对于功能恢复不完全或不能恢复的功能,可使用矫形器代偿。

①运动疗法:A. 上臂丛神经损伤时,进行肩关节和肩胛带肌肉的被动运动、主动助力运动和主动运动、渐进抗阻、短暂最大负荷训练、等长收缩训练等。B. 下臂丛神经损伤时,进行拇指、示指屈伸运动,拇指与小指对掌运动,分指运动,肩胛带肌肉运动训练等。C. 全臂丛神经损伤时,进行患肢各关节的被动运动、主动助力运动、主动运动等。

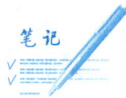

②作业疗法:可编排一些有目的、有选择的活动,如木工、编织、泥塑、雕刻、缝纫、刺绣、拧螺丝等操作,增强患者的肌力、耐力和协调性。同时进行 ADL 训练,如练习洗脸、梳头、穿衣、伸手取物等动作。选择娱乐活动以改善心理状态。对感觉过敏患者可采用脱敏疗法,鼓励患者使用敏感区,在敏感区逐渐增加刺激。可选用不同质地、不同材料的物品,如棉花、毛巾、毛刷、沙子等刺激敏感区,刺激量逐渐加大,使之产生适应性和耐受性,刺激程度由弱到强,刺激物由软到硬。对感觉丧失患者可采用感觉重建的方法,用不同的物体放在患者手中,而不靠视力帮助,进行感觉训练。开始让患者识别不同形状、大小的木块,然后用不同质地、不同材料的物品进行识别和训练,最后用一些常用的家庭器皿训练。

③物理因子疗法:根据具体情况可选择下列疗法进行治疗:A. 神经肌肉电刺激疗法:以能输出指数曲线波或三角波的低频脉冲电刺激疗法为首选。一般以阴极为刺激电极,将点状刺激电极置于患肌或患肌的运动点上,另一个较大的辅极置于肢体近端或躯干。电流的强度以能引起肌肉明显可见收缩而无疼痛为度,避免波及邻近肌肉或引起过强的收缩。肌肉收缩的次数以不引起过度疲劳为宜,每天 1 次。B. 超短波疗法:板状电极,置于损伤上肢,对置法,微热量,每次 10～15 分钟,每天 1 次,15～20 次为 1 个疗程。C. 其他:音频电疗法、直流电碘离子导入疗法、调制中频电疗法、光疗法(激光、红外线等)、超声波药物透入疗法、磁疗法、石蜡疗法、水疗法等。

④心理疗法:周围神经损伤患者常常伴有急躁、焦虑、抑郁等情绪,让患者了解神经损伤的性质、程度和康复治疗方案,从而增强战胜疾病的信心,使其发挥主观能动性,积极地进行康复治疗。

⑤中医康复疗法:针灸采用局部取穴为主、远端为辅的原则,可选择肩髃、肩髎、臂臑、曲池、手三里、外关、合谷、中渚等穴位。推拿手法应轻柔。

2. 腋神经损伤

(1)概述:腋神经由 C_5～C_6 前支组成。腋神经发自臂丛后束,与旋肱后血管伴行向后外,穿过腋窝后壁的四边孔,绕肱骨外科颈至三角肌深面,发出分支分布三角肌、小圆肌,余部纤维称为臂外侧上皮神经,自三角肌后缘穿出,分布在肩部、臂外侧区上部的皮肤。腋神经损伤常见的原因为肱骨外科颈骨折、肩关节脱位或腋杖压迫等。

(2)临床特征

1)腋神经损伤时,三角肌瘫痪、萎缩,肩外展功能丧失,外旋无力,肩部、臂外上部感觉障碍,肩部失去圆隆的外形。

2)腱反射:三角肌反射减弱或消失。

(3)康复功能评定:请参见“臂丛神经损伤”。

(4)康复治疗:为保持关节功能位,预防关节挛缩变形,可采用外展支架或腋下垫一棉纱卷支撑肩关节以预防内收、内旋挛缩。其他治疗请参见“臂丛神经损伤”。

3. 桡神经损伤

(1)概述:桡神经由 C_5～C_8 组成。桡神经来自臂丛后束,在腋动脉之后,于肩胛下肌、大圆肌表面斜向后下,绕经肱骨后方桡神经沟至臂外侧,沿肱三头肌外侧头下行。桡神经在腋部发出数支至肱三头肌,然后在肱肌与肱桡肌之间至肘前外侧,于肘上发出分支至肱桡肌和桡侧腕长伸肌,继之于肱桡肌与桡侧腕长伸肌之间进入前臂,分成深、浅两支。浅支与桡动脉伴行,在肱桡肌深面于桡骨茎突上 5cm 转向背侧,至手背桡侧及桡侧三个半手指皮肤;深支又称骨间背侧神经,在进入旋后肌之前发出分支至桡侧腕短伸肌,穿经旋后肌并于其下缘分成数支,支配旋后肌、尺侧腕伸肌、指总伸肌、示指和小指固有伸肌、拇长展肌和拇长、短伸肌。桡神经损伤常见的原因为外伤、手术、骨折、酒醉后或极度疲劳后不良的睡姿等。

(2)临床特征

1)由于解剖特点,桡神经损伤有不同表现:①高位损伤:指在腋下桡神经发出肱三头肌分支以上部位受损,表现为上肢各伸肌完全瘫痪,肘关节不能伸直,垂腕,前臂伸直时不能旋后,指关节屈曲,拇指不能外展,肘关节、上臂和前臂后面、手背桡侧部位感觉障碍。②在肱骨中 1/3,即发出肱三头肌分支以下部位受损时,肱三头肌功能完好。③前臂中 1/3 以下受损时,主要表现为伸指障碍而无垂腕。

2)腱反射:桡骨膜反射、肱三头肌反射减弱或消失。

(3)康复功能评定:请参见"臂丛神经损伤"。

(4)康复治疗:为保持关节功能位,预防关节挛缩变形,可使用伸腕关节固定夹板或动力型伸腕伸指夹板,维持腕关节呈背屈、掌指关节伸直、拇指外展位。进行腕关节背伸,前臂伸直旋后和手指被动运动、主动助力运动和主动运动,重点训练伸腕、伸指功能。其他治疗请参见"臂丛神经损伤"。

4. 正中神经损伤

(1)概述:正中神经由 $C_6 \sim T_1$ 神经组成。正中神经有分别发自臂丛内、外侧束的内、外侧两根,两根夹持腋动脉向下呈锐角汇合成正中神经干。在臂部,正中神经沿肱二头肌内侧下行,在肱动脉内侧与之伴行至肘窝。从肘窝向下穿旋前圆肌及指浅屈肌腱弓,于指浅屈肌与指深屈肌之间下行,发出分支支配旋前圆肌、指浅屈肌、桡侧腕屈肌、掌长肌。在旋前圆肌下缘发出骨间掌侧神经,沿骨间膜与骨间掌侧动脉同行于指深屈肌与拇长屈肌之间,至旋前方肌,发出分支支配上述三肌。其主干至前臂远端于桡侧腕屈肌腱与掌长肌腱之间,发出掌皮支,分布于掌心和鱼际部皮肤。然后经过腕管至手掌部发出分支,支配拇短展肌、拇短屈肌外侧头、拇指对掌肌和第一、二蚓状肌,桡侧 3 个半手指掌面及远节指背的皮肤。正中神经损伤常见的原因为骨折(肱骨髁上骨折)、肘关节脱位、刀枪伤、腕部切割伤、腕管狭窄及管腔内容物增多等。

(2)临床特征

1)由于解剖特点,正中神经损伤有不同表现:①低位损伤(腕部)时,所支配的鱼际肌和蚓状肌麻痹及所支配的手部感觉障碍,临床主要表现是拇指不能对掌、手的桡侧三个半指感觉障碍,特别是示、中指远节感觉消失。腕管综合征时屈腕试验阳性(Phalen 征:屈肘、前臂上举,双腕同时屈曲90°,1 分钟内患侧即会诱发出正中神经刺激症状,阳性率为 70% 左右)。②高位损伤(肘上)时,所支配的前臂肌亦麻痹,除上述表现外,另有前臂不能旋前,屈肌肌群萎缩,屈腕力下降,拇指、示指不能屈曲,不能做对指动作,不能捏物,大鱼际肌明显萎缩,手掌变平,拇指紧靠示指,呈"猿手"畸形。③正中神经富有交感神经纤维,患者常表现烧灼性疼痛。

2)腱反射:桡骨膜反射减弱或消失。

（3）康复功能评定：请参见"臂丛神经损伤"。

（4）康复治疗：为保持关节功能位，预防关节挛缩变形，可应用夹板固定掌指关节及指关节呈半屈状位置，应用拇外展夹板。进行屈腕运动、屈指运动、拇指对掌运动及整个手臂的被动运动和主动运动，手及腕部的放松训练等。其他治疗请参见"臂丛神经损伤"。

5. 尺神经损伤

（1）概述：尺神经由 $C_8 \sim T_1$ 神经组成。尺神经来自臂丛内侧束，沿肱动脉内侧下行，于上臂中段逐渐转向背侧，经肱骨内上髁后方的尺神经沟，向下穿过尺侧腕屈肌并发出分支至尺侧腕屈肌，然后于尺侧腕屈肌与指深屈肌间进入前臂掌侧，发出分支至指深屈肌尺侧半，再与尺动脉伴行，于尺侧腕屈肌桡侧深面至腕部，于腕上约 5cm 发出手背支至手背尺侧皮肤。主干通过豌豆骨与钩骨之间的腕尺管（Guyon 管）即分为深、浅支。深支穿小鱼际肌进入手掌深部，支配小鱼际肌，全部骨间肌和第三、四蚓状肌及拇收肌和拇短屈肌内侧头；浅支至手掌尺侧及尺侧一个半手指的皮肤。尺神经损伤常见的原因为压迫、牵拉、手术、外伤等。

（2）临床特征：尺神经损伤表现为屈腕能力减弱，环指和小指远节指关节不能屈曲，小鱼际肌、骨间肌萎缩，手指分开、合拢受限，拇指不能内收，小指、环指掌指关节过伸，呈"爪形手"畸形。感觉障碍主要位于手掌面的尺侧部，小指和环指尺侧半，以及手背部的小指、环指和中指的一半。

（3）康复功能评定：请参见"臂丛神经损伤"。

（4）康复治疗：为保持关节功能位，预防关节挛缩变形，可用掌指关节阻挡夹板，使掌指关节屈曲到半握拳状，以预防小指、环指掌指关节过伸畸形。进行手指的分合运动、伸直运动，第 5 指对掌被动运动和主动运动。其他治疗请参见"臂丛神经损伤"。

6. 坐骨神经损伤

（1）概述：坐骨神经是全身最粗大、最长的神经，起自 $L_4 \sim S_3$ 的前、后股，包围在一个结缔组织鞘中。坐骨神经穿梨状肌下孔至臀大肌深面，在坐骨结节与大转子之间下行至股后区，在股二头肌与半膜肌之间行走，沿途分支支配股后部的股二头肌、半腱肌和半膜肌，一般在腘窝上方分为胫神经和腓总神经两大终支。

坐骨神经损伤常见原因为臀部或股部外伤、股骨干骨折、髋关节骨折或脱位、臀部肌内注射不当等，可为完全性或部分性损伤。

（2）临床特征

1）由于解剖特点，坐骨神经损伤有不同表现：①高位损伤时，引起股后部肌肉及小腿和足部所有肌肉全部瘫痪，膝关节屈曲障碍，踝关节与足趾运动完全丧失，跟腱挛缩，呈足下垂。由于股四头肌正常，膝关节呈伸直状态，行走时呈跨越步态。小腿后外侧及足部麻木、感觉减退或丧失、皮肤干燥。②股后中、下部损伤时，则膝关节屈曲功能正常。

2）腱反射：踝反射减弱或消失。

（3）康复功能评定：请参见"臂丛神经损伤"。

（4）康复治疗：为保持关节功能位，预防关节挛缩变形，对损伤所致运动障碍、肌肉瘫痪者，宜佩戴支具或穿矫形鞋，以防止膝、踝关节挛缩及足内、外翻畸形，维持踝足稳定等。进行跟腱牵伸，足背屈、跖屈被动运动、主动助力运动和主动运动，足趾伸展运动。足跟着地，足尖提起练习或足尖着地，足跟提起练习并进行穿矫形鞋的步态训练。作业治疗可进行踏自行车、缝纫机等练习。其他治疗请参见"臂丛神经损伤"。

7. 腓总神经损伤

（1）概述：腓总神经是坐骨神经在腘窝处两个终末分支之一。腓总神经自腘窝近侧部由坐骨神经分出后，沿腘窝上外侧界的股二头肌内缘斜向外下，继而弯曲绕过腓骨颈向前，穿过腓骨长肌，分为腓浅、腓深神经。腓总神经分布范围包括小腿前、外侧肌群，足背肌和小腿外侧、足背、趾背的皮肤。腓总神经损伤在下肢神经损伤中最多见，常见的原因为膝关节外侧脱位、腓骨头骨折、小腿石膏或夹板固定太紧、手术时膝带捆绑过紧等。

（2）临床特征：腓总神经损伤时，导致小腿前外侧伸肌麻痹，出现足背屈、外翻功能障碍，呈内翻下垂畸形，晚期形成马蹄内翻足。小腿前外侧与足背皮肤感觉障碍。

（3）康复功能评定：请参见"臂丛神经损伤"。

（4）康复治疗：为保持关节功能位，预防关节挛缩变形，治疗上可用足托或穿矫形鞋使踝关节保持在90°位。进行跟腱牵伸，踝背屈被动运动、主动助力运动、主动运动，足趾伸展运动和穿矫形鞋的步态训练。其他治疗请参见"臂丛神经损伤"。

四、康复教育

临床上周围神经损伤极为常见，常见的病因有机械性损伤、火器伤、医源性损伤等，虽不会危及生命，但具有高致残率，影响患者生活质量，给家庭及社会带来沉重的经济负担。为了减少损伤的发生及所带来的功能障碍，要做好三级预防。一级预防是最重要、最积极的预防措施，即积极开展安全知识教育，提高防范意识，预防神经损伤的发生。如改进用于切割的生产工具，穿防护服；避免长时间不良姿势对神经的压迫；医疗活动中，医护人员要有高度的责任感，操作规范，如定期观察骨折等石膏固定部位的变化、注射部位避开神经等，增强保护神经的意识和措施。二级预防应做到早发现、早诊断、早治疗，一旦发生神经损伤，应规范诊治，预防二次损伤及并发症。三级预防则要积极进行康复治疗，采取综合措施，防止功能障碍，提高患者的生活质量。

周围神经一旦损伤，神经修复及功能的恢复时间较长，同时由于患者及家属对疾病的认识不足，常导致患者有不同程度的心理问题，表现为急躁、焦虑、抑郁等，容易产生消极、悲观的负面情绪，影响后续的康复治疗。医护人员要对患者及家属进行疾病宣教和健康教育，让他们了解相关的医学知识，了解疾病的性质、程度和康复治疗方案，认识到康复治疗的意义及必要性。饮食方面要加强营养，多进食富含蛋白质、钙及微量元素的食物如牛奶、鸡蛋、鱼、水果、海带等。另外，受损肢体因感觉障碍，易发生继发性外伤，如烫伤或撞伤等，要注意保护患侧肢体，不要用无感觉的部位去接触危险的物体，必要时戴手套等防护。

良好的康复护理对疾病的恢复十分重要。首先护理人员要注意患者的心理变化，通过宣教、心理疏导等方式来消除或减轻患者的心理问题，使其建立信心，发挥主观能动性，积极地进行康复治疗。同时要了解患者的神经损伤、功能障碍等情况，并向患者交代神经损伤性质、后期功能恢复及可能的不良预后等。早期为了防止关节畸形，患者要采取良肢位摆放，必要时在夜间睡眠时可以佩戴相应的功能位支具等。对手术患者术后护理主要是抬高患肢、减轻水肿、功能位固定、避免牵拉吻合术后的神经。周围神经损伤后患者失神经支配区的皮肤萎缩、弹性下降，易损伤形成溃疡，需高度警惕，采取必要的预防护理措施，定期进行体位变换，防止再损伤及压疮的形成等。

第六节 帕金森病的康复

帕金森病（Parkinson's disease，PD）是常见的神经系统变性病之一，也是常见的老年神经疾病之一，其发病机制仍未完全明了。作为 65 岁以上人群常见的神经变性疾病越来越受到医学界的重视。由于多巴胺含量减少等病理生理因素，导致产生震颤、肌强直、动作迟缓、姿势平衡障碍等一系列功能障碍，并呈进行性发展，最终使患者丧失日常生活活动能力。

一、概述

（一）定义

帕金森病，又称震颤麻痹（paralysis agitans），是一种中老年人常见的运动障碍疾病，由于中脑黑质的多巴胺能神经元退化、变性，使通过黑质纹状体束作用于纹状体的神经递质多巴胺（DA）减少而导致的锥体外系疾病。

（二）流行病学

据统计，我国 65 岁以上的人群中患病率为 1.7%，并随年龄增长而增高，男性略多于女性。帕金森病的致残率较高，国外报道发病 1~5 年后，致残率为 25%；5~9 年时达到 66%；10~14 年时超过 80%，极大影响患者的生活质量，已成为康复领域的一个重要内容。

（三）病因及发病机制

发病原因十分复杂，至今仍不完全清楚，可能与年龄增长、环境因素及遗传因素有关。发病机制是由于脑内黑质多巴胺能神经元变性、缺失引起，当多巴胺含量显著降低（超过 80%），造成乙酰胆碱系统功能相对亢进，产生肌张力增高、运动减少等临床症状。

（四）临床特征

主要表现为静止性震颤、肌强直、运动迟缓和姿势步态异常，症状呈缓慢进行性加重。

1. 肢体静止性震颤 震颤多自一侧手部开始，以拇指、示指和中指的掌指关节最为明显，呈节律性搓丸样动作，每秒 4~6 次，是由协调肌和拮抗肌有节律的交替收缩所致。随病情的进展，震颤逐渐波及同侧下肢和对侧上下肢，通常上肢重于下肢，下颌、口唇、舌和头部的震颤多在病程后期出现。震颤大多数在静止状态时产生，情绪紧张时加剧，随意活动时减轻，入睡后则消失。

2. 肌肉强直 全身肌肉紧张度均增高。表现为四肢因肌张力增高、面肌张力增高呈面具状脸，眼肌强直，眼球转动缓慢，注视运动时可出现黏滞现象，吞咽肌肉及构音肌肉的强直则致吞咽障碍、流涎以及语音低沉单调。患者站立时呈低头屈背、上臂内收、肘关节屈曲、腕关节伸直、手指内收、拇指对掌、指间关节伸直、髋及膝关节略为弯曲的特有姿势。

3. 运动迟缓 表现为随意运动始动困难、动作缓慢和活动减少。患者翻身、起立、行走、转弯都显得笨拙缓慢;穿衣、梳头、刷牙等动作难以完成;写字时笔迹颤动或越写越小,称书写过小征。

4. 姿势步态异常 走路缓慢,步伐碎小,脚几乎不能离地,行走失去重心,往往越走越快呈前冲状,不能及时停步,称慌张步态。行走时因姿势反射障碍,缺乏上肢应有的协同运动。

5. 其他功能障碍

(1)自主神经功能障碍:患者汗液、唾液及皮脂分泌过多,常有顽固性便秘。

(2)精神症状和认知功能障碍:以情绪不稳、抑郁多见;15%～30%的患者有认知功能障碍,以记忆力,尤以近期记忆力减退明显,严重时可表现为痴呆。

(3)平衡功能障碍:主要表现为易跌倒。患者由于运动缓慢,表现出身体重心转换困难;由于丧失调整反应而出现姿势不稳;由于平衡反应障碍对直立、行走、转身稳定性的影响,加之躯干、肢体肌肉强直导致的"猿人"样站姿及姿势反射调节受损等,导致姿势不稳,甚至跌倒。

(4)吞咽功能障碍:帕金森病患者由于喉部肌肉运动障碍,舌头回缩运动减少,导致不能很快吞咽,进食速度减慢,食物在口腔和喉部堆积,停留时间延长,唾液分泌功能紊乱而出现吞咽功能障碍。

二、康复评定

(一)Yahr 分期评定法

这是目前国际上较通用的帕金森病病情程度分级评定方法,它依据功能障碍和能力障碍水平综合评定(表2-25),分为3期和Ⅰ～Ⅴ级。

表2-25 Yahr 分期评定法

分期	日常生活能力	分级	临床表现
一期	日常生活不需帮助	Ⅰ级	仅一侧障碍,不明显,相当于韦氏综合评定量表总评0分
		Ⅱ级	两侧肢体或躯干障碍,无平衡障碍,相当于韦氏综合评定量表总评1～9分
二期	日常生活需要部分帮助	Ⅲ级	出现姿势反射障碍的早期症状,身体功能稍受限,仍能从某种程度工作,日常生活有度障碍,相当于韦氏综合评定量表总评10～18分
		Ⅳ级	病情全面发展,功能障碍严重,虽能勉强行走、站立,但日常生活有严重障碍,相当于韦氏综合评定量表总评19～28分
三期	日常生活需全面帮助	Ⅴ级	功能障碍严重,不能穿衣、进食、站立、行走,无人帮助则卧床或在轮椅上生活,相当于韦氏综合评定量表总评29～30分

（二）身体功能评定

1. 肌力评定　采用徒手肌力检查法来判断肌肉力量。

2. 肌张力评定　采用 Ashworth 量表或改良 Ashworth 量表进行评定。

3. 关节活动范围评定　可用关节量角尺进行测量。

4. 平衡能力评定　主要采用观察法及功能性评定法。

（1）观察法：采用 Romberg 检查法，观察患者在活动状态下能否保持平衡。

（2）功能性评定：即量表评定法。国内主要采用 Berg 平衡量表。

5. 步行能力评定　常用 Hotter 步行能力分级和 Holden 步行功能分类等定性评定法，此外也可采用步态分析仪进行相对精细和定量的评定。

（三）日常生活活动能力评定

常用评定量表为 Barthel 指数（BI）和功能独立性评定（FIM）量表。具体内容参见本套教材《康复评定学》相关章节。

（四）认知心理功能评定

常用的智力测验量表有韦氏智力量表（WAIS-RC）和简易精神状态检查法（MMSE）；情绪评定分为抑郁和焦虑的评定，常用的抑郁评定量表有汉密尔顿抑郁量表（HAMD）、Berk 抑郁问卷（BDI）和抑郁状态问卷（DSI）等；常用的焦虑评定量表有焦虑自评量表（SAS）、汉密尔顿焦虑量表（HAMA）。

1. 韦氏智力量表　韦氏智力量表是当今国际心理学界广泛使用，信度、效度较好的量表。我国学者修订韦氏成人智力量表（WAIS-RC）适用于 16 岁以上成人，包括语言量表（verbal scale，VS）和操作量表（performance scale，PS）两部分，共 11 个分测验。具体内容参见本套教材《康复评定学》相关章节。

2. 简明精神状态量表　具体内容参见本套教材《康复评定学》相关章节。

3. 汉密尔顿抑郁量表　汉密尔顿抑郁量表的测试内容有 24 个项目，大部分项目按无、轻度、中度、重度、很重 5 级评为 0~4 分；少数项目按无、轻中度、重度 3 级评为 0~2 分。具体内容参见本套教材《康复评定学》相关章节。

4. 汉密尔顿焦虑量表　汉密尔顿焦虑量表用于测量焦虑症以及患者的焦虑程度，是当今用得最广泛的焦虑量表之一。具体内容参见本套教材《康复评定学》相关章节。

（五）吞咽功能评定

临床常用的有反复唾液吞咽测试及洼田饮水试验。

三、康复治疗

帕金森病是一种慢性进行性病变，通过运用各种康复治疗技术，预防关节畸形，改善患者运动功能及协调力，增强患者独立活动能力，提高生活质量。

（一）运动疗法

帕金森病的康复治疗以运动疗法为主，针对帕金森病 4 大运动障碍，以及由此产生的继发性功能障碍，如肌萎缩、心肺功能降低、脊柱后凸畸形、周围循环障碍、压疮、直立性低血压等采取相应治疗及预防措施。

1. 松弛训练　开始时动作要缓慢，运动时要有节律，从被动运动到主动运动；从小范围运动逐渐进行到全关节范围运动；柔缓的来回摇动和有节律的运动促使全身肌肉松弛,从而改善患者的运动模式,尤其是躯干的旋转能力。每天训练,每次 3 组,每组 10 次。

（1）坐位的松弛运动:①左、右同向缓慢、有节奏地晃动双下肢,同时用一只手向对侧身体侧方的容器内递送物件;②左、右同向缓慢、有节奏地晃动双下肢,同时缓慢、反方向地转动双肩。

（2）仰卧位的松弛运动(图 2-36):①仰卧屈髋、屈膝,双手十指交叉放于胸前,头缓慢向左侧转动,双下肢向右侧转动。然后再做相反动作,重复以上运动。②仰卧屈膝,双肩外展 45°,肘屈曲 90°,左上肢做外旋运动和左肩向外转动,右上肢做内旋运动和右肩向内转动。然后再做相反动作,重复以上运动。③仰卧屈膝,两侧肩外展 90°,肘屈曲,左上肢做外旋运动,带动头缓慢地向左侧转动,而双膝向右侧转动,然后右上肢做外旋运动,带动头缓慢地向右侧转动,而双膝向左侧转动。重复以上运动。

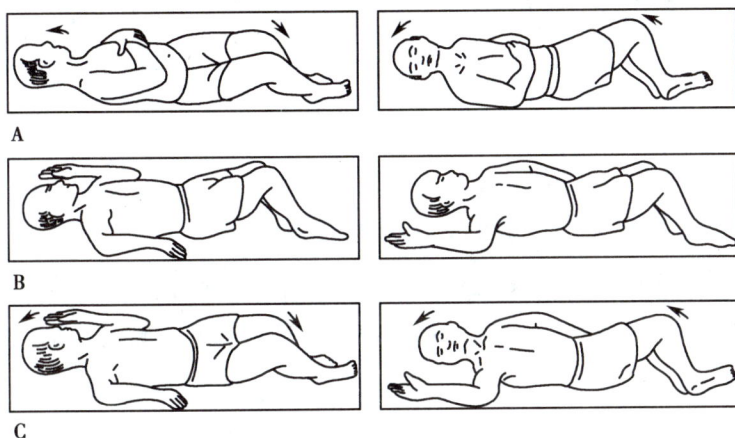

图 2-36　仰卧位的松弛运动

2. 关节活动度训练　关节主动或被动训练是每天必须要进行的项目。训练重点是牵拉紧张的屈肌,防止挛缩的发生,维持正常的关节活动度。

（1）俯卧位:①俯卧于垫上,在肘支撑情况下,用另一只手做向前上方伸手取物的活动;②俯卧位,由肘支撑过渡到手支撑,挺起上身,而骨盆以下紧贴于床面。

（2）坐位:①外展肩部,屈肘用手掌触及后脑勺,再伸肘弯腰尽力触及对侧足的足尖,左右交替进行;②双上肢后伸,双手横握一根木棒,治疗师将木棒缓慢向后拉至有紧张感时保持 10~20 秒,重复 20 次左右,训练过程中要求患者保持躯干挺直并抬头。

（3）站位:面对着墙,身体紧贴墙壁,双上肢沿墙壁尽量摸高并做标记,日后训练时逐渐增加高度。训练时避免过度牵拉出现疼痛,强调整体运动功能模式。

3. 平衡能力训练　帕金森病患者平衡能力较差,重心转移困难而难于坐直、跪直和站直,治疗师应有意识地训练患者的前后、左右重心转移。在施加外力的情况下,使患者脱离平衡,让患者自己调整恢复平衡。以后逐渐增加活动的复杂性和难度,增加重心转移的范围或配合上肢的作业,如从其他位置拾东西。还可在坐位增加臀部前后移动训练,或做坐-站转移训练,以及缓慢站立时行走准备的训练,如摇晃骨盆、跨步或进行交替摆臂等。

4. 交互运动训练 帕金森病患者双上肢之间、双下肢之间以及上肢与下肢之间的交互运动困难,影响平衡和运动协调,可以进行下列训练:

(1)膝关节屈伸练习:患者迈步时双足往复困难,可在仰卧位下双膝关节做往复快速交替屈伸练习。

(2)坐位手足交互运动(图2-37):治疗师与患者相对而坐,让患者模仿行走时手足的交互运动,矫正同手同足现象。根据患者情况,可以先从双上肢或双下肢的交互运动开始,然后过渡到上下肢之间的交互运动。

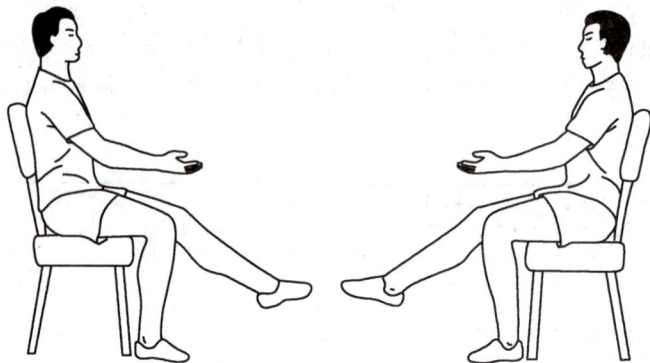

图2-37 坐位手足交互运动

(3)坐位伸腿击掌训练(图2-38):让患者模仿治疗师的动作,将一侧下肢向身体外侧伸出,同时双上肢在另一侧的头外侧击掌,然后换另一侧进行训练,如此反复进行。

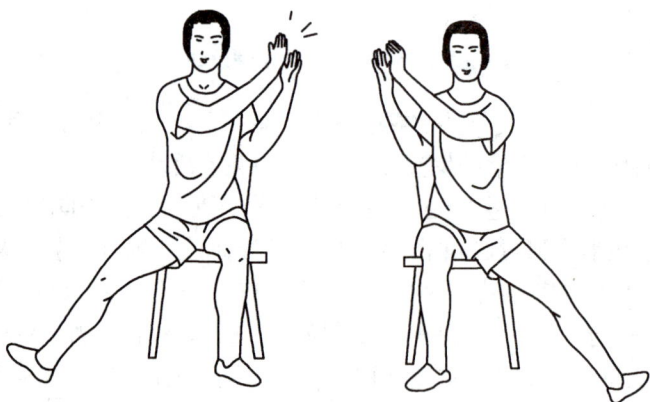

图2-38 坐位伸腿击掌训练

(4)上肢翻转交叉再复原运动(图2-39):患者取坐位,双上肢前伸,握体操棒,通过旋转将体操棒翻转180°,然后再恢复至原来位置,如此反复进行。

5. 步行能力训练 帕金森病患者步行时存在启动困难、前冲及小碎步步态、姿势调整差及姿势反射差等现象。训练时应针对以上缺点,加快启动和步行速度,加大步幅及步伐基底宽度,确保躯干活动和上肢摆动相互交替的协调性,提高足跟-足趾步态模式及重心转移能力,调节行走的程序及练习高跨步等。

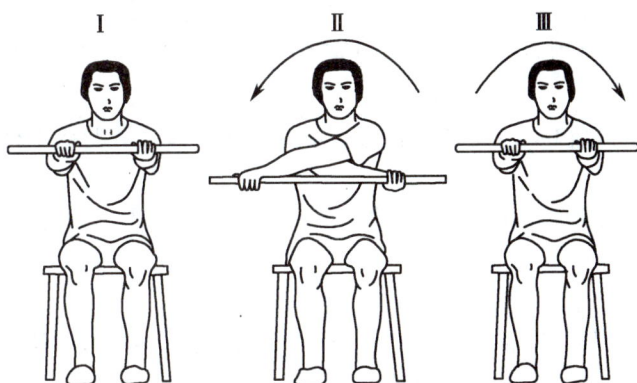

图 2-39 上肢翻转交叉再复原运动

训练方法：根据音乐节奏或节拍加快启动速度和步行速度；可在前方设置矮障碍物，让患者行走时跨步，避免小碎步；上肢摆动和躯干旋转训练、上下肢协同运动训练、转弯训练等。

6. 改善躯干、肢体运动的协调控制能力　通过治疗性活动训练，如拾木钉、翻纸牌、抛接球、练习写字等提高手的灵活性，控制和减少颤抖，改善躯干的转动、肢体的摆动。

7. 功能体操　为了尽可能改善功能，延缓病情，针对帕金森病的临床特征，设计功能体操，具体方法如下：

（1）面肌体操：①闭眼、睁眼运动；②皱眉运动；③交替瞬眼运动；④鼓腮吹气、凹腮运动；⑤皱鼻；⑥张口呈 O 形；⑦口角交替向左右移动。

（2）头颈部体操：①头向左右、前后运动；②下颌向后收缩，并保持不动 3~4 秒。

（3）肩部体操：①耸肩向上，两肩交替进行，各 10 次；②双肩同时向上耸；③双肩向后，使双肩胛骨尽可能相互靠近，来回各 10 次。

（4）躯干体操

1）背部伸展体操：站立位，两手前举水平位扶在墙上，上身向前，两肘屈曲，然后两肘伸直，上身复原位，两足不能移动。

2）旋转体操：俯卧位，双上肢伸直，右上肢上举带动右半身向左旋转，复原位；左上肢上举带动左半身向右旋转。站立位，两手叉腰，躯干向左旋转，复原位；向右旋转，复原位。来回各做 10 次。

3）弯腰体操：站立位，双上肢下垂，弯腰前屈，双上肢、手触及膝以下，复原位。来回各做 10 次。

4）躯干侧屈体操：双上肢下垂，或叉腰，躯干向左右侧屈。来回各做 10 次。

（5）步伐训练操

1）原地踏步操：直立位，左右腿交替抬高，尽可能抬高至腹部，同时摆动双臂左右交替。各做 10 次。

2）原地跨越体操：在地上放置 10~15cm 高的障碍物，左右交替跨越障碍。

3）行进体操：根据口令向前、向左、向右和向后行走。

（6）床上体操

1）翻身体操：仰卧位，头转向左侧，右小腿放在左小腿上，双臂上举，摆动双臂左右几次后，顺势向左侧用力摆动，带动躯干转动，再复至仰卧位。按上述方法做反方向运动，每侧各做 10 次。

2）仰卧起坐：仰卧位，双臂放在体侧，头、上身抬起，可借助双手推床帮助坐起。做 10 次。

3）爬行体操：双膝跪立位，双肘屈曲，双手撑地，向前爬行，再向后爬，复原位。来回做 10 次。

（7）呼吸体操

1）通气调节体操：仰卧位，上身轻微抬高，下肢伸展，一手置于胸上，一手置于腹上，鼓腹做平静深吸气，以手调节胸腹部运动，收腹时将吸入的气全部呼出，再做胸扩展深吸气，收胸时做呼气运动。最后同时进行扩胸和鼓腹深吸气运动，收胸和收腹将气全部呼出。反复做 10 次。

2）增强呼气量体操：深呼吸气后，用吸管向有水的杯中缓缓吹气，直至气全部呼出，做 10 次。

（二）作业疗法

1. 作业训练　疾病的早期治疗，主要通过维持粗大或精细协调活动、肌力、身体姿势和心理状态，实现日常生活活动自理，尽可能保留原有的习惯、兴趣和爱好，与家人、社会正常交往。重点选择穿脱衣服，坐-站转换，进出厕所、浴室或出入浴池，携物行走，上下车等活动作为训练内容。后期随着病情的发展，患者的活动能力逐渐受限，应积极采取能量保存技术，减少患者的疲劳和功能损害，最大限度地维持其原有的功能和活动能力，加强日常活动的安全性防护。训练过程中采取下列途径与方法。

（1）穿脱衣服：要鼓励患者自己完成穿衣、系鞋带、扣纽扣、拉拉链等日常活动。治疗中，要指导患者选择安全、省力、舒适的体位（一般为坐位）和技巧完成穿脱衣服。应选择易穿脱、重量轻、保暖舒适的衣物；选择穿脱方便（如松紧鞋）、舒适、支撑好、鞋底有弹性、摩擦力大的鞋，以增加步行的稳定性。

（2）个人卫生：尽可能保留患者的卫生修饰习惯。患者抓握牙刷、梳子困难时可增加把柄直径，或使用电动牙刷，在浴室铺防滑垫，墙壁安装扶手，选择安全、舒适的淋浴方式等。

（3）如厕：包括移入厕所、脱裤、坐下、站起、局部清洁、整理衣裤、冲洗等过程。由于患者用药后易便秘，所以每天饮水量不应少于 3000ml。坐站困难者应在坐便器四周安装扶手，卫生纸、冲厕开关尽量置于患者易于获取之处。

（4）进食：帕金森病患者进食速度一般会减慢，但只要能完成应鼓励其自己进食，进食困难者，应选择易咀嚼、吞咽的温热食物，少量多次。应教会患者减少震颤影响的适应性技术，如在上肢不靠身体的情况下使用双手端茶杯；以肘部为活动轴，完成将勺子从盘子放入口中的动作。餐具要适当调整，配合必要的辅助器具。

（5）移动和转移

1）坐椅转移：坐椅选择适合患者身体放松、进食、伏案工作的高度，底座要坚实，靠背要牢靠，扶手要高低适中。坐椅转移困难者可以适当升高坐椅后腿高度，即坐椅稍前倾,便于患者站起。可进行坐下到站起练习:患者背对椅子,双手支撑坐椅扶手支撑身体向后坐下;将臀部移至坐椅前缘,上身向前移(使鼻尖超过足尖),两足稍分开,其中一足后移,膝屈曲向前,双手支撑推压扶手站起。

2)床上转移:患者床的高度、硬度要适中,不影响平卧时身体转动。①翻身:头先转向一侧,然后屈腿,用足支撑床面,同时对侧手跨过躯干用力抓住床缘,随之骨盆转动,完成翻身。②从卧位转移到坐位:一手抓住床缘,双下肢移向同侧床边,双小腿自然垂于床边,同侧肘用力撑起身体,另一只手用力拉住床边保持身体稳定坐起。③坐位转卧位,要完成的动作与②相反即可,还可抬高床头或在床上方系一根绳子供患者牵拉,以提高患者的起床能力。

2. 家务活动和安全　尽量按照患者原有的生活习惯合理安排和计划家务活动,保证室内温暖、舒适,去除任何可能绊倒患者的障碍物(如地毯、脚垫等)。可以提供简单、容易操作、省力的方法完成各种活动,例如借助辅助装置和设施帮助患者完成日常活动;对环境和家具进行适当改进;使用系扣器、穿袜器、取物器、腿支撑架等。同时对患者家属进行宣教指导,使其与患者之间的配合更密切,尽量做到在给予最小帮助的情况下让患者自理。

(三)物理因子疗法

使用低频经颅磁刺激治疗方法,采用适当强度刺激双侧额叶,每侧刺激 30 次为 1 个序列,频率 0.5Hz,每日 1 个序列,连续治疗 7 次为 1 个疗程。

(四)心理疗法

帕金森病为进展性疾病,患者多伴有精神症状,常见情绪不稳、抑郁、焦虑等,若不及时给予心理疏导,容易影响患者的预后,尽早进行心理行为干预是防治的关键。

1. 心理疏导　给予患者帕金森病知识指导,让患者对疾病有足够的认识,建立心理健康档案,聆听患者的倾诉,对负性情绪类型正确给予分类并记入档案。根据患者心理障碍的类型给予针对性心理治疗,启发树立良性情绪,自觉抵制负性情绪,从而建立起健康的心理状态。

2. 放松训练　患者平卧病床,在轻音乐的伴奏下,进行深呼吸练习及全身分段肌肉放松锻炼,每日至少半小时。

(五)康复工程

为防止畸形,可让患者穿戴适当的矫形器;为防止患者跌倒,为患者配备适合的助行稳定用具,注意调整助行器的高度,避免患者驼背;嘱患者睡硬板床;调整写字台高度,使患者在直腰和保持头颈部稍屈曲的体位下工作;房间地板无障碍,墙壁安装把手等。

(六)药物疗法

主要以补充脑内多巴胺的含量以及抗胆碱能药物为主,通过改善症状,提高患者生活质量,但不能阻止病变的自然进展。现多主张当患者的症状已显著影响日常生活工作,表明脑内多巴胺活力已处于失代偿期时才开始用药。

(七)手术疗法

适用于症状局限于一侧或一侧症状相对较重,经药物治疗无效或难以忍受药物副作用,且年龄相对较轻的患者。可行脑立体定向手术破坏丘脑腹外侧核或苍白球,能缓解症状,但可能复发,术后仍需应用药物治疗,但可相应减少剂量。少数患者术后可

引起轻偏瘫等并发症。

（八）中医康复疗法

本病的病因病机为年老体衰，精血亏虚，髓海不足，易致经脉失去濡养，虚风内生而见颤震抖索；甚则素体痰盛，虚风夹痰而动。治则为滋肾益气养血，祛风通络。

1. 针灸疗法

（1）体针：可选取风池、肾俞、太溪、筋缩、合谷、太冲、血海、足三里。随证配穴中，善忘者可选配四神聪、内关、神门；睡眠昼夜颠倒者配翳明、申脉、照海；颈软者配大椎、颈百劳。毫针刺，平补平泻，可加灸，每次 20～30 分钟，每天 1 次，10 次为 1 个疗程。

（2）头针疗法：选取顶颞前斜线、顶旁 1 线、顶旁 2 线、顶中线和颞前线。每次视具体病情选 2～3 线（区），频率每分钟 200 次，每次 20～30 分钟，每天 1 次，10 次为 1 个疗程。

2. 功法训练 气功以及太极拳等各种传统体育运动可以促进气血运行和化生，养心、怡神、定志，疏通经脉筋骨，因此有益于预防、延缓本病的发生，改善发病后患者的生活质量。

四、康复教育

1. 日常护理 患者因震颤和不自主运动，出汗多，易造成皮肤刺激，后可导致皮肤破损和继发感染，故应勤洗勤换，保持皮肤卫生；晚期卧床的患者要按时翻身，做好皮肤护理，预防压疮。四肢活动不灵时，加床栏，使用拐杖预防跌倒。

2. 心理指导 随着功能障碍逐渐加重，影响着生活自理能力，多数患者受忧郁和焦虑等精神方面等困扰。因此，家属应注意尊重患者，鼓励其表达以及倾听他们的心理感受，最大程度地满足其心理和精神上的需求，提供良好的亲情氛围，减轻他们的心理压力。

3. 饮食指导 低盐、低脂、适量优质蛋白的易消化饮食，如鱼类、芝麻等；多食用高纤维、新鲜蔬菜及水果，如芹菜、香蕉等；选择易咀嚼的食物，如面条、稀粥等；尽量避免刺激性食物，如辣椒，并戒烟戒酒。

4. 功能锻炼 鼓励患者维持和培养兴趣爱好，坚持适当的运动，如散步、打太极拳等，保持关节活动的最大范围；加强日常生活动作训练，进食、穿脱衣等应尽量自理，可做力所能及的家务。

第七节 老年痴呆的康复

痴呆是老年人常见病之一，年龄越大，其发生率越高。我国受传统文化影响，对痴呆的知晓度低，痴呆患者的就诊率低、治疗率低，痴呆患者照料者的正规培训率更低，严重影响老年痴呆患者的生活质量，给社会和家庭带来沉重的负担。康复治疗已成为改善老年痴呆患者认知功能和运动功能障碍、精神行为症状，提高老年痴呆患者生活质量的重要手段。

一、概述

（一）定义

痴呆（dementia）是由于脑功能障碍而产生的获得性智力损害综合征。国际疾病分类诊断标准第 10 次修订（ICD-10）对痴呆进行了一般性描述："痴呆是由于脑部疾病所致的综合征。它通常具有慢性或进行性的性质，出现多种高级皮质功能的紊乱，包括记忆、思维、定向、理解、计算、学习能力、语言和判断功能。意识是清晰的，常伴有认知功能的损害，偶尔以情绪控制和社会行为或动机的衰退为前驱症状。"痴呆发生在脑内器质性损害的基础上，其中以老年神经系统变性疾病和脑血管疾病最为常见。

老年期痴呆（dementia in elderly）是指于老年期发生的痴呆，是危及老年人健康的常见病。痴呆从发病机制方面可分为：阿尔茨海默病（Alzheimer's disease，AD）、血管性痴呆（vascular dementia，VD）、混合型痴呆（mixed dementia）和其他痴呆。其中阿尔茨海默病和血管性痴呆是老年期痴呆最为常见的类型。

（二）流行病学

我国尚缺乏全国近 10 年痴呆流行病学调查数据。2010 年第 6 次全国人口普查资料显示，我国 65 岁以上人口比例为 9.2%，达 1.3 亿，其中痴呆患者 624 万人。根据目前痴呆患者的增长率计算，10 年后，我国痴呆患者将达到 1000 万。据调查统计显示，痴呆患病率随年龄成倍增高，痴呆的患病率、发病率及痴呆各亚型都随增龄而急剧上升，65 岁以上人群痴呆患病率为 4%~6%，80 岁以上老人患病率可高达 20%。全球每 7 秒新发 1 例痴呆，每年新发痴呆病例达 460 万。痴呆患病率类型分布以 AD 占首位，VD 次之。最近一项大规模调查显示，中国并非痴呆病的低发区，发病率与欧美国家相近。

（三）病因及发病机制

众多危险因素与 AD 的发生相关，如低教育程度、膳食因素、女性雌激素水平降低、高血糖、高胆固醇、高同型半胱氨酸、血管因素、心理社会因素等。AD 的发病机制存在多种假说：β-淀粉样蛋白瀑布假说、Tau 蛋白假说、神经血管假说、细胞周期蛋白调节障碍、氧化应激、炎症机制、线粒体功能障碍等。其中影响较广的有 β-淀粉样蛋白瀑布假说，该假说认为 Aβ 的生成和清除失衡是导致神经元变性和痴呆发生的起始事件。另一个重要的假说为 Tau 蛋白假说，认为过度磷酸化的 Tau 蛋白影响了神经元、骨架微管蛋白的稳定性，从而导致神经元纤维缠结形成，进而破坏了神经元和突触的正常功能。

VD 多由缺血性卒中、出血性卒中和脑缺血缺氧等原因导致。与高龄、低教育水平、低收入、吸烟、痴呆家族史、复发性卒中史（特别是左侧半球卒中）等因素有关。发病机制一般认为是脑血管病的病灶涉及额叶、颞叶及边缘系统，或病灶损害了足够容量的脑组织，导致记忆、注意力、执行功能和语言等高级认知功能的严重损害。

（四）临床特征

老年期痴呆的病因不同，临床表现也各有差异。AD 患者早期症状多种多样，以记忆力障碍为最常见的表现，以猜疑为其最先出现的症状。VD 患者有神经功

笔记

能缺损的症状和体征,早期有情绪易激动、记忆力减退等症状,晚期可出现明显痴呆、粗暴、定向力障碍。VD 患者由于损害部位不同,临床表现也有所不同。老年期痴呆的典型临床特征可概括为三方面:认知功能减退、行为与精神障碍、生活能力下降。

1. 认知功能减退　通常包括记忆障碍、语言障碍、视觉空间感知障碍、失认、失用及由于这些认知功能损害导致的执行功能障碍。

2. 行为与精神障碍　通常包括妄想、幻觉、误判、情感障碍、攻击行为、活动异常、饮食障碍、生物节律改变、性功能障碍,也包括其他行为障碍,如尖叫、扯衣服和怪异行为。

3. 生活能力下降　主要表现在日常生活活动能力下降、协调运动功能障碍(共济失调)、姿势维持困难(平衡障碍)、行走和移动困难(步行障碍)和肢体瘫痪等。

知识链接

轻度认知功能障碍

随着人类老龄化社会进程的加快,老年人认知障碍逐年增多,其中老年性痴呆——阿尔茨海默病(AD)已获得人们的普遍关注,但老年人认知损伤的另一种类型——轻度认知功能障碍(mild cognitive impairment,MCI)更应引起重视。正确诊断和识别 MCI,对早期干预、防止痴呆的发生有着特别重要的意义。老年人 MCI 指的是老人出现轻度记忆或其他认知功能障碍,但未达到痴呆标准,病因不能由已知的内科或神经精神疾病解释,是介于正常老年和轻度痴呆之间的一种认知损伤状态。2003 年 9 月 MCI 国际工作组对 MCI 提出了新的诊断标准:①无痴呆,但认知功能也不正常;②患者主诉或知情者报告存在认知功能减退;③日常生活能力或复杂日常生活能力仅轻微受损。然而,在正常的生理性老化过程中,随着年龄增高也会自然出现一些认知功能损害,但这些损害不是进行性加重,且老人的情感、人格及工作、交际能力都正常,即所谓的"良性"衰老性健忘。所以,轻度认知功能障碍(MCI)的概念,更清晰地界定了正常老化和轻度痴呆之间这种认知损害状态,这种认知损害状态应引起人们高度的关注和重视。

二、康复评定

(一)认知功能评定

1. 总体认知功能的评估　通过对总体认知功能的评估,能较全面地了解患者的认知状态、认知特征,对痴呆的诊断及治疗有重要作用。痴呆量表检查不仅可以确定患者是否有痴呆,还可以纵向观察患者病情的发展趋势,判断康复治疗的效果。临床常用的痴呆量表有:简明精神状态量表(mini-mental state examination,MMSE)、长谷川痴呆量表(Hasegama's dementia scale,HDS)和长谷川改良痴呆量表(Hasegawa dementia scale revised ,HDS-R)、阿尔茨海默病评估量表认知部分(Alzheimer disease assessment scale-cog,ADAS-cog)、临床痴呆评定表(clinical dementia rating,CDR)等。

（1）简明精神状态量表（MMSE）：是国内外应用最广泛的认知筛查量表（表2-26），内容覆盖定向力、记忆力、注意力、计算力、语言能力和视空间能力。简单、易操作，对识别正常老人和痴呆患者有较好的价值。

表2-26　简明精神状态量表（MMSE）

评价项目	答对	答错
1. 我要问您些问题来检查您的记忆力和计算力，多数都很简单		
（1）今年是公元哪年？	1	0
（2）现在是什么季节？	1	0
（3）现在是几月份？	1	0
（4）今天是几号？	1	0
（5）今天是星期几？	1	0
（6）咱们现在是在哪个城市？	1	0
（7）咱们现在是在哪个区？	1	0
（8）咱们现在是在哪个医院？（医院名或胡同名）？	1	0
（9）这里是第几层楼？	1	0
（10）这是什么地方（地址、门牌号）？	1	0
2. 现在我告诉您3种东西的名称，我说完后请您重复一遍，请您记住这3种东西，过一会儿我还要问您，请仔细说清楚，每样东西1秒。这3种东西是："树""钟""汽车"。请您重复		
树	1	0
钟	1	0
汽车	1	0
3. 现在请您算一算，从100减去7，然后从所得的数减下去，请您将每减一个7后的答案告诉我，直到我说"停"为止：		
100减7等于（93）	1	0
93减7等于（86）	1	0
86减7等于（79）	1	0
79减7等于（72）	1	0
72减7等于（65）	1	0
4. 现在请您说出刚才我让您记住的是哪三样东西		
树	1	0
钟	1	0
汽车	1	0
5. （检查者出示自己的手表）请问这是什么？（检查者出示自己的铅笔）请问这是什么？	1	0
6. 请您跟我说："四十四只石狮子"	1	0

续表

评价项目	答对	答错
7.（检查者给受试者一张卡片,上面写着"请闭上您的眼睛"）请您念这句话, 　　并按上面的意思去做	1	0
8. 我给您一张纸,请您按我说的去做。现在开始:		
用右手拿着这张纸	1	0
用两只手把它对折起来	1	0
放在您的左腿上	1	0
9. 请您给我写一个完整的句子	1	0
10.（出示图案）请您按着这个样子把它画下来	1	0

注:共30分,正常与不正常分界值:文盲17分,小学文化程度20分,中学（包括中专）文化程度22分,大学（包括大专）文化程度24分。分界值以下提示有认知功能缺陷,以上为正常。

（2）长谷川痴呆量表（HDS）和长谷川改良痴呆量表（HDS-R）:包含时间和地点定向、命名、心算、即刻和短时听觉词语记忆,适合于东方人使用,敏感性和特异性比较高。

（3）阿尔茨海默病评估量表认知部分（ADAS-cog）:由12个条目组成,包括记忆力、定向力、语言、实践能力、注意力等,可评定AD认知症状的严重程度及治疗前后变化,常用于轻中度AD的疗效评估。

（4）临床痴呆评定表（CDR）:评估痴呆的严重程度,评定的领域包括记忆、定向能力、判断与解决问题的能力、工作和社会交往的能力、家庭生活和个人生活业余爱好、独立生活自理能力。

2. 记忆评定　记忆障碍是痴呆患者最常见的症状之一,也是诊断痴呆的必需条件。记忆障碍评估可帮助鉴别痴呆的类型和原因。常用的评定量表包括韦氏记忆量表（WMS）、临床记忆量表。

（1）韦氏记忆量表（WMS）:是应用较广的成套记忆测验,也是神经心理测验之一。共有10项分测验:A~C测长时记忆,D~I测短时记忆,J测瞬时记忆,MQ表示记忆的总水平。WMS也有助于鉴别器质性和功能性记忆障碍（表2-27）。

表2-27　韦氏记忆量表测试项目、内容和评分方法

测试项目	内容	评分方法
A 经历	5个与个人经历有关的问题	每回答正确一题记1分
B 定向	5个有关时间和空间定位的问题	每回答正确一题记1分
C 数字顺序关系	①顺序1~100	限时记错、记漏或退数次数,扣分分别按记分公式算出原始分
	②倒数100~1	限时记错、记漏或退数次数,扣分分别按记分公式算出原始分
	③累加从1起每次加3,至49为止	限时记错、记漏或退数次数,扣分分别按记分公式算出原始分

测试项目	内容	评分方法
D 再认	每套识记卡片有 8 项内容,呈现给受试者 30 秒后,让受试者再认	根据受试者再认内容与呈现内容的相关性分别记 2 分、1 分、0 分或 1 分,最高分 16 分
E 图片回忆	每套图片中有 20 项内容,呈现 1 分 30 秒后,让受试者再认	正确回忆记 1 分、错误扣 1 分,最高得分为 20 分
F 视觉再生	每套图片中有 3 张,每张上有 1~2 个图形,呈现 10 秒后让受试者画出来	按所画图形的准确度记分,最高分为 14 分
G 联想学习	每套图片上有 10 对词,分别读给受试者听,同时呈现 2 秒。10 对词完毕后,停 5 秒,再读每对词的前一词,要受试者说出后一词	5 秒内正确回答 1 词记 1 分,3 遍测验的容易联想分相加后除以 2,与困难联想分之和即为测验总分,最高分为 21 分
H 触觉记忆	使用一副槽板,上有 9 个图形,让受试者蒙眼用利手、非利手和双手分别将 3 个木板放入相应的槽中。再睁眼,将各木块的图形及其位置默画出来	计时并计算正确回忆和位置的数目,根据公式算出测验原始分
I 逻辑记忆	3 个故事包含 14 个、20 个和 30 个内容,将故事讲给受试者听,同时让其看着卡片上的故事,念完后要求复述	回忆第 1 内容记 0.5 分。最高分为 25 分和 17 分
J 背诵数目	要求顺背 3~9 位数,倒背 2~8 位数	以能背诵的最高位数为准,最高分分别为 9 分和 8 分,共计 17 分

注:评分方法:将 10 个分测验的粗分(raw score)分别查"粗分等值量表分"表而转换为量表分(scales score),相加即为全量表分。将全量表分按年龄组查"全量表分的等值 MQ"表,可得到受试者的记忆商数(MQ)。记忆商数可以反映出患者记忆功能的好坏,如果低于标准分,则说明其记忆功能存在问题,可以进行进一步的检查。记忆功能在很大程度上反映出受试者的心理状态及认知功能现有水平。

(2)临床记忆量表:内容包括 5 个分测验:指向记忆、联想学习、图像自由回忆、无意义图形再认和人像特点联系记忆。前 2 项为听觉记忆,中间 2 项为视觉记忆,最后 1 项为听觉和视觉结合的记忆。根据等值量表将每项分测验的原始分换算成量表分,其总和为总量表分。再按不同年龄组总量表分的等值记忆商换算表求得记忆商,按记忆商的 7 个等级来衡量被试者的记忆水平。该量表是由中国科学院心理研究所许淑莲主持编制的。

3. 注意力的评定　注意力是对事物的一种选择性反应。根据参与器官的不同可以分为听觉注意、视觉注意。常用的测试方法有听认字母测试、声辨认、视跟踪、划消测验、连线测验等。

4. 视空间和结构能力的评定　视空间功能是人们对自身与周围外界空间关系的判断能力。在病史中已可得到患者有无视空间功能障碍的信息,如穿衣困难(因不会判断衣服的上下左右,以致将衣服穿反了)、外出迷路。常用的测验包括:临摹交叉五边形或立方体、画钟测验、Rey-Osterrieth 复杂图形测验、韦氏成人智力量表(WAIS)算术测验等。

5. 运用能力的评定 失用症即运用不能,是在无运动或感觉障碍时,在做出有目的或精细动作时表现无能为力的状况,有时也意味着不能在全身动作的配合下正确地使用一部分肢体去做已形成习惯的动作。包括意念性失用症、结构性失用症、运动性失用症、穿衣失用症、步行失用症,在痴呆初期结构性失用症比较多见。

6. 失认症的评定 包括视觉失认、触觉失认、疾病失认。

(二)精神行为症状评定

精神行为症状指痴呆患者经常出现的紊乱的知觉、思维内容、心境及行为等,称为痴呆的精神行为症状(behavioral and psychological symptoms of dementia, BPSD)。BPSD 给患者、家属及照料者带来许多心理痛苦,影响他们的生活质量,加重了患者认知和社会生活功能障碍。评估 BPSD 常用痴呆行为评定量表(behavior rating scale for dementia, BRSD)、阿尔茨海默病行为病理评定量表(BEHAVE-AD)、Cohen-Mansfield 激越问卷(CMAI)和神经精神症状问卷(NPI),通常需要根据知情者提供的信息进行评测。这些量表不仅能够发现症状的有无,还能够评价症状的频率、严重程度以及对照料者造成的负担,重复评估还能监测治疗和干预的效果。

(三)日常生活功能评定

日常能力包括 2 个方面:基本日常能力(BADL)和工具性日常生活能力(IADL),前者指独立生活所必需的基本功能,如穿衣、吃饭、如厕等,后者包括复杂的日常或社会活动能力,如出访、工作、家务能力等,需要更多认知功能的参与。

常用的量表包括阿尔茨海默病协作研究日常能力量表(ADCS-ADL)、社会功能问卷(FAQ)、进行性恶化评分(PDS)和痴呆残疾评估(DAD)等。其中 FAQ 和工具性日常活动能力量表涉及复杂的社会功能和日常活动,适用于较轻患者的评价。重度痴呆患者应该另选相应的评定量表,如阿尔茨海默病协作研究重度患者日常能力量表(ADCS-ADL-severe)。

(四)躯体功能评定

对于老年人的身体状况,无论是脏器病,或是神经系统疾病,或是肌肉骨关节疾病,均应进行全面检查评估。针对老年痴呆患者神经功能缺损的症状,如语言、平衡、步态等,选择相应的量表进行评定。

(五)生活质量评定

对于老年痴呆患者生活质量的研究始于 1994 年,由于疾病的特殊性,使得研究变得复杂。国外已开发出多种测量痴呆患者生活质量的特异性量表,并进行了影响因素的分析。如阿尔茨海默病生活质量量表(QOL-AD)等。

三、康复治疗

老年痴呆的康复目标是在增强患者体质的前提下,促进大脑功能的代偿能力提升,以期延缓疾病进程的发展,防止躯体并发症和智能以及个性方面的进一步衰退。康复治疗主要进行认知功能训练,还有必要的运动功能训练、行为矫正、心理支持、生活环境适应等。康复治疗原则为:耐心、简单、家庭参与、提供适当帮助、以患者为中心。

（一）认知功能训练

康复训练之前,应根据认知康复评定的结果,先对认知功能障碍进行分析和分类,然后再有针对性地制订康复计划。

1. 智力训练 智力活动涉及的内容广泛,包括常识、社会适应能力、计算力、分析和综合能力、逻辑联想能力、思维的灵活性等多个方面。智力训练的内容应当根据痴呆患者认知功能的情况来选择难度,每次时间不宜太长,贵在经常、反复练习,对于延缓智力的下降会有较好的作用。

（1）逻辑联想、思维灵活性训练:根据痴呆患者智力评定结果,选择难易程度适当的智力拼图进行训练。患者需要运用逻辑联想力,通过反复尝试,将各种形状的碎片拼成一幅图画,可培养丰富的想象力,并改善思维的灵活性。

（2）分析和综合能力训练:训练内容是对许多单词卡片、物体图片和实物进行归纳和分类。例如,让痴呆患者从许多图片或实物中挑选出动物类、食品类或工具类的东西;如果痴呆患者病情有改善或能力较好,可进行更细致的分类,如从动物中再可细分出哺乳动物、飞禽类、鱼类等。

（3）理解和表达能力训练:通过听故事或阅读进行语言理解能力训练,通过讲述故事情节或写故事片段或心得等进行语言表达能力训练。例如,给痴呆患者讲述一些故事(可以是生活中发生的事,也可以是电影、电视、小说中的内容),讲完后可以让患者复述故事概要,或通过提问题的方式让患者回答。

（4）社会适应能力训练:鼓励痴呆患者尽量多地与他人接触和交流。通过参与各种社交活动,改善社会适应能力。例如,可以在社区通过开设棋牌室、提供文体娱乐活动场所、举办各种健康保健讲座或者召开各种联谊会等方式,营造各种社交氛围,增进与他人进行交往的兴趣。

（5）常识训练:所谓"常识",是指人们在日常生活中需要经常使用的知识。例如日期和时间等概念是生活中必须掌握的常识。有关"常识"的内容是痴呆患者曾经知道并储存在记忆库里的东西,由于记忆损害或其他认知功能减退而逐渐丢失。通过对一些常识性知识反复提问和提醒,或经常与实际生活相结合进行运用,可以增强痴呆患者对常识的提取和再储存过程,从而使遗忘速度减慢。

（6）数字概念和计算能力训练:痴呆患者对于抽象数字的运用能力都有不同程度受损,需对数字概念和计算能力进行相应的练习,计算能力较好的患者可以计算日常生活开支费用,较差的可以通过计算物品的数量进行训练等。

（7）3R智力激发法:往事回忆(reminiscence)、实物定位(reality orientation)和再激发(remotivation)组成3R方案,目的是提高痴呆患者初始衰退的认知能力。①1R训练:往事回忆,用过去事件和相关物体通过回忆激发远期记忆。也就是说与老人一起回忆他(她)生命中意义重大的事情,或者与家人、好友共同经历的事。最好同时能够看着与这件事相关的物件回忆,比如说看着照片回忆。做这样的训练时,亲友最好与老人在一起,可以请老人讲讲发生的故事,既令老人感到亲情的温暖,又能取得良好的训练效果。②2R训练:激发对与其有关的时间、地点、人物、环境的记忆。训练前可以带老人外出,比如去逛逛公园、买菜、去邮局交电话费等,回来后请老人回忆外出去干什么了、去了什么地方、碰见什么人、当时周围环境怎样。可以回家后即让老人回忆,也可以过两天再回忆。③3R 训练:通过讨论、思考和推论,激发患者智力和认知能力。可以就老人感兴趣的话题进行讨论,引导老人对问题的思考和推理。

2. 记忆训练　对于记忆受损的老年人,根据记忆损害的类型和程度,有针对性地进行记忆训练非常重要,可以采取不同的训练方式和内容,每次时间不宜过长,30～60 分钟为宜,最好每天 1 次,至少每周 5 次,难易程度应循序渐进,并要在训练过程中经常予以指导和鼓励等言语反馈。

(1) 瞬时记忆训练:因瞬时记忆与注意力密切相关,对于注意力不能集中的痴呆患者比较困难。训练前,可先了解痴呆患者的记忆广度,将患者记忆广度变化作为一个参照点,在此基础上进行练习,一串数字中的每个数字依次用 1 秒钟的速度均匀连续念出或背出,熟练后还可以将数字进行倒背以增加训练难度。

(2) 短时记忆训练:给痴呆患者看几件物品或图片,令其记忆,然后请他回忆出刚才看过的东西。可以根据痴呆患者的情况调整物品的数量、识记的时间及记忆保持的时间。也可以用积木摆些图形给痴呆患者看,然后弄乱后让痴呆患者按原样摆好。

(3) 长时记忆训练:让痴呆患者回忆最近到家里来过的亲戚朋友的姓名,前几天看过的电视内容,家中发生的事情,如果痴呆患者记忆损害较轻,也可通过背诵简短的诗歌、谜语等进行训练。除上述治疗师或家属与痴呆患者一对一人工训练方法之外,可以在计算机上通过软件进行记忆训练,可根据痴呆患者的程度选择难度合适的级别进行训练,治疗师应在旁边指导,并及时调整训练内容和难度。

(4) PQRST 法:给患者一篇短文,按下列程序进行训练,通过反复阅读、理解、提问来促进记忆。

P(preview)——预习或浏览要记住的段落内容。

Q(question)——向自己提问该段的目的或意义。

R(read)——仔细阅读材料。

S(state)——用自己的话陈述从段落中得到的信息。

T(test)——用回答问题的方法检验自己的记忆。

(5) 无错误学习技术:由于大部分记忆障碍的老年痴呆患者矫正错误的能力明显降低,因此,广泛的一般刺激对认知功能提高的作用有限。痴呆患者虽然能获得新的信息,但难以保持学习训练得来的记忆,不能回忆起学习的情景。也常常不能在日常生活中灵活地应用。获得信息有赖于内隐性学习过程,而这个过程特别容易受到初始错误的干扰。在早期学习时就要养成避免出现错误的好习惯,这样可以促进记忆障碍的改善。记忆障碍痴呆患者对应用无错误学习方法获得的信息记忆较深,如记住姓名和其他日常生活中有重要作用的一般信息。这一技术能保证学习和记忆的正确性。

如果针对某一点认知功能高度集中地进行训练,可以通过不同形式的反复强化改善这些认知功能。例如姓名联想学习、物体命名训练、记忆物体位置练习可以帮助学习特定的人物或功能,都可以促进记忆力的改善。其他的练习方法,如重复一串数字、将东西归入某个类别、说同一个字开头的东西、读一段文章写出摘要,对于轻度认知功能障碍痴呆患者有一定的效果。如能将这种记忆策略个体化,在痴呆患者具体的实际生活中灵活应用,与痴呆患者的生活环境密切结合,更有现实意义。因此,康复训练结合实际日常生活功能非常重要。

(6)取消提示技术:该技术是指在训练和学习过程初期,通常提供部分信息作为提示,随着学习进展,逐渐取消这个提示。这种取消提示的方法被认为是引入了尚保存的内隐性记忆过程。操作性条件反射的研究证明,痴呆患者具有保持语言信息的能力。在帮助编码的同时,给予提示线索可帮助信息的再现。例如,在记忆苹果时,告知是一种水果,当回忆再现苹果时,通过提示"水果"这一线索,可加快患者的再忆。研究显示,痴呆患者自己想的提示线索比他人提供的线索效果还要好。因此,将康复过程个体化,可以通过增加痴呆患者的主动性和参与能力,取得更好的效果。

(7)空间性再现技术:又称再学习技术,要求痴呆患者利用残存的记忆力,对记忆信息进行反复训练,并逐渐增加时间间隔,可使不同病因和不同严重程度的记忆障碍痴呆患者都能学会一些特殊的信息,如记住人名。这种方法可能涉及完好的内隐性记忆系统。可在痴呆患者面前放置3~5件日常生活中熟悉的物品,让痴呆患者分辨一遍,并记住它们的名称,然后撤除所有物品,让痴呆患者回忆刚才面前的物品。反复数次完全记住后,应逐渐增加物品的数目和内容的难度,从而使认知功能越来越提高。这种方法强调反复训练,以及记忆的有效性和正确性。

此外,打麻将、配对游戏、骨牌游戏、拼图活动、问答活动及教授记忆力策略等活动也可作为记忆训练的内容。除上述方法外,也可通过计算机软件、存储类工具(笔记本、录音机、时间安排表等)、提示类工具(定时器、闹钟、日历、寻呼机等)进行记忆训练。

3. 注意力的训练 可采用猜测游戏、删除作业、时间感训练、数目顺序、代币法等训练方法。

4. 失用症的训练

(1)意念性失用症:选择日常生活中一些由一系列分解动作组成的完整动作来进行训练,如已知痴呆患者的整个认知技能已不可能改善时,可集中改善其中某单项的技能。

(2)结构性失用症:选用的作业要确保对痴呆患者有目的和意义,治疗中要用暗示和提醒。

(3)运动性失用症:是最简单的失用,要加强练习,大量给予暗示、提醒或用治疗者的手教痴呆患者进行。改善后再减少暗示、提醒等,并加入复杂的动作。

(4)穿衣失用症:治疗者可用暗示、提醒,甚至一步步地在用言语指示的同时用手教痴呆患者进行,最好在上下衣和衣服的左右做明显的记号或贴上特别的标签以引起患者注意。辅之以结构失用症的训练方法常可增加治疗效果。

(5)步行失用症:由于痴呆患者不能发起步行动作,但遇到障碍物能越过,越过后即能开始行走,故可给痴呆患者一根L形拐棍,当不能迈步时,将L形拐棍的水平部横在足前,形成障碍诱发迈步。此外开始行走后可用喊口令配合行走,加大手的摆动以帮助行走。

5. 失认症的训练 主要采取功能适应的康复方法,克服失认症带来的后果,而非失认症本身怎样康复。如利用未被损害的视觉、听觉或触觉补偿某一认识上的

缺陷。

6. 真实定向方法 传统认知康复方法侧重于记忆力康复,往往忽略了与痴呆患者日常生活的密切结合。很多老年痴呆患者有定向力障碍,不能与现实世界有效地接触而远离现实生活。真实定向方法是一种以恢复定向力为中心的综合认知功能康复方法,又称真实定向技术。利用真实定向训练板作为康复训练中的用具,每天记录和学习当天的信息,不断地用正确的方法反复提示定向信息,使痴呆患者的大脑不断接受刺激信息,使他们的定向能力提高。训练板可以是黑板或其他写字板等,可以随时擦写。必须每天更新真实定向训练板的内容,保持它的正确性。

真实定向的核心就是用正确的方法反复提醒,其主要训练原则有以下几点:①尊重痴呆患者,同痴呆患者讲话时尽量让他听明白,如有不明白的地方,要耐心解释;②通过检查或评定了解痴呆患者的认知功能水平,不要像跟小孩子讲话一样对待痴呆患者;③尽量多谈论熟悉的人或事,也可以谈当天的日期,反复谈论这些对定向障碍的痴呆患者有帮助;④鼓励痴呆患者尽量自己完成饮食起居等日常生活活动,以保持同现实生活的接触和日常生活能力;⑤当痴呆患者训练答题正确或成绩提高时,要及时给予反馈信息,进行奖励、言语鼓励,也可以用点头或微笑表示称赞。

由于各种认知功能障碍的发生机制和表现形式不同,因此,所选择的康复模式也大相径庭。一些认知功能测试的量表或软件本身也可以作为康复训练的内容和模板,应用于康复训练中,各种方法要根据痴呆患者的不同情况灵活应用。

（二）运动疗法

运动疗法主要是通过运动提高个人的活动能力,增强社会参与的适应性,改善患者的生活质量。针对运动功能障碍的训练主要是平衡训练和步行训练。

1. 平衡训练 通常把训练分为四步:坐位平衡训练、站立平衡练习、坐位起立平衡练习、步行平衡练习。

2. 步行训练 是在步态分析的基础上,根据分析结果,针对异常步态的姿势而采取相应的措施。步行训练是在坐位和立位平衡的基础上进行的训练。包括训练前准备、平衡杠内训练、室内行走训练、活动平板上练习行走等训练活动,以纠正患者的异常步态,帮助患者恢复走路姿势的平衡。

另外,还有关节活动范围的训练、增强肌力训练等。运动疗法还包括步行、慢跑、游泳、骑自行车、滑雪、滑冰,各种体育运动、园艺、不对称运动游戏、家务劳动等活动。但对年老体衰者,力所能及的日常生活活动同样可产生有益的作用,如整理床铺、收拾房间、打扫卫生等。老年痴呆患者运动一定要注意安全第一,要有家属或陪护在旁看护或一起进行。

（三）作业疗法

根据患者的功能障碍,选择一些患者感兴趣、能帮助其恢复功能和技能的作业,让患者按指定的要求进行训练,如堆积木、拼板、书法、绘画、针织等,可使患者集中精力,增强注意力、记忆力,增加体力和耐心,产生愉快感,重拾对生活的信心。作业治疗主要是加强手的精细、协调、控制能力的练习,激发患者的兴趣,增加关节活动范围,改善手功能,最大限度地改善与提高自理、工作及休闲娱乐等日常生活能力,提高生活质量。

1. 功能性作业疗法　为了改善和预防身体的功能障碍,针对患者的运动障碍、认知障碍,如失认、失用等的程度、心理状态和兴趣爱好,设计和选择相应的作业活动和训练,如捏橡皮泥、做实物模型、编织、工艺、木工、雕刻、游戏等,患者通过完成治疗师精心设计的某项感兴趣的活动,达到治疗的目的。如共济失调症状可以让患者在睁眼和闭眼时用手指鼻,由慢到快,由睁眼到闭眼,反复不断的练习,还可进行两手互相对指、鼓掌、画图写字、搭积木、翻纸牌等协调功能训练活动。

2. 心理性作业疗法　痴呆患者在出现身体功能障碍时,往往伴随着继发性心理障碍。可根据其心理异常的不同阶段设计相应的作业活动,帮助患者摆脱否认、愤怒、抑郁、失望等不安状态,向心理适应期过渡。对具有情绪异常的患者,可以设计陶艺、金工、木工等活动,通过敲敲打打进行宣泄。

美术治疗对老年期痴呆症患者有较好的疗效。美术治疗是借美术活动作为沟通媒介,通过治疗关系去满足参与者情绪、社交及发展的需要。美术治疗着重过程多于结果,通过不同形式的活动,可使参与者意识到自己的需求,了解到自己潜意识的想法。此外,美术能实现幻想,促使情感流露,还可给予参与者各项感官刺激;同时,美术活动亦融合了社交元素,经常参加美术活动能减低冷漠及抑郁。研究表明,参与美术及手工艺活动能产生和增强自尊心,促进肌肉间的协调,增加动手能力、磨炼耐力,改善认知功能,促进创意表达、增加兴趣、增进交流、提高决断力及避免退化。

3. 日常生活活动能力训练　日常生活活动是人在社会生活中必不可少的活动。日常生活活动能力对于保持自理能力非常重要。要对患者的能力进行全面的评价,确定患者不能独立完成哪些动作,需要多少帮助,这种量化的评价是确定训练目标和训练计划的重要环节。

老年痴呆患者学习新知识较困难,同时伴有失用、失认、不能进行复杂的运动,因此早期以简单的日常生活习惯,明确顺序一项一项地反复进行,并予以适当的指导和帮助。在痴呆患者的康复护理中要细心照顾患者的日常生活起居,训练患者自己进餐、穿衣、洗漱、如厕等自理能力,应该让痴呆患者尽可能自己完成力所能及的家务劳动。这些训练可以每天重复几次,最好是集体性的并带有娱乐性的训练,可增加患者的乐趣。

随着痴呆的进展,主要采用代偿方法进行康复,维持日常生活功能的训练要有针对性,不要仅仅提供一般的帮助,因为痴呆患者难以理解和灵活应用复杂的技巧。例如,痴呆患者丧失用筷子吃饭的能力后,可以用勺子代替。训练痴呆患者保持用勺子吃饭的能力,训练的过程要从易到难,分步进行。先是训练痴呆患者用特制的大饭勺捞起大块的东西。训练完成后,再用普通的饭勺捞起大小适中的东西。训练熟练以后,再练习盛米饭,最后练习盛汤喝。衣服要宽松舒适,可以用粘扣代替纽扣,方便穿脱。鞋子可以选择没有鞋带的紧口鞋。如果有困难可以给予适当的提示或者帮助,提供的帮助尽量控制在最低水平。还可以采用行为矫正疗法,定时催促痴呆患者排便,可以有效减少尿便失禁。此外,如果进食、更衣、梳洗和修饰、如厕、家务劳动等项目难度较大,在功能难以改善时还要进行环境控制、改造,自助具的设计与制作等。

4. 环境干预　环境干预主要是改造患者生活的环境,一方面,减少可能诱发患者不良情绪反应、异常行为或运用困难的环境设置或其他刺激因素,如某种颜色的物体、难以使用的工具等;持续的高温气候环境也可以明显诱发 BPSD 的发生。另一方面,则是增加有利于患者保持功能、诱发正性情感反应、减少挫折感、方便生活、增进安全的设施,如有自动冲洗装置的便盆、自动开关的水龙头、加盖的电器插座、隐蔽的门锁、黑暗环境中的无阴影照明等。

（四）行为与心理治疗

70%~90%的痴呆患者在其患病的一定时间内至少会出现一次痴呆的行为和心理症状(BPSD),这些行为症状决定着患者及照料者的生活质量。行为治疗以强调靶行为作为基础。其靶症状包括徘徊倾向、睡眠日夜颠倒、进食障碍等。主要是调整刺激与行为之间的关系,常用的做法为改变激发患者异常行为的刺激因素,以及这种异常行为带来的后果。如对刺激因素和对应行为之间的连带关系以及整个过程中的相关因素进行细致的分析,尽量减少这类刺激因素,降低患者行为反应的发生频率、减轻其不良后果。如亮光疗法治疗睡眠与行为障碍,每天上午 9~11 时,采用 3000~5000lx 的全光谱荧光灯照射,灯距 1m,持续 4 周,可提高警觉水平,减少白天睡眠时间,使夜间睡眠得以整合,减少引起的异常行为。

常用的心理治疗包括支持性心理治疗、回忆治疗、确认治疗、扮演治疗、技能训练等。对于老年期痴呆患者,其心理治疗应着眼于现在,着眼于现实问题的解决,帮助患者适应目前的生活,并从中找到快乐,这就是老年期痴呆患者心理治疗的目标。

确认疗法是一种以痴呆患者的情感行为异常为中心的疗法。认为痴呆患者的异常行为有一定的意义或者功能,应尊重痴呆患者错误的情感反应和感觉,并通过逐渐诱导的方法加以摆脱。严重认知障碍患者,定向力丧失,自控能力下降,内心深处产生压抑的情感。如果这些情感得不到释放,就会产生挫折感,使自尊心和正常思维受到伤害。确认疗法强调,当痴呆患者压抑的情感释放时,用尊重的态度对待痴呆患者,通过语言和非语言的方法与痴呆患者沟通,进入痴呆患者想象的世界,弄清楚痴呆患者的主观世界。不要纠正痴呆患者对人物和事件的错误观点,让痴呆患者通过诉说和发泄来治疗异常行为。通过倾听和接受痴呆患者的情感给予确认,使痴呆患者将这些情感能够充分释放出来。

语言确认疗法适用于具有语言沟通能力、多数情况下有定向力的痴呆患者。当他们反复诉说不真实的事情或者老是谴责别人时,这反映他们受到了挫折。他们用变换时间和对象的方式表达以前受到的压抑情感。

（五）中医康复疗法

中医学认为痴呆是人脑功能逐渐衰退的疾病,证候与脑主思维、记忆、感觉、五志等功能失调相关,表现为神机失调、智能衰退、行为异常,患者起病隐匿,渐行加重。病机为本虚标实,即脏腑气血虚损为本,痰瘀闭塞清窍为标,而气血失衡导致神明失用为重要病机。

1. 中药治疗　治则以补肾健脾,益气活血,填精益髓,化痰开窍为主,辨证用药。人参、刺五加、银杏、石杉等均具有一定的益智和提高记忆的效果。

2. 针灸治疗

(1) 针灸穴位常选用百会、风府、风池、神门、太溪、大钟、肾俞、内关、三阴交、足三里、丰隆,间使、大椎等穴,一般强调辨证选穴。

(2)耳针取心、脑、皮质下及内分泌穴。

3. 太极拳 太极拳锻炼能精神贯注、意守丹田、排除杂念;太极拳锻炼使大脑相应的皮质功能区形成一个特殊兴奋灶,而其他无关区域则处于抑制状态,能修复和改善高级神经中枢的功能。打太极拳还有利于提高人体动作的平衡性与协调性。可对自主神经系统产生良性影响,从而使自主神经系统活动紊乱得到调整和改善。对心血管系统、呼吸系统和消化系统等都可产生积极影响。

四、康复教育

老年痴呆是一种进行性病变,起病时很隐匿,病情持续发展,为不可逆的病变,预后不良,病程一般是5~12年,最后多死于肺炎或尿路感染。血管性痴呆呈阶段性进展,如无再次发病,病情可保持稳定,早期治疗可使智能障碍有所改善,预后较前者为好。

老年痴呆重在预防,早发现、早诊断、早治疗。早期老年痴呆患者应及早给予关怀,以期盼延缓痴呆的进展。积极鼓励患者在家属的帮助下继续做力所能及的简单劳动,以保持一定的精神活力。对生活不能自理的患者,应注重护理和家庭关怀。

第八节 持续性植物状态的促醒康复

随着近年来医学的发展,心肺复苏的应用,诊疗方法、微创外科技术、重症监护及社会紧急救护系统的发展,提高了危急重症患者的生存率,但持续性植物状态患者的数量却相对增加。持续性植物状态的促醒康复,在当今国际医学与社会伦理学中日益受到关注。

一、概述

(一)定义

持续性植物状态(persistent vegetative state,PVS)是一种临床特殊的意识障碍,主要表现为对自身和外界的认知功能完全丧失,能睁眼,有睡眠-觉醒周期,下丘脑及脑干功能基本保存。其临床表现为不能执行指令,保持自主呼吸和血压,不能理解和表达语言,能自动睁眼或在刺激下睁眼,可有无目的性眼球跟踪运动。植物状态持续1个月以上才能定为PVS。

(二)流行病学

有报道认为从昏迷进入PVS的发生率为9.88%~12%。据估计PVS的年发病率为25/10万,脑外伤引起PVS的患病率为4/100万。在美国每年有10 000~25 000名成人和400~1000名儿童存活在PVS,在英国每年脑外伤引起的PVS患者约有1000名。据不完全统计,我国每年因各种原因新增加植物状态患者近10万人。我国现有PVS患者80万~100万人,每年新发约10万人,每个PVS患者年消耗医疗资源为45万~50万,我国每年用于PVS患者的经济耗损高达3000亿~4000亿元。

（三）病因及发病机制

PVS 的病因大致可分为急性外伤性或非外伤性损伤、变性及代谢性疾病、发育畸形 3 类。急性外伤性或非外伤性损伤是 PVS 最常见的原因，外伤包括交通事故、枪伤及产伤等，非外伤性损伤包括各种原因引起的缺氧缺血性脑病、脑血管意外、中枢神经系统的感染、肿瘤、中毒等。变性及代谢性疾病如阿尔茨海默病、多发性脑梗死、痴呆等是成人中常见的病因，儿童常见于神经节脂质沉积病、肾上腺白质营养不良、线粒体脑病等疾病。发育畸形包括无脑畸形、先天性脑积水、小头畸形、脑膨出等。

PVS 的发病机制和病理尚未阐明。目前认为是大脑皮质及白质的广泛损害，或丘脑、脑干网状结构的不完全损害造成。患者皮质下功能完好而大脑皮质功能尚未恢复，其损伤的结构主要为大脑皮质、轴索、丘脑、脑干网状上行激活系统等。主要有弥漫性轴索损伤、大脑皮质弥漫性片状坏死、丘脑坏死 3 种病理表现。PVS 患者脑组织中，这 3 种病理表现常混合存在，并与原发疾病的损害并存。

（四）临床特征

1. 所有认知功能丧失　PVS 通常由昏迷过渡而来，患者无任何意识活动，缺乏知觉、思维、情感、意志等活动，但貌似清醒，眨眼自如，瞪目凝视或无目的地转动眼球，无任何自发语言及有目的的四肢活动，对言语、周围环境及事物缺乏有意识性的反应。

2. 并发症多　如感染、营养不良、中枢性高热、溃疡、压疮、深静脉血栓及肺栓塞、多器官功能衰竭、脑梗死、低血钾、呃逆、房颤、肝肿大、卷丝状角膜炎、脑脊液漏、尿崩症等。其中最常见的并发症是肺部感染。

3. 预后差　大多数患者终生不能恢复意识，神志转清者也大多留下不同程度的神经功能缺损。PVS 患者平均存活 2~5 年，存活 10 年以上者罕见，创伤性损伤的成年 PVS 患者，33% 在 3 年内死亡，而非创伤性损伤中 53% 在 1 年内死亡，儿童则分别为 9% 和 22%。死亡原因有肺部或泌尿系统等感染、全身衰竭、不明原因的猝死、呼吸衰竭，以及卒中或肿瘤等。

二、康复评定

PVS 是一种重度的意识障碍，是临床上极为复杂的以脑为中心，与多脏器功能障碍相关的疾病。康复评定主要是对预后因素、社会与家庭支持等背景性因素，以及脑损伤引起的意识障碍、营养状况进行评定。一般身体结构与功能，如生命体征、关节活动度、反射、肌张力等，以及并发症、合并症严重程度，可根据患者的具体情况选择适当的方法或适合的量表进行评定。PVS 患者活动与参与能力完全受限，可在意识恢复后进行相应的评定。

（一）预后因素评定

评定方法可以通过采集病史和与亲属谈话的方式进行，重点询问年龄、病因、PVS 的持续时间、相关并发症；也可采用量表的形式进行，如按照 Glasgow 结局量表统计 PVS 所处状态。

影响 PVS 患者预后的相关因素有发病年龄、病因、康复介入的时间等。外伤性 PVS 较非外伤性 PVS 恢复效果要好。病程越长，PVS 恢复的机会就越小。

（二）家庭和社会支持评定

严重脑部疾病患者成为 PVS 后，不仅对患者本身造成严重危害，也严重影响患者的整个家庭。PVS 患者需要家庭在感情和经济上投入很大，家人的支持对于 PVS 患者生存状态的改善具有他人不可替代的作用。评定内容包括家庭对医疗支出、心理压力、体力的承受能力，当地的医疗资源情况，以及社会支持模式，如医保种类等。可通过了解政策、与亲属谈话、问卷等形式进行评定。

（三）意识障碍评定

评定方法可以通过常规性的临床检查、针对性的特殊检查等方式进行。针对性的特殊检查可以作为治疗过程中判断病情变化、转归的指标，有脑电图、诱发电位、CT、MRI、fMRI、脑磁图、PET 等。也可以采用量表进行评定，如植物状态临床疗效评分量表（南京标准Ⅲ）、PVS 量表（日本昏迷协会）、Glasgow 昏迷量表等。

1. 脑电图（EEG）评定　根据 Hockaaday 1965 年的分级标准：基本节律为 α 节律，接近正常为Ⅰ级，评 3 分。θ 波为主为Ⅱ级，评 2 分。δ 波为主为Ⅲ级，评 1 分。脑电基本节律消失，近平坦波为Ⅳ级，评 0 分。

2. 体感诱发电位（SEP）评定　SEP 是判断植物状态较为敏感和可靠的电生理指标，主要表现为 N14、N20 的中枢传导时间延长和 N20 波幅降低。SEP 波形正常，患者的意识有望恢复。

3. 脑干听觉诱发电位（BAEP）评定　BAEP 主要反映脑干听觉传导通路的功能，是反映听神经和脑干受损较为敏感的指标。从电生理角度反映脑神经的功能状况，对预后判断有一定的价值，皮质反应波缺失，提示预后不良。根据 Greenberg 标准，基本正常为Ⅰ级，评 3 分；Ⅰ～Ⅴ波清晰可辨，但潜伏期延长、波幅下降为Ⅱ级，评 2 分；Ⅰ波潜伏期和波幅正常，其余各波部分存在或分化不清的正相波为Ⅲ级，评 1 分；波形难以分辨或仅见Ⅰ波存在为Ⅳ级，评 0 分。

4. 正电子发射计算机断层显像（PET）评定　可以揭示大脑代谢降低的范围。PVS 患者的局部脑血流和葡萄糖代谢显著降低，为正常对照的 1/3～1/2。如顶、枕叶皮质的葡萄糖代谢明显减低，而另一些部位代谢率则无明显改变。

5. 持续性植物状态诊断标准和临床疗效评分量表（南京标准Ⅲ）　南京标准Ⅲ（表 2-28）指出脱离植物状态的标准，即出现以下任意一项或多项，提示初步脱离植物状态：刺激可定位躲避；眼球持续追踪；对声音刺激能定位；偶尔能执行简单指令；能咀嚼；对情感语言（亲人）出现流泪、兴奋、痛苦等表现。南京标准Ⅲ还进一步补充、细化了微小意识状态的内容。新的评分量表能反映病情的变化过程，符合临床实际，容易掌握、便于操作。

表 2-28　持续性植物状态诊断标准和临床疗效评分量表（中国南京标准 2011 年修订版）

评分	肢体运动	眼球运动	听觉功能	进食	情感
0	无	无	无	无	无
1	刺激可有屈伸反应	眼前飞物，有警觉或有追踪	声音刺激能睁眼	能吞咽	时有兴奋表现（呼吸、心率增快）

续表

评分	肢体运动	眼球运动	听觉功能	进食	情感
2*	刺激可定位躲避	眼球持续追踪	对声音刺激能定位,偶尔能执行简单指令	能咀嚼	对情感语言(亲人)出现流泪、兴奋、痛苦等表现
3	可简单摆弄物体	固定注视物体或伸手欲拿	可重复执行简单指令	能进普食	对情感语言(亲人)有较复杂的反应
4	有随意运动,能完成较复杂的自主运动	列举物体能够辨认	可完成较复杂的指令	自动进食	正常情感反应

6. 改良昏迷恢复量表(coma recovery scale-revised,CRS-R)　此量表有六个分量表项目,分别是听觉、视觉、运动、言语、交流和觉醒水平,得分范围为 0~23 分,量表包括脑干、皮质下和皮质进程相关的分级安排的项目。每个分量表的最低项目代表反射功能,最高项目代表认知功能。量表特别适用于植物状态与最小意识状态的鉴别。该量表可以广泛应用于意识障碍评估的每一阶段(表 2-29)。

表 2-29　改良昏迷恢复量表

	评分项目	分值
听觉	对指令有稳定的反应	4
	可重复执行指令	3
	声源定位:转头注视	2
	对声音有眨眼反应(惊吓反应)	1
	无	0
视觉	识别物体	5
	物体定位:伸手寻物	4
	眼球追踪性移动	3
	视觉定位:注视>2 秒	2
	对威胁有眨眼反应(惊吓反应)	1
	无	0
运动	会使用物体	6
	自主性运动反应	5
	能摆弄物体	4
	疼痛定位	3
	疼痛致肢体回缩	2
	疼痛致异常姿势(过屈/过伸)	1
	对疼痛刺激无反应	0

笔记

续表

	评分项目	分值
言语	言语表达可理解	3
	发声/发声动作	2
	反射性发声运动	1
	无	0
交流	功能性(准确的)	2
	非功能性(意向性的)	1
	无	0
唤醒度	能注意	3
	睁眼	2
	刺激下睁眼	1
	无	0

（四）营养状况评价

PVS 患者的能量消耗是正常人的 140%～250%，营养不良是常见并发症，足够的营养支持是昏迷患者康复的基本条件。目前对 PVS 患者还没有特异性的营养风险筛查系统。现阶段应用较普遍的临床营养评价方法有两种：一种是以测定身体组成为主的临床营养评价方法，另一种则是主观的全面评价方法。

1. 综合营养评定法（表2-30）　该方法通过测定患者的身高、体重、三头肌皮褶厚度、血浆蛋白、氮平衡等客观资料，从不同的侧面反映患者的营养状况。但有一定的局限性，临床实际应用时应综合测定，全面考虑。

表2-30　综合营养评定法

参数	轻度营养不良	中度营养不良	重度营养不良
体重	下降 10%～20%	下降 20%～40%	下降>40%
上臂肌围	>80%	60%～80%	<60%
三头肌皮褶厚度	>80%	60%～80%	<60%
血清白蛋白（g/L）	30～35	21～30	<21
血清转铁蛋白（g/L）	1.50～1.75	1.00～1.50	<1.00
肌酐/身高指数	>80%	60%～80%	<60%
淋巴细胞总数	$(1.2～1.7)×10^9$/L	$(0.8～1.2)×10^9$/L	$<0.8×10^9$/L
迟发型过敏反应	硬结<5mm	无反应	无反应
氮平衡（g/24h）	−10～−5[*]	−15～−10[*]	<−15[*]

注：[*] 表示轻、中、重度负氮平衡。

2. 主观全面评定　其特点是以详细的病史与临床检查为基础,省略人体测量和生化检查。其理论基础是身体组成改变与进食改变、消化吸收功能改变、肌肉的消耗、身体功能及活动能力改变等相关联。在重度营养不良时,主观全面评定与人体组成评定方法有较好的相关性,可参考使用。

3. 营养评定指数(nutritional assessment index,NAI)　NAI 是对食管癌患者进行营养状况评定的综合指数,有文献用于 PVS 营养评定。

$$NAI = 2.64(AMC) + 0.60(PA) + 3.76(RBP) + 0.017(PPD) - 53.80$$

AMC:上臂肌围(cm);PA:血清前白蛋白(mg%);RBP:视黄醇结合蛋白(mg%);PPD:用纯化蛋白质衍生物进行延迟超敏皮肤试验(硬结直径>5mm 者,PPD=2;<5mm 者,PPD=1;无反应者,PPD=0)。

评定标准:若 NAI≥60,表示营养状况良好;若 40≤NAI<60,表示营养状况中等;若 NAI<40,表示营养不良。

三、康复治疗

PVS 的生存基础主要有两个方面:①心、肝、肾、肺的功能相对完好;②人工喂养好,"喂"指鼻饲的质和量,"养"指护理。在此基础上的促醒主要针对病理上大脑微循环血液灌注不足,改善大脑皮质微环境;针对意识的内容和"开关系统"的关系,促进两者的相互作用,增进大脑皮质与网状系统的协调。

在维持康复方面,加强脑、脏器保护治疗,控制并发症;增强胃肠蠕动,均衡营养支持;注重护理,维持关节活动度。在促醒康复方面,增强心肺功能,改善大脑供血及大脑皮质微环境;通过各种刺激,增加大脑皮质与网状系统的联系。维持康复是促醒康复的基础,在坚实的维持康复基础上,应用各种综合的促醒康复技术,促进 PVS 患者意识的恢复。

(一)运动疗法

1. 被动运动　植物状态患者长期处于大脑去皮质状态,无随意运动,关节、肌肉极易挛缩,应每日上午、下午和晚上各进行一次从头至足、从大到小各关节的被动活动,使关节得到全范围的松解,肌肉得到有效牵拉,维持最大关节活动度。维持肢体关节活动范围的被动活动是防止关节挛缩、肢体静脉血栓形成的有效措施。但手法应轻柔,切勿过快、过猛,防止软组织损伤和骨折。

2. 胸腹部按压　胸部按压按照心肺复苏的按压方式进行,可以增强心肺功能;腹部顺时针揉按,可增强胃肠蠕动,促进营养吸收。

3. 站立训练　站立训练是 PVS 患者不可缺少的康复内容,对于保持血管调节功能、维持躯干和下肢负重肌群的张力、预防骨质疏松、促进排便均有积极意义。站立训练应遵循卧位→坐位→站立循序渐进的原则。植物状态患者的站立训练在站立床上进行。起立的角度也应逐渐增加,从 30°逐渐加至 90°。每个角度的适应性训练一般为 1~2 周,每次 30 分钟,每天 2 次。即使患者已能在站立床上完全直立,每日的站立训练仍然必要。

(二)感官及环境刺激疗法

植物状态患者的听、视、触的感觉传导是正常的。感官及环境刺激的上行有助于促进皮质与皮质下之间的联系,PVS 患者的皮质功能有可能经过训练得到散在的恢复。

1. 听觉刺激　给患者戴上耳机,播放患者病前最喜爱的音乐或轻松的广播节目,音量 20~50dB,以常人能听清楚为宜,每次 15 分钟,每天 6~8 次。通过亲属呼唤、陪聊、与患者沟通,给患者讲故事、笑话、念报纸,每次 30~40 分钟,每天 4 次。

2. 视觉刺激　用强光、弱光和彩色光线交替进行光线刺激。自然光照射每天 2 次,每次 40 分钟。在光线较暗的环境中,用手电筒分别包上红、蓝、绿彩纸和本光源照射头部的侧面和正面,每天 6 次,每次往返 10 下;用彩色的物体、家庭照片和 10~15 分钟的电视节目等对患者进行视觉刺激。当患者能看到物体,并能把注意力集中到物体上时,可尝试视觉追踪,让患者的眼睛随着刺激物而移动。

3. 触觉刺激　指导患者的亲人用患者的衣服或护肤液等持续地刺激患者皮肤,特别是嘴唇、耳垂等头面部最敏感的区域;对患者的四肢和躯干进行拍打、按摩;用温暖和寒冷的衣服,或在热水或冷水中浸泡 30 秒的金属汤匙对患者进行冷热刺激,每次 8~10 下,每天 6 次;采用适当温度的水给患者擦洗全身;用有一定硬度的物体,如铜丝,在患者的四肢敏感部位,如足底、手指,以一定的压强进行疼痛刺激,以不损伤皮肤为度,每次 8~10 秒,每天 6 次。

4. 嗅觉刺激　用磨碎的咖啡、香水、花露水、沐浴露、醋、酒以及患者最喜欢的食物进行嗅觉刺激,并告知患者是什么样的气味。嗅觉刺激应在患者洗漱后进行,物品刺激时间以不超过 10 秒为宜。还可将具有醒脑开窍作用的中药制成香枕,置于患者头下,其散发出的药气能刺激鼻腔中的嗅神经,直接进入大脑产生作用。

5. 味觉和口腔刺激　当患者能控制唾液,排除误吸风险时,应进行味觉刺激。可用沾有酸、甜、咸、苦溶液的棉签刺激舌头的前半部分,并告知应有的味觉感受。在日常口腔护理中,可对嘴唇、口周、口腔进行刺激,使用海绵或甘油药签对口腔进行按摩,同时进行被动吞咽功能训练,如口腔冰刺激等。

6. 多感觉刺激法　应用 Rood 技术,利用快速擦刷、拍打、挤按、冷热等方法刺激患者皮肤,尤其是较为敏感的部位,如手、脚、面部等,以诱发运动。

7. 本体感觉刺激　应用神经肌肉本体感觉促进法(PNF)进行被动活动,采用快速牵拉、关节加压等关节深感觉刺激促通中枢神经。

8. 环境刺激　每天安排患者到户外,如马路边、社区健身广场、海边、公园等环境更丰富的地方活动,让患者感受声、光、触觉、空气、湿度、温度变化等环境刺激,每次 30 分钟,每天 2 次。

(三)物理因子疗法

1. 常用理疗　有脑部超声波、眼枕法碘离子导入、经颅磁刺激、频谱仪头部照射及痉挛机、电体操肢体治疗和红外线肢体照射等。前 4 项是通过物理方法改善脑部的血液循环、营养代谢,促进脑细胞的恢复,后 3 项是通过电流刺激周围神经肌肉和光热效应改善肢体功能障碍。

2. 周围神经电刺激　即用低频电流持续刺激双侧腓神经或正中神经,在正常人有激活脑电的效果,使 α 频域的波幅增大,提示可能有促使大脑皮质广泛觉醒的潜能,因此可作为治疗措施之一。采用方波,脉宽 10~20 毫秒,频率 50~150Hz,电流强度 4~20mA,脉冲电刺激,刺激 20 秒,间断 20 秒,每次 15 分钟,每天 1 次。

3. 脑循环功能治疗　将表面电极贴于患者两耳背乳突处皮肤,通过数字频率合

笔记

成技术,产生安全有效的仿生物电流刺激小脑顶核区,可显著提高脑循环血量,减少半影区神经元死亡数目,缓解脑水肿。

4. 电极置入深部脑刺激(deep cerebral stimulation,DCS)　包括丘脑电刺激、脑干中脑电刺激、小脑电刺激。是通过立体定向手术将 DCS 电极置入中脑网状结构的楔形核或丘脑的非特异性核团,接收器置于胸壁皮下,按照一定的参数进行刺激,通过对脑干网状结构的兴奋刺激,激活上行网状系统,再达到大脑皮质,以唤醒皮质功能,即所谓"唤起反应"(arousal response)。可连续刺激 6 个月以上。DCS 可作为治疗 PVS 的一种有效治疗方法。

5. 高颈髓后索电刺激(spinal cord stimulation,SCS)　电刺激经高颈部脊髓上行达脑干,通过上行性网状结构激活系统及下丘脑激活系统,传达到大脑皮质。在此路径中,通过促进脑内 5-HT 的代谢,增加局部血流量。在全麻下将电极放在 $C_2 \sim C_4$ 水平硬膜外正中部,刺激强度是 $2 \sim 5V/0.1 \sim 0.5ms$,频率为每秒 100 次,放大 $15\% \sim 25\%$,每日刺激持续 $6 \sim 12$ 小时,如放在硬膜下,强度可减少 1/2。脊髓电刺激疗法对 PVS 有一定的刺激促醒作用。

(四)高压氧疗法

高压氧(hyperbaric oxygen,HBO)疗法能改变脑细胞的供氧,使部分处于功能可逆状态的脑细胞恢复功能;通过轴索发出新的侧支,建立新的轴索联系,使神经功能得到恢复;在 HBO 下颈动脉血流量减少,椎动脉血流量增加,网状激活系统所在的脑干血流量增多,因该处氧分压相对提高,有利于昏迷者的苏醒和生命功能活动的维持;同时在 HBO 下脑血管收缩,血流量减少,血管通透性降低,使脑水肿得以控制,打断缺氧-脑水肿-代谢障碍的恶性循环。

HBO 治疗必须建立在有效循环、呼吸的基础上进行。带气管插管患者采用单人纯氧舱,或在多人氧舱内装置气动呼吸机,氧气加压至 $1.5 \sim 2.5$ATA,每次 80 分钟。生命体征平稳者可采用中型多人舱,压缩空气加压至 2.5ATA,戴面罩吸氧 30 分钟 2 次,2 次间改吸舱内空气 10 分钟,每天 1 次。应注意进舱前的血压监测、水电解质平衡,预防 HBO 治疗并发症,如气压伤、氧中毒、减压病的发生。HBO 是当前国内外较为推崇的治疗 PVS 的有效手段,其疗效与病情、年龄、HBO 治疗开始时机相关。年龄越小,恢复越快,疗效越显著;治疗时间越早,疗效越好。

(五)营养支持疗法

PVS 患者昏迷时程长,呈高代谢、高分解状态,能量消耗增加,患者常处于负氮平衡状态。营养不良可导致症状间断性贫血、压疮、肠道真菌感染、胸腔积液、低钠血症等。营养支持的质量直接影响患者的康复和预后。

对于胃肠功能完整或具有部分肠道功能的 PVS 患者,以肠内营养为主。肠内营养支持可维持内脏血流的稳定及胃肠道黏膜的完整。与肠外营养相比,肠内营养具有较好的代谢效应,并发症少,并能缩减住院费用。肠内营养以匀浆膳为主,辅以要素膳,以补充体内所需的能量和各种营养素,避免单一饮食所致的并发症,特别是维生素缺乏症等。必要时予以静脉营养。部分体质较差的患者给予补充适量血浆、白蛋白及丙种球蛋白,为病情改善提供良好的身体条件。

营养师根据患者营养状况的评定结果,计算患者每天所需的能量,制订饮食食谱。将食物按比例配制,并将主副食打磨成匀浆状,制成匀浆膳,辅以牛奶、豆浆、果汁等液体营养。每日进食总量遵从少量多次的原则,每日进食 4~6 次,每次入量为400~500ml,两餐之间适量进水和果汁。由于 PVS 患者都存在睡眠-觉醒周期,夜间22:00 至次日 06:00 不进食,但可喂少量水,尽量保持与常人相似的周期。经口或鼻营养管进食。儿童及严重 PVS 患者、不能维持长时间鼻饲患者,可以做胃造瘘手术。营养支持期间,定期复查营养指标,适当调整营养结构。

（六）康复护理

康复护理是维持患者生存的关键。得到精心护理的 PVS 患者中有 75% 能存活5 年以上。植物状态患者长期卧床,床上良肢位的处理是预防关节挛缩畸形的关键;定时翻身拍背以助排痰是预防呼吸道感染的主要措施;严格执行翻身,交替采用仰卧位、侧卧位以预防压疮发生;给患者多饮水,及时更换尿布、尿管及尿袋,每日膀胱冲洗2 次,保持会阴部清洁干燥,以预防尿路感染。还要预防误咽、误吸。条件许可应尽早去除气管切开插管、导尿管、鼻饲管。

PVS 患者由于吞咽反射消失,口鼻分泌物积聚加上张口呼吸痰液易结痂,可引起口腔细菌或真菌感染;由于眼睑闭合不全。眼球长期暴露于空气中。引起角膜干燥,角膜炎等并发症。预防措施:每天用生理盐水或 3% 双氧水清洁口腔 1~2 次,有活动的义齿取下。用两层湿纱布盖于口鼻部,以湿润吸入的空气,防止空气干燥;口唇干燥者涂甘油或维生素 E,口腔真菌感染涂霉菌素等油膏。每日用温开水或生理盐水清洁眼睛1 次,用纱布或眼罩遮盖,必要时用抗生素眼膏或眼药水保护眼睛,并用凡士林纱布遮盖。

（七）中医康复疗法

中医治疗 PVS 患者以醒脑开窍为主,同时扶正补虚,以标本兼治。中药治疗的基本原则为:"扶正祛邪,扶正以益肾填精,补气养血为主,祛邪以去瘀血、化痰浊、通经络为主,以达到肾精足、脑髓充、瘀浊消,从而恢复神志"。可用安宫牛黄丸、紫雪丹、至宝丹、苏合香丸、安脑丸等。神昏分为实证与虚证,实证为开窍启闭;虚证为回阳固脱。醒脑静、清开灵用于实证,参脉饮用于虚证。针灸治疗以醒神开窍为原则,选用头针感觉区、运动区、百会、四神聪、神庭、人中、合谷、内关、三阴交、劳宫、涌泉、十宣等穴位,可采用电针。头部按摩可促进清阳上升,百脉调和,头脑清醒而能司神明之职,手法点揉督脉风府、哑门两要穴,具有醒脑升阳,开音利语之功效,是促醒 PVS 的有效刺激手段。

四、康复教育

对 PVS 患者与家属进行科学有效的康复教育具有重要意义。首先医护人员应对患者家属进行疾病相关内容的教育,充分认识 PVS 及其并发症,面对现实,积极调整心态;其次示范并教会家属一些护理技能,使家属掌握一些基本的关于 PVS 并发症的相关护理方法。制定规律的活动计划,根据患者爱好,让患者听往日喜爱的广播节目、音乐,选择玩具、物品等,并给予视觉、听觉及触觉刺激。在医护人员、患者与家属的共同努力下,尽可能避免并发症的发生,提高 PVS 患者的生存质量。

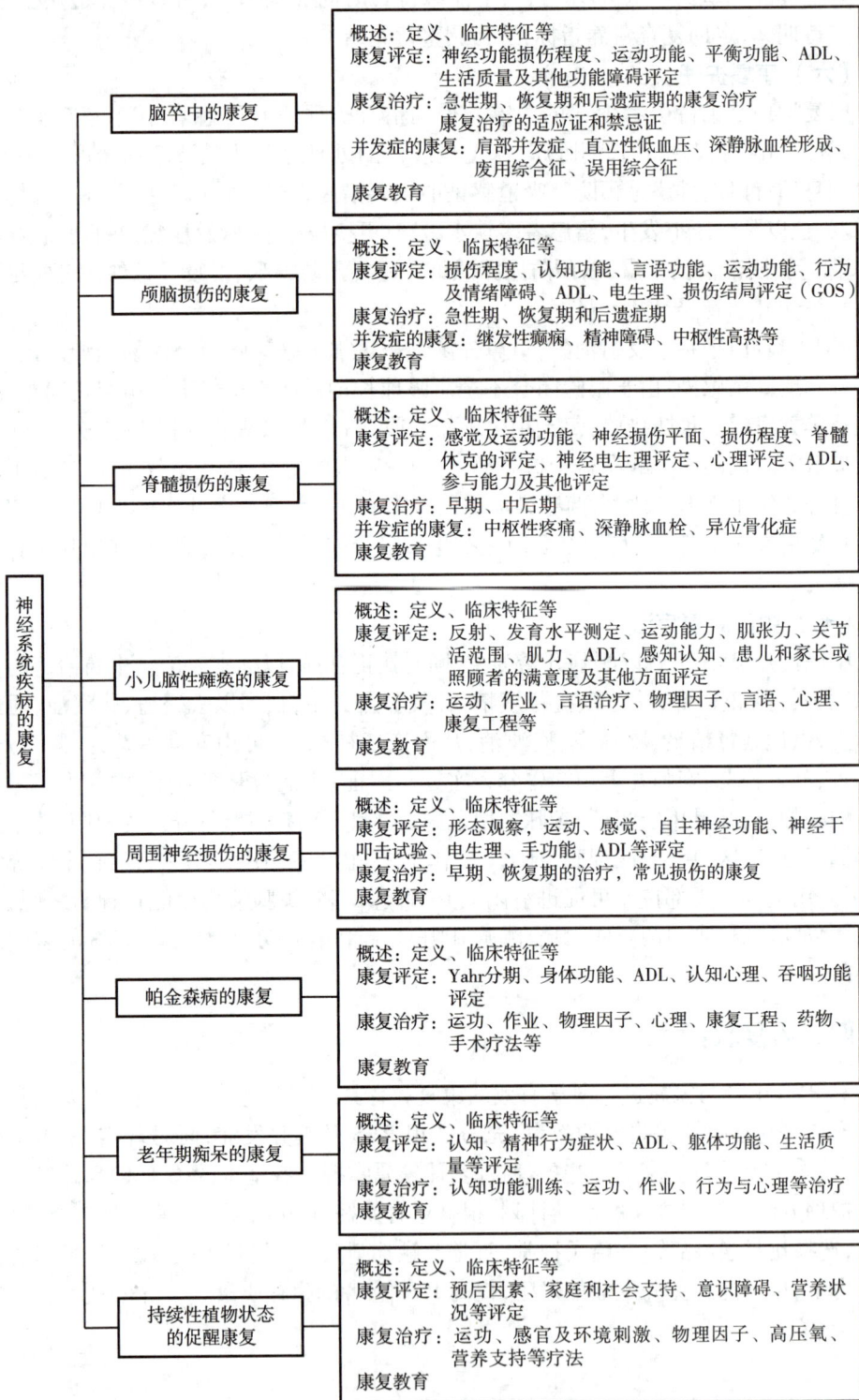

学习小结

1. 学习内容

脑卒中的康复
- 概述：定义、临床特征等
- 康复评定：神经功能损伤程度、运动功能、平衡功能、ADL、生活质量及其他功能障碍评定
- 康复治疗：急性期、恢复期和后遗症期的康复治疗 康复治疗的适应证和禁忌证
- 并发症的康复：肩部并发症、直立性低血压、深静脉血栓形成、废用综合征、误用综合征
- 康复教育

颅脑损伤的康复
- 概述：定义、临床特征等
- 康复评定：损伤程度、认知功能、言语功能、运动功能、行为及情绪障碍、ADL、电生理、损伤结局评定（GOS）
- 康复治疗：急性期、恢复期和后遗症期
- 并发症的康复：继发性癫痫、精神障碍、中枢性高热等
- 康复教育

脊髓损伤的康复
- 概述：定义、临床特征等
- 康复评定：感觉及运动功能、神经损伤平面、损伤程度、脊髓休克的评定、神经电生理评定、心理评定、ADL、参与能力及其他评定
- 康复治疗：早期、中后期
- 并发症的康复：中枢性疼痛、深静脉血栓、异位骨化症
- 康复教育

小儿脑性瘫痪的康复
- 概述：定义、临床特征等
- 康复评定：反射、发育水平测定、运动能力、肌张力、关节活动范围、肌力、ADL、感知认知、患儿和家长或照顾者的满意度及其他方面评定
- 康复治疗：运动、作业、言语治疗、物理因子、言语、心理、康复工程等
- 康复教育

周围神经损伤的康复
- 概述：定义、临床特征等
- 康复评定：形态观察，运动、感觉、自主神经功能、神经干叩击试验、电生理、手功能、ADL等评定
- 康复治疗：早期、恢复期的治疗，常见损伤的康复
- 康复教育

帕金森病的康复
- 概述：定义、临床特征等
- 康复评定：Yahr分期、身体功能、ADL、认知心理、吞咽功能评定
- 康复治疗：运动、作业、物理因子、心理、康复工程、药物、手术疗法等
- 康复教育

老年期痴呆的康复
- 概述：定义、临床特征等
- 康复评定：认知、精神行为症状、ADL、躯体功能、生活质量等评定
- 康复治疗：认知功能训练、运动、作业、行为与心理等治疗
- 康复教育

持续性植物状态的促醒康复
- 概述：定义、临床特征等
- 康复评定：预后因素、家庭和社会支持、意识障碍、营养状况等评定
- 康复治疗：运动、感官及环境刺激、物理因子、高压氧、营养支持等疗法
- 康复教育

（以上各项均属"神经系统疾病的康复"）

2. 学习方法

（1）神经系统疾病的定位诊断比较复杂，且表现出来的神经症状和体征较多，让人难以理解。因此要学好这一章，课前必须结合相应的神经解剖和神经病学的相关知识。

（2）学习本章可将脑卒中、颅脑损伤和小儿脑瘫3个疾病进行对比学习，不仅要了解3个疾病相似的临床特征、相同的评定和治疗技术，而且要掌握三者各自特有的康复评定方法和治疗技术。

（3）本章多个疾病均涉及认知功能障碍，要前后联系、对比分析，更好地理解和掌握认知功能的相关康复评定和治疗技术。

（4）脊髓损伤的康复评定和训练有其特殊性，在学习中要紧紧抓住一个主线、两个重点和一个落脚点。要紧紧围绕运动功能障碍这条主线来开展评定和治疗。重点之一是牢记各脊髓节段感觉的关键点和运动关键肌，准确评估脊髓损伤神经平面；重点之二是掌握脊髓损伤的康复核心技术。落脚点是如何提高患者的 ADL 能力。

（5）由于小儿的年龄特殊性，学习小儿脑性瘫痪的康复应紧紧围绕小儿发育的特点，抓住其运动障碍和姿势异常的特点，重点掌握发育、反射和运动功能等评定，在其临床康复过程中，运动疗法和作业疗法为技术核心，应重点掌握。

（6）学习本章还需要了解一定的运动学、生物力学基础知识，思考某一具体康复技术在临床康复应用的特殊意义，知其然并知其所以然。

（朱路文　张安仁　江玥　何坚　齐素萍　崔银洁）

复习思考题

1. 请叙述脑卒中后肩手综合征的临床表现及常用康复方法。
2. 颅脑损伤后康复治疗原则有哪些？
3. 脊髓损伤早期康复的目标是什么？
4. 小儿脑性瘫痪的康复治疗中，运动疗法包括哪些？
5. 周围神经损伤患者主要从哪几个方面进行评定？康复治疗中应注意什么？
6. 帕金森病的康复评定包括哪些方面？
7. 请简述老年期痴呆的典型临床特征。
8. 持续性植物状态的感官及环境刺激疗法有哪些？具体要点是什么？

第三章

骨骼肌肉疾病的康复

📖 **学习目的**

本章以骨骼和肌肉损伤的疾病康复为主,通过本章的学习,使学生能熟练地对骨骼肌肉损伤患者进行康复评定,准确找出患者的功能障碍,并能熟练运用相应的技术对患者进行康复治疗和训练。

学习要点

骨折的康复评定及康复治疗方法;手外伤的康复评定方法和治疗技术;运动损伤的康复治疗方法;截肢的定义、临床特征、康复评定方法和康复治疗技术;人工全髋关节置换术后和人工全膝关节置换术后的康复方法;肩关节周围炎常用的康复评定和康复训练方法;颈椎病的临床特征和常用的康复评定、治疗方法;腰椎间盘突出症的临床特征、康复评定和康复治疗方法;关节炎的康复治疗方法;骨质疏松症的定义、临床特征和常用的康复治疗方法。

第一节 骨折的康复

骨折不仅使骨的完整性、连续性受到破坏,而且往往伴有肌肉、韧带、血管、神经、关节囊等软组织损伤。轻微骨折经过临床处理后,一般不会遗留功能障碍,但较严重的骨折经手法复位或手术治疗后都会出现功能障碍。如果康复能够早期介入,就可能避免和减轻许多并发症和后遗症的发生,提高临床疗效。因此,康复治疗应该贯穿骨折治疗的全过程,以促进骨折愈合,减少功能障碍的出现,有利于患者早日回归社会。

一、概述

(一)定义

骨或骨小梁的完整性或连续性中断,称为骨折(fracture)。由直接暴力、间接暴力、肌肉牵拉和累积性劳损等原因造成的骨折称为创伤性骨折。因骨本身的病变致使骨质疏松、破坏,在正常活动下或受到轻微的外力作用而发生的骨折,称病理性骨折。临床上对骨折的描述,常根据创伤的原因、创伤的解剖部位、骨折线的特点、皮肤或黏膜破裂来命名,例如桡骨下端伸直型开放性骨折。

(二)流行病学

现代社会中,随着工农业、交通运输业迅速发展及社会的老龄化,还由于年龄、健康状况、受伤姿势等内在因素的差异,而产生不同类型的骨折。如婴幼儿易发生青枝骨折;18岁以下的青少年容易发生骨骺分离;老年人因为骨质疏松而容易引起自发骨折等。

(三)病因及发病机制

1. 骨折的原因

(1)直接暴力:暴力直接作用使着力部位发生骨折,如撞击、挤压、火器伤等,骨折特点为常合并周围软组织损伤。

(2)间接暴力:暴力通过纵向传导、杠杆作用、扭转作用或肌肉猛烈收缩,使远离外力作用点的骨发生骨折,如桡骨远端骨折(传导)、锁骨骨折(杠杆)、髌骨骨折(股四头肌收缩)。

(3)累积性劳损:长期、反复、轻微外力致特定部位骨折,又称为疲劳性骨折。如部队行军所致的第二、三跖骨骨折,腓骨下1/3或胫骨上1/3骨干骨折,此类骨折特点是骨折和修复同时进行。

(4)病理性骨折:如骨肿瘤、骨结核、骨髓炎等,即使遭遇轻微的外力,或在无外力的条件下,也可发生骨折。目前,最常见的是骨质疏松导致的病理性骨折。

2. 骨折的愈合机制 骨折发生以后,骨折愈合是一个复杂的过程,受血供、力学环境等多种因素的影响,不同治疗方法和不同部位的骨折愈合过程各有特点。骨折的愈合一般分为以下4期。

(1)血肿机化期:骨折后,骨折端附近的骨内、外膜深层的成骨细胞活跃增生,开始形成与骨干平行的骨样组织,肉芽组织增生,纤维化等,并由远离骨折处逐渐向骨折处延伸。这一过程需要2~3周时间。

(2)原始骨痂期:此时期的组织学变化是骨内、外膜形成内外骨痂,即膜内化骨。断端间的纤维组织则逐渐转化为软骨组织,然后钙化、骨化,形成环状骨痂和腔内骨痂,即软骨内化骨,骨痂不断加强,当达到足以抵抗肌收缩及成角、剪应力和旋转力时,骨折已达到临床愈合,一般需4~8周。

(3)骨性愈合期:骨折临床愈合后,骨痂密度及范围逐渐增加,骨小梁数量增加,排列渐趋规则,死骨清除完成,新骨完成爬行替代过程。原始骨痂被改造成板状骨,从而达到坚强的骨性连接,骨髓腔为骨痂封闭,一般需8~10周完成。

(4)骨痂塑型期:在应力作用下,原始骨痂中新生骨小梁逐渐增加,骨折部位形成骨性连接,骨髓腔再通,逐渐恢复骨的正常结构,这一过程一般需要1~2年。

> **知识链接**
>
> **骨折的分类**
>
> 1. 根据骨折处皮肤、黏膜完整性分类 ①开放性骨折:由内向外形成的开放性骨折,骨折端刺破周围软组织与外界相通,如耻骨骨折、尾骨骨折;由外向内形成的开放性骨折,多由刀伤、枪伤等引起。②闭合性骨折:骨折处皮肤或黏膜完整,不与外界相通。
>
> 2. 依据骨折的程度分类 ①完全性骨折:骨的完整性或连续性全部中断,管

状骨骨折后形成远、近两个或两个以上的骨折段。如骨折线与骨纵轴接近垂直的横形骨折;骨折线与骨纵轴有成角的斜形骨折;骨折线成螺旋状的螺旋形骨折;骨碎裂成3块以上的粉碎性骨折;此外还有压缩性骨折和骨骺分离,骨折线经过骨骺均属完全性骨折。②不完全性骨折:骨的完整性或连续性仅有部分中断,如裂缝骨折:骨质裂隙,无移位;青枝骨折:见于儿童,骨质和骨膜部分断裂,可有成角畸形。

3. 根据受伤前骨质是否正常分类　①外伤性骨折:骨折结构正常,完全因暴力作用而产生的骨折;②病理性骨折:骨质原有病变(如骨肿瘤、骨髓炎、骨结核等),经轻微外力作用而致骨折。

4. 依据骨折稳定程度分类　①稳定性骨折:骨折复位后经适当的外固定不易发生再移位者称稳定性骨折,如裂缝骨折、青枝骨折、嵌插骨折、长骨横形骨折等。②不稳定性骨折:骨折复位后易于发生再移位者称不稳定性骨折,此类骨折易移位或复位后仍容易再移位,常需手术治疗,如斜形骨折、螺旋形骨折、粉碎性骨折等。股骨干横形骨折,因肌肉强大的牵拉力,不能保持良好的对位对线,也属不稳定性骨折。

(四) 临床特征

1. 全身症状

(1) 休克:多见于多发性骨折、股骨骨折、骨盆骨折、脊柱骨折和严重的开放性骨折。患者常因广泛的软组织损伤、大量出血、剧烈疼痛或并发内脏损伤等引起休克。

(2) 体温增高:一般骨折后体温正常,只有在严重损伤,如股骨骨折、骨盆骨折有大量内出血,血肿吸收时,体温略有升高,通常不超过38℃。开放性骨折伤员体温升高时,应考虑感染。

2. 局部症状

(1) 疼痛及压痛:骨折部位有明显疼痛,移动患肢疼痛可加剧,固定患肢疼痛会减轻。叩诊时,在骨折处可发现局限性压痛;由远处向骨折处挤压或沿骨干纵轴方向叩击,骨折处可出现间接压痛或轴向叩击痛。

(2) 肿胀:骨折时,骨髓、骨膜及周围组织血管破裂出血,在骨折处形成血肿,加之软组织损伤所致的水肿,使患肢严重肿胀,甚至出现皮下瘀斑和张力性水疱。

(3) 功能障碍:骨折造成骨的完整性和连续性破坏,加之局部肿胀和疼痛使患肢的功能部分或完全丧失。

3. 体征

(1) 畸形:长骨骨折,骨折端移位后,受伤部位的形状改变,并可出现特有畸形,如Colles骨折的"餐叉"样畸形。

(2) 反常活动:在肢体非关节部位,骨折后出现不正常的活动。

(3) 骨擦音或骨擦感:骨折端接触及互相摩擦时,可听到骨擦音或摸到骨擦感。

4. 骨折后的功能障碍　骨折后可导致各种功能障碍,常见的有患肢活动障碍、局部肌肉萎缩和肌力下降、关节活动范围减少、关节稳定性下降、因卧床引起心肺功能下降、日常生活活动能力(ADL)下降和心理障碍等。

5.骨折的并发症

(1)重要血管损伤:多见于伸直型肱骨髁上骨折的近侧骨折端伤及肱动脉,股骨髁上骨折的远侧骨折端伤及腘动脉,胫骨上端骨折可伤及胫前或胫后动脉。

(2)脂肪栓塞综合征:发生于成人,若骨折处髓腔内张力过大,骨髓被破坏,脂肪滴进入破裂的静脉窦内,可引起肺、脑脂肪栓塞。

(3)周围神经损伤:如肱骨中下1/3交界处骨折极易损伤桡神经;腓骨颈骨折易伤及腓总神经等。

(4)脊髓损伤:多见于脊柱颈段和胸腰段的骨折或脱位,出现损伤平面以下的瘫痪。

(5)骨筋膜室综合征:是由骨、骨间膜、肌间隔和深筋膜形成的骨筋膜室内的肌肉、神经因急性缺血而产生的一系列早期症候群。多发生于前臂掌侧和小腿,系创伤骨折所产生的血肿和组织水肿或外包扎过紧,使骨筋膜室内的压力增高所致。如不及时处理,增高的压力会使小动脉关闭,形成肢体缺血-水肿-缺血的恶性循环,导致缺血性肌痉挛甚至坏疽。

知识拓展

Wolff 定律

Wolff 定律就是骨的适应性原理,即骨骼能承受骨组织的机械应变,并具有适应这些功能需要的能力,骨骼结构受应力的影响,以试图实现用最小的骨量达到最大的骨强度。该定律主要包括以下内容:骨力求达到一种最佳结构,即骨骼的形态与物质受个体活动水平的调控,使之足够承担力学负载,但并不增加代谢转运的负担。骨骼的生长会受到力学刺激影响而改变其结构。用之则强,废用则弱。骨小梁不仅沿主应力方向排列,而且当主应力方向发生改变时,骨小梁也会据此改变方向。该定律由德国医学博士 Wolff 在 1892 年提出。

二、康复评定

(一)骨折复位及愈合情况评定

1.复位情况评定　通过询问病史、体格检查、研读X线或CT等手段,对骨折对位对线、骨痂形成情况进行评估。对有无延迟愈合或未愈合,有无假关节、畸形愈合,有无感染,有无血管神经损伤及骨化性肌炎作出准确及时的评估。

2.骨折愈合的标准　①局部无压痛和纵向叩击痛;②局部无反常活动:如胫腓骨骨折在小腿如果出现屈伸活动,说明局部形成了假关节,或者有骨折现象,此即反常活动;③X线摄片显示骨折线模糊,有连续性骨痂通过骨折线;④外部固定解除后伤肢能满足以下要求(上肢能向前平举1kg重量达1分钟;下肢能不扶拐在平地上连续步行3分钟,且不少于30步);⑤最后一次复位后连续观察2周,骨折处不变形。

知识链接

成人常见骨折临床愈合时间

成人常见骨折的愈合时间:指骨(掌骨),4~8周;趾骨(跖骨),6~8周;腕舟骨,10周以上;尺桡骨干,8~12周;桡骨远端,3~4周;肱骨髁上,3~4周;肱骨干,5~8周;肱骨外科颈,4~6周;锁骨,5~7周;骨盆,6~10周;股骨颈,12~24周;股骨粗隆间,6~10周;股骨干,8~14周;胫骨上端,6~8周;胫骨干,8~12周;跟骨,6周;脊柱,10~12周。

(二)关节活动度评定

关节活动度是评价运动功能的客观指标,也是评定康复训练效果的客观指标。通过关节活动度的评定可以了解骨折周围关节的功能状态,以便为康复训练提供依据。常用特制量角器测量关节活动范围,并记录其屈伸、内收、外展及旋转角度的度数,与健侧进行对比,如小于健侧,多属关节活动功能障碍。目前临床应用的记录方法多为中立位0°法。对难以精确测量角度的部位,关节活动功能可用测量长度的方法记录各骨的相对移动范围。例如,颈椎前屈活动可测量下颏至胸骨柄的距离,腰椎前屈测量下垂的中指尖与地面的距离等。

(三)肌力评定

肌力评定是骨科康复评定的重要内容之一,对运动系统和神经系统,尤其是周围神经系统的功能评定有十分重要的意义。常用徒手肌力评定法和器械肌力评定法对肌力进行评定。

(四)肢体长度及周径测评

可用皮尺或钢卷尺测量骨折一侧肢体的长短,并与健侧的测量结果进行比较;还可用皮尺测量肢体的周径(围度),以了解肌肉有无萎缩或肿胀。测量前应注意有无先天或后天畸形,同时患肢与健肢须放在完全对称的位置上,定点要准确,带尺要拉紧。

(五)感觉功能评定

一般评定浅感觉(痛觉、温度觉、轻触觉)、深感觉(运动觉、位置觉、振动觉)、复合感觉(皮肤定位觉、两点辨别觉、图形觉、实体觉、重量觉)等。

(六)日常生活活动能力(ADL)评定

对骨折后伴有功能障碍的患者进行日常生活活动能力评定,如 Barthel 指数或改良 Barthel 指数等。

(七)影像学检查

1. X 线检查 最基本的影像学检查,X 线检查可以确定骨折的部位、类型和骨折移位情况,有助于进一步了解骨折发生的原因、过程和性质,以便决定处理方法,同时 X 线检查又能验证复位效果,根据需要从多方面(正位、侧位、斜位或其他特殊位置)进行拍片,包括邻近关节,有时还要加拍健侧相应的部位,进行比较。

2. CT 检查 深部骨折或复杂骨折需要 CT 检查才能发现,如肋骨骨折。

(八)电生理检查

对有感觉和运动障碍的患肢进行电生理检查,以确定有无神经、肌肉损伤。

笔记

三、康复治疗

（一）骨折后康复的作用

1. 促进肿胀消退、减轻疼痛　骨折损伤后由于组织出血、体液渗出以及疼痛反射等造成的肌肉痉挛,肌肉泵的作用丧失,静脉、淋巴回流障碍,导致局部肿胀。在骨折复位、固定的基础上,早期指导患者进行肌肉等长收缩训练,有助于增加血液循环、促进肿胀消退。

2. 减轻肌肉萎缩　骨折后肢体长时间制动,必然引起肌肉的失用性萎缩和肌力下降。肌肉收缩训练能够改善血液循环和肌肉营养,促进肌肉的生理功能,预防失用性肌萎缩。

3. 防止关节挛缩　康复治疗能促进血肿及炎症渗出物的吸收,减轻关节内外组织的粘连。适当的关节运动能牵伸关节囊及韧带,改善关节的血液循环,促进滑液分泌,从而防止失用性关节挛缩。

4. 促进骨折愈合　康复治疗可促进局部血液循环,加速新生血管的成长;正确的功能锻炼可保持骨折端的良好接触,产生轴向应力刺激,促进骨折愈合。

5. 改善心理状态　骨折后康复可以增强新陈代谢及全身功能,调节患者情绪,建立对疾病恢复的信心。

（二）骨折后康复的原则

1. 早期康复　康复在骨折复位并获得稳妥的固定后即应开始。长时间制动会造成肌肉萎缩、关节挛缩、骨质疏松等失用性综合征,延迟患者的恢复时间。早期功能训练可以防止或减少并发症、后遗症,加速骨折愈合,缩短疗程,促进功能恢复。关节内骨折,通过早期的保护性关节运动训练,可以使关节面塑型,减少创伤性关节炎的发生。

2. 全身治疗与局部治疗相结合　人体是一个有机的整体,骨折的治疗及康复不能仅仅注意到骨折的局部,还应兼顾到全身各系统、各器官的康复,避免发生并发症。因此,康复治疗应包括局部和整体的功能训练。

3. 循序渐进　骨折愈合是一个较长的过程,康复治疗应循序渐进,随着骨折愈合、修复的进程,采取重点不同的康复手段。循序渐进的原则使康复治疗更具有针对性,从而更加安全、有效。

4. 主动与被动运动相结合　主动运动有利于肌力恢复,也有利于通过肌泵作用,促进血液循环,加速肿胀消退。被动运动有助于维持和增加关节的活动度。因此应在安全的前提下,将两者有机结合起来。

（三）骨折后康复的方法

根据骨折后的愈合过程和临床实际,将骨折后康复分为早期、中期和后期三个阶段进行。

1. 早期康复　骨折后经过复位、固定等处理后,骨折周围关节需要制动。肿胀和疼痛是主要的症状和体征。此期康复治疗的主要目的是消除肿胀、缓解疼痛、促进骨折愈合。

（1）止痛:药物治疗首选非阿片类止痛药物,还可使用经皮神经电刺激疗法减轻疼痛。

（2）减轻患肢肿胀

1）等长练习:骨折复位、固定后,即可开始被固定区域肌肉的等长训练。肌肉收

151

缩应有节奏地缓慢进行,可从轻度无痛收缩开始,逐渐增加用力程度,每次收缩持续数秒钟,然后放松,再重复训练。

2)持续被动式运动(continuous passive motion,CPM):对有坚固内固定的术后患者,可早期应用CPM装置,进行关节持续被动活动训练。

3)抬高患肢:肢体的远端须高于近端,近端要高于心脏水平,可促进血液回流,利于减轻肿胀。

4)温热疗法:传导热疗(如蜡疗、中药热敷)、辐射热疗(如红外线、光浴)。

(3)减缓肌肉萎缩

1)等张运动:骨折周围肌肉的主动运动能够有效地减缓肌肉萎缩,还可维持关节的活动度、促进消肿、增强肌力以及促进骨折愈合。对骨折肢体未被固定的关节,做各方向全关节活动范围的主动运动训练,必要时可给予辅助。

2)中频电治疗:刺激局部肌肉收缩,可有效预防肌萎缩。

(4)防止并发症

1)床上体操:对于卧床患者,尤其是老年患者,应每日做床上保健操,以维持健侧肢体和躯干的正常活动,防止压疮、静脉血栓及呼吸系统疾患等并发症的发生。

2)气压治疗:下肢静脉脉冲气压治疗可有效防止下肢深静脉血栓的形成,还可以改善局部血液循环,促进血肿及渗出液的吸收。

2. 中期康复 此期骨折已达到临床愈合,局部肿胀已经消退,疼痛消失,软组织的损伤已逐步趋于修复,骨折端日趋稳定。此期的康复目的是软化和牵伸挛缩的纤维组织,增加关节活动范围,增强肌力。

(1)增加关节活动度

1)被动关节活动:动作应平稳、缓和,不引起明显疼痛和肌痉挛。切忌动作过猛,以免引起新的损伤和骨化性肌炎。

2)主动-辅助关节活动:在外力的辅助下,患者主动收缩肌肉来完成运动或动作。助力可由治疗师、患者健肢、器械、自身引力或水的浮力提供。

(2)肌力训练:肌力的恢复是运动功能恢复的必要条件,同时也恢复关节的稳定性,防止关节继发退行性变,对下肢负重关节尤为重要。常用的训练方法有:①渐进抗阻训练:当不伴有周围神经损伤或特别严重的肌肉损伤时,骨折伤区的肌力常在3级以上,可行渐进抗阻训练。②等张训练:受累的肌肉应按关节运动方向依次进行练习,运动幅度应随关节活动度的恢复而加大。③等速训练:有条件的可以行等速肌力训练,需在等速肌力测试训练仪上进行。

3. 后期康复 此期从骨折临床愈合到骨痂改造塑型完毕,骨折端已稳定,能耐受一定的应力,外固定已拆除,患肢的肌肉和关节得以进行更大范围的训练。此期康复目的是扩大关节各方向的活动范围,恢复肌力,增加肢体运动功能,重新训练肢体的协调性和灵巧性,促进生活和工作能力的最大限度恢复。

(1)增加关节活动度:对关节内骨折经长期的石膏固定后遗留较牢固的关节挛缩粘连,可在继续主动、被动关节活动的基础上,进行下一阶段康复治疗。常用的方法有:①关节牵伸:可采用手法或利用器械进行关节功能牵伸。如在热疗后牵伸效果会更好。②关节松动术:是治疗关节功能障碍有效的手法操作技术。应严格掌握适应证,切忌暴力操作,以免引起新的损伤。③温热疗法:利用蜡疗、热敷袋等进行温热治疗。

（2）增强肌力训练:继续进行肌力训练,直到患侧肌力与健侧相近或相等时为止。常用的锻炼方法有抗阻肌力训练、等长肌力训练、等张肌力训练-渐进抗阻、等速肌力训练等。

（3）肢体的整体功能训练

1）上肢协调性、灵巧性训练:上肢骨折,尤其是远端骨折,后期会影响手部的灵活性。应该采用多种作业方法进行手灵活性、协调性的训练。

2）下肢平衡功能、步态训练:多发骨折和复杂骨折长期固定后受累肌肉范围较广,老年人的平衡力和协调能力本来就比较差,此时应特别加强这方面的训练,以降低再次跌倒的可能性。运动员对平衡力和协调能力的康复要求很高,应给予重视。对于步态异常患者也要注意训练予以纠正。

3）辅助工具:对部分经康复治疗后仍关节活动障碍或步行困难的患者,可装配支具、扶拐、手杖、轮椅等作为必要的功能替代。

（四）常见骨折的康复要点

1. 肱骨外科颈骨折　肱骨外科颈骨折主要表现为肩部弥漫性肿胀或畸形,肩周压痛,有时可触及骨擦音或骨擦感,纵轴叩击痛,以老年人多见,女性发病率高。临床分为外展型、内收型和骨折脱位型,检查时要注意桡动脉搏动及上肢运动感觉,了解有无血管神经损伤。

稳定性骨折:整复固定后即日即可采用三角巾悬吊患肢,做握拳练习、腕屈伸练习,每天增加重复次数。1周后做肘屈、伸静力性收缩练习的同时,适当增加肩部小范围活动;2周后肩活动范围可稍大一些,以防止外伤性肩关节周围炎的发生,促进骨折的修复;3周后开始在三角巾悬挂位进行活动。

不稳定性骨折:有移位骨折需进行手法复位,合并脱位时先整复脱位,后整复骨折,若合并血管神经损伤者则选用手术治疗。3周内不宜进行肩部活动,只能进行肘、腕、手部活动。3周后可逐渐进行肩内、外旋运动,4周后再进行肩前屈、后伸,内收、外展运动。

2. 肱骨髁上骨折　肱骨髁上骨折多发生于10岁以下的儿童。伤后肘部肿痛,活动受限,肿胀明显时鹰嘴两侧的凹陷消失。局部压痛,有时可触及骨擦音或骨擦感,靴状畸形,肘后三角关系正常,合并肱动脉损伤者容易引起前臂骨筋膜间室综合征。根据暴力来源及方向可将肱骨髁上骨折分为伸直型、屈曲型和粉碎型,其中伸直型占90%以上。

无移位或移位不明显的骨折固定后,三角巾悬吊胸前,需及早进行握拳、腕关节屈伸等功能锻炼,骨折愈合后,进行上臂与前臂各肌群的肌力训练,包括等张练习、抗阻练习与等速练习。肘关节活动度训练以主动练习为主。

有移位骨折行手法复位后固定。手法复位困难可行尺骨鹰嘴牵引逐步复位,若合并血管神经损伤宜采用手术治疗。术后3天的疼痛期内,可做肘关节远近肌群的等长收缩,肩、腕和手指各关节的全幅度被动与主动活动练习。术后1周,即可增加轻柔的小幅度肘关节被动活动,以健肢帮助及不引起明显疼痛为度,并逐步过渡到主动活动度训练。骨折愈合后,疼痛与肿胀已基本消退,应增加关节活动度的练习,包括肘屈、伸、旋前、旋后。伸展型骨折增加肘屈曲活动度训练和肱三头肌抗阻训练;屈曲型增加肘伸展活动训练和肱二头肌抗阻训练。

3. 尺骨鹰嘴骨折　尺骨鹰嘴骨折大多属于关节内骨折,主要发生于成年人。伤后出现肘后部疼痛、肿胀,伸肘活动不便或因疼痛不能屈肘。鹰嘴后、内、外侧压痛明显,主动抗重力伸肘功能丧失。根据骨折线的走行,分为无移位骨折、移位骨折和粉碎性骨折(图3-1)三类。无移位骨折可使用超关节夹板或长臂石膏托短期固定,常需要4周左右时间的固定。严重粉碎性骨折或手法复位失败者可选择手术切开复位内固定,石膏固定时间多需4~6周。

关节固定时间过长者易发生肘关节僵硬,因此在不影响复位和固定效果的前提下,应鼓励患者及早进行肘关节的功能锻炼,治疗时应恢复关节面的平整和活动度。

第一阶段:骨折临床处理完成后立即开始固定部位上下肌群的静力性等长练习,以及非固定关节的主动活动度训练,可做肩部的钟摆练习,肩带的主动上耸、下压活动,以及腕和手指的主动屈伸运动及抗阻力练习。第2周时可增加肩部的主动运动,逐渐达到肩、腕和手指各关节的全幅度活动,进一步加强肌力练习。

第二阶段:可每天定时去除外固定,由健侧托住肘部及前臂,小心地进行关节屈伸主动练习,练习后继续外固定。切忌引起疼痛以及抗阻的等张收缩训练。

第三阶段:外固定去除后,应系统进行肘屈伸、前臂旋转的关节活动度练习和肌力练习。在握拳及伸指时做腕部充分屈伸的练习,可矫正前臂和手指伸肌挛缩和粘连。

4. 尺桡骨干双骨折　尺桡骨干双骨折多发生于青少年,可由直接、间接及扭转等暴力引起。因其治疗复杂,固定时间长,容易遗留前臂旋转功能障碍等。

尺桡骨干双骨折经手法复位外固定或切开复位内固定并石膏外固定后,应用三角巾悬吊在胸前,观察肢体的运动、感觉、肿胀程度及血液循环情况,防止骨筋膜室综合征的发生。术后前2周做手部和肩部的关节活动训练,第3周开始做肱二头肌等长收缩训练及肩、手部的抗阻训练,第4周进行肱三头肌等长收缩训练。骨折愈合,外固定去除后开始进行腕、肘屈伸的主动运动训练,继续肩部和手部的抗阻训练。逐步增加前臂内、外旋的肌力训练以及前臂内旋、外旋的牵伸练习。同时增加作业训练,如搭积木、捏橡皮泥及洗漱、进餐、如厕等日常生活活动能力训练。

5. 桡骨远端骨折　桡骨远端骨折是发生于旋前方肌近侧缘以远部位的骨折,包括伸展型(Colles骨折)、屈曲型(Smith骨折)两种(图3-2)。最常见的Colles骨折,好发于中老年人,多发生于跌倒时手撑地后或为直接暴力打击所致。外伤后见腕疼痛肿胀,尤其以掌屈活动受限。骨折移位严重者,可出现餐叉状畸形或枪上刺刀样畸形。尺骨茎突轮廓消失。腕部增宽,手向桡侧移位,尺骨下端突出,桡骨茎突上移达到或超过尺骨茎突水平。桡骨远端有压痛,可触及向桡背侧移位的骨折端,粉碎性骨折可触及骨擦音。

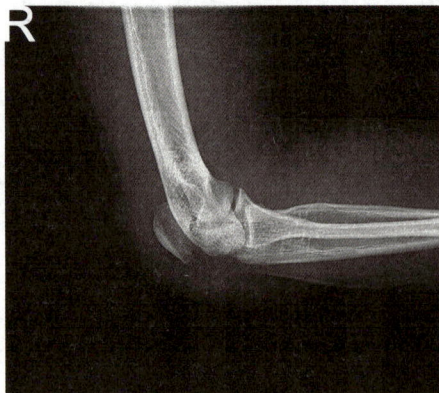

图3-1　尺骨鹰嘴骨折

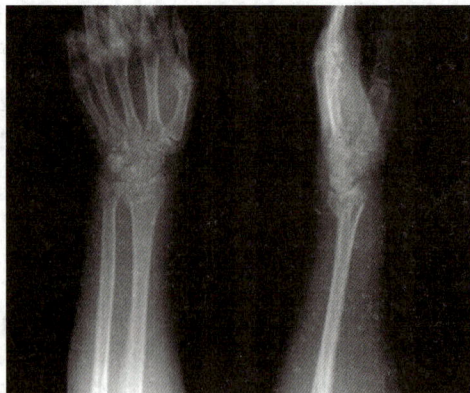

图3-2　桡骨远端骨折

无移位骨折,可用功能位石膏托或小夹板固定4周。移位型骨折,需闭合复位后外固定。固定后2~3天,可进行伸指、握拳练习及肘、肩关节主动活动。2周后,可行握拳及屈腕肌群静力性收缩练习。4周后,增加腕屈伸抗阻练习。6周后,逐步增加前臂的旋后、旋前练习,需要在训练时增加阻力。

由于此类骨折经常发生在老年骨质疏松的患者,因此,康复过程要与骨折愈合同步进行。

6. 股骨颈骨折 股骨头下至股骨颈基底部之间的骨折称为股骨颈骨折,多发于老年人,本病与骨质疏松发病率呈正相关。外伤后患肢多有轻度屈髋屈膝及内收,髋部疼痛,下肢外旋、缩短畸形,髋关节活动障碍。骨折不愈合率可达10%~20%,术后股骨头缺血坏死率可达20%~40%,致残率高,必要时需行髋关节置换术。

骨折临床处理后当天,即应开始进行患肢(趾)、踝的主动运动和股四头肌的静力性收缩练习。1~2周以后,在不引起疼痛的前提下,可以开始髋关节周围肌肉的等长练习。到第5~6周开始,可以练习在床边坐、小腿下垂或踏在小凳上。8周以后,可逐步增加下肢内收、外展、坐起、躺下等主要练习,股四头肌抗阻练习,恢复膝关节屈伸活动范围的练习。

骨折愈合进入恢复期,可做部分负重的站立练习,逐步过渡到充分负重的站立练习。增加双下肢交替负重的主动运动练习以及缓慢的原地踏步练习,逐步增加患肢负重练习,增强负重肌肌力。做髋部肌肉,尤其是伸髋肌及外展肌的抗阻练习。在站立练习的基础上依次做不负重、部分负重及充分负重的步行练习,并从持双拐步行逐步进展到健侧单拐及患侧持拐步行,再逐步提高下肢行走功能,直至完全负重的正常活动。

7. 髌骨骨折 髌骨骨折后关节内大量积血,髌前皮下淤血、肿胀,严重者皮肤可发生水疱。有移位的骨折,可触及骨折线间隙。

无移位髌骨骨折固定期间练习股四头肌收缩,去除石膏托后练习膝关节伸屈活动。伤后早期疼痛稍减轻后,即应开始练习股四头肌等长收缩,如无禁忌,应随时左右推动髌骨,防止髌骨与关节面粘连,练习踝关节和足部关节活动。手术患者当天即应开始足趾、踝关节和髋关节的主动活动,以及股四头肌的等长收缩练习。术后1周,膝部软组织修复愈合后开始练习抬腿。如局部不肿胀、无积液,可带着石膏托扶双拐下地,患肢不负重。4~5周后去除外固定,开始练习膝关节屈伸活动,由50°逐渐增加活动度,练习完后将石膏托带上。第6~7周,可屈膝练习到80°。根据骨折愈合情况,从第9周开始可去掉石膏托,屈膝到90°以上。

粉碎不严重的髌骨骨折一般都能做到张力带内固定,这样可以允许患者在术后第1周时即下地负重行走,术后4周左右可恢复社会生活。对严重粉碎的髌骨骨折难以做到张力带内固定者,在术后4~6周骨折可以愈合,待骨折愈合后进行膝关节屈伸练习。

8. 胫骨平台骨折 可由暴力引起,膝关节在运动中较易遭受外翻应力损伤,胫骨平台骨折外侧多于内侧(图3-3)。伤后膝关节肿胀疼痛、活动障碍,常伴有侧副韧带和交叉韧带损伤。对塌陷和移位不明显的平台骨折多采用保守治疗,否则需要手术治疗。

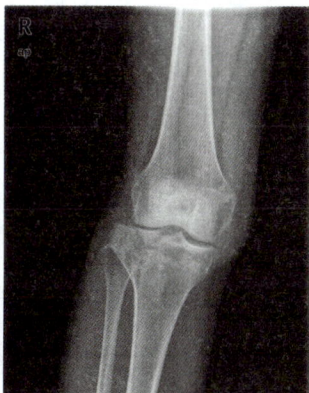

图3-3 胫骨平台骨折

手术后当天即应开始足趾、踝关节和髋关节的主动活动,以及股四头肌的等长收缩练习。术后2周,主要内容仍是髋、踝、趾关节的活动及不负重的扶拐行走。术后4周,开始练习被动屈膝60°,拐杖行走,1/3负重。术后6~8周可进行负重情况下的活动度训练与肌力练习,被动屈膝到120°,增加直抬腿练习和静蹲练习,每日俯卧位屈膝使足跟触臀部,持续牵拉每次10分钟。开始跪坐及蹬踏练习。增加步行和平衡能力训练。术后3个月开始慢跑。4个月后可以开始膝环绕练习、跳上跳下练习、侧向跨跳练习。

9. 踝关节骨折　踝关节骨折多由间接暴力引起,按骨折的形态分为稳定性与不稳定性骨折两类,按骨折波及的部位范围分为单踝、双踝及三踝骨折等。伤后踝部剧烈疼痛、畸形,继而出现肿胀和皮下淤血等。患者不能行走,严重时足部出现循环障碍。骨折发生的原因分为内翻、外翻、外旋及垂直压缩。

踝关节骨折康复的重点在于踝关节屈伸及其肌力的训练,以最大限度地恢复其负重行走的功能。固定消肿后,在支具的保护下下床活动,患肢不负重,并加强肌力训练。骨折愈合、石膏拆除,主要进行踝关节活动的恢复训练,可采用热敷等各种理疗方法与运动疗法。

手术后不需固定者允许早期不负重活动。手术后当天即可开始肌肉的等长收缩,疼痛减轻后即可开始未固定关节的被动与主动活动度训练、肌肉的等张收缩。术后第2周增加趾屈伸和跖屈伸等长收缩练习。术后3周,内踝骨折做内翻肌等长练习;外踝骨折做外翻肌等长练习。术后4周左右去除固定后开始踝屈伸主动练习,练习后仍石膏固定。术后6周逐渐开始部分负重锻炼,以后逐渐增加负重,直至完全负重行走。3个月后加强踝关节屈伸练习,进行踝关节肌肉力量练习,完全负重后开始平衡、深蹲、自行车训练等。

关节面整复欠佳时,易产生创伤性关节炎,关节恢复负重时应减缓进度。小腿肌力软弱时,易使踝关节稳定性减弱而出现反复扭伤,需加强小腿肌力训练并进行平衡功能训练。

10. 颈椎骨折　颈椎骨折康复治疗应遵循早期、循序渐进的原则。由于颈椎骨折常常伴有脊髓损伤,所以脊髓损伤的康复占有重要地位。早期生命体征稳定之后,就可以开始四肢的主动或被动活动,有神经功能障碍者应增加瘫痪肢体运动想象练习。逐渐从卧位到半卧位、坐位的直立适应性训练。早期还要给予患者一定的心理疏导,帮助患者建立信心,积极配合训练。恢复期主要是肌力训练,可根据肌力大小分别采用不同的训练方法。同时进行坐位训练、转移训练、步行训练等。对脊髓损伤严重不能恢复的患者要进行轮椅训练。脊髓损伤后膀胱和直肠的管理也是非常重要的,损伤早期采用留置导尿,恢复期有尿潴留者教会患者采用清洁导尿法,每天2~4次。便秘一般采用润肠剂或缓泻剂。

11. 胸腰椎骨折　胸腰椎骨折多由间接外力引起,为由高处跌落时臀部或足着地,冲击性外力向上传至胸腰段发生骨折,多在第10胸椎至第3腰椎的范围内。外伤后脊柱局部疼痛、活动受限、畸形、压痛,可有不全或完全瘫痪的表现。临床分为单纯性压缩性骨折、爆裂型骨折、屈曲旋转型骨折脱位等。胸腰椎骨折治疗的基本原则为根据脊柱的稳定程度采用保守或手术治疗。

术后及早开始四肢各关节的主动运动及截瘫患者的下肢被动运动,并对肢体进行按摩和电刺激以促进血液循环,防止深静脉血栓及肌肉萎缩、关节僵硬等。第2~3周时疼痛基本消失,可开始做背腹肌的等张练习,先做仰卧位挺胸、俯卧位抬头等动作,以后加仰卧"半桥"、俯卧抬腿等练习,至无痛时再加仰卧"桥式"、俯卧"燕式"等练习。有石膏者可佩戴石膏做仰卧抬头、抬腿、挺起臀部等练习。6~8周后如坐位练习时无痛,可在石膏或支架保护下起床练习站立行走。

骨折愈合后做进一步的腰背肌及腹肌练习,以及腰椎柔韧性练习。腰背肌练习应与腹肌练习结合进行,以保持屈、伸肌平衡,改善腰椎的稳定性。骨折部位遗留成角畸形时,愈合牢固后更应着重加强腹肌训练,以控制腰椎前突弧度,预防下腰痛。腰椎活动度的训练主要是屈曲、后伸、侧屈三个方面,在此基础上可适当增加旋转动作的训练。胸腰椎骨折术后还需终身注意各种相关动作时腰背部所持的正确姿势。

四、康复教育

对骨折患者实施科学、系统的康复教育非常重要,尤其要强调患者早期康复的重要性,指导骨折患者功能训练,提高参与康复的积极性,帮助患者掌握骨折康复的知识和技巧,有效地预防并发症,促进康复。

1. 教育患者骨折术后一定要早期康复,尤其是关节周围的骨折。如果失去早期康复的机会就会造成关节僵硬等严重的后遗症。

2. 根据不同部位和不同阶段的骨折进行相应的康复训练指导。早期只能在规定的安全范围内练习,不能过度活动,否则会加重炎症和疼痛。

3. 给骨折患者讲解有关骨折的康复知识及注意事项。避免治疗和训练过程中出现肿胀和严重疼痛。

4. 科学饮食,合理用药,预防骨质疏松。调整膳食结构,对患者进行饮食指导,保证营养素的供给。

第二节 手外伤的康复

双手是人体在日常生活和工作中最常使用的器官,也是全身最容易受伤的部位,手外伤所造成的运动和感觉功能障碍,给工作和生活带来严重的不便。手外伤的治疗不仅要求外形完整和美观,而且需要手功能的恢复,以保证患者的生活质量和工作能力,因此康复治疗在手外伤的治疗中具有重要的意义和地位。

一、概述

(一)定义

手外伤(hand injuries)是指不同程度的手部皮下组织、筋膜间隙、肌腱周围组织的损伤和肌肉、血管、神经的挫伤,导致不同程度的运动功能障碍及感觉功能障碍。创伤后遗留的功能障碍与创伤类型有密切关系,如切割伤的切面较整齐,组织破坏量较少,早期修复后遗留的功能障碍较轻;而压砸、撕脱、绞轧等创伤,组织损伤量较多,虽经清创修复,愈后因瘢痕粘连等因素仍可遗留严重的功能障碍。

(二)流行病学

国内临床统计资料表明,在骨科急诊手术中,手外伤患者约占就诊人数的1/4,发病率占创伤总数的1/3以上,右利手受损为91.2%,男女受伤比例为3.5∶1,16~30岁为高发年龄,平均年龄为 23.5 岁,多数发生于机器制造业、木工、建筑业等体力劳动者,人为因素(如违规操作)占 70%以上。

(三) 病因及发病机制

手在生活和劳动中最易遭受创伤,损伤原因常见有以下几种:

1. 刺伤　如钉、针、竹尖、木片、小玻片等刺伤。特点是进口小,损伤深,可伤及深部组织,并可有污物带入深组织内,导致异物存留,以及腱鞘或深部组织感染。

2. 锐器伤　日常生活中刀、玻璃、罐头等切割伤,劳动中的切纸机、电锯伤,伤口一般较整齐,污染较轻,伤口出血较多,伤口的深浅不一,所致的组织损伤程度亦不同。常造成重要的深部组织,如神经、肌腱、血管的切断伤,严重者导致指端缺损、断指或断肢。

3. 钝器伤　钝器砸伤引起组织挫伤,可致皮肤裂伤,严重者可导致皮肤撕脱,肌腱、神经损伤和骨折,重物的砸伤,可造成手指或全手各种组织严重毁损,高速旋转的叶片,如轮机、电扇等,常造成断肢和断指。

4. 挤压伤　门窗挤压可仅引起指端损伤,如皮下血肿、甲床破裂、远节指骨骨折等,车轮、机器滚轴挤压,则可致广泛的皮肤撕脱,甚至全手皮肤脱套伤、多发性开放性骨折和关节脱位,以及深部组织严重破坏,有时手指和全手毁损性损伤需行截肢(指)。

5. 火器伤　如鞭炮、雷管爆炸伤和高速弹片伤,特别是爆炸伤,伤口极不整齐。损伤范围广泛,常致大面积皮肤及软组织缺损和多发性粉碎性骨折,这种损伤污染严重,坏死组织多,容易发生感染。

6. 动物或人咬伤　较少见,但伤口极易感染。

(四) 临床特征

手外伤后的临床表现多种多样,主要和创伤的类型有关:

1. 开放性损伤　包括刺伤、切割伤、撕裂伤、挤压伤、爆炸伤和烧伤等,可引起毁形、缺损及功能障碍或丧失。

2. 闭合性损伤　闭合性损伤由于皮肤完整,而皮下组织在损伤后严重肿胀,容易导致皮肤将肿胀的软组织紧紧地勒住,使得局部的血液循环障碍,部分患者甚至会因此导致远端肢体或软组织的坏死。

二、康复评定

手是一个在桡神经、正中神经及尺神经的支配下构成的灵活动力系统,结构精巧、功能复杂。在进行手功能评定时必须先熟知手的功能解剖特点。

(一) 手的功能解剖特点

1. 手的休息位(图 3-4A)　手的休息位指手处于自然静止状态,即手在休息时的自然状态,呈半握拳姿势。表现为腕稍背屈 10°~15°,并轻度尺偏;拇指轻度外展,指腹接近或触及示指远侧指间关节(distal interphalangeal joint,DIP)的桡侧缘;其余手指的掌指关节(metacarpophalangeal joint,MP)和指间关节(interphalangeal joint,IP)半屈曲,其屈曲程度由示指到小指逐渐增加。示指轻度向尺侧倾斜,小指轻度向桡侧倾斜。这种姿势屈伸肌腱都处于一个平衡状态,如手受伤后这种平衡状态就被破坏。

2. 手的功能位(图 3-4B)　手的功能位是手做各种动作前的准备姿势,能发挥最大功能的位置,呈手握玻璃杯的姿势。表现为腕背屈 20°~25°,尺偏 10°;拇指充分外展;其余各指分开,MP 及近节指间关节(proximal interphalangeal joint,PIP)半屈曲(分别为 30°～45° 及 60°～80°），而 DIP 微屈曲（10°～15°）。这种姿势能根据不同需要，很快产生不同动作（如张手、握拳、抓握等），手受伤后手骨折，一般需将手固定在功能位。

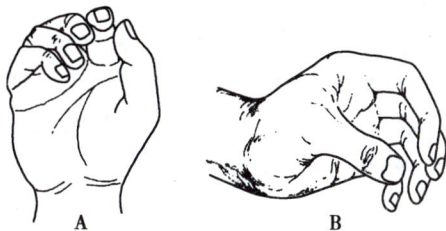

图 3-4　手的休息位（A）与功能位（B）

3. 手的基本动作　分为精密抓握、力性抓握及非抓握三类。

（1）精密抓握：如捏、拈、夹、撮等动作，必须有拇指和示指、中指相对的动作。

（2）力性抓握：如握、提、勾等动作，必须有手指屈曲动作，示指、中指是基本的，紧握时必须有环指、小指参与。

（3）非抓握：如推、托、戳、搅、掀等动作，其特点是手指向外的动作。

4. 手适应抓握的解剖特征

（1）手掌皮肤：有较厚的角质层和皮下脂肪层保护深部组织，有垂直的纤维间隔连接皮肤及深部组织，以避免皮肤在抓握中滑动和发挥精确的定位功能，关节附近的皮肤纹理分别适应各关节运动。

（2）手指列：从功能分 3 列。

1）拇指列：由拇指组成，其腕掌关节为马鞍状，第一、二掌骨间距大，拇指活动灵活，是精密抓握的主体。

2）中间列：由示指、中指组成，其腕掌关节基本不动，是手活动的功能轴。

3）内侧列：由环指及小指组成，其腕掌关节有一定活动度，紧握时不可缺少。

（3）手的横弓、纵弓和斜弓。

1）手的横弓：横弓有二，一为远侧列腕骨构成，高度基本不变；二为 5 个掌骨头形成，高度随手指的屈伸而变化，能适应物体形状。

2）手的纵弓：由腕骨、掌骨及指骨构成，关键点在 MP 关节，其中中指、示指列的纵弓有助于与拇指对掌。

3）手的斜弓：拇指对掌时与其他指列形成的弓，有助于充分抓握圆柱形物体。

5. 手丰富的神经纤维及感受器　手的有髓纤维多于无髓纤维，轴索与感受器的比例为 1∶1 左右，故感受野小、分辨力强。手在运动中不停地反馈信息，将感知的物体质地、形状、温度、压力、干湿度等信息传到大脑，经分析整理成各种体验，并随之产生某种适当的运动。这种感知-运动的关系对于手的灵活功能具有极为重要的作用。

（二）手外伤的康复评定

手外伤评定内容主要包括：外观形态、运动功能评定、感觉功能评定及神经电生理检查四个方面，评定至少在治疗的前、中、后各进行 1 次。

1. 外观形态评定　通过视诊、触诊及患手的动作，凭借检查者的知识和经验，评定手的总体功能。包括上肢及手的完整性，运动和感觉情况，有无瘢痕、僵直、畸形等。骨骼的了解需借助 X 线片，软组织可用磁共振评定。

2. 运动功能评定

（1）肌力评定：采用徒手肌力、握力计、捏力计检查上肢的前臂伸屈肌群和手的拇指对掌及四指的长短屈伸肌群的肌力、握力及捏力。

（2）关节活动范围评定：使用量角器分别测量手指的 MP、PIP 和 DIP 关节的主动及被动活动范围。Eaton 首先提出测量关节总主动活动度（total active movement，TAM），作为一种肌腱功能评定方法，其优点是较全面地反映了手指肌腱功能情况，也可以对比手术前后的主动、被动活动情况，实用价值大；其缺点是测量及计算方法稍烦琐。测量方法是用 MP 关节、PIP 关节、DIP 关节的主动屈曲角度之和减去各关节主动伸直受限角度之和，即为 TAM。正常 $TAM = (80° + 110° + 70°) - (0° + 0° + 0°) = 260°$。评价标准：优：活动范围正常；良：TAM＞健侧的 75%；尚可：TAM＞健侧的 50%；差：TAM＜健侧的 50%。

（3）灵活性及协调性评定：手的灵活性及协调性有赖于感觉与运动功能的健全，也与视觉等其他感觉的灵活性有关，评定方法有许多种，例如九孔柱测试、Purdue 钉板测试、Moberg 拾物测试、Jebson Taylor 手功能测试等，其基本原理相同，即令受试者拾起指定的物品置于指定的位置，并记录完成操作的时间。

3. 感觉功能评定　测试手的浅感觉（触觉、痛觉、温度觉）、深感觉（震动觉、位置觉、运动觉）、复合感觉（两点辨别觉，粗、滑、质地、形状、轻重的辨别觉），将所查结果画在手的图形上，以确定障碍的范围、程度。

4. 神经电生理检查　包括电诊断、肌电图、神经传导速度及体感诱发电位等。

三、康复治疗

手部骨折及周围神经损伤的康复分别参见本书第三章第一节及第二章第五节，本节主要介绍肌腱松解术后、肌腱修复术后以及感觉障碍的康复。

（一）手外伤的康复治疗目标

提高运动功能，预防和减轻水肿，预防畸形，预防肌肉误用、失用和过度使用，帮助组织愈合，减轻疼痛，避免关节损害或损伤，感觉重塑。

（二）手外伤康复治疗计划制订的原则

康复计划的制订受诸多因素制约，如损伤的严重程度、患者的依从性等，所以必须遵循渐进性、全面性及个体化三大基本原则。

1. 渐进性原则　应根据手外伤不同的病理过程，按一定程序循序渐进地进行康复，既不能超前，也不能滞后。

2. 全面性原则　手外伤临床表现多种多样，造成的功能障碍复杂，应统筹安排疼痛、肿胀、关节僵硬、肌腱等软组织粘连、肌力或握力下降、伤口感染、瘢痕、感觉异常等各种功能障碍的康复治疗，尽量减少或避免继发性后遗症。同时应积极主动与手外科临床医师沟通，如康复治疗过程中出现肌腱或神经的再次断裂，必须立即与临床医师联系，采取相应的措施。

3. 个体化原则　不同的患者手外伤后功能障碍也不尽相同，康复介入时间也有先有后，所以必须针对患者特定的功能障碍，同时必须结合患者的康复要求，制订出符合患者自身的康复治疗计划及措施，并根据患者治疗过程中的康复评定结果及时调整改进康复治疗计划及措施。

（三）肌腱松解术后的康复

为了使肌腱松解达到预期的目标，首先松解术前应使关节被动活动尽可能达最大范围，其次松解术中肌腱松解应完全彻底。

1. 术后 1~7 日　松解术后 24 小时开始，在无菌条件下，由康复治疗师指导进行下述活动：①分别轻柔被动屈曲远侧指间关节、近侧指间关节和掌指关节；②主动屈曲远侧指间关节、近侧指间关节和掌指关节；③在屈腕和掌指关节下轻柔被动伸展近侧指间关节；④主动伸展近侧指间关节；⑤被动握拳，即健手帮助患手握拳，同时尽可能主动握拳；⑥疼痛和水肿是妨碍练习的最主要原因，必须给予对症处理；⑦患者掌握方法后，自行进行除握拳外的所有练习，每次 10 遍。

2. 术后 2~3 周　拆线，软化松解瘢痕处理，进行轻微的 ADL 等功能性活动练习。

3. 术后 4~6 周　开始抓握力量练习，如马赛克和轻木工作业。

4. 术后 5~7 周　进行木刻等重阻力练习。

5. 术后 8~12 周　恢复工作。

屈肌练习有 3 种方式，应分别进行，每日至少练习 3 次，每次 10 遍：

（1）钩拳：掌指关节和近侧指间关节伸展，远侧指间关节屈曲，主要使指深屈肌腱滑动，指深屈肌腱和指浅屈肌腱之间的相对滑动最大可达 11mm。

（2）直拳：掌指关节和近侧指间关节屈曲，远侧指间关节伸展，指浅屈肌相对于骨的滑动范围最大。

（3）完全握拳：腕关节处于中立位而完全握拳时，指深屈肌相对于骨的滑动范围最大，可达 34mm。

若肌腱松解术后，近侧指间关节挛缩已经矫正，术后可用伸展夹板，以维持手术中获得的伸直度。松解术后几天，每日练习数次，每次 10 遍左右，以后逐渐增加活动次数和强度。

知识拓展

肌腱愈合的病理生理过程

肌腱的愈合有以下四个阶段：①纤维支架形成期（第 1 周）：缝接后 4~5 天内腱端周围组织内毛细血管生成，成纤维细胞增殖，间隙内被胶原样物质充填，形成半透明梭形团块，构成纤维样支架连接。此期主要活动以毛细血管和成纤维细胞增殖为主。②纤维组织增生期（第 2 周）：此时，断端间填充的胶原样组织由结缔组织替代，大量的成纤维细胞增殖。腱端的腱细胞开始分化，细胞的增殖活动开始无规律，排列紊乱，逐渐向腱板集中。此期间结缔组织和胶原样物质互相生长，肌腱断端间隙完全由上述组织及不成熟的腱纤维连接，但不坚实。③肌腱塑形初期（第 3 周）：肌腱连接后第 3~4 周，肌腱细胞分裂增殖。断端为结缔组织和肌腱胶原纤维代替，局部肿胀消退，连接较坚固，肌腱塑形开始。肌腱缝连接处与周围组织开始分离，便于肌腱滑动。④肌腱塑形期（第 4~12 周）：经结缔组织、腱纤维连接后的腱断端，肌腱细胞排列规律，毛细血管增生减少。腱纤维呈轴形排列，结合部的连接更为紧密，此时愈合的肌腱可承受牵拉和张力。

（四）屈肌腱修复术后的康复

1. 早期（术后1~4周）

（1）动力夹板：在前臂和手的背侧放置夹板，使腕屈曲30°，掌指关节屈曲70°，指间关节伸展。用橡皮条牵引各指末节或指甲，使指维持伸展状态，防止屈曲挛缩。

（2）轻柔地被动屈曲远侧和近侧指间关节：每次5遍，每天4次，但不主动屈曲，也不被动伸展。指腕不能同时伸展，但可主动伸指。

2. 早中期（术后4~6周）

（1）动力夹板牵引：同早期。

（2）被动屈曲各掌指和指间关节，每次10遍，每天4次。主动练习3种方式的握拳。最好将诸指用胶布套在一起，使健指带动患指活动。被动屈指位行伸腕练习。指腕不能同时伸展。

（3）在腕中立位及掌指关节最大屈曲位练习伸指1次。

3. 中期（术后6~8周）

（1）去除腕背夹板，改用腕支具，使掌指关节充分活动。

（2）3种位置的主动肌腱滑动练习。

（3）轻微ADL活动，如撕报纸、擦玻璃和砂磨等。

（4）木工作业，每次15分钟，每天2~3次。

（5）防治屈肌腱粘连，可用铝夹板伸展矫形器或动力伸展夹板，进行被动掌指关节运动。

4. 后期（术后8~12周）　可以继续使用防止爪形手的夹板。着重进行恢复力量的练习，包括木工作业（如砂磨）、家务作业和模拟职业作业，准备重返工作岗位。必要时行支具使用训练。

（五）伸肌腱修复术后的康复

目前，国内外通用的手部伸肌腱分区是把手的伸指肌腱划分为8个区，伸拇指肌腱划分为6个区（表3-1，图3-5），两者治疗原则相同。

表3-1　手的伸指肌腱分区

肌腱分区	2~5指	拇指
Ⅰ	远侧指间关节部	指间关节背侧
Ⅱ	中节指骨部	近节指骨部
Ⅲ	近侧指间关节部	掌指关节背侧
Ⅳ	近节指骨部	第一掌骨部
Ⅴ	掌指关节部	腕横韧带部
Ⅵ	手背部	腕及前臂部
Ⅶ	腕背横韧带部	
Ⅷ	前臂远端	

1. Ⅰ和Ⅱ区损伤　为跨过远侧指间关节的伸肌腱损伤，无论手术或保守治疗，其康复治疗如下：

（1）术后1~6周：远侧指间关节的伸侧或屈侧夹板固定于伸直位，近侧指间关节自由屈伸以防止关节强直。

（2）术后6~8周：开始轻柔无阻力的屈远侧指间关节练习，允许屈曲25°~40°，不练习时仍以夹板固定保护。

（3）术后8~12周：间断性去除夹板，开始按摩、握拳等功能练习，并开始感觉训练。

2. Ⅲ和Ⅳ区损伤　伸肌腱在近侧指间关节处离断，无论手术或保守治疗，其康复治疗如下：

（1）术后1~6周：近侧指间关节夹板固定于伸直位，远侧指间关节自由活动。

（2）术后6~8周：在掌指关节屈曲位无阻力屈伸近侧指间关节，不练习时仍使用伸指夹板固定。

（3）术后8~10周：增加主动屈伸练习，开始用柔和的动力性夹板以被动屈曲近侧指间关节。

（4）术后10~12周：用主动运动和被动运动及夹板等方法，恢复关节活动度，有时需要医师指导6~9个月。

3. Ⅴ和Ⅵ区损伤

（1）术后3~4周：制动于腕背屈位30°，诸掌指关节0°，近侧指间关节自由活动。

（2）术后4~5周：开始伸肌腱活动，先屈掌指关节，然后依次增加伸掌指关节、内收外展手指、屈腕并伸指。

（3）术后6~7周：练习屈腕和屈指，手指绕橡皮圈外展及胶泥作业。

（4）术后7~8周：去除保护性夹板。

（5）术后8~12周：逐渐增强训练的阻力，并准备恢复工作。

4. Ⅶ区损伤

（1）术后第4周的主动伸腕练习应当谨慎。

（2）术后5~6周可以分别进行桡偏背屈腕和尺偏背屈腕以分别训练桡侧和尺侧腕伸肌。

（3）保护性夹板持续使用6~8周。

（六）感觉障碍的康复

手的周围神经受损后，由于腱鞘的不成熟及神经末梢的排列错误，感觉传导速度减慢，阻碍新生的轴突发芽长入原来的髓鞘内，故出现非正常的感觉及某些部位的感觉缺如（感觉定位和定性变异）。患者可通过感觉学习及训练，从而在脑中将这种异常刺激感觉与受伤前脑中已存在的、对某物体表面形状的反应模式联系起来，进一步训练患者形成一种高度的本体感觉认识，即感觉可以通过学习而重建。

手的感觉恢复顺序：痛觉和温度觉、30Hz 振动觉、移动性触觉、恒定性触觉、256Hz 振动觉、辨别觉。感觉训练分早期和后期阶段。早期主要是触觉和定位、定向的训练，

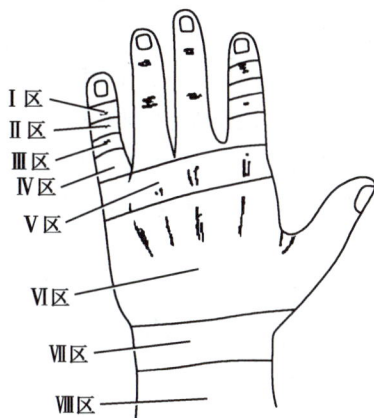

图3-5　手部伸肌腱分区

腕部正中神经及尺神经修复术后8周,可以开始早期阶段的感觉训练。后期主要是辨别觉的训练。

1. 感觉再训练 感觉再训练前必须行感觉评定;要求患者自己在患手上画出感觉缺失区域;保护觉(针刺觉、深压觉、温度觉)恢复时即可行感觉再训练;感觉再训练时间不宜过长、过多,每次15分钟,每天3次;感觉再训练后每月评定一次。正规感觉再训练结束,患者恢复主动活动后,后期阶段的感觉再训练必须依靠患者自己双手的不断使用得以维持。

(1)定位觉训练:训练在安静的房间进行,训练的目的是将触觉和视觉刺激联系起来形成新的触-视模式。

1)移动性触觉训练:用30Hz的音叉让患者了解什么时候和在什么部位开始移动性触觉,然后用铅笔擦头沿需要再训练的区域,由近及远触及患者。患者先睁眼观察训练过程,然后闭眼,将注意力集中于他所觉察到的感受,而后睁眼确认,再闭眼练习,如此反复,直至患者能够准确地确认刺激部位。

2)恒定性触觉训练:当患者能觉察到指尖的移动性触摸时,即可开始恒定性触摸训练,使用256Hz音叉作为导标,以确定何时开始训练。用铅笔擦头点压,开始时压力较大,然后逐渐减轻。经过闭眼-睁眼-闭眼的训练程序,反复学习,直至患者能够准确确认刺激部位。

(2)辨别觉训练:当患者有了定位觉后,即可开始辨别觉训练。开始训练时可先让患者辨别粗细差别较大的物体表面,再逐渐辨别差别较小的物体表面。每项训练采用闭眼-睁眼-闭眼的训练程序。反馈、重复的强化训练。

1)质地和形状的识别训练:将粗细不等的砂纸,分别附于木棒的两端。令患者闭眼,开始时用粗细颗粒差别很大的砂纸端在患者手指上轻轻滑动,让患者回答是同样或是有差别。逐渐进展到粗细相似的砂纸,若患者回答有误,则可睁眼再感觉一次,如此反复,直至回答正确。

2)纺织品的质地识别训练:将质地不同的织物,如针织品、丝织品、毛皮等放在一起,开始阶段让患者识别质地相同的织品,令患者将相同质地的织物配对。然后进展到识别不同质地的织物,方法同质地和形状的识别训练。

3)小物品形状识别训练:将硬币、螺帽、螺栓及安全别针等小物件放入布袋内,让患者触摸,识别粗糙或光滑的边缘。

4)识别字母:将用薄片做成的字母,用尼龙搭扣黏附在木块上,令患者按照闭眼-睁眼-闭眼的方法,用指尖触摸识别字母,并记录完成项目训练所用的时间。

5)盲点图案触摸训练:在盲文纸上设计各种盲点图案,例如"房子"。令患者按照闭眼-睁眼-闭眼的方法,用指尖触摸图案并回答问题。例如"房子有几个窗口?"训练难度可以由图案设计的内部距离来调节,窗口间距离越近,难度越大。

6)迷宫触摸训练:用环氧树脂在木板上组成不同形状的几何图形迷宫,令患者闭眼用指尖触摸,从迷宫开始端,沿着几何形状前进,直至终端。

(3)需要运动功能参与的感觉训练:一些训练项目需要较高级的运动技巧才可完成。

1)捡拾物品:可将各种不同品种的豆类或不同大小的玻璃球汇入米粒堆,开始时让患者从米粒堆中捡拾较大的豆类或玻璃球,逐渐过渡到捡拾大小相似的豆类或玻璃球,让患者在闭眼下操作。

2)捡拾日常用品:将别针、铅笔、钥匙、肥皂、纽扣等物品放入布袋内,开始时让患者捡拾质地大小相差很大的物品,逐渐进展到捡拾大小、形状、质地相似的物品。

3)日常生活活动训练和作业训练:训练患者生活中许多需要在没有视觉帮助下完成的自我照料活动和作业活动,诸如在暗室中用钥匙开门、拿东西、扣纽扣等活动。

2. 感觉过敏治疗 如果患者存在感觉过敏,则脱敏治疗应放在感觉训练之前进行;若患者存在痛性神经瘤,则需要手术切除神经瘤。

(1)教育患者减少恐惧心理,有意识使用敏感区,如果不克服恐惧心理,很难进行下一步治疗。

(2)在敏感区逐渐增加刺激:首先用棉花摩擦敏感区,每次 1~2 分钟,每天 5 次。患者适应后,改用棉布或质地较粗糙的毛巾摩擦敏感区,然后使用分级脱敏治疗。例如:

1)先用旋涡水浴 15~30 分钟,开始慢速,然后逐步加快,使患者适应水的旋动。

2)按摩、涂油后,做环形按摩 10 分钟。

3)用毛巾类针织物摩擦 10~30 分钟,待患者能感受触觉刺激后,让患者触摸不同材料,如黄沙、米粒、圆珠等。

4)振动:如使用电动振动器振动局部皮肤,以巩固患者的脱敏。

5)叩击:如用铅笔端叩击敏感区以增加耐受力。

3. 感觉减退康复技术 康复治疗的目的是教会患者使用代偿技术,安全地使用患手,其次是感觉再训练。

(1)手部感觉丧失的安全教育:①避免接触冷、热和锐器物品;②避免使用小把柄的工具;③抓握物品不宜过度用力;④避免长时间使用患手;⑤使用工具的部位经常更换,预防某一部位的皮肤有过多的压力;⑥经常检查手部皮肤有无受压征象,如红、肿、热等;⑦感觉缺损区皮肤一旦破损,应及时处理伤口,避免组织进一步损伤;⑧良好的皮肤护理,保持无感觉区皮肤的柔软及弹性。

(2)保护觉训练:治疗师用针刺、冷、热、深压刺激等,让患者体会每一种感觉,然后令患者按闭眼-睁眼-闭眼的过程反复训练。通过再训练,使患者重新建立感觉信息处理系统,而不是恢复原有的保护觉。

4. 感觉再训练效果的评估 目前尚无一种精确的方法,临床上可根据某些参数来判定,这些参数包括:①定位觉错误次数减少;②在限定的时间内能够完成较多的配对或识别测试;③完成各项训练的时间缩短;④两点辨别觉的能力提高;⑤日常生活能力和作业能力提高。

以上参数最重要的评估标准是:患者在工作中或休闲活动中利用手的能力增强。

(七)作业疗法

作业疗法是手康复不可或缺的治疗手段,可从日常生活中和文体活动中挑选一些针对手功能障碍、有助于手功能恢复的作业,让患者参与适应性活动。常用的手康复作业疗法有:

1. 治疗泥训练 主要采用普通的黏土或着色的橡胶黏土,根据治疗早、中、后期的不同治疗目的,调节黏土的量及其软硬度,以达到增强手指肌力、耐力,改善手指灵活性、协调动作的目的。

2. 弹力带锻炼　根据弹力带的强度和治疗用途的不同,治疗带可分为轻度、中度和强度等数种,因此,可进行分级别的抗阻力练习。在手康复中,治疗带主要用于肌力、耐力、协调性和关节活动度训练。

（八）手外伤后水肿及增生瘢痕的处理

1. 手外伤后水肿的处理　手外伤后水肿是导致关节僵硬的最主要原因,早期控制水肿尤为重要。

（1）抬高患肢:损伤或手术后应将患手持续性抬高,使患手位于心脏以上水平。

（2）伤肢固定:用掌侧前臂夹板(或石膏托)固定伤肢,其远端不超过掌横纹,使掌指关节和指间关节能够主动活动。

（3）主动活动:有助于静脉淋巴回流。

（4）若肢体皮肤条件许可,可在伤肢抬高位做向心性按摩,以促进静脉淋巴回流。

（5）压力治疗

1）橡皮条或弹力绷带:自指尖开始缠绕手指至指根部,然后放开。重复进行,每天数次。

2）弹力指套:适用于单个手指肿胀。

3）等张压力手套:佩戴时应注意指蹼部位与手套紧贴,否则指蹼区无压力,将成为水肿液滞留区。

（6）冰疗法:对于冰水过敏者、局部血液循环障碍及患处皮肤感觉障碍者禁忌。

1）冰敷法:将碎冰颗粒用毛巾包好,敷患处 15~20 分钟。

2）冰水浸泡法:将碎冰调节水温至 10~15℃,将患手置于冰水中 15~20 分钟。

（7）超短波疗法:无热量,对置法,每次 10 分钟,每天 1 次,10 次为 1 个疗程。

2. 手外伤后增生瘢痕的处理

（1）超声波疗法:采用接触法(若瘢痕在肢体末端可用水下法),1~1.5W/cm²,每次 5~15 分钟,每天 1 次,15~20 次为 1 个疗程,超声波可以软化瘢痕。

（2）音频电疗法:用条状电极,并置法,每次 20~30 分钟,每天 1 次,20~30 次为 1 个疗程,可软化瘢痕,止痒止痛。

（3）蜡疗法:蜡饼法,每次 30 分钟,每天 2 次。

（4）加压治疗法:可穿戴等张手套。

（5）按摩法:开始用轻手法的按压法,随着瘢痕组织的老化,手法可逐渐加重,主要采用推、揉、提、捏等手法,按摩的频率要慢,手法要柔和,不断变换部位,以免引起水疱或损伤新生皮肤。

（6）牵拉瘢痕组织的被动运动:牵伸力量要逐渐加大,牵伸到一定范围时稍停顿再放松,与蜡疗、按摩配合效果更佳。

（7）夹板:一般用来维持肢体位置,预防或矫正畸形。

（九）中医康复疗法

1. 中药疗法

（1）中药口服疗法:中医认为手外伤早期因损伤而导致气滞血瘀,水液潴留或邪毒感染,出现肿胀、疼痛、渗出等症状,根据"结者散之、留者攻之"的原则,中药治疗以攻利祛邪为主,可内服桃红四物汤、七厘散等;中期因筋脉失养,易出现粘连、挛缩及关节屈伸不利,故宜以舒筋通络为法,以舒筋活血汤、和营止痛汤为主方;后期手外伤患者的正气因早期的损伤和攻利祛邪而耗伤,筋骨虽经调理而未强,治以扶正强筋骨为宗,可内服独活寄生汤,补肾壮筋汤等强筋骨方药。

（2）中药熏洗疗法:临床研究表明,手外伤后采用中药熏洗患手能够有效改善局部血液循环,软化瘢痕,从而抗炎消肿,减少肌腱粘连可能,降低疼痛等后遗症的发生,对感觉恢复也有一定的作用。常采用活血化瘀,温经通络之类中药,如当归、红花、桃仁、桂枝、伸筋草、丝瓜络、秦艽、威灵仙、细辛、艾叶等。

2. 针灸疗法　主穴取肩髃、曲池、合谷。正中神经损伤加内关、曲泽;尺神经损伤加后溪、腕骨;桡神经损伤加阳溪;日久脾胃虚弱加足三里、三阴交。电针仪采用连续波,频率2Hz,输出强度以引起患者能够耐受的神经支配肌肉发生明显收缩为准。神经损伤严重、不能引起肌肉收缩时,则以不引起拮抗肌收缩为限。留针30分钟,每天1次,10次为1个疗程,疗程间休息2天,可显著提高患者的手功能,改善日常生活自理能力。

3. 推拿疗法　在术后中后期加强手腕关节、腕骨间关节、腕掌关节、掌指关节、拇指、指间关节的手法松动,可使纤维结缔组织获得最佳伸长效果,有效改善关节的主动活动范围,增强手指肌肉的力量及手的精细活动等手功能。手法可采用推、捻、拔伸、屈伸等。

四、康复教育

受伤初期,因为心理应激反应,有些患者因害怕手术失败或疼痛,不愿意进行早期的被动活动,对此,医护人员应该以安慰和鼓励为主,讲解有关疾病的知识,帮助患者了解损伤的程度和治疗结果,使其树立战胜伤痛的信心;对于进行过一段时间康复,因进展缓慢而感到失望,失去信心,训练动力减弱的患者,医护人员应该使其认识到恢复是一个缓慢的过程,需要一段时间,同时可以制定近期和远期的康复计划,并评估康复效果。功能康复时机是康复治疗的关键,医护人员应向患者解释康复时机的重要性,让患者了解过早活动会发生肢体血液循环障碍,影响组织愈合,而固定时间过长又会发生肌腱粘连,关节僵硬,影响手功能的康复。所以,应根据不同的受伤情况,制定符合病理生理过程的康复计划,并将康复计划予患者进行详细讲解,同时告知患者,如果发生因训练造成的疼痛且持续时间较长,活动后组织肿胀明显,原来能够屈伸的肢体突然不能主动运动等情况时,应及时来院复诊。

第三节　运动损伤的康复

运动损伤(sports injuries)是指在体育运动中发生的身体损伤,绝大多数是因过度运动而引起肌肉、肌腱、韧带、软骨或骨的慢性微小积累损伤。运动损伤的康复治疗要求很高,常需与临床治疗及运动训练的合理安排相结合,并应从损伤之日开始,持续到恢复原有运动水平为止。运动损伤康复治疗的基本原则主要有分期治疗原则和功能恢复的针对性原则。

1. 分期治疗原则　运动损伤的分期治疗原则就是按照不同的病理过程进行分期处理。

（1）急性期:肌肉、韧带损伤初期,治疗重点是止痛、止血,减少渗出,防止肿胀。

应用"RICE"常规（Rest、Ice、Compression、Elevation）治疗，即休息、冰敷、加压包扎及抬高患肢。对于有骨折或韧带、肌肉、肌腱断裂的患者应进行适当的外固定。

（2）稳定期：伤后48小时，出血停止，治疗重点是血肿及渗出液的吸收。可使用物理治疗、推拿、中药外敷等方法促进损伤恢复。支具保护，局部制动至损伤愈合。

（3）恢复期：此期患者局部肿痛消失，治疗以损伤肢体肌力、关节活动度、平衡及协调性、柔韧性的训练为主，辅以物理治疗，改善其局部及整体功能。

2. 功能恢复的针对性原则　运动损伤的康复应因人而异，对于一般非专业运动员患者，功能恢复的重点是恢复日常生活和工作能力。但对于专业运动员来说，患肢功能应尽可能完全恢复至原有的运动水平，才是最终康复目标。专项运动员，还须针对某些运动素质、肌肉功能及柔韧性的特殊要求，进行专项运动所需要的平衡、协调性的训练，即所谓SAID（specific adaptation to imposed demands）原则。

运动损伤在中医学属"筋伤"范畴，中医康复疗法，如手法治疗、针灸治疗、中药内外治、"导引术"等亦被广泛应用，具体可参考《中国传统康复技能》相关章节。

一、肌肉损伤的康复

（一）股四头肌挫伤

1. 概述

（1）定义：是指外力冲撞所致股四头肌损伤。若损伤了股骨前方的横行动静脉或肌肉断裂会产生股四头肌下血肿，股四头肌的挫伤晚期较严重的病例常常继发骨化性肌炎。

（2）临床特点：按症状严重程度分为轻、中、重三型。

1）轻度挫伤：压痛局限，膝可屈至90°位，轻度跛行。

2）中度挫伤：局部明显肿胀，可以摸到肿块，膝不能屈到90°位，跛行，上楼或起立时疼痛。

3）严重挫伤：广泛肿胀，摸不到股四头肌的轮廓，膝不能屈至35°位，跛行明显，有时膝关节出现积液。

股四头肌下血肿受伤，当时疼痛大多不严重，随着出血的增加，大腿肿胀越来越明显，大腿间隔的内压越来越大，疼痛逐步加重，膝关节活动受限也越来越明显。

2. 康复评定

（1）大腿围度测量：可以了解患肢肌肉萎缩或肿胀的程度。

（2）肌力评定：常用徒手肌力检查法（manual muscle testing，MMT）进行肌力评定，必要时亦可采用器械评定。

（3）关节活动范围评定：目的在于判断关节活动障碍的原因、程度等，指导康复训练。

（4）疼痛评定：通常用视觉模拟评分法评定疼痛程度。

3. 康复治疗

（1）急性期：加压包扎，休息、抬高患肢、冰敷。禁止任何手法操作、热疗及膝的屈伸活动。轻度挫伤24小时后，严重挫伤48小时后开始股四头肌、腘绳肌等长收缩运动。

（2）恢复期

1）中医康复疗法：推拿治疗，手法以按揉等为主，操作采用由肢体远端向近端的

"向心推"为主;针灸治疗,取穴以局部痛点为主,结合"经络所过,主治所及",选取足阳明胃经、足太阴脾经经穴,如髀关、伏兔、梁丘、血海等,手法以泻法或平补平泻为主。

2)物理因子治疗:传导热疗法(如蜡疗、中药外治等)、辐射热疗法(红外线、光浴等)、电疗法(经皮神经电刺激疗法、中频电疗法等)。

3)关节活动训练:首先是膝的伸直功能练习,屈曲练习应根据病情缓慢开始。遵循先被动,后主动-辅助,最后主动及抗阻的原则逐渐扩大膝关节的活动度至 ROM 完全恢复正常。

4)肌力训练:肌力是维持人体动态稳定、恢复正常步行及运动能力的重要条件。肌力训练重点是股四头肌及腘绳肌,采用徒手或器械训练方法,逐渐增加抗阻的力量。

5)站立和步行训练:借助肋木或平行杠进行患肢负重训练,直至患肢可以完全负重,然后在治疗师的指导下进行步行训练,循序渐进直至恢复正常步行和运动能力。

(二)腘绳肌损伤

1. 概述

(1)定义:临床将大腿屈肌群,即半腱肌、半膜肌及股二头肌称为腘绳肌。腘绳肌损伤多见于赛跑、跳跃及跨栏运动员。

(2)病因及发病机制

1)慢性劳损型:为微细损伤累积的结果,可分为:坐骨结节腱止点末端病,同时合并坐骨结节慢性滑囊炎;腘绳肌肌腹部肌肉劳损;腘绳肌下部肌腱炎。

2)急性损伤型:运动员训练肌肉韧性"拉肌肉"、跨栏运动员过栏时、短跑屈膝向前"摆腿"时,都可能被动拉伤腘绳肌。这类损伤以坐骨结节止点部多见,肌腹及下部损伤少见。还有一类损伤是在短跑用力加速时、跳远踏跳后蹬用力时发生,以肌腹损伤最多。

(3)临床特征

1)疼痛:疼痛是腘绳肌损伤的主要症状,慢性劳损型多于重复损伤动作时疼痛或被动牵拉时疼痛,坐骨结节滑囊炎者坐蹲时疼痛;急性损伤型,轻者在重复损伤动作时疼痛,重者走路困难,跛行。肌肉断裂,下肢多处于屈曲位,步行艰难。

2)腘绳肌上部断裂者受伤时有断裂声,肌肉收缩时出现"双驼峰"形或球状,部分断裂者可见肌腹凹陷、肌腱张力减弱或消失。

3)肿胀:因损伤出血情况程度不同而异。

2. 康复评定

(1)大腿围度测量:可以了解患肢肌肉萎缩或肿胀的程度。

(2)肌力评定:常用徒手肌力检查法进行肌力评定,必要时亦可采用器械评定。

(3)关节活动范围评定:目的在于判断关节活动障碍的原因、程度等,指导康复训练。

(4)疼痛评定:通常用 VAS 法评定疼痛程度。

3. 康复治疗　急性损伤后应立即加压包扎、冰敷、抬高患肢并将肌肉置拉长位。轻度肌腹拉伤者,24 小时后可给予轻手法推拿和间动电治疗(diadynamic therapy)。坐骨结节部拉伤,伤后应充分休息,辅以蜡疗、短波或超短波治疗、痛点泼尼松龙封闭。严重损伤完全断裂或部分断裂合并出血血肿者,应早期手术治疗。慢性劳损型者,可进行蜡疗、短波或超短波治疗及手法治疗、痛点泼尼松龙封闭。影响训练、经久不愈的陈旧性损伤可手术治疗,切除围腱、滑囊或行腱止点剥离。

各类损伤疼痛减轻后,逐步开展膝关节屈伸活动训练至 ROM 完全恢复正常,渐进增加伸、屈膝的抗阻力量,适时开始站立负重、步行、慢跑等活动,逐渐增加运动量及其强度。

4. 康复教育　肌肉损伤,由于损伤部位、运动种类等不同,其临床表现各异。其主要原因包括运动前准备活动不够充分、运动时用力不当或专项运动造成的特定部位的损伤等。因此,应加强日常防护:运动前应认真进行准备,包括对全身各肌肉进行充分牵伸;加强专项运动技能的训练,熟练掌握运动技巧;加强身体力量和耐力训练;必要的护具和支持带的应用。

二、韧带损伤的康复

(一)膝关节前交叉韧带损伤

1. 概述

(1)定义:膝关节前交叉韧带损伤在运动创伤中较多见。可单独损伤,也可与侧副韧带及半月板同时损伤,后者称为联合损伤。

膝关节前交叉韧带分为前内束及后外束两束,膝关节于近伸直位内旋内收时(膝内翻)可损伤其后外束,膝于 90°位外展外旋(膝外翻)时可损伤前内束,为部分断裂。如果暴力过大则两束同时断裂,即为完全断裂。

(2)临床特征:患者有急性膝损伤史,损伤时关节内有组织撕裂感或撕裂声,随后产生疼痛及关节不稳,不能完成正在进行的动作和走动,继而关节出血肿胀。由于疼痛,肌肉出现保护性痉挛,使膝关节固定于屈曲位。陈旧性损伤者多有膝关节不稳、疼痛、肿胀。下楼时关节错动,个别患者出现关节交锁。有些患者可无症状。体格检查:抽屉试验阳性,Lachman 试验阳性。X 线片如有韧带止点撕脱骨折或骨软骨骨折有诊断意义。MRI 检查可以显示韧带是否有断裂,是部分断裂还是完全断裂,对诊断很有价值。

(3)临床治疗:前交叉韧带部分断裂者石膏外固定 3~4 周;新鲜完全断裂者手术修复,宜在 2 周内进行;陈旧性断裂者,可行关节镜下自体韧带重建术。

2. 康复评定

(1)大小腿围度测量:主要了解患肢是否有肌肉萎缩以及肌肉萎缩程度。

(2)肌力评定:用徒手肌力检查法进行肌力评定,还可以利用器械进行肌群的等张肌力及等速肌力评定,等速肌力的腘绳肌/股四头肌(H/Q)比值,对于判断肌力的恢复具有重要意义,以 H/Q 比值>85%作为恢复运动的标准之一。

(3)关节活动范围评定:目的在于判断关节活动障碍的原因、程度等,指导康复训练。

(4)疼痛评定:通常用视觉模拟评分法评定疼痛程度。

(5)KT-2000 前交叉韧带强度评定:分别于膝关节屈曲 90°及 30°时用 6.8kg、9kg、13.5kg 的拉力测量双侧前交叉韧带强度,两侧对比。若胫骨移位差值大于 3mm,为前交叉韧带松弛。

3. 康复治疗

(1)术后第 1 阶段(术后 0~2 周):减轻疼痛及关节肿胀,早期进行肌力练习及关节活动度练习,以防止粘连及肌肉萎缩。

1)手术当天:活动足趾、踝关节;如疼痛不明显,可尝试收缩股四头肌。

2)术后第 1 天:术后 24 小时可扶双拐,患肢不负重下地行走。踝泵练习,用力、缓慢、全范围屈伸踝关节以促进循环、消退肿胀、防止深静脉血栓。股四头肌及腘绳肌等长练习。股薄肌、半腱肌重建前交叉韧带患者,开始尝试直抬腿;髌腱重建前交叉韧带患者,如髌腱切口处疼痛较明显,可 2~3 日后再行上述练习。

3)术后第 2 天:继续以上练习,抗重力踝泵练习,开始侧抬腿练习及后抬腿练习。

4)术后第 3 天:根据情况由医师决定开始关节活动度练习;开始负重及平衡练习,保护下双足左右分开,在微痛范围内左右交替移动重心,争取可达到单腿完全负重站立。

5)术后第 4 天:加强负重及平衡练习,逐渐至可用患腿单足站立,开始使用单拐(扶于健侧)行走。0°~60°范围 ROM 训练。

6)术后第 5 天:继续并加强以上练习;屈曲练习至 70°~80°,并开始主动屈伸练习,训练后冰敷。

7)术后 1~2 周:主动屈曲达 90°;髌腱重建前交叉韧带患者,开始俯卧位"勾腿练习",练习后即刻冰敷。股薄肌、半腱肌重建前交叉韧带患者,术后 4~6 周开始立位"勾腿练习"。

(2)术后第 2 阶段(术后 2~4 周):加强关节活动度及肌力练习,提高关节控制能力及稳定性;逐步改善步态。

1)术后 2 周:被动屈曲至 90°~100°;强化肌力练习;如可单足站立 1 分钟,即可用单拐行走,并可于室内脱拐行走;伸膝与健侧基本相同;开始在指导下主动练习屈曲。调整支具至 0°~70°范围屈伸,并每 3~5 日加大角度,术后 4 周至 110°。

2)术后 3 周:被动屈曲至 100°~110°;加强主动屈伸练习,强化肌力练习;尝试脱拐行走;髌腱重建者开始立位"勾腿练习"。

3)术后 4 周:被动屈曲达 120°;调整支具至 0°~110°范围屈伸,开始前后、侧向跨步练习。静蹲练习下肢肌力。力求达到正常步态行走。

(3)术后第 3 阶段(术后 5 周至 3 个月):关节活动度与健侧相同,强化肌力训练,改善关节稳定性,恢复日常生活活动能力。

1)术后 5~7 周:被动屈曲达 130°;开始患侧屈 45°位屈伸膝练习;功率自行车练习,无负荷至轻负荷。

2)术后 8~10 周:被动屈曲角度逐渐与健侧相同;"坐位抱膝"与健腿完全相同后,逐渐开始保护下全蹲;强化肌力,使用皮筋进行股四头肌、腘绳肌等肌力训练。

3)术后 10 周至 3 个月:主动屈伸膝角度基本与健侧相同;每天俯卧位屈曲使足跟触臀部,持续牵伸每次 10 分钟。坐位抱膝角度与健侧完全相同后,开始跪坐练习。开始蹬踏练习,术后 3 个月可进行各项功能测试,为下阶段日常生活及正常运动提供客观依据。

(4)术后第 4 阶段(术后 4~6 个月):强化肌力及关节稳定训练,全面恢复日常生活的各项活动,逐渐恢复体育运动。

1)开始膝绕环练习。

2)开始跳箱跳上跳下练习。

3）开始侧向跨跳练习。

4）开始游泳（早期禁止蛙泳）、跳绳及慢跑。

5）运动员开始基本动作的专项练习。

在此期间重建的韧带尚不足够坚固，故练习应循序渐进，不可勉强或盲目冒进，且应强化肌力以保证膝关节在运动中的稳定及安全，运动中戴护膝保护。

（5）术后第5阶段（术后7个月至1年）：为恢复运动期，强化肌力及跑跳中关节的稳定性，全面恢复体育运动，与运动员的教练配合逐步恢复专项训练。

4. 康复教育 前交叉韧带的主要功能是限制胫骨向前滑动，是维持膝关节稳定性的重要结构之一。术后关节活动和肌力训练应尽早进行，以防止膝关节粘连和挛缩。但须注意为避免牵拉移植韧带，术后膝关节活动必须严格按康复计划执行，患者日常生活活动应佩戴支具。部分患者由于术后没有明显不适症状，日常训练或活动时易随意加大运动量，增加关节负荷，导致过度训练而造成损伤。因此，康复医师、治疗师必须和手术医师加强沟通，严格患者的日常管理，训练中应遵循循序渐进原则。

（二）膝关节内侧副韧带损伤

1. 概述

（1）定义：膝屈曲时，小腿突然外展外旋，或大腿突然内收内旋，使膝关节内侧副韧带损伤，损伤分为部分损伤及完全断裂。

（2）临床特征：受伤时膝部内侧常突然剧痛，韧带受伤处有压痛，以股骨上的韧带附着点为明显。膝关节保护性痉挛，致使膝关节保持在轻度的屈曲位置，膝关节伸直0°位及屈曲30°位检查是否有关节内侧开口活动。如有，即为完全断裂，0°位为前纵束断裂，30°位为后斜束断裂。

（3）临床治疗：损伤的早期治疗主要是防止创伤部的继续出血，并予以适当固定，以防再伤。弹力绷带压迫包扎，局部敷冰袋并抬高患肢。24小时后出血停止，局部热疗，外敷中药。内侧副韧带的不全断裂，10天至3周后即可恢复运动，但必须按照膝内侧副韧带的作用方向，用粘膏支持带固定，外面再裹以弹力绷带。膝内侧副韧带完全断裂应早期进行手术缝合。手术时机最迟不超过伤后2周。手术后将膝屈曲20°，于内收内旋位用石膏管型固定4周左右后去除。陈旧性内侧副韧带断裂且有关节不稳的，可行韧带再造术。

2. 康复评定 主要进行大小腿围度测量、肌力评定、关节活动范围评定、疼痛评定等，具体参照膝关节前交叉韧带康复评定。

3. 康复治疗

（1）术后第1阶段（0~4周）：石膏固定期，减轻疼痛、肿胀；尽早进行肌力练习，以防止粘连及肌肉萎缩。手术当天开始活动足趾，可尝试收缩股四头肌。术后第1天开始踝泵及股四头肌、腘绳肌等长练习。术后第2天可扶拐下地，开始尝试直抬腿、外侧抬腿练习及后抬腿练习。

（2）术后第2阶段（4~8周）：关节活动度及肌力练习期，加强活动度练习，强化肌力练习，本体感觉练习，逐步改善步态。

1）术后4周：开始屈膝练习，屈曲角度范围为0°~60°；如基本无痛可达接近90°。伸展练习：放松肌肉，使膝关节自然伸展。每次30分钟，每天1~2次。负重及平衡，如患腿可单足站立，则开始单拐行走。

2）术后 5 周:伸膝与健侧基本相同,开始坐位或卧位抱膝练习屈曲,调整支具至 0°～70°范围。肌力较好的患者可不用支具。开始俯卧位"勾腿练习";开始主动屈伸练习并加强。

3）术后 6 周:脱拐行走,调整支具至 0°～110°范围。开始立位"勾腿练习",前后、侧向跨步练习及静蹲练习,力求达到正常步态。

4）术后 7 周:被动膝关节屈曲练习达 140°,开始患侧单腿起蹲练习。

5）术后 8 周:强化膝关节被动屈曲练习,被动屈曲角度与健侧相同。尝试保护下全蹲,强化肌力,使用沙袋坐位抗阻力伸膝。

（3）术后第 3 阶段(8 周至 3 个月):功能恢复期,关节活动度与健侧相同;强化肌力,改善关节稳定性;恢复日常生活并初步恢复运动能力。

1）每天俯卧位屈曲,使足跟触臀部,持续牵伸每次 10 分钟。

2）前向下台阶练习,要求动作缓慢、有控制、上身不晃动。

3）开始游泳、跳绳及慢跑。

4）运动员开始基本动作练习。

由于此期韧带尚不足够坚固,练习应循序渐进,不可勉强或盲目冒进,运动时戴护膝保护。

（4）术后第 4 阶段(3 个月后):恢复运动期,强化肌力以增加跑跳时关节的稳定性,逐步恢复运动或专项训练。

4. 康复教育　膝关节侧副韧带是维持膝关节稳定的主要支柱。膝关节内侧副韧带由内侧副韧带浅层和内侧副韧带深层构成。浅层起自股骨内收肌结节前下方,纤维呈纵向平行下行,止于关节线下 6～8mm 胫骨骨膜。深层起于浅层股骨附着部下方,与内侧半月板周缘相附着,止于关节线下胫骨平台内侧缘,其作用在于限制膝关节外翻和外旋。韧带重建术后膝关节应固定于伸膝位,但须告知患者早期做膝关节屈伸活动,以防治膝关节术后粘连,并促进韧带愈合。患者康复训练或日常生活活动中,应避免膝关节外翻应力。此外,还须避免下肢过度或持久的外展姿势。康复训练须严格按照方案执行,遵循循序渐进原则。

（三）踝关节侧副韧带损伤

1. 概述

（1）定义:踝关节侧副韧带损伤是最为常见的软组织损伤之一,约占所有运动损伤的 15%,而且若处理不当,20%～40%会导致踝关节不稳或慢性疼痛。踝关节侧副韧带损伤常由于下楼踏空楼梯;篮球、排球、足球、现代舞、芭蕾舞等运动中跳起落地不稳或脚被踩、被绊等引起足内翻、内旋或过度外翻、外旋,导致踝关节外侧或内侧韧带损伤,以外侧韧带损伤为最多,尤其以距腓前韧带(anterior talofibular ligament,ATFL)损伤最常见。

（2）临床特征:踝关节侧副韧带损伤分为 3 度。Ⅰ度损伤为轻度扭伤,侧副韧带仅有扭伤而无撕裂,轻度肿胀,无或仅有轻度功能障碍,无关节不稳。Ⅱ度损伤为中度扭伤,侧副韧带有部分撕裂,中度肿胀,丧失部分关节功能,轻度关节不稳。Ⅲ度损伤为重度扭伤,侧副韧带完全撕裂,严重肿胀,患肢不能负重,关节不稳。

患者踝关节扭伤后出现局部疼痛、肿胀,韧带断裂者受伤时有撕裂感,伤后踝关节不稳。伤处明显压痛,约 12 小时内出现皮下淤血。

　　1）特殊检查：①前抽屉试验：常用于甄别有无关节不稳。踝关节前抽屉试验：检查者一手固定胫骨前下端，另一手握住后跟向前用力，若前移超过 5mm 则为阳性，表示距腓前韧带撕裂。②内翻加压试验：检查者一手固定胫骨前下端，另一手内翻踝关节，若移动超过 5mm 则为阳性，表示距腓前韧带（ATFL）及跟腓韧带（calcaneofibular ligament，CFL）撕裂。所有特殊检查均应与对侧对比，特别是患者关节比较松弛时，这样才能避免误诊。

　　2）影像检查：X 线检查常用于排除内踝、外踝、后踝骨折，以及踝关节扭伤常并发的第五跖骨基底部骨折。X 线拍片应包括正位、侧位及斜位。内翻加压位拍片胫距关节面夹角超过 15° 则表示外侧副韧带撕裂。MRI 检查可以判断韧带的损伤部位及程度。

　　（3）临床治疗：伤后初期的重点是止痛、止血，防止肿胀。应立即行弹力绷带加压包扎，冰敷，抬高患肢休息。如果现场没有上述物品，应以拇指压迫痛点以达到止血、防止肿胀的目的。如果有韧带断裂或骨折，应用石膏固定 3~4 周。关节脱位，闭合复位困难者应手术治疗。陈旧性损伤有关节不稳的也应手术治疗。

　　2. 康复评定

　　（1）大小腿围度测量：主要了解患肢有无肌肉萎缩、肿胀及其程度。

　　（2）肌力评定：用徒手肌力检查法进行肌力评定，也可利用器械进行。

　　（3）关节活动范围评定：目的在于判断关节活动障碍的原因、程度等，指导康复训练。

　　（4）疼痛评定：通常用视觉模拟评分法评定疼痛程度。

　　3. 康复治疗

　　（1）石膏固定期：活动足趾，股四头肌、腘绳肌等大腿肌群的力量训练，防止损伤早期因为制动带来的并发症。

　　（2）伤后 4 周：石膏拆除期，开始以下训练。

　　1）踝关节活动度训练：主、被动屈伸练习，逐渐增大活动度。

　　2）肌力训练：包括静蹲、抗阻勾足、抗阻绷足等。

　　3）站立、平衡及协调性训练：从部分负重逐渐过渡到完全负重，渐进性增加本体刺激。利用平衡板或平衡仪进行站立平衡及协调性训练。

　　4）步行训练：前向跨步练习、后向跨步及侧向跨步练习。力量增强后可双手提重物或在踝关节处加沙袋以增加负荷。

　　（3）伤后 8 周：此期韧带已愈合，可以进行以下训练。

　　1）关节活动度及牵伸练习：对小腿三头肌、跟腱进行牵伸，结合主动及主动抗阻活动使关节活动度恢复正常。

　　2）肌力训练：使用弹力带进行踝关节各方向的等张抗阻训练。亦可利用自身重量进行提踵、静蹲、上下楼梯训练。

　　3）日常生活活动及运动能力训练：除上述训练外，还可以进行跑步、跳跃、"8"字跑、"Z"字跑等训练。对于专业运动员，应用 SAID 原则，针对专项进行某些运动素质、肌肉功能及柔韧性训练，以及专项运动所需要的平衡、协调性训练。逐步恢复一般体育运动及专项运动能力。

　　4. 康复教育　踝关节侧副韧带损伤是最为常见的软组织损伤之一，康复的目的是防止出现踝关节不稳或慢性疼痛。如系单纯距腓前韧带Ⅰ度或Ⅱ度损伤,可行足外翻位、踝背屈"8"字绷带加压包扎制动,或辅以粘膏固定。不稳定踝关节损伤或术后患者须石膏或支具固定,早期可以冰敷、加压包扎、抬高患肢,以消肿止痛;去除外固定后,逐渐开始关节活动度、肌力、柔韧性训练,但应避免内翻动作,逐渐增加负重;韧带愈合后,逐渐开始恢复运动,先从不需要踝关节扭转的运动开始,最终恢复体育锻炼。

> ### 知识链接
>
> #### 运动损伤的"POLICE"原则
>
> 2012年英国运动医学杂志针对踝关节扭伤建议采用 POLICE（Protect、Optimal loading、Ice、Compression、Elevation）原则替换经典 RICE 原则,即增加了保护下适当负重原则。POLICE 原则强调早期活动,认为对Ⅰ、Ⅱ度踝关节扭伤患者进行早期关节活动度训练并逐渐负重,可以使患者踝关节功能恢复更好更快。Ⅲ度损伤的患者制动和康复时间相对更长,少数患者需要手术治疗,目的是防止造成新的损伤或踝关节不稳定。

三、肌腱损伤的康复

（一）肩袖损伤

1. 概述

（1）定义:肩袖亦称腱袖或旋转袖,由肩胛下肌(肱骨内旋)、冈上肌(肱骨90°范围内外展)、冈下肌及小圆肌(肱骨外旋)等肌腱组成。肌腱止于肱骨大小结节及部分外科颈部,是覆盖于肩关节前上后方的袖状组织。肩袖的功能除使肱骨向上述几个方向活动外,还有就是在任何活动或静止状态使肱骨头与肩胛盂紧密地结合在一起,起到悬吊肱骨、稳定肱骨头和协助三角肌外展上臂的作用。

肩袖损伤统指肩袖肌腱的损伤及继发的肩峰下滑囊炎,其中冈上肌腱在肩外展外旋时易受肩峰碾压而受损、变性及断裂。肩袖损伤多见于标枪、排球、体操及举重等项目的运动员。肩袖损伤发生后常经久不愈,影响训练和比赛。有报道约占运动损伤的5.1%,占肩区运动损伤的75.0%。

（2）病因及发病机制:肩袖是肩关节活动中的薄弱环节,尤其在负重转肩时,不仅要保持肩关节的稳定,还要完成转肩的动作(如投掷、扣球等动作),加上它与肩峰紧贴,容易产生撞击和摩擦,所以易受损伤。主要病因有:

1）肩部慢性撞击性损伤:多见于中老年患者,肩袖组织因长期遭受到肩峰撞击、磨损,肩袖局部血液循环障碍,进而肩袖肌腱发生退变。大多数的肩袖肌腱损伤和断裂是长期肩部撞击、磨损的结果。

2）创伤:运动时过度转肩或外展,肩袖肌腱可因突然过度的牵拉而损伤破裂;摔倒时上肢伸展撑地,暴力可使肱骨头穿透和撕裂肩袖前上部。

3）医源性病因:如肩部手法治疗时力量过大而损伤肩袖肌腱。

（3）临床特征:肩袖损伤的临床表现主要为肩袖创伤性肌腱炎和肩袖肌腱的断

裂。主要症状是伤后肩痛,呈撕裂样痛、肩上举反弓痛、外展痛、内外旋痛及抗阻痛。临床特征是 60°~120°疼痛弧征阳性,即肩主动或被动外展至 60°~120°时疼痛,外旋时疼痛加重,外展超过 120°时疼痛减轻或消失。肩峰前外缘压痛,肱骨大结节压痛。

肩袖损伤按症状可分三型:第Ⅰ型,一般活动时不痛,当投掷或转肩时痛,检查只有反弓痛;第Ⅱ型,除重复损伤动作时痛外,还有肩袖抗阻痛,肩部一般活动正常;第Ⅲ型,较常见,症状有疼痛和运动受限,检查有压痛和抗阻痛。

肩袖肌腱完全性断裂:发生时多有局部剧痛,伤后 6~12 小时可有疼痛缓解期,随后疼痛程度又逐渐加重,可持续 4~7 日。检查时患肩不能活动,患者常以健肢扶持保护患肢,肩部压痛广泛,按压肌腱断裂部时呈锐痛,常可触及裂隙及异常骨擦音,患者上臂外展无力或不能外展至 90°,肩外展时可闻骨擦音。X 线片早期一般无异常改变,晚期有时可见肱骨大结节部有骨质硬化囊性变或肌腱骨化。

肩袖肌腱不完全断裂:诊断较为困难,通常其肩外展肌力无明显减弱。肩关节造影可证实肩袖有无损伤断裂,还可证实其断裂是完全性的,还是不完全性的。

肩袖急性损伤者,可因肩部疼痛不敢活动上肢,此时鉴别有无断裂可用下述方法检查:①用 2%利多卡因封闭压痛点,封闭后患者可主动外展肩关节,表明肩袖未断裂或部分断裂;若封闭后肩关节仍不能主动外展则表明肩袖严重撕裂或完全断裂。②上臂下垂试验,将患者上臂被动外展至 90°,如不加以支持,患肢仍能保证这一位置,表明肩袖无明显损伤,如不能维持被动外展位置,则表明肩袖严重撕裂或完全断裂。

2. 康复评定

(1)肢体围度测量:可以发现有无肌肉萎缩,与对侧对比。

(2)肌力评定:常用徒手肌力检查法进行肌力评定,还可以使用特殊器械进行肌群的等张肌力测定及等速肌力评定。

(3)肩关节活动范围评定:用于判断伤后肩关节活动障碍程度以及康复治疗后肩关节功能的恢复情况。

(4)疼痛评定:通常用 VAS 法评定疼痛的程度。

3. 康复治疗

(1)轻度和中度肩袖损伤:多采用非手术治疗,急性肩袖损伤按 PRICE(Protect、Rest、Ice、Compression、Elevation)常规处理。局部制动常采用石膏或支架将肩关节固定在外展、前屈、外旋位 3~4 周,在疼痛许可的情况下,应尽早开始肩关节主动功能练习,重点加强三角肌肌力练习,但局部应减少损伤动作的练习。疼痛明显者,予以抗炎镇痛药和缓解肌肉痉挛的药物,如短期服用缓释布洛芬、复方氯唑沙宗,同时配合理疗、针灸、按摩等。痛点局限者,可予皮质激素加利多卡因痛点注射。

(2)重度肩袖损伤(肩袖肌腱完全断裂或部分肩袖肌腱断裂):症状严重、疼痛持续者,应争取早期手术,伤后 3 周内手术效果最好。手术原则是切除撕裂口边缘的坏死腱性组织,恢复肩袖解剖连续性,恢复肩峰下滑动,将断端缝合固定于原位的骨槽中,同时做肩峰成形术。术后的固定方法,一是压迫包扎后,用肩的外展夹板固定 3~4 周,以后再开始三角巾悬吊的弯腰的肩回旋运动;另一种是术后压迫包扎,随即用三角巾悬吊,尽早开始做托肘弯腰的肩回旋运动。术后 4~6 周开始进行肩袖肌群的渐进抗阻练习。可辅以按摩、理疗。一般 6 个月能恢复满意的肩关节运动。

肩袖肌腱断裂修补术后的康复可采用以下程序：

（1）早期（手术后0~6周）：为保护期，康复目的为减轻疼痛及关节肿胀、早期肌力练习、早期关节活动度练习，以避免粘连及肌肉萎缩。

术后即刻至术后3周应予三角巾舒适体位悬吊保护，不应负重及过分用力。否则将影响组织愈合及功能恢复。该期康复程序为：

1）手术当天：麻醉消退后，患侧手臂下垫枕，活动手指和腕关节。

2）术后1天：进行"张手握拳"练习（缓慢用力张开手掌，保持2秒，再用力握拳保持2秒，反复进行），鼓励在不增加疼痛情况下尽可能多做。

3）术后3天：①"摆动"练习（身体前屈至上身与地面平行，在三角巾和健侧手的保护下摆动手臂，首先是前后方向的摆动，适应和基本无痛后可增加左右侧向的摆动，最后增加绕环动作，即划圈，每个方向20~30次/组，每天1~2组，练习后即刻冰敷）。②"耸肩"练习（健侧手托住患侧肘部，在不增加肩部疼痛的前提下，向上耸肩，至最高位置保持5秒，然后放松，反复进行，每组5分钟，每小时1组）。③"扩胸"练习（健侧手托住患侧肘部，在不增加肩部疼痛的前提下，双肩向后做扩胸动作，于最大位置保持5秒，然后放松，反复进行，每组5分钟，每小时1组）。④"含胸"练习（健侧手托住患侧肘部，在不增加肩部疼痛的前提下，双肩向前做含胸动作，于最大位置保持5秒，然后放松，反复进行，每组5分钟，每小时1组）。

4）术后1周：开始进行肘关节主动运动练习（保护下去除三角巾，主动、缓慢、用力全范围屈伸肘关节，每组20~30次，每天2组。练习后马上戴三角巾保护）和肩关节被动关节活动度练习。①肩关节前屈：平卧，去除三角巾保护，患侧肢体完全放松，健侧手紧握患侧肘部，由健侧手用力经体侧沿垂直方向向上举起患侧手臂，至感到疼痛处停止2~3分钟，待疼痛减轻后继续加大角度。②肩关节外展：姿势及要求同前，在体侧沿水平方向外展患侧手臂。③肩关节外旋：平卧，屈肘90°，患侧肢体完全放松，由健侧手握紧患侧手腕，在体前沿垂直方向向外推患侧小臂，至感到疼痛处停止2~3分钟，待疼痛减轻后继续加大角度，最大可至小臂垂直于床面。进行以上动作训练时必须注意，不能使用患肢主动完成上述动作，所有动力都由健侧提供。

5）术后2~3周：①手臂前抬练习（先屈肘90°，无耸肩情况下，手臂体前抬起至无痛角度，于最高位置保持2分钟，休息5秒，连续10次为1组，每天2~3组。力量增强后可伸肘位进行手臂前抬练习）。②手臂体侧抬起练习（无耸肩情况下，手臂体侧抬起至无痛角度，于最高位置保持2分钟，休息5秒，连续10次为1组，每天2~3组）。③"耸肩"练习（手臂自然下垂于体侧，进行"耸肩"练习，每组30次，组间休息30秒，连续进行2~4组。力量加强后可提重物进行）。④屈伸肘关节练习（在不增加肩部疼痛的前提下，主动、缓慢地进行屈伸肘关节练习，每组30次，组间休息30秒，连续进行2~4组）。

6）术后3~6周：除继续进行以上练习外，还须进行肩外展45°位外旋/内旋练习。同时进行肌力练习：站或坐位，患侧手臂伸直，手握一弹性皮筋一端，皮筋另一端固定于某处，向前、外侧及后方用力牵拉皮筋。可通过皮筋的松紧调节阻力的大小，在不增加肩部疼痛的前提下，每组30次，组间休息30秒，连续进行2~4组。站或坐位，患侧手臂屈肘90°，同法握皮筋向内、外侧用力牵拉皮筋，要求同上。

（2）中期（7~12周）：康复目标为无痛全范围关节活动、改善肌力、增加功能活动、减少残余疼痛。

1）术后 7～10 周：继续并加强关节活动度练习。肩关节前屈练习（前屈至170°～180°，接近上举的角度）；肩外展 90°位内旋/外旋练习（外旋到 75°～90°；内旋到 75°～85°）；肩 0°屈肘 90°位外旋练习（外旋至 30°～40°）；8～10 周基本达到全范围活动。

2）术后 10～12 周：开始肌力强化训练，进行各方向抗阻肌力练习，并逐渐增加负荷。继续并加强关节活动度练习。

（3）后期（13～26 周）：康复目标为保持全范围无痛活动、强化肩部力量、改善神经肌肉控制、逐渐恢复各项功能活动。

1）利用哑铃等进行肩关节和上肢抗阻肌力练习。

2）不可参加对抗性训练。

3）18～21 周开始间断体育活动。

4）21～26 周继续活动度及力量练习。

5）进行肌力检查，决定可否恢复运动或体力劳动。

4. 康复教育　肩袖肌腱断裂修补术后，早期康复有助于防止肩关节及周围组织粘连、肌肉萎缩，促进肩关节功能恢复。术后康复计划的制订应根据患者个体差异、手术方式等而异。应充分告知患者组织愈合过程，日常生活活动和康复治疗应循序渐进，避免引起疼痛不适感。

（二）肱骨外上髁炎

1. 概述

（1）定义：肱骨外上髁炎是一种肱骨外上髁处，伸肌总腱起点附近的慢性损伤性炎症。因早年发现网球运动员易发生此种损伤，故俗称"网球肘"。

（2）病因及发病机制：当前臂过度旋前或旋后位，被动牵拉伸肌和主动收缩伸肌将对肱骨外上髁处的伸肌总腱起点产生较大张力，如长期反复这种动作即可引起该处的慢性损伤。因此，凡需反复用力活动腕部的职业和生活动作均可导致这种损伤，如网球、羽毛球、乒乓球运动员，木工、钳工、油漆工、砖瓦工和家庭妇女。偶有平时不须反复用力活动腕部的中、老年文职人员，因本身肌肉软弱无力，即使是短期提重物也可以发生肱骨外上髁炎，如出差提较重行李箱、协助搬运大量图书、家具等。肱骨外上髁炎的基本病理变化是慢性损伤性炎症。

（3）临床特征：肱骨外上髁炎发病缓慢，一般无明显外伤史，多见于 35～50 岁中年男性，男多于女（约 3：1），右侧多见。

凡有上述职业、工种者，逐渐出现肘关节外侧痛，在用力握拳、伸腕时加重以致不能持物，均应考虑此病。严重者拧毛巾、扫地等细小的生活动作均感困难。

检查时发现在肱骨外上髁、桡骨头及两者之间有局限性、极敏锐的压痛，在肱骨外上髁压痛最明显。不少患者在肱桡关节间隙处、环状韧带处，甚至沿伸腕肌方向均存在压痛。皮肤无炎症，肱骨外上髁处有时可触及局限性增生隆起，肘关节活动不受影响。伸肌腱牵拉试验（Mills 征）及抗阻力伸腕试验阳性。X 线检查结果多属阴性，偶见肱骨外上髁处骨质密度增高的钙化阴影。

2. 康复评定

（1）肌力评定：主要检测前臂伸肌群的肌力。

（2）肘关节活动范围评定：了解肘关节的活动受限程度，进而判断是否对日常生活活动产生影响。

（3）疼痛评定：通常用 VAS 法评定疼痛的程度。

（4）肘关节功能评定：可采用 Mayo 肘关节功能评分表或改良的 HSS 肘关节评分表来进行评价。

3. 康复治疗

（1）网球肘为一种自限性疾病，非手术治疗常能奏效。患者配合医师治疗很重要，限制腕关节的活动，尤其是限制用力握拳伸腕动作是治疗和预防复发的基本原则。本病在治疗后，应加强防护，如反复发作，会增加一定的治疗难度。

（2）急性期以减轻炎症和疼痛为目的，可用相应的伸腕夹板，网球肘支具固定，注意支具不能有弹性，戴在肘关节远端 2~3cm 处，除睡觉、洗澡外应当持续使用，并使肘休息，减少持重和运动。也可口服非甾体抗炎药。

（3）压痛点注射醋酸泼尼松龙 1ml 和 2% 利多卡因 1~2ml 的混合液，只要注射准确，均能取得极佳的近期效果。

（4）运动疗法：由肌肉放松、被动牵拉、主动对抗三部分内容组成。肌肉放松训练首先让患者做经常导致患部疼痛的前臂肌肉收缩动作，然后放松，反复多次，让患者充分感受紧张与放松的区别、感受疼痛的原因。被动牵拉训练让患者保持患肢放松状态，由医者一手握住并固定肘关节，一手握住手掌，缓慢、轻柔地做腕屈动作，其间患者会感到前臂肌肉有牵拉伸长感觉，然后回复正常位，反复多次，以患者感觉患部轻松时结束。如果某些患者情况特殊，手掌腕屈到最大角度仍未感到伸腕肌被牵拉，可以鼓励患者做前臂肌肉收缩动作，与医者做静力性的对抗，保持对抗直到前臂肌肉有牵拉伸长感觉。主动对抗训练是医者给予患肢一定的负荷，让患肢进行静力性或动力性的力量对抗训练。通过运动康复疗法，可以使前臂伸腕肌的肌肉放松，恢复前臂伸腕肌肌肉正常的生理功能，减少肱骨外上髁炎复发的可能性。

（5）慢性期以恢复为主，中医手法治疗及电针治疗也能获得较好的效果。

（6）低、中频电疗法、冲击波疗法、辐射热及传导热疗法，如红外线、蜡疗等物理因子治疗都有较好的效果。

（7）极少数症状严重、非手术治疗无效者，可行伸肌腱起点剥离松解等手术治疗，如针刀、钩针等。

4. 康复教育　肱骨外上髁是肱骨小头外侧的突起，是伸肌总腱附着点，此外，起于肱骨外上髁部的还有肱桡肌和旋后肌。前臂伸肌群、旋后肌的长期反复的收缩、牵拉，如提重物、打网球或羽毛球、针织等使肌腱附着处发生不同程度的急性或慢性累积性损伤，肌腱撕裂、出血、肌化、粘连等对微血管和神经束产生卡压而发生本病。因此，患者避免腕、肘反复运动及负重是治疗和预防该病复发的基本原则。

四、软骨损伤的康复

（一）膝关节软骨损伤

1. 概述

（1）定义：是指直接创伤、间接撞击，或者膝关节扭转负荷时损伤膝关节内外侧间室软骨、髌股关节软骨，导致膝关节疼痛，灵活性降低，并且影响关节运动功能。近年来由于关节镜技术的进步和 MRI 的应用,膝关节软骨损伤的诊断得到极大提高。但是关节软骨的修复能力极其有限,一旦发生损伤,很难自行修复,最终会发生不可逆的病理改变,演变为骨性关节炎或创伤性关节炎。

(2) 临床特征:①症状:膝关节疼痛,在练习或比赛中有酸软或疼痛,上下楼痛、半蹲痛,大多在屈膝 30°~50°。在疼痛角度下持重时有"打软腿"现象,膝无力。有关节游离体时,常有交锁,膝关节伸屈时可闻及弹响。②体征:股四头肌萎缩,股骨滑车压痛,髌骨软骨损伤时有髌压痛。半蹲试验:让患者单腿下蹲,感觉髌骨下疼痛即属阳性,髌股关节面损伤时出现。髌股关节间摩擦音或弹响。X 线摄像可助诊断。磁共振(MRI)检查可显示局部软骨缺损或软骨下骨脱钙。

(3) 临床治疗:①非手术治疗:在避开疼痛角度下进行半蹲位静蹲肌力训练、器械抗阻肌力训练,加强大腿肌肉力量以保护膝关节。理疗可选用短波、超短波、激光、超声波及中药透入等方法治疗。②手术治疗:治疗软骨损伤的手术方法有软骨下骨板钻孔术、微骨折术、关节镜下清理修整术、骨膜软骨膜移植术、自体软骨移植术。虽然取得一定疗效,但这些方法均不能产生形态、功能、力学性质和正常软骨一样的修复组织。随着组织工程技术的进步,目前,组织工程化的软骨移植已成为软骨修复的新方向。

2. 康复评定

(1) 疼痛评定:用 VAS 法评定疼痛的程度,观察治疗效果。

(2) 肢体围度测量:大腿围度、小腿围度测量,与对侧对比判断有无肌肉萎缩及恢复情况。

(3) 肌力评定:徒手肌力检查法进行大小腿肌力评定;器械等速肌力评定,以 H/Q 比值>85%作为恢复运动的重要标准。

(4) 关节活动范围评定:用于判断伤后关节障碍程度以及康复治疗后关节功能的恢复情况。

3. 康复治疗 术后康复应遵循个体化原则,向手术医师了解患者的手术情况,软骨缺损的面积和部位直接影响康复计划的制订。康复治疗的目的是通过提供适当的应力刺激软骨愈合,同时恢复关节活动度、灵活性、肌肉力量和本体感觉,达到日常生活或体育活动的功能需要。

(1) 术后康复第 1 阶段(术后 0~6 周):最大限度保护软骨修复,术后使用膝关节角度可调支具,股骨或者胫骨病变者支具固定伸直位,髌股关节病变者,支具锁定为 0°~20°。局限性损伤的患者,扶拐用足尖触地负重,由 50%开始,在可以耐受范围逐渐增加。

鼓励患者在手术后立即进行早期关节活动度训练以减少粘连、减轻疼痛,术后 6 周膝关节活动度达到 0°~120°,髌骨活动度恢复正常。CPM 仪在术后立即应用,开始在 0°~45°范围进行,以后逐渐加大。

使用生物反馈和肌肉电刺激与股四头肌收缩练习相结合,促进股四头肌再学习。鼓励患者进行亚极量股四头肌等长收缩。当关节活动度增加时,增加多角度股四头肌等长练习,但应避免直接接触病变关节软骨的角度。

膝关节活动角度达到 85°的时候,可以使用短曲柄(80~140mm)功率自行车练习;关节活动度达到 110°~115°时可以使用标准曲柄(170mm)的功率自行车练习。

水中练习可以从术后 2~3 周开始,应用冰敷和经皮电刺激控制疼痛。

（2）术后康复第 2 阶段（术后 6~12 周）：本阶段重点在于恢复正常的关节活动度并逐步恢复正常行走步态。当直腿抬高没有疼痛和迟缓时,可以除去支具,在日常生活活动中使用护膝。过度内翻或者外翻畸形的患者,建议其使用免负荷支具。

负重的进程视病变大小、位置和性质而定。通常术后 6 周,纤维软骨将开始填充关节缺损,同时开始渐进性负重。有条件时使用计算机压力测定系统辅助患者逐渐增加相关肢体的负荷;也可以采用减重训练系统和水下跑台治疗。在齐腰深的水中行走,可以减少 40%~50% 的负重;在齐胸深的水中可以减少 60%~75% 的负重。进展到正常步态常需要 2~3 周。继续进行辅助下主动关节活动度练习,在术后 12 周或 12 周以前达到全范围的关节活动。

肌力的增加对于康复过程安全进行和获得最佳功能恢复结果至关重要,强壮的肌肉可以分散关节表面的压力。有研究支持使用开链运动与闭链运动肌力练习相结合的方法可以避免在病变部位产生高负荷。开链伸膝运动中,$60°~90°$ 的范围,膝关节压力最大;$0°~40°$ 的范围,膝关节剪应力最大。在闭链运动时,$60°~100°$ 的范围,膝关节剪应力和压力最大。因此,闭链运动活动应在 $0°~60°$ 范围内进行。关节活动度和负重逐渐增加后,增加在 $0°~45°$ 范围内的小角度静蹲练习,并与渐进性抗阻练习相结合。在术后 3 个月之内不应进行开链伸膝运动。

患者达到 50% 负重的能力时,可以利用平衡板或平衡训练系统开始本体感觉和平衡训练。当肌力和平衡增加后,患者可以进行弹力带肌力练习,在倾斜跑台上逆向行走可以增加股四头肌肌力。继续进行患侧下肢灵活性练习,当膝关节活动度增加后,可增加股四头肌牵伸练习。

（3）术后康复第 3 阶段（术后 12~18 周）：本阶段重点在于恢复正常功能活动所需要的肌力。继续第 2 阶段中使用的治疗措施。闭链运动可以在更大的关节活动度范围内进行。开始下台阶练习,在不接触病变位置的角度下,增加开链伸膝练习,可由 $40°~90°$ 的范围开始,并进展到全范围角度。髌骨或者股骨滑车手术的患者,在进行这项练习时应格外小心。开始进行持续抗阻下腘绳肌屈曲练习,使近端肌力进一步增加。在多平面和干扰情况下进行平衡和本体感觉练习。

在术后 4 个月时,进行等速肌力测试,速度定为 $180°/s$ 和 $300°/s$,因为与慢速相比,产生的压力和剪应力较小,肌力预期目标为达到对侧肢体的 85%。如果达到目标,患者可以进入健身房和家庭训练。

（4）术后康复第 4 阶段（术后 18 周后）：本阶段开始着手为运动员重返体育运动进行准备。当手术侧肢体的肌力达到对侧肢体的 85% 时,可以开始在跑台上进行向前跑动练习。根据患者需要进行专项体育活动训练。进行单腿跳测试和交叉单腿跳测试,根据情况作出是否参加体育运动的决定。只有在关节活动度、灵活性、肌力和耐力全部达到正常水平后,才可以重返训练场。

4. 康复教育　关节软骨的修复能力极其有限,一旦发生损伤,很难自行修复,最终会发生不可逆的病理改变,演变为骨性关节炎或创伤性关节炎。因此,早期加强对损伤关节保护十分重要。告知患者避免同一姿势长时间负重;保持正确体位,以减轻膝关节负荷;保持关节正常的对位对线;工作或活动的强度以不产生或加重疼痛为原

笔记

则;损伤早期,膝关节不应负荷或活动以减轻关节的反应,必要时可应用辅助具予以保护。

知识拓展

自体软骨细胞移植术

自体软骨细胞移植术(autologous chondrocyte implantation,ACI),是基于自体软骨细胞体外扩增后进行回植修复的技术。自 1987 年世界上第一个患者接受 ACI 手术以来,随着医学技术的进步以及组织工程的快速发展,在过去的 20 余年中,自体软骨细胞移植技术由第 1 代已经发展到了第 4 代,第 1 代为标准化的移植程序,包括软骨细胞体外培养,获取自体骨膜后缝合覆盖缺损区,植入软骨细胞,胶原封闭。第 2 代改用胶原膜缝合覆盖缺损区后注入软骨细胞悬浮液。基于生物材料的第 3 代和第 4 代技术也称为基质诱导的自体软骨细胞移植技术(matrix-induced autologous chondrocyte implantation,MACI),其中,第 3 代 MACI 技术是将软骨细胞种植于生物支架材料上,再将其按软骨缺损区剪裁后匹配覆盖缺损区。第 4 代 MACI 技术即通过"胶原蛋白软骨载体"诱导自体软骨细胞移植技术,该技术所使用的三维胶原蛋白软骨载体为软骨细胞提供了一种近乎于自然的生长环境,促进软骨细胞合成Ⅱ型胶原,从而实现关节软骨活性与功能的恢复。

(二) 半月板损伤

1. 概述

(1) 定义:半月板是位于膝关节间的半月形软骨板,膝关节有内外侧两个半月板,内侧半月板呈 C 形,边缘与关节囊和内侧副韧带深层相连;外侧半月板呈 O 形,中后 1/3 处有腘肌腱将半月板和关节囊隔开。半月板与关节囊相连的边缘部分及外 1/2 及前后角附着点有血供,内侧部分没有血管,因此只有边缘中外部分的损伤才有可能愈合。

(2) 病因及发病机制:膝关节半月板损伤是最常见的运动创伤之一。多见于足球、篮球、体操等项目运动员,在武术演员中也较多见。损伤机制为运动时小腿固定,股骨内外旋或内外翻位,再突然伸直或下蹲时,半月板与股骨髁及胫骨平台的活动不协调,造成撕裂。如篮球运动切入投篮时跳起或落地伴有身体旋转,足球运动中疾跑转向急行转身等都是损伤的常见动作。

(3) 临床特征

1) 症状:①疼痛:一般认为疼痛出现恒定在一侧是半月板损伤的特点。②关节积液,急性损伤积液常呈血性。③弹响:膝关节活动时在损伤侧可听到弹响声,有时伴有该侧疼痛。④膝关节交锁:运动中膝关节突然不能伸屈,常伴有酸痛,即是"交锁"。有的患者在伸屈和扭转时可自行"解锁"。若"交锁"固定在一侧对诊断有意义。

2) 体征:①关节积液,浮髌试验阳性。②股四头肌萎缩,尤以股四头肌内侧头萎缩明显。③关节间隙压痛,压痛明显侧即为半月板损伤侧。若并有囊性感应考虑为半月板囊肿。④摇摆试验。拇指按住损伤侧关节间隙,另一手握住小腿左右摇摆,可触到半月板松弛进出,或伴有疼痛、响声为阳性。⑤麦氏(McMurray)征,被动伸屈旋转膝关节,引起痛、响者为阳性。此外,关节造影、磁共振检查、肌骨超声是较好的辅助诊断手段。

（4）临床治疗

1）急性损伤:膝关节穿刺抽出积血,用石膏或棉花夹板加压包扎固定2~3周,可以减少出血,减轻疼痛,边缘性损伤有愈合的可能。

2）慢性损伤:半月板损伤大多不能自行愈合转为慢性。若患者症状明显,经常交锁应行手术治疗。目前的首选手术为关节镜下的手术,可以确定损伤的部位及类型,再根据这些情况决定镜下手术方式,常用的有半月板缝合术,半月板部分切除术及半月板全切除术,近年有学者开展同种异体半月板移植。

2. 康复评定

（1）大小腿围度测量:主要了解患肢是否有肌肉萎缩以及萎缩程度。

（2）肌力评定:用徒手肌力检查法进行肌力评定,还可以利用器械进行肌群的等张肌力及等速肌力评定,等速肌力的腘绳肌/股四头肌(H/Q)比值,对于判断肌力的恢复具有重要意义。

（3）关节活动范围评定:目的在于判断关节活动障碍的原因、程度等,指导康复训练。

（4）疼痛评定:通常用视觉模拟评分法评定疼痛程度。

3. 康复治疗　半月板切除及部分切除术后康复。

（1）术后第1阶段(术后0~1周):减轻疼痛,肿胀;早期肌力及活动度练习,以防止关节粘连、肌肉萎缩。

1）手术当天:开始活动足趾、踝关节。①踝泵练习:用力、缓慢、全范围屈伸踝关节,每组5分钟,每小时1组;②股四头肌、腘绳肌等长练习:在不增加疼痛的前提下尽可能多做,大于500次/天;③术后24小时后可扶拐下地行走。

2）术后第1~2天:①开始直抬腿:伸膝后直腿抬高至与床面30°处,保持5秒为1次,每组30次,每天3~4组;②开始侧抬腿练习及后抬腿练习,保持5秒为1次,每组30次,每天3~4组;③负重及平衡练习:保护下双足分开同肩宽,在微痛范围内左右交替移动重心,每次5分钟,每天2次。如疼痛肿胀不明显,可扶单拐或不用拐下地,但不鼓励多行走。

3）术后第3天:①继续以上练习;②根据情况决定开始屈曲练习,微痛范围内,达尽可能大的角度,每次10分钟,每天1次。

4）术后第4天:①开始单腿站立平衡练习,每次5分钟,每天2~3次。②开始俯卧位主动屈曲练习,每组30次,每天2~4组。可以沙袋为负荷,在0°~45°屈伸范围内进行,练习后如关节肿痛即刻冰敷。③主动屈膝达90°。

5）术后1周:①被动屈曲练习,被动屈曲角度至100°~110°;②可单足站立,可不用拐短距离行走;③开始立位主动屈曲大于90°,抗阻屈至无痛的最大角度保持10~15秒,每组30次,每天4组。

（2）术后第2阶段(术后2~4周):加强活动度及肌力练习,提高关节控制能力及稳定性,开始恢复日常活动。

1）术后2周:①被动屈曲练习至110°~120°;②开始前后、侧向跨步练习,动作缓慢、有控制、上身不晃动。力量增强后可双手提重物为负荷训练,每组 10~20 次,组间间隔 30 秒,连续 2~4 组,每天 2~3 次;③开始靠墙静蹲练习,随力量增加逐渐增加下蹲的角度,每次 2 分钟,间隔 5 秒,每组 5~10 次,每天 2~3 组。

2)术后 3 周:①被动屈曲练习角度达 120°~130°;②开始单膝蹲起练习,在 0°~45°范围蹲起,要求动作缓慢、有控制、上身不晃动。必要时可双手提重物以增加练习难度。每组 20 次,间隔 30 秒,每组 2~4 次,每天 1~2 组。

3)术后 4 周:①被动屈曲角度逐渐至与健侧相同;②坐位抗阻伸膝,使用沙袋等负荷练习,每组 30 次,组间休息 30 秒,每天 4~6 组。

(3)术后第 3 阶段(术后 1~2 个月):关节活动度至正常,强化肌力,改善关节稳定性。恢复日常生活活动能力及轻微运动。

1)台阶前向下练习。

2)保护下全蹲,双腿平均分配体重,尽可能使臀部接触足跟。每次 3~5 分钟,每天 1~2 次。

3)开始游泳、跳绳及慢跑。

4)运动员开始专项运动中基本动作的练习,运动时戴护膝保护。

(4)术后第 4 阶段(术后 3 个月):开始专项运动训练。

半月板修复术后康复:半月板前、后角损伤缝合术后可早期部分负重;半月板体部损伤缝合术后 4 周内患肢完全不负重。并且术后 1~2 周内不进行屈曲练习,术后 4 周内不进行主动屈曲练习,被动屈曲每周进行 2~3 次练习。余参照以上方法进行康复治疗。

4. 康复教育　半月板修复术后,由于存在半月板愈合问题,不能早期下地负重及行走。患者术后回病房,抬高患肢至心脏水平,外展 15°,使膝关节保持自然屈曲的舒适体位,可以有效预防早期并发症。患者开始下地行走时,由于关节活动度及负重能力一定程度受限,应加强护理安全,注意预防跌倒。与修复术不同,半月板切除术后可以采取更积极的康复训练方式,但康复期间如患者出现关节疼痛等应重新评估,调整治疗方案。

第四节　截肢后的康复

截肢给患者身心造成巨大的伤害,同时也给人们的生活、工作、学习带来极大的困难。对截肢者积极地进行康复治疗,及时安装理想的假肢,使之最大限度地发挥代偿功能,让患者能生活自理,参加适当的工作,早日重返社会,对提高截肢患者的生活质量具有重要的现实意义。

一、概述

(一)定义

截肢(amputation)是指截除没有生机和(或)功能及因局部疾病严重威胁生命的肢体。周围血管疾病、创伤、肿瘤等是截肢的常见原因。截肢后康复是指以假肢装备和使用为中心,重建丧失肢体的功能,防止或减少截肢对患者身心造成的不良反应,使该残肢发挥其应有的作用,最终目标是重建具有生理功能的残肢,使患者早日重返社会的过程。

（二）流行病学

目前，在我国残疾人中肢体残疾者约为2412万人，占残疾人总数的29.1%，男性占多数，下肢截肢人数是上肢截肢的3倍。近年来，造成截肢的原因在逐渐发生着变化，因为周围血管病或同时合并糖尿病而截肢已越来越多。2010年对国内39家医院的调查显示，非创伤性截肢患者中，约有1/3为糖尿病所致。截肢使患者丧失运动能力、自理能力，给患者心理造成沉重负担。

（三）病因及发病机制

引起截肢的病因及发病机制表现各异。

1. 病因

（1）外伤性：往往是患者在毫无思想准备的情况下，遭到了严重的躯体创伤，导致四肢的某一部分被切除。包括车祸、坠落、暴力、工矿事故及自然灾害等，也包括刀枪伤或爆炸性损伤。

（2）非外伤性：严重感染、肿瘤、周围血管疾病等所致的肢体缺血坏死。

2. 发病机制

（1）外伤性截肢：严重外伤造成肢体无法修复，或存活后无实用功能，给生活和工作带来不良影响。

（2）感染性截肢：严重感染威胁患者生命，如气性坏疽或因感染久治不愈导致不可修复的肢体功能障碍。

（3）肿瘤截肢：肢体发生恶性肿瘤，一经确诊后，须尽早截肢，以免延误治疗或危及患者生命。少数良性肿瘤，侵犯范围较广，造成肢体无功能。

（4）神经性疾病截肢：如脊髓栓塞综合征，造成下肢神经部分麻痹，足逐渐发生马蹄内翻足畸形，足皮肤神经营养障碍，促使足外侧负重部位破溃形成溃疡，经久不愈，对行走功能造成严重影响。

（5）糖尿病截肢：糖尿病性的血管病变使足的血运障碍，糖尿病性的周围神经病变使足的神经营养和感觉障碍，最后导致足溃疡、感染、坏死。

（四）临床特征

截肢除可以导致肢体缺失，幻肢痛、残端肿胀、感染、瘢痕等局部表现外，亦可伴随全身功能减退，造成身体功能及日常生活活动功能障碍。截肢往往给患者造成严重的心理障碍，表现为极度痛苦、自卑、抑郁、焦虑，甚至感到无法生活。

二、康复评定

（一）一般状况的评定

了解患者能否安装假肢，能否承受安装假肢后的功能训练，及有无使用假肢活动的能力，内容包括患者的年龄、性别、截肢原因、日期、截肢部位及水平、术后伤口处理、患者心理状况及精神状态、体能、家庭、经济情况等。

（二）残肢的评定

残肢状况对假肢的安装和假肢佩戴后的代偿功能有着直接的影响，对残肢的评定显得十分重要（表3-2）。

表3-2　残肢评定标准

1. 皮肤情况	检查有无感染、溃疡、窦道以及骨残端粘连的瘢痕
2. 有无残肢畸形	残端关节畸形明显，不易安装假肢
3. 残肢长度	残肢长度与假肢的选择和装配有密切关联。理想的膝下截肢长度为15cm左右；膝上假肢为25cm左右
4. 残肢的形状	为了适合现代假肢接受腔的穿戴，残肢形状以圆柱形为佳，而不是传统的圆锥形，残肢外形不良将影响假肢接受腔的佩戴
5. 关节活动度	检查髋、膝等关节的活动范围，关节有无挛缩等畸形
6. 肌力检查	检查患者全身及患肢的肌力，尤其对维持站立和行走的主要肌群更要注意
7. 残端神经瘤情况	有无神经瘤及其大小、所在部位、疼痛程度等

（三）假肢的评定

假肢是用于替代整体或部分缺失或缺陷肢体的体外使用装置，用于弥补截肢者缺失的肢体，恢复代偿其失去肢体功能的辅助工具。一般假肢分为临时假肢与正式假肢。临时假肢是在截肢后，残肢尚未定型良好，为穿着训练制作的接受腔。这种为训练临时接受腔上安装骨骼式支撑部件等而用于训练的假体称为临时假体。正式假肢是残肢状态稳定后，使用耐久性强的材料制作接受腔，并且支持部和外装饰用材料也可长期使用。

1. 穿戴临时假肢的评定

（1）临时假肢接受腔的适合情况：临时假肢接受腔应该与残肢完全适合良好，残肢表面整体与接受腔内壁也要紧密接触相适配，不产生局部压迫和疼痛，残肢末端与接受腔底部同样要紧密接触。

（2）假肢悬吊能力：主要取决于残肢长度及接受腔的适应程度，如果悬吊能力差，行走时假肢上下窜动，影响其代偿功能。评定方法可以通过站立位残存负重与不负重时拍摄残肢的X线片，测量残端皮肤或骨端与接受腔底部的距离变化来判断。一般负重与不负重时的距离变化不应超过2cm，超过2cm时悬吊能力不良。如果悬吊能力不良，就要对假肢进行处理。

（3）假肢对线：对线是指为使假肢发挥出所期望的功能，确定关节、支撑部件及其他部件相对于接受腔所构成的位置（包括角度）关系。对线主要起运动身体作用，根据人体解剖学的构造和各部分的配合关系，通过对线来调整和确定假肢、关节和接受腔之间的位置和角度关系，使之既符合人体的自然体位，又便于假肢在日常生活和工作中发挥代偿作用。

知识链接

截肢对线分类

　　截肢对线的分类为三种:①工作台对线:是指将接受腔和假足组装在一起,即假肢的装配。②静态对线:是指在工作台对线后,将组装好的假肢让截肢者试穿,在步行前,在站立位检查对线是否合适,确定能否进行安全稳定步行的工作。它从一定程度上了解接受腔的适配状态。③动态对线:是指在静态对线完成后,在截肢者试行步行中,为使假肢的步行更舒适、更接近正常、更安全和更轻快而进行的调整。评定对线是否符合生物力学要求,是具有理想假肢的重要条件之一。

　　(4)穿戴下肢假肢后残肢情况:了解穿戴假肢后残存情况可以进一步判断假肢接受腔的适合程度,残肢有无局部受压,皮肤有无红肿、硬结、破溃、皮炎及疼痛,残肢末端有无因与接受腔接触不良,腔内负压造成局部肿胀等。

　　(5)步态:步态与截肢水平、残肢状况、其他肢体情况、假肢种类、装配技术、患者年龄、康复训练、患者心理素质等有直接关系,它是综合因素造成的。

　　(6)上肢假肢背带与控制索系统:背带与控制索系统的安装是否符合要求,开闭假手时所需要的拉力是否合适,假手捏和握的力量是否满意及控制索的性能、质量均要进行认真的评估。

　　(7)假手功能:要评估假手的开闭功能(分别在口的附近和会阴附近水平处检查假手的开闭功能)、灵活性、协调性,尤其是日常生活活动能力的评估。

　　2. 穿戴正式假肢后的评定

　　(1)上肢假肢的评估:假肢长度;接受腔适配情况;肘关节屈伸活动范围;前臂旋转活动范围;肘关节完全屈曲所需要的肩关节屈曲角度;肘关节屈曲所需要的动力;控制系统的效率要在50%以上;肘关节屈曲90°假手动作;假手在身体各部位的动作;肘关节组件的不随意动作,即步行及外展60°位时,肘关节不得锁住;对旋转力和拉伸力的稳定性。

　　(2)下肢假肢的评定

　　1)假肢本身的评定:下肢假肢是否严格按照假肢处方制作、接受腔上缘及接受腔内壁加工的情况是否良好,重量是否控制在最小限度,与健肢侧比较,膝关节及踝关节的动作,关节活动时有无异常声音。

　　2)站立位的评定:检查残肢是否完全纳入接受腔内,即坐骨结节是否在规定的位置上,从阀门口挤出的软组织情况是否适当。然后使双足跟部间隔5~10cm,在双腿平均承重状态下,进行下列检查。残肢长度(小腿假肢,双侧下肢应等长;大腿假肢,假肢侧一般较健侧短1~2cm)、坐骨承载面、膝关节轴、假脚底部是否呈水平,也就是足底的内外侧是否完全与地面接触,膝关节前后方向及内外侧方向的稳定性检查。

　　3)坐位的评定:截肢者坐位时,接受腔是否有脱出现象,膝关节90°屈曲时,假肢侧膝部比健侧高出的最小量、接受腔前上缘有无压迫、接受腔坐骨承载部位对大腿后肌群的压迫,坐在椅子上时,小腿部分是否垂直。

　　4)步态:分析下肢假肢步行时,是从截肢者前后和左右来观察,一般的方法是寻

找步行过程中出现的异常步态。大腿假肢的步态分析比小腿假肢的步态分析要困难得多。首先存在截肢者方面的问题,大腿截肢与小腿截肢相比下肢功能缺损大,再加上假肢方面的因素,所以步态问题就复杂多了。对异常步态要客观正确地判断并分析产生异常步态的原因。如对大腿假肢就要考虑两个方面的问题:其一是截肢者方面的问题,如心理影响:怕跌倒、对假肢功能有疑问,依赖心理等;全身状态:视觉、听觉功能降低,平衡感差等;髋关节与残肢异常:髋关节屈曲或外展挛缩,外展肌力不足,残肢痛等。其二是假肢方面的问题,如接受腔适配不良,对线不良、假肢重量及重心位置不合适、关节和假脚结构及功能不合适。

5)行走能力:一般采用行走的距离,上下阶梯,过障碍物等指标对行走能力进行评估。截肢部位不同,水平不同,行走能力各异,除去其他因素外,一般截肢水平越高,行走能力也越差,一侧小腿、另一侧大腿截肢者行走能力更差,以双侧大腿截肢的行走能力为最差。

3. 假肢装配后的整体功能评定　假肢装配后的整体功能分为:Ⅰ级为完全康复,仅略有不适感,能完全自理生活,恢复原工作,照常参加社会活动;Ⅱ级为部分康复,仅有轻微功能障碍,生活能自理,但不能恢复原工作,需改换工作;Ⅲ级为完全自理,生活完全自理,但不能正常参加工作;Ⅳ级为部分自理:生活仅能部分自理,相当部分需要依赖他人;Ⅴ级为仅外观、美容改善,功能无好转。

（四）疼痛评定

用视觉模拟评分法(VAS)和麦吉尔(McGill)疼痛调查表进行评定。

（五）日常生活能力（ADL）评定

患者截肢对日常生活能力影响较大,ADL 评分有重要意义,如 Barthel 指数评定法等。

（六）其他肢体的评定

其他肢体的状况直接影响截肢后的康复过程,如其他一侧上肢麻痹,将影响对侧上肢假肢的佩戴,影响下肢假肢的功能训练。当另一侧下肢功能障碍时就会严重影响对侧下肢假肢的安装。

三、康复治疗

（一）运动疗法

1. 全身运动训练　可选择各种适合患者的运动项目,如轮椅篮球、引体向上、上肢抗阻力训练、腰背肌训练等。

2. 残肢训练

（1）关节活动度训练:尽早开始关节活动度训练是避免关节发生挛缩畸形的有效办法。上肢截肢早期训练肩关节活动度可以防止肩关节挛缩。前臂截肢后加强肩、肘关节活动,以防止肘关节僵直。大腿截肢后,早期一定要强调髋关节的内收和后伸运动训练,防止髋关节屈曲外展畸形的发生。小腿截肢时,膝关节的运动训练很重要,尤其是伸直的运动训练更重要,一旦发生膝关节屈曲畸形,将严重影响假肢的穿戴。在进行关节活动度训练时要以主动功能训练为主,兼顾被动关节活动度训练;不能进行主动活动的关节或已有关节挛缩发生时,以被动运动训练为主。

（2）肌力训练:肌肉力量训练与关节活动度训练同样重要,良好肌力的残肢才能很好地带动和控制假肢。前臂截肢应做肘关节屈伸抗阻训练,来增强肘关节屈伸肌力,并要训练前臂残留的肌肉力量,其方法是进行患侧手的抓握和伸展训练。大腿截肢主要训练髋关节的屈、伸、外展和内收肌肉力量,可以做外展、前屈、后伸的抗阻力训练,小腿截肢主要训练股四头肌肌力,可以做膝关节屈伸的抗阻力训练,并要训练小腿残留的肌肉力量,其方法是进行残肢的屈伸活动训练,以避免残肢肌肉萎缩。

(3)增强残肢皮肤强度的训练:要做强化残肢端皮肤的训练,以增加残端皮肤的强度。可以用按摩的方法,对下肢截肢残肢端皮肤进行承重能力的训练,可以在安装假肢之前,在垫子上进行站立负重训练,以强化残端皮肤功能。

(4)使用助行器的训练:特别应对截肢者进行使用拐杖的指导,由于使用拐杖行走时身体易前屈,故应特别注意纠正身体的姿势。

(5)站立与步行训练:可进行单腿站立训练和利用双拐进行步行训练。这对截肢后尽早离床和增强体力是非常有利的。

3.临时假肢的训练

(1)穿戴临时假肢的方法:穿戴大腿临时假肢的方法是:患者坐位,在残端包裹绸布,将残肢插入接受腔内,再从阀门口处将绸布拉出,关闭阀门。小腿临时假肢的穿戴方法是:患者坐位,断端穿上衬套,将屈曲膝关节穿上内衬套,然后将残肢插入接受腔,系好固定带。将残肢先穿戴柔软的袜套,然后再套上软衬套,最后残肢插入接受腔内,残肢末端与接受腔底部是不能留有空隙的,如有空隙则造成残肢末端局部负压,导致残肢端红肿、疼痛、破溃及角化。

(2)站立位平衡训练:①患者站立于平行杠内,手扶双杠反复训练重心转移,体会假肢负重的感觉和利用假肢支撑体重的控制方法;②训练双手脱离平行杠的患肢负重,单腿平衡等;③传接篮球训练:将篮球抛向上下左右各个方向,使患者在改变体位时掌握身体的平衡。

(3)迈步训练:开始在平行杠内进行,双足间隔保持 10cm 左右。

1)假肢的迈步训练:将假肢退后半步,使假肢承重;在假肢脚尖接触地面的状态下,将体重移向健侧;迈出下肢假肢,使其跟部落在健肢脚尖前面;为使膝关节保持伸展位,臀大肌用力收缩,防止膝打软腿。此项训练既要体会用力屈曲残肢使小腿摆出,又要有伸展膝关节的感觉。

2)健肢的迈步训练:此项训练要比假肢的迈步训练困难,首先是将健肢后退半步。使健肢完全承重;将体重移向假肢侧,腰部挺直迈出健肢,尽量使迈步距离大些;提起假肢跟部,使脚尖部位承重,弯曲假肢膝关节。此项训练是通过大幅度的迈出健肢来伸展假肢侧的髋关节,掌握假肢后蹬时的感觉。

(4)步行训练:在完成迈步训练以后,在平行杠内进行交替迈步训练,即步行训练。由平衡杆内到平衡杆外,从单手扶杠到完全单独步行训练,也可以借助手杖进行步行训练。注意健肢步幅不要过短,腰部要挺直,残肢要向正前方摆出。应该强调的是一旦穿用临时假肢就不要再乘坐轮椅,更不是每天仅仅 1 小时的运动训练,而应该坚持每天 5~6 小时的运动训练。

4.正式假肢的训练

(1)穿戴正式假肢的条件:残肢成熟定型是基本条件,即是经过临时假肢的应用,残肢弹力绷带的缠绕,残肢已无肿胀,皮下脂肪减少,残肢肌肉不再萎缩,连续 2 周以上残肢无变化,接受腔良好。

（2）上肢假肢的训练:上肢假肢使用训练远比下肢训练复杂和困难得多,基本操作从训练截肢者熟悉假肢和假肢控制系统开始,然后训练手部开闭动作和抓握不同形状和大小的物体。在单侧上肢截肢的患者,首先要进行利手交换的训练,使原来不是利手的健肢变成功能性更强的手,而假手主要是起辅助手的作用。对双侧上肢截肢安装假肢的患者来说,假肢的功能训练就要更加困难和复杂,训练要求所达到的标准也相对高得多。通常要为截肢者选用各种工具性手部装置,进行实际操作训练。

（3）下肢假肢的训练:在训练初期,不能让截肢者过于着急,在平衡问题上,冠状面与矢状面相比,冠状面的平衡较难掌握。在指导截肢者使用臀中肌的方法时,让截肢者掌握只用假脚外侧站立的方法会收到较好的效果。让截肢者面对镜子观看自己用假肢行走的步态,对各种异常步态予以纠正。还要能在沙土地、石子路等不平整的路面上行走,要进行上下阶梯、迈门槛、跨过窄沟及障碍物的训练,灵活性训练,以及倒地后站立、搬运物体、对突然意外作出快速反应的训练等。

（二）心理疗法

截肢对患者精神上的打击胜过身体的打击,因此,心理上的康复尤为重要。通过心理治疗,掌握伤残者的心理状态,重新认识自我的价值,重新树立康复信心,帮助患者从痛苦中走出来,早日回归家庭并重返社会。

（三）物理因子疗法

常用的方法有超声波治疗、音频治疗、红外线疗法等,主要目的是软化瘢痕、改善残端血液循环。

（四）残肢并发症的处理

1. 残肢皮肤破溃、窦道、瘢痕、角化　常见的原因有:假肢接受腔的压迫、摩擦,尤其是残端的皮肤瘢痕更容易破溃。治疗方法:①修整接受腔;②换药;③对经久不愈的窦道需进行手术扩创;④紫外线、超短波等配合抗生素药物治疗;⑤可使用硅橡胶制成的软袜套,套在残肢上,减少和避免皮肤瘢痕受压或摩擦。

2. 残肢关节挛缩　常见原因有:术后关节长期处于不合理的位置,如长时间残肢后侧垫枕;截肢术后残肢关节没有合理固定,如小腿截肢,膝关节固定在伸直位;瘢痕挛缩,术后尽早地进行功能锻炼是预防挛缩的最有效方法。一旦发生挛缩,其纠正方法为:①加强主动和被动关节活动;②更换体位,用沙袋加压关节;③严重者需手术治疗。

3. 残肢痛　原因主要有:神经断端部刺激、断端循环障碍、断端肌肉异常紧张、中枢神经因素等。应根据致痛原因进行治疗。如果是残端骨刺,可将骨刺切除,修正残端;如果是神经瘤造成,则切除神经瘤。

4. 幻肢痛　幻肢是主观感觉已切除的肢体仍然存在,以远端肢体部分更为清晰,有些患者甚至觉得自己可随意运动幻肢并能感受到外界对幻肢的刺激,这种现象称为幻肢觉。处理:①心理疗法:利用催眠、松弛、合理情绪等疗法;②物理因子治疗:超声治疗、低中频脉冲电疗等;③中枢性镇静剂:一般疼痛可用阿米替林、丙米嗪等;④针灸疗法;⑤其他:如尽早穿假肢、运动疗法等。

（五）中医康复疗法

1. 中药治疗　截肢应属于中医学"脱疽"等范畴。多采用活血化瘀,通络止痛的治则。常用方剂有：四妙勇安汤、托里消毒散、八珍汤等。常用药物有：川芎、牛膝、当归、丹参、红花、三七、地龙、水蛭等。

2. 针灸疗法 针灸往往被用于治疗截肢后幻肢痛。多采用养心安神、镇惊止痛之治则。常用取穴：风府、腰夹脊、百会、环跳、阳陵泉、阴陵泉、三阴交、足三里、神门等。

（六）康复工程

假肢是截肢者必不可少的代偿物，截肢者可以通过安装假肢恢复或重建肢体功能和实现生活自理能力。

截肢者装配假肢的条件：具备足够的心血管能力储备和充分的愈合、皮肤覆盖、关节活动度、肌力、运动控制，以及对获得有用的假肢功能的学习能力。

上肢是人们从事日常生活活动和劳动的重要器官，上肢任何部位的丧失，都会给截肢者造成生理、生活、工作上的障碍，对上肢假肢的要求首先是最大限度地恢复手和前臂的主要功能而达到生活自理，其次是弥补外观上的缺陷。临床上，常用上肢假肢可分为部分手假肢、腕关节离断假肢、前臂截肢假肢、肘关节离断假肢、上臂假肢、肩关节离断假肢。下肢假肢主要功能是站立、行走、跑、跳，目前已有的下肢假肢仅能代偿部分功能。安装下肢假肢的目的在于尽可能地恢复失去的正常外形，满足截肢者站立和行走这两项基本要求。临床上常用的下肢假肢（以截肢平面为例）可分为部分足假肢、小腿假肢、膝部假肢、大腿假肢、髋部假肢。假肢的装配不是简单地只由假肢制作师的制作而宣告完成，其理想的技术合作方式应是康复协作组的形式，并强调截肢者参加协作组的重要性。并积极参加装配假肢后的康复训练。

四、康复教育

康复教育对维持及提高截肢患者的日常生活质量具有重要作用，而对患者及家属的康复教育则是必不可少的。以下几点尤为重要：

1. 保持适当体重 现代假肢接受腔形状、容量十分精确，一般体重增减超过3kg就会引起腔的过紧过松，使接受腔变得不适合。下肢截肢穿戴假肢行走消耗能量比正常人大得多，如一侧大腿截肢穿戴假肢行走时，同样地速度和距离，就要比同样体重的正常人多消耗能量50%～100%。体重越大能耗越大，所以保持适当的体重是非常重要的。肥胖者残肢长度与残肢横径的比值减少，残肢外形接近半球形，残肢的杠杆作用减弱，对假肢的控制能力减弱，不利于假肢的代偿功能。

2. 防止残肢肌肉萎缩、防止残肢肿胀及脂肪沉积 训练残肢肌肉防止萎缩是非常重要的，残端肌肉萎缩不但会造成假肢接受腔不适，而且会影响假肢代偿功能的充分发挥。同时还要防止残肢肿胀及脂肪沉积。截肢者只要佩戴假肢，就要求在不穿戴假肢时一定要缠绕弹力绷带，尤其是夜间或因某种原因而一段时间内不能穿戴假肢时，就应该坚持弹力绷带包扎，这是防止残肢肿胀及脂肪沉积的有效方法。

3. 保持残肢皮肤清洁 告知患者及家属，保持残肢皮肤和假肢接受腔的清洁，以防止残肢皮肤发生红肿、肥厚、角化、毛囊炎、疖肿、溃疡等。注意定期自我检查和保护，避免感染和局部循环不良的发生，降低再手术风险。残肢袜套要经常清洁，接受腔也要经常清理并保持干净，以保持残肢皮肤健康。

4. 早期康复指导 早期不应该长时间乘坐轮椅，避免发生髋关节屈曲外展畸形。可使用拐杖、助行器等辅助工具,并进行安全教育,避免跌伤。根据患者的手术范围及身体状态指导患者及早开始锻炼,并指导患者及家属按摩及拍打肢体,以利恢复。

5. 心理疏导 应定期对患者进行心理疏导,鼓励患者在身体允许的条件下进行户外活动,鼓励家属多与患者交流,帮助患者恢复自信,以良好的状态回归社会。

第五节 人工关节置换术后的康复

人工关节置换术是用人工关节替代和置换病损和损伤的关节。由于人口老龄化导致关节病发病率增高,和人们对生活质量的要求提高,接受人工关节置换的人数近年来在成倍增长。主要原因与关节置换术增加了患者的活动能力,减轻了关节疼痛有关。关节置换术后的康复治疗是患者提高手术疗效的有效手段,也是增强患者日常生活活动能力、减少术后并发症、最终回归社会的关键所在。

一、概述

(一)定义

人工关节置换术(arthroplasty)是指用人工关节替代病变关节结构,以恢复关节功能。全关节置换是将关节两侧的骨关节部分都用假体置换,其关节结构由两个不同材料的半关节组成。关节的骨干端多采用金属干髓腔插入式,关节面多采用超高分子聚乙烯假体。人工关节置换术后康复的目的是最大限度恢复患者的关节功能及日常生活活动能力,减少手术并发症,使患者最终回归正常人的生活。95%以上术后患者的假体使用率≥10年。关节置换技术在现阶段主要是髋关节置换术和膝关节置换术。

(二)流行病学

人工关节置换术经过近百年的发展,已经成为治疗各类中晚期关节疾病的标准手术之一。随着人工关节技术及医疗水平的发展,关节置换的质量也迅速提高,能够有效地缓解疼痛,重建关节功能。我国人工关节置换已经有30多年的历史,在广大骨科医师的努力下,已取得相当大的成果。随着人们寿命的增加和对生活质量要求的提高,关节置换的开展数量在各国都呈上升趋势。我国关节置换外科突飞猛进,表现在关节置换手术数量呈爆发式增长,以髋、膝关节置换术为主,从1995年的2~3例(次)/年,至2014年近40万例(次)/年,并以每年25%~30%的速度增长。在快速发展的近20年里(1995—2015年),我国人工关节置换外科学已取得规范的发展和进步。

(三)临床特征

1. 关节置换术后的症状和体征

(1)疼痛:关节置换术的主要目的是缓解疼痛、重建关节功能,其中缓解疼痛尤为重要,绝大多数患者因为疼痛而要求行关节置换术,但是术后早期疼痛仍然是最常见的并发症,由多种原因引起,早期多因手术创伤、血肿、组织反应和功能康复锻炼引起。

(2)关节活动度受限:术前缺乏活动的关节,关节液不能有效循环,使纤维蛋白沉积,同时滑膜细胞活跃增生,产生大量液体和纤维蛋白组织,使得关节粘连和僵硬。术后如不及时活动患肢,新生胶原组织在术后第2天即开始迅速沉积在关节周围,肌腱滑膜组织肥厚粘连,必将限制关节活动。

（3）肌力低下：术前患者由于患关节疼痛、水肿、关节活动受限,常导致关节周围肌肉不同程度的肌肉萎缩、肌力下降,加上手术损伤关节周围组织,进一步削弱关节周围肌肉力量。

2. 关节置换术后常见的并发症

（1）骨折：关节置换术后骨折多发生在假体周围,初次人工关节置换术后假体周围骨折较为少见,但翻修术后骨折的发生率相对有所提高。

（2）脱位：手术因素或术后使用不当等原因可致假体脱位。髋关节置换术后出现活动受限,下肢处于缩短、内收内旋或外旋位时,就应该怀疑脱位。如有膝前疼痛、膝无力、活动时关节摩擦感、髌骨弹跳感等症状,说明髌股关节不稳,应怀疑髌骨半脱位。X线检查有助于诊断。

（3）深静脉血栓形成：是人工关节置换术后围术期最为严重的并发症之一,深静脉血栓可以造成肢体血液循环异常,但其真正的危险性在于由血栓继发的肺栓塞。主要症状是下肢局部发红、肿胀、疼痛等,可触及条索状肿物并有压痛。但有许多患者是无症状性的。因此,要对关节置换术后,特别是有血栓栓塞史、使用激素、肥胖、糖尿病、下肢静脉曲张等危险因素的患者进行早期诊断和治疗。

（4）假体松动：假体无菌性松动的主要症状是疼痛,髋臼假体松动可引起腹股沟处疼痛,股骨假体松动可引起大腿疼痛,膝部假体松动可引起局部疼痛。往往在负重、行走或活动时加重,休息时疼痛消失或减轻。

二、康复评定

（一）全身状况的评定
患者原发疾病、全身健康状况、心肺功能、精神状态的评估。

（二）术后伤口愈合情况
检查伤口局部皮肤有无红、肿、热等感染体征,观察伤口渗出及有无化脓等情况。

（三）关节肿胀情况
由于手术反应,患者会出现局部关节肿胀,但需区分是由于关节积液还是关节周围软组织水肿所致。关节周围软组织的周径可作为客观指标。

（四）患侧下肢肌力
对关节周围肌力进行测评,评定肌肉力量是否影响手术关节稳定性情况。采用MMT评定,必要时进行器械评定。

（五）关节活动度
对手术关节进行主动和被动关节活动度测定,以寻找关节活动障碍的原因,指导康复训练。

（六）步态分析
训练患者行走时,需要评测患肢步态,找出异常步态的原因。疼痛、肌力下降、感觉障碍所导致的步态异常是不同的。

（七）功能性活动能力
可采用纽约特种外科医院(hospital for special surgery, HSS)人工全髋关节置换Harris评分表(表3-3)和人工全膝关节置换术评分表(表3-4)。

表 3-3　HSS 人工全髋关节置换 Harris 评分表

项目	得分	项目	得分
I 疼痛（44 分）		b. 正常，但需扶扶手	2
A. 无疼痛或可忽略	44	c. 使用任何方法	1
B. 轻微或偶然疼痛	40	d. 不能上楼	0
C. 轻度疼痛不影响平常活动；很少时，如在个别活动时有中度疼痛需服用阿司匹林	30	（2）穿鞋和袜子（4 分）	
		a. 容易	4
		b. 困难	2
D. 中度疼痛，能忍耐，日常生活或工作受到某种程度限制，有时需要服用阿司匹林等更强的止痛药	20	c. 不能	0
		（3）坐（5 分）	
		a. 可坐普通的椅子 1 小时，无不适	5
E. 慢性疼痛，活动严重受限	10	b. 可坐高椅子半小时，无不适	3
F. 完全病残、跛行、卧床痛、卧床不起	0	c. 不能舒适地坐任何椅子（不能超过半小时）	0
II 功能（47 分）			
1. 步态（33 分）		（4）乘坐公共交通工具（1 分）	
（1）跛行（11 分）		a. 能	1
a. 无	11	b. 不能	0
b. 轻度	8	**III 无畸形（4 分）**	
c. 中度	5	1. 固定屈曲挛缩<30°	1
d. 严重	0	2. 固定内收畸形<10°	1
（2）帮助（11 分）		3. 伸直位固定内旋畸形<10°	1
a. 无	11	4. 肢体不等长<3.2cm	1
b. 长时间行走需用手杖	7	**IV 活动范围（5 分）**	
c. 大部分时间用手杖	5	（各指标分值=各活动弧度×相应的指数）	
d. 用一个拐杖	3		
e. 用两个拐杖	2	1. 屈曲 0°～45°×1.0；45°～90°×0.6；90°～110°×0.3	
f. 不能行走	0		
（3）行走距离（11 分）		2. 外展 0°～15°×0.8；15°～20°×0.3；>20°×0	
a. 不受限	11		
b. 行走 1000m 以上	8	3. 伸直位外旋 0°～15°×0.4；>15°×0	
c. 行走 500m 左右	5	4. 伸直位内旋任何范围均为 0	
d. 不能行走	0	5. 内收 0°～15°×0.2	
2. 活动（14 分）		活动范围的总得分=各指标分值的总和×0.05	
（1）上楼梯（4 分）			
a. 正常	4		

注：满分 100 分。优：90～100 分；良：80～89 分；中：70～79 分；差：<70 分。

表 3-4　HSS 全膝关节置换术评分表

项目	得分	项目	得分
疼痛(30分)		良:部分对抗阻力	8
任何时候均无疼痛	30	中:能带动关节活动	4
行走时无疼痛	15	差:不能带动关节活动	0
行走时轻微疼痛	10	**屈膝畸形(10分)**	
行走时中度疼痛	5	无畸形	10
行走时严重疼痛	0	0°	10
休息时无疼痛	15	<5°	8
休息时轻微疼痛	10	5°~10°	5
休息时中度疼痛	5	>10°	0
休息时严重疼痛	0	**稳定性(10分)**	
功能(22分)		正常	10
行走、站立无限制	22	轻微不稳	8
行走 5~10 街区(2.5~5km)	10	中度不稳	5
行走 1~5 街区(0.5~2.5km)	8	严重不稳	0
行走至少 1 街区(0.5km)	4	**减分项目**	
不能行走	0	使用单手杖	−1
能上楼梯	5	使用单拐杖	−2
能上楼梯,但需支具	2	使用双拐杖	−3
屋内行走,无须支具	5	伸直滞缺 5°	−2
屋内行走,需要支具	2	伸直滞缺 10°	−3
活动度(18分)		伸直滞缺 15°	−5
每活动 8°得 1 分,最高 18 分		每 5°外翻	−1
肌力(10分)		每 5°内翻	−1
优:完全对抗阻力	10		

注:满分 100 分,优:>85 分;良:70~84 分;中:60~69 分;差:<59 分

三、康复治疗

(一)人工全髋关节置换术后康复

1. 术前康复指导和训练　术前康复训练是为术后关节和全身功能恢复建立基础的预防性训练。术前康复训练主要包括学习良肢位摆放,床上活动及转移训练,训练床上排便习惯,指导下肢各关节的主动-辅助运动及主动运动方法,包括等长和等张收缩训练,指导正确使用拐杖等内容。

2. 术后康复治疗

（1）术后第1周：康复目的是减轻患者症状，促进伤口愈合，防止肌肉萎缩，改善关节活动范围。

1）物理因子疗法：①术后第1天，可使用冰袋置于手术的髋关节部位进行冷疗，每次30~60分钟，每日1~2次。②经皮电刺激疗法：采用频率为100Hz的双通路四电极，分别置于手术切口两侧，每次20~30分钟，每日1~2次。

2）体位摆放：仰卧位时髋关节可轻度外展20°~30°，防止患肢内收内旋，用"丁"字鞋防止髋关节伸髋外旋。患者翻身时伸直术侧髋关节，保持旋转中立或在两腿之间垫一枕头。对于髋关节置换术患者，应避免四种危险体位：①屈髋超过90°；②患肢内收超过身体中线；③屈髋内旋；④伸髋外旋。

3）肌力训练：①股四头肌、腘绳肌、臀大肌等静力性收缩。②术后第3天开始被动屈髋，外侧路入口患者为15°~30°，后侧路入口患者被动屈髋<10°，被动屈髋可借助吊带或健肢带动患肢或膝下垫枕或用CPM机完成。③膝下垫枕直腿抬高，持续10秒，每天10~20次。此动作是为了加强股四头肌的肌力，注意在早期不宜用直接的直腿抬高进行股四头肌的力量训练。④抬臀训练，一般在术后第5天完成。在完成此动作时，应注意在膝下垫枕使髋屈曲10°~20°。治疗师双手托住双侧髋关节，防止动作完成的过程中出现髋关节的旋转。⑤患膝下垂摆动，以增加膝关节的活动范围和肌力，防止膝关节周围软组织粘连。

4）转移训练：①床上转移训练：即向侧方移动，目的是锻炼髂腰肌。注意在他人帮助抬患髋或患膝时，患髋勿内收。②翻身训练：鼓励患者向患侧翻身，早期向健侧翻身，必须在他人的帮助下维持患髋于外展中立位，翻身时两腿间需夹垫枕。

（2）术后第2周：加强患侧下肢在不负重下的主动运动，改善关节活动范围，进一步提高肌力，增加床上自主活动能力。

1）关节活动训练：在无痛范围下进行主动的患侧髋膝屈伸能力训练或逐渐抬高床头高度，直至患者能在床上半坐位。侧入路切口患者屈髋45°~60°。后入路切口患者<30°。有条件的患者做站立床训练。

2）股四头肌肌力训练：①助力下直腿抬高30°，持续10秒，重复20~30次，每天3组；②小腿自然垂于床边，做主动伸膝运动。活动中避免髋部旋转。

3）床边体位变换及转移训练：①坐位转移练习：利用双上肢和健腿支撑力向侧方移动身体，并与床边成一定角度。患侧下肢抬离床面与身体同时移动，使得双小腿能自然垂于床边。然后双上肢及健腿用力支撑半坐起。患髋弯曲不要超过70°（后入路切口）或90°（侧入路切口）并保持两腿分开。②从坐位到站立的转换练习：患者在高床边坐位下，健腿在后着地，患腿朝前放置（防止内收及旋转），利用健腿的蹬力和双上肢在扶手的支撑力下站起；注意在转换过程中避免身体向两侧转动。有条件时，利用直立床帮助患者进行从卧位到站立位的体位转换。站立位下健腿完全负重，患腿可不负重触地。

4）健腿支撑站立平衡练习（患腿为不负重触地）。

（3）术后第3周：继续巩固以往的训练效果，提高日常生活自理能力，患腿逐渐恢复负重能力。

1）仰卧位空踩自行车20~30次，注意患髋屈曲应在90°以内，每10次为1组，每天 3 组。

2）站立位髋关节前屈、后伸、外展、内收肌群的等长收缩练习。

3）四点支撑半桥运动，保持 10 秒，每天 10~20 次，要求缓慢进行。

4）继续加强患侧股四头肌渐进抗阻练习。

（4）术后 4 周至 3 个月：康复的重点是进一步改善和提高第 3 周的治疗效果，逐渐改善患髋的活动范围，增加患髋的负重能力，使人工置换的髋关节功能逐渐接近正常水平，达到全面康复的目的。

1）下肢肌力训练和转移训练同上，让患者自己能正确掌握，以便出院后按要求练习。

2）在平衡器上训练身体重心转移，逐渐增加患腿的负重量。

3）步行训练：首先利用平行杆或四脚助行器，再扶双拐行走或健腿支撑三点式步行。练习时以不疲劳为度。患者在 3 个月内持拐步行、过障碍时患腿仅为触地式部分负重。从扶拐杖步行逐渐到扶手杖步行，要求具备下面两个条件：①患者能借助手杖，有足够的支撑力完成步行中支撑期患肢的负重；②患侧股四头肌能完成抗阻的阻力至少 8kg 以上。

上、下楼梯活动，早期主要是扶拐下，健腿支撑上。患腿部分负重时，要求健腿先上，患腿先下，减少患髋的弯曲和负重。

4）改善及提高日常生活活动能力训练：穿鞋时用长鞋拔，洗澡入浴盆或上下车时尽可能在髋关节伸展状态下做膝关节的屈曲动作。

3. 注意事项　人工关节的活动范围有限，患者需要特别注意避免关节移位，包括：①3 个月内卧位时，在双腿之间放一个三角枕垫，使关节保持在适当的位置。②在坐、站、躺时避免交叉腿和膝。③坐位时保持双足分开约 15cm。④坐位时保持双膝在髋以下水平。避免坐太矮的椅子，加高厕位，使如厕时膝盖保持在髋以下。⑤避免弯腰动作。患者可以考虑购买长柄鞋拔或软鞋，以免穿脱鞋袜时弯腰。⑥避免在双膝并拢双足分开的情况下，身体向术侧倾斜取物、接电话。

（二）人工全膝关节置换术后康复

1. 术前康复指导和训练

（1）指导患肢进行股四头肌的静力性收缩练习以及踝关节的主动运动。

（2）指导患者进行患肢的直腿抬高运动及踝关节抗阻屈伸运动。

（3）指导患者使用步行器或拐杖，为术后执杖行走做准备。

2. 术后康复治疗

（1）术后第 1 周：此期的目的是为了减轻患者的症状，促进伤口愈合，防止肌肉萎缩，改善关节活动范围。

1）物理因子疗法：①手术当天，可采用冷疗以减轻和消除肿胀、疼痛；②经皮电刺激疗法，采用频率为 100Hz 的双通路四电极，分别置于手术切口两侧，每次 20~30 分钟，每天 1~2 次。

2）良肢位摆放：维持关节功能位，如有需要可选用石膏托固定膝关节，并保持足高髋低位。

3）肌力训练：术后第 2~7 天，患肢做股四头肌静力性收缩，每次保持 10 秒，每 10 次为 1 组，每天 10 组。做患侧踝关节的背伸运动，每次重复 15 次，每天完成 2~3 次。

4）关节活动度训练：被动屈膝可借助弹力带或健肢带动患肢完成。或应用 CPM

机使患肢在无痛状态下行被动运动,起始角度为0°,终止角度为20°,4小时/日,以后每天增加10°,视关节肿胀程度进行调整。

5)推拿疗法:术侧下肢从远端到近端做轻手法推拿。

(2)术后第2周:重点加强患侧肢体不负重状态下的主动运动,改善关节主动活动范围,预防膝周围肌肉组织肌力丧失和关节挛缩。

1)肌力训练:①卧床直腿抬高练习,抬30°即可,保证膝关节伸直,坚持5~7秒,重复30次,每天练习3~4次。可由助力逐步过渡到主动完成直腿抬高运动。避免侧卧位外展抬腿。②股四头肌、腘绳肌渐进性抗阻训练。

2)关节活动度训练:CPM机使用角度增大至90°~100°。

3)负重练习:在平行杠内练习站立,前半周重心在健侧,患侧不负重触地;后半周,重心逐渐向患侧过渡,直至直立于平行杠内。

4)关节松动:关节活动度训练采用Maitland手法第Ⅰ级,使患膝在无痛范围内,在关节活动的起始端,小范围有节律的活动。

5)肌肉牵伸:牵伸腘绳肌以防止膝关节屈曲挛缩,股四头肌被动牵伸训练,以增加膝关节的屈曲度。

(3)术后第3周:继续训练膝关节周围肌力,恢复患肢负重能力,加强行走步态训练,训练患者平衡能力,进一步改善关节活动范围。

1)肌力和耐力训练:股四头肌、腘绳肌的肌力和肌肉耐力的训练,可从主动训练过渡到抗阻训练。

2)关节活动度训练:①俯卧位主动屈膝练习,站立位屈膝练习;②在固定自行车上进行蹬车动作,坐垫由最高开始逐渐下调以增加屈膝角度。

3)平衡训练与步行训练:利用各种平衡装置或在治疗师帮助下练习站立平衡。步行训练可先在平行杠内进行,逐渐过渡到平行杠外扶拐练习(三点式步态)。拐杖或手杖应在健侧手,这样可以提供最佳平衡和缓解术侧下肢负重。随后在跑步器上进行行走训练,患者目视前方抬头挺胸,臀部不能翘起。

4)ADL训练:独立完成穿裤、袜,如厕、洗澡等日常生活活动。

(4)术后第4周至3个月:进一步加强前面的训练效果,增加患肢活动范围及负重能力,以及生活自理能力。

1)屈膝、伸膝训练:如果有膝关节屈曲或伸展挛缩,可以采用低强度、较长时间的自我牵拉练习,也可以借助治疗师或其他外力训练。

2)膝关节短弧度下蹲训练:患者双手扶杠,双腿分开与骨盆同宽,缓慢屈曲髋和膝关节(开始双侧膝关节屈曲控制在30°~45°范围)。足跟不要离开地面,蹲到目标位置时保持5分钟,然后缓慢站起。每组15~20次,每天3组。

3)膝关节小弧度弓步训练:患者双足并立,然后术侧足向前小弓步,使膝关节微屈,再伸直膝关节,接着回到开始位置。每组15~20次,每天3组。注意,患者屈曲的膝关节应与足趾呈一直线,不可超越足趾上方的垂直线。

4)上、下楼梯活动:初期依靠拐杖上下,健腿支撑,逐步过渡到部分负重,要求健腿先上,患腿先下,待患者适应后脱离拐杖。

5)斜坡行走训练:可在轻度倾斜坡面上独立行走,单腿站立,侧步走,跨越障碍物,以改善在不同方向和地面上的活动能力。

6）耐力训练:采用固定自行车或游泳等非冲撞性活动以改善心肺功能和肌肉耐力,使患者获得重返社会所需的力量和耐力。

3.几种特殊情况康复的注意点

（1）膝关节的完全伸直是保证良好功能与正常步态的重要条件,若膝关节屈曲挛缩仅10°,就会明显影响膝关节功能。因此,要求全膝关节置换术后患者的伸膝正常,但屈膝达105°就可以保证膝的良好功能。某些活动,如骑自行车则屈膝要求大于105°。

（2）膝关节屈曲挛缩:即使手术中纠正了屈膝挛缩畸形,但术后仍易复发。术后要坚持将术侧膝关节置于伸直位的处理原则。屈膝挛缩畸形若使用 CPM 机,宜在手术后 4 天或 5 天,夜间术侧下肢仍置于伸直位支架。

（3）伸膝肌腱装置断裂或者胫骨结节切骨后,患者的膝关节要固定于伸直位,这样易造成膝关节屈曲受限,但是这种缺点的影响要小于伸膝受限导致的步态不稳。在膝伸肌腱装置愈合之前应小心被动活动膝关节以预防软组织挛缩。

四、康复教育

人工关节置换术后,其活动范围有限。因此,要注意日常生活和运动,避免引起人工关节松动和降低其使用寿命的活动和动作。

1.髋关节置换术后的康复教育

（1）髋关节置换术后为防止髋关节脱位,应避免弯腰、低坐起立、两腿交叉、跷二郎腿等不良姿势。

（2）术后 3 个月之内应避免髋关节屈曲超过 90°。

（3）术后 6 个月之内应避免术侧髋关节屈曲、内收、内旋位,使患侧髋关节处于轻度外展或中立位。

2.膝关节置换术后的康复教育

（1）避免跌倒,避免过多的负重,并且避免在负重的情况下反复屈伸膝关节。

（2）避免剧烈的体育运动。

（3）如有感冒咳嗽,咽喉疼痛、牙齿痛,腹泻及尿频尿痛等情况,应及时就诊,在医生指导下服药,以免引起关节感染。

（4）合理饮食,适当运动,保持体重,预防骨质疏松。

第六节　肩关节周围炎的康复

肩关节周围炎是临床常见的肩部疾病之一,表现为肩关节周围疼痛、肩关节各个方向主动和被动活动度降低,患者常因疼痛和肩部功能受限导致生活质量明显下降。康复治疗因疗效明显,已成为肩关节周围炎的主要治疗方法之一。

一、概述

（一）定义

肩关节周围炎（scapulohumeral periarthritis）,简称肩周炎,是指肩关节及其周围肌腱、韧带、腱鞘和滑膜囊等软组织的急慢性损伤或退行性变,致肩部产生非特异性炎

症,而引起肩关节疼痛和功能障碍为主症的一种疾病,又称粘连性肩关节周围炎。

(二)流行病学

有关研究显示,肩关节周围炎好发于 40~70 岁的中老年人,俗称"五十肩",在这个年龄阶段有 2%~5% 的患病率,女性发病率高于男性,左右侧肩关节患病率无明显差异,大约有 10% 的肩关节周围炎患者在第一次发病的 5 年内对侧肩关节也会再次罹患该病。

(三)病因及发病机制

肩关节周围炎的发病主要与肩部解剖结构特点以及慢性劳损、急性外伤、受凉等外部因素有关。肩关节为全身活动范围最大的关节,是一个典型的球窝关节,但球与窝的比例不对称,只有 1/4~1/3 的关节面相接触,由于接触面积小,而肩关节活动度又很大,使肩关节的稳定性降低;维持肩关节的稳定性,多数依靠其周围的肌肉、肌腱和韧带作用,跨越肩关节的肌腱、韧带较多,且大多是细长的肌腱,正常人的肌腱是十分坚韧的,但由于肌腱本身的血供较差,随着年龄的增长,常有退行性变;此外,肩关节在日常活动中活动较为频繁,且需要承受上肢重力和肩关节大范围运动时的牵拉等,容易引起局部损伤和劳损而发病。

肩关节周围炎的病理过程可分为凝结期、冻结期和解冻期(或分为疼痛期、僵硬期和恢复期)。凝结期主要表现为肩关节囊下皱褶相互粘连、消失,肱二头肌长头腱与腱鞘间有轻度粘连。此后随病情逐渐加重,出现关节囊严重挛缩、关节周围软组织受累和滑囊充血、水肿、增厚及组织弹性降低,即进入冻结期。一般冻结期经 7~12 个月后局部炎症可逐渐减轻、消退,使疼痛消失,肩关节活动功能恢复,称为解冻期。

(四)临床特征

肩关节周围炎起病缓慢,一般有外伤、劳损或感受风寒等病史。临床表现为逐渐加重的肩部疼痛和肩关节活动障碍,常因天气变化和劳累后诱发。疼痛主要位于肩关节前外侧,疼痛的性质可为钝痛、刀割样痛,有时可向颈部、肘部放射,夜间疼痛可加重。肩关节活动受限,常因梳头、穿衣、脱衣等日常活动诱发疼痛加重。肩关节周围炎具有自愈倾向,但处理不当会加重病情,延长病程,甚至遗留永久性功能障碍。病程长者可出现冈上肌、冈下肌及三角肌等萎缩。肩部 X 线检查多无明显异常。

二、康复评定

(一)肩关节活动度评定

肩关节活动度评定是肩关节周围炎重要的评定内容之一,肩关节活动度改善的程度和肩关节功能恢复的程度成正比,肩关节正常活动范围见表 3-5。

表 3-5　肩关节正常活动范围

活动方向	正常活动范围	活动方向	正常活动范围
前屈	0°~180°	内旋	0°~90°
后伸	0°~50°	外旋	0°~90°
外展	0°~180°	水平外展	0°~90°
水平内收	0°~45°		

（二）疼痛和压痛点的评定

肌腱与骨组织附着点及滑囊等处有明显的压痛,如三角肌止点、喙突、结节间沟、肱二头肌长头腱、肩峰下、冈下肌群及其联合腱等处,当上臂外展、外旋、后伸时疼痛可明显加剧。疼痛的评定可参照视觉模拟评分(VAS)法或 McGill 疼痛量表(表 3-6)进行。

表 3-6 简式 McGill 疼痛问卷表

Ⅰ.疼痛评级指数(PRI)的评估

疼痛的性质	疼痛的程度			
	无	轻	中	重
A 感觉项				
跳痛	0	1	2	3
刺痛	0	1	2	3
刀割痛	0	1	2	3
锐痛	0	1	2	3
痉挛牵扯痛	0	1	2	3
绞痛	0	1	2	3
热灼痛	0	1	2	3
持续固定痛	0	1	2	3
胀痛	0	1	2	3
触痛、撕裂痛	0	1	2	3
感觉项总分:				
B 情感项				
软弱无力	0	1	2	3
厌烦	0	1	2	3
害怕	0	1	2	3
受罪、惩罚感	0	1	2	3
情感项总分:				

Ⅱ.视觉模拟评分(VAS)法

无痛(0)…………………剧痛(10)

Ⅲ.现时疼痛强度(PPI)评分法

0,无痛;1,轻度痛;2,中度痛;3,重度痛;4,剧烈痛;5,难以忍受的痛

（三）肩关节疾患治疗成绩评定标准

该标准内容较全面,包含了疼痛、肌力、关节活动度、日常生活活动四大方面,可用于肩关节疾患治疗前后肩关节功能的评定(表 3-7)。

表 3-7 肩关节疾患治疗成绩评定标准

项目	评分
Ⅰ.疼痛(最高 15 分)	
1. 无疼痛	15
2. 轻度痛	10
3. 中度痛	5
4. 严重痛	0
Ⅱ.关节活动度(主动活动,坐位进行)	
1. 前屈、后伸、外展、内收 4 种活动按以下标准评分(最高各 10 分)	
0°~30°	0
31°~60°	2
61°~90°	4
91°~120°	6
121°~150°	8
151°~180°	10
2. 外旋(最高 6 分)	
手放在头后,肘部保持向前	0
手放在头后,肘部保持向后	2
手放在头顶,肘部保持向前	4
手放在头顶,肘部保持向后	6
3. 内旋(最高 6 分)	
手背可达臀部	0
手背可达 L_3 水平	2
手背可达 T_{12} 水平	4
手背可达 T_7 水平	6
Ⅲ.肌力(最高 25 分)	
5 级	25
4 级	20
3 级	15
2 级	10
1 级	5
0 级	0

续表

项目	评分
Ⅳ. 日常生活动作（最高 8 分）	
1. 梳头	1
2. 系带子	1
3. 手摸嘴	1
4. 取上衣侧面口袋的东西	1
5. 用手摸对侧眼	1
6. 能关或拉开门	1
7. 能大小便	1
8. 能穿上衣	1

三、康复治疗

肩关节周围炎的康复治疗包括急性期和中末期两个阶段,针对急性期患者,康复治疗应着重减轻疼痛,严重者可采取措施使局部暂时制动;对于中末期患者,应强调解除粘连,恢复肩关节活动功能。整体治疗措施包括局部制动、药物治疗、综合治疗、运动疗法、中医康复疗法。康复治疗可以改善肩部血液循环,促进新陈代谢,加速炎症吸收,减轻肌肉痉挛,牵伸粘连和挛缩的组织,以减轻和消除疼痛,恢复肩关节的正常功能。患者在接受被动治疗的同时,应积极进行主动运动训练,以促进病情恢复。

（一）急性期康复

临床应用表明,肩关节周围炎急性期应用多方法综合治疗能有效缓解疼痛,包括小剂量的超短波疗法、红外线疗法、磁疗、微波疗法、冷敷、关节松动术第Ⅰ级手法。小剂量的物理疗法能加速病变部位的血液循环,促进炎症的吸收,加速消除肿胀,以缓解疼痛。关节松动术在急性期治疗,因疼痛剧烈,多采用 Maitland 第Ⅰ级手法,以加速血液循环,促进关节液流动、缓解疼痛。

急性期缓解疼痛的主要措施包括:

1. 局部制动　急性期疼痛严重,常伴随炎症反应,所以通过制动避免加重刺激疼痛部位,防止肿胀的发生,以改善局部血液循环。

2. 药物治疗　适当的口服非甾体类药物或痛点药物注射,可以有效减轻疼痛,缓解肌肉紧张。

3. 综合治疗

（1）超短波疗法:对置法,无热量或微热量,每次 15 分钟,每天 1 次,10~20 次为 1 个疗程。

（2）红外线疗法:患肩痛区照射,距离 30cm 左右,每次 20~30 分钟,每天 1 次,10~20 次为 1 个疗程。

（3）磁疗:患肩放置,动磁场疗法常用 0.2~0.3T 的磁场强度,每次 20~30 分钟,

每天 1 次,10~20 次为 1 个疗程。

（4）微波疗法:患肩照射,微热量,每次 15 分钟,每天 1 次,10~20 次为 1 个疗程。

（5）冷敷:干毛巾包裹医疗用冰袋,患处敷 10~15 分钟,每天 1 次,至肿胀消除。

（6）关节松动术第Ⅰ级手法:在肩关节活动的起始端小范围松动,频率为每秒 1~2 次,时间为 45~60 秒。

（二）中末期康复

肩关节周围炎中末期康复主要为缓解肌肉痉挛,促进粘连松解,加强肩部肌群力量,改善肩关节活动受限,以达到恢复肩关节功能的目的。具体措施包括:运动疗法（关节松动术、关节活动技术）、中医康复疗法（推拿疗法、针灸疗法、中药疗法）。中末期的康复需要患者积极地、有计划地进行一部分关节功能的自主训练,应遵循循序渐进原则,避免造成二次损伤。

1. 运动疗法

（1）关节松动术:通过对肩关节的摆动、推动、旋转、分离和牵拉等,可以起到促进关节液流动、缓解疼痛、增加关节软骨和软骨盘无血管区营养、松解组织粘连、保持组织的伸展性、增加本体反馈和改善关节活动范围的作用。肩关节松动技术主要对盂肱关节、肩锁关节、肩胛胸壁关节进行手法操作。在僵硬期,因肩关节活动受限,多采用 Maitland 第Ⅱ、Ⅲ级手法,即在肩关节活动范围内大幅度松动,两者以是否接触关节活动的终末端来区别,每次 30 分钟,每天 1 次,10 次为 1 个疗程。Maitland 第Ⅲ、Ⅳ级手法都接触终末端,改善活动度效果显著,但若使用不当,可引起较明显的疼痛。每种手法可重复使用 2~3 次。对于并发肩关节脱位或严重骨质疏松症的患者应慎用或不用。

（2）关节活动技术:在疼痛基本缓解后或在疼痛能够忍受的范围内,应积极地、有计划地进行关节功能的主动训练。运动强度应较大,主要方法是使患肩主动做内旋、外旋、外展、环转运动,循序渐进,持之以恒。同时,也应加强肩部肌群力量的锻炼,常用方法如下:

1）手指爬墙练习:侧面或前面站立,抬起患侧的前臂,以示指和中指贴墙,然后沿墙向上慢慢做爬墙式运动。在康复医院多采用爬肩梯法训练,效果更佳。

2）拉环运动:利用肩关节活动滑轮进行训练。双手分别握住两端的拉环,健侧上肢向下用力,使患侧上肢向上举,可完成患肢的前屈、外展、内旋等动作。亦可将患肢背于身后,健侧向下用力,帮助患肢上提,增加患侧肩关节活动度。

3）体操练习:双手握住体操棒,在体前,手臂伸直,然后反复用力向上举,尽量向头后部延伸,在体后,双手握棒,用力向上举。

4）下垂摆动练习:该练习利用上肢下垂的重力和主动的肢体摆动,达到对肩关节囊及关节结构的牵张,从而改善关节活动范围。它是肩牵伸练习的一种,适宜于肩关节周围炎的早期。较常用的练习方法是:在躯体前屈位下,使患臂自然下垂,肢体做前后、内外、绕臂摆动练习,幅度可逐渐增大。一般每个方向每组 20~30 次。疼痛明显时可在健侧手的保护下摆动手臂。随病情好转,可逐渐增大运动幅度,亦可手持重物 1~2kg,按原体位做同样时间的前后、内外、绕环摆动练习。若患者疼痛较重,不能主动活动时,可由健手托住患侧肘关节,做前后、左右方向的摆动练习以增加患肩活动度。

在进行肩关节活动训练中应注意以下几点：①应在无痛或轻微疼痛范围内练习，避免因疼痛反射性地引起或加重肌痉挛，致使功能恢复不力；②在练习中可使用压肩带，尽量减少肩带活动对肩关节活动的替代；③肩关节在某一方向活动达到最大范围时，尽量在无痛或轻微疼痛情况下维持1分钟；④每次肩关节训练量以不引起疼痛加重为宜，若疼痛加重，应适当减少活动量；⑤在牵伸训练前，可做肩关节热敷，以增大纤维组织的伸展性，从而减少因牵伸对组织的损伤。

2. 中医康复疗法

（1）推拿疗法：中末期肩关节周围炎患者，推拿治疗以改善肩关节功能为主，可用较重手法，如扳法、摇法、拔伸法等，并着重配合关节各功能位的被动运动，以松解粘连、滑利关节，促进关节功能恢复。常规操作如下：患者坐位，医者站于患侧，用一手托住患侧上臂使其轻微外展，另一手用拿捏法或拿揉法，作用于肩前部、三角肌部及肩后部，同时活动患侧上肢，使其被动外展、旋外和旋内，以缓解肌肉痉挛，促进粘连松解；医者用点压、弹拨手法依次点压肩井、秉风、天宗、肩内陵、肩贞、肩髃、肩髎等穴位，以酸胀为度，对痛点或有粘连部位施弹拨手法，以解痉止痛，松解粘连；医者一手扶住患肩，另一手握住其腕部或肘部，以肩关节为轴心做环转运动，幅度逐渐加大，然后再做肩关节内收、外展、后伸等牵拉，以缓解粘连，增加活动范围；医者先用搓揉、拿揉手法施于肩部周围，然后握住患者腕部，将患者慢慢提起，使其前屈或外展，同时顺势牵拉提抖，最后用搓法、揉法从肩部到前臂反复3~5遍，以松解粘连。

（2）针灸疗法：可取肩髃、肩髎、臂臑、肩前、肩贞、巨骨、曲池等穴位，并可"以痛为腧"取穴，留针20分钟，或加用艾灸。

知识拓展

八　段　锦

八段锦是我国传统的导引功法，具有导气引体、调畅气血的作用，主要通过外在肢体躯干的屈伸俯仰和内部气机的升降开合来实现，可以使人体全身的筋脉得以牵拉舒展，经络得以舒畅，实现"骨正筋柔、气血自流"的目的，现被应用于肩关节周围炎的预防和治疗，效果显著。

（3）中药疗法：风寒湿阻型见于病变早期，肩部疼痛，恶风畏寒，得温痛减，舌质淡，苔薄白，脉浮紧或弦，治宜祛风散寒，舒筋通络，方用桂枝附子汤加减；脉络瘀滞型见于病变的早中期，肩部疼痛或肿胀，以夜间为重，舌质暗或有瘀斑，苔白或薄黄，脉弦或细涩，治宜活血化瘀，行气止痛，方用身痛逐瘀汤加减；气血亏虚型见于病变后期，肩部酸痛，劳累痛剧，或伴肩部肌萎缩等，舌质淡，苔白，脉细弱或沉，治宜补气养血，舒筋通络，方用黄芪桂枝五物汤或当归鸡血藤汤加减。

四、康复教育

肩周炎对于办公室工作者很常见，因为工作性质原因，持续长时间的固定姿势不变，导致肩关节周围肌肉和韧带长时间受到牵拉，引起肩关节出现疼痛、活动受限等症状。良好的日常生活和工作习惯能有效预防肩关节周围炎的发生，首先，做到适当休息运动,每工作一段时间休息 10 分钟左右,适当起身活动肩颈部,疼痛缓解时候可以做抬肩或扩胸运动,放松肌肉,缓解疲劳。对于老年人要注意保暖,加强肩关节周围肌肉的锻炼。如果受凉,可以用热毛巾热敷一下,用双手揉肩。按摩和热敷可以促进局部的血液循环,对于肩周炎的治疗恢复也有帮助。

第七节 颈椎病的康复

颈椎病是临床上的常见病和多发病,影响人群范围较广,发病率逐年升高,且年轻化趋势日益明显,给人们的生活、工作和学习带来了极大的痛苦。颈椎病的治疗以非手术治疗为主,各种康复治疗措施对颈椎病具有明显的优势和良好的效果。

一、概述

(一)定义

颈椎病(cervical spondylosis)又称颈椎综合征,是由于颈椎间盘退变、颈椎骨质增生、韧带钙化或颈部肌肉损伤等因素导致脊柱内外平衡失调,刺激或压迫颈神经根、椎动脉、脊髓或交感神经等组织所产生的一组综合征。

🌐 知识链接

颈椎的功能解剖特点

颈部脊柱由 7 节颈椎、6 个椎间盘以及附属的韧带连接而成,从侧方看呈正常的生理前凸,除第 1、2 颈椎结构特殊外,第 3~7 颈椎结构基本相同。颈椎活动功能主要以颈部屈伸、旋转活动为主,其次是侧屈活动。颈椎以中下段活动量较大,故积累性损伤及退行性变常见于颈椎中下段,其中发生在 C_5~C_6 占 40.79%,C_4~C_5 占 26.29%,C_6~C_7 占 18.20%。

(二)流行病学

有关研究显示,在 20 岁以上的人群中,颈椎病的患病率达 65% 左右,其中 20~29 岁年龄组的发病率为 36.61%,30~39 岁年龄组的发病率为 37.69%,40~49 岁年龄组的发病率为 67.63%,50~59 岁年龄组的发病率为 84.83%,60~69 岁年龄组的发病率为 91.49%。在各种类型的颈椎病中,混合型占 37.48%,神经根型占 17.97%,颈型占 16.74%,椎动脉型占 8.45%,交感神经型占 3.69%,脊髓型占 0.46%,无症状的患者占 15.21%。

(三)病因及发病机制

1. 病因 颈椎病是一种颈椎退行性疾病,退行性改变是颈椎病发生的内在因素,各种急慢性损伤则是导致颈椎病的外部因素。

(1)内因:人体在 30 岁以后开始出现颈椎间盘、椎体、椎间小关节等的退行性改变,颈椎间盘因退变而向周围膨出,椎体周围的韧带及关节囊逐渐松弛,使脊柱不稳而活动度增大,刺激周围的骨膜和韧带,导致椎体缘及小关节部出现骨质增生。膨出的椎间盘,增生的骨刺,充血、肿胀、纤维化的关节囊等形成混合性突出物。向椎体侧方

笔记

的突出物,可刺激压迫椎动脉,造成脑基底动脉的供血不足,产生椎动脉型颈椎病;向后外侧的突出物,可使椎间孔变窄,造成颈神经根受压,发生神经根型颈椎病;向椎体后方突出,则造成脊髓受压迫,形成脊髓型颈椎病。

（2）外因:颈部损伤分为急性损伤和慢性劳损两种。急性损伤,如颈部的扭伤、挫伤等,可直接损害颈部的肌肉、韧带、关节而诱发颈椎病,最常见的发病因素为车祸所致的挥鞭损伤。慢性劳损多由于长期低头工作,使颈部经常处于一种强制性体位,引起颈部肌肉、韧带、筋膜与关节等的劳损而出现颈椎病。平时坐姿不正、睡姿不良、长期伏案或在电脑前工作等都可引起颈椎病,尤其是躺在沙发上或床上看书、看电视,是颈椎病最常见的诱发及复发因素。此外,先天性颈椎椎管狭窄、风寒侵袭等,均可诱发颈椎病。

2. 发病机制　颈椎病从病理变化角度大致可以分为 3 个阶段:

（1）椎间盘变性:纤维环从 20 岁以后停止发育,开始发生纤维变粗和透明变性,容易破裂。30 岁后髓核脱水,颈椎间盘逐渐被纤维组织和软骨细胞所代替。

（2）椎体骨刺形成:由于颈椎间盘变性和颈椎间隙变窄,使颈椎失去原有的力学平衡,椎间盘周围的骨膜与韧带受到椎间盘组织的挤压,承受的张力增加,日久则会形成骨刺。

（3）继发损害:由于椎间盘的变性,附近的组织,如关节突、黄韧带等均有相应改变。突出的椎间盘如果压迫脊神经根或脊髓则会产生组织充血、水肿等变化。当钩椎关节增生或变位时会使椎动脉发生折曲和痉挛,使脑供血不足。

（四）临床特征

颈椎病在临床上主要分为颈型、神经根型、椎动脉型、脊髓型、交感神经型和混合型 6 种类型。

1. 颈型颈椎病　临床上以青壮年居多,主要表现为颈部肌肉僵硬、疼痛、酸胀及沉重不适感。急性期疼痛剧烈,不敢触碰颈肩部,约有半数患者头颈部不敢转动或歪向一侧。急性期过后常常感到颈肩部和上背部酸痛。

2. 神经根型颈椎病　临床症状主要表现为颈部或颈肩部阵发性或持续性的隐痛、剧痛或麻木,在一侧上肢、手背、手指等部位也可逐渐出现放射性疼痛并伴麻木感,疼痛呈烧灼样或刀割样。

病变在 $C_3 \sim C_4$ 间隙以上:可累及颈丛,出现颈肩部疼痛,放射到枕部和后脑,皮肤感觉障碍。

病变在 $C_4 \sim C_5$ 间隙:可累及臂丛,出现颈肩背疼痛,放射至上臂前外侧和前臂桡侧疼痛、麻木。

病变在 $C_5 \sim C_6$ 间隙:项背部疼痛可放射至上肢及拇指、示指,前臂桡侧麻木,肱二头肌肌力减弱,腱反射减弱或消失。

病变在 $C_6 \sim C_7$ 间隙:项背部疼痛可放射至上肢后侧及中指,中指、环指发麻,肱三头肌肌力减弱,腱反射减弱或消失。

病变在 $C_7 \sim T_1$ 间隙:肩背疼痛、发麻,沿上臂内侧、前臂尺侧至环指及小指,肱三头肌肌力减弱、腱反射减弱或消失。

以上为单个脊神经根受压的表现,临床上如遇多个颈椎病变,其症状表现比较复杂。

3. 椎动脉型颈椎病 典型临床表现为发作性头痛,以枕部、头项部疼痛为主,可放射到颞部。大多表现为发作性胀痛,伴有旋转性、浮动性或摇晃性头晕。

4. 脊髓型颈椎病 脊髓型颈椎病大多数以慢性、进行性四肢感觉及运动功能障碍为特征。因脊髓受压的位置不同,又分为单侧和双侧。

(1)单侧:病变水平以下,同侧肌张力增高,肌力减弱,腱反射亢进,或出现病理反射,如霍夫曼征阳性、巴宾斯基征阳性,严重者可出现髌阵挛或踝阵挛,以及痛温觉感觉障碍。

(2)双侧:病变水平以下,双侧肢体肌张力增高,运动障碍,肌力减弱,步态笨拙,行路不稳,腱反射亢进,髌踝阵挛,病理反射阳性,甚至可出现大小便失禁和痉挛性瘫痪。

5. 交感神经型颈椎病 交感神经型颈椎病症状复杂,主要表现为枕部疼痛连及头部疼痛或偏头痛、眼窝胀痛、恶心、视物模糊、心悸、肢体怕冷、流泪、多汗、疼痛过敏、耳鸣耳聋、舌麻等。

6. 混合型颈椎病 混合型颈椎病为以上所述两种或两种以上类型颈椎病症状同时出现。

知识拓展

食管型颈椎病

颈椎病的分型,除了常见的上述 6 种分型以外,还有一些临床较少见的颈椎病,称为其他型颈椎病,目前主要指食管型颈椎病。食管型颈椎病主要由于椎体前缘出现骨质增生,向前突出并压迫食管,甚至刺激或压迫膈神经或喉返神经,并引发相应的临床症状。食管型颈椎病以咽喉干涩、咽喉部疼痛、明显异物、吞咽困难、音哑等咽喉、食管症状为主要临床表现,X 线侧位片可见颈椎生理曲度变直、反张、前曲度加大、椎体移位、椎体前缘骨质增生,好发部位以 $C_5 \sim C_6$ 居多,其次为 $C_6 \sim C_7$ 及 $C_4 \sim C_5$,钡餐检查可见食管受压。

二、康复评定

(一)颈椎活动度评定

颈椎活动度的测量对颈椎病早期诊断、判断患病的严重程度、判断颈髓各节段功能等均有一定的意义(表 3-8)。

表 3-8　颈椎正常活动度

活动方向	正常活动度	活动方向	正常活动度
前屈	35°~45°	后伸	35°~45°
左侧屈	45°	右侧屈	45°
左旋	60°~80°	右旋	60°~80°

（二）日常生活活动能力评定

颈椎病可导致患者无法完成部分日常生活活动,自尊心和自信心下降,影响患者与他人交往,也可影响到整个家庭和社会。ADL评定可以了解患者患病后的生活自理能力,并能指导康复治疗。

（三）脊髓型颈椎病的功能评定

由日本骨科学会（JOA）推荐的对脊髓型颈椎病的评定方法应用较为普遍（表3-9）。表中17分为正常值,分数越低,表示功能越差,以此可以评定康复疗效。此外,我国1995年第二届颈椎病专题座谈会拟定的颈椎病脊髓功能状态评定法（40分法）也可应用（表3-10）。

表3-9　脊髓型颈椎病的功能评定（JOA17分评定法）

内容	评分		
Ⅰ.上肢运动功能			
1.患者不能用筷子或匙进食	0		
2.患者能用匙而不能用筷子进食	1		
3.尽管不容易,但患者仍能用筷子进食	2		
4.患者能用筷子进食,但笨拙	3		
5.正常	4		
Ⅱ.下肢运动功能			
1.患者不能走路	0		
2.在平坦区域内患者需要支持才能行走	1		
3.患者在平坦处走时无须支持,但上下楼需要	2		
4.患者能不用支持走路,但笨拙	3		
5.正常	4		
Ⅲ.感觉功能	明显障碍	轻度	正常
1.上肢	0	1	2
2.下肢	0	1	2
3.躯干	0	1	2
Ⅳ.膀胱功能			
1.尿潴留	0		
2.严重的排尿紊乱	1		
3.轻度的排尿紊乱	2		
4.正常	3		

对于功能受限严重者可利用各种 ADL 量表进行评定,如用 Barthel 指数对患者进食、洗澡、修饰、穿衣、大小便控制、使用厕所、床与轮椅转移、平地行走、上下楼梯等 10 项功能进行评定,根据评定结果确定是轻度功能障碍还是中度或重度功能障碍。

表 3-10　颈椎病脊髓功能状态评定法(40 分法)

项目	评分	功能状态
Ⅰ. 上肢功能(左右分别评定,每侧 8 分,共 16 分)	0	无使用功能
	2	勉强握住食品进餐,不能系扣、写字
	4	能持勺进餐,勉强系扣,写字扭曲
	6	能持筷进餐,能系扣,但不灵活
	8	基本正常
Ⅱ. 下肢功能(左右不分,共 12 分)	0	不能端坐及站立
	2	能端坐,但不能站立
	4	能站立,但不能行走
	6	拄双拐或需人费力搀扶,勉强行走
	8	拄单拐或扶楼梯上下行走
	10	能独立行走,跛行步态
	12	基本正常
Ⅲ. 括约肌功能(共 6 分)	0	尿潴留或大小便失禁
	3	大小便困难或其他障碍
	6	基本正常
Ⅳ. 四肢感觉(上、下肢分别评定,共 4 分)	0	有麻、木、痛、紧、沉等异常感觉或痛觉减退
	2	基本正常
Ⅴ. 束带感觉(指躯干部,共 2 分)	0	有紧束感
	2	基本正常

(四)疼痛的评定

疼痛的评定可采用 VAS 法、McGill 疼痛问卷、口述分级评分法、人体表面积评分法、行为疼痛测定法等,但治疗前后应采用同一种评定方法。

(五)感觉功能的评定

通过浅感觉异常的部位,大致可确定病变的椎体节段,如神经根型颈椎病,小指发麻常因 C_8 神经根受压所致;示指和中指发麻常因 $C_6 \sim C_7$ 神经根受压所致;拇指和示指发麻常因 $C_5 \sim C_6$ 神经根受压所致(表 3-11)。

笔记

表3-11　颈髓神经感觉关键点

脊髓颈神经	感觉关键点	脊髓颈神经	感觉关键点
C_2	枕骨粗隆	C_3	锁骨上窝
C_4	肩锁关节的顶部	C_5	肘前窝的外侧面
C_6	拇指	C_7	中指
C_8	小指		

（六）反射的评定

反射的异常可帮助鉴别颈椎病的类型,也有助于认识疾病的严重程度。如神经根型颈椎病可出现患侧肱二头肌、肱三头肌腱反射活跃;脊髓型颈椎病腱反射(肱二头肌、肱三头肌、霍夫曼征、膝腱反射、跟腱反射)亢进,腹壁反射减弱或消失,锥体束征阳性。

（七）影像学的评定

X线、CT和MRI的改变有助于判断颈椎病的严重程度、病变节段。如X线片显示的颈椎曲度的改变,CT、MRI显示的椎间盘突出情况、脊髓及神经根受压的情况等,均对临床诊断具有重要意义。

（八）肌电图和强度-时间曲线的评定

肌电图对确定神经系统有无损伤及损伤部位,区分神经源性异常与肌源性异常,对发现神经早期损害有重要意义。强度-时间曲线作为低频电诊断的一种,对神经损伤程度的判断、恢复程度的判断和损伤部位、病因、预后的判断均有重要意义,并能指导康复治疗。

（九）特殊体征的评定

不同类型颈椎病有不同的特殊体征。压痛点的评定主要是确定压痛部位,对明确颈椎病的类型、病变节段、疾病的严重程度有一定意义。此外,神经根型颈椎病查体时臂丛神经牵拉试验、椎间孔挤压试验阳性;椎动脉型颈椎病查体时椎动脉扭曲试验、低仰头试验阳性;脊髓型颈椎病查体时四肢肌张力可能增高,并可能引出病理反射、屈颈试验阳性。

（十）颈椎稳定性评定

颈椎稳定性下降不仅可导致或加速颈椎病的发生,而且在康复治疗时容易加重损伤,因此了解颈椎的稳定性具有重要作用。C_1、C_2椎体的形态结构具有特殊性,$C_3 \sim C_7$椎体结构与标准椎体结构一致,故判断颈椎是否稳定需分别进行(表3-12、表3-13)。

表3-12　C_1、C_2不稳定评定

项目	标准	项目	标准
寰枕旋转	>8°	矢状面齿状突前间隙	>4mm
寰枕移位	>1mm	寰枢单侧旋转	>45°
寰椎侧块两侧移位	>7mm	寰椎后缘至寰枢后弓距	≥13mm

表 3-13　$C_3 \sim C_7$ 不稳定评定

项目	评分	项目	评分
前柱破坏失去功能	2	后柱破坏失去功能	2
矢状面旋转>11°	2	矢状面移位>3.5mm	2
脊髓损伤	2	颈椎牵引试验阳性	2
根性损伤	1	椎管狭窄	1

三、康复治疗

颈椎病治疗以非手术治疗方法为主,一般预后良好,只有脊髓型颈椎病治疗不当时,容易遗留不同程度的残疾。由于颈椎病的病因复杂,症状、体征各异,在治疗时应根据颈椎病的不同类型、不同病理阶段、不同发病节段,选择合理的治疗方案。颈椎病康复治疗以消除症状、体征,恢复正常生理功能和工作能力为主要目的,而不是消除颈椎间盘退变或骨质增生等病理改变。

（一）运动疗法

1. 颈椎牵引　颈椎牵引是通过牵引装置对颈椎加载应力,产生生物力学效应,起到治疗作用。其主要作用机制为解除肌肉痉挛,缓解疼痛;改善局部血液循环,促进软组织损伤的修复和炎症物质的吸收;牵伸挛缩的关节囊和韧带,纠正滑膜嵌顿和关节突关节紊乱;增大椎间隙和椎间孔,改变突出间盘或骨质增生与周围软组织的位置关系,减轻神经根受压症状。

颈椎牵引常作为神经根型、颈型和交感神经型颈椎病的首选治疗方法;交感神经型急性期、椎动脉型病情较重者、脊髓型脊髓轻度受压者禁用或慎用;脊髓型颈椎病脊髓受压较明显者,或有明显颈椎节段性不稳者,或体质太差,或牵引后症状加重者禁用。

颈椎牵引的角度、时间和重量是决定治疗效果的 3 个重要因素。在牵引的同时,可配合其他治疗方法,如局部热敷、红外线照射、中频电刺激治疗等,疗效会更佳。

（1）牵引体位:颈椎牵引有坐位或卧位两种方式。一般认为在平卧位,全身肌肉放松,牵引效果较好,但卧位时阻力较大,且与其他疗法配合进行有一定的限制,因此多采用靠坐位枕颌布带牵引。牵引过程中,牵引体位应使患者感觉舒适,如有不适,应立即调整,患者要充分放松颈部、肩部及整个躯体肌肉。

（2）牵引角度:颈部牵引要求自躯干纵轴前倾 10°~30°,避免过伸。生物力学实验结果表明,牵引角度小时,最大应力位置靠近颈椎上段;牵引角度增大时,最大应力位置下移,故应根据颈椎的病变节段选择牵引角度。椎动脉型患者前倾角宜小,脊髓型颈椎病患者宜取接近垂直体位,忌前屈位牵引(表 3-14)。

表 3-14　病变颈椎节段与牵引角度关系

病变颈椎节段	$C_1 \sim C_4$	$C_5 \sim C_6$	$C_6 \sim C_7$	$C_7 \sim T_1$
牵引角度	0°	15°	20°	25°

（3）牵引重量：坐位牵引重量一般从 5kg 开始，根据患者体质和局部肌肉状况逐步增加牵引重量，每隔 3~5 天增加 1~2kg，每次牵引近结束时患者应有明显的颈部牵伸的感觉，但无特殊不适。如果症状有改善，可维持当前牵引重量，若无改善可持续增加，最大牵引重量可按患者体重的 1/12~1/8 计算或 12~15kg。卧位持续性牵引重量从 2~3kg 开始，逐渐增加至 4~6kg，症状缓解后可适当减少牵引重量。如果牵引重量过度，可能会造成肌肉、韧带或关节囊等软组织损伤。

（4）牵引时间：有关研究表明，牵引时间过短不能发挥牵引的力学效应，时间过长可能会引起头痛、下颌关节痛、心悸、胸闷、恶心等不良反应。一般每次牵引持续时间以 10~20 分钟为宜，每天 1~2 次，10 天为 1 个疗程。在牵引治疗时间内，根据牵引重量的变化又可分为持续性牵引和间断性牵引，在 10~20 分钟内，如果牵引重量保持不变，称为持续性牵引；如果牵引重量发生变化，称为间断性牵引，间断性牵引多采用电脑颈椎牵引椅，由计算机控制牵引时间和重量的变化。

（5）注意事项：牵引的角度、重量、时间应根据患者的病情和个体状况进行设置，牵引过程中要观察患者的反应，如有不适或症状明显加重应及时停止治疗。

2. 肌力训练技术　肌力训练有助于提高颈部肌肉力量，增加颈椎的稳定性，恢复及增强颈椎的活动范围，改善局部血液循环，减轻疼痛，防止肌萎缩，在颈椎病的治疗中具有重要的作用。常用的颈部肌力训练技术有：

（1）颈椎活动度训练：患者坐位，头部中立位，躯干保持正直，嘱其做缓慢的头部前屈、后伸运动及左右侧屈运动，尽量达到最大范围，改善颈椎活动范围。

（2）颈肌肌力增强训练：患者坐位，头部中立位，躯干保持正直，医者以一手置于患者额部、枕部或颞部，嘱患者抗阻力做头部前屈、后伸或侧屈运动，提高颈深肌群、胸锁乳突肌、肩胛提肌和竖脊肌的肌力。

此外，患者病情好转或治愈后，可在医师指导下适时选择对本病的康复及预防有益的运动，如游泳、放风筝、打羽毛球、太极拳、八段锦等，以巩固疗效，防止疾病复发。

（二）物理因子疗法

物理因子治疗具有改善局部组织与脑、脊髓的血液循环，消除炎症和组织水肿，减轻疼痛，解除肌肉痉挛，调节自主神经功能等作用。常用方法有：

1. 直流电离子导入疗法　用冰醋酸、维生素 B_1、维生素 B_{12}、碘化钾、乌头、川芎、威灵仙、红花等进行导入，作用极置于颈后，辅极置于患侧上肢或腰骶部，电流密度为 $0.05~0.1mA/cm^2$，每次 20 分钟，每天 1 次，10 次为 1 个疗程，适用于各型颈椎病患者。

2. 调制低中频电疗法　多用 2000~8000Hz 的中频电为载频，用不同波形（如方波、正弦波、三角波等），或用频率为 10~200Hz 的低频电调制（调制的方法有连调、断调、变调、间调），以不同频率方式进行组合，编成不同处方。使用时按不同病情选择处方，电极颈后并置或颈后、患侧上肢斜对置，每次 15~20 分钟，10 次为 1 个疗程，适用于各种类型的颈椎病。

3. 超短波疗法　电极颈后单置，或颈后、患侧前臂斜对置，急性期用无热量，缓解期用微热量，每次 10~15 分钟，每天 1 次，10 次为 1 个疗程，多用于颈型、神经根型颈椎病的急性期，或脊髓型颈椎病（脊髓水肿）患者。

4. 超声波疗法 用 800~1000Hz 的超声波治疗机,输出功率为 $0.8~1.0W/cm^2$,声头在颈后、两肩胛冈上窝、肩胛冈等部位接触移动,每次 8~10 分钟,每天 1 次,10 次为 1 个疗程。可按不同病情,选加药物透入治疗(如维生素 B_1、维生素 B_{12}、氢化可的松、双氯芬酸等)。超声波治疗可用于各型颈椎病,尤其对于脊髓型颈椎病效果较好。

5. 微波疗法 辐射器距离皮肤 3~10cm,微热量(功率密度为 $88~220mW/cm^2$)或温热量(功率密度为 $220~440mW/cm^2$)治疗,每次 10~15 分钟,10 次为 1 个疗程,适用于各型颈椎病。

6. 红外线疗法 颈后部或颈肩部照射,距离 30~40cm,每次 20~30 分钟,每天 1 次,10 次为 1 个疗程,适用于各型颈椎病。

(三)中医康复疗法

1. 推拿疗法 推拿手法治疗具有改善局部血液循环、缓解肌肉紧张与痉挛、扩大椎间隙与椎间孔、整复滑膜嵌顿和小关节紊乱、增加关节活动范围、防止软组织粘连、改善突出间盘或骨质增生与周围组织的位置关系等作用,适用于除了严重脊髓型以外的其他各型颈椎病。

推拿治疗颈椎病对手法的要求较高,不同类型的颈椎病,其方法、手法差异较大,常用手法包括按法、揉法、点法、拿法、推法、弹拨法、拔伸法、扳法等,常规操作如下:患者坐位,医者立于其后,按揉、拿捏患者颈项两旁的软组织,用推法、揉法等放松患者颈肩部及上肢肌肉;之后,嘱患者放松,医者用双手托住下颌及后枕部,缓慢用力向上拔伸,做颈部拔伸牵引,然后用斜扳法、颈部旋转定位扳法或颈部旋牵法,纠正颈椎关节错位;接上式,拿揉患者两侧肩部肌肉及患肢,点按压痛点、风池、风府、肩井、天宗、曲池、合谷等穴位,最后叩击、擦搓肩背部,牵抖上肢,结束治疗。每次 20~30 分钟,每天 1 次,10 次为 1 个疗程。

2. 针灸疗法 针灸具有镇痛、调节神经功能、解除肌肉和血管痉挛、改善局部血液循环、增加局部营养、防止肌肉萎缩、促进功能恢复的作用。常用的穴位有风池、风府、翳风、肩井、天宗、曲池、手三里、合谷、颈夹脊、阿是穴等,毫针刺入,平补平泻,每次 20 分钟,每天 1 次,10 次为 1 个疗程,可配合电针、针上加灸、红外线照射等以提高疗效。

3. 中药疗法 中医常将颈椎病分为痹症型、眩晕型和瘫痪型进行辨证论治。治疗多采用祛风除湿,活血化瘀和舒筋止痛法。痹症型可用桂枝加葛根汤加减;眩晕型属中气不足者用补中益气汤加减,属痰瘀交阻者用温胆汤加减,属肝肾不足,风阳上扰者用六味地黄汤或芍药甘草汤加减;瘫痪型用补阳还五汤加减。

4. 其他疗法 小针刀、火罐、中药药枕、中药塌渍、刮痧、功法锻炼等。

(四)康复治疗的适应证、禁忌证及注意事项

1. 适应证 绝大多数颈椎病,经严格康复治疗 3 个月以上症状无明显改善者,或严重的脊髓型颈椎病(出现步态不稳、有踩棉感,病理反射阳性等症状、体征,影像学检查见明显脊髓受压、变性者),可考虑手术治疗。

2. 禁忌证 脊髓型颈椎病脊髓受压明显者,椎动脉型、神经根型症状严重且反复发作保守治疗无效者。

3. 患者应保持正确姿势,合理使用枕头,避免长时间低头位工作,防止颈部外伤

及受寒,避免头顶、手持重物。

四、康复教育

颈椎病的发生发展与年龄的增长和日常生活、工作中的不正确姿势密切相关,人们应尽早明确认识颈椎病,学习和了解颈椎的正常生理结构及自我保健方法,避免长期低头或固定一个方向工作、学习,适当活动颈部,平时注意颈部保暖,用合适高度的枕头等。对于已经患病的患者应了解此病病程较长且病情常反复,注意调整好心态和日常休息,配合医生,积极治疗。颈椎病的预后大多较好,除较严重的脊髓型颈椎病可能会残留一些。故患者得病后不要因为病情反复而失去信心,应保持良好心态,积极配合治疗。

第八节　腰椎间盘突出症的康复

腰椎间盘突出症是临床上较为常见的腰部疾患之一,长期从事重体力劳动、剧烈体育运动、伏案工作及弯腰工作者易患本病,80%~85%的腰椎间盘突出症患者经非手术疗法治疗可以得到缓解和治愈。

一、概述

(一)定义

腰椎间盘突出症(lumbar disc herniation,LDH)又称腰椎纤维环破裂症,是因腰椎间盘变性,纤维环破裂,突出的髓核组织刺激或压迫硬膜囊、神经根、马尾神经所引起的一种综合征,是腰腿痛的常见病因之一,属于中医学"腰痛"的范畴。

(二)流行病学

有关研究显示,腰椎间盘突出症以青壮年发病居多,20~50岁者占患病人群的70%以上,且男性多于女性(4~6:1),从事重体力劳动,特别是弯腰劳动者发病率高,有外伤史者为57%~70%。高位腰椎间盘突出症(L_1~L_2、L_2~L_3、L_3~L_4)发生率不到5%,L_4~L_5和L_5~S_1椎间盘突出达90%~96%,多个椎间盘同时发病者占5%~22%。

知识链接

腰椎间盘突出症的由来

1909年Oppenheim和Krause成功完成了首例脱出椎间盘摘除术,但将手术取出的椎间盘组织认定为"内生软骨瘤"。直至1932年,美国波士顿Fenway医院的助理医师Joseph S Barr和麻省总医院的神经外科医师William Jason Mixter对1名诊断为"腰椎椎管内肿瘤"的患者实施了手术治疗,并将手术摘除的"内生软骨瘤"与正常椎间盘组织进行病理比较,发现两者结构完全相同;1934年,Mixter和Barr在《新英格兰医学杂志》发表论文《累及椎管的椎间盘破裂》,提出腰椎间盘突出症这一疾病概念,首次揭示引起腰痛病的真正最常见病因,使人类对于常见的腰腿痛、腰椎间盘病变的认识取得了巨大的突破。

（三）病因及发病机制

1. 主要病因

（1）损伤：在日常生活和劳动中，腰部负重和活动较多，尤其是脊柱前屈运动较其他活动为多，当脊柱前屈运动时，髓核有向后移动的倾向；又因后纵韧带两侧薄弱，所以椎间盘常在后纵韧带的两侧突出，压迫脊神经，引起神经痛症状。

（2）退变：一般人在30岁后椎间盘开始发生退变，又因为负重和脊柱运动的机会增多，椎间盘经常受到来自各方面的挤压、牵拉和扭转应力，容易使椎间盘发生脱水、纤维化、萎缩、弹力下降，使脊柱内外力学平衡失调，稳定性下降，最后导致纤维环由内向外破裂。

（3）寒冷刺激：亦有不少腰椎间盘突出患者无明显外伤及劳损史，由于受凉而发病。其原因为腰部着凉后腰肌痉挛，增加腰椎之间压力，促使椎间盘突出、神经根受压，发生充血、水肿、变性而出现一系列临床症状。

2. 根据髓核突出的程度　腰椎间盘突出症可分为膨出、突出和脱出三种类型。

（1）腰椎间盘膨出：椎间盘纤维环呈环状均匀超出椎间隙范围，椎间盘组织没有局限性突出。

（2）腰椎间盘突出：椎间盘组织局限性移位超过椎间隙，移位的椎间盘组织尚与原椎间盘组织相连，其基底连续部直径大于突出椎间隙移位的椎间盘部分。

（3）腰椎间盘脱出：移位的椎间盘组织直径大于基底连续部，并移向椎间隙之外，脱出的椎间盘组织大于破裂的椎间盘间隙，并通过此裂隙进入椎管内。

3. 根据纤维环破裂位置，髓核突出的方向可分为：

（1）向上下椎体内突出：髓核向椎间盘上面或下面的椎体通过软骨板血管遗迹突入椎体的骨松质内，X线片显示椎体杯口样切记，称为Schmorl结节。

（2）向前方突出：髓核向前突出，使前纵韧带松弛和破裂，出现炎症渗出，待血肿吸收、机化后出现钙化或骨化，引起椎体上下缘骨质增生，但因前缘无神经纤维参与，故不会引起临床症状。

（3）向侧后方突出：腰椎间盘向侧后方突出是发病率最高的一种，突出物刺激后方后纵韧带或压迫一侧神经根，引起腰腿疼痛症状。

（4）后方突出（中央型）：髓核向后部中央突出，突入椎管内，刺激或压迫马尾神经，产生鞍区麻痹和排便障碍，突出物巨大可产生神经根症状。

（四）临床特征

1. 主要症状

（1）腰痛：腰痛常常是腰椎间盘突出症的早期症状，疼痛部位主要位于腰骶部和骶髂部，是一种局限性或广泛性的钝痛，活动或腹压增加时疼痛加重。症状严重者，腰部疼痛剧烈，伴根性下肢痛。

（2）根性神经痛：$L_4 \sim L_5$和$L_5 \sim S_1$椎间盘突出可引沿臀部、大腿后侧到小腿和足的放射性疼痛；$L_5 \sim S_1$椎间盘突出，压迫S_1神经根，疼痛放射到小腿后外侧、足跟、外踝、跖部和小趾；$L_4 \sim L_5$椎间盘突出，压迫L_5神经根，疼痛放射到小腿前外侧、足背外侧和足大趾；高位腰椎间盘突出症（$L_1 \sim L_2$、$L_2 \sim L_3$、$L_3 \sim L_4$）累及股神经，疼痛放射到大腿前外侧、膝前、小腿前内侧，但发病率不到5%。疼痛以单侧根性下肢痛为主，性质呈针刺样或烧灼样疼痛，常伴有麻木感，少数患者为双侧下肢痛。

（3）运动障碍：腰部及下肢发僵、无力，坐位时患肢不能盘腿，行走时患肢活动不灵活、缓慢，约有 1/3 的患者出现间歇性跛行。

（4）感觉障碍：腰部及小腿前侧、足背部等处常有异常灼热感等感觉障碍，神经根受压侧常有下肢麻木感。中央型或游离型腰椎间盘突出，可引起马尾神经综合征，表现为腰痛伴两侧或一侧下肢根性痛，感觉障碍区广泛，可累及臀部、大腿外侧、小腿、足部和鞍区，出现括约肌功能和性功能障碍。

2. 主要体征

（1）姿势改变：脊柱曲度的改变是腰椎间盘突出症的重要体征，其中以脊柱侧弯最常见，凸向健侧或患侧，约占患病人群的 65%，还可能出现腰椎曲线变平甚至倒转。骨盆两侧不等高，站立位时常将患腿放在前，半屈膝以缓解疼痛，即所谓"逃避姿势"。

（2）腰部压痛和放射痛：在病变的椎板间隙、棘突间隙或棘突上有压痛，其中椎板间隙压痛点常表示病变的所在，在急性期可引起根性下肢痛，重压或叩击时疼痛向同侧臀部及坐骨神经走向放射。

（3）皮肤感觉、肌力和肌腱反射改变：$L_3 \sim L_4$ 椎间盘突出时，大腿前侧及小腿前内侧痛觉减退甚至麻木，伸膝肌力减弱，膝腱反射减弱或消失；$L_4 \sim L_5$ 椎间盘突出时，小腿前外侧、足背内侧、足大趾痛觉减弱，足大趾背伸肌力减弱；$L_5 \sim S_1$ 椎间盘突出时，小腿、足的外侧和足底痛觉减弱，跟腱反射减弱或消失。这些变化是判断突出部位和程度的重要体征，但不具备特异性，不能作为诊断依据。

（4）腰部运动障碍：腰椎各方向活动均受限，以后伸和前屈为甚，主要原因是在运动中神经根受到挤压和牵拉引起疼痛而受限。

（5）步态改变：步态呈跛行，又称减痛步态，其特点是尽量缩短患肢支撑期，重心迅速从患侧下肢转向健侧下肢，并且患腿常以足尖着地，避免足跟着地牵拉坐骨神经而产生疼痛。

（6）特殊试验：直腿抬高试验和加强试验阳性、屈颈试验阳性、挺腹试验阳性、跟臀试验阳性（股神经牵拉试验阳性）、咳嗽征阳性等。

二、康复评定

（一）腰椎活动范围评定

腰椎间盘突出症患者腰椎活动范围均存在不同程度的受限，以后伸和前屈为甚。评定包括腰椎屈、伸、侧屈及旋转等方向的活动度，详见《康复评定学》关节活动度评定章节。

（二）肌力及肌张力的评定

触诊腰背部及双侧下肢的肌张力，用背肌拉力器测定腰背肌肉的肌力，徒手肌力检查双下肢肌力，比较双侧足大趾背伸及跖屈的肌力。如 $L_3 \sim L_4$ 椎间盘突出则出现足大趾背伸力减弱；$L_5 \sim S_1$ 椎间盘突出则出现足大趾跖屈力减弱或消失。

（三）日常生活活动能力评定

ADL 能力评定内容主要包括卧位翻身、起坐、站立、行走、弯腰、举物等项目，根据患者能独立完成、能独立完成但有困难、需依赖他人帮助完成或完全依赖他人完成等不同情况给予综合评定。

（四）疼痛与压痛点的评定

疼痛及压痛点的评定内容主要包括疼痛的程度、压痛点的位置两方面。疼痛的评定可采用 VAS 法或 McGill 疼痛量表进行。

（五）感觉和反射的测定

感觉评定主要对神经支配部位的浅感觉进行检查（表 3-15）。反射检查主要为双侧膝反射、踝反射，必要时进行腹壁反射检查。上述检查均要双侧对称进行。

表 3-15　脊髓腰神经感觉关键点

脊髓腰神经	感觉关键点	脊髓腰神经	感觉关键点
L_1	$T_{12} \sim L_1$ 中点	L_2	大腿前中部
L_3	股骨内上髁	L_4	内踝
L_5	足背第三跖趾关节处		

（六）影像学的评定

X 线片主要是对腰椎的曲度、椎间隙等作出初步判断。CT 及 MRI 检查能够对椎间盘的突出位置、突出程度及方向，突出椎间盘与神经根、硬膜囊的相对位置作出准确的判断，为诊断提供直接证据，同时对病情作出客观评价。这里需指出，在临床上有部分患者的疼痛、麻木等症状明显，而影像学的评定未见明显改变，但并不能据此排除椎间盘突出症的诊断，应根据患者的病史、症状、体征等情况作出判断。

（七）肌电图和强度-时间曲线的评定

肌电图对确定神经系统有无损伤及损伤部位、损伤程度，区分神经源性异常与肌源性异常，发现神经早期损害有重要意义。强度-时间曲线作为低频电诊断的一种，对神经损伤程度的判断、恢复程度的判断和损伤部位、病因、预后的判断均有重要意义，并能指导康复治疗。

（八）腰痛评定量表（JOA score）

该量表内容较全面（表 3-16），主要从主观症状、体征、ADL 受限、膀胱功能四方面对腰痛患者进行评定。其中主观症状最高分为 9 分，体征最高分为 6 分，ADL 受限最高分为 12 分，膀胱功能为负分，最小为-6 分。

表 3-16　腰痛评定量表

项目	评分
I . 主观症状（9 分）	
1. 腰痛（3 分）	
无	3
偶有轻微疼痛	2
频发静止痛或偶发严重疼痛	1
频发或持续性严重疼痛	0

续表

项目	评分
2. 腿痛或麻痛(3分)	
无	3
偶有轻度腿痛	2
频发轻度腿痛或偶有重度腿痛	1
频发或持续重度腿痛	0
3. 步行能力(3分)	
正常	3
能步行500m以上,可有痛、麻、肌无力	2
步行100~499m,有痛、麻、肌无力	1
步行100m以下,有痛、麻、肌无力	0

Ⅱ. 体征(6分)

1. 直腿抬高(包括腘绳肌紧张)(2分)		
正常		2
30°~70°		1
<30°		0
2. 感觉障碍(2分)		
无		2
轻度		1
明显		0
3. 运动障碍(MMT)(2分)		
正常(5级)		2
稍弱(4级)		1
明显弱(0~3级)		0

Ⅲ. ADL受限(12分)

	重	轻	无
卧位翻身	0	1	2
站立	0	1	2
洗漱	0	1	2
身体前倾	0	1	2
坐(1小时)	0	1	2

续表

项目	评分		
举物、持物	0	1	2
Ⅳ.膀胱功能(-6分)			
正常	0		
轻度失控	-3		
严重失控	-6		

三、康复治疗

腰椎间盘突出症的康复治疗原则是采用非手术综合治疗,要求患者积极配合,坚持足够疗程,从而缓解和治愈临床症状。急性期通过治疗可以减轻椎间盘内压力,促使突出物缩小、还纳,缓解神经根水肿及受压,减轻患者疼痛症状;恢复期可以通过增强腰背肌、腹肌肌力训练,提高脊柱的稳定性,巩固疗效,防止复发。

(一)运动疗法

1. 腰椎牵引　腰椎牵引可以缓解腰部肌肉痉挛,增加腰椎间隙,使椎间盘内压下降,椎管、侧隐窝容积增大,纠正小关节紊乱,改善局部血液循环和缺氧状态,有利于炎症介质的消退,故症状缓解。牵引按照不同重量及作用时间分为慢速牵引和快速牵引。慢速牵引所用的牵引力量小,每次持续时间长,需多次牵引。快速牵引所用力量大,作用时间短,多数患者一次治疗即可。目前临床治疗多采用安全性高、不良反应较少的慢速多次牵引,首次牵引力量不应低于自身体重的25%,现临床上牵引力量多用自身体重的70%,时间20~30分钟,每天1次,10次为1个疗程。孕妇、高血压、心脏病患者慎用或禁用腰椎牵引。

2. 肌力训练　腰椎间盘突出症患者常存在腰背肌和腹肌力量的减弱,影响了腰椎稳定性,是腰痛迁延难愈的原因之一。因此,临床上应重视腰背肌和腹肌的锻炼,只有腰背肌与腹肌保持适当平衡,才能维持良好姿势及保持腰椎稳定性。腰椎间盘突出症患者如能长期坚持腰背肌和腹肌的锻炼,对预防腰痛的复发有积极作用。

(1)早期康复训练:以卧床腰背肌、腹肌锻炼为主,常用的腰背肌锻炼方法有:①五点支撑法:仰卧位,用头、双肘及双足跟着床,使臀部离床,腹部前凸如拱桥,维持数秒放下,重复进行。②三点支撑法:在五点支撑法锻炼的基础上,待腰背肌力量稍增强后改为三点支撑法,即仰卧位,双手抱头,用头和双足跟支撑身体抬起臀部。③飞燕式:俯卧位,两手和上臂后伸至臀部,以腹部为支撑点,胸部和双下肢同时抬起离开床面,如飞燕,维持数秒,然后放松,重复6~20次。开始时次数应少,以后酌情增加次数。

常用的腹肌锻炼方法有:①仰卧位,双上肢平伸,上身和头部尽量抬起;②仰卧位,下肢并拢,抬起双下肢离开床面,以上姿势维持4~10秒,重复4~10次。

(2)恢复期康复训练:其方法多样,除了以上方法外,还有以下练习方法。

1)体前屈练习:身体直立,双腿分开,两足同肩宽,以髋关节为轴,上体尽量前倾,

笔记

双手可扶于腰部两侧,也可自然下垂,使手向地面接近。维持1~2分钟后还原,重复3~5次。

2)体后伸练习:身体直立,双腿分开,两足同肩宽,双手托扶于臀部或腰间,上体尽量伸展后倾,并可轻轻震颤,以加大伸展程度。维持1~2分钟后还原,重复3~5次。

3)体侧弯练习:身体直立,双腿分开,两足同肩宽,两手叉腰。上体以腰为轴,先向左侧弯曲,还原中立,再向右侧弯曲,重复进行并可逐步增大练习幅度,重复6~8次。

4)弓步行走:右脚向前迈一大步,膝关节弯曲,角度>90°。左腿向后绷直,此动作近似武术中的右弓箭步。然后迈左腿,呈左弓步,左、右腿交替向前行走,上体直立,抬头挺胸,自然摆臂。每次练习5~10分钟,每天2次。

5)后伸腿练习:双手扶住床头或桌边,挺胸抬头,双腿伸直,交替后伸摆动,要求摆动幅度逐渐增大,每次3~5分钟,每天1~2次。

6)提髋练习:身体仰卧位,放松。左髋及下肢尽量向身体下方送出,同时右髋、右腿尽量向上牵引,使髋骶关节做大幅度的上下扭动,左右交替,重复1~8次。

7)蹬足练习:仰卧位,右髋、右膝关节屈曲,膝关节尽量接近胸部,足背勾紧,然后足跟用力向斜上方蹬出,蹬出后将大小腿肌肉收缩紧张一下,维持5秒左右。最后放下还原,左右腿交替进行,每侧下肢做20~30次。

目前,各种腰背肌功能锻炼的设备已经在临床上广泛应用,这些设备可以客观评价患者腰背部肌肉力量和活动范围,并能制订个性化的肌力训练方案,有效提高了腰椎间盘突出症患者肌力训练的质量。

知识拓展

核心肌群训练

腰部核心肌群,指的是位于腹部前后环绕着身躯,负责保护脊椎稳定的重要肌肉群,腹横肌、骨盆底肌群以及下背肌这一区域。它是维持正常的直立行走姿势,保持躯干的脊柱稳定和脊柱平衡的肌肉群。近年来大量临床实践证明,核心肌群训练,能增强与脊椎相连的肌肉、韧带的协调性和柔韧性,增强腰椎随意性稳定性,从而恢复腰椎最佳的生物力学动态平衡,达到改善腰椎间盘突出症和预防复发的目的。

腰 痛 学 校

腰痛学校(back school)是欧美国家用于降低腰椎间盘突出症复发率、开展腰椎间盘突出症健康教育的常用方法之一,它通常由骨科、康复科、精神科和疼痛科等组成,集腰痛防治知识教育、腰椎力学姿势和行为训练、功能康复、心理指导及医学治疗于一体,强调多学科协作和综合治疗,使患者在心理、行为和功能上得到全面康复。大量研究已经证实,腰痛学校在降低患者腰痛程度、预防复发、改善功能、提高生活质量等方面具有重要作用。

（二）物理因子疗法

物理因子疗法具有改善局部血液循环、缓解肌肉痉挛、促进渗出物吸收、防止粘连、缓解疼痛、加速破损纤维环修复的作用。

1. 超短波疗法　电极片置于腰骶部，或患侧下肢，两个极片对置，微热量或温热量治疗，每次 20 分钟，每天 1 次，10 次为 1 个疗程。

2. 微波疗法　采用半圆形、圆柱形或矩形、马蹄形等辐射器，治疗时辐射器距离皮肤 3～10cm，微热量（功率密度为 88～220mW/cm^2）或温热量（功率密度为 220～440mW/cm^2）治疗，每次 10～15 分钟，10 次为 1 个疗程。

3. 中频电疗法　将两片电极贴敷于腰椎间盘突出节段两侧，选择处方，输出强度调至患者可耐受为度，每次 20 分钟，每天 1 次，10 次为 1 个疗程。

4. 磁疗　在椎旁疼痛点做旋磁治疗，每次 20 分钟，每天 1 次，10 次为 1 个疗程。

5. 超声波疗法　采用移动法，剂量：1～2W/cm^2，每次 5～10 分钟，每天 1 次，10 次为 1 个疗程。

6. 温热疗法　包括红外线、光浴、蜡疗等，治疗部位为疼痛、麻木部位，治疗时间以 20～30 分钟为宜，每天 1 次，10 次为 1 个疗程。

（三）中医康复疗法

1. 推拿疗法　推拿治疗的作用是活血化瘀，舒筋通络，松解粘连，理筋整复。可采用按、推、揉等手法，配合穴位点按、对抗牵引手法或颤抖手法等，每次 20～30 分钟，每天 1～2 次，10 次为 1 个疗程。具体操作为：患者俯卧位，医者用按、推、揉法等手法在患者脊柱两侧膀胱经及臀部和下肢后外侧施术，以腰部为重点，改善血液循环，缓解腰背肌肉痉挛；嘱患者侧卧位，施以腰椎斜扳法，左右各 1 次，调整小关节紊乱，松解粘连，改变突出物与神经根的位置；然后嘱患者仰卧位，用强制直腿抬高以牵拉坐骨神经和腘神经，牵拉脊椎后部和后纵韧带，松解粘连，减轻神经受压；最后，患者俯卧位，弹拨、点按腰部压痛点，拇指按揉腰阳关、大肠俞、环跳、委中、承山、阳陵泉等穴，横擦腰骶部结束治疗。

2. 针灸疗法　针灸治疗主要有针刺、电针、温针等，主要作用是疏通经络、活血化瘀、消肿止痛。根据中医辨证分型选穴，常采用夹脊穴、阳陵泉、委中、秩边、环跳等穴，每次 20 分钟，每天 1 次，10 次为 1 个疗程。

3. 中药疗法　早期以活血止痛为主，用舒筋活血汤；中期以和血行气止痛为主，用橘术四物汤；后期以补益肝肾为主，用大小活络丸。

4. 其他疗法　如小针刀、银质针、拔罐、刮痧、中药熏蒸、中药塌渍、中药热敷、传统功法锻炼等。

（四）康复治疗的适应证、禁忌证及注意事项

1. 适应证　绝大多数的腰椎间盘突出症患者，尤其是年轻、初次发作或病程较短，影像检查无严重椎管狭窄者。

2. 禁忌证　经严格非手术治疗 3～6 个月无效或症状加重者，或椎间盘突出巨大马尾神经受压者。

3. 患者平常需注意腰部保暖，睡硬板床，尽量避免长时间弯腰、站立或突然扭转腰部等动作。

四、康复教育

随着年龄的增长,腰椎间盘发生退行性病变几乎是不可避免的。研究表明,20岁后,腰椎间盘就开始有了退变的迹象。这种退变作为本病发生的内因长期存在,如果再有意外伤害损及腰部,必然会不同程度加速其进程。因此,早期预防起着至关重要的作用,在日常生活和工作中应注意避免如突然转身、弯腰、抬重物等加速椎间盘退行性变的一些因素。同时要注意休息,避免不正确姿势。其次应加强体育锻炼,减缓腰椎间盘退变的速度,并增加腰椎周围肌肉、韧带的力量。对于已患病者,应注意休息,尽早治疗,防止疾病加重。对于症状减轻甚至治愈的患者,应继续腰背肌的功能锻炼,以增强肌力,增加脊柱的稳定,达到防病治病的目的。

第九节　关节炎的康复

类风湿关节炎与骨性关节炎是最常见的两种关节炎,康复治疗的目的是通过运动疗法、作业疗法、物理因子疗法、矫形、辅助具、中医康复疗法等综合康复措施,尽可能地保护关节,保存和恢复活动功能,减轻疼痛,延缓病变进行性发展,最大限度减少残疾。

一、类风湿关节炎的康复

(一)概述

1. 定义　类风湿关节炎(rheumatoid arthritis,RA)是一种以关节滑膜炎为特征的慢性全身性自身免疫病。主要侵犯外周关节,滑膜病理为滑膜增生、炎症细胞浸润、血管翳形成、侵蚀性软骨及骨组织损伤,导致关节结构破坏、畸形和功能丧失,其他系统如肺、心、神经、血液、眼等器官和组织亦可受累。

2. 流行病学　本病几乎见于世界所有的地区和各种族,成人年发病率为2~4/10 000。在我国,患病率为0.32%~0.36%,是我国人群丧失劳动力和致残的主要病因之一。RA可以发生于任何年龄,但多见于30岁以后,女性高发,年龄为45~54岁,男性随年龄增加而发病率上升,女性与男性罹患本病的比例为3∶1。

3. 病因及发病机制

(1)病因:RA的病因尚未完全阐明。已知遗传、激素、环境因素与其发病密切相关。

(2)发病机制:RA是在易感基因基础上,由某些感染因素启动了T细胞活化和自身免疫反应,引起炎症细胞因子、自身抗体、氧自由基大量增多,导致关节组织的炎症损伤、滑膜增生、骨和软骨的结构破坏。

RA的基本病理变化有3种:①关节滑膜炎:弥漫性或灶性淋巴细胞和浆细胞浸润,并伴有淋巴滤泡形成;②类风湿血管炎:血管内皮细胞增生肿胀,管腔狭窄或阻塞,血管壁纤维素变性或坏死,血管周围淋巴细胞及浆细胞浸润;③类风湿结节:结节中央为大片纤维素样坏死灶,坏死灶周围是呈栅栏状或放射状排列的成纤维细胞,最外层为增生的毛细血管和聚集的单核细胞、浆细胞、淋巴细胞及纤维结缔组织。

> ## 知识链接
>
> 　　类风湿关节炎作为世界性的医学难题,近十年研究和治疗已进入一个新阶段,欧洲风湿病联盟(EULAR)在 2009 年会上新公布了 EULAR RA 治疗指南。该指南有以下特色和优点:①提出 RA 治疗策略为目标治疗;②参考真实临床实践经验,追求个体化治疗;③充分考虑科学性和经济性的关系;④提出了糖皮质激素的治疗地位;⑤涉及减药和停药问题。该治疗指南同时提出了关于 RA 治疗的 15 项具体建议。

　　4. 临床特征　60%~70%的 RA 患者为缓慢起病,在数周或数月内逐渐出现掌指关节、腕关节等四肢小关节肿痛、僵硬;8%~15%的患者可以在某些外界因素,如感染、劳累过度、手术分娩等刺激下,在几天内急性起病。RA 发病时常伴乏力、食欲减退、体重减轻等全身不适,有些患者可伴有低热。除关节表现外,亦可见肺、心、神经系统、血液、眼等受累表现。

　　(1) 关节表现:典型患者表现为对称性、多关节炎症。周围大小关节均可受到侵犯,但以近端指间关节、掌指关节、腕关节及足跖趾关节最常见,其次为肘、肩、踝、膝、颈、颞颌及髋关节。远端指间关节、脊柱关节极少受累。病初可以是单一关节或呈游走性多关节肿痛。受累关节因炎症、充血、水肿和渗液,呈梭形肿胀。当活动减少时水肿液蓄积在炎症部位,引致晨起或休息后僵硬和疼痛,称为晨僵(stiffness morning)。晨僵是 RA 突出的临床表现,持续时间可超过 1 小时,晨僵时间长短是反映炎症程度的一个指标。关节炎反复发作或迁延不愈,炎症侵及关节软骨、软骨下骨及关节周围组织,最终导致关节周围肌肉萎缩和关节畸形。常见关节畸形有尺侧腕伸肌萎缩,使手腕向桡侧旋转、偏移,手指向尺侧代偿性移位,形成指掌尺侧偏移;近端指间关节严重屈曲,远端指间关节过伸呈"纽孔花"样畸形;近端指间关节过伸,远端指间关节屈曲畸形,形成"鹅颈"样畸形;掌指关节脱位;肘、膝、踝关节强直畸形等。

　　(2) 关节外表现:病情严重或关节症状突出时易见。受累脏器可以是某一器官,也可同时多个内脏受累,受累程度也不同,故临床表现也不甚一致。15%~25%的患者伴有类风湿皮下结节;肺部可出现间质性肺炎、肺间质纤维化、类风湿肺尘埃沉着病等;心脏可伴心包炎、心肌炎、心内膜炎等;神经系统损害可出现周围神经纤维病变、脊髓病变等;眼部损害常表现为干燥性角膜炎、巩膜炎、巩膜外层炎等。

　　(二) 康复评定
　　1. 疾病活动性评定　参考美国风湿病学会所制订的疾病活动期标准(表 3-17)。

表 3-17　类风湿关节炎活动性标准

检查项目	轻度活动	中度活动	明显活动
晨僵时间(小时)	0	1.5	>5
关节疼痛数	<2	12	>34

续表

检查项目	轻度活动	中度活动	明显活动
关节肿胀数	0	7	>23
握力			
男[kPa(mmHg)]	>33.33(250)	18.66(140)	<7.33(55)
女[kPa(mmHg)]	>23.99(180)	13.33(100)	<5.99(45)
16.5m 步行秒数(秒)	<9	13	>27
血沉率(魏氏法)(mm/h)	<11	41	>92

2. 疾病稳定期评定 参考美国风湿病学会所制订的疾病稳定期标准(表3-18)。

表3-18 类风湿关节炎稳定性评估标准

1. 晨僵持续时间不超过 15 分钟

2. 无疲劳感

3. 关节无疼痛

4. 关节无压痛或无运动痛

5. 关节软组织或腱鞘鞘膜不肿胀

6. 血沉:女性不超过 30mm/h,男性不超过 20mm/h,持续 2 个月或以上

注:具有上述 5 项或更多者定为稳定期。

3. 关节活动度评定 类风湿关节炎患者的关节活动度(ROM)在一个或者多个关节往往会受到限制,这时,关节的表面和支持结构被损坏,以致不能完成正常的活动。检查时,应该判断和记录累及关节的主动、被动运动情况,确定是否存在半脱位或脱位。检查者还应记录是疼痛限制了活动,还是非疼痛限制了活动。每个关节的活动受限要与 X 线平片进行对照,与对侧的关节进行对照,并要记录每个关节的炎症程度及异常情况。假如关节有肿胀、变形、发热及不稳定,也要记录下来。

一般认为,手指伸展活动受限不会严重影响手功能,远端指间关节屈曲活动丧失稍影响手功能,但由于人类手功能的发挥主要取决于完整的拇指功能,拇指功能很大程度上又取决于拇指基底关节(第 1 腕掌关节)正常与否,因此拇指基底关节即使轻度丧失屈曲功能就会出现明显功能受限。

4. 肌力评定 在关节由于肌肉的收缩而引起疼痛的情况下,徒手肌力评定往往不能准确地完成。检查者应该记录下在肌肉收缩时是否存在疼痛和肌力情况。当评估肌力时也应该考虑到患者肌力训练的量、状态、性别、年龄、诊断及自身的努力程度。

手的肌力评估常用握力计法。因关节肿胀、畸形、挛缩和疼痛等原因,用一般握力计误差较大。用汞柱式血压计将袖带卷折充气形成内压为 30mmHg(4kPa)的气囊,令患者双手分别在无依托的情况下紧握此气囊,水银柱上升,读数减去 30mmHg(4kPa)

即为实测数。

5.疼痛评定　可根据患者的具体情况,选择适宜的评定方法,如需了解疼痛程度的动态变化可采用 VAS 法;如需了解疼痛对患者情绪的影响可采用 Zung 抑郁量表;如需全面评定可采用麦吉尔疼痛问卷对患者的疼痛水平进行评价。也可以直接对疼痛程度进行描述,压力活动时有疼痛为轻度,非压力活动时有疼痛为中度,休息时有疼痛为重度。此外,还可使用专门针对类风湿关节炎患者关节压痛设计的各种关节指数进行评定。

(1)Ritchie 关节指数:通过对指定的 28 个关节进行压诊,视患者反应对每个关节进行评分并累计。评定标准:无触痛为 0 分,有触痛为 1 分,有触痛且患者有躲避为 2 分,有触痛且患者躲避并回缩为 3 分。

(2)Fuchs28 关节计分法:对指定的 28 个关节进行 3 项内容的评定,累计计分。

1)肿胀:正常无肿胀为 0 分,轻微肿胀为 1 分,关节区域内肿胀为 2 分,超出正常范围的肿胀为 3 分。

2)压痛:无压痛为 0 分,轻微压痛为 1 分,按压时肢体有退缩为 2 分,按压时肢体有躲闪为 3 分,拒绝按压为 4 分。

3)活动受限:活动正常为 0 分,活动受限达 25% 为 1 分,活动受限达 50% 为 2 分,活动受限达 75% 为 3 分,关节强直为 4 分。

6.步态评定

(1)髋关节活动受限步态:腰段出现代偿运动,骨盆和躯干倾斜,腰椎和健侧髋关节出现过度活动。

(2)膝关节活动受限步态:膝关节屈曲挛缩大于 30°,慢走时呈短腿跛行,膝关节伸直位强直时,为了摆动患肢,健腿做环形运动,髋关节升高,踮足行走。站立位因膝不能屈曲至 15°,结果骨盆和重心升高。

(3)马蹄足畸形步态:为跨阈步态,患腿相对变长,摆动期髋、膝屈曲增加,这是由于跟骨的畸形影响有效后蹬动作。

7.日常生活活动能力评定　由于本病造成患者不同程度的功能障碍,尤其是手关节的畸形,严重影响日常生活,甚至完全不能自理。因此,ADL 评定能够明确患者生活中的困难、所需要的帮助以及亟待解决的问题,以便康复医师和康复治疗师有针对性地进行作业治疗并提供适宜的生活辅助工具。可根据患者进餐、穿着、阅读、如厕、坐椅、洗澡、厨房、家务、清洗、购物及活动 11 项内容进行评定。也可采用国际通用的 Barthel 指数及改良 Barthel 指数等量表进行评定。

8.整体功能评定(表 3-19)

表 3-19　美国风湿病学会(ACR)修订标准(1991 年)

Ⅰ级	完成日常一般活动(自身照顾、职业工作、业余活动)
Ⅱ级	完成日常一般自身照顾和职业工作,但业余活动受限制
Ⅲ级	完成日常一般自身照顾,职业和业余活动均受限制
Ⅳ级	一般自身照顾、职业和业余活动均受限制

（三）康复治疗

类风湿关节炎康复治疗的主要目标是帮助患者减轻疼痛,抗炎退肿,维持或改善肌力、耐力和关节活动度,预防或矫正畸形,最大限度地改善和恢复患者的功能,保持日常生活活动能力的独立性,使患者重返社会,最大限度地获得高质量的正常生活。

知识拓展

Smyth 提出的"金字塔"治疗方案,针对不同时期的患者提供处理程序:

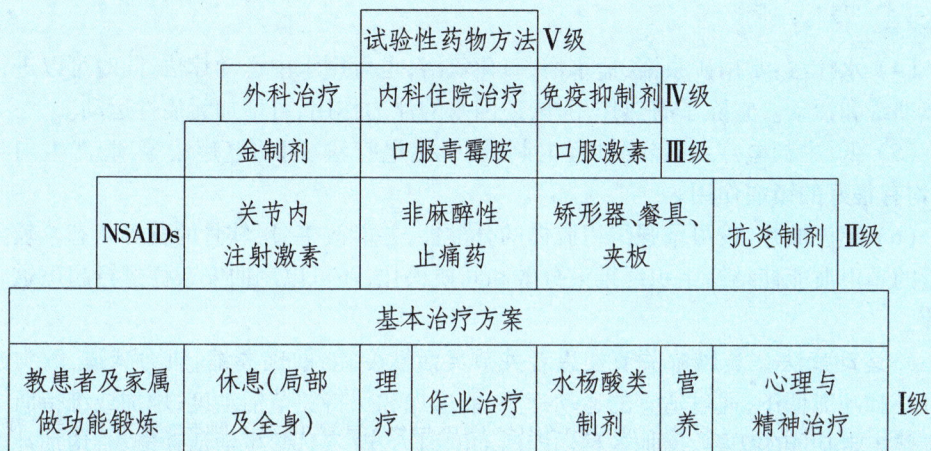

		试验性药物方法 Ⅴ级		
	外科治疗	内科住院治疗	免疫抑制剂 Ⅳ级	
	金制剂	口服青霉胺	口服激素 Ⅲ级	
NSAIDs	关节内注射激素	非麻醉性止痛药	矫形器、餐具、夹板	抗炎制剂 Ⅱ级

基本治疗方案						
教患者及家属做功能锻炼	休息(局部及全身)	理疗	作业治疗	水杨酸类制剂	营养	心理与精神治疗 Ⅰ级

注:Ⅰ级方案适用于病情轻者;Ⅱ级方案适用于中到重度患者经Ⅰ级治疗无效者;无效再逐步使用Ⅲ级、Ⅳ级或Ⅴ级治疗方案

根据类风湿关节炎的病情变化,临床将其分为急性期、亚急性期和稳定期三个阶段,每个阶段的治疗目标有所不同。①急性期:治疗目标是减轻症状和改善患者的全身状况;②亚急性期:治疗的重点是维持全身健康状况,防止疾病加剧及纠正畸形;③稳定期:此期治疗的重点应采用物理因子来缓解肌肉痉挛和疼痛,并以此改善关节及其周围组织的血液与淋巴循环,减轻关节的退行性变,尽可能增加关节活动度和肌力、耐力及身体协调平衡能力。

1. 休息　要采取最佳姿势,保持功能位。由于疼痛性屈肌痉挛导致关节强直,患者在畸形、多发性关节炎急性发作期应完全卧床休息,卧床姿势要正确,宜用硬垫或硬板床,枕头宜低或不用,仰卧位时上肢取外旋位,大腿保持中立位,注意膝关节不能处于屈曲位,踝关节保持 90°的功能位(以防止足下垂)。每日取俯卧位 1~2 小时,使躯体和四肢都能得到伸展,并应经常变换体位,卧床休息时间要适度。

2. 矫形器的使用　矫形器具有稳定和支持、助动、矫正、保护等功能。利用夹板来保护及固定急性炎症组织,其目的是保存一个既可活动又具有功能的关节。它的消肿止痛作用优于任何一种其他的方法。在关节具有一定活动度时,应力争将关节活动保留其最低功能活动度。如关节制动时,应将关节固定于功能位。通常夹板用于腕、掌指关节及指间关节,使用夹板期间应定期卸下做关节活动,以预防关节僵硬的发生。

笔记

3. 物理因子疗法

（1）紫外线疗法：用红斑量照射，能加强分解组胺的能力，使抗风湿药物在治疗部位集中，防止局部炎症扩散。

（2）热疗法：作用于神经终末和肌梭γ纤维，有镇静、止痛作用，可促进血液循环，改善骨和软骨的营养，如超短波、微波、蜡疗、红外线等。超短波疗法、微波疗法，加热到浅表及较深层肌肉，一般采用无热量，因为温度过高，反而能使疼痛加剧，加速病变关节的破坏。

（3）冷疗法：它能降低关节腔的温度，有镇痛、抗炎和消肿的作用，可以加快局部新陈代谢及增加胶原纤维弹性，有利于肌肉的屈伸功能，但有些患者不愿接受此种疗法。

（4）水疗法：常用矿泉浴、盐水浴、硫化氢浴，也可用水中运动疗法，同时可以进行关节训练和活动。它除了有热作用外，还因水的浮力作用，可增加无痛性运动。

（5）低、中频电疗：如经皮神经电刺激、干扰电疗法、间动电疗法等，能产生内啡肽，均有很好的镇痛作用。

（6）超声波疗法：可增强组织胶体的分散性，并能改善骨、软骨的营养状态。较大剂量的超声波能使结缔组织纤维束分散和间质松化，还可以用曲安奈德进行超声透入治疗。

4. 运动疗法　类风湿关节炎患者关节灵活性变差，肌肉萎缩，肌力减退，耐力减低且心肺功能低下，通过适宜的运动疗法，能增加和保持关节活动度，增加或维持肌力以满足患者功能的需要，增加各种功能活动的耐力，改善日常生活活动能力，增加社会交往。

（1）维持关节功能的训练：对受累关节应在能承受的疼痛范围内进行主动活动练习，每天应进行 3~4 次，每次活动不同的关节，任何非抗阻活动均不会使畸形加重，应尽可能地进行全范围的活动。对手腕病变者，应特别防止做强有力的抓握和提捏，这些可加重畸形的形成。如受累关节无法达到充分活动，则可进行被动活动，应以患者仅感到稍有疼痛为限。在做活动之前先用热疗。

（2）增强肌力的训练：类风湿关节炎患者由于疾病本身、活动受限、疼痛和关节积液反射性抑制肌肉的收缩，肌力明显下降。通过进行抗阻训练，使肌肉产生较大强度收缩，重复一定次数或保持一定时间，使肌肉产生适度疲劳，达到肌纤维增粗、肌力增强的目的。这需要在治疗师指导下进行缓慢增量的抗阻训练。

5. 作业疗法　日常生活活动训练的目的在于训练患者在病残范围内发挥出最好的功能。患者日常生活活动能力训练以进食、穿脱衣、梳洗、如厕、沐浴、行走等动作为前提，必要时借助自助具来适应生活。

6. 药物疗法　临床上药物治疗的原则是：抗炎、止痛、减轻症状，控制和减轻病情活动，防止或减少骨关节破坏。近年来多推崇联合治疗模式，目前主张在应用非甾体抗炎药（NSAIDs）的同时，应用改善病情的抗风湿药物（disease-modifying antirheumatic drugs, DMARDs），因为这类药物可缓解关节的侵蚀、破坏及由此而致的功能丧失。应用小剂量的糖皮质激素能迅速减轻关节肿胀，在急性发作期可考虑使用。常用的药物有：①改变病情的抗风湿药物：首选甲氨蝶呤（MTX），其次是柳氮磺吡啶、来氟米特、羟氯喹等；②非甾体抗炎药：双氯芬酸钠缓释片、塞来昔布、萘丁美酮等；③糖皮质激素:泼尼松、倍他米松。

7. 手术疗法　部分患者的病变和残疾经过各种非手术治疗仍无法解除,难以独立生活,需要借助手术治疗。常用手术有软组织松解术、滑膜切除术、关节融合术等。近年来关节置换术也已被比较广泛地应用。

8. 中医康复疗法　主要有中药疗法、针灸疗法、推拿疗法等。

（四）康复教育

急性期患者全身症状严重、关节肿痛明显,若不治疗病情会恶化。此时应以卧床休息为主,减少活动,并保持关节处于功能位置;加强饮食营养,注意补充蛋白质与纤维素,适当补充维生素 D 和钙剂;注意保暖,避免风寒湿;保持良好的心态和树立战胜疾病的信心。

二、骨性关节炎的康复

（一）概述

1. 定义　骨性关节炎(osteoarthritis,OA)是一种非对称性、非炎症性、无全身征象的慢性骨关节病,又称骨性关节病、退行性关节病、增生性关节炎等,是一种极常见的关节炎,可分为原发性和继发性两类。该病好发于承重关节,其主要特征是关节软骨及软骨下骨质发生病变,并在关节边缘形成骨赘。

2. 流行病学　骨性关节炎常见于中老年人,严重影响患者的生活质量和社会生产力。随着我国人口的老龄化,骨性关节炎的患病率高达总人口的8.3%,是引起老年人疼痛和致残的主要原因之一。北京市城区老年人膝关节 X 线骨性关节炎的患病率,女性为42.18%,男性为 21.15%;临床骨性关节炎的患病率女性为 15.10%,男性为 5.16%。同美国 Framingham 研究的白人骨关节炎的患病率比较,女性膝关节 X 线和临床骨性关节炎患病率均高于美国同龄白种人,男性膝关节 X 线和临床骨性关节炎患病率与美国同龄白种人相似。

> **知识链接**
>
> "骨关节十年"是由瑞典 Lund 大学与世界卫生组织共同发起的,1998 年 4 月17~18 日在瑞典 Lund 市召开了一个有骨科、创伤科、风湿科、康复医学、假肢与矫形器学等学科的 62 个国际性、地区性学会代表参加的会议,会上一致同意在全球推行一项名为"骨关节十年"的计划。这一计划的全称是:骨关节十年 2000-2010:防治骨肌肉疾患(The Bone and Joint Decade 2000-2010:for Prevention and Treatment of Musculoskeletal Disorders)。"骨关节十年"给康复医学的发展提供了新的机遇和挑战,该计划的重点领域涉及风湿、老年病、骨科等学科,为回应"骨关节十年"的要求,我国康复医学应加强风湿病康复学、骨科康复学、老年病康复学的建设,规模较大的康复中心、康复医院或综合医院的康复医学部(科)也应相应设置或加强风湿康复、老年康复、骨科康复、疼痛处理的专业,开展有效的康复医疗服务。

笔记

3. 病因和发病机制

（1）病因：根据有无局部和全身致病因素，将 OA 分为原发性和继发性两大类。

1）继发性 OA 常见病因如下：①机械性或解剖学异常：髋关节发育异常、股骨头骨骺滑脱、股骨颈异常、多发性骨骺发育不良、陈旧性骨折、半月板切除术后、急慢性损伤。②炎症性关节疾患：化脓性关节炎、骨髓炎、结核性关节炎、类风湿关节炎、血清阴性脊柱关节病、白塞综合征、Paget 病。③代谢异常：痛风、假性痛风、血色病、Gaucher病、糖尿病、进行性肝豆状核变性、软骨钙质沉着症、羟磷灰石结晶。④内分泌异常：肢端肥大症、性激素异常、甲状旁腺功能亢进、甲状腺功能减退伴黏液性水肿、肾上腺皮质功能亢进。⑤神经性缺陷：周围神经炎、脊髓空洞症、Charcot 关节病。

2）原发性 OA 的病因尚不清楚，可能与高龄、女性、肥胖、职业性过度使用等因素有关。近年来研究发现，遗传也是影响 OA 发病的因素之一。如 Heberden 结节系单基因常染色体遗传，全身性 OA 与第 12 对染色体上的 Ⅱ 型前胶原基因（COL_2A_1）有关。

（2）发病机制：近年来，对 OA 发病机制的认识逐渐深入，关节软骨在长期活动磨损或创伤后，软骨中的蛋白聚糖和胶原分子的浓度或分子量降低，失去黏弹性，丧失了对软骨的机械保护作用，加剧了软骨磨损创伤，同时也促进软骨细胞合成和释放蛋白酶，该酶能促进软骨中的蛋白多糖和胶原分子降解，进而破坏自身软骨组织。软骨破坏所释放的碎片刺激滑膜引起滑膜炎，炎症变的滑膜释放炎症介质进一步降解软骨，形成恶性循环。此外，软骨破坏释放的碎片刺激滑膜吞噬细胞的细胞膜，形成大量的氧自由基，引起进一步的组织损伤。主要炎症介质有白介素-1（IL-1），其次为肿瘤坏死因子（TNF）。IL-1 和 TNF 促进硬蛋白酶和血浆酶原激活因子产生，促进软骨基质破坏和微晶体产生，加重关节滑膜炎症反应。此外，受累部位骨内压增高引起的动脉血流灌注减少也参与 OA 的发病。

本病的病理基础是关节软骨病变，早期光镜下可见软骨细胞肿胀，数量减少，软骨纤维性变，继以糜烂、溃疡、血管入侵。软骨下骨发生象牙样变和增厚，软骨边缘韧带附着处形成骨赘，而外周承受压力较小的部位骨质萎缩，有时在软骨下骨质内可见到大小不一的囊腔状改变，系由于骨小梁的微细骨折而引起的黏液样和纤维蛋白样改变。

4. 临床特征

（1）症状：本病起病缓慢，以疼痛和活动不灵活为主要症状，症状可逐渐加重，或多年不变，最常受累的是膝、髋、手指、腰椎、颈椎等关节。最初感到关节酸胀疼痛，运动过量或在关节负重时明显，休息后缓解。长时间固定姿势，可出现暂时性僵硬，经过活动后关节又渐灵活，但在过量运动后，又出现关节疼痛和活动受限。晚期由于关节软骨的磨损和骨质增生，关节畸形逐渐加重，关节活动度亦因关节变形而显著受限，但不致发生关节强直。当骨赘刺激肥厚的滑膜皱裂时，可加剧疼痛及肌肉痉挛，甚者出现跛行、失用性肌萎缩及关节源性肌萎缩。症状多次发作后间歇期变短，最后可为持续性，休息后不能迅速缓解，夜间痛常见。

（2）体征：早期关节活动时可触到轻度摩擦感，关节周围轻微压痛，无关节肿大，无明显活动受限及肌萎缩。晚期可触及砂粒样粗糙的摩擦感，关节压痛、肿大或畸形，可有关节中度积液，关节活动受限，可产生"交锁"现象。

（3）X线检查：早期X线片无明显变化，进行期可见关节间隙变窄，关节面骨质硬化，边缘唇样骨质增生，负重区软骨下囊样透亮区及轻度骨质疏松。晚期可见关节间隙明显变窄，骨端变形，骨赘增加，关节面凹凸不平，可见关节内游离体，关节不稳定，有半脱位趋势。

（4）实验室检查：无特殊发现。血沉很少超过30mm/h，关节液检查偶见红细胞、软骨碎片和胶原纤维碎片。

（二）康复评定

1. 疾病严重程度的分级　依照国际医学科学组织委员会（CIOMS）对该病的评定标准，根据X线检查结果，可将骨性关节炎的严重程度分为0~4级（表3-20）。

表3-20　OA严重程度评定标准

分级	远端指间关节	近端指间关节	膝关节	髋关节
0级	正常	正常	正常	正常
1级	1个小骨赘	1个小骨赘，可有囊肿	可疑关节间隙变窄，似有骨赘	股骨头周围可有骨赘，内侧关节间隙可变窄
2级	2个关节确切小骨赘，轻度软骨下硬化，疑似囊肿	2个关节确切小骨赘，可有1个关节间隙变窄	确切骨赘，可有关节间隙变窄	确切骨赘，轻度硬化，下方关节间隙变窄
3级	中度骨赘，骨端轻度畸形，关节间隙变窄	多关节中度骨赘，骨端轻度畸形	中度多发骨赘，骨端硬化、畸形，关节间隙变窄	轻度骨赘，骨端硬化、畸形、囊肿，关节间隙变窄
4级	大骨赘，骨端畸形，关节间隙消失，有囊肿	大骨赘，骨端畸形，关节间隙明显变窄，软骨下硬化	大骨赘，骨端畸形，关节间隙变窄，关节面严重硬化	大骨赘，骨端畸形，关节间隙明显变窄，骨端硬化，有囊肿

2. 关节活动范围（ROM）评定　通过ROM测定，可确定关节活动受限程度，分析障碍原因，以便提供合适的治疗方法及疗效评定。

3. 肌力评定　骨性关节炎患者，因肢体运动减少，可致失用性肌萎缩，肌力减弱。常用的肌力测定方法为徒手肌力评定。如果有条件，也可以采用简单仪器测定法和等速肌力测试法，等速肌力测试法可定量评定肌肉功能。

4. 疼痛评定　临床常规采用视觉模拟评分指数（visual analogous scale，VAS），根据情况也可采用Zung抑郁量表以及简氏McGill疼痛问卷进行评分。通过对治疗前后的评定结果进行比较，可进一步确定康复治疗效果，有助于新计划的制订和实施。

5. 步行能力评定　主要是评定下肢功能，可采用1984年Holden提出的功能性步行能力分级（functional ambulation classification，FAC）（表3-21），或参考Holden步行能力分类以及Nelson功能性步行概貌评定。

表 3-21　Holden 功能性步行能力分级

评级	特征	评级标准
0 级	无功能	患者不能行走,完全依靠轮椅,或需 2 人协助才能行走
Ⅰ级	需大量持续性帮助	使用双拐,或需 1 人持续搀扶才能行走及保持平衡
Ⅱ级	需少量帮助	能行走,使用 KAFO、AFO、单拐、手杖,或需 1 人在旁边给予间断的身体接触帮助才能保持平衡和安全
Ⅲ级	需监护或语言指导	能行走,但不正常,不够安全,需 1 人在旁监护或语言指导
Ⅳ级	平地上独立行走	在平地上能独立行走,但在斜面、楼梯、地面不平处行走仍有困难,需他人帮助或监护
Ⅴ级	完全独立行走	在任何地方都能独立行走

6. ADL 评定　严重的骨性关节炎患者因疼痛和畸形常影响其日常生活活动能力,国际上制订的评定量表很多,如可采用 Barthel 指数及改良 Barthel 指数等量表进行评定。

7. 生活质量评定　重度的骨关节炎患者因疼痛等症状、活动受限、心理状态改变,影响生活质量。可用关节炎影响测定量表 2(arthritis impact measurement scales 2,AIMS2)来评定,AIMS2 在原量表基础上对 4 个子项作了修订,6 个子项被删除,其余 35 个子项不变,实际操作起来更简便,特异性和敏感性更高。日本和国内部分学者采用日本的膝关节骨性关节炎功能评价标准(japanese knee osteoarthritis measure,JKOM)进行评估,该量表比较符合亚洲人的实际生活情况,具有较高的信度和效度。JKOM 共 4 大类,25 个子项,每个子项从 1~5 分分别对应最佳和最差功能状态,分数越低表示功能越好。

知识拓展

Kellgren-lawrence 分级标准是膝骨性关节炎 X 线影像学最常用的评价标准。在评估膝骨性关节炎的严重程度时,关节间隙狭窄和骨赘生成是最有意义的 X 线表现,该标准对有无伴有关节间隙狭窄和有无骨赘生成进行了评级,反映了患者影像学的严重程度。Kellgren-lawrence 分级标准也是目前应用最广泛的膝骨性关节炎放射学诊断标准。Kellgren-lawrence 的膝骨性关节炎影像学分级量化标准如下:

0 级:无骨赘;Ⅰ级:可疑骨赘;Ⅱ级:轻微骨赘,可伴有关节间隙狭窄,或关节面硬化、囊性变;Ⅲ级:中等程度的骨赘伴有关节间隙中度狭窄;Ⅳ级:重或较大的骨赘,关节间隙狭窄。

（三）康复治疗

康复治疗的主要目的是缓解疼痛、抗炎退肿;恢复与保持关节功能,改善患者的生活质量;增强肌力和耐力,改善关节的稳定性和灵活性;保护关节,最大限度地延缓病程进展,预防残疾的发生。

1. 运动疗法　骨性关节炎患者的运动方式、运动量和运动时间,要根据患者的具体情况而定。

（1）准备运动:相当于热身运动,应使用温和的方式、从较缓慢的动作开始,逐渐增大运动幅度,并持续5~10分钟。如从慢步行走开始,逐渐加大肩关节、肘关节、髋关节、膝关节的摆动度,并持续几分钟。

（2）关节活动度训练:在病情允许的最大范围内,做全关节运动,可促进血液循环,加快慢性炎症和疼痛的消除,增加肌力和耐力,改善关节的活动性和灵活性。同时,训练可使关节软骨面受到适度的加压与减压运动,极大地改善了关节软骨的营养与代谢,有助于关节软骨的修复。具体方法如下:

1）在被动状态下,由治疗师在允许的最大范围内,帮助患者做全关节运动,以不增加疼痛为度。

2）在减重状态下,让患者做主动关节运动。如下肢运动时,选择坐位或卧位进行,以减少关节的应力负荷。

3）使用 CPM 仪做连续被动运动。

4）牵张关节周围的肌肉、肌腱、韧带和关节囊,以关节周围肌肉感觉中等度紧张为度,并在每个方向上保持10~20秒,此法可缓解痉挛。

（3）肌力练习:急性期后,患者在关节活动时应进行抗阻练习,每周至少3~4次,每次每个动作应重复10~30次,以肌肉出现轻中度酸痛、次日无疲劳感为度。肌力练习可增加肌力与耐力,增大关节活动度,治疗和预防肌肉萎缩,增强关节的稳定性,保护关节。

（4）有氧运动:在病情稳定期,可根据患者的耐力和兴趣,选择适宜的、由全身肌群参加的有氧运动,如慢走、快走、跑步、游泳等。有氧运动有利于人体的正常代谢,保持较高的生活质量。

2. 减轻关节负荷,调整、控制活动量　病变关节过度使用,会加剧关节疼痛,增加病变部位的损伤程度。因此,骨性关节炎患者的活动量必须控制在关节耐受的范围之内,这也是处理关节疼痛的重要方法之一。一般骨性关节炎患者无须卧床休息,当负重关节或多关节受累时,应限制其活动量。急性期关节肿痛等症状严重时,需卧床休息,必要时病变局部可用夹板或支具短期固定,注意关节功能位摆放。可视病情,选择性进行早期肌肉等长收缩训练,或主动-辅助训练,以缓解疼痛,保持关节活动度,防止肌肉萎缩、粘连,保持关节功能。

3. 物理因子疗法　在骨性关节炎早期,及时应用理疗,不仅具有抗炎、消肿、镇痛的作用,还具有改善关节血液循环、增进代谢、修复骨组织、扭转或延迟疾病进展的作用;在骨性关节炎后期,通过理疗可以缓解疼痛,软化瘢痕,松解粘连,促进局部组织血供,锻炼肌力,防止肌萎缩,调节自主神经功能,促进功能恢复,预防后遗症,降低致残率。常选用的物理治疗方法有以下几种:

（1）热疗法:包括石蜡疗法、泥疗法等,家庭中的热水浸浴也有理疗作用。

（2）水疗法：包括淡水浴、药物浴等，水温一般采用40℃。

（3）中、低频电疗法：包括直流电离子导入疗法、干扰电疗法、调制中频电疗法等。

（4）高频电疗法：包括短波、超短波、微波疗法等。

（5）其他物理疗法：包括光疗法、超声波疗法、磁场疗法等。

除特殊要求外，物理因子治疗一般要求每天治疗1~2次，每次治疗时间为20~30分钟，15~20次为1个疗程。

4. 康复工程　根据需要，采用拐杖、支架、轮椅、助行器、持物器、穿衣器等各种支具及辅助器具，以减轻关节的负重，减少关节活动，提高关节稳定性，对缓解炎症和疼痛，修复和维持关节功能均具有积极的治疗作用。辅助器具用途广泛，可改善患者日常生活活动能力，不同的辅助器具具有不同的用途，如踝、膝支具用于下肢；手夹板用于手、腕、肘等上肢关节；脊柱支具用于躯干部位；加高垫可用来增加厕所坐椅高度，有利于髋关节炎、膝关节炎等患者的使用。

5. 药物治疗　药物治疗主要分为三类，第一类：快作用缓解症状药，可迅速止痛，改善症状，该类药物包括镇痛剂、非甾体抗炎药（NSAIDs）以及局部使用的激素。不过据美国学者Timothy E. McAlindon最新研究结果表明，有症状的膝OA患者注射类固醇激素无效。此前亦有学者研究指出注射类固醇激素超过2年以上会导致骨软骨量损失更多，因此对于类固醇激素注射应充分评估风险与收益比。第二类：慢作用缓解症状药，起效较慢，停药后尚有一定的治疗作用，对关节软骨有一定的保护作用，如硫酸葡萄糖胺、透明质酸钠、硫酸软骨素等。第三类：软骨保护剂，可减缓、稳定甚至逆转关节软骨的降解，如双醋瑞因。

6. 手术治疗　病情严重者可考虑关节镜下关节清理术、截骨术、人工关节置换术。

7. 中医康复疗法　主要有中药疗法、针灸疗法、推拿疗法、传统体育锻炼等，具体可参考《中国传统康复技能》相关章节。

（四）康复教育

针对OA患者的康复教育非常重要。其目标包括减轻焦虑、加强治疗方面的合作及增强关节功能和自我形象的行为转变。康复教育的主题包括骨关节炎自然病程及其对运动、心理、工作和休闲活动方面影响的讨论。康复教育能使OA患者对其疾病的状况、治疗的选择以及预后等做到心中有数。更重要的是，通过康复教育可使患者了解和重视OA预防的有关知识，如超重的中老年人应控制饮食、适当运动和减重，以免下肢关节负荷过重；OA患者调整生活方式，如减少每日运动总量，避免举重物，正确使用受累关节，天气寒冷时注意保暖等，将有助于其改善症状，控制疾病进展，更好地维持关节的正常功能等。

第十节　骨质疏松症的康复

骨质疏松症（osteoporosis，OP）是一种多因素导致的慢性疾病，其特征是骨量下降和骨的微细结构破坏，表现为骨的脆性增加，骨折的危险性增大。随着社会生活方式的改变和老年人口的增加，骨质疏松症的发病率逐渐上升，骨质疏松症的防治已经成为全世界都在普遍关注的问题。

一、概述

（一）定义

骨质疏松症是指人体代谢异常所导致的以骨量减少、骨组织微细结构破坏、骨脆性增高及易发生骨折为特征的全身性疾病。一般可分为原发性及继发性两种，原发性骨质疏松症是指身体及骨骼本身生理功能退化而引起的骨质疏松，即因为年纪增大而逐渐出现的疾病。原发性骨质疏松症又可分为Ⅰ型和Ⅱ型两种，Ⅰ型主要是指绝经后骨质疏松症，大多由于进入老年后卵巢功能衰减，雌激素水平分泌下降所致；Ⅱ型亦称为老年型骨质疏松症，多见于60岁以上老年人。继发性骨质疏松症常见于营养缺乏或吸收障碍和内分泌疾病所致的骨质疏松症，本节主要介绍原发性骨质疏松症。

（二）流行病学

骨质疏松症的发病与地区环境、食物结构、营养水平以及种族等因素有关，并且随着年龄的增长而增加。男性多发生在55岁后，女性多见于绝经期后，女性发病率高于男性，两者比例为（2～6）：1。有关研究显示，我国骨质疏松症的患病率为16.1%，60～70岁的老年女性中超过20%患有骨质疏松症，80岁以上的女性有近2/3患有骨质疏松症。骨质疏松症是导致骨折的主要因素之一，我国50岁以上人群骨折的总患病率为26.6%，其中髋骨骨折患病率为1.9%，前臂骨折为4%，脊椎骨折为13.3%。

> **知识链接**
>
> ### 世界骨质疏松日的由来
>
> 世界骨质疏松日是在1996年最早由英国国家骨质疏松学会创办，从1997年由国际骨质疏松基金会（IOF）赞助和支持，当时定于每年的6月24日为世界骨质疏松日，其宗旨是为那些对骨质疏松症防治缺乏足够重视的政府和人民大众进行普及教育和传递信息。随着参与国家的增多和组织活动逐年稳定增长，世界骨质疏松日的影响日益扩大，1998年世界卫生组织（WHO）开始参与世界骨质疏松日活动，并将世界骨质疏松日改定为每年的10月20日。

（三）病因及发病机制

骨质疏松症的病因较为复杂，一般认为与内分泌因素、营养因素、性别及年龄因素、疾病及药物因素、遗传及免疫因素等有关。

1. 内分泌因素　性激素、甲状旁腺激素、降钙素、活性维生素D等与骨质疏松症的发生密切相关。性激素在骨质疏松症的发生中起决定作用，雌激素具有抑制骨吸收，增强成骨细胞活性、抑制骨钙溶出、促进骨重建等作用；雄激素具有促进蛋白质和骨基质合成的作用。老年人性腺功能减退，性激素分泌生成减少，因而容易发生骨质疏松症。

2. 营养因素　钙、磷代谢异常是骨质疏松症形成的主要原因，蛋白质、微量元素、维生素等异常也与骨质疏松症密切相关，上述营养物质摄入异常，均可导致骨形成减少,骨吸收增加,继而导致骨质疏松症。

3. 性别及年龄因素 人体在 30~40 岁达到骨量的峰值,并维持相对稳定 5~10 年,之后随着年龄的增加,骨量开始缓慢减少。女性因为在绝经后血中雌激素水平下降,骨量急剧流失,因此女性的骨质疏松症发病率明显高于男性。

4. 其他因素 如部分全身性疾病(甲状腺疾病、肝肾疾病、免疫性疾病等)、长期服用某些药物(激素、避孕药、抗结核药等)、户外运动减少、环境污染(重金属超标)等,均可影响骨骼对钙、磷的吸收,加速骨量流失,导致骨质疏松症的发生。

🌐 知识链接

骨质疏松的高危因素

亚洲 8 个国家和地区通过研究,收集多项骨质疏松危险因素并经骨密度测定,从中筛选出了 11 个与骨密度具有显著相关性的危险因素,经多变量回归模型分析得出了能最佳体现敏感度和特异度的 2 项简易筛查指标:年龄和体重。该研究制订了亚洲人骨质疏松自我筛查方法(osteoporosis self-assessment tool for Asians,OSTA),OSTA 指数的具体计算方法是:(体重−年龄)×0.2。结果判定标准为:OSTA 指数>−1,风险级别为低;OSTA 指数在 −4~−1 之间,风险级别为中;OSTA 指数<−4,风险级别为高。

(四)临床特征

主要表现为疼痛,甚至出现身长缩短、驼背、骨折等。

1. 疼痛 疼痛是原发性骨质疏松症最常见的病症,以腰背痛多见,占疼痛患者的 70%~80%。其特点是在长时间保持固定姿势时疼痛加重,此外肩关节疼痛和足跟痛也常见。

2. 身长缩短 当骨质疏松时,椎体内部骨小梁塌陷,数量减少,疏松而脆弱的椎体受压,致椎体缩短,每个椎体缩短 2mm 左右,身长平均缩短 3~6cm。

3. 驼背 脊椎是身体的支柱,椎体前部多为松质骨组成,而且此部位负重量大,尤其 T_{11}、T_{12} 负荷量更大,当骨质疏松时,更容易压缩变形,使脊椎前倾、前屈加大,形成驼背。随着年龄增长,骨质疏松加重,驼背曲度也加大。

4. 骨折 其特点是无外力或轻度的外力作用下均可发生骨折,骨折好发于胸腰椎、桡骨远端和股骨的近端。股骨颈及股骨粗隆间骨折是骨质疏松症骨折中症状最重、治疗最困难的一种,预后欠佳。由于股骨颈骨折的不愈合及股骨头缺血坏死,故致残率较高。

5. 呼吸功能下降 胸腰椎压缩性骨折和脊椎后凸、胸廓畸形可使肺活量和最大换气量显著减少。多数老年人的肺功能随着年龄增加而下降,若再加上骨质疏松症所致的胸廓畸形,患者往往可出现胸闷、气短、呼吸困难等。

二、康复评定

骨质疏松症的康复治疗取决于对骨质丢失程度的准确判断、骨质衰弱程度和跌倒倾向的确定。世界卫生组织在 2011 年发表了骨质分类标准:正常、骨量减少、骨质疏松、严重骨质疏松。骨密度值低于同性别、同种族健康成人的骨峰值不足 1 个标准差属正常;降低 1~2.5 个标准差之间为骨量低下(骨量减少);降低程度等于和大于 2.5 个标准差为骨质疏松;骨密度降低程度符合骨质疏松诊断标准同时伴有一处或多处骨折时为严重骨质疏松。现在也通常用 T-Score(T 值)表示,即 T 值≥-1.0 为正常,-2.5<T 值<-1.0 为骨量减少,T 值≤-2.5 为骨质疏松。此外,还有原发性骨质疏松症患者生活质量量表(osteoporosis quality of life scale),该量表包含 75 个条目,其中疾病维度 20 个条目,生理维度 17 个条目,社会维度 17 个条目,心理维度 13 个条目;满意度维度 8 个条目,覆盖了与生活质量有关的 5 个维度(疾病、生理、社会、心理、满意度)和 10 个方面。

骨质疏松症的中医评价量表,对中医证型(包括痰浊证、肾虚证、脾虚证、血瘀证)进行综合评价,采用五等级选项记分,按患者症状、体征的程度,分 1~5 个等级,分别取 1~5 分,依照受试者的主观感受或体验进行自评。量表总分越高,表示患者病情越重、生活质量越差。量表得分分为 4 个等级:34~68 分为较好,69~102 分为中等,103~136 分为较差,137~170 分为差。

三、康复治疗

一般认为,骨质疏松症的预防比治疗更为重要,骨矿代谢与光照、运动、食物是密切相关的,如果能够在这三方面加强,可以有效延缓骨的退化和骨质疏松症的过早出现,而运动疗法是防治骨质疏松症最有效、最基本的方法之一。骨质疏松症的康复治疗可以发挥肌力对骨质代谢所起的调节促进作用,纠正骨质疏松患者常见的驼背畸形,防止和减少因肌力不足而导致的容易跌倒,同时能够增强患者的身体素质,改善其生活质量。

(一)运动疗法

1. 运动方式

(1)有氧训练:包括走路、有氧操、跳舞、骑车、球类运动、体操等。该类运动能产生多方面的张力作用于整个骨结构,因而能最有效地增加骨强度,更有学者认为这些运动对任何年龄组来说均比力量、耐力或非负重训练更有效。而对于老年人来说,急走、上下楼梯、跳舞、跳老年健身操等运动应该更合适些。

(2)抗阻力训练:是运动处方的一个组成部分。抗阻力训练应包括全身主要的肌群,这样才能作用到四肢。整个运动应该缓慢且受控制,所加的负荷应以重复运动 10~15 次之后让患者感到肌肉疲劳为宜,并且以后应逐渐增加。负重在各种类型的运动中是最具保护意义的。负重和抗阻力训练可以帮助骨重建,是治疗和预防骨质疏松症的重要措施之一。

复合运动方式比单一运动方式干预骨质疏松症的效果更好,最好是力量性项目与耐力性项目结合进行,以提高康复效果。

2. 运动强度 中等强度的运动训练,对于防治骨质疏松症、减少骨折的危险性效果最好,若采用力量性项目的练习,运动强度应控制在能重复 1 次负荷的 60%~85%,且每次的运动时间应持续 40~60 分钟。

3. 运动频率 通常每周运动锻炼的次数以 3~5 次为宜,年龄较大者可每隔 1~2 日进行一次运动锻炼。骨的重建周期要经历静止、激活、转换和成型 4 个过程,每个重建周期要持续 4~6 个月,要长期坚持进行运动锻炼,才能发挥保持骨密度和增加骨量的作用。

4. 运动注意事项　中老年人伴随心脑血管系统疾病者非常多,运动前应行常规检查,运动项目尽量避免倒立性、屏气性、爆发力等动作,以免意外事故发生。对那些不习惯做运动的老年患者,应该避免跑步,以免发生跌倒和对脊柱、负重骨骼的损伤。骨质疏松症的老年患者应该避免划船式训练上肢的动作,该训练中极度向前弯腰可能引发后背的扭伤和脊椎压缩性骨折。

(二)物理因子疗法

电疗、热疗具有改善局部血液循环、抗炎止痛、促进神经功能恢复、促进钙磷沉淀、促进骨折愈合等功效,对骨质疏松症引起的麻木、疼痛、骨折等症均有一定疗效。常用的方法有超短波、微波、中频、红外线、磁疗、超声波等疗法。此外,全身低频脉冲弱磁场治疗,可缓解疼痛,增加骨量。利用紫外线的光生物作用,还可进行日光浴、人工紫外线等治疗,以增加内源性维生素 D 的生成,从而促进钙的吸收和骨的形成,有利于防治骨质疏松症。

(三)康复工程

矫形器可以用于稳定骨质疏松症引起的脊椎骨折,也可以用来帮助减轻疼痛或促进姿势的改善,常用的支具有胸腰矫形器具、腰骶或胸腰骶矫形器及简易的腰围。应注意所有支具均应依三点力系统的原则应用。

(四)药物治疗

骨质疏松症发病缓慢,个体差异较大,抗骨质疏松治疗以"钙+活性维生素 D"为基础,有证据表明许多药物可以预防骨质疏松症患者骨折的发生,或降低其发生几率。常用的药物治疗方法有以下几种:

1. 抗骨吸收药物　如雌激素、孕激素、双磷酸盐类、钙制剂、维生素 D、降钙素等。

2. 促骨形成药　如氟化物、雄激素、前列腺素、骨生长因子、依普黄酮等。

(五)中医康复疗法

中医学中没有"骨质疏松症"的病名,根据患者表现出的全身或腰背疼痛、易发骨折、驼背等临床症状,一般将其归为中医的"骨痿""骨痹"或"腰背痛"范畴。本病患者多有老年体虚,故康复医疗需较长时间,治疗当侧重于扶正补虚,具体可采用药物、针灸推拿、传统体育和饮食等康复疗法。

1. 中药疗法　肾阴不足者宜滋阴壮骨,益肾填精,方选左归丸或滋阴大补丸加减。肾阳虚损者宜温肾助阳补虚,方选右归丸加减。肾精不足者宜滋肾填精补血,方选河车大造丸加减。脾气虚衰者宜健脾益气,温阳补肾,方选参苓白术散加减。气滞血瘀者宜行气活血化瘀,方用身痛逐瘀汤加减。

2. 针灸疗法　骨质疏松症以肾虚腰痛为多,治以补肾通阳,舒筋活血。取肾俞、委中、阿是穴、阳陵泉、三阴交、太溪、命门等穴,每次 3~5 穴,20~30 分钟。用补法或平补平泻,也可以用电针。

3. 推拿疗法　推拿治疗以足太阳膀胱经及足阳明胃经为主,手法包括捏法、按揉法、拿法、点法、擦法等。常规操作如下:患者俯卧位,医师用捏法施术于腰背部两侧膀胱经,之后双手叠掌按揉腰部,拿揉双下肢,点按揉脾俞、胃俞、肾俞、委中、承山等穴位,横擦背部膀胱经和腰骶部以透热为度;患者仰卧位,拿揉双上肢和大腿内侧肌肉,点按曲池、内关、合谷、足三里、伏兔、太溪、三阴交等穴位,牵抖上下肢后结束治疗。治疗时,手法必须轻柔和缓,切忌用力过猛,每次 20 分钟,10 次为 1 个疗程,疗程间休息 2~3 日。

4. 传统功法治疗　中医传统功法具有改善体质、增强体力、强筋健骨等作用,对骨质疏松症具有良好的防治作用。常用的功法有易筋经、太极拳、五禽戏、八段锦等,在功法锻炼的过程中,应针对患者的个体差异,从运动方式、强度、时间及频率等方面综合考虑,制订适合的运动处方,以取得良好的锻炼效果,避免意外损伤。

(六)康复治疗的适应证、禁忌证及注意事项

1. 适应证　绝大多数骨质疏松症患者均可进行康复治疗,但在康复治疗之前应当进行全面检查,根据患者的身体状况,制订合理的康复治疗方案。

2. 禁忌证　骨折早期,伴有严重的心肺、肝肾疾病的患者和年老体弱者,不宜进行运动疗法的康复治疗。

3. 康复治疗方案要科学合理,坚持循序渐进,治疗过程中要注意对患者的保护,避免出现过度治疗、跌倒损伤等情况。

四、康复教育

1. 加强健康教育　骨质疏松症是影响老年人健康的社会问题,积极的宣传教育对骨质疏松症的预防具有重要意义。健康教育的内容主要包括:认识诱发骨质疏松症的危险因素(如绝经过早、户外运动减少、不良饮食和生活习惯等),掌握预防骨质疏松症的方法,坚持进行定期身体检查等,并针对患者的不同病情,提供科学有效的指导,使其学会自我保护,减少骨折等并发症的发生。

2. 注意饮食营养　在日常生活中,注意多食用富含钙质和蛋白质的食物,如牛奶、蛋类、骨汤、谷类、豆制品、黄绿红色蔬菜、水果、鱼虾、紫菜、海带等,可以促进钙质的吸收。酗酒、吸烟、咖啡、浓茶以及高盐、高糖等不良的饮食习惯,会加速钙质的流失,应注意避免。

3. 保持良好生活习惯　坚持体育锻炼,保持充足的睡眠,增加户外活动和日照,注意运动安全,戒烟和避免过量饮酒等良好的生活习惯对预防骨质疏松症的发生具有重要意义。

4. 预防跌倒　跌倒是骨质疏松性骨折发生的重要危险因素。有研究指出,较高跌倒风险是骨质疏松性骨折的独立风险因素。研究表明年龄增长、高 BMI、骨质疏松性骨折、男性对 FI 有负面影响,在骨质疏松性骨折中,髋部、椎体及多发性骨折与 FI 的升高显著相关。研究表明跌倒是骨质疏松性骨折独立于骨密度之外的重要风险因素。

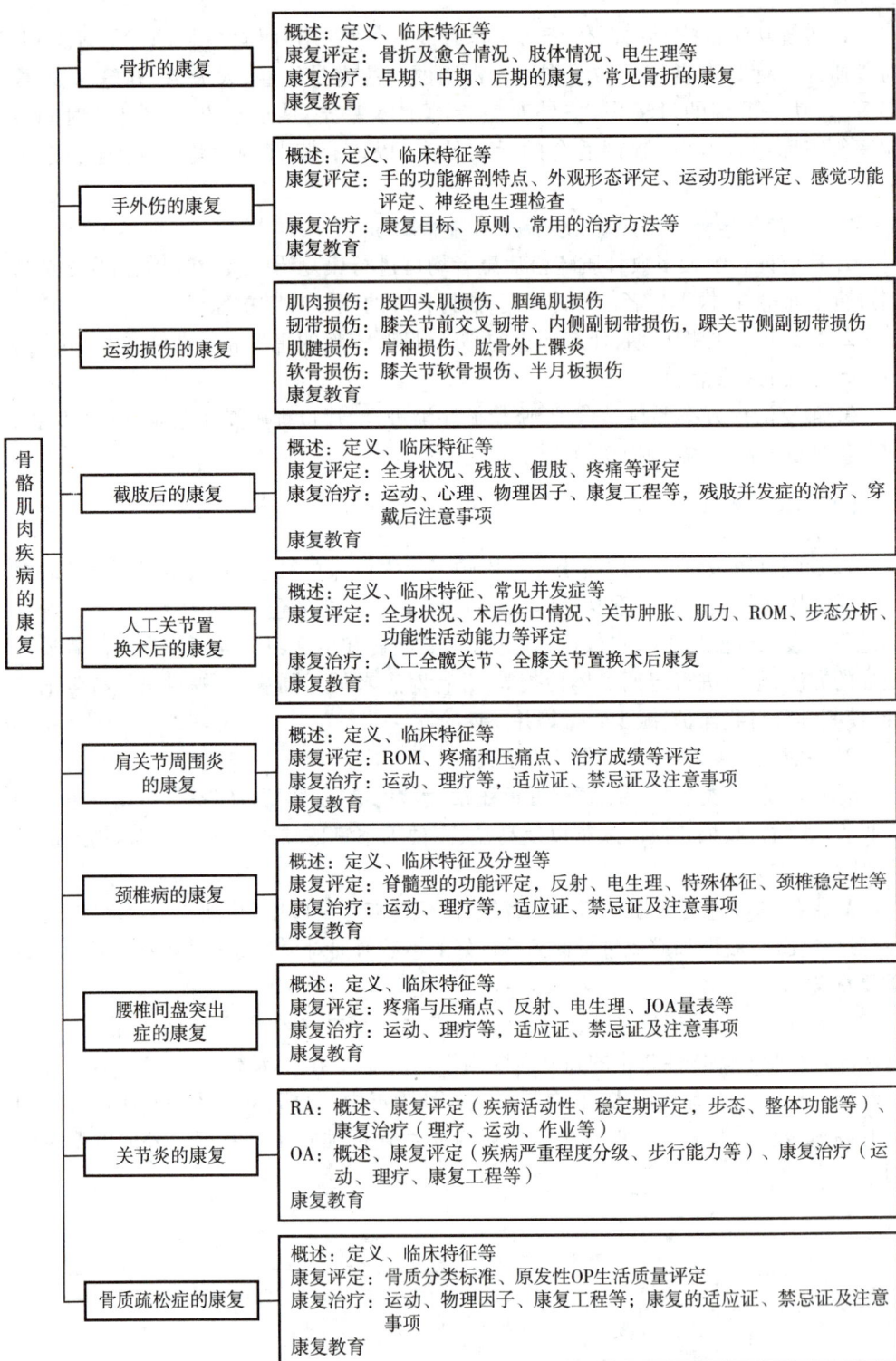

学习小结

1. 学习内容

```
                    ┌─ 骨折的康复 ──────── 概述：定义、临床特征等
                    │                      康复评定：骨折及愈合情况、肢体情况、电生理等
                    │                      康复治疗：早期、中期、后期的康复，常见骨折的康复
                    │                      康复教育
```

骨折的康复
概述：定义、临床特征等
康复评定：骨折及愈合情况、肢体情况、电生理等
康复治疗：早期、中期、后期的康复，常见骨折的康复
康复教育

手外伤的康复
概述：定义、临床特征等
康复评定：手的功能解剖特点、外观形态评定、运动功能评定、感觉功能评定、神经电生理检查
康复治疗：康复目标、原则、常用的治疗方法等
康复教育

运动损伤的康复
肌肉损伤：股四头肌损伤、腘绳肌损伤
韧带损伤：膝关节前交叉韧带、内侧副韧带损伤，踝关节侧副韧带损伤
肌腱损伤：肩袖损伤、肱骨外上髁炎
软骨损伤：膝关节软骨损伤、半月板损伤
康复教育

截肢后的康复
概述：定义、临床特征等
康复评定：全身状况、残肢、假肢、疼痛等评定
康复治疗：运动、心理、物理因子、康复工程等，残肢并发症的治疗、穿戴后注意事项
康复教育

人工关节置换术后的康复
概述：定义、临床特征、常见并发症等
康复评定：全身状况、术后伤口情况、关节肿胀、肌力、ROM、步态分析、功能性活动能力等评定
康复治疗：人工全髋关节、全膝关节置换术后康复
康复教育

肩关节周围炎的康复
概述：定义、临床特征等
康复评定：ROM、疼痛和压痛点、治疗成绩等评定
康复治疗：运动、理疗等，适应证、禁忌证及注意事项
康复教育

颈椎病的康复
概述：定义、临床特征及分型等
康复评定：脊髓型的功能评定，反射、电生理、特殊体征、颈椎稳定性等
康复治疗：运动、理疗等，适应证、禁忌证及注意事项
康复教育

腰椎间盘突出症的康复
概述：定义、临床特征等
康复评定：疼痛与压痛点、反射、电生理、JOA量表等
康复治疗：运动、理疗等，适应证、禁忌证及注意事项
康复教育

关节炎的康复
RA：概述、康复评定（疾病活动性、稳定期评定，步态、整体功能等）、康复治疗（理疗、运动、作业等）
OA：概述、康复评定（疾病严重程度分级、步行能力等）、康复治疗（运动、理疗、康复工程等）
康复教育

骨质疏松症的康复
概述：定义、临床特征等
康复评定：骨质分类标准、原发性OP生活质量评定
康复治疗：运动、物理因子、康复工程等；康复的适应证、禁忌证及注意事项
康复教育

（以上各项均为"骨骼肌肉疾病的康复"的学习内容）

笔记

2. 学习方法

（1）本章的内容以骨骼和肌肉损伤的疾病康复为主，所涉及的疾病多是临床上的常见病、重点病，在学习本章时，必须要高度重视，熟练掌握各种康复评定技术和康复治疗方法，以便为将来从事临床工作奠定良好的基础。

（2）骨折后的康复、运动损伤的康复和关节炎的康复等是本章的重点，且涉及的疾病较多，在学习的过程中要结合解剖学、骨伤学等知识，以提高学习质量。

（3）本章的康复评定内容中，涉及的康复评定方法和评价量表较多，学习时要注意结合《康复功能评定学》等内容，熟练掌握各种康复评定方法的操作、原理和意义。

（4）本章疾病的康复治疗方法中，涉及运动疗法、物理因子疗法、康复工程等，尤其是中医康复疗法对本章的疾病具有较好的治疗作用，要重点学习掌握。

（5）骨骼肌肉疾病的病因多样、症状复杂，容易混淆。在学习过程中，要注意掌握各种疾病的临床特征，可参考骨伤学中的相关内容，掌握不同疾病之间的鉴别诊断要点，以提高学习水平。

（齐　瑞　杨俊兴　解光尧　王鹏琴　张为民）

复习思考题

1. 试述骨折后康复的作用。
2. 有哪些中医方法可以促进手外伤康复？
3. 简述运动损伤的分期治疗原则。
4. 简述截肢后的康复教育。
5. 人工关节置换术后的康复评定有哪些内容？
6. 肩周炎中后期的康复治疗有哪些？
7. 腰椎间盘突出症早期康复如何进行肌力训练？
8. 膝骨性关节炎的康复治疗措施有哪些(不包括药物及手术方法)？

笔记

第四章

心肺疾病的康复

📖 学习目的

　　通过学习心肺疾病的康复评定、康复治疗等相关知识,掌握冠心病、原发性高血压、慢性阻塞性肺疾病等常见心肺疾病康复治疗方案和流程,学会正确运用相关康复治疗技术,提高心肺康复的临床技能。

学习要点

　　冠心病、原发性高血压、慢性阻塞性肺疾病等常见心肺疾病的定义、临床特征;心肺系统常见疾病的康复评定方法。心肺系统常见疾病的康复目标、方案、流程和治疗技术;冠心病、高血压等疾病的临床分期(级)、危险因素以及临床康复措施。

第一节　冠心病的康复

　　冠心病是临床最常见的心血管疾病之一,包括冠状动脉粥样硬化性心脏病和冠状动脉功能性改变,是以心绞痛、心肌梗死和心源性猝死为主要发作形式的一种疾病,是目前心脑血管疾病导致死亡的主要原因之一。本节将重点讨论心绞痛和心肌梗死的康复治疗。

一、概述

(一)定义

　　冠心病,又称冠状动脉粥样硬化性心脏病(coronary heart disease,CHD),是指由于冠状动脉发生粥样硬化引起的血管管腔狭窄或闭塞,和(或)因冠状动脉功能性改变(痉挛)而导致心肌缺血缺氧或坏死而引起的心脏病,亦称缺血性心脏病。

🌐 知识链接

冠心病的分型

　　1979年世界卫生组织将本病分为隐匿型冠心病、心绞痛、心肌梗死、缺血性心肌病、心源性猝死5种类型。近年来趋于将本病分为:①急性冠状动脉综合征(acute coronary syndrome,ACS);②慢性冠状动脉病(chronic coronary artery disease,

CAD),也称慢性心肌缺血综合征(chronic ischemic syndrome,CIS)两大类。前者包括不稳定型心绞痛(unstable angina,UA)、非 ST 段抬高型心肌梗死(non-ST-segment elevation myocardial infarction,NSTEMI)和 ST 段抬高型心肌梗死(ST-segment elevation myocardial infarction,STEMI),也有将冠心病猝死分属本类;后者包括稳定型心绞痛、缺血性心肌病和隐匿性冠心病等。

(二)流行病学

冠状动脉粥样硬化性心脏病是人体动脉粥样硬化导致器官病变的最常见类型。本病多发生在 40 岁以后,男性发病早于女性。在欧美发达国家本病常见,美国约有 700 万人患本病,每年约 50 万人死于本病,占人口死亡数的 $1/3 \sim 1/2$,占心脏病死亡数的 $50\% \sim 75\%$。在我国本病发病率不及欧洲发达国家,但近年来亦呈增长趋势,目前我国年发病率为 120/10 万,年平均死亡率男性为 90.1/10 万,女性为 53.9/10 万。随着我国人民生活水平的提高、寿命的延长和膳食结构的改变,我国冠心病发病率和死亡率均呈升高趋势。

(三)病因及发病机制

本病病理生理核心是心肌耗氧和供氧之间的失衡。

1. 心绞痛

(1)病因:在动脉粥样硬化致使冠状动脉狭窄或部分分支闭塞时,其扩张性减弱,血流量减少,心肌的血液供应只能满足心脏平时的需求,故休息时可无症状;而在劳力状态下,如剧烈活动时,冠状动脉扩张,其血流量可增加至休息状态下的 6~7 倍;因此,一旦心脏负荷突然增加,如劳累、激动、左心衰竭等,心肌张力增加、心肌收缩力增加和心率增快等因素导致心肌氧耗量增加时,心肌对供血需求增加,而冠状动脉的供血已不能相应增加,则发生心绞痛。

(2)发病机制:当冠状动脉供血与心肌需血之间发生矛盾,冠状动脉血流量不能满足心肌代谢需要时引起的心肌急剧、暂时的缺血缺氧,即可发生心绞痛。在缺血缺氧的情况下,心肌内积聚了过多的乳酸、丙酮酸、磷酸等酸性物质,或多肽类物质的代谢产物,刺激心脏内自主神经的传入纤维末梢,经 $T_1 \sim T_5$ 胸交感神经节和相应的脊髓节段传至大脑,产生痛觉。这种痛觉反映在与自主神经进入水平相同脊髓节段的脊神经分布的区域,即胸骨后及两臂的前内侧与小指,尤其是在左侧,而多不在心脏部位。也有学者认为,在缺血区内富有神经供应的冠状血管的异常牵拉或收缩,可直接产生疼痛冲动。不稳定型心绞痛与稳定型(劳力性)心绞痛的主要区别在于前者是因冠状动脉内不稳定的粥样斑块继发病理改变,使局部心肌血流量明显下降,如斑块内出血、斑块纤维帽出现裂隙、表面有血小板聚集和(或)刺激冠状动脉痉挛,导致缺血加重,尽管其也可因劳力负荷诱发,但劳力负荷终止后其胸痛并不能缓解。

2. 心肌梗死

(1)病因:促使斑块破裂出血及血栓形成发生心肌梗死的主要诱因有:①晨起 6 时至 12 时交感神经活动增加;②进食大量脂肪后;③重体力活动、情绪过分激动、血压剧升或用力排便时;④休克、脱水、出血、外科手术或严重心律失常等。急性心肌梗

笔记

死(alternate mark inversion,AMI)可发生于频发心绞痛的患者,也可发生在从无症状者中。AMI后发生的严重心律失常、休克或心力衰竭,均可导致冠状动脉灌注量进一步降低和心肌坏死范围扩大。

（2）发病机制:冠状动脉粥样硬化(偶也可因冠状动脉栓塞、炎症、先天性畸形、痉挛和冠状动脉口阻塞所致),造成一支或多支血管管腔狭窄和心肌供血不足,而侧支循环未充分建立,使心肌血供急剧减少或中断,当严重而持久地急性缺血达 20~30 分钟以上即可发生 AMI。大量的研究证明,绝大多数 AMI 是由于不稳定的粥样斑块溃破,继而出血和管腔内血栓形成,而使管腔闭塞;少数情况下是因粥样斑块内或其下发生出血或血管持续痉挛,导致冠状动脉完全闭塞。

（四）临床特征

1. 心绞痛　是以发生于胸部、颌部、肩部、背部、左手臂或剑突下的不适感为特征的临床综合征。加拿大心血管学会(CCSC)根据心绞痛的程度和发作特征,一般将其分为稳定型(劳力性)和不稳定型两类。稳定型的特征是发作诱因、程度、性质、缓解特征(去除诱因后症状缓解)恒定。不稳定型则不符合上述特征。急性冠状动脉综合征是近年来新的分类,目前一般将急性冠状动脉综合征作为不稳定型冠心病的主要标志。

（1）稳定型心绞痛(劳力性心绞痛):是由于运动或其他因素增加心肌需氧量而诱发的短暂胸痛发作,是在冠状动脉固定性严重狭窄的基础上,由于心肌负荷的增加引起心肌急剧的、暂时的缺血与缺氧的临床综合征。其特点为阵发性的胸前区压榨性疼痛或憋闷感,主要位于胸骨后部,可放射至心前区和左上肢尺侧,常发生于劳力负荷增加时,持续数分钟,休息或用硝酸酯制剂后消失。

（2）不稳定型心绞痛:除上述典型的稳定型心绞痛之外,心肌缺血所致的缺血性胸痛有各种不同的表现类型,有恶化型心绞痛、变异型心绞痛、卧位型心绞痛、静息心绞痛、梗死后心绞痛、混合性心绞痛等十余种分型,但其中除变异型心绞痛具有短暂ST 段抬高的特异性心电图变化,且命名仍为临床所保留外,其他类型目前已趋于统称为不稳定型心绞痛。

2. 心肌梗死　心肌梗死是心肌的缺血性坏死,在冠状动脉病变的基础上,发生冠状动脉血供急剧减少或中断,使相应的心肌严重而持久地急性缺血,而导致的心肌坏死,分为急性心肌梗死(AMI)和陈旧性心肌梗死。

（1）急性心肌梗死:急性心肌梗死临床表现有持久的胸骨后剧烈疼痛、发热、白细胞计数和血清心肌坏死标志物增高以及心电图进行性改变;可发生心律失常、休克或心力衰竭,属急性冠状动脉综合征(ACS)的严重类型。急性心肌梗死常通过病史、心电图和血清酶的变化作出诊断,该病诊断必须具备下列 3 条中的 2 条:①缺血性胸痛的临床病史:典型病史是出现严重而持久的胸痛。有时病史不典型,疼痛可轻微甚至没有,可以主要为其他症状。②心电图动态演变:心电图的肯定性改变是出现异常、持久的 Q 波或 QS 波,以及持续 1 天以上的演进性损伤电流。当心电图出现这些肯定性变化时,仅凭心电图即可作出诊断;但一些病例的心电图可有不肯定改变,包括:静止的损伤电流、T 波对称性倒置、单次心电图记录中有一病理性 Q 波或传导障碍。③心肌坏死血清心肌标志物浓度的动态改变:肯定性改变包括血清酶浓度的序列变化,或开始升高而后降低。这种变化必须与特定的酶以及症状发作和采集血样的时间间隔相联系。心脏特异性同工酶的升高亦认为是肯定性变化;不肯定改变为开始时血清酶浓度升高,但伴有心肌酶的不确定变化。

（2）陈旧性心肌梗死:急性心肌梗死后3个月;无急性心肌梗死病史的患者,需要有典型陈旧性心肌梗死的心电图表现。如果没有遗留心电图改变,可根据既往的典型心电图改变或根据以往肯定性血清酶学改变而诊断。

3. 急性冠状动脉综合征　包括不稳定型心绞痛、非Q波心肌梗死和Q波心肌梗死,可分为ST段抬高型和非ST段抬高型两类。诊断标准为:①ST段抬高型ACS:缺血性胸痛≥30分钟,服用硝酸甘油不缓解,心电图至少2个肢体导联或相邻2个以上的胸前导联ST段抬高≥0.1mV。②非ST段抬高型ACS:不稳定型心绞痛的诊断:初发劳力性心绞痛或者恶化劳力性心绞痛,可有心肌缺血的客观证据:胸痛伴ST段压低≥0.05mV,或出现与胸痛相关的T波变化,或倒置T波伪改善。③既往患急性心肌梗死、行PTCA或冠状动脉旁路移植手术。④既往冠状动脉造影明确了冠心病的诊断。⑤TnT或者TnI增高。非ST段抬高型心肌梗死与不稳定型心绞痛的区别在于CK-MB增高是否≥正常上限的2倍。

4. 心力衰竭缺血性心脏病　可因多种原因而发生心力衰竭,它可以是急性心肌梗死或心肌梗死早期的并发症,或可由心绞痛发作或心律失常所诱发。

5. 心律失常　可以是缺血性心脏病的唯一症状。在这种情况下,除非进行冠状动脉造影证明冠状动脉阻塞,否则缺血性心脏病的诊断仍是臆测性的。

6. 原发性心搏骤停　原发性心搏骤停是一突然事件,可能是由于心电不稳定所致。

二、康复评定

心功能的评估在冠心病的康复治疗中占有重要地位,也是制订康复方案的依据。

（一）心电图运动试验

心电图运动试验是心脏负荷试验中的一种,通过运动增加心脏负荷,从而诱发心肌缺血并用心电图记录缺血改变,以辅助临床诊断心肌缺血,包括双倍二级梯、活动平板及蹬车试验。心电图运动试验是诸多心脏负荷试验中较为简便、实用和安全的,为目前临床所常用。但本试验存在假阳性结果,其假阳性率的高低与所检查对象中冠心病的患病率密切相关,且休息时ST-T改变的特异性也较差。因此在一般人群中不宜单独根据心电图运动试验结果或休息时心电图ST-T改变来确诊冠心病,也不应当以此作为冠心病的普查标准。阳性运动试验通常供辅助诊断使用,或可作为"易患因素"。

心电图运动试验适用范围:①临床拟诊断冠心病,尚需进一步确诊者;②诊断及检测为隐匿性冠心病及无痛性心肌缺血者;③有胸痛或心律失常需明确病因或鉴别诊断者;④需评价疗效的冠心病患者;⑤具有冠心病易患因素者,如生活繁忙而无规律、有心血管疾病家族史者。

心电图运动试验的禁忌证:由于本试验需要通过运动增加受试者的心脏负荷,因此存在一定的危险性。其禁忌证分为绝对禁忌证和相对禁忌证两种:①绝对禁忌证:不稳定型心绞痛、急性心力衰竭、急性或近期的心肌梗死、急性心肌炎、严重心律失常、未有效控制的重度高血压等;②相对禁忌证:病情稳定的心力衰竭、高度房室传导阻滞及高度窦房传导阻滞、血压高于 200/100mmHg、严重肝肾疾病等。目前有观点认为，病情不稳定亦应当列为禁忌。

1. 心电图双倍二级梯运动试验

（1）检查对象：具有不稳定型心绞痛、急性心肌梗死、充血性心力衰竭、严重心律失常、重度高血压及其他心肺疾病、休息时心电图有明显心肌缺血、左心室肥大、左束支传导阻滞、预激综合征、服用洋地黄、电解质紊乱等表现者不做本试验。对自主神经功能紊乱者，应先做立位心电图或过度换气 30 秒后，心电图若出现 ST 段下降也不宜做本试验（易出现假阳性）。

（2）检查方法：应在进餐前或饱食后 2 小时以上检查。按过去规定运动量（速率表）在每级 9 寸（23cm）的二级梯子上往返运动，运动时间为 3 分钟（应用秒表及节拍器来控制运动时间及速率），如运动后即刻心率未达到 100 次/分，且结果为阴性者，应在次日将运动量增加 15%，再做一次（即在原 3 分钟时限内增加其蹬走次数的 15%）。运动前描记卧位休息时 I、II、III、aVR、aVL、aVF、V_1、V_2、V_3、V_4、V_5、V_6 12 导联心电图，运动后立即躺下描记即刻、2 分钟、4 分钟及 6 分钟心电图，V_6、V_5、V_4 或 V_3、II、I 导联及以 R 波占优势的 aVL 或 aVF 导联心电图（按以上顺序进行 6 个导联的描记）。

（3）注意事项：受试者如在运动中发生心绞痛，应立即停止运动，并及时躺下记录心电图。受试者在梯子上往返运动转身时，注意左右交替转，避免同一方向反复转身引发头晕。

（4）ST 段移位的测量方法：以 QRS 波起点为基线，如遇 P-R 段倾斜显著者，则以 P-R 段向下延长，与"J"点垂直线交点"O"做一水平线为矫正后的基线。斜形向上的 ST 段以"J"点作为判定移位的根据，斜形向下的 ST 段以"J"点后 0.04 秒处作为判定移位的根据。

（5）QX/QT 间期的测量方法：X 点即在 ST 段回升到两个 QRS 波起点的连线上。Q 波起点至"X"点为 QX 间期。

（6）评定标准：运动中出现典型心绞痛或运动后心电图改变符合下列之一者为阳性：①在 R 波占优势的导联上，运动后出现水平型或下垂型 ST 段下降（ST 段与 R 波顶点垂线的交角≥90°）超过 0.05mV，持续 2 分钟者；如果有 ST 段下降者，运动后应在原有基础上再下降 0.05mV，持续 2 分钟。②在 R 波占优势的导联上，运动后出现 ST 段上升（弓背向上型）超过 3mm 者。

运动后心电图改变符合下列条件之一者为可疑阳性：①在 R 波占优势的导联上运动后出现水平型或下垂型 ST 段下降 0.05mV 或接近 0.05mV 及 QX/QT 比值 ≥50%，持续 2 分钟者；②在 R 波占优势的导联上，运动后出现 T 波由直立变为倒置，持续 2 分钟者；③u 波倒置；④运动后出现下列任何一种心律失常：多源性心室期前收缩、阵发性室上性心动过速、心房颤动或心房扑动、窦房传导阻滞、房室传导阻滞（一度、二度、三度）、左束支传导阻滞或左束分支传导阻滞、完全性右束支传导阻滞或室内传导阻滞。

2. 活动平板运动试验

（1）检查对象：同心电图双倍二级梯运动试验。

（2）检查方法：应在进餐前或进餐后 2 小时以上。让受试者在可前移滑动的活

动平板上步行,运动量可随平板转速及坡度增加而分级增加,每一级运动时间为
2~3分钟,逐渐增加运动量直至依据年龄估算的目标心率。活动平板运动试验是
分级运动试验,是目前临床应用最广泛的心脏负荷试验。其分级是以心率作为运动
终点标准的一种运动试验方法,根据受试者和试验目的的不同分为极量运动试验、
次极量运动试验或低负荷量运动试验。注意测试现场应配有心脏复苏的人员及相
关设备。

极量是指心率达到自己的生理极限的负荷量。这种极限运动量一般多采用统计
所得的各年龄组的预计最大心率为指标(表4-1)。极量运动试验是指使受试者竭尽
全力运动,达到最大运动量,使其氧摄取量也达到极量;次极量运动试验是指使受试者
的运动量达到极量运动的85%~95%;低负荷量运动试验是指使受试者的运动量达到
极量运动的60%~70%。另外,目标心率计算简便公式为:极量心率=220-年龄数;次
极量心率=195-年龄数,例如55岁的受检者最大心率为220-55=165(次/分),次极
量运动试验要求其心率应为195-55=140(次/分)。

表4-1　分级运动试验目标心率估算表(次/分)

年龄(岁)	20	25	30	35	40	45	50	55	60	65	70	75
极量心率	206	200	194	188	182	176	171	165	159	153	147	141
90%极量心率	186	80	175	169	164	159	154	148	143	138	132	128
85%极量心率	175	70	165	160	155	150	145	140	135	130	125	120
70%极量心率	145	40	130	130	128	124	119	115	111	107	104	100

目前国际上尚无统一的活动平板运动试验方案,应用最广泛的是Bruce方案及
Bruce修订方案(表4-2)。Bruce方案规定每级运动时间为3分钟,运动负荷和坡度逐
级递增,可在较短时间内完成运动试验,但运动负荷相对偏大,而Bruce修订方案则适
当降低了运动负荷,更适合临床应用。

表4-2　活动平板运动Bruce修订方案(部分)

分级	速度(m/h)	坡度(%)	运动时间(分钟)	氧耗量[ml/(min·kg)]	代谢当量(METs)
3	1.7	10	3	18	4
4	2.5	12	3	25	6~7
5	3.4	14	3	34	8~9
6	4.2	16	3	46	10~14
7	5.0	18	3	55	15~16

(3)运动终点:①达到目标心率;②出现典型心绞痛;③心电图出现阳性结果;
④出现严重心律失常:室性二联律、多源性室性期前收缩、落在T波上的期前收缩、室
性心动过速等;⑤血压下降或剧升:较运动前收缩压下降10mmHg,或运动中血压超过

210mmHg；⑥头晕、苍白、步态不稳；⑦下肢无力不能继续运动。

（4）监察导联：采用双极胸导联 CM_5 及 CC_5。CM_5：左下肢电极置于 V_5 导联处，左上肢电极置于胸骨柄处（L Ⅱ）；CC_5：左下肢电极置于 V_5 导联处，左上肢电极置于 V_{5R} 导联处（L Ⅲ）。

（5）运动前描记卧位休息时Ⅰ、Ⅱ、Ⅲ、aVR、aVL、aVF、V_1、V_2、V_3、V_4、V_5、V_6 12 导联心电图及 CM_5、CC_5 导联心电图，再于立位（或坐于蹬车座上）描记 CM_5、CC_5 导联心电图，运动中连续示波观察 CM_5、CC_5 导联，并每 3 分钟记录 CM_5、CC_5 导联心电图，达到运动终点后立即（原位不动）描记 CM_5、CC_5 导联心电图，随即平卧描记即刻、2 分钟、4 分钟、6 分钟、V_6、V_5、V_4 或 V_3、Ⅱ、Ⅰ 及以 R 波为主的 aVL 或 aVL 导联心电图（按以上顺序进行 6 个导联的描记）。如 6 分钟心电图仍未恢复运动前图形，应继续观察，直到恢复原状。

（6）运动前测量卧位、立位（或坐位）血压。运动开始后每 3 分钟测量 1 次血压。运动结束后 2 分钟、4 分钟、6 分钟测量血压，直到血压大致恢复到运动前水平。

（7）评定标准：①运动中或运动后出现典型心绞痛；②运动中及运动后心电图出现 ST 段水平型或下斜型压低 $\geq 0.1mV$ 且持续 1 分钟以上，如运动前原有 ST 段下降者，运动后应在原有基础上再下降，此种改变出现越早，ST 段下降越多，提示阳性越明显；③运动中及运动后心电图出现 ST 段水平型或上斜型抬高 $\geq 0.2mV$ 且持续数分钟以上；④运动中或运动后出现收缩压下降超过 10mmHg。

3. 蹬车运动试验

（1）检查对象：同心电图双倍二级梯运动试验。

（2）检查方法：应在进餐前或餐后 2 小时以上。让受试者在特制的功率自行车上按预定方案踏车，通过增加自行车的运动阻力来逐级增加受试者运动负荷量，直至达到目标心率。踏车运动试验的起始运动量通常为 150（kg·m）/min 或 300（kg·m）/min，每个级别递增 150~300（kg·m）/min，视病情而定。目前国内常用的方案见表 4-3。

表 4-3　国内常用的踏车运动方案

分级	男性		女性	
	运动量 [（kg·m）/min]	时间（分钟）	运动量 [（kg·m）/min]	时间（分钟）
1	300	3	200	3
2	600	3	400	3
3	900	3	600	3
4	1200	3	800	3
5	1500	3	1000	3

（3）评定标准：同活动平板运动试验。

（二）超声心动图运动试验

一般采用卧位踏车的方式，以保持在运动时超声探头可以稳定地固定在胸壁，减少检测干扰。超声运动检查可直接反映心肌活动情况,从而揭示心肌收缩和舒张功能,还可以反映心脏内血流变化情况。其优势在于无创且可反复测定,并可提供心电图所不能显示的重要信息。运动超声心动图比安静时检查更有利于揭示潜在的异常,从而提高试验的敏感性。

(三)行为类型评定

Friedman 和 Rosenman(1974 年)提出行为类型。

1. A 类型　工作主动、有进取心和雄心,有强烈的时间紧迫感(同一时间总是想做两件以上的事),但往往缺乏耐心、易激惹、情绪易波动。此行为类型的应激反应较为强烈,因此需要将应激处理作为康复的基本内容。

2. B 类型　平易近人、耐心、充分利用业余时间放松自己,不受时间驱使,无过度的竞争性。

三、康复治疗

根据冠心病康复治疗措施的特征,国际上一般将康复治疗分为三期:Ⅰ期指急性心肌梗死或急性冠状动脉综合征住院期康复。冠状动脉旁路移植术(也称冠状动脉搭桥术)(coronary artery bypass graft,CABG)或经皮冠状动脉腔内血管成形术(percutaneous transluminal coronary angioplasty,PTCA)术后早期康复也属于此列。发达国家此期已经缩短到 3~7 天。Ⅱ期指从患者出院开始,至病情稳定性完全建立为止,时间为5~6 周。由于急性阶段缩短,Ⅱ期的时间也趋于逐渐缩短。Ⅲ期指病情处于较长期稳定状态,或Ⅱ期过程结束的冠心病患者,包括陈旧性心肌梗死、稳定型心绞痛及隐性冠心病。PTCA 或 CABG 后的康复也属于此期。康复程序一般为 2~3 个月,自我锻炼应该持续终生。有人将终生维持的锻炼列为第Ⅳ期。研究表明,有效的康复治疗可使死亡率降低,积极参加康复锻炼者比不运动者的死亡率降低 20%~30%,同时致死性心肌梗死发生率也显著降低。

(一)心脏康复机制

1. Ⅰ期康复　通过适当活动,减少或消除绝对卧床休息所带来的不利影响。过分卧床休息可导致:①血容量减少(心血管反馈调节机制),导致每搏量和心排血量降低,代偿性心率加快;②回心血量增加,心脏前负荷增大,心脏射血阻力相对增高,心肌耗氧量相对增加;③血流较缓慢,血液黏滞性相对增加,血栓和栓塞的概率增加;④横膈活动降低,通气及换气功能障碍,排痰困难,合并肺炎和肺栓塞的概率增加;⑤运动耐力降低,最大吸氧量每天降低约 0.9%;⑥胰岛素受体敏感性降低,葡萄糖耐量降低;⑦患者恐惧和焦虑情绪增加,肾上腺皮质激素分泌增高。

2. Ⅱ期康复　设立Ⅱ期康复是基于心肌梗死瘢痕形成需要 6 周左右的时间,而在心肌瘢痕形成之前,患者病情仍然有恶化的可能性,进行较大强度运动的危险性较大。因此患者在此期主要是要保持适当的体力活动,逐步适应家庭活动,等待病情完全稳定,为Ⅲ期康复锻炼做准备。有的康复中心在Ⅱ期开始进行心电监护下的运动锻炼,其实际效益尚有待论证。

3. Ⅲ期康复　主要通过外周效应、中心效应和危险因素控制三个方面达到康复目的。

(1)外周效应:指心脏之外的组织和器官发生的适应性改变,是公认的冠心病和各类心血管疾病康复治疗机制(表4-4)。外周效应需要数周时间才能形成,停止训练则丧失,因此训练必须持之以恒。

(2)中心效应:指训练对心脏的直接作用,主要为心脏侧支循环形成(冠状动脉生物搭桥)、冠状动脉供血量提高、心肌内在收缩性相应提高。动物试验已经获得积极的结果,但是临床研究有待继续进行。

(3)危险因素控制:指心血管危险因子的控制,是康复治疗和预防的重要方面,主要包括:①改善脂质代谢异常;②改善高血糖及糖耐量异常;③控制高血压;④改善血液高凝状态;⑤帮助戒烟。

表4-4　冠心病Ⅲ期康复的外周效应

功能改善	生物学特征
血液循环改善	训练后肌肉毛细血管密度和数量增加,毛细血管开放的数量和口径增加,血液-细胞气体交换的面积和效率相对增加,外周骨骼肌氧摄取能力提高,动静脉氧差增大
有氧能力改善	肌细胞线粒体数量、质量和氧化酶活性提高,氧利用率增强
能量代谢改善	肌细胞胰岛素受体开放数量增加,葡萄糖进入细胞的速率和数量增加,从而运动能量代谢效率改善,血流需求相对减少
交感神经兴奋性降低	血液儿茶酚胺含量降低,降低运动心血管应激反应
机械效率提高	肌肉收缩的机械效率提高,使定量运动时能量消耗相对减少
运动能力提高	由于定量运动时心脏负荷减轻,心肌耗氧量降低,最大运动能力相应提高

知识拓展

运动训练与侧支循环

运动训练使冠状动脉狭窄或完全闭塞后所累及的部位形成侧支循环,这一现象已在临床和基础研究中得到了证实。反复心绞痛患者进展为心肌梗死的比率低于初发心绞痛患者;冠状动脉狭窄程度越重,心绞痛持续时间越长,侧支循环形成量越多,发展为心肌梗死的概率越低或心肌坏死的程度越轻,提示侧支循环有一定程度的心肌保护作用。慢性冠状动脉狭窄的猪模型经过运动训练后,心肌侧支循环的生成显著超过不运动对照组,与运动刺激的血管内皮生长因子(VEGF)、成纤维细胞生长因子(FGF)等的表达增加有关。长期运动训练与形成充分的侧支循环血流量直接相关。此外长期运动后,心脏舒张期延长有利于血供的进一步恢复;血液流速快于非运动组;运动状态下β肾上腺素能受体活性偏高,有助于侧支循环的扩张,而β受体阻滞剂可抑制这一效应。当然,由于人体研究的局限,运动与侧支循环形成之间的确切关系及临床价值仍需更深入的研究。

笔记

（二）康复治疗方案

1. Ⅰ期康复

（1）康复目标：低水平运动试验阴性，可以按正常节奏连续行走100~200m或上下1~2层楼而无症状和体征。运动能力达到2~3METs，能够适应家庭生活，使患者了解冠心病的危险因素及注意事项，在心理上适应疾病的发作和处理生活中的相关问题。

（2）治疗方案：以循序渐进地增加活动量为原则，生命体征一旦稳定，无合并症时即可开始。康复治疗的基本原则是根据患者的自我感觉，尽量进行可以耐受的日常活动（表4-5）。康复治疗采用团队合作模式，即由心脏科医师、康复科医师、康复治疗师（物理治疗、作业治疗、心理治疗等）、护士、营养师等共同工作。此期康复一般在心脏科进行。

表4-5　冠心病Ⅱ期康复程序

活动内容	第1周	第2周	第3周	第4周
门诊宣教	1次	1次	1次	1次
散步	15分钟	20分钟	30分钟	30分钟×2
厨房工作	5分钟	10分钟	10分钟×2	10分钟×3
看书或电视	15分钟×2	20分钟×2	30分钟×2	30分钟×3
按摩操	保健按摩学习	保健按摩×1次	保健按摩×2次	保健按摩×2次
缓慢上下楼	1层×2次	2层×2次	3层×1次	3层×2次

1）运动疗法：①床上活动：一般从床上的肢体活动开始，包括呼吸训练。肢体活动一般从远端肢体的小关节活动开始，开始活动以减重运动为主。强调活动时呼吸自然、平稳，没有任何憋气现象。然后可以逐步开始抗阻活动，可以采用捏气球、皮球，或拉皮筋等，一般不需要专用器械。吃饭、洗脸、刷牙、穿衣等日常生活活动可以早期进行。②呼吸训练：主要指腹式呼吸。腹式呼吸的要点是在吸气时腹部浮起，让膈肌尽量下降；呼气时腹部收缩，将肺内气体尽量排出。呼气与吸气之间要均匀连贯，缓慢进行，但是不可憋气。③坐位训练：坐位是重要的康复起始点，应该从第1天就开始。开始坐时可以有依托，例如把枕头或被子放在背后，或将床头抬高。有依托坐的能量消耗与卧位相同，但是上身直立体位使回心血量减少，同时射血阻力降低，心脏负荷实际上低于卧位。在有依托坐适应之后，患者可以逐步过渡到无依托独立坐。④步行训练：从床边站立开始，先克服直立性低血压。在站立无问题之后，开始床边步行（1.5~2.0METs），以便在疲劳或不适时能够及时上床休息。此阶段开始时最好进行若干次心电监护活动。此阶段患者的活动范围明显增大，因此在活动过程中的监护需要加强。要特别注意避免上肢高于心脏水平的活动，例如患者自己手举盐水瓶上厕所。此类活动的心脏负荷增加很大，常是诱发意外的原因。⑤大便：患者大便务必保持通畅。卧位大便时由于臀部位置提高，回心血量增加，使心脏负荷增加，同时由于排便时必须克服体位所造成的重力，需要额外的用力（4METs），卧位大便对患者不利。而在床边

放置简易的坐便器,让患者坐位大便,其心脏负荷和能量消耗均小于卧床大便(3.6METs),也比较容易排便。因此应该尽早让患者坐位大便,但是禁忌蹲位大便或在大便时过分用力。如果出现便秘,应该使用通便剂。患者有腹泻时也需要严密观察,因为过分的肠道活动可以诱发迷走反射,导致心律失常或心电不稳。⑥上楼:上下楼活动是保证患者出院后在家庭活动安全的重要环节。下楼的运动负荷不大,而上楼的运动负荷主要取决于上楼的速度。必须保持非常缓慢的上楼速度,一般每上一级台阶可以稍事休息,以保证安全性。⑦康复方案调整与监护:如果患者在训练过程中没有不良反应,运动或活动时心率增加每分钟<10次,次日训练可以进入下一阶段。运动中心率增加在每分钟20次左右,则需要继续同一级别的运动。心率增加超过每分钟20次,或出现任何不良反应,则应该退回到前一阶段运动,甚至暂时停止运动训练。为了保证活动的安全性,可以在医学或心电监护下开始所有的新活动。在无任何异常的情况下,重复性的活动不一定要连续监护。

2)心理康复与健康教育:患者在急性发病后,往往有显著的焦虑和恐惧感。护士和康复治疗师必须安排对患者的医学常识教育,使其理解冠心病的发病特点、注意事项和预防再次发作的方法。特别强调戒烟、低脂低盐饮食、规律的生活、性格修养等。

3)出院前评估及治疗策略:当患者顺利达到训练目标后,可以进行症状限制性或亚极量心电运动试验,或在心电监护下进行步行。如果确认患者可连续步行200m无症状和无心电图异常,可以安排出院。患者出现合并症或运动试验异常则需要进一步检查,并适当延长住院时间。

由于患者住院时间日益缩短,国际上主张3~5天出院,所以Ⅰ期康复趋向于具有合并症及较复杂的患者。早期出院患者的康复治疗不一定完全遵循固定的模式。

2. Ⅱ期康复

(1)康复目标:逐步恢复一般日常生活活动能力,包括轻度家务劳动、娱乐活动等;运动能力达到4~6METs,提高生活质量;对体力活动没有更高要求的患者可停留在此期。此期患者的康复在家庭中完成。

(2)治疗方法:室内外散步、医疗体操(如降压舒心操、太极拳等)、气功(以静功为主)、打扫家庭卫生、厨房活动、园艺活动或在邻近区域购物、作业治疗。活动强度为$40\%\sim50\%HR_{max}$,活动时主观用力计分(RPE)不超过13~15分。一般活动无须监测。在进行较大强度活动时,可采用远程心电图监护系统监测,或由有经验的康复治疗师观察数次康复治疗过程,以确保安全性。无并发症的患者可在家属帮助下逐步过渡到无监护活动。可参考Ⅱ期康复程序(表4-5)。注意循序渐进,活动时不可有气喘和疲劳。所有上肢超过心脏平面的活动均为高强度运动,应该避免或减少。训练时要注意保持一定的活动量,但日常生活和工作时应采用能量节约策略,比如制订合理的工作或日常活动程序,减少不必要的动作和体力消耗等,以尽可能提高工作和体能效率。每周需要门诊随访一次。出现任何不适均应暂停运动,及时就诊。出院后的家庭活动建议也可以分为以下6个阶段:

第一阶段:①活动:可以缓慢上下楼,但要避免任何疲劳;②个人卫生:可以自己洗澡,但要避免过冷、过热的环境;③家务:可以洗碗筷、蔬菜、铺床,提2kg左右的重物,短时间园艺工作;④娱乐:可以打扑克、下棋、看电视、阅读、针织、缝纫、短时间乘车;⑤需要避免的情况:提举超过 2kg 的重物、过度弯腰、情绪沮丧、过度兴奋和应激。

第二阶段:①个人卫生:可以开始独立外出理发。②家务活动:可以洗小件衣服或使用洗衣机(但不可洗大件衣物)、晾衣服、坐位熨小件衣物、使用缝纫机、掸尘、擦桌子、梳头、简单烹饪、提 4kg 左右的重物。③娱乐活动:可以进行有轻微体力活动的娱乐。④性生活:在可以上下两层楼或步行 1km 而无任何不适时,患者可以恢复性生活,但是要注意采取相对比较放松的方式。性生活之前可以服用或备用硝酸甘油类药物,必要时可以先向有关医师咨询。适当的性生活对恢复患者的心理状态有重要作用。⑤需要避免的活动:长时间活动、烫发之类的高温环境、提举超过 4kg 的重物、参与涉及经济或法律问题的活动。

第三阶段:①家务活动:可以长时间熨烫衣物、铺床、提 4.5kg 左右的重物;②娱乐活动:轻度园艺工作,在家练习打高尔夫球、桌球、室内游泳(放松性)、短距离公共交通、短距离开车、探亲访友;③步行活动:连续步行 1km,每次 10~15 分钟,每天 1~2 次;④需要避免的活动:提举过重的物体、活动时间过长。

第四阶段:①家务活动:可以与他人一起外出购物、正常烹饪、提 5kg 左右的重物;②娱乐活动:小型油画制作或木工制作、家庭小修理、室外打扫;③步行活动:连续步行每次 20~25 分钟,每天 2 次;④需要避免的活动:提举过重的物体、使用电动工具,如电钻、电锯等。

第五阶段:①家务活动:可以独立外出购物、短时间吸尘或拖地、提 5.5kg 左右的重物;②娱乐活动:家庭修理性活动、钓鱼、保龄球类活动;③步行活动:连续步行每次 25~30 分钟,每天 2 次;④需要避免的活动:提举过重的物体、过强的等长收缩运动。

第六阶段:①家务活动:清洗浴缸、窗户、可以提 9kg 左右的重物(如果没有任何不适);②娱乐活动:慢节奏跳舞、外出野餐、去影院和剧场;③步行活动:可列为日常生活活动,每次 30 分钟,每天 2 次;④需要避免的活动:剧烈运动,如举重、锯木、开大卡车、攀高、挖掘等,以及竞技性活动,如各种比赛。

3. Ⅲ期康复

(1)康复目标:巩固Ⅱ期康复成果,控制危险因素,改善或提高体力活动能力和心血管功能,恢复发病前的生活和工作。

(2)康复训练的基本原则

1)个体化原则:因人而异地制订康复方案。

2)循序渐进原则:遵循学习适应和训练适应机制。学习适应是掌握某一运动技能由不熟悉到熟悉的过程,是一个由兴奋、扩散、泛化,至抑制、集中、分化的过程,是任何技能的学习和掌握都必须经历的规律。训练适应是指人体效应提高由小到大,由不明显到明显,由低级到高级的积累发展过程。

3)持之以恒原则:训练效应是量变到质变的过程,训练效果的维持同样需要长期锻炼。一般认为,额定训练时间产生的训练效应将在停止训练一定的时间后消失。运动训练没有一劳永逸的效果。

4)兴趣性原则:兴趣可以提高患者参与并坚持康复治疗的主动性和顺应性。如果康复运动治疗方法单一,又不注意定时定期改变方法,如采取群体竞赛的形式,穿插一些活动性游戏等,患者会常感到参加运动治疗枯燥无味,长期治疗就成为负担,导致不少患者中途退出的现象。

5）全面性原则:冠心病患者往往合并其他的脏器疾病和功能障碍,同时患者也常有心理障碍和工作/娱乐、家庭/社会等诸方面的问题,因此冠心病的康复绝不仅仅是心血管系统的问题。对患者要从整体看待,进行全面康复。

（3）运动疗法

1）运动方式:包括有氧训练、力量训练、柔韧性训练、作业训练、医疗体操、气功等。运动形式可以分为间断性运动和连续性运动。间断性运动指基本训练期有若干次高峰靶强度,高峰强度之间强度降低。其优点是可以获得较强的运动刺激,同时时间较短,不致引起不可逆的病理性改变。主要缺点是需要不断调节运动强度,操作比较麻烦。连续性运动指训练的靶强度持续不变,这是传统的操作方式,主要优点是简便,患者相对比较容易适应。

2）运动量:运动量要达到一定的阈值才能产生训练效应。每周的总运动量（以热量表达）应在 $2931 \sim 8374$ kJ（ $700 \sim 2000$ kcal）（约相当于步行或慢跑 $10 \sim 32$ km）。运动量小于每周 2931 kJ（每周 700 kcal）只能维持身体活动水平,而不能提高运动能力。运动量超过每周 8374 kJ（每周 2000 kcal）则不增加训练效应。运动总量无明显性别差异。METs 消除了体重影响,比热量在计算上更为实用。适当运动量的主要表现:运动时稍出汗,轻度呼吸加快但不影响对话,早晨起床时感舒适,无持续疲劳感和其他不适感。

3）运动量的基本要素:运动强度、运动时间和运动频率。①运动强度:运动训练所规定达到的强度称为靶强度,可用 HR、HR 储备、METs、RPE 等方式表达。靶强度与最大强度的差值是训练的安全系数。靶强度一般为 $40\% \sim 85\%$ VO$_2$max 或 METs,或 80%HR 储备,或 $70\% \sim 85\%$HR$_{max}$。靶强度越高,产生心脏中心训练效应的可能性就越大。②运动时间:指每次运动锻炼的时间。靶强度运动一般持续 $10 \sim 60$ 分钟。在额定运动总量的前提下,运动时间与运动强度成反比。准备活动和结束活动的时间另外计算。③运动频率:运动频率指每周运动的次数。国际上运动频率多数为每周 $3 \sim 5$ 天。

4）训练实施:每次训练都必须包括准备活动、训练活动和结束活动。充分的准备与结束活动是防止训练意外的重要环节。训练时的心血管意外 75% 均发生在这两个时期。此外,合理的准备与结束活动对预防运动损伤也有积极的作用。①准备活动:主要目的是预热（warm-up）,即让肌肉、关节、韧带和心血管系统逐步适应训练期的运动应激。准备活动运动强度较小,运动方式包括牵伸运动及大肌群活动,要确保全身主要关节和肌肉都有所活动,一般采用医疗体操、太极拳等,也可附加小强度步行。②训练活动:指达靶强度的训练活动,中低强度训练的主要目的是达到最佳外周适应。高强度训练的目的在于刺激心肌侧支循环生成。③结束活动:主要目的是冷却（warm-down）,即让高度兴奋的心血管应激逐步降低,适应运动停止后血流动力学的改变。运动方式可与训练方式相同,但强度逐步减小。

5）注意事项:①选择适当的运动,避免竞技性运动。②只在感觉良好时运动。感冒或发热后,要在症状和体征消失 2 天以上才能恢复运动。③注意周围环境因素对运动反应的影响,包括:寒冷和炎热气候要相对降低运动量和运动强度,训练的理想环境是 4~28℃，空气湿度<60%，风速不超过 7m/s。避免在阳光下和炎热时剧烈运动；穿戴宽松、舒适、透气的衣服和鞋；上坡时要减慢速度；饭后不做剧烈运动。④患者需要理解个人能力的限制，应定期检查和修正运动处方，避免过度训练。药物治疗发生变化时，要注意相应调整运动方案。参加训练前应该进行尽可能充分的身体检查。对于参加剧烈运动者尽可能先进行运动试验。⑤警惕症状：运动时如发现下列症状，应停止运动，及时就医：上身不适（包括胸、臂、颈或下颌，可表现为酸痛、烧灼感、缩窄感或胀痛）、无力、气短、骨关节不适（关节痛或背痛）。⑥训练必须持之以恒，如间隔 4~7 天以上，再开始运动时宜稍减低强度。

（4）药物治疗：康复训练和临床药物治疗是心脏病康复中相辅相成的两个主要方面。适当的药物治疗可以相对增强患者的运动能力，提高训练水平和效果。同时运动训练的有益效应有助于减少用药量，有的患者甚至可以基本停止用药。药物可对患者运动时的心血管反应产生影响，因此在制订运动处方的时候，必须要慎重考虑药物作用。

1）硝酸酯类：代表药品为硝酸甘油和硝酸异山梨酯（消心痛）。这类药物有较强的扩张血管的作用，通过降低心脏的前后负荷，降低心肌耗氧量，从而提高患者的运动能力。在使用此类药物时，应注意少数患者可产生过分的血管扩张，导致直立性低血压。扩张性头痛是本类药品常见的副作用。

2）β 受体阻滞剂：代表药品为普萘洛尔、美托洛尔、阿替洛尔等，其药理作用主要是通过减慢心率和降低心肌收缩力，降低心肌耗氧量，从而提高运动能力。在运动训练时，患者的心率增加可明显减小，因而所能达到的靶心率可能低于不用药时。在制订运动处方时，可以参考患者在用药状态下心电运动试验的结果，或以 RPE 作为尺度。在调整药物剂量时，应相应改变靶心率或运动强度。在必须停止用药或降低药物剂量时，应注意防止撤药综合征。一般应在 2 周左右的时间逐渐减少并停止用药。

3）钙拮抗剂：代表药品为硝苯地平、维拉帕米和地尔硫䓬。其主要作用为降低外周血管阻力和心肌收缩性，从而降低心肌耗氧量，增强运动能力。使用地尔硫䓬可轻度减慢心率，而在使用硝苯地平期间，心率可有所加快，因此训练时应注意患者的心率反应。这类药物的典型不良反应与血管扩张有关，包括头痛、颜面潮红以及头晕。踝部水肿和心悸也是常见的不良反应，应与心源性症状鉴别。

4）肾素-血管紧张素转换酶抑制剂（ACEI）：肾素-血管紧张素转换酶抑制剂目前在高血压、心力衰竭和冠心病的应用日趋广泛。其主要不良反应是直立性低血压。在运动时要密切注意患者的血压反应，特别是在合并使用血管扩张剂或 β 受体阻滞剂时，要有适当和充分的准备和结束活动。该药的另一个不良反应是干咳，原因目前尚不明了。

（5）性功能障碍及康复：患者遭受心脏意外事件后的 Ⅲ 期康复治疗中，恢复正常性功能是其目标之一。有两项试验可以了解患者是否可以进行性生活：①上二层楼试验（尽可能快地上二层楼，同时做心电监测）。通常性生活中心排血量约比安静时提高 50%，这和快速上二层楼的反应相似。②观察患者能否完成 5~6METs 的活动，因为性生活时最高能量消耗相当于 4~5METs，事实上在日常生活中，看一场精彩球赛的心率就可能超过性生活中的最高心率。良好的康复治疗效应可降低性生活时最高心率 5.5%,恢复性生活前应经过充分的康复训练,并得到医师的认可。教育患者在大量进食后不宜进行性生活,应至少在心肌梗死 6 周后进行,采用放松姿势和方式,必要时在开始恢复性生活时采用心电监测。

（6）中医康复疗法

1）中药治疗:中医认为本病属“胸痹”“心痛”“厥心痛”等范畴。病机主要责之于本虚标实。辨证分型为:①心气不足证:隐痛阵作,气短乏力,神疲自汗,面色少华,纳差脘胀。苔薄白质淡,脉沉细或代促。治法:补益心气。方药:保元汤合甘麦大枣汤加减。②气阴两虚证:隐痛阵作,气短乏力,五心烦热,汗多口干,舌红少苔或舌淡苔薄黄,脉细数或结代。治法:益气养阴。方药:生脉散合归脾汤加减。③心阴亏损证:隐痛胸闷,忧思多虑,口干梦多,眩晕耳鸣,惊惕不宁,多梦不寐,苔净少苔或苔薄黄,舌质红,脉细数或代促。治法:滋养心阴。方药:天王补心丹加减或黄连阿胶汤加减。④心阳不振证:闷痛时作,畏寒肢冷,面白无华,肢体肿胀,汗出少尿,质淡胖苔薄白,脉沉细弱或沉迟或结代。治法:温阳宣痹。方药:参附汤合桂枝甘草汤加减。⑤痰浊闭阻证:闷痛痞满,时缓时急,口黏乏味,纳呆脘胀,头重呕恶,肢体倦怠,苔腻或黄或白滑,脉滑或数。治法:化痰开窍。方药:瓜蒌薤白半夏汤或温胆汤加减。⑥心血瘀阻证:刺痛定处,疼痛部位固定不移,多在午后夜间发作或加重,面晦唇青,怔忡不宁,爪甲发青,舌质紫暗或见紫斑,或舌下脉络紫胀,脉涩或结代。治法:活血化瘀。方药:血府逐瘀汤加减或失笑散加减。⑦寒凝气滞证:遇寒则痛,掣肩彻背,手足厥冷,畏寒喜温,舌质青或淡红,苔薄白润滑,脉沉紧或沉弦。治法:温阳理气。方药:枳实薤白桂枝汤加减。

本病在中医与“胸痹心痛”相当,属于内科急症,起病急,变化快,易恶化为真心痛,应遵循“急则治标,缓则治本”的原则,在急性发作时,应以消除疼痛对症处理为首要任务,可选用或合用以下措施:①速效救心丸(川芎、冰片等),活血理气,每日 3 次,每次 5~10 粒含服,急性发作时每次 10~15 粒。②麝香保心丸(麝香、蟾酥、人参等),芳香温通,益气强心,每次含服或吞服 1~2 粒。③复方丹参滴丸,活血化瘀,行气止痛,每次含服 5~10 粒。④活心丸(人参、灵芝、麝香、熊胆等),养心活血,每次含服或吞服 1~2 丸。⑤重度心痛可配合选用川芎嗪注射液、丹参注射液、生脉注射液等静脉滴注。

2）针灸疗法:①体针:主穴取心俞、内关、厥阴俞、膻中、鸠尾。配穴:寒凝加通里、郄门、巨阙;痰湿加丰隆、足三里;血瘀加神门;阴虚加脾俞、三阴交;气滞加间使、肝俞;阳脱加百会、关元、气海、神阙(灸)。针刺得气泻法,留针 30 分钟,隔日 1 次,10~15 次为 1 个疗程。②耳针:主穴取心、小肠、交感、内分泌、皮质下、肾、神门。配穴:胸、缘中。一般取主穴,必要时酌加配穴,每次取 3~5 穴,以王不留行籽贴敷。隔日 1 次,15 次为 1 个疗程,疗程间隔 2~3 日。症状较重时,可用毫针刺法,毫针刺入穴位,留针 30 分钟,亦可接入电脉冲治疗仪,采用 2~100Hz 疏密波,30 分钟。③穴位注射:取心俞、巨阙、内关、厥阴俞。用丹参注射液或毛冬青注射液,每次选 1~2 穴,每穴注射 0.5~1ml。两药交替使用,每日或隔日 1 次,10 次为 1 个疗程。

3）按摩推拿疗法:①点按内关穴,每次 3 分钟,间歇 1 分钟,能迅速止痛或调整心率;②点按至阳穴,每次 1 分钟左右,可缓解心绞痛;③选膻中、肺俞、心俞、厥阴俞等穴,用拇指按揉,每次 15 分钟,每天 1 次,15 次为 1 个疗程。

4）传统体育康复:①太极拳:太极拳的云手训练可开通胸阳,有行气活血的功效。注意循序渐进,不可过劳,每次 30 分钟,每日 1~2 次。②气功:松静放松导引养生功法,放松功效良好,每次 30 分钟,每日 1~2 次,能有效改善冠状动脉血液供应。

5）食疗:①葛根粥:葛根淀粉 30g,粳米 100g,煮粥,早晚温热服。除冠心病外,亦可辅助治疗高血压。②薤白粥:薤白 10~15g,鲜品 30~40g,粳米 100g,煮粥,早晚温服。③干姜粥:干姜、高良姜各 3g,粳米 250g,煮粥,早晚温热服。④人参 5g,丹参 10g,麦冬 6g,塞入猪心(剖开),蒸或煮,食之。⑤心肌梗死恢复期,气阴不足,血压偏低、头晕、心悸者,可食用药膳,促进心功能恢复。选用鸡腿肉 150g,党参 30g,麦冬 15g,五味子 10g;小火炖至肉熟烂,加入少量食盐即可。

(三) 康复治疗的适应证及禁忌证

1. 适应证

(1) Ⅰ期指患者生命体征稳定,无明显心绞痛,安静心率<110 次/分,无心力衰竭、严重心律失常和心源性休克,血压基本正常,体温正常。

(2) Ⅱ期指患者生命体征稳定,运动能力达到 3METs 以上,家庭活动时无显著症状和体征。

(3) Ⅲ期指患者临床病情稳定,包括:陈旧性心肌梗死、稳定型心绞痛、隐匿性冠心病、冠状动脉分流术和腔内成形术后、心脏移植术后以及安装起搏器后。过去被列为禁忌证的一些情况,如病情稳定的心功能减退、室壁瘤等现正在被逐步列入适应证范畴。

2. 禁忌证　凡是康复训练过程中可诱发临床病情恶化的情况均列为禁忌证,包括临床病情不稳定的原发病或合并新的临床病症。稳定与不稳定是相对而言,与康复医疗人员的技术水平、训练监护条件、治疗方案理念关系密切。例如,患者不理解或康复治疗不合作均不宜进行康复治疗。

四、康复教育

1. 提高患者及家属对冠心病的认识　应向患者及家属介绍心脏的结构、功能,以及冠状动脉病变,药物治疗的作用及运动康复的重要性。嘱患者避免竞技性运动,如在运动中发现心绞痛或其他症状,应立即停止运动并及时就医。向患者及家属介绍冠心病的危险因素,生活行为与冠心病的关系等。

2. 指导饮食和预防　估测每天热量摄入,给予低脂、易消化的饮食,合理安排营养,避免过量摄入酸、辣等刺激性食物;勿食或少食脂肪、胆固醇含量高的食物;戒烟酒,多吃水果蔬菜,避免过食饱餐,防止短时间心脏负荷过重。定时监测空腹血脂水平,如胆固醇、甘油三酯、低密度和高密度脂蛋白,定期测定体重指数,记录降脂药物服用情况等。积极防治高血压、糖尿病、高脂血症和肥胖等疾病。

3. 心理支持　了解患者心理障碍程度;并让家属多鼓励患者,帮助患者保持心情愉悦,以及强调适当运动的重要性。

4. 特殊情况的识别和处理　嘱咐患者及家属应注意周围环境因素对运动反应的影响;并学会识别心绞痛、心肌梗死的临床表现。

5. 提供给冠心病患者有关性生活方面的指导。

第二节　原发性高血压的康复

　　高血压是一种常见病、多发病,是多种心脑血管疾病的重要病因和危险因素,也是心脑血管疾病死亡的主要原因之一。高血压的康复治疗主要是指针对原发性高血压。康复治疗可以有效地协助控制血压、减少药物的使用量及药物对靶器官的损伤、干预高血压危险因素,是高血压治疗中不可缺少的组成部分。高血压的康复治疗能最大限度地降低心血管疾病的发病率和死亡率,提高患者的活动能力和生活质量。

一、概述

(一)定义

　　原发性高血压是指由于动脉血管硬化以及血管运动中枢调节异常所造成的动脉血压持续性增高的一种疾病。

　　高血压常伴有脂肪和糖代谢紊乱以及心、脑、肾和视网膜等器官功能性或器质性改变,是一种以器官重塑为特征的全身性疾病。高血压的诊断标准是:在未服用抗高血压药的情况下,至少3次非同日血压,收缩压(SBP)≥140mmHg(18.6kPa)和(或)舒张压(DBP)≥90mmHg(12.0kPa)。患者既往有高血压史,目前正在使用降压药物,血压虽然低于140/90mmHg,也诊断为高血压。

> **知识拓展**
>
> #### H型高血压
>
> 　　近年国内外研究发现,我国脑卒中的发病率在亚太地区排第一,比美国高出1倍。为寻求我国脑卒中特点,发现其中潜在的致病因素,北京大学第一医院与美国伊利诺伊大学公共卫生学院的学者合作对4万农村高血压患者进行了十多年的前瞻性研究。结果证明,除了已知的高血压等导致脑卒中的传统危险因素外,测量血中同型半胱氨酸(homocysteine,HCY)水平升高与脑卒中的发生密切相关,更重要的发现是伴有HCY升高者发生脑卒中的风险比一般人群高出12倍。一项研究资料显示,在我国高血压患者中91%的男性与63%的女性,平均75%伴有血浆HCY升高,这一现象引起专家们的普遍关注,一般认为空腹血浆半胱氨酸水平在5~15μmol/L,平均水平≥16μmol/L,属于高HCY血症,伴有高HCY的高血压,被称为"H型高血压"。

(二)流行病学

　　高血压患病率随年龄增长而升高,女性在更年期前患病率略低于男性,但在更年期后迅速升高,甚至高于男性;高纬度寒冷地区患病率高于低纬度温暖地区;盐、饱和脂肪酸摄入越高,平均血压水平和患病率也越高。

　　目前我国约有2亿高血压患者,每10个成年人中就有2个人患有高血压,约占全

笔记

球高血压总人数的1/5,每年新增高血压患者1000万人。在我国高血压人群中,绝大多数是轻中度高血压(占90%),轻度高血压占60%以上。但我国高血压患者总体的知晓率、治疗率和控制率较低,分别低于50%、40%和10%。

（三）病因及发病机制

原发性高血压病因不明确,多与遗传、饮食、精神应激等因素有关。

1. 遗传因素　高血压具有明显的家族聚集性;父母均有高血压,子女的发病概率高达46%,约60%的高血压患者可询问到有高血压家族史。

2. 饮食　不同地区人群血压水平、高血压患病率与钠盐平均摄入量有显著的关系:摄盐越多,血压水平和患病率越高,但是同一地区人群中个体间血压水平与摄盐量并不相关,摄盐过多导致血压升高主要见于对盐敏感的人群中;高蛋白质摄入属于升压因素,动物和植物蛋白质均能升压;饮酒量与血压水平呈线性相关,每天乙醇摄入量超过50g者,其高血压发病率明显增高。

3. 精神应激　城市脑力劳动者高血压患病率超过体力劳动者;从事精神紧张度高的职业者发生高血压的可能性较大;长期生活在噪声环境中听力敏感性减退者患高血压也较多。

4. 其他因素　包括超重、服避孕药、睡眠呼吸暂停低通气综合征等。

现代研究尚未明确高血压的发病机制。从血流动力学角度,血压主要取决于心排血量和体循环周围血管阻力,平均动脉血压(MBP)＝心排血量(CO)×总外周血管阻力(PR)。高血压的血流动力学特征主要是总外周血管阻力相对或绝对增高。就外周血管阻力增高而言,目前高血压的发病机制较集中于以下几个方面:交感神经系统活性亢进;肾性水钠潴留;肾素-血管紧张素-醛固酮系统(RAAS)激活;细胞膜离子转运异常;胰岛素抵抗。另外,就总外周血管阻力增高而言的发病机制尚不能解释单纯收缩期高血压和脉压明显增大,所以近年来动脉弹性功能、阻力小动脉结构(血管数目稀少或壁/腔比值增加)和功能(弹性减退和阻力增大)改变也在高血压的发病机制中越来越受到重视。

（四）临床特征

原发性高血压起病缓慢,本身缺乏特征性症状,主要表现为血压高于正常值。绝大多数高血压属于缓进型,病程长达10年以上,一般在40~50岁体格检查时发现血压超出正常范围,常见的症状为头痛、头晕、面部潮红、耳鸣、失眠、乏力等,常具有以下特征:

1. 身体活动能力下降　原发性高血压患者由于活动时过分忧虑,往往限制活动,导致心肺功能减退和骨骼肌肉失健,使运动耐力下降,并伴有身体不适,如疲劳、心悸等。

2. 心脑血管等疾病发作的危险性增大　原发性高血压是脑血管意外、心肌梗死、肾功能障碍等严重并发症的常见诱因或病理基础。随着病情进展,可出现心、脑、肾等靶器官受损,表现出相应的症状及体征。

3. 长期药物治疗的困难　尽管原发性高血压一般都可以用药物有效控制,但由于药物的长期使用致使患者的依从性差,且难免有药物的一些不良反应,使患者承受一定的经济和心理压力。

二、康复评定

（一）血压值及心血管危险因素评定

1. 血压测量　是评估血压水平、诊断高血压以及观察降压疗效的主要手段。目前，在临床和人群防治工作中，主要采用诊室血压、动态血压监测以及家庭血压三种方法。

（1）诊室血压：由医护人员在诊室按统一规范进行测量，目前仍是评估血压水平和临床诊断高血压并进行分级的常用方法。

（2）动态血压监测：通常由自动的血压测量仪器完成，测量次数较多，无测量者误差，可避免白大衣效应，并可测量夜间睡眠期间的血压，因此，既可更准确地测量血压，又可评估血压短时变化和昼夜节律。

（3）家庭血压监测：通常由被测量者自我完成，这时又称自测血压或家庭自测血压，也可由家庭成员等协助完成。因为测量在熟悉的家庭环境中进行，可以避免白大衣效应。家庭血压监测还可用于评估数日、数周，甚至数月、数年血压的长期变异或降压治疗效应，而且有助于增强患者的参与意识，改善患者的治疗依从性。

诊室血压与动态血压监测相比更易实现，与家庭血压相比更易控制质量，因此，仍是目前评估血压水平的主要方法。但如果能够进行 24 小时动态血压监测，可以 24 小时动态血压作为诊治依据。

2. 高血压的分级　根据血压值高血压分为 3 级（表 4-6）。

表 4-6　血压水平分类和定义

分类	收缩压（mmHg）	舒张压（mmHg）
理想血压	<120 和	<80
正常高值	120～139 和（或）	80～89
高血压：	≥140 和（或）	≥90
1 级高血压（轻度）	140～159 和（或）	90～99
2 级高血压（中度）	160～179 和（或）	100～109
3 级高血压（重度）	≥180 和（或）	≥110
单纯收缩期高血压	≥140 和	<90

注：当收缩压和舒张压分属于不同级别时，以较高的分级为准。

3. 高血压的心血管危险分层　脑卒中、心肌梗死等严重心脑血管事件是否发生、何时发生难以预测，但发生心脑血管事件的风险水平是可以评估的。高血压以及血压水平是影响心血管事件发生和预后的独立危险因素，但又并非唯一决定因素，大部分高血压患者还有血压升高以外的心血管危险因素。因此，高血压患者的诊断和治疗不能只根据血压水平，必须对患者进行心血管风险的评估并分层（表 4-7）。

表 4-7　高血压患者心血管风险水平分层

其他危险因素和病史	血压(mmHg)		
	1 级高血压 SBP 140~159 或 DBP 90~99	2 级高血压 SBP 160~179 或 DBP 100~109	3 级高血压 SBP ≥180 或 DBP ≥110
无	低危	中危	高危
1~2 个其他危险因素	中危	中危	很高危
≥3 个其他危险因素，或靶器官损害	高危	高危	很高危
临床并发症或合并糖尿病	很高危	很高危	很高危

(二)临床评定

高血压的临床评定应全面详细了解患者的病史,包括家族史及既往史、病程、生活方式、有无提示继发性高血压的症状、是否由药物引起高血压、心理社会因素等。可根据所了解的患者的实际情况进行饮食评定、体格检查、实验室检查、靶器官损害评估。

1. 饮食评定　重点是饮食中钠的摄入量、有无大量饮酒和过度的热量摄入、活动量是否不足。

2. 体格检查　包括:测量体重指数(BMI)、腰围及臀围;颈部、腹部、肢端的血管检查;心肺、甲状腺、肾脏、神经系统检查。

3. 实验室检查　在干预前还要常规进行一些实验室检查、血液生化检查(空腹血糖、血脂、肾功能等)、血细胞分析、尿液分析和心电图检查等。

4. 评估靶器官损害　高血压患者靶器官损伤的识别,对于评估患者心血管风险、早期积极治疗具有重要意义。靶器官主要包括心、脑、肾、眼底、血管等。靶器官损害的程度也主要围绕着这几个器官进行。

(1)心:心电图检查可以发现左心室肥厚、心肌缺血、心脏传导阻滞或心律失常。胸部 X 线检查可以了解心脏轮廓、大动脉及肺循环情况。超声心动图在诊断左心室肥厚和舒张期心力衰竭方面优于心电图。其他诊断方法还有心脏磁共振成像(MRI)和磁共振血管造影(MRA),计算机断层扫描冠状动脉造影(CTA)、运动试验/冠状动脉造影等。

(2)脑:头颅 MRI 或 MRA 有助于发现腔隙性病灶或脑血管狭窄、钙化和斑块病变。经颅多普勒超声(TCD)对诊断脑血管痉挛、狭窄或闭塞有一定帮助。MRI 对有神经系统异常的高血压患者具有诊断价值。

(3)肾:主要有测定血清肌酐和尿素氮、肌酐清除率、尿蛋白(微量白蛋白尿或大量白蛋白尿)。肾脏损害主要根据血清肌酐升高、估算的肾小球滤过率(glomerular filtration rate,GFR)降低或尿白蛋白排出量(urinary albumin excretion,UAE)增加。微量白蛋白尿已被证实是心血管事件的独立预测因素。

笔记

（4）血管：颈动脉内膜中层厚度和粥样斑块可独立于血压水平预测心血管事件。主要有血管超声，探测颈动脉内膜中层厚度和粥样斑块。踝/臂血压指数（ABI）能有效筛查外周动脉疾病，评估心血管风险。

（5）眼底：主要有检眼镜检查。视网膜动脉病变可反映小血管病变情况。

（三）功能评定

根据高血压患者的个体情况进行相应的评定，包括肢体的功能评定、认知功能评定、自理能力评定、职业能力评定，以及相关脏器功能评定（如心功能、肺功能、自主神经功能等）等，制订和调整康复计划、评定康复效果、确定安排回归家庭或就业。

三、康复治疗

高血压康复治疗的目标主要是有效地协助降低血压、减少药物使用量及对靶器官的损害；干预高血压的危险因素，最大限度地降低心血管发病和死亡的总危险；提高体力活动能力和生活质量。

（一）运动疗法

高血压患者运动治疗侧重于降低外周血管阻力，主张进行低至中等运动强度、较长时间、大肌群的动力性运动（有氧训练）。因为低至中等运动强度的运动更容易被患者接受和坚持，同时出现骨骼肌损伤和心血管并发症的可能性更小。运动强度过大对患者反而无益，所以高血压患者不提倡高强度运动，而适合中小强度、较长时间、大肌群的动力性运动（中低强度有氧锻炼），以及各类放松性活动。对轻症患者可以以运动治疗为主，对于 2 级以上的患者则应在降压药物的基础上进行运动治疗。

1. 有氧锻炼　常用方式为步行、踏车、游泳、慢节奏交谊舞等。强度一般为 50%~70% 的最大靶心率，或 40%~60% 最大吸氧量，停止活动后心率应在 3~5 分钟内恢复正常。步行速度一般为 50~80m/min，不超过 110m/min，每次锻炼 30~40 分钟，其间可穿插休息或医疗体操。50 岁以上者活动时的心率一般不超过每分钟 120 次。

2. 循环抗阻运动　在一定范围内，中小强度的抗阻运动可产生良好的降压作用，而并不引起血压的过度升高。一般采用循环抗阻训练，采用相当于 40% 最大一次收缩力作为运动强度，做大肌群的抗阻收缩，每节在 10~30 秒内重复 8~15 次收缩，各节运动间休息 15~30 秒，10~15 节为 1 个循环，每次训练 1~2 个循环，每周 3~5 次，8~12 周为 1 个疗程。逐步适应后可按每周 5% 的增量逐渐增加运动量。

（二）物理因子治疗

1. 直流电离子导入疗法　患者取卧位，用直流电疗仪，于一侧肩颈部导入镁离子，双小腿腓肠肌部位导入碘离子。时间为 20~30 分钟，每日 1 次，15~20 次为一疗程。此法适用于Ⅱ、Ⅲ期原发性高血压治疗。

2. 生物反馈疗法（BFT）　患者进入安静、避光、舒适的房间后，休息 5~10 分钟，听医生介绍生物反馈仪所显示的声、光的意义及生物反馈疗法控制血压的机制。嘱患者坐于显示屏前，于患者两侧眉弓上 2cm 处放置正负电极，参考电极置于正负电极中点。治疗师利用暗示性语言及生动的情景描述来增加患者想象，以便在患者放松后测定基础肌电值，根据基础肌电值预设一个较之相对稍高的预设肌电值。当患者肌肉放松达到预设肌电值时，反馈的音乐持续，显示屏出现柔美图片。同时让患者反复想象体会,直到能随意达到预设目标为止。每次生物反馈治疗持续时间30分钟左右,每日治疗1~2次,20~30次为一疗程。

(三)心理疗法

心理或精神压力引起心理应激(反应),即人体对环境中心理和生理因素的刺激作出的反应。长期、过量的心理反应,尤其是负性的心理反应会显著增加心血管风险。高血压患者多有精神紧张、焦虑不安、担忧感伤等心理问题,应耐心向患者解释本病的特点、发展、预后。针对具体情况减轻患者的精神压力,保持平衡心态,改善行为方式,必要时建议患者寻求专业心理辅导或治疗。

(四)中医康复疗法

1. 中药治疗　除观察血压变化外,中医辨证主要是对眩晕、头痛等予以辨析。针对本病阴阳失调,本虚标实,本虚为主的主要病因病机,中药治疗当以调和阴阳,扶助正气,采用综合方法,以达到身心康复的目的。

2. 针灸疗法　针刺能纠正阴阳失调或偏盛偏衰所致的高血压虚实证候,可达到补虚泻实的作用,从而恢复人体的阴阳相对平衡,使升高的血压下降并稳定在正常范围内。

(1)体针:以风池、百会、曲池、内关、合谷、足三里、阳陵泉、三阴交为基础穴,肝阳偏亢者可加行间、侠溪、太冲;肝肾阴亏者可加肝俞、肾俞;痰盛者可加丰隆、中脘、解溪。每日或隔日1次,7次为1个疗程。

(2)耳针:取皮质下、降压沟、脑点、内分泌、交感、神门、心、肝、眼等,每日或隔日1次,每次选1~2穴,留针30分钟。亦可用埋针法,或用王不留行籽外贴。

(3)皮肤针:部位以后颈部及腰骶部的脊椎两侧为主,结合乳突区和前臂掌面正中线,轻刺激,先从腰骶部脊椎两侧自上而下,先内后外,再刺后颈部、乳突区及前臂掌面正中线。每日或隔日1次,每次15分钟,7次为1个疗程。

3. 推拿疗法　高血压推拿具有调节外周微血管的收缩舒张、促进血液循环及降低血压的作用。常用方法如揉攒竹、擦鼻、鸣天鼓、手梳头、揉太阳、抹额、按揉脑后、搓手浴面、揉腰眼、擦涌泉等,并辅以拳掌拍打。

4. 功法训练　传统运动疗法是高血压康复的有效手段,既可起到一定的降压效果,又能调整机体对运动的反应性。

(1)太极拳:太极拳动作柔和、姿势放松、意念集中,强调动作的均衡和协调。一般可选择简化太极拳,不宜过分强调高难度和高强度。

(2)气功:气功的调心、调息和调神可起到辅助减压的效果,能稳定血压、心率及呼吸频率,调节神经系统。一般以静功为主,辅以动功。初始阶段可取卧式、坐式,然后过渡到立式、行式,每次30分钟,每日1~2次。

四、康复教育

1. 饮食限制　对高血压患者进行科学、合理的膳食指导,饮食需定时定量,不宜过饥过饱、暴饮暴食。日常宜低脂、低热量、低盐饮食,尤其应重视低盐低糖饮食。限钠降压效果更为明显,一般摄盐应限制在6g/d以下,病情较重者在2g/d以下。在限盐的同时,适当增加钾的摄入(如蔬菜、水果)。

2. 控制体重　积极控制体重,饮食要控制热量的摄入,脂肪的摄入量应控制在总热量的 25% 以下,胆固醇限制在 300mg/d 以下。膳食中脂肪应以植物油为主,与动物油之比以 3∶1 为适宜。然而,不必拘泥而长期选择素食,以防造成营养不良或人体抵抗力下降。

3. 戒烟限酒 鼓励患者戒烟限酒。对患者来说,戒烟非常重要,虽然尼古丁只是使血压一过性升高,但它降低了服药依从性,并增加了降压药物的剂量。吸烟可导致血管内皮细胞损伤,显著增加了动脉粥样硬化性疾病的风险。限制酒精的摄入,长期大量饮酒可导致血压升高。不提倡高血压患者饮酒,如饮酒应少量:建议男性每日饮酒量不超过 30g,女性不超过 15g。同时,应忌浓茶和咖啡。

4. 体育运动 体育运动可消耗热量,注重劳逸结合,定期的体育锻炼可产生重要的治疗作用,可降低血压,改善糖代谢等。

第三节　慢性阻塞性肺疾病的康复

慢性阻塞性肺疾病(chronic obstructive pulmonary disease,COPD)是呼吸系统疾病中的常见病和多发病,患病率和病死率均居高不下。本病是以不完全可逆的气流受限为特征的疾病状态,其气流受限呈进行性,且与肺对毒性颗粒或气体的异常炎症反应相关,严重危害患者的身心健康,但本病是可以预防和治疗的疾病。对慢性阻塞性肺疾病患者进行规范化康复治疗,可延缓病情急性加重和发展,改善患者的生活质量,降低致残率和病死率。

一、概述

(一)定义

慢性阻塞性肺疾病简称慢阻肺,是一种以气流受限为特征的肺部疾病,气流受限不完全可逆,呈进行性发展,且与肺脏对吸入烟草烟雾等有害气体或颗粒的异常炎症反应相关,可伴有气道高反应性。COPD 主要累及肺部,但也可引起肺外其他器官的损害。

(二)流行病学

由于吸烟人数增加和环境污染等因素,COPD 发病率呈逐渐增加趋势,其患病率和病死率均居高不下。1992 年在我国北部和中部地区,对 102 230 名农村成人进行了调查,COPD 成人的患病率为 3.17%。近年来对我国 7 个地区 20 245 名成年人进行调查,COPD 的患病率占 40 岁以上人群的 8.2%。因肺功能进行性减退,本病严重影响患者的劳动力和生活质量,并造成巨大的社会和经济负担。根据世界银行和世界卫生组织发表的研究,至 2020 年 COPD 将名列世界疾病经济负担的第 5 位。

(三)病因及发病机制

1. 本病确切的病因尚不清楚,但认为与肺部对香烟烟雾等有害气体或有害颗粒的异常炎症反应有关,这些反应存在个体易感因素和环境因素的相互作用。

(1)吸烟:吸烟是 COPD 重要的发病因素之一,吸烟者慢性支气管炎的患病率比不吸烟者高 2~8 倍,烟草中的尼古丁、焦油和氢氰酸等化学物质具有多种损伤效应,如损伤气道上皮细胞和纤毛运动,降低气道净化能力;使支气管黏液腺和杯状细胞增生肥大,黏液分泌增多;刺激副交感神经使支气管平滑肌收缩,气道阻力增加;使氧自由基产生增多,诱导中性粒细胞释放蛋白酶,破坏肺弹力纤维,诱发肺气肿形成等。烟龄越长,吸烟量越大,COPD 的患病率越高。

（2）职业粉尘和化学物质:接触职业粉尘及化学物质,如烟雾、变应原、工业废气及室内空气污染等,浓度过高或时间过长时,均可能产生与吸烟类似的 COPD。

（3）空气污染:大气中的有害气体,如二氧化硫、二氧化氮、氯气等可损伤气道黏膜上皮,使纤毛清除功能下降,黏液分泌增加,为细菌感染增加条件。

（4）感染因素:与慢性支气管炎类似,感染亦是 COPD 发生发展的重要因素之一。

（5）炎症机制:气道、肺实质及肺血管的慢性炎症是 COPD 的特征性改变,中性粒细胞、巨噬细胞、T 淋巴细胞等炎症细胞参与了 COPD 的发病过程。中性粒细胞的活化和聚集是 COPD 炎症过程的一个重要环节,通过释放中性粒细胞弹性蛋白酶等多种生物活性物质引起慢性黏液高分泌状态并破坏肺实质。

（6）氧化应激:许多研究表明 COPD 患者的氧化应激增加。氧化物主要有超氧阴离子、羟根、次氯酸、H_2O_2 和一氧化氮等。氧化物可直接作用并破坏许多生化大分子如蛋白质、脂质和核酸等,导致细胞功能障碍甚至死亡,还可以破坏细胞外基质,引起蛋白酶-抗蛋白酶失衡;促进炎症反应,如激活转录因子 NF-κB,参与多种炎症介质的转入,如:IL-8、TNF-α 以及诱导型一氧化氮合酶(NOS)和环氧化物酶等转录。

（7）蛋白酶-抗蛋白酶失衡:蛋白水解对组织有损伤和破坏作用;抗蛋白酶对弹性蛋白酶等多种蛋白酶具有抑制功能,其中 α_1-抗胰蛋白酶(α_1-AT)是活性最强的一种。蛋白酶增多或抗蛋白酶不足均可导致组织结构破坏,产生肺气肿。吸入有害气体或物质可导致蛋白酶产生增多或活性增强,而使抗蛋白酶产生减少或灭活加快;同时氧化应激、吸烟等危险因素也可以降低抗蛋白酶的活性。先天性 α_1-AT 缺乏多见于北欧血统的个体,我国尚未见报道。

（8）其他:如自主神经功能失调、营养不良、气温变化等都有可能参与 COPD 的发生发展。

2. 发病机制　COPD 的发病机制被认为主要由烟草烟雾等慢性刺激物作用于肺部,使肺部出现异常炎症反应。COPD 可累及气道、肺实质和肺血管,表现为出现以中性粒细胞、巨噬细胞、淋巴细胞浸润为主的慢性炎症反应。这些细胞释放炎症介质与气道和肺实质的结构细胞相互作用,进而促使 T 淋巴细胞(尤其是 CD8$^+$)和中性粒细胞及嗜酸性粒细胞在肺组织聚集,释放白三烯 B_4(LTB$_4$)、白介素 8(IL-8)、肿瘤坏死因子 α(TNF-α)等多种递质,引起肺结构的破坏。氧化、抗氧化失衡和蛋白酶-抗蛋白酶失衡以及自主神经系统功能紊乱、胆碱能神经张力增高等可进一步加重 COPD 肺部炎症和气流受限。

🌐 **知识拓展**

有关 COPD 发病机制的研究进展

T 细胞介导的炎症反应参与 COPD 和肺气肿的发生发展过程,并与疾病的严重程度相关,提示免疫反应可能在其中起重要作用。更有学者认为,COPD 是一种由吸烟引起的自身免疫性疾病。吸烟的 COPD 患者外周血中可检测到针对肺上皮细胞的 IgG 自身抗体。用弹力蛋白刺激吸烟的肺气肿患者外周血中 CD4$^+$T 细胞,这些细胞分泌 γ–干扰素和 IL–10 的含量与肺气肿严重程度呈正相关,同时可检测到针对弹力蛋白的抗体,吸烟诱导的肺气肿可能是针对弹力蛋白片段的自身免疫反应。这些均表明在 COPD 的发病中,自身免疫反应是重要机制。最新研究显示,COPD 患者有显著增高的抗内皮细胞抗体(AECA),COPD 患者中 AECA 的表达明显升高,这些发现提示 COPD 患者中存在自身免疫反应成分并伴有内皮细胞损害。

(四)临床特征

1. 症状　本病起病缓慢、病程较长,主要症状包括:

(1)慢性咳嗽:常为首发症状,亦可随病程发展终身不愈。初为间断性咳嗽,早晨较重,以后早晚或整日均可有咳嗽,夜间咳嗽常不显著,有阵咳或排痰。少数患者无咳嗽症状,但肺功能显示气流明显受限。

(2)咳痰:一般为白色黏液、浆液性泡沫性痰或少量黏液性痰,偶可带血丝,清晨排痰较多。合并感染时痰量增多,可有脓性痰。少数患者咳嗽不伴咳痰。

(3)气短或呼吸困难:是 COPD 的典型表现。早期仅于劳力时出现,后逐渐加重,严重时日常活动甚至休息时也感到气短。

(4)喘息和胸闷:部分患者,特别是重度患者或急性加重时可出现喘息症状。

(5)全身性症状:体重下降、食欲减退、外周肌肉萎缩和功能障碍、精神抑郁和(或)焦虑等。

2. 体征　COPD 早期体征不明显,随着疾病进展可出现以下体征:

(1)一般情况:黏膜及皮肤发绀,严重时呈前倾坐位,球结膜水肿,颈静脉充盈或怒张。

(2)呼吸系统:呼吸浅快,辅助呼吸肌参与呼吸运动,严重时可呈胸腹矛盾呼吸;视诊胸廓前后径增大,肋间隙增宽,剑突下胸骨下角增宽,称为桶状胸。部分患者呼吸变浅,频率增快,严重者可有缩唇呼吸等;触诊双侧语颤减弱;叩诊肺部过清音,心浊音界缩小,肺下界和肝浊音界下降;听诊两肺呼吸音减弱,呼气延长,部分患者可闻及湿性啰音和(或)干性啰音。

(3)心脏:可见剑突下心尖搏动;心脏浊音界缩小;心音遥远,剑突部心音较清晰、响亮;出现肺动脉高压和肺心病时 $P_2 > A_2$,三尖瓣区可闻及收缩期杂音。

(4)腹部:肝界下移,右心功能不全时肝静脉反流征阳性,出现腹水,移动性浊音阳性。

(5)其他:长期肺通气不良病例可见杵状指/趾、高碳酸血症等,右心衰竭病例可出现双下肢凹陷性水肿。

3. 辅助检查

(1)肺功能检查:肺功能检查是判断气流受限的主要客观指标,使用支气管扩张剂后 $FEV_1/FVC < 70\%$ 可确定为持续气流受限。肺总量(TLC)、功能残气量(FRC)和残气量(RV)增高,肺活量(VC)减低,表明肺过度充气。该检查对 COPD 诊断及病情

严重程度分级评估、疾病进展、预后及治疗反应具有重要意义。

（2）胸部 X 线检查：COPD 早期胸片可无异常变化，日后可出现肺纹理增粗、紊乱等非特异性改变，也可出现肺气肿的改变。X 线胸片改变对 COPD 诊断特异性不高，但对鉴别诊断其他肺疾病有重要价值；也常用于自发性气胸、肺炎等常见并发症的诊断。

（3）胸部 CT 检查：CT 检查可见 COPD 小气道病变的表现、肺气肿以及并发症的表现，但其主要意义在于排除其他具有相似症状的呼吸系统疾病。

（4）血气检查：对确定发生低氧血症、高碳酸血症、酸碱平衡失调以及判断呼吸衰竭的类型有重要价值。

（5）其他：COPD 合并细菌感染时，外周血白细胞增高，核左移。痰培养可能查出病原菌。

📖 知识链接

肺功能检查

1. 第一秒用力呼气容积占用力肺活量百分比（FEV_1/FVC）是评价气流受限的一项敏感指标。第一秒用力呼气容积占预计值百分比（FEV_1%预计值）常用于 COPD 病情严重程度的分级评估，其变异性小，易于操作。吸入支气管舒张剂后 $FEV_1/FVC<70\%$，提示为不完全可逆的气流受限；吸入支气管舒张剂后 $FEV_1/FVC<70\%$ 及 $FEV_1<80\%$ 预计值，可确定为不完全可逆的气流受限。

2. 肺总量（total lung capacity，TLC）、功能残气量（functional residual capacity，FRC）和残气量（residual volume，RV）增高，肺活量（vital capacity，VC）减低，表明肺过度充气，有参考价值。由于 TLC 增加不及 RV 增高程度明显，故 RV/TLC 增高。

3. 一氧化碳弥散量（DLco）及 DLco 与肺泡通气量（alveolar ventilation，VA）比值（DLco/VA）下降，表明肺弥散功能受损，提示肺泡间隔的破坏及肺毛细血管床的丧失。

4. 支气管舒张试验，以吸入短效支气管舒张剂后 FEV_1 改善率≥12%且 FEV_1 绝对值增加超过 200ml，作为支气管舒张试验阳性的判断标准。其临床意义在于：①有助于 COPD 与支气管哮喘的鉴别，或提示两者可能同时存在；②不能可靠预测患者对支气管舒张剂或糖皮质激素治疗的反应及疾病的进展；③受药物治疗等因素影响，敏感性和可重复性较差。

二、康复评定

（一）呼吸功能评估

1. 气短、气急症状分级　结合日常生活能力分为 5 级（表 4-8），可同时评定患者日常生活能力。

2. 呼吸功能改善或恶化程度可采用 5 分法评定。

5 分：明显改善；3 分：中等改善；1 分：轻度改善；0 分：不变；-1 分：症状加重；-3 分：症状中等加重；-5 分：症状明显加重。

表4-8 日常生活能力气短临床评定

分级	临床特征
0级	患者有肺气肿,但不影响日常生活,活动无气短
1级	较大量的劳动或运动时有气短
2级	平地步行不气短,较快步行、上坡时气短;同龄健康人不觉气短而自觉气短
3级	慢步行走不及百步就气短
4级	讲话、穿衣的轻微活动即发生气短
5级	安静时出现气短,无法平卧

3. 肺功能测试

(1)肺活量:尽力吸气后缓慢而完全呼出的最大空气容量,是最常用的指标之一,随病情的严重性增加而下降。

(2)FEV_1:指尽力吸气后尽最大努力快速呼气,第1秒能呼出的气体容量。FEV_1与用力肺活量(FVC)的比值与COPD的严重程度及预后相关性良好。

4. COPD 严重程度分级 根据 FEV_1/FVC(用力肺活量)、FEV_1%预计值和临床表现,可对COPD的严重程度作出临床严重度分级(表4-9)。

表4-9 COPD 的临床严重程度分级

分级	临床特征
Ⅰ级(轻度)	$FEV_1/FVC<70\%$;$FEV_1 \geqslant 80\%$预计值;伴或不伴慢性症状(咳嗽、咳痰)
Ⅱ级(中度)	$FEV_1/FVC<70\%$;50%预计值$\leqslant FEV_1<80\%$预计值;常伴有慢性症状(咳嗽、咳痰、活动后呼吸困难)
Ⅲ级(重度)	$FEV_1/FVC<70\%$;30%预计值$\leqslant FEV_1<50\%$预计值;多伴有慢性症状(咳嗽、咳痰、呼吸困难),反复出现急性加重
Ⅳ级(极重度)	$FEV_1/FVC<70\%$;$FEV_1<30\%$预计值或 $FEV_1<50\%$预计值;伴慢性呼吸衰竭,可合并肺心病及右心功能不全或衰竭

(二)运动能力评定

1. 平板或功率车运动试验 是通过活动平板或功率车进行运动试验获得最大吸气量、最大心率、最大 MET 值、运动时间等相关量化指标来评定患者的运动能力,也可通过平板或功率车运动试验中患者主观用力程度分级(Borg 计分)等半定量指标来评定患者的运动能力。

2. 定量行走评定 让患者步行6分钟或12分钟,记录其所能行走的最长距离。对于不能进行活动平板运动试验的患者可行6分钟或12分钟行走距离测定,以判定患者的运动能力以及运动中发生低氧血症的可能性。采用定距离行走,计算行走时间,也可作为评定方式。

3. 呼吸肌功能测定

（1）呼吸肌力量（RMS）：指呼吸肌最大收缩能力，主要测定指标有：①最大吸气压（MIP）和最大呼气压（MEP）：最大吸气压是在功能残气位和残气位气流阻断时，用最大努力吸气所产生的最大吸气口腔压，是对全部吸气肌和呼气肌强度的测定；最大呼气压是在肺总量位气流阻断时，用最大努力呼气所产生的最大口腔压，反映全部呼气肌的综合呼气力量。男性：$MIP = 143 - 0.55 \times$年龄，$MEP = 268 - 1.03 \times$年龄；女性：$MIP = 104 - 0.51 \times$年龄，$MEP = 170 - 0.53 \times$年龄，单位均为 cmH_2O（$1cmH_2O \approx 0.098kPa$）。②跨膈压（Pdi）和最大跨膈压（Pdi_{max}）：跨膈压为腹内压与胸内压的差值，常用胃内压代表腹内压，用食管压代表胸内压，其反映膈肌收缩时产生的压力变化，通常取其吸气末的最大值。正常情况下，吸气时食管内压力为负值，而胃内压力为正值，跨膈压实际是胃内压与胸内压两个绝对值之和。最大跨膈压是指在功能残气位气道阻断的状态下，以最大努力吸气时产生的跨膈压最大值，正常人 Pdi_{max} 为 $90 \sim 215cmH_2O$。

（2）呼吸肌耐力（RME）：指呼吸肌维持一定力量或做功时对疲劳的耐受性和水平通气的能力，主要测定指标有：①通气耐受试验：一般以最大自主通气（MVV）和最大维持通气量（MSVC）方式测定，正常人 MVV：男性约 104L，女性约 82L。MSVC 是指能维持 15 分钟，60%MVV 动作时的通气量。②膈肌张力-时间指数（TTdi）：是膈肌做功的个体化定量指标，用公式表示为 $TTdi = Pdi/Pdi_{max} \times Ti/Tto$。吸气时膈肌做功 = 膈肌收缩的跨膈压×收缩持续时间。跨膈压越大、持续时间越长、做功越大，越可能产生疲劳，正常人平静呼吸时约为 0.02。③呼吸肌耐受时间（T_{limit}）：指呼吸肌在特定强度的吸气阻力或特定的 TTdi 负荷下收缩所能维持而不发生疲劳的时间。常用的耐力试验方法有吸气阻力法、吸气阈值负荷法、可耐受吸气压，这些均需要特定器械进行测定。④膈肌肌电图：中位频率（FC）在 $70 \sim 120$ 之间，高频成分（H）/低频成分（L）在 $0.3 \sim 1.9$ 之间。⑤膈神经电刺激法：Pdi/Pdi_{max} 为 $17\% \sim 21\%$。⑥呼吸形态的监测：正常呼吸形态为胸式或腹式呼吸。

（3）呼吸肌疲劳测定：①反映或预示疲劳的测定：肌电图频谱改变；吸气肌松弛率下降或松弛时间常数增大；TTdi 或 T_{limit} 超过疲劳阈值；呼吸浅快，动用辅助呼吸肌，呼吸不同步或反常呼吸。②直接测定：最大等长收缩压力或力量下降；无法达到预设的吸气压力和力量；膈神经电刺激诱发的 Pdi 下降；电刺激胸锁乳突肌的反应下降。

此外，功能评估还包括上下肢肌肉力量评估、心理状态评估、营养状态评估、生活质量评估等（详见相关章节）。

三、康复治疗

COPD 的康复治疗目标在于改善顽固和持续的功能障碍（气道功能和体力活动能力），尽可能恢复有效的腹式呼吸，改善呼吸功能，提高呼吸效率；采取多种措施，减少和治疗并发症；提高肺功能和全身体力，尽可能恢复活动能力；提高生活质量，降低住院率，延长生命。康复治疗的原则是因人而异，结合临床症状，循序渐进，持之以恒，全面康复。患者在康复治疗前，尤其在急性期，应当给予适当的临床药物以缓解症状，如使用支气管扩张剂、祛痰剂、抗过敏药、黏液溶解剂、皮质激素和抗生素等。

（一）运动疗法

1. 呼吸训练 包括放松训练、呼吸形式训练（腹式呼吸和缩唇呼吸）。

（1）放松练习：原则是最大限度地放松，或在肌肉最大收缩的前提下，再最大限度地放松肌肉。

（2）腹式呼吸：重建生理性的腹式呼吸。腹式呼吸吸气时腹肌放松，腹部鼓起，呼气时腹肌收缩，腹部下陷。开始训练时，患者可将一手放在腹部，一手放在胸前，感知胸腹部起伏情况，呼吸时应使胸廓保持最小的活动度，腹部可用手适当加压，以增加呼吸时膈肌的活动度，练习数次后，可休息片刻，两手交换位置后继续进行训练，熟练后可增加训练次数和时间，并可采用各种体位随时进行练习。

（3）缩唇呼吸：在呼气时将嘴唇缩紧，增加呼气时的阻力，用以防止支气管及小支气管的过早塌陷。用鼻子吸气，由1数到2，吐气时，如吹口哨般地嘬起嘴唇后慢慢向前吹气，维持吐气时间是吸气时间的2~4倍。患者进行呼吸训练要持之以恒，做到运用自如，才能保证在呼吸急促时控制自己的呼吸。

（4）缓慢呼吸：COPD患者常表现为吸气短促，呼气深长而费力，缓慢呼吸有助于提高肺泡通气量，并可提高血氧饱和度。

（5）全身性呼吸操：COPD防治研究协作组推荐了一套呼吸体操，其步骤如下：平静呼吸；立位吸气，前倾呼气；单举上臂吸气，双手压腹呼气；平举上肢吸气，双臂下垂呼气；平伸上肢吸气，双手压腹呼气；抱头吸气，转体呼气；立位上肢上举吸气，蹲位呼气；腹式缩唇呼吸；平静呼吸。在进行锻炼时，不一定要将9个步骤贯穿始终，可结合患者的具体情况选用，也可只选其中的一些动作运用，如病情较重可不用蹲位等姿势。开始运动5~10分钟，每天4~5次，适应后延长至20~30分钟，每天3~4次。其运动量由慢至快，由小至大逐渐增加，以身体耐受情况为度。一般1~2周后可使心肺功能显著改善。

2. 体位排痰训练 一般方法为先做深呼吸，在呼气时用力咳嗽，重复数次。如痰液已到气管或咽喉部而无力咳出时，可用双手压迫患者下胸部或上腹部，嘱其用力咳嗽，将痰排出。排痰训练的目的是清除气道过多的分泌物和痰液；减轻气道阻力及促进呼吸功能；改善肺的气体交换；降低支气管感染的发生率及防止气道黏液阻塞引起肺不张。体位排痰训练还包括体位引流、胸部叩击、咳嗽和用力呼气术。近年因胸部叩击术而生产设计的排痰机等器械也日益增多。

（二）作业疗法

1. 下肢训练 下肢训练疗效的研究较多，在ACCP/AACV的指南中也有关于下肢训练疗效的最有力证据。具体方法有平地步行、上下楼梯、自行车测力计、踏旋器等，可根据医疗机构的规模进行选择。运动疗法前后，需有预备运动和整理运动。运动时可使用脉冲血氧监测仪监测血氧饱和度，如运动中出现明显的低氧血症时，有必要予以吸氧以防止低氧血症。近年来，COPD等慢性疾患，骨骼肌功能障碍格外引人关注。Gosselink等从运动耐力与下肢肌力的关系着手进行研究，发现COPD患者运动耐力（6MD及VO_2峰值）与股四头肌肌力之间呈显著相关性，其他相关研究也表明COPD患者的运动耐力与下肢肌力密切相关。

2. 上肢训练 大多数COPD患者在使用上肢的日常活动中，尽管运动量低于下肢，但仍常出现呼吸困难。原因之一是上肢活动可致通气量增加，而辅助呼吸肌参与了上肢的活动,从而减少参与呼吸运动方面的做功。ACCP/AACV 制订的指南中建议,上肢肌力和耐力训练有助于加强臂力,宜纳入 PR 计划中。但仅进行上肢训练,就不能使下肢功能得到改善(反之亦然),且仅进行上肢训练对改善全身功能的效果差于仅进行下肢训练,因此上肢训练与下肢训练应同时进行。

3. 呼吸肌训练

(1)CO_2 过度通气法:患者以较高的每分通气量进行较长时间的重复呼吸练习并保持呼气末 CO_2 恒定,主要目的是改善呼吸肌耐力。

(2)阻力呼吸法:通过练习装置上的吸气孔来调节吸气阻力,进行吸气肌的抗阻训练,可以改善呼吸肌力和耐力,是最普及的方法之一。

(3)阈值压力负荷法:是当今吸气肌训练最适用的方法,患者吸气时必须克服练习装置上预置的负荷并保持这一负荷才能通气。

(三)心理疗法

COPD 患者容易产生焦虑、抑郁等心理障碍。医务人员、家庭和社会应注意患者的心理问题,耐心解释和进行切实有效的治疗指导,鼓励患者积极康复治疗,让其掌握一些防治措施,增强患者战胜疾病的信心,同样有助于提高患者的生活质量。

(四)中医康复疗法

本病在中医学中属"咳嗽""喘证""肺胀"范畴,正气虚损,痰瘀互阻,本虚标实为其主要病机特点。采用中医综合治疗手段,如辨证用药、药食同疗、针灸推拿、气功等方法可有效改善症状,提高患者的生活质量。

1. 中药治疗

(1)肺脾气虚:主症为咳嗽,或微喘,倦怠、乏力,食少纳呆,大便不实,或食油腻易于腹泻等,自汗恶风,易发感冒。舌质淡或胖大,舌苔薄白或薄腻,脉细弱。治宜健脾益肺法,可用玉屏风散合六君子汤加减。

(2)肺肾两虚:主症为咳嗽,短气息促,动则为甚,腰酸腿软,夜尿频数,自汗恶风、易发感冒。舌质淡,舌苔薄白,脉沉细。治宜补肺益肾法。若肾气亏乏,而无明显寒热所偏者,宜平补肺肾,可用补肺汤、参蛤散、人参胡桃汤加减;若肾阴偏虚,阴不敛阳,气失摄纳者,可用七味都气丸合生脉饮;若阳气虚损,肾不纳气者,宜用金匮肾气丸、右归丸、苏子降气汤化裁。

(3)气虚血瘀:主症为间断咳喘,胸闷气短,舌暗,或有瘀点、瘀斑,甚者可见唇面指甲青紫,脉细涩或结代。益气活血化痰是 COPD 缓解期治疗的重要方法,宜用补阳还五汤、复元活血汤随证加减。

(4)痰瘀阻肺:主症为咳嗽痰多,色白或呈泡沫状,喉间痰鸣,喘息不得平卧,胸部膨满,憋闷如塞,面色灰白而暗,唇甲发绀,舌质暗或紫,舌下瘀筋增粗,苔腻或浊腻,脉弦滑。

此外,还可见阳虚水泛、痰蒙神窍、痰热郁肺等证,且本病多种证候之间存在一定联系,各证常互相兼夹转化,当辨证论治、随证治之。同时本病重在预防,应重视对原发病的治疗,一旦罹患咳嗽、哮喘等肺系疾病,应积极治疗,以免迁延不愈发展为本病。还应嘱咐患者平时加强体育锻炼,有助提高抗病力。

2. 针灸疗法

(1)体针:主穴取肺俞、列缺、气海,咳嗽剧烈加大杼、尺泽;喘甚加天突、定喘、膻中;痰多加足三里、丰隆、脾俞;兼恶寒、发热加风门、大椎,用平补平泻法,留针 30 分钟,隔日 1 次,10~15 次为 1 个疗程。灸法取大杼、肺俞、膏肓、天突、膻中、鸠尾,每次 3~4 穴,艾条灸 10~15 分钟,或艾炷灸 3~5 壮,每天或隔天 1 次。

(2) 耳针:主穴取平喘、肾上腺、肺、支气管,配以神门、交感、枕。针刺留针 15~30 分钟,隔日 1 次,10 次为 1 个疗程。或用王不留行籽耳穴按压胶布固定。

(3) 穴位注射:取胸 1~6 夹脊穴。用胎盘注射液,每次选 1~2 对穴,每穴注射 0.5~1ml。两穴交替使用,每日或隔日 1 次,10 次为 1 个疗程。

(4) 穴位敷贴:膏药制备白芥子 2 份,延胡索 2 份,细辛 1 份,甘遂 1 份,4 药研末,取适量,加入少许生姜汁调成糊状。主穴取大椎、定喘、肺俞、风门、心俞;配穴取膈俞、膏肓、神堂、脾俞、肾俞、大杼、膻中、天突。每次取主穴和配穴各 2~3 穴。患者取坐位,充分暴露胸背部,用消毒棉签挑取少许药糊,做成直径约 1.5cm、厚约 0.3cm 的药饼敷贴在所选穴位上,外用医用愈肤膜敷贴。每年初、中、末伏各 1 次,每次敷贴 1~5 小时,患者感到局部灼热痛痒时揭去药膏。

3. 推拿疗法　每日或隔日 1 次,10 次为 1 个疗程,具体操作如下:

(1) 取坐位:用拇指指腹端按揉内关、合谷、神门、曲池穴各 1 分钟。

(2) 取仰卧位:用两拇指置于天突穴两侧,分别沿肋间隙自内向外推至腋中线,自上而下推至乳头,重复进行 5 分钟;再用拇指指腹端按揉天突、膻中、足三里、丰隆穴各 1 分钟。

(3) 取仰卧位:用掌摩法,以脐为中心划圈,从小到大,顺时针摩腹 3 分钟;再用手掌自上而下拍胸 5 遍。

(4) 取侧卧位:以手掌沿腋中线自上而下擦胁 3 分钟,以透热为度。

(5) 取俯卧位:用一指禅推法推背部两侧脾俞、胃俞、肾俞、膈俞各 1 分钟,肺俞 2 分钟;再用擦法在上述各穴位处来回操作 5 分钟。

4. 传统体育康复

(1) 太极拳:太极拳等不仅可以增加肌肉活动,提高机体抵抗力,而且也可锻炼改善呼吸循环功能。可选择简化太极拳,易于学习操作。每次 30 分钟,每日 1~2 次。

(2) 气功:①放松功法,每次 30 分钟,每日 1~2 次,放松功效良好。患者取仰卧姿势,全身放松,双目微闭,排除杂念,自然入静,意守丹田,吸气时要即刻提肛缩腹,在吸气过程中应慢、深、匀,以逐渐增加腹压,随着腹压增大,腹腔内血管的阻力也随之增大,而此时胸腔内为负压,气道也处于相对扩张状态,可促使主动脉的血液向胸腔和头部流动,有利于支气管动静脉血液顺利通过气管平滑肌。呼气时慢慢舒肛展腹,将气徐徐呼尽。每晚睡前和清晨各做 2 次,每次 30 分钟。坚持训练可使呼吸肌得到有效锻炼,既能改善肺功能,增加肺活量,又有利于大脑的血氧供应,促进大脑中枢神经和自主神经系统的调节功能。②晨练保肺功或导引行气功:上午、中午练静功,意守丹田,形成腹式呼吸;睡前加练 1 次睡前功,坐式为方,重症可配合半卧式,轻症加练站式。每日共练功 3~4 次,每次 30~60 分钟。咳嗽者,每次练功前练咽津功 3~5 分钟,练功后做保健功,或按摩胸部,搓摩涌泉穴。

5. 食疗

(1) 杏仁粥:杏仁 60g(去皮尖)研末,粳米 80g,加水煮成粥,每日分 2~3 次服下,连服 20 天。适用于痰浊阻肺证。

（2）雪梨 2~3 个，蜂蜜 60g，先将梨挖洞去核，再装入蜂蜜，盖严蒸熟，每天睡前服食，连服 20~30 天。适用于阴津亏虚证。

（3）冬虫夏草 15g，老鸭 1 只（洗净），先将冬虫夏草置于鸭腹内，加水适量，隔水炖烂熟，后调味服食，每周 1~2 次，连服 4 周。适用于肺虚证。

（4）胎盘 1 个，怀山药 30g，补骨脂 15g，红枣 5~8 枚，生姜 9g，白酒适量，先将胎盘洗净擦盐，入开水中烫煮片刻，后用冷水漂洗数次，切块入锅，加白酒、姜汁炒透，移至瓦锅内，加水与诸药，炖至烂熟，调味后分 2 次服食，每周 1~2 次，连服 10 次。适用于脾肾两虚证。

（五）康复治疗的适应证和禁忌证

1. 适应证　标准的肺部疾患康复治疗方案主要针对 COPD 患者，现已逐步拓展至其他疾病，如支气管哮喘、纤维性肺囊肿、限制性肺病、间质性肺病、呼吸机依赖者和肺移植前后等。

2. 禁忌证　并发严重肺动脉高压、不稳定型心绞痛及近期心肌梗死、认知功能障碍、充血性心力衰竭、严重肝功能异常、癌症转移、近期脊柱损伤、骨折、咯血等。

四、康复教育

1. 加强患者及家属对 COPD 的认识，介绍导致 COPD 的危险因素　①吸烟是导致 COPD 的主要原因，建议患者逐步减少吸烟或戒烟；②肺部感染是促使 COPD 发生发展的重要因素之一；③减少或避免与空气污染环境接触；④职业性粉尘和化学物质也可能造成 COPD；⑤机体的内在因素、营养、气温的突变等都有可能参与 COPD 的发生、发展；⑥本病重在预防。

2. 病因预防　积极治疗呼吸道感染，远离空气污染的环境；经常保证空气的流通，厨房等配有排气装置；保证摄入营养结构合理的膳食。

3. 氧疗　对 COPD 并发慢性呼吸衰竭稳定期可采取长期家庭氧疗，能达到治疗效果，低流量吸氧 10~15h/d，氧流量 2L/min（氧浓度 28%~30%），急性加重期采取鼻导管给氧或文丘里面罩给氧，可以降低发生二氧化碳潴留的风险。注意供氧装置周围严禁烟火，防止氧气燃烧爆炸；导管可每日更换，防止堵塞，氧疗装置应定期更换、清洁、消毒。

4. 运动　正确有效的肺功能锻炼方法能改善患者呼吸功能，延缓肺功能恶化，提高 COPD 患者的生存质量。此外，可嘱咐患者进行全身模式训练：快速步行、原地踏车、登楼梯和腹式呼吸训练。

5. 饮食调整　适当增加蛋白质，热量和维生素的摄入。COPD 患者在饮食方面需采用低碳水化合物（低糖）、高蛋白、高纤维食物，同时避免产气食物。碳水化合物摄入过多，对气道储备功能较差的 COPD 患者可增加通气负荷。低糖则可以避免血液中的二氧化碳过高，减轻呼吸负担。高纤维食物能够预防便秘。避免产气食物，可预防腹胀。尽可能食用高蛋白食物，可防止营养过剩，提高能量水平。

6. 呼吸道的护理　对于心、肝、肾功能正常的患者应给以充足的水分和热量。每日饮水量应在 1500ml 以上。充足的水分有利于维持呼吸道黏膜的湿润，使痰的黏稠度降低，咳痰较为容易。

7. 指导有效排痰的方法　深吸气后屏住呼吸 3 秒，然后用腹肌的力量用力做爆破性的咳嗽;还可以进行胸部叩击、体位引流及雾化吸入等方法。指导和协助家属进行正确的胸部叩击,方法为五指并拢、手背隆起、呈空心掌,从肺底到肺尖、从肺外侧到内侧,迅速而规律地叩击胸部,叩击时间为15~20分钟,每日2~3次,餐前进行。必要时利用雾化器,将祛痰平喘药加入湿化液中,可湿润气道黏膜、稀释痰液,促进痰液排出。

8. 心理支持法　COPD患者因长期患病,易出现紧张、焦虑、抑郁、悲观等不良心理,针对病情及心理特征及时给予精神安慰和心理疏导。应告知亲友鼓励患者,多给予患者精神安慰,并强调坚持康复锻炼的重要性,以树立患者战胜疾病的信心和耐心。

学习小结

1. 学习内容

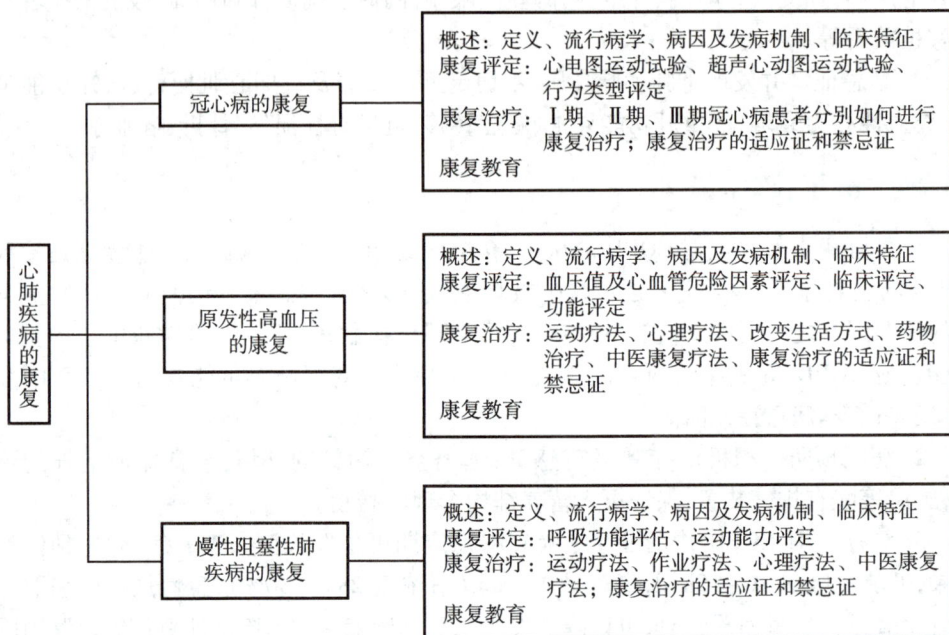

2. 学习方法

(1) 心肺疾病目前是全球死亡率最高的疾病,有效的康复措施能够降低此类疾病高危患者的死亡率。心肺疾病关联性较高,因此应当全面掌握相关疾病的发病机制及治疗机制,尤其对于相关疾病的临床分期和康复目标及方法要有明确把握。

(2) 心功能的评定在冠心病的康复中占有重要地位,也是制订康复方案的依据。应当熟练掌握冠心病的评定方法,包括心电运动试验(双倍二级梯运动试验、活动平板运动试验、蹬车运动试验)、超声心动图试验、行为类型评定等评定方法,同时应当掌握冠心病不同临床时期的常用康复治疗方法。

(3) 高血压常伴有脂肪和糖代谢紊乱以及心、脑、肾和视网膜等器官功能性或器质性改变,应通过相应的康复评定方法加强对高血压患者靶器官损伤的识别,这对于评定患者心血管风险、早期积极治疗具有重要意义。

(4) COPD已被世界卫生组织称为当今第四大主要死亡原因。迄今为止,除戒烟以外的其他干预方法均未显示出可以减缓COPD患者肺功能下降率。肺功能检查是判断气流受限的主要客观指标,尤其是通气功能检查,对诊断及病情严重程度分级评定、疾病进展、预后及治疗反应具有重要意义。

（5）学习本章还需要了解一定的生理病理学基础知识,并思考相同的康复方法在疾病不同时期所产生的特殊作用和意义。

（黄怡然　朱路文）

复习思考题

1. 冠心病不同时期的康复目标是什么?
2. 请简述高血压康复的预防。
3. 慢性阻塞性肺疾病运动康复的主要内容有哪些?

笔记

第五章

其他疾病的康复

> **学习目的**
>
> 通过学习糖尿病、恶性肿瘤和肥胖症等其他疾病的临床康复相关知识,使学生学会常规康复评定方法和康复治疗措施,增强学生处置其他疾病的综合康复能力。
>
> **学习要点**
>
> 糖尿病、恶性肿瘤、肥胖症、烧伤、精神发育迟滞和睡眠障碍的定义、临床特征,各种常规康复评定方法和康复治疗技术的正确应用。

第一节　糖尿病的康复

近年来,随着社会经济的发展、生活水平的提高和生活方式的改变,糖尿病的发病率逐年增加,成为继肿瘤、心脑血管病之后危害人类健康的第三位严重的慢性非传染性疾病(noninfectious chronic disease,NCD),其并发症已成为日益严重的健康问题。糖尿病不仅给患者带来了肉体和精神上的损害、导致寿命的缩短,还给个人、国家带来了沉重的经济负担。及时、早期的康复介入,可有效控制血糖,减少并发症,提高患者的生活质量,降低致残率和病死率。

一、概述

(一)定义

糖尿病(diabetes mellitus,DM)是一组以慢性血浆葡萄糖水平升高为特征的代谢性疾病,由于胰岛素分泌和(或)活性的相对不足或绝对缺乏引起的。根据目前对糖尿病病因的认识,将糖尿病分为五大类型,即 1 型糖尿病(T1DM)、2 型糖尿病(T2DM)、特殊类型糖尿病(8 个亚型)、妊娠期糖尿病和移植后糖尿病。

(二)流行病学

我国糖尿病患者中 90% 以上都属于 T2DM。根据 WHO 1999 年的诊断标准,我国 20 岁以上人群中,男性和女性糖尿病患病率分别达到 10.6% 和 8.8%,总体患病率已达 9.7%,若同时以糖化血红蛋白(HbA1c)≥6.5% 作为糖尿病诊断标准,则其患病率为 11.6%。而糖尿病前期的患病率更是高达 15.5%。据此可推算,我国糖尿病患病总人数已高达 9240 万,糖尿病前期人数已达 1.48 亿。糖尿病合并血脂异常及心脑血管病变的比例要明显高于正常人。

知识链接

2017 年美国糖尿病诊疗标准中改进治疗的策略

1. 应以循证指南为依据及时制定治疗决策,并结合患者意愿、预后和合并症调整。

2. 医务工作者在推荐治疗方案时应考虑患者治疗的经济负担和自我管理能力。

3. 治疗计划应遵从慢病管理模式,以确保有准备的积极的医疗小组和知情患者主动参与之间的有效互动。

4. 如果可能,医疗系统应支持团队管理、社区参与、患者登记和决策支持工具,以满足患者需求。

5. 提供者应评估社会背景,包括潜在的食物安全性问题、居住稳定性、经济障碍,治疗决策该考虑到该信息。

6. 如有可能,患者应转诊到当地社区医疗机构。

7. 应为患者提供来自健康教育者、分诊者或社区卫生工作者的自我管理支持。

（三）病因及发病机制

糖尿病的病因复杂,不同类型、不同人群可有显著差异。T1DM 是一种多基因遗传病,主要与某些特殊组织相容性抗原（HLA）类型有关,以遗传易感性为基础,在某些环境因素（微生物、化学物质、食物成分）的作用下诱发。T2DM 患病率与年龄的增长关系密切,又与不同民族、不同性别、不同个人的遗传背景有关（亚裔人糖尿病的患病率和发病率高于白种人,男性高于女性）,更与生活方式和经济水平以及城市化进程有关（发达地区明显高于不发达地区,城市高于农村）。此外,肥胖、高血压、血脂异常以及妊娠期高血糖等与 T2DM 发病相关。

糖尿病的发病机制也很复杂。T1DM 病因和发病机制尚不清楚,其病理特征是胰岛 B 细胞数量显著减少和消失所导致的胰岛素分泌显著下降或缺失。T2DM 为胰岛素调控葡萄糖代谢能力的下降（胰岛素抵抗）伴随胰岛 B 细胞功能缺陷所导致的胰岛素分泌减少（或相对减少）。妊娠期糖尿病是在妊娠期间被诊断的糖尿病或糖调节异常,不包括已经被诊断的糖尿病患者妊娠时的高血糖状态。移植后糖尿病是器官移植受者术后出现的血糖异常。

（四）临床特征

1. 临床表现复杂,症状特异性不强　糖尿病为慢性进行性疾患,除 T1DM 起病较急外,T2DM 一般起病徐缓,且早期经常无症状。但重症及有并发症者,则症状明显且较典型,主要表现为多饮、多食、多尿并体重减轻（"三多一少"）、乏力等症状。由于其早期病情隐匿,症状不典型,不少患者常以并发症为首发症状,容易漏诊,很多患者在发现时已出现不可逆转的并发症。

2. 对患者身体结构与功能的影响广泛　长期的碳水化合物以及脂肪和蛋白质代谢紊乱可引起多系统损害,导致眼、肾、神经、心脏、血管等组织器官的慢性进行性病变、功能减退及衰竭;病情严重或应激时可发生急性严重代谢紊乱。并发症是致残、致死的主要原因。

3. 个人及环境因素对糖尿病的发生、发展有较大的影响　生活方式、饮食习惯、其他健康状况、教育水平、整体的行为方式、个体的心理素质等个人因素以及自然环境、家庭和社会的支持、社会提供的服务、政策等环境因素对糖尿病患者的血糖控制有较大的影响,并且这些因素还可能成为血糖控制不良及并发症发生的危险因素,影响康复治疗的效果。

4. 心理压力巨大　糖尿病是一种终身性疾病,不仅具有致残、致死性,预后不良,而且还造成社会、家庭沉重的经济负担。儿童及青少年患者则为升学、就业而担忧。因而患者本人及家属精神上承受的压力都很大。糖尿病心理障碍主要表现为焦虑症、强迫症、恐惧症及抑郁症等,糖尿病患者抑郁症患病率达 50%,其中有 4% 左右是需要治疗的抑郁症。

二、康复评定

糖尿病患者可以通过采集病史和谈话的方式或采用量表的方式进行个人及环境因素评定,通过各种临床检查、检测、检验的方式评定身体结构与功能的损伤。严重的并发症可引起患者活动能力受限及参与能力的局限性,影响生活质量,可根据具体需要评定。

(一)个人及环境因素评定

重点询问发病年龄、病程、饮食习惯、营养状态、体重变化、儿童和少年期的生长和发育状况、家族史、吸烟情况、精神状态;了解患者的经济水平、文化水平、家庭和社会地位、负性生活事件、医疗保险类型、自然环境等情况。60 岁以上老年人糖尿病患病率在 20%;在生活方式方面,伴随生活方式的改变,超重和肥胖者患糖尿病的比例明显增加;男性、低教育水平是糖尿病的易患因素,男性患病风险比女性增加 26%;在文化程度方面,大学以下的人群糖尿病发病风险增加 57%。

量表可选用糖尿病控制状况评价量表(CSSD70)、生活事件量表(LES)、社会支持评定量表(SSRS)、中国糖尿病风险评分量表(CDRS)等。CSSD70 是旨在评价中国患者在糖尿病治疗中控制效果的综合性自评量表,包括糖尿病及并发症自觉症状、生活习惯、治疗情况、生存技能、治疗目标、知识结构 6 个方面。

(二)糖尿病控制指标监测评定

糖尿病对身体结构与功能的影响,可以通过对各项控制指标的监测进行评定,为指导制订科学合理的康复治疗措施提供依据。大多数 T2DM 患者伴随着血糖、血压、血脂如甘油三酯(TG)、低密度脂蛋白(LDL-C)、高密度脂蛋白(HDL-C)等水平紊乱及体重增加,并发症的风险和危害显著增加。

1. T2DM 理想的控制目标值　糖化血红蛋白(HbA1c)是评价血糖控制方案的重要标准,HbA1c 水平的降低与糖尿病患者微血管并发症、大血管并发症及神经病变的减少密切相关。可采用《中国 2 型糖尿病防治指南(2013 年版)》的项目目标值(表 5-1)。

2. 临床监测方案　T2DM 临床监测方案可以采用《中国 2 型糖尿病防治指南(2013 年版)》的方法(表 5-2)。

表 5-1 中国 2 型糖尿病控制目标

项目	目标值
血糖[a](mmol/L)空腹	4.4~7.0(70~130mg/dl)
非空腹	<10.0(180mg/dl)
HbA1c(%)	<7.0
血压(mmHg)	<140/80
HDL-C(mmol/L)男性	>1.0(40mg/dl)
女性	>1.3(50mg/dl)
TG(mmol/L)	<1.7(150mg/dl)
LDL-C(mmol/L)未合并冠心病	<2.6(100mg/dl)
合并冠心病	<1.8(70mg/dl)
体重指数(BMI)(kg/m²)	<24
尿白蛋白/肌酐比值(mg/mmol)男性	<2.5(22mg/g)
女性	<3.5(31mg/g)
尿白蛋白排泄率(μg/min)	<20(30mg/d)
主动有氧活动(分钟/周)	≥150

注:血糖[a]:毛细血管血糖

表 5-2 临床监测方案

监测项目	初访	随访	每季度随访	年随访
腰围	√	√	√	√
血压	√	√	√	√
空腹/餐后血糖	√	√	√	√
HbA1c	√		√	√
尿常规	√	√	√	√
胆固醇、高/低密度脂蛋白、甘油三酯	√			√
尿微量白蛋白/尿肌酐*	√			√
肌酐/尿素氮	√			√
肝功能	√			√
促甲状腺激素	√			√
心电图	√			√
眼:视力及眼底	√			√
足:足背动脉搏动,神经病变的相关检查	√		√	√

注:* 为在条件允许的情况下进行

3. 监测方法 糖尿病患者经治疗后,临床上的"三多一少"症状很容易控制,有些 T2DM 患者甚至无明显症状,仅在体检时发现血糖增高。因此血糖、尿糖监测是观察糖尿病病情很重要的手段,同时应定期检查眼底、血压、心电图、尿白蛋白等,了解有无并发症发生。T2DM 可按照《中国 2 型糖尿病防治指南(2013 年版)》的目标控制值和临床监测方案实施。

糖尿病患者在治疗之初建议每 3 个月检测 1 次,一旦达到治疗目标可每 6 个月检查一次。对于患有贫血和血红蛋白异常疾病的患者,HbA1c 的检测结果是不可靠的,可用血糖、糖化血清白蛋白或糖化血清蛋白来评价血糖的控制。对于有胰岛素抵抗表现的患者,需测定空腹血胰岛素和 C-肽等,以了解胰岛功能状态。糖尿病于青少年发病的和怀疑有 1 型糖尿病可能的患者应进一步检查胰岛细胞抗体、胰岛素抗体和谷氨酸脱酸酶抗体。

自我血糖监测适用于所有糖尿病患者,对于某些特殊患者更要注意加强血糖监测,如妊娠期接受胰岛素治疗的患者,必须进行自我血糖监测。使用胰岛素治疗者在治疗开始阶段每日至少监测血糖 5 次,达到治疗目标后,每日监测 2~4 次。使用口服药和生活方式干预的患者达标后每周监测血糖 2~4 次,或在就诊前一周内连续监测 3 天,每天监测 7 次血糖(早餐前后、午餐前后、晚餐前后和睡前)。血糖控制差的患者或病情危重者应每天监测 4~7 次,直到病情稳定,血糖得到控制。当病情稳定或已达到血糖控制目标时可每周监测 1~2 天。指尖毛细血管血糖检测是最理想的方法,但如条件所限不能查血糖,尿糖的检测,包括定量尿糖检测也是可以接受的。特殊情况下,如肾糖阈增高(老年人)或降低(妊娠)时,尿糖监测对治疗的指导作用不大。

当血糖水平很高时,首先要关注空腹(餐前)血糖水平,有低血糖风险者也应测定餐前血糖。餐后 2 小时血糖监测适用于空腹血糖已获良好控制但仍不能达到治疗目标者。睡前血糖监测适用于注射胰岛素的患者,特别是注射中长效胰岛素的患者。夜间血糖监测适用于胰岛素治疗已接近治疗目标,而空腹血糖仍高者。出现低血糖症状时、剧烈运动前后,应及时监测血糖。

(三)运动能力评定

1. 运动单位　1 个运动单位相当于消耗 335kJ(80kcal)热量。每消耗 1 个运动单位热量,不同的运动项目,所需运动时间不同,对应的运动强度也不同,具体评定参见表 5-3。

表 5-3　运动交换表

运动强度	每消耗 1 单位热量所需运动时间	运动项目
Ⅰ度(最轻度)	持续 30 分钟左右	散步、乘车(站着)、家务、洗刷扫、购物、拔草
Ⅱ度(轻度)	持续 20 分钟左右	步行、洗澡、下楼梯、擦地、广播体操、平地骑自行车
Ⅲ度(中度)	持续 10 分钟左右	慢跑、上楼梯、坡路骑自行车、快步走、滑雪、打排球、羽毛球
Ⅳ度(强度或重度)	持续 5 分钟左右	跑步、跳绳、打篮球、静水游泳、击剑、踢足球

2. 最大摄氧量 最大摄氧量（VO_2max）是指单位时间内运输到活动肌肉而被肌肉所利用的最大氧量，用于有氧耐力的评价。人体进行有氧耐力运动时，最大摄氧量反映机体呼吸、循环系统氧的运输工作能力。只有当运动强度达到 40%~60% VO_2max 时，才能改善代谢和心血管功能。最大摄氧量的测定方法，分为直接测定法和间接测定法。由于测定最大摄氧量的仪器昂贵，而且测定时需要进行激烈运动，对于体弱和中老年人比较危险，因此不常用。

3. 运动中的心率 由于在有效的运动范围内，运动强度的大小与心率的快慢呈线性相关。因此，常采用运动中的心率作为评定运动强度大小的指标。运动中的心率可应用心率监测仪监测，还可通过自测脉率的方法来测定。一般采用停止运动后立即测 10 秒脉搏数，然后乘以 6 表示 1 分钟脉率。测脉率的部位常用桡动脉或颞动脉。这种方法测得的脉率和运动中的心率比较接近。运动强度和心率的关系见表 5-4。

表 5-4 运动强度和心率

运动强度	最高心率（%）*
Ⅰ度（最轻度）	<35
Ⅱ度（轻度）	35~54
Ⅲ度（中度）	55~69
Ⅳ度（强度或重度）	70~89
Ⅴ度（非常强）	>90

注：*：一般人的最高心率＝220-年龄

4. 靶心率 临床上将能获得较好的运动效果，并能确保安全的运动心率称为靶心率（THR）。靶心率的确定最好通过运动试验获得，即取运动试验中最高心率的 60%~85% 作为靶心率。无条件做运动试验时，可用下列公式进行推算。

$$靶心率＝安静心率+安静心率×（50%~70%）$$

有时更简单地用 170 或 180 减去患者年龄数后的余数作为运动时的靶心率。

（四）医学营养评定

1. 理想体重 可按患者身高、性别、年龄查标准体重表得出，也可运用公式粗略计算：理想体重（kg）＝身高（cm）-105。

在上述理想体重±10% 以内为正常，±10% 以上为超重或偏瘦，超过 20% 者为肥胖，低于 20% 者为消瘦。

2. 总热量 应根据患者理想体重、生理条件、劳动强度及工作性质而定。最理想的基础能量需要量测定为间接能量测定法，并结合患者的活动强度、疾病应激状况确定每日能量需要。但由于间接能量测定法受仪器、环境等因素的限制，可用下列公式计算。

每日所需总热量（kcal）＝｛理想体重（kg）×劳动强度与每千克体重每日所需热量 [kcal/（kg·d）]｝。

不同劳动强度每千克体重每日所需热量，以及劳动强度和工作种类对应关系分别见表 5-5、表 5-6。

表 5-5　劳动强度与每千克体重每日所需热量表（kcal）

劳动强度	超重或肥胖	正常体重	体重不足或消瘦
休息状态	20	25	30
轻体力劳动	25	30	35
中体力劳动	30	35	40
重体力劳动	35	40	45

表 5-6　劳动强度与劳动种类

劳动强度	劳动种类
轻体力劳动	包括所有坐着的工作：洗衣、做饭、驾驶汽车、缓慢行走等
中等体力劳动	搬运轻东西、持续长距离行走、环卫工作、庭院耕作、油漆、管道工、电焊工等
重体力劳动	重工业、重农业、室外建筑、搬运、铸造、收割、挖掘等

3. 热量分配　中国营养学会在普通人每日膳食推荐量中提出碳水化合物应占成人每日摄入总能量的 55%～65%，糖尿病患者的碳水化合物推荐摄入量比普通人群略低，应占总能量的 50%～60%。脂肪占总能量摄入不宜超过 30%，饱和脂肪酸摄入量不应超过饮食总能量的 7%。根据膳食营养素参考摄入量（DRIs）的推荐，可接受的蛋白质摄入量范围占能量摄入的 10%～35%。而美国和加拿大的成人平均蛋白质摄入量占能量摄入的 10%～15%。糖尿病患者的蛋白质摄入量与一般人群类似，通常不超过能量摄入量的 20%，保证优质蛋白质摄入超过 50%。

碳水化合物及蛋白质每克（g）产热 4kcal，脂肪每克产热 9kcal。根据总热量及营养结构，可以计算每日饮食分配量。有细算法与估计法两种。

（1）细算法

脂肪（g）=［总热量（kcal）-4×蛋白质（g）-4×碳水化合物（g）］/9

碳水化合物（g）=［总热量（kcal）-4×蛋白质（g）-9×脂肪（g）］/4

蛋白质（g）=［总热量（kcal）-9×脂肪（g）-4×碳水化合物（g）］/4

（2）估计法：按体力需要，休息患者每日主食 200～250g，轻体力劳动者 250～300g，小或中等体力劳动者 300～400g，重体力劳动者 400g 以上。每日荤菜 150g 左右，蔬菜 250～500g 或更多，烹调用油 30～50g。一般糖尿病患者，脂肪进食量以动物脂肪和植物油各占一半比较合理。

（五）心理评定

一般通过交谈的方式进行，也可采用量表的方式进行。常用的量表有症状自评量表（SCL-90）、焦虑自评量表（SAS）和抑郁自评量表（SDS）、Rutter 儿童行为问卷、老年抑郁量表（GDS）等。

（六）活动能力评定

造成糖尿病患者活动受限的主要原因是严重并发症、合并症。糖尿病患者日常生活活动能力（ADL）低下一般发生在糖尿病发病 10 年以上，年龄偏高者。导致 ADL 低下的主要并发症和合并症有糖尿病足、糖尿病心脑血管病、低血糖等。可通过直接观察患者能否按照要求完成规定的项目,或通过询问的方式来收集资料和进行间接评定,或采用普适性量表进行评定,如 Barthel 指数、PULSES、Katz 指数等。应根据患者的实际情况,选择性地进行评定。

(七)参与能力评定

糖尿病患者参与局限性的主要原因也是严重并发症、合并症,如抑郁症、脑血管病、视力障碍等。家庭生活能力、人际交往和相处关系能力、接受教育和工作能力、参与社会和社区生活能力等方面,可根据患者的具体情况进行评定。社会生活能力的评定可选用功能活动问卷、社会功能缺陷筛选表,工作能力的评估方法常用的有微塔法、Mclean Hospital 工作评估表等。目前应用较多的参与能力评定是糖尿病生活质量评定。

测评糖尿病患者生活质量的量表可分为普适性量表和特异性量表两大类。糖尿病特异性生活质量量表在实际应用中最好采用普适性量表来进行对比,以便发现一些潜在问题。普适性量表常用的有简明健康状况调查问卷(MOS SF-36)、世界卫生组织生活质量问卷(WHOQOL-100)等;常用的特异性量表有修订的糖尿病生存质量量表(A-DQOL)、糖尿病患者特异性生存质量量表(DSQL)等。我国研究设计的 T2DM 患者生存质量量表、糖尿病患者生存质量评价量表等也可选用。

三、康复治疗

糖尿病的康复目标是采用各种康复手段控制患者的血糖,使其尽量接近正常,减少并发症的发生,终止或逆转慢性并发症的发展,最大限度地降低致残率和死亡率,提高日常生活能力,提高生活质量。除通过药物控制外,主要通过生活方式的干预,如康复教育、规律运动、合理饮食、戒烟限盐、限制饮酒、控制体重、心理平衡等,使患者正确认识糖尿病,积极主动调整生活方式,不用或减少或配合药物治疗,按时监测,从而实现临床与康复密切结合的合理治疗方案。

(一)运动疗法

运动可提高胰岛素的敏感性和骨骼肌功能,改善血糖和脂代谢紊乱,减轻体重;可加强心血管系统的功能,增强体质,增加抵抗力;可改善血糖的控制并减少降糖药物的用量,减少慢性并发症的发生;减轻精神紧张及焦虑,消除抑郁状态,增强自信心,从而提高工作能力和生活质量。运动可通过多个途径起到治疗效果,并降低医疗费用,节约医疗资源。流行病学研究结果显示:规律运动 8 周以上可将 2 型糖尿病患者 HbA1c 降低 0.66%;坚持规律运动 12~14 年的糖尿病患者病死率显著降低。

运动疗法是一项简单易行、积极有效的糖尿病康复治疗基本方法,目前已被广泛接受。运动疗法可改善患者血糖的控制情况并减少降糖药物的用量,减少慢性并发症的发生,减轻精神紧张及焦虑,消除抑郁状态,增强自信心,从而提高患者的工作能力和生活质量。

运动可以促进机体能量消耗,促进骨骼肌对血液中葡萄糖的摄取,降低血糖;可以消耗机体肌糖原和肝糖原,促进胰岛素的分泌,降低血糖;可以增加机体骨骼肌细胞内葡萄糖转运蛋白 4(GLUT-4)的含量,提高机体对葡萄糖的利用效率,增加对葡萄糖的敏感性;可以通过改善人体脂质代谢,促进糖和脂质的分解,增加 HDL-C 的含量,改善内皮功能,减少肥胖,增加肌肉含量等方式来减轻胰岛素抵抗,提高胰岛素的利用率;还可以缓解患者的焦虑、紧张、抑郁等不利情绪,使患者保持愉悦心情,达到降低血糖的目的。运动治疗糖尿病要达到良好的降压效果,应该遵循安全性、有效性、针对性、易学性、坚持性的原则。

运动量由运动强度、时间和频率三个因素决定,运动处方必须体现适量、经常性和个体化的原则。运动前要进行必要的评估,特别是心肺功能和运动功能的医学评估(如运动负荷试验等)。一般来说 T1DM 或 T2DM 患者都只适于轻中度有氧运动或体力活动,避免进行剧烈的或对抗性无氧运动,如举重、百米赛跑等。

1. T1DM　运动治疗 T1DM 不但可以改善代谢,提高胰岛素的利用率,而且可以维持运动能力,促进健康,改善生活质量。T1DM 在儿童和青少年中的发病率较高。运动对 T1DM 患者有双重意义。一方面可促进患儿生长发育,增强心血管功能,维持正常的运动能力;另一方面可增强胰岛素在外周组织的作用,有助于血糖的控制。经常参加运动的 T1DM 患者其糖代谢控制较好,大多数从事运动者有身心愉快感,并发症的发生率和病死率均明显降低。

运动的种类和运动强度可根据 T1DM 患者的年龄、病情、兴趣爱好和运动能力而制订,如选择步行、慢跑、踢球、跳绳、游泳、舞蹈等均可。开始时运动强度以最高心率的 50%~60% 为宜,运动时间从 20 分钟开始,逐渐延长,每周运动 3~4 次,随着运动能力的提高,可逐渐增加运动时间和运动频率。

T1DM 患者需待血糖得到较好控制后,在有处理运动与使用胰岛素的关系和防止低血糖经验的医师指导下实施运动疗法。每次运动应适度,不要过度劳累,以免加重病情。在制订 T1DM 患者运动方案时,因患者多为儿童或青少年,应多注意运动的兴趣性和直观性,不断变换运动的方法和内容,以提高他们对运动的积极性,并使运动能长期坚持,达到促进生长发育的目的。

2. T2DM　运动能明显改善糖代谢异常,明显降低 T2DM 的发病率,能有效治疗 T2DM 和预防糖尿病并发症的出现。运动总量一般要求每日 3~6 个运动单位。

(1)运动种类:以有氧运动为主,有氧运动是需要消耗氧的运动,多为大肌肉群运动。国内外专家一致推荐有氧耐力运动,如散步、走跑交替、骑自行车、游泳、体操、打乒乓球、羽毛球、上下楼梯、跳舞等。除了常规有氧耐力运动外,我国传统保健方法如太极拳、气功等也可采用。建议最佳运动方案为有氧运动与抗阻训练相结合的混合运动,并强调运动的多样性与趣味性,以提高依从性,但必须考虑不要加重心血管和骨关节系统的负荷,以保证运动的安全性。不同运动方式,只要能量消耗相等,那么运动降血糖的效果就相同。

(2)运动时间:不论 T1DM 还是 T2DM 患者,一般建议餐后 30 分钟至 1 小时后运动为宜。餐后立即运动影响消化吸收,空腹运动有时亦易诱发低血糖。糖尿病患者改善代谢应采取低于中等强度、较长时间的有氧运动。运动时间可从每次 10 分钟开始,逐步延长至 30~40 分钟,其中穿插必要的间歇时间,但达到靶心率的累计时间一般以 20~30 分钟为佳。每次运动时间推荐在 10 分钟以上。成年糖尿病患者每周运动时间至少 150 分钟。

短时间运动主要依靠糖代谢供能,长时间运动时依靠糖和脂肪供能。运动时间过短,达不到体内代谢效应;而运动时间过长,易产生疲劳诱发酮症、加重病情。

(3)运动强度:低强度运动,能量代谢以利用脂肪为主;中等强度运动,则有明显降血糖和尿糖作用。为确保锻炼安全有效,运动强度必须控制在已确定的有效范围之内,通常选择相当于 50%~60% 最大摄氧量(VO_2max),或以 70%~80% 最高心率作为运动中的靶心率。大于80%VO₂max的运动存在一定危险性;小于50% VO₂max的运动对老年人和心脏病患者适宜。中老年糖尿病患者,由于并发症较多,以50%~60% VO₂max的强度比较适宜。

开始时宜用低运动强度进行运动,较低强度的运动不一定能改善心血管功能,但能改善代谢,在日常生活中,持久地做些体力活动,可以加强治疗效果。运动强度过低,达不到治疗效果;运动强度过大,无氧代谢的比重增加,治疗作用降低,且可引起心血管负荷过度,易诱发酮症酸中毒,应予避免。

(4)运动频率:每周运动3~4次较为合理,可根据每次运动的运动量大小而定。如果每次运动量较大,间歇宜稍长。但运动间歇超过3~4日,则运动的效果及运动蓄积效应将减少,难以产生疗效,已获得改善的胰岛素敏感性会随之消失。如果每次运动量较小,且身体条件较好,每次运动后不觉疲劳的患者,可坚持每天运动1次。较长时间保持中、低强度的有氧耐力运动可以提高胰岛素的作用、促进糖原产生、降低空腹血糖浓度,这种作用可持续到运动后的24~48小时。

3. 适应证与禁忌证 运动治疗不应只强调运动的益处,而且要注意和避免运动可能引起的危险,所有糖尿病患者在运动之前应做相应的检查。

(1)适应证:①绝对适应证:糖耐量减低者、无显著高血糖和并发症的T2DM,肥胖的T2DM患者为最佳适应证。②相对适应证:有微量白蛋白尿、无眼底出血的单纯性视网膜病、无明显自主神经障碍的外周神经病变等轻度合并症者,在饮食指导和药物控制血糖后,再进行运动疗法;无酮症酸中毒的T1DM,在调整好饮食和胰岛素用量基础上进行运动治疗,能有效控制血糖。

(2)禁忌证:有急性并发症如酮症酸中毒及高渗状态;空腹血糖>16.7mmol/L、反复低血糖或血糖波动较大;严重糖尿病视网膜病变;严重糖尿病肾病(血肌酐>1.768mmol/L);严重心脑血管疾病(不稳定型心绞痛、严重心律失常、一过性脑缺血发作);合并急性感染;严重糖尿病足的患者日常生活活动以外的运动应列为禁忌。有增殖型视网膜病变的患者不适合进行无氧运动、阻力运动、跳跃运动和憋气的运动;有周围神经病变的患者应避免负重运动和需要足部反复活动的运动,可进行游泳、划船、坐在椅子上的运动、上肢运动和其他非负重运动。

4. 糖尿病患者运动的注意事项

(1)运动前准备:运动前着装、穿鞋应合适,质地柔软,并随身携带糖块或饼干以防止低血糖,准备足够的液体饮用以免脱水。

(2)运动中注意:最好有家属或同事或他人陪同。运动负荷适量,运动量要循序渐增。周围血管病变者要走-休息-走交替进行。伴视网膜病变者不举重、不潜水、头不低于腰。周围神经病变者避免过度伸展、不负重,注意足部保护和护理。注意监测心率、有无心前区闷痛等。

(3)预防运动后低血糖:运动后低血糖主要是由运动前血糖水平偏低、空腹运动、运动量过大、运动时机不合适、注射胰岛素过量等原因引起。运动时间应该在餐后1~3小时,或在常规胰岛素注射后2~4小时进行,并避免运动过量,注意运动与休息相结合,随时观察身体反应。建议运动时随身携带含糖食品和饮料,以便在低血糖时能够及时补充糖分。

(4)运动后注意:运动会引起食欲增加,消化功能增强,应注意饮食控制。注意监

测血压、血糖。记录运动日记,有助于提升运动依从性。

(二)医学营养治疗

医学营养治疗(medical nutritional therapy,MNT)对预防糖尿病的发生、治疗已发生的糖尿病、预防或至少延缓糖尿病并发症的发生均有非常重要的作用,应贯穿糖尿病的所有阶段。不良的饮食习惯还可导致相关的心血管等危险因素,如高血压、血脂异常和肥胖的出现和加重。

1. 目标和原则 控制体重在正常范围内,保证青少年的生长发育,单独或配合药物治疗来获得理想的代谢控制(血糖、血脂、血压)。超重/肥胖患者减少体重的目标是在3~6个月期间体重减轻5%~10%,消瘦患者应通过均衡的营养计划恢复并长期维持理想体重。饮食治疗应尽可能做到个体化;限制饮酒,特别是肥胖、高血压和(或)高甘油三酯血症的患者;具有2型糖尿病风险的个体应限制含糖饮料的摄入;食盐限量在6g/d以内,尤其是高血压患者;妊娠的糖尿病患者应注意叶酸的补充以防止新生儿缺陷;钙的摄入量应保证1000~1500mg/d,以减少发生骨质疏松的危险性。不建议长期大量补充维生素E、维生素C及胡萝卜素等具有抗氧化作用的制剂,其长期安全性仍待验证。

2. 能量控制 能量摄入的标准,在成人以能够达到或维持理想体重为标准;儿童青少年则以保持正常生长发育为标准;妊娠期糖尿病则需要同时保证胎儿与母体的营养需求。运动结合饮食生活方式调整,有更好的减肥效果。极低能量饮食[≤3350kJ/d(800kcal/d)]可迅速减轻T2DM患者的体重、改善血糖和血脂状况。但该疗法非常难以坚持,且终止后容易出现体重反弹。因此,极低能量饮食不适宜用于长期治疗T2DM,应当考虑结合其他干预措施。

🔵 知识拓展

手术与干细胞治疗糖尿病

手术治疗可明显改善肥胖症伴T2DM的血糖控制,甚至可以使一些患者的糖尿病"治愈"。2011年3月,世界糖尿病联盟正式发表声明,承认减重手术(即糖尿病胃转流手术)可以作为治疗T2DM的手段之一,并推荐早期进行干预。2011年7月,由中华医学会糖尿病学分会与中华医学会外科学分会共同发布了《手术治疗糖尿病专家共识》,认可减重手术是治疗伴有肥胖的2型糖尿病的手段之一,并鼓励内外科合作共同管理实施减重手术的2型糖尿病患者。手术方式主要有如下4种:腹腔镜袖状胃切除术(LSG)、胃旁路术(RYGB)、腹腔镜下可调节胃束带术(LAGB)、胆胰旁路术(BPD)。

干细胞治疗可以通过改善胰岛B细胞功能、增加外周靶组织抵抗以达到持久稳定降糖的目的。目前用干细胞治疗糖尿病的方法有:自体骨髓干细胞移植、自体血液干细胞移植、人胚胎干细胞移植、脐血干细胞移植等。目前一些小样本临床试验已验证了其有效性及安全性,大样本、随机、安慰剂对照临床试验的开展将会提供更多干细胞治疗糖尿病有效性及安全性的临床数据。干细胞移植治疗糖尿病目前虽有所收获,但还未成熟,有待进一步研究。

（三）心理疗法

糖尿病是一种慢性终身性疾病,心理、社会因素在其发生、发展、治疗、康复过程中起着重要作用。抑郁、焦虑、负性情绪会使糖尿病患者处于应激性状态,长期处于焦虑状态,血中儿茶酚胺水平升高,一方面拮抗胰岛素的作用,使靶组织对胰岛素的敏感性降低;另一方面,抑制内源性胰岛素的分泌,影响糖尿病的治疗效果,对患者的血糖控制极其不利。

1. 精神分析法　也称心理分析法,是通过有目的、有计划地同糖尿病患者进行交谈;听取患者对病情的叙述,帮助患者对糖尿病有完整的认识,建立起战胜疾病的信心。儿童应根据不同年龄特点进行,使患儿在治疗中维持健康的心理状态,在身体和心理方面都获得最大限度的康复。

2. 行为干预　行为是心理的外显。对不良行为,包括起居无常、不喜锻炼、嗜食肥甘、不食果蔬与各种不良生活细节等,可以通过必要的教育启发,以及行为医学的相关措施加以纠正。对于青少年患者发生的异常行为和心理反应,应帮助他们抵抗因疾病而遇到的不良压力,纠正不良行为,使其自强、自信。对于出现严重异常行为者,应请精神科会诊。

3. 生物反馈疗法　是借助肌电或血压等生物反馈训练,放松肌肉,同时消除心理紧张,间接有利于血糖的控制。

4. 音乐疗法　通过欣赏轻松愉快的音乐,消除烦恼和焦虑,消除心理障碍。

5. 其他　可举办形式多样的糖尿病教育与生活指导座谈会、经验交流会、观光旅游等活动,帮助患者消除心理障碍,有利于病情稳定。夏令营形式是对青少年进行强化教育和治疗的一种好办法,可以消除患者的孤独感,增加患者的自信和自强。还要定期对患者家属进行沟通和培训,让其帮助患者,给予充分的关怀、鼓励和温暖,给予患者来自家庭、社会的心理支持,以确保患者良好的生活方式能够长期坚持。

（四）中医康复疗法

糖尿病属于中医"消渴"的范畴。中医药治疗糖尿病有着悠久的历史,积累了丰富的临床经验,有许多行之有效的方药。对于 T1DM 的治疗,中医药尚未有很好的治法。在治疗 T2DM 方面虽有一定的优势,但多数是与西药合用辅助治疗。目前已被证实具有降糖作用的单味中药达 70 余种,复方 30 余首。根据糖尿病患者的临床表现,临床上常分为五个证型。

（1）肺热津伤证

主症:口渴多饮,口舌干燥,尿频量多,烦热多汗,舌边尖红,苔薄黄,脉洪数。

治法:清热润肺,生津止渴。

方药:消渴方加减。黄连、知母、黄芩清热降火;天花粉、生地、麦冬、葛根、藕汁生津清热,养阴增液。烦渴不解、小便频数,又见脉数乏力者,为气阴两伤,肺热津亏,可以选用玉泉丸或二冬汤。

（2）胃热炽盛证

主症:多食易饥,口渴,尿多,形体消瘦,大便干燥,苔黄,脉滑实有力。

治法:清胃泻火,增液滋阴。

方药:玉女煎加减。麦冬、玄参、生地滋肺胃之阴;栀子、黄连、生石膏、知母清胃泻

笔记

火;川牛膝引热下行,活血化瘀。大便秘结者,可用增液承气汤来润肠通便,待大便正常后再用玉女煎加减治疗。

(3)气阴亏虚型

主症:口渴引饮,能食与便溏并见,或饮食减少,精神不振,四肢乏力,体瘦,舌质淡红,苔白而干,脉弱。

治法:生津止渴,益气健脾。

方药:七味白术散加减。木香、藿香醒脾行气散津;葛根升清生津;白术、茯苓、党参、黄芪、甘草等健脾益气;麦冬、天冬养阴生津。气短汗多者,加山萸肉、五味子等敛气生津;腹胀食少加砂仁、鸡内金健脾助运;肺有燥热加黄芩、地骨皮等清肺。

(4)肾阴亏虚型

主症:尿频量多,混浊如脂膏,或尿甜,腰膝酸软,乏力,头晕耳鸣,口干唇燥,皮肤干燥,瘙痒,舌红苔少,脉细数。

治法:补益肝肾,滋肾固本。

方药:六味地黄丸加减。茯苓健脾利湿;怀山药补脾,固摄精微;五味子、枸杞子、熟地黄等益精补肾;泽泻、丹皮清热泄火。阴虚火旺,五心烦热,失眠者可加知母、黄柏滋阴泻火;气阴两虚而伴困倦,气短乏力,舌质淡红者,可加黄芪、党参;尿量多而浑浊者,加益智仁等益肾缩尿。若烦渴,呼吸深快,唇红舌干,用生脉散加鳖甲、天门冬等育阴潜阳。

(5)阴阳两虚型

主症:小便频数,混浊如膏,甚至饮一溲一,面容憔悴,耳轮干枯,腰膝酸软,四肢欠温,畏寒肢冷,阳痿或月经不调,舌苔淡白而干,脉沉细无力。

治法:滋阴温阳。

方药:金匮肾气丸加减。怀山药补脾,固摄精微;茯苓健脾利湿;山萸肉、五味子、枸杞子、熟地黄等益精补肾;附子、肉桂温肾助阳。身体困倦,气短乏力者,可加党参、黄芪补益正气;尿量多而浑浊者,加覆盆子、益智仁等益肾缩尿。

针灸治疗糖尿病及其并发症基本采用体针、耳针、艾灸、穴位注射等方法,采用辨病和辨证治疗;推拿以脊柱两侧夹脊及膀胱经穴位和四肢诸阴经循行部位为主,调节五脏,扶正祛邪;中医食疗、气功等作为辅助治疗手段,也发挥了积极的治疗作用。

四、常见慢性并发症的康复

住院 T2DM 并发症患病率分别为:高血压 34.2%,脑血管病 12.6%,心血管病17.1%,下肢血管病 5.2%。根据踝肱压力指数(ABI)检查,在 50 岁以上糖尿病患者,其下肢动脉病变的患病率高达 19.47%~23.80%。61.8%的 T2DM 患者并发神经病变,在吸烟、年龄超过 40 岁以及血糖控制差的糖尿病患者中神经病变的患病率更高;T2DM 并发肾病的患病率为 34.7%;在 T2DM 成年患者中,有 20%~40%出现视网膜病变,8%有严重视力丧失,并随病程和年龄的增长而上升。老年糖尿病患者约20%并发关节炎,其中营养不良性关节炎(Charcot 关节病)和肩关节周围炎较为常见。在慢性并发症的预防和早期治疗上,中医药的辨证施治有着西医不可比拟的优势。

（一）糖尿病心血管并发症

糖尿病心血管并发症包括心脏和大血管上的微血管病变,如心肌病变、心脏自主神经病变、冠心病等。心血管并发症是 T2DM 患者死亡的主要原因之一。糖尿病患者发生冠心病的危险是一般人群的 2~4 倍,且病变更严重、更广泛、预后更差、发病年龄更早。对糖尿病的防治,一个重要目的就是尽可能地预防和延缓冠心病的发生,从而降低糖尿病冠心病的病死率。

糖尿病确诊后,至少应每年评估心血管病变的风险因素,评估的内容包括心血管病现病史及既往史、年龄、有无心血管风险因素(吸烟、血脂紊乱、高血压和家族史、肥胖特别是腹型肥胖)、肾脏损害(尿白蛋白排泄率增高等)、心房颤动(可导致卒中)。风险较高的患者可行标准 12 导联心电图、卧位和立位血压检查,疑有心脏病变者应进一步进行心脏超声、24 小时动态心电图和血压监测。单纯强化降糖治疗,不能显著减少糖尿病大血管并发症发生的风险。因此,对糖尿病大血管病变的预防,需要全面评估和控制心血管病危险因素,如对高血压和血脂异常者可进行适当的抗血小板治疗。

由于糖尿病患者存在自主神经病变,在临床上无症状的冠心病较常见,有时亦表现为疲乏、胃肠道症状、劳力性呼吸困难等非典型症状,因此应始终保持对心血管病变的警惕。并发冠心病的患者康复治疗的目的是改善患者的心理状态,阻止或逆转动脉粥样硬化过程,减少再次心肌梗死或猝死的危险,缓解心绞痛。康复方法参阅冠心病康复有关内容。

（二）糖尿病性脑血管病

糖尿病性脑血管病是指由糖尿病所并发的脑血管病,是在糖、脂肪、蛋白质等代谢紊乱的基础上,所产生的颅内大血管和微血管病变。糖尿病,特别是 T2DM 患者,有20%~40%最终要发生脑血管病,并成为糖尿病主要死亡原因之一。临床上主要表现为脑动脉硬化和急性脑血管病两类。45~74 岁糖尿病脑梗死发生率较非糖尿病者男性高 2.5 倍,女性高 3.7 倍。

评估的内容包括当前或以前心脑血管病病史;年龄;腹型肥胖;常规的脑血管病危险因素(吸烟、血脂异常和家族史等);血脂异常和肾脏损害(低 HDL 胆固醇、高甘油三酯血症和尿白蛋白排泄率增高等);房颤等。并可进一步行头颅 CT、MRI 等检查来评估脑血管病变情况。

由于糖尿病脑血管病发病机制具有其特殊性,特别在脑卒中急性期的处理过程中,存在诸多引起血糖升高的因素,应注意把握好治疗中的矛盾、降糖药物的选用、感染及各种并发症的预防。严格控制血糖、血脂、血压、血黏度、吸烟及体重等动脉粥样硬化的危险因素,避免或减少糖尿病性脑血管病的进一步加重和复发。及时进行康复治疗可明显改善代谢紊乱,降低再次卒中的发病率和病死率。卒中后评定与康复方法参阅脑卒中康复有关内容。

（三）下肢动脉病变

下肢动脉病变是外周动脉疾病(peripheral artery disease,PAD)的一个最常见并具代表性的组成成分。糖尿病患者下肢动脉病变常累及股深动脉及胫前动脉等中小动脉,表现为下肢动脉的狭窄或闭塞。其主要病因是动脉粥样硬化,但动脉炎和栓塞等也可导致下肢动脉病变,因此糖尿病患者下肢动脉病变通常是指下肢动脉粥样硬化病

变(lower extremity atherosclerotic disease, LEAD)。下肢动脉病变患者中只有10%~20%有间歇性跛行表现,大多数无症状,目前存在低诊断率、低治疗率和低知晓率,以及高致残率和高死亡率的状况。

1. PAD的分级　一经诊断需进行Fontaine分期与Rutherford分级、分类评定,见表5-7。

表5-7　PAD的分级：Fontaine分期与Rutherford分级、分类

Fontaine 分期		Rutherford 分级、分类		
分期	临床评估	分级	分类	临床评估
I	无症状	0	0	无症状
IIa	轻度间歇性跛行	I	1	轻度间歇性跛行
IIb	中到重度间歇性跛行	I	2	中度间歇性跛行
		I	3	重度间歇性跛行
III	缺血性静息痛	II	4	缺血性静息痛
IV	溃疡性坏疽	III	5	小部分组织缺损
		III	6	大部分组织缺损

2. 周围血管功能评定　①皮肤血液灌注压测定:踝的血流灌注可以采用标杆试验(pole-test)来评估,该方法是将腿部抬高后记录超声波信号点;②趾部血压和跨皮肤氧分压($TcPO_2$)测定;③胫后动脉和足背动脉脉搏触诊;④踝肱压力指数(ABI)测定:ABI=踝动脉收缩压/肱动脉收缩压。ABI<0.9提示阻塞性动脉病变存在;如果患者静息ABI<0.40或踝动脉压<50mmHg或趾动脉压<30mmHg,提示严重肢体缺血;如果ABI>1.3,提示动脉有钙化,应进行进一步检查,也是PAD的表现。

由于下肢动脉病变与冠状动脉疾病(CAD)和心脑血管疾病(CVD)等动脉血栓性疾病在病理机制上有共性,对CAD和CVD有参考价值。下肢动脉病变对机体的危害除了导致下肢缺血性溃疡和截肢外,更重要的是这些患者心血管事件风险明显增加和更高的死亡率。另外,ABI越低,预后越差,下肢多支血管受累者较单支血管受累者预后更差。

3. 治疗　目的包括预防全身动脉粥样硬化疾病的进展,预防心血管事件,预防缺血导致的溃疡和肢端坏疽,预防截肢或降低截肢平面,改善间歇性跛行患者的功能状态。对于间歇性跛行患者,应鼓励其进行常规的运动康复锻炼,时间至少持续3~6个月,运动可以调节下肢肌肉的有效血流分布,改善其血液流变学特征,更大程度地利用氧,对于慢性下肢疼痛患者能提高无痛性步行距离。要严格控制所有可治疗的其他危险因素,如戒烟和限制酒精摄入、控制高血糖、控制高血压、改善血脂异常、抗血小板治疗等。

在内科保守治疗无效时,为了挽救缺血肢体,可以选择血管腔内微创治疗,包括传统的经皮球囊扩张术(percutaneous transluminal angioplasty, PTA)、支架植入,到经皮内

膜旋切,以及针对足部小血管病变的 Pedal-Plantar Loop 技术等。微创治疗无效或失败时,可以选择外科手术治疗,包括动脉内膜剥脱术、人造血管和(或)自体血管旁路术、交感神经切除术等。

(四)糖尿病神经病变

糖尿病神经病变(diabetic neuropathy,DN)是糖尿病的主要慢性并发症之一,其发病机制主要与高血糖引起的代谢紊乱、血管损伤、神经营养障碍、氧化应激及遗传因素有关。

糖尿病神经病变可根据不同的临床表现进行分型,最常见的分型如下:①远端对称性多发性神经病变,最常见;②局灶性单神经病变,可累及单个脑神经或脊神经;③非对称性多发局灶性神经病变,同时累及多个单神经的神经病变;④多发神经根病变,最常见为腰段多发神经根病;⑤自主神经病变,常见,可累及心血管、消化、呼吸、泌尿生殖等系统。

糖尿病周围神经病变(diabetic peripheral neuropathy,DPN)可检查踝反射或膝反射、针刺觉、音叉振动觉、尼龙丝触觉。怀疑有神经病变者应进一步进行神经传导速度测定、痛觉阈值测定等。S-M 单丝触觉试验是 S-M 单丝轻触皮肤并使其弯曲,则皮肤表面所承受的压力为 10g。检查时在患者双足背侧皮肤无甲处各触碰 4 次,记录能感知的次数,≥5 次则提示有异常。音叉振动觉测试双足大趾振动觉,用分度音叉在足大趾关节处测 3 次,3 次中有 2 次答错,示音叉感觉缺失。

糖尿病自主神经病变(diabetic autonomic neuropathy,DAN)检查项目包括立卧位血压、心率变异性、Valsalva 试验(最长 R-R 间期与最短之比)、握拳试验(持续握拳3 分钟,测血压)、体位性血压变化测定、24 小时动态血压监测、频谱分析等心脏自主神经检查。其他自主神经病变,主要根据相应临床症状和特点及功能检查进行排他性诊断。

对于糖尿病神经病变的防治,首先控制代谢紊乱,严格控制血糖,纠正血脂异常,控制高血压。加强足部护理,定期进行筛查及病情评价。病因治疗有控制血糖、改善微循环、神经营养及修复药的应用。对症治疗,如使用外用药物或局部理疗均可能有效。对于自主神经病变,如直立性低血压或晕厥可采用药物治疗,但作用有限,非药物方法如足够的盐摄入、避免脱水和利尿剂的使用、下肢支撑长筒袜等可能有一定疗效。糖尿病膀胱病变应利用定时排尿或自我放置导尿管进行治疗。勃起功能障碍或女性性功能障碍可进行专科康复治疗。

(五)糖尿病视网膜病变

糖尿病视网膜病变(diabetic retinopathy,DR)是糖尿病常见的微血管并发症之一,已成为成人低视力及致盲的主要原因,严重影响了患者的生活质量。DR 的临床表现轻重不一,进展速度也不一,还受是否合并白内障、青光眼等其他眼部疾病影响。视力的改变为 DR 的主要临床表现。早期可无症状,随着病变的发展,表现为视力逐渐减退或闪光感。视力的突然丧失,往往意味着眼底出血或视网膜脱离的发生。

T1DM 发病 3 年后,T2DM 确诊时,应检查视力、散瞳查眼底,对于眼底病变可疑者或有增殖前期、增殖期视网膜病变者应进一步行眼底荧光造影。糖尿病视网膜病变依据散瞳下眼底检查可观察到的指标来分级(表 5-8)。

表 5-8　糖尿病视网膜病变的国际临床分级标准（2002 年）

病变严重程度	散瞳眼底检查所见
无明显视网膜病变	无异常
轻度非增殖期（NPDR）	仅有微动脉瘤
中度非增殖期（NPDR）	微动脉瘤,存在轻于重度 NPDR 的表现
重度非增殖期（NPDR）	出现下列任何一个改变,但无 PDR 表现 1. 任意一个象限中有多于 20 处视网膜内出血 2. 在两个以上象限有静脉串珠样改变 3. 在一个以上象限有显著的视网膜内微血管异常
增殖期（PDR）	出现以下一种或多种改变:新生血管形成、玻璃体积血或视网膜前出血

依据病变程度可将糖尿病黄斑水肿（DME）分为无或有明显的 DME 2 类。如果存在 DME,可再分为轻度、中度和重度 3 级（表 5-9）。对视网膜增厚须行三维检查,在散瞳下行裂隙灯活体显微镜检查或眼底立体照相,并每年检查 1 次。

表 5-9　糖尿病黄斑水肿分级（2002 年）

病变严重程度	眼底检查所见
无明显糖尿病黄斑水肿	后极部无明显视网膜增厚或硬性渗出
有明显糖尿病黄斑水肿	后极部有明显视网膜增厚或硬性渗出
轻度	后极部存在部分视网膜增厚或硬性渗出,但远离黄斑中心
中度	视网膜增厚或硬性渗出接近黄斑中心但未涉及黄斑中心
重度	视网膜增厚或硬性渗出涉及黄斑中心

治疗上严格控制血糖、血压、血脂水平,长期随访观察,定期眼科就诊,做到早发现 DR,对预防 DR 性盲有非常重要的意义。还应该尽可能戒除吸烟等对视网膜病变有害的因素。一旦发现有增殖型视网膜病变,即应考虑行视网膜激光治疗,甚至行手术治疗等。

（六）糖尿病肾病

糖尿病肾病（diabetic nephropathy,DN）的确切机制尚未明确,是导致肾衰竭的常见原因,在我国 DN 约占终末期肾衰竭的 15%。

T1DM 所致肾损害分为 5 期,T2DM 导致的肾损害也参考该分期。第 Ⅰ 、Ⅱ 期为临床前期,第 Ⅲ 、Ⅳ 、Ⅴ 期为临床期。Ⅰ 、Ⅱ 期多无明显症状,Ⅲ 期为持续微量蛋白尿期,血压可轻度升高,Ⅳ 期为临床蛋白尿期,此期血压增高,多有水肿,常伴微血管并发症,如视网膜病变、外周血管病变等。Ⅴ 期为尿毒症期,出现尿毒症临床表现。

可查尿常规、24 小时尿白蛋白定量或尿白蛋白与肌酐比值、血肌酐和尿素氮,肾脏病变者应进一步行肌酐清除率测定。确诊糖尿病肾病前必须除外其他肾脏疾病,必要时需做肾穿刺病理检查。微量蛋白尿是 DN 的最早临床证据及筛选早期 DN 的主要指标,亦是 T1DM 和 T2DM 患者心血管疾病发生率及死亡率显著升高的标志。检测尿液微量白蛋白是否正常,最简单的方法是测定尿中白蛋白与肌酐的比值,只需单次尿标本即可检测。

DN 治疗应是综合性,常规治疗措施包括生活方式干预(如合理控制体重、糖尿病饮食、戒烟及适当运动等)、低蛋白饮食、控制血糖、控制血压、纠正脂代谢紊乱以及控制蛋白尿等。对糖尿病肾病肾衰竭者需透析或行肾移植治疗,并且糖尿病肾病开始透析要早。中医药在防治糖尿病肾病及其并发症方面积累了一定的经验,尤其是在保护 DN 患者肾功能、减少尿白蛋白等方面,值得进一步研究和探索。

(七) 糖尿病足

糖尿病足(diabetic foot, DF)指糖尿病患者由于合并神经病变及不同程度的血管病变而导致下肢感染、溃疡形成和(或)深部组织损伤。全球约 15% 的糖尿病患者曾发生过足溃疡或坏疽,糖尿病足造成的截肢是非糖尿病患者的 40 倍。糖尿病足的基本发病因素是神经病变、血管病变和感染,这些因素共同作用可导致组织的溃疡和坏疽。

1. 糖尿病足的 Wagner 分级法　见表 5-10。

表 5-10　糖尿病足的 Wagner 分级法

分级	临床表现
0 级	有发生足溃疡的危险因素,目前无溃疡
1 级	表面溃疡,临床上无感染
2 级	较深的溃疡,常合并软组织炎,无脓肿或骨的感染
3 级	深度感染,伴有骨组织病变或脓肿
4 级	局限性坏疽(趾、足跟或前足背)
5 级	全足坏疽

2. 评定　糖尿病足的危险因素包括以往有过足溃疡或截肢、独居的社会状态、经济条件差、赤足行走、视力差、弯腰困难、老年、合并肾脏病变等。应对所有糖尿病患者进行年度足部检查,包括足是否存在畸形、胼胝、溃疡,皮肤颜色变化,足背动脉和胫后动脉搏动、皮肤温度以及是否存在感觉异常等。具体参见糖尿病周围神经病变评定和周围血管功能评定。

3. 治疗　首先要鉴别溃疡的性质,神经性溃疡常见于反复受压的部位,如跖骨头的足底面、胼胝的中央,常伴有感觉的缺失或异常,而局部供血是好的。缺血性溃疡多见于足背外侧、足趾尖部或足跟部,局部感觉正常,但皮肤温度低、足背动脉和(或)胫后动脉搏动明显减弱或不能触及。

对于神经性溃疡,主要是制动和减压,特别要注意患者的鞋袜是否合适。对于缺血性溃疡,则要重视解决下肢缺血,轻度至中度缺血的患者可以进行内科治疗。病变严重的患者可以接受介入治疗或血管外科成形术。对于合并感染的足溃疡,定期去除感染和坏死组织。只要患者局部供血良好,对于感染的溃疡,必须进行彻底的清创。根据创面的性质和渗出物的多少,选用合适的敷料。在细菌培养的基础上选择有效的抗生素进行治疗。

(1)运动疗法:对足部保护性感觉丧失的患者推荐的运动是游泳、骑自行车、划船、坐式运动及手臂的运动。患者可做足部按摩及下肢肌肉静力收缩练习,患肢伸直抬高运动、踝关节的伸屈活动、足趾的背屈跖屈活动等,并经常变换体位,抬高患肢。根据病情,每天1~2次,初期活动量宜轻,逐渐增加,若出现足部难治性溃疡,应限制日常活动,使用助步工具。

(2)物理因子疗法:1级或2级可能存在感染,有感染者予紫外线配合超声波,无感染者用激光和红外线等治疗;3级须行外科清创术配合静脉注射抗生素,同时配合超声波、紫外线、直流电抗生素导入疗法。

(3)减轻足部压力:①使用治疗性鞋袜,这类鞋子鞋内应该是有足够的空间让足趾活动,透气良好,鞋内避免有接线和缝口,鞋底较厚硬而鞋内较柔软,能够使足底压力分布更合理。鞋的上部设计成能容纳足趾背部畸形,足前部损伤可以采用允许足后部步行的装置来减轻负荷,即"半鞋"(half-shoes)和"足跟开放鞋"(heel-sandals)。②全接触式支具或特殊的支具靴。③拐杖和轮椅。

(4)局部护理:每天检查足部,看皮肤色泽、温度,感觉是否有改变,是否有破溃、裂口,保持足部干净、干燥。每天用37℃左右温水泡脚20分钟,用柔软毛巾轻轻擦干足部皮肤,不要用力揉搓。洗脚后,趁趾甲较软时修剪。使用少量爽身粉,保持脚趾间皮肤干爽。鞋袜应宽松、舒适、透气。每天换袜子;不穿高过膝盖或有毛边的袜子。寒冷时注意肢端保暖,但忌用热水袋保暖热敷以防烫伤。一旦不小心损伤皮肤,应去医院正确处理伤口。

五、康复教育

全面、有效地控制糖尿病有赖于患者的自身管理和控制,基本的糖尿病知识是患者进行有效自身管理和控制的基础。另外,糖尿病患者住院的时间短暂,长时间的预防保健、康复、治疗需在家中进行,患者及家属迫切需要康复知识,康复教育满足了患者的需求,确保了治疗的完整性、连续性及效果。

将糖尿病纳入慢病管理的范畴,慢病管理主要包括慢病早期筛查、风险预测、危险分层、预警与综合干预、效果评估等。通过康复教育,使糖尿病患者充分认识糖尿病的危害、发病规律和如何进行科学的治疗。通过康复教育,可以改变患者的不健康行为,真正实现患者的主动参与,并在糖尿病的管理和控制中发挥重要的作用。糖尿病康复教育主要包括心理疏导、饮食治疗教育、运动治疗教育、药物治疗教育、自我监测与防治并发症教育6个方面。通过与患者和家属交谈,参阅患者的医疗档案,评估患者的一般资料、文化背景、对糖尿病的了解程度、经济与心理状况等内容,以确定患者及家属的教育需求。

根据患者情况和教育目标的差异,采取不同的教育方法,如讲解、讨论、演示,辅以实物模型、图片、手册和幻灯片等方法。帮助患者了解糖尿病的基本知识,如饮食、检查方法、治疗目的、护理要点等;为患者制订饮食方案、运动计划;帮助患者掌握血糖、尿糖的自我检测方法,使患者认识到自我监测的重要性,做好详尽的病情监测记录,定期接受检查,使患者主动参与治疗与管理。

第二节 恶性肿瘤的康复

随着现代生活方式和生活环境的变化,以及现代诊疗技术的发展,恶性肿瘤的发生率呈现持续增高趋势。恶性肿瘤是危害人类健康的首位严重的慢性非传染性疾病,造成了沉重的社会和经济负担。该类患者身心备受折磨,健康状况恶化,迫切需要康复的早期介入,康复治疗在恶性肿瘤后期疼痛、放化疗后产生的不良反应以及机体免疫力低下等方面优势突出,可以改善机体功能状况,降低并发症发生率,提高生活质量,使患者早日重返社会。

一、概述

(一)定义

肿瘤(tumor)是机体在各种致瘤因素作用下,局部组织的细胞在基因水平上失去了对其生长的正常调控,导致细胞的异常增生而形成的新生物,通常表现为局部肿块。恶性肿瘤(malignant tumor)是细胞不仅异常快速增殖,而且可发生扩散转移的肿瘤。

(二)流行病学

我国恶性肿瘤发病率估计为 100/10 万人口以上,每年新增恶性肿瘤患者 100 万~120 万人,现有恶性肿瘤患者约 430 万例,恶性肿瘤的病死率在城市为 109.5/10 万,在农村为 149.0/10 万,其中以肺癌、胃癌、食管癌、肝癌、乳腺癌、宫颈癌最为多见,占全部恶性肿瘤的 70%~80%。

目前,我国过去高发的食管癌和宫颈癌发病率有了明显下降,胃癌的发病率和死亡率趋于稳定,而乳腺癌、胰腺癌、结直肠癌等一些在欧美国家高发的癌种在我国有了明显上升趋势,其主要原因是受人口老龄化、生活方式、城市化以及工业化进程的影响。

(三)病因及发病机制

恶性肿瘤的病因不明,目前认为有多种可能致癌的因素,但常不是必然的直接致癌因素。外源性致癌因素有化学性、物理性、生物性等因素,内源性致癌因素为人体内部结构改变和功能失调,不良行为生活方式以及遗传因素、社会因素、精神心理因素等。恶性肿瘤患者中"生活方式癌"所占比例高达 80%。

关于肿瘤的发生机制,虽进行了大量的研究,但目前尚未完全明确。有关肿瘤形成的基本理论有:①肿瘤是多步骤发生、多基因突变的演进性疾病;②肿瘤的遗传易感性;③癌基因激活和抑癌基因失活;④生长因子及其受体与细胞内信号转导的异常;⑤肿瘤是一类细胞周期疾病;⑥肿瘤的发生是免疫监视功能丧失的结果;⑦组织微结构理论和干细胞理论等。

(四)临床特征

1. 对机体的影响严重 恶性肿瘤生长迅速,常向远处转移或向全身播散。可导致邻近脏器受压或空腔脏器梗阻,继发坏死、溃疡、出血、疼痛、肢体水肿或静脉曲张、

病理性骨折、癌性或血性胸腹水、内分泌紊乱等。到晚期出现极度消瘦、无力、贫血、全身衰竭,称为恶病质。

2. 临床治疗副作用大　临床手术可以引起组织器官缺损,易造成对术中涉及的周围组织器官功能的影响;化疗可引起毒副反应,包括胃肠道反应、骨髓抑制、心、肺、肝、肾、神经等器官毒性等;放疗的副作用表现为一系列的功能紊乱与失调,如精神不振、食欲下降、疲乏等全身反应,以及局部的皮肤与黏膜反应。

3. 精神心理反应剧烈　恶性肿瘤患者从疑诊时开始,到确诊后、治疗前后、终末期都可能发生严重的心理反应,如出现震惊、恐惧、否认、淡漠、抑郁、焦虑、悲伤等恐癌情绪。社会、家庭的态度和经济压力,可引起患者社会心理上的不愉快和抑郁感,严重者会出现肿瘤精神综合征。

4. 容易转移复发,难以彻底治愈　虽然目前恶性肿瘤患者的痊愈率得到提高,存活期有所延长,但恶性肿瘤细胞难以彻底消除,某些外部环境和个人因素难以控制,影响到恶性肿瘤的发展、转移、复发和预后,其病死率、致残率仍较高。

二、康复评定

大多数人类恶性肿瘤是环境因素与遗传因素相互作用的结果。恶性肿瘤本身以及手术、放疗、化疗等对身体结构与功能的损伤严重。康复评定主要是对个人行为、生活方式、环境理化生物因素、社会与家庭支持等背景性危险因素进行评定,通过定期复查对患者身体结构与功能损伤严重程度进行评定。患者活动能力和社会参与能力因肿瘤种类、治疗方式等不同,受限和局限性程度也不同,可根据具体情况进行相应的评定。

(一)危险因素评定

人口老龄化、生活模式、食物结构、饮食习惯和行为方式的变化,在工业化和城市化的进程中伴随生态环境的改变,造成了世界各地大部分恶性肿瘤发病率呈上升趋势。这些恶性肿瘤发病的危险因素也是恶性肿瘤发展、转移、复发的危险因素,影响患者预后。对危险因素的评定,有助于个性化康复方案的制订和实施。评定方法可以通过采集病史和谈话的方式进行,也可采用量表的形式进行。

主要的背景性危险因素及其在肿瘤发生中占的权重如下:①吸烟占30%;②饮食因素平均占35%,其变化幅度为10%~70%;③生育和性行为占7%;④职业因素占4%;⑤酒精滥用占3%;⑥地理因素占3%;⑦环境和水污染占2%;⑧药物和医疗因素占1%。

影响恶性肿瘤发病或复发的重大生活事件一般都先于恶性肿瘤起病或复发前6~8个月。常见生活事件评定量表,国内有郑延平、杨德森、张明园等多个版本可选用。社会支持对身心健康有显著的影响,评定量表有多种。国内设计了一个10条的社会支持量表(SSRS),该量表具有较好的预测效度,分为主观支持、客观支持和支持利用度三个维度,可选用。

(二)病理分级评定

未分化癌细胞多呈小圆形、小梭形或星形,胞质极少或裸核状,恶性程度高;高分化癌细胞接近正常分化程度,恶性程度低。

1. 四级法　Ⅰ级:未分化癌细胞占0%~25%;Ⅱ级:未分化癌细胞占25%~50%;

笔记

Ⅲ级:未分化癌细胞占 50%~70%;Ⅳ级:未分化癌细胞占 70%~100%。

2. 三级法　分为高度分化、中度分化、低度分化三级,恶性程度依次递增。

(三)临床分期评定

多数部位肿瘤的临床分期采用国际抗癌联盟(UICC)所规定的恶性肿瘤 TNM 分期法。此分期法只适应于过去未曾进行过治疗的患者,病变的范围仅限于临床检查所见。T 代表原发肿瘤,N 代表局部淋巴结转移状况,M 代表远处转移情况。临床工作中,不同恶性肿瘤还有各自的临床分期标准,如直肠癌采用 Dukes 分期,膀胱癌采用 JSM 分期,胃癌采用 Moss 分期等。

临床分期与肿瘤的临床表现及治疗方案的选择有直接关系,对恶性肿瘤的分期也是估计患者预后、评估治疗效果的需要。如小于 3cm 的肝癌,术后 5 年生存率远高于大于 3cm 的肝癌。直肠癌的术后复发率及预后与其分期密切相关,当无淋巴结转移时,Dukes A、B1、B2 期术后平均复发率分别为 5%、10%、25%,而有淋巴结转移时,复发率明显升高,Dukes C1、C2 期平均复发率上升为 33%、66%。

(四)疗效分级标准

世界卫生组织(WHO)有关肿瘤治疗结果标准化的两个会议提出了肿瘤治疗客观反应的标准(表 5-11)。分为完全缓解(complete response,CR)、部分缓解(partial response,PR)、无改变(no change,NC)、疾病进展(progressive disease,PD)四个等级。

表 5-11　WHO 肿瘤治疗客观反应的标准

	可测量的病变	不可测量的病变	骨转移
CR	可见的病变完全消失至少 1 个月	所有症状、体征完全消失至少 4 周	X 线及扫描等检查,原有病变完全消失至少 4 周
PR	肿块缩小 50% 以上至少 4 周	肿瘤大小估计减小超过 50% 至少 4 周	溶骨性病灶部分缩小,钙化或骨病变密度减低至少 4 周
NC	肿块缩小不足 50% 或增大不超过 25%	病情无明显变化至少 4 周,肿瘤大小估计增大不到 25%,减少不足 50%	病变无明显变化,由于骨病变往往变化缓慢,判定 NC 至少应在开始治疗的第 8 周后
PD	为一个或多个病变增大 25% 以上或出现新病变	新病灶出现或原有病变估计增大至少 25%	原有病灶扩大和(或)新病灶出现

注:CR 时间指自开始判定 CR 起至肿瘤开始出现复发时的时间。PR 时间指自开始判定 PR 起至肿瘤两径乘积增大到治疗前 1/2 以上时的时间。生存时间指从开始化疗至死亡的时间或末次随诊时间。无病生存时间指 CR 患者从开始化疗至开始复发或死亡的时间。

(五)癌痛的评定

通用疼痛评定法有目测类比测痛法(VAS)、口述等级评分法(VRS)、McGill 疼痛问卷法等,可根据实际情况选用。

针对癌痛的 5 级评定法简便易行,即根据用药的种类和方法将癌痛分为 5 级。0 级:不需任何镇痛剂;1 级:需非麻醉镇痛剂;2~4 级:分别需口服、肌内注射、静脉注射麻醉剂。

（六）心理评定

正确评估肿瘤作为应激源给患者及家属带来的心理负担,评估肿瘤患者的自杀风险,是十分必要的。恶性肿瘤患者心理评定的原则和方法与一般心理评定相同。常用量表有症状自评量表(SCL-90)、焦虑自评量表(SAS)和抑郁自评量表(SDS)、Rutter儿童行为问卷、老年抑郁量表(GDS)等。少数有严重精神障碍者,需精神专科医师会诊评定。

（七）营养评定

营养不良在肿瘤患者中普遍存在。肿瘤患者主要出现的营养问题,一是厌食和体重下降;二是肿瘤患者的代谢异常。营养不良可分为消瘦型营养不良、蛋白质型营养不良、混合型营养不良3类。

营养评定可分营养筛选和综合评定两个步骤。综合评定是经过营养不良初筛,进一步了解病史、进行体格检查,利用一些客观指标(如血浆蛋白水平)、机体测量(如动态的体重、身高变化及机体组成测定等)与主观评定相结合来完成的营养评定。可根据具体情况选择综合营养评定、主观全面评定(SGA)、营养评定指数(NAI)等方法。

（八）活动能力评定

恶性肿瘤患者活动状况评定的常用量表有 Karnofsky 活动状况量表(KPS)(表5-12),用于评定恶性肿瘤患者的功能状态。此外,也可以选用 Zubrod-ECOG-WHO(ZPS)患者活动状况分级标准,以及 Barthel 指数、PULSES、Katz 指数等普适性量表。

表5-12　Karnofsky 活动状况量表

活动独立性	表现	计分
能进行正常活动,不需要特殊照顾	正常,无症状,无疾病的表现	100
	能进行正常活动,症状与体征很轻	90
	经努力能正常活动,有些症状和体征	80
不能工作,生活需不同程度的协助	能自我照料,但不能进行正常活动或工作	70
	偶需他人协助,但尚能自理多数个人需要	60
	需他人较多的帮助,常需医疗护理	50
不能自理生活,需特殊照顾,病情发展加重	致残,需特殊照顾与协助	40
	严重致残,应住院,无死亡危险	30
	病重,需住院,必须积极的支持性治疗	20
	濒临死亡	10
	死亡	0

（九）参与能力评定

恶性肿瘤患者参与局限性的主要原因是身体的残疾和心理障碍。社会生活能力评定可选用功能活动问卷、社会功能缺陷筛选表;工作能力的评估方法常用的有微塔法、Mclean Hospital 工作评估表、Valpar 评定系统等。目前应用较多的是残疾评定和生活质量评定。

1. 残疾分类　根据 Raven 的分类法,恶性肿瘤残疾可分为四类:

(1)肿瘤已控制,无残疾。

(2)肿瘤已控制,因治疗而出现残疾。包括:①器官的截断或切除:如截肢、乳房切除、子宫切除等;②器官切开或部分切除:如肺、胃、肝等器官部分切除,结肠部分切除后腹壁造口、气管切开、面颌根治术后缺损、软组织术后缺损等;③器官切除后内分泌替代治疗:如甲状腺切除、卵巢切除、垂体切除等;④心理反应、精神信念改变等。

(3)肿瘤已控制,因肿瘤而出现残疾。包括:①全身性反应:营养不良、贫血、恶病质、疼痛、焦虑、抑郁等;②局部性残疾:软组织与骨破坏、病理性骨折、膀胱与直肠功能障碍、周围性瘫痪、偏瘫、四肢瘫等。

(4)肿瘤未控制,因肿瘤与治疗而出现残疾。

2. 肢体残疾评定　肢体残疾是指人的四肢残缺或四肢躯干麻痹、畸形,导致人体运动功能不同程度的丧失或障碍。恶性肿瘤导致肢体残疾者的残疾级别评定,是在未加康复措施的情况下以完成日常生活活动的程度来评定。日常生活活动能力分为 8 项,即端坐、站立、行走、穿衣、洗漱、进餐、大小便、写字。能实现一项计 1 分,实现有困难的计 0.5 分,不能实现计 0 分。据此划分为 4 个等级(表 5-13)。

表 5-13　肢体残疾与日常生活活动能力的关系

级别	计分	程度
一级肢体残疾	0~2	完全不能实现日常生活活动
二级肢体残疾	3~4	基本上不能实现日常生活活动
三级肢体残疾	5~6	能够部分实现日常生活活动
四级肢体残疾	7~8	基本上能够实现日常生活活动

3. 生活质量评定　生活质量研究在肿瘤临床研究中有三大作用:①评价肿瘤患者及其疼痛的治疗效果,进行疗法的选择;②有利于抗癌药、镇痛剂、止吐药等的筛选及评价;③有助于了解治疗后患者的远期生存状态。

常用量表有普适性量表,如健康调查简表(MOS SF-36)、世界卫生组织生活质量问卷(WHOQOL-100)等;专用量表,主要有美国研制出的恶性肿瘤治疗功能评价系统(FACT)和欧洲恶性肿瘤研究与治疗组织研制的恶性肿瘤患者生活质量测定量表 QLQ 系列,均有中文版本。FACT 和 QLQ 系列均是由一个测量恶性肿瘤患者生命质量共性部分的共性模块和一些特定恶性肿瘤的子量表(特异模块)构成的量表群。

我国学者在借鉴外国各种评定量表的基础上,设计了具有中国文化特色的恶性肿瘤患者通用生命质量量表,以及宫颈癌、乳腺癌、肺癌等专用量表。但就总体而言,恶性肿瘤的生命质量评定做得还不够普遍,有待加强。

三、康复治疗

由于在肿瘤发生发展的不同阶段,不同肿瘤及其不同程度功能障碍的康复目的不同,将肿瘤患者的康复目的分为预防性康复、恢复性康复、支持性康复、姑息性康复4种。恶性肿瘤是一种易转移、复发的疾病,康复治疗上不仅需要多学科综合治疗、治疗方案个体化,而且需要加强心理与行为干预,重视姑息,为恶性肿瘤患者改善功能状况、提高生活质量打下基础。

(一)运动疗法

当某器官或局部功能损伤时需对其进行有针对性的功能训练。如乳癌根治术后,手术侧肩关节活动受限,需对肩关节的活动功能进行训练;骨肿瘤截肢配备假肢后需进行假肢的活动功能训练;肺癌肺部术后需进行患侧呼吸训练,改善肺功能;喉癌全喉切除术后患者不能发音,需进行食管言语训练,发声重建术后需进行发声、言语训练;颌面肿瘤根治术后需进行张口、咀嚼、吞咽、言语功能性训练等。

恶性肿瘤患者应进行适合自己体力的运动和活动,以不产生明显疲劳和加重症状为度。能下地活动者可进行日常生活活动及健身跑、步行、上下楼、骑自行车、瑜伽、太极拳、气功等较低强度的有氧运动,以增强肌力,保持或改善关节活动范围,提高心肺功能与耐力。对于不能下床的患者,要在床上进行肢体的活动,并尽可能自理个人生活活动,如吃饭、穿衣、洗漱等。长期卧床后,在开始恢复运动时,要注意防止直立性低血压,必要时可以用起立床过渡。

恶性肿瘤患者在运动和活动的过程中要劳逸结合。对贫血及心肺功能低下者,应控制有氧活动的强度,注意监测疲劳水平。血小板计数在$(200 \sim 500) \times 10^9$/L者宜谨慎运动,低于$200 \times 10^9$/L者禁忌运动。白细胞计数低于$2 \times 10^9$/L者只能进行轻度活动,并应适当隔离。有骨转移癌或严重骨质疏松者应谨慎运动,限制负重或提供适当的辅助用具;发生病理性骨折者禁忌运动。

(二)物理因子疗法

1. 物理因子辅助放化疗治疗原发病　近年高频电、激光、超声波、冷冻、直流电、磁等多种物理因子被应用于恶性肿瘤的治疗。有体外治疗、腔内治疗或组织间治疗,多数与放疗、化疗、手术相结合,也有不少单独治疗,取得了较好的效果。如利用915MHz的分米波治疗鼻咽癌、超声波配合放疗治疗皮肤恶性肿瘤、高能聚焦超声热疗治疗胰腺癌等。

2. 放化疗后并发症治疗　放疗、化疗后出现骨髓抑制时,除进行药物治疗与加强营养外,可进行穴位的毫米波治疗,有促进白细胞计数回升的作用。术后淋巴水肿治疗可选择加压法。静力加压法有两种方式,一种是梯度压力服装,一种是绷带或缠裹;动力加压法主要方式是气动的泵装置和向心性按摩。

3. 恶性肿瘤引起的癌痛治疗　冷敷可以减轻炎症和疼痛,每次持续时间不超过15分钟,防止冻伤,不宜用于外周血管性病变区域或放射治疗损伤区域。热敷可以促进血运,松弛肌肉,减轻疼痛、紧张和焦虑,每次持续时间不超过30分钟,避免烫伤。放疗区域、肿瘤病变区域组织禁忌热敷。与热敷相比,冷敷止痛作用持续时间较长。

经皮神经电刺激等低中频电疗、磁疗、红外线热疗等能减轻疼痛,电极置入椎管内的脊髓电刺激疗法有较好的控制癌痛的效果。放射疗法对恶性肿瘤本身有一定的控制和治疗作用,对癌痛(尤其骨转移癌痛)有较好、较快的止痛效果。另外,中等强度的耐力性锻炼有助于增加体内内啡肽的含量,改善情绪,从而起到缓解疼痛的作用。骨关节和脊柱肿瘤所产生的疼痛往往和局部活动有关,采用支具进行局部制动,也可有效止痛。

（三）心理与行为干预疗法

心理与行为干预不仅可以改善不良情绪,缓解疼痛,改善睡眠,而且可以提高患者的免疫功能,改善认知功能,降低转移、复发的可能性,还可以减少治疗费用,缓解社会心理压力,提高生活质量等。此外示范疗法、教育启发手段以及恶性肿瘤俱乐部、癌友康复营等形式也十分重要。少数有严重精神障碍者,需精神专科医师会诊治疗。

1. 阶段性干预　心理康复中,恐癌情绪的消除是最重要的,应贯穿于恶性肿瘤治疗的各个阶段,也是其他心理康复的前提条件。

（1）确诊前后:告知时应评估透露消息的数量和比率,明确患者想知道的信息,以其能够理解的方式分阶段、分步骤告知,预防心理问题的出现。对那些产生震惊、恐惧、抑郁、悲观,或出现否认、淡漠等异常表现,处于心理障碍的休克期和冲突期,不能很好接受治疗的心理障碍患者,进行针对性分析、引导,使其能纠正错误认识,正视自己的疾病。同时动员患者家属和单位,配合医务人员,稳定其情绪,并适当解决其在经济、家庭、工作等方面的实际困难和问题,以利于患者的心理康复。

（2）治疗前后:患者的一般心理需求为希望被尊重、被理解和被接纳;希望获得相关专业信息,寻求安全感;希望早日康复,渴望回归正常交往与活动。此时,可对患者及家属的情绪通过自评问卷进行量化评估,然后给予适当的干预。对患者的不适感和担心要表示肯定和理解,尽量不用客观诊断结果否定患者的主观感受;耐心、专心、关心地倾听,并在倾听过程中做出适当的反应;及时提供深入浅出的专业信息,使患者对治疗有充分的了解,达到心理状况稳定的目的。对残疾严重、毁形毁容者,适时配用假体,进行整形整容手术,不但有利于心理康复,也有利于功能康复。必要时使用少量抗焦虑药物。

（3）终末期:晚期恶性肿瘤患者可能因疼痛控制差、衰竭和疲劳、无助感等表现出个性的改变、极大的悲观与绝望。此时可通过交谈来评估其自杀风险,并在结束谈话前否定其想法。然后根据患者回答内容划分风险等级并给予必要的干预。对终末期患者应予最大的帮助和支持,应安排安静舒适的环境,细致周到的护理,充分的精神支持和关怀。对有些患者不必告知全部真实病情,尽量减轻其悲观情绪,使之平静度过终末期。

2. 心理干预方法　心理疗法既可单人实施,也可多人集体实施。个人治疗可洞察到患者深层的心理内容,并依据患者心理行为反应的变化,灵活地采用各种心理行为干预手段。集体疗法可通过集体内的相互助长,迅速掌握行为治疗技术,并能在同病相怜的病友集体中充分表达、发泄内心痛苦等。

（1）认知疗法:患者和家人对恶性肿瘤的看法通常具有情绪的和行为的后果,影响对诊断和治疗的应对能力。认知疗法是以解决问题为出发点的简短的心理干预,它可帮助患者及其家人以一种客观的、适应性的方式看待恶性肿瘤。

（2）行为训练：行为训练能减轻与侵袭性治疗有关的焦虑和紧张，有效控制化疗的恶性肿瘤患者预期的恶心、呕吐，减轻恶性肿瘤患者的疼痛，特别是催眠之类的方法，如松弛、暗示、想象等。渐进性松弛训练是用于恶性肿瘤心理康复较多的一种行为疗法。

（3）艺术疗法：艺术疗法是一种治疗性艺术，使受试者通过美术室和画室探究其对恶性肿瘤经历的个人情感，并用视觉化的途径表达他们的恶性肿瘤体验。艺术疗法能加强患者的积极感情、减轻痛苦、澄清存在的精神问题。艺术疗法的非言语途径对面临情感冲突或生死选择的患者尤为有利，可以帮助患者面对和接受死亡。

（4）音乐疗法：音乐通过和谐优美的旋律能使肿瘤患者开阔胸怀，精神放松，忘却病魔的苦痛，驱散心中的抑郁，唤起对生活的热爱和与疾病斗争的信心；音乐能影响大脑半球，并使垂体分泌具有止痛作用的内啡肽，使儿茶酚胺水平降低，从而导致血压和心率下降。音乐疗法实施时间为 25～90 分钟不等，配合其他治疗措施效果更好。

（5）自然疗法：有日光疗法、泉水疗法、森林疗法、空气疗法、香花疗法、高山疗法、洞穴疗法、泥土疗法等多种方法。回归于自然之中，呼吸清新的空气，体验泉流云影，花香鸟语，会使人陶然自得，心旷神怡，乐趣无穷，会使肿瘤患者忘却疾病的痛苦，有利于身心的康复。

3. 行为干预与个性优化　行为与个性是心理的外显。对不良行为，包括吸烟、酗酒、嗜食肥甘、不食果蔬、起居无常、不喜锻炼、排便无规律等，可以通过必要的教育启发，用行为医学的相关措施来纠正。对那些情绪极其不稳定者、典型 A 型行为者、有明显自闭或自我折磨倾向者，可通过鼓励其积极参与相关社团活动，在不断与癌友的交往过程中逐步改变或优化行为和个性。

（四）营养支持疗法

营养支持疗法适用于接受积极的抗肿瘤治疗，同时存在营养不良问题或预期长时间不能消化和（或）吸收营养物的患者，终末期肿瘤患者通常不推荐使用营养支持作为姑息性治疗。在给予营养支持治疗前应先消除导致营养不良的因素，如厌食、味觉迟钝、口干、吞咽困难、腹胀、便秘、腹泻、食管炎等。营养支持有肠内和肠外两种方式。

1. 肠内营养　肠内营养（enteral nutrition，EN）包括经口和喂养管提供机体代谢所需的营养物质。尽可能地鼓励患者进食，增进患者食欲，改善进餐环境。对丧失咀嚼、吞咽功能，而消化功能完好者应采用喂养管。管饲营养所用的制剂包括匀浆膳和要素膳两种。匀浆膳是经常食用的多种自然食物经粉碎加工后混合成流质的营养液，成分接近正常人的膳食结构，可以自己配制。要素膳是一种营养全面、化学成分明确，无须消化即能被肠道直接吸收利用的无渣膳食，是以人体每日膳食营养素需要量和推荐量为依据，用水解蛋白、碳水化合物、脂肪和微量营养素配制。

2. 肠外营养　肠外营养（parenteral nutrition，PN）指通过静脉途径提供完全和充足的营养素，以达到维持机体代谢所需的目的。当患者被禁食，所有营养物质均经静脉途径提供时，称为全胃肠外营养（total parenteral nutrition，TPN）。当胃肠功能不能达到营养恢复和维持的要求时则行 TPN。在实施 TPN 的患者中,应防止并发症的发生,如静脉血栓形成、感染和气胸等。严重的水电解质紊乱、酸碱失衡、休克等禁忌肠外营养。肠外营养制剂可以提供人体每天的营养素需要量,通常由专业厂家制造。

(五)康复工程

恶性肿瘤本身以及恶性肿瘤手术,尤其是根治性手术往往对组织器官造成严重破坏,造成躯体完整性的缺失,如骨肿瘤截肢后常需佩戴假肢;颌面肿瘤根治术后常需安装假体以改善面容;喉切除术后为掩饰气管造口者的缺陷,可用低领适当掩盖颈前造口,但不可妨碍造口通气呼吸;肩下垂者可穿有垫肩的衣服;女性患者在乳房切除后可使用外部假体,年轻患者可考虑进行乳房重建术等。对于需要功能恢复、形体重建的患者,应根据其年龄、性别、文化水平、职业、经济条件等情况,给予积极的支持治疗和心理疏导,帮助患者解决生活上和工作上存在的问题。

(六)中医康复疗法

中医康复治疗恶性肿瘤,是在整体观的指导下,调整失调的脏腑功能,纠正气血阴阳的失衡状态。基本法则是标本兼顾,扶正与祛邪兼用,而以扶正调理为主,增强抗病能力,减轻消除临床症状。在具体运用过程中要权衡轻重缓急,确定先攻后补、先补后攻或攻补兼施,辨证论治。

中医中药抗癌康复的扶正方面首重脾肾。脾为后天之本,气血生化之源;肾为先天之本,真阴真阳所藏之处。扶正方面:可调节机体的免疫功能,提高机体对外界恶性刺激的抵抗力,有利于肿瘤的消除或控制其复发转移;调整机体神经、内分泌、体液的调节功能,保持机体内环境的稳定,恢复各脏腑正常的生理功能。扶正可以改善患者体质,促进康复,提高生存质量,延长生存期。祛邪方面:部分中药具有直接的抑制杀伤肿瘤细胞的作用;有清除体内由于代谢紊乱蓄积的毒素作用;软坚化痰、活血化瘀等中药具有缓慢消散癌肿,改善癌肿周围水肿、炎症的作用。常用三棱、莪术、丹参等活血化瘀之品;半枝莲、白花蛇舌草、红藤、蒲公英等清热解毒之品;半夏、全瓜蒌、夏枯草、白僵蚕等化痰消肿之品;天南星、雄黄、蟾酥、斑蝥等攻毒散结之品。

针灸推拿疗法能够疏通经络,调和气血,达到改善肌体因气滞血瘀、经络不通所致的癌肿。中晚期恶性肿瘤的主要症状之一是疼痛,并且严重影响患者的生存质量。针灸推拿疗法通过经络穴位刺激可使从外周神经到中枢神经系统的各个水平:脊髓、低位脑干、间脑、边缘系统和大脑皮质等神经系统释放多种介质和阿片肽,这些内源性物质共同组成人体的"抗痛系统"而产生针刺镇痛效应,不但可减少镇痛药物应用,而且没有成瘾的副作用。另外在减轻放化疗后所致消化道反应、白细胞减少、骨髓抑制、静脉炎、顽固发热症状,以及提高机体免疫力等方面有一定的疗效,多作为手术、放疗、化疗等方法的辅助手段。

中西医结合治疗肿瘤,不仅能有效控制病情发展,而且能改善患者整体内环境,减轻患者痛苦和西药化疗等的毒副反应,值得提倡。

四、康复教育

恶性肿瘤是威胁中国居民健康的主要慢性疾病之一,近年来随着社会、经济发展

笔记

和人口老龄化,中国大多数恶性肿瘤的发病率和死亡率呈上升趋势,是严重威胁人类生命和社会发展的重大疾病。癌症控制已成为现今卫生组织高度关注的焦点,因此,癌症的康复干预及康复教育任重而道远。

家庭支持与参与是恶性肿瘤患者康复过程最重要的内容,医疗团队及良好的社会支持也能有效减轻肿瘤患者的身心症状,并在其康复过程中起到十分重要的推动作用。由于恶性肿瘤的死亡率较高,患者极易产生负性情绪,如焦虑、抑郁、恐惧和担忧等,均是患者常见的心理反应,而且贯穿于疾病的始终。作为恶性肿瘤患者的家属应保持积极乐观的态度,并时时重视恶性肿瘤患者的心理问题,通过各种途径与方法,给予恰当的心理支持,肿瘤康复过程中的心理干预对改善恶性肿瘤患者抑郁、焦虑情绪有显著作用。

恶性肿瘤患者在手术、放疗、化疗中会产生很多不良反应,加上精神紧张,容易引起食欲不振、味觉异常,个别伴有恶心、呕吐等症状。如不能合理膳食,则会发生营养不良,使患者体重下降、抵抗力降低,易发生感染,甚至死亡。因此,要合理调配膳食,补充营养,提高机体的耐受力。

恶性肿瘤患者良好生活习惯的建立十分重要。戒除烟酒对肿瘤的康复大有好处,已经公认吸烟是肺癌的重要危险因素。另外,吸烟可使血压升高、血管痉挛、脑卒中、癌痛加重。乙醇对心、脑、肝、肾都有损害,不利于肿瘤的康复,所以恶性肿瘤患者首先应戒烟酒。保持生活规律,每天要有充足的睡眠,避免过度紧张与疲劳。康复的最终目的是尽最大程度地提高恶性肿瘤患者的生存质量及延长生存时限,尽早回归家庭及社会。

第三节　肥胖症的康复

随着全球经济的快速发展,生活水平的日益提高,饮食结构的变化,体力劳动的减少,肥胖症的发病率与日俱增,已成为全球首要健康问题。在我国,成年人中超重人群也在不断扩大,主要分布在经济发达地区,特别是大城市,是肥胖的高发区。我国的肥胖人口已占全国总人口的 5.4%,占城市人口的 17%。儿童(15 岁以下)的肥胖发生率有日益增高的趋势。肥胖症与多种疾病如血脂异常、高血压、2 型糖尿病、冠心病及某些癌症密切相关。肥胖症及其相关疾病可损害患者身心健康,使生活质量下降,预期寿命缩短,已成为重要的世界性健康问题之一。肥胖症的高发因素和高危后果已经引起人们的广泛关注。

一、概述

(一)定义

肥胖症指体内脂肪堆积过多和(或)分布异常、体重增加,是包括遗传和环境因素在内的多种因素相互作用所引起的慢性代谢性疾病。根据病因可分为单纯性肥胖和继发性肥胖两类。单纯性肥胖是指无明显内分泌与代谢性疾病,但伴有脂肪与糖代谢调节障碍的一类肥胖,此类肥胖最为常见。继发性肥胖是继发于神经-内分泌-代谢紊乱基础上的肥胖,如下丘脑综合征、甲状腺功能减退症等疾病的一种症状,通过对原发病的治疗,肥胖症大多可消除。本部分主要讨论单纯性肥胖的康复治疗。

> ### 知识链接
>
> #### 脂肪细胞与肥胖
>
> 　　脂肪细胞的能量储放有两种方式,一是脂肪细胞体积的增大,二是脂肪数目的增加。在能量处于持续正平衡(即长期多食少动)时,脂肪细胞的快速分化就会发生,脂肪细胞的数目也就增加,而且没有限制,人体从出生到 22 岁之间,脂肪细胞数目估计可增加 5 倍。减肥时只是脂肪细胞变小而不是数量减少或消失。估计在 1 岁时,脂肪细胞的数目已达到一个平台,如果继续有脂肪的储存,脂肪细胞的数目就会增加,如果这种现象得不到限制,肥胖将成必然。

(二)流行病学

　　超重和肥胖症在全球流行,已经成为严峻的公共卫生危机之一。2010 年国际肥胖症研究协会报告显示,全球超重者约为 10 亿,肥胖症患者约 4.75 亿,每年至少有 260 万人死于肥胖及其相关疾病,在西方国家成年人中,约有半数人超重和肥胖。我国肥胖症患病率也迅速上升,2010 年《国民体质监测公报》显示,我国成人超重率为 32.1%,肥胖率为 9.9%。我国人群超重和肥胖症患病率的总体规律是北方高于南方;大城市高于中小城市;中小城市高于农村;经济发达地区高于经济不发达地区。充分认识肥胖与疾病的关系,积极开展康复治疗及健康教育,防治由肥胖导致的疾病已成为当前各国医务工作者的一项重要任务。

(三)病因及发病机制

　　肥胖症是能量摄入超过消耗以致体内脂肪过多积聚的结果。脂肪的积聚总是由于摄入的能量超过消耗的能量,这一能量平衡紊乱的原因尚未阐明。肥胖的发生发展是多种因素相互作用的结果,主要包括遗传因素、环境因素及生活方式、社会因素三个方面。

　　1. 遗传因素　多项研究表明单纯性肥胖具有遗传倾向,肥胖有一定的家族聚集性,双亲均为肥胖者,子女中有 70%~80% 的人表现为肥胖,双亲之一(特别是母亲)是肥胖者,子女中有 40% 的人较胖。肥胖者的基因可能存在多种变化或缺陷。

　　2. 环境因素及生活方式　在肥胖的发生过程中起着主要作用。随着经济发展和食物供应的丰富,人们膳食结构发生变化,与传统的膳食模式相比,人们摄入高能量的动物性脂肪和蛋白质增多,而谷类食物、富含膳食纤维和微量元素的新鲜蔬菜和水果减少;进食行为也是影响肥胖发生的重要因素,饮食不规律,大量快餐进入人们的生活,进食行为不良,如暴饮暴食、夜间加餐等均可造成能量的过多积聚,从而导致肥胖的发生;由于现代化交通工具日渐完善,人们的体力活动也急剧减少,摄入能量大于消耗能量,导致多余能量以脂肪的形式储存起来而发生肥胖。

　　3. 社会因素　社会环境因素的改变与全球肥胖症患病率普遍上升有关。经济的发展和现代化生活方式对进食模式有很大影响,随着生活节奏的加快、经济收入的提

高,越来越多的高脂食品及高脂肪、高能量和高盐的快餐进入家庭,这是导致肥胖发生的重要因素。

知识链接

肥胖症病的"调定点"

目前关于肥胖症病因的"调定点"学说比较流行。这一学说认为,每个人的体内都有一个体重控制系统,控制着机体的能量平衡。个人体内脂肪含量的多少、体重的变化都由这一控制系统进行设定和调节,人们将这个调节水平称为"调定点"。"调定点"设定后,当机体摄入量增加时,"调定点"可以使机体代谢率增高、消耗增加;当体重下降时,"调定点"又可以使机体代谢率降低、消耗减少,从而使体重在一定范围内保持稳定。一般认为,肥胖者的"调定点"水平较高。这一理论似乎可以解释为什么大多数肥胖者减肥非常困难,或即使体重减轻后也很难长期保持。人体的"调定点"不是一成不变的,下丘脑损伤时,"调定点"可能发生改变;美味的食品可以使其升高;某些药物和体育运动可使其降低。"调定点"在体内发挥作用的机制还不清楚,有待进一步研究。

(四)临床特征

肥胖症主要表现为不同程度的脂肪堆积,男性脂肪分布以颈项部、躯干部和头部为主,而女性则以腹部、下腹部、乳房及臀部为主。轻度原发性肥胖者可无明显症状,中重度肥胖者则表现出一系列临床症状,如怕热、多汗、行动欠灵活、易感疲劳、负重关节易发生退行性改变,出现关节疼痛、腰腿痛等,甚至活动时有轻度气促,睡眠时打鼾。可表现出以下症状:

1. 心血管系统功能障碍　腹部脂肪组织大量增加使横膈抬高,则患者常觉呼吸短促,不能耐受较重的体力活动,长期则加重心脏负荷,出现心悸、心律不齐、心脏扩大、高血压等。长期肥胖者脂质沉积在动脉壁内,致使管腔狭窄、硬化,发生冠心病、心绞痛、卒中和猝死的概率大大增加。

2. 呼吸系统功能障碍　人体通过肺脏与外界进行气体交换,保证机体氧气摄入及排出组织代谢中产生的二氧化碳,肥胖患者因体重增多从而增加机体耗氧量,同时由于腹腔和胸壁脂肪组织堆积增厚,膈肌升高而降低肺活量,从而导致肺通气不良,换气困难,出现活动后呼吸困难,严重者可导致低氧血症、发绀、高碳酸血症发生,甚至出现肺动脉高压而导致心力衰竭。此外,重度肥胖者,尚可引起睡眠窒息,偶见猝死的报道。

3. 内分泌代谢紊乱　伴随肥胖所致的内分泌、代谢异常,常可引起多种疾病。糖代谢异常可引起糖尿病,脂肪代谢异常可引起高脂血症,嘌呤代谢异常可引起高尿酸血症等。肥胖女性因卵巢功能障碍可引起月经不调。

4. 感染与应激反应　肥胖者往往对感染的抵抗力较正常人低,常易发生泌尿系统、呼吸系统及消化系统的感染,皮肤皱褶处易引起皮炎。且肥胖者应激反应差,在急性感染、严重创伤、外科手术及麻醉的情况下易发生各种意外。

5. 肝胆系统病变　由于肥胖者的高胰岛素血症,使其体内甘油三酯合成亢进,就会造成在肝脏中合成的甘油三酯蓄积,从而形成脂肪肝。肥胖者与正常人相比,胆汁中的胆固醇含量增多,超过了胆汁中的溶解度,因此肥胖者更容易并发胆固醇结石。由于胆石症常合并胆囊炎,所以急慢性胆囊炎也在肥胖者中多见,急性胰腺炎是可能的并发症。

6. 骨关节炎　肥胖增加了负重关节所承受的负荷,可引起姿势、步态及整个运动系统活动的改变。由于体重负荷集中到膝关节中间部位的软骨上,因此膝关节炎发病率增高,表现为退行性改变,最终导致膝内翻畸形。

7. 心理功能障碍　肥胖症者因其体型、外观及功能障碍等因素常常伴有自卑、抑郁及焦虑等心理障碍,同时其社交活动也受到一定程度的影响,甚者严重影响工作与生活。

8. 日常生活能力障碍　重度肥胖患者常合并糖尿病、高脂血症、冠心病、骨关节炎等疾病,导致运动系统功能障碍和运动耐力降低,影响日常生活活动和工作学习。

二、康复评定

判断肥胖的科学方法是准确测定机体脂肪或脂肪组织的量,临床上衡量肥胖程度最为简易的方法是体重测量和皮下脂肪厚度测量。

(一)肥胖的评定

1. 体重测量　在测量时,受试者应当空腹、脱鞋、只穿轻薄的衣服。测量身高的量尺(最小刻度为1mm)应与地面垂直固定或贴在墙上。受试者直立、两脚后跟并拢靠近量尺,并将两肩及臀部也贴近量尺。测量人员用一根直角尺放在受试者的头顶,使直角的两个边一边靠紧量尺,另一边接近受试者的头皮,读取量尺上的读数,准确至1mm。称量体重最好用经过校正的杠杆型体重秤,受试者全身放松,直立在秤底盘的中部。测量人员读取杠杆秤上的游标位置,读数准确至10g。成人标准体重的计算方法,目前使用的主要有以下两种:

(1)体重身高推算法

身高>165cm:标准体重(kg)=身高(cm)-100(男女)

身高<165cm:标准体重(kg)=身高(cm)-105(男性)

= 身高(cm)-100(女性)

(2)国际上常用的体重计算公式(比较适合东方人)

标准体重(kg)=[身高(cm)-100]×0.9(男性)

=[身高(cm)-100]×0.85(女性)

超重百分比:(实际体重-标准体重)/标准体重×100%

通常个人实际体重如超过标准体重10%即为过重,应引起足够关注;若超过20%以上即可诊断为肥胖。但必须排除肌肉发达和水钠潴留等因素。

2. 体重指数(body mass index,BMI)　是通过计算人体身高与体重平方之间的比值来判断是否发生肥胖的一种方法:体重指数(BMI)=体重(kg)/[身高(m)]^2。BMI适用于体格发育基本稳定以后(18岁以上)的成年人。根据国际生命科学学会中国人群肥胖与疾病危险研讨会2001年6月公布的中国人肥胖的标准:当体重指数≥24(kg/m^2)为超重,体重指数≥28(kg/m^2)为肥胖。

但应用该指标应注意以下人群的BMI,其分界点均待研究确定:①健壮运动员和肌肉发达者 BMI 较高,但体脂含量并不高;②身材过矮者 BMI 常落在肥胖者范围内;③不同人种区分正常与超重及肥胖的分界点各不相同;④生长发育期儿童的 BMI 区分值与成人不同;⑤不能准确测定身高的老年人;⑥孕妇。

3. 腰围(waist circumference,WC)　腰围的测定是反映脂肪总量和脂肪分布的综合指标。WHO 推荐的测量方法:被测者站立位,两脚分开 25~30cm,体重均匀分配,测量位置在水平位髂前上棘和第 12 肋下缘连线的中点。测量者坐在被测者一旁,将软尺紧贴软组织,但不能压迫,测量值精确到 0.1cm。我国肥胖问题工作组建议,成人男性腰围≥85cm,女性腰围≥80cm 为腹部脂肪蓄积的界限。腰围更适于监测腹型肥胖者。《中国成人超重和肥胖症预防控制指南》中提出的对中国成人判断超重和肥胖程度的界限值,及结合腰围来判断相关疾病的危险度见表 5-14。

表 5-14　中国成人超重与否、体重指数、腰围界限值与相关疾病*危险的关系

分类	体重指数 (kg/m²)	腰围(cm)		
		男:<85 女:<80	男:85~95 女:80~90	男:≥95 女:≥90
体重过低**	<18.5	……	……	……
体重正常	18.5~23.9	……	增加	高
超重	24.0~27.9	增加	高	极高
肥胖	≥28	高	极高	极高

注:*,相关疾病指高血压、糖尿病、血脂异常和危险因素聚集;**,体重过低可能预示有其他健康问题

4. 皮下脂肪厚度　应用带压力表的皮皱卡尺进行测定。一般以右上臂背侧中点及右肩胛下 1cm 处最为常用,两部位厚度相加,男性超过 4cm,女性超过 5cm 者为肥胖。也可选择 CT 或 MRI 计算皮下脂肪厚度或内脏脂肪量,此法评估体内脂肪分布最为准确,但不作为常规检查。

(二)肌力评价

对肥胖症的康复评定可进行体力的评价,因此常做肌力测试。常选取有代表性的肌群进行肌力与肌耐力测试,如肩关节屈、伸、外展、内收肌群肌力;肘关节屈、伸肌群肌力;髋关节屈、伸、外展、内收肌群肌力;膝关节屈、伸肌群肌力;抓握肌群肌力、腹肌肌群肌力、腰背肌群肌力等。

(三)脏器功能的评定

肥胖患者伴有合并症时,出现相应脏器功能障碍,可进行脏器功能的评定。

1. 心血管运动试验　可作为评价肥胖症患者心功能与体力活动能力的指标,运动处方及康复治疗疗效评定的依据。分级运动负荷试验是对肥胖症患者应用最多的运动试验方法,如亚极量运动试验或症状限制性运动试验等。

2. 肺功能检测　可通过测试患者的肺活量、潮气量、最大自主通气量等各项指标来判断肺功能情况。

三、康复治疗

肥胖症康复治疗的目的:①通过饮食控制以减少能量摄入;②通过运动锻炼增加

能量消耗,使机体所需能量维持在负平衡状态,逐步达到减少脂肪、减轻体重的目的;③通过行为疗法纠正不良饮食行为,帮助肥胖者控制体重;④当减轻到理想体重后,保持能量摄入与消耗平衡,防止复发。在众多的肥胖康复治疗方法中,饮食控制和运动治疗是最重要、最基本的措施。

(一)饮食疗法

饮食疗法是通过控制总进食量,进食低脂肪、低糖分、低热量饮食,给肥胖患者制订能接受并能长期坚持下去的个体化饮食方案,使体重逐渐减轻并维持在适当水平。只有当摄入的能量低于生理需要量、达到一定程度负平衡,才能把贮存的脂肪消耗掉。

1. 低热量饮食法　低热量饮食法是通过限制能量的摄入,每天能量摄入控制在3320～6640kJ(800～1600kcal)之间,以进食碳水化合物、低脂肪食物为主,同时满足人体所需的其他营养物质。饮食的合理构成极为重要,需采用混合的平衡饮食,糖类、蛋白质和脂肪提供能量的比例,分别占总热量的60%～65%、15%～20%和25%左右,包括适量优质蛋白质、复杂糖类(例如谷类)、足够新鲜蔬菜(400～500g/d)和水果(100～200g/d)、适量维生素和微量元素。避免油煎食品、方便食品、快餐、巧克力和零食等,少吃甜食,少吃盐。适当增加膳食纤维、非吸收食物及无热量液体以满足饱腹感。一般设计为女性4150～4980kJ(1000～1200kcal)/d,男性为4980～6640kJ(1200～1600kcal)/d,或比原来习惯的摄入能量低1245～2075kJ(300～500kcal)/d。

2. 极低热量饮食法　极低热量饮食法指将每天的能量摄入减少到<3320kJ(800 kcal)/d,在短期内使体重迅速减轻的一种饮食控制方法,采用此法的时间不能超过12周。此法适用于重度肥胖及采用低热量饮食加运动治疗无效的肥胖患者。此法减肥幅度大,当体重下降到一定程度时,应逐步过渡到低热量饮食。有心血管病变、造血功能障碍、肝肾功能障碍者严禁应用此法。超重和肥胖症的治疗应以低热量饮食为基础,但只限制饮食而不增加体力活动或不采取其他措施时,减重的程度和持续效果均不易达到满意的程度。建议采用中等降低能量的摄入并积极参加体力活动的做法,使体重逐渐缓慢地降低到目标水平。

(二)运动疗法

运动治疗是指通过运动锻炼来消耗体内多余的能量,以减少体内脂肪贮存量而达到减轻体重的一种治疗方法,是治疗和预防肥胖症的有效手段,是减肥的关键。

1. 运动治疗的作用机制　运动锻炼可通过以下几个方面达到减轻体重、提高体力、增进健康的目的:运动时肾上腺素、去甲肾上腺素分泌增加,可提高脂蛋白酯酶的活性,促进脂肪的分解;运动可以减轻胰岛素的抵抗;运动可减少脂肪在心脏、血管、肝脏等器官内沉积,从而避免因肥胖引起这些器官的损害;运动可降低血中甘油三酯及低密度脂蛋白水平,提高高密度脂蛋白水平,对防止血管粥样硬化及心脑血管病变有重要意义。运动可加强心肌收缩力,增加胸廓及膈肌的活动度,加深呼吸,增加肺活量,从而改善心肺功能,提高人体健康水平。

2. 运动治疗方法　肥胖症患者的运动治疗主要以中等强度、较长时间的有氧运动为主,辅以力量性运动及球类运动等。肥胖症患者可根据不同体质和兴趣爱好选择运动方式。

(1)有氧运动:常用的有氧运动方式有步行、慢跑、游泳、有氧体操、蹬功率自行

车等。

1）步行：此法安全、简单、易行，易于掌握，是应用最广的一种运动方式。一般可分为快速步行、中速步行和慢速步行。步行应选择环境安静优美的地方进行，每分钟 120~140 步为快速步行，适合于全身情况良好者；每分钟 100~120 步为中速步行，适合于情况一般者；每分钟 70~100 步为慢速步行，适宜于年龄较大和身体较差者。

2）慢跑：正确的慢跑方式是使用通常习惯的步幅，自然放松，全脚掌着地，逐渐增加跑速，使心率增快至靶心率并维持一定时间［运动靶心率=（220-年龄-静态心率）×（60%~85%）+静态心率］。跑步训练的速度以运动 20 分钟左右、出汗为宜。跑步前不宜吃得太饱，跑步过程中应保持有节奏的、均匀的呼吸，避免岔气。

3）游泳：是均匀消耗全身脂肪的最理想运动。脊椎、关节、腹肌、手臂和双腿都可以在不负重的状态下得到多方面锻炼。每周游泳 2~3 次，泳速快者 10 分钟每次，泳速慢者 20~30 分钟每次为宜。

4）骑自行车：目前很多健身房内设有功率自行车，其特点是可根据个人的体质情况调整阻力。起始阻力可定为每分钟 300kg/m，每次增加每分钟 150kg/m，逐渐达到预期心率后，再维持 4~6 分钟。结束运动前将运动量调小。

5）登山运动：登山锻炼较平地锻炼耗氧量大，体力消耗多，利于减肥。登山的高度和坡度应根据体力情况，以心率是否达到最高极限而定。若心率即将达到极限，可逐渐减慢速度，休息片刻后再继续进行。登山结束后缓慢步行 1~2km，做放松运动。此项锻炼时间共 45~60 分钟，有条件者每天进行 1~2 次。

可通过运动试验制订运动处方：一般运动强度取 50%~60% 最大摄氧量，或 60%~80% 最大心率。运动量大小的确定，应根据每日计划能量代谢负平衡的多少来决定。运动时间与频度：每次运动持续时间不少于 30 分钟，并逐步延长至 1 小时，因运动持续时间较长时，利用脂肪作为能源的比例增加。运动的频度为每周 3~4 次，或每天 1 次，根据患者对运动的反应进行调节。

（2）力量性运动：主要是进行躯干和四肢大肌群的运动，可以利用自身体重进行仰卧起坐、下蹲起立以及俯卧撑等运动，也可利用运动器械，如哑铃或拉力器等锻炼。运动时的肌肉力量负荷以最大肌力的 60%~80%、反复运动 30 次为准，每隔 2~3 周再加大运动量。

（3）球类运动：球类运动既能锻炼肌肉、增强体质，又能持续运动消耗能量，从而达到减肥的效果。可酌情选择羽毛球、乒乓球、篮球、网球、足球等项目，每次运动以 30~60 分钟为宜，运动时应避免紧张激烈的争夺。

（三）物理因子疗法

1. 蒸汽浴　方法是先在 42~43℃ 的热水浴池中浸泡，待全身出汗后，即出浴池，收汗后进浴池洗 5~10 分钟，再入浴池休息 2 分钟，这样反复多次，使能量物质转化为热能随汗蒸发掉，使体重减轻。

2. 蜡疗　将热的液状白蜡涂满全身时，同样可以使全身出汗，消耗热能而减肥，并且还能增加皮肤角蛋白的光泽和柔软度。

（四）行为疗法

肥胖是一个不易治愈的慢性状态，所以行为干预需要覆盖面广，而且需要持久的干预,否则很难收到长期疗效。行为疗法包括:①自我监测:指观察和记录自己每天的行为,包括饮食、运动和体重变化;②刺激控制:指识别和改善与不良生活方式有关的环境因素;③认知重塑:指改变患者不符合实际的目标和不正确的想法;④应激处理:是指教会患者识别和应付应激和紧张,应激主要与反弹和过多摄入有关,可触发不健康的饮食行为;⑤厌恶疗法:即使患者产生厌恶,避免过食;⑥社会支持:减肥离不开家人、朋友及同事的支持,否则不易成功。行为疗法可以帮助肥胖者控制体重,改善整体形象,解决与饮食和运动有关的长期问题,正确合理的行为疗法是减肥成功的重要保障。

(五)药物疗法

药物疗法在肥胖症的治疗中不占有重要地位,理想的减肥药应能减少能量摄取,增加能量消耗,并改善与肥胖症相关的危险因素。药物治疗只限于上述措施未能奏效时,选做短期辅助治疗。主要有食欲抑制药、增加能量消耗的药物、抑制肠道消化吸收的药物等几类。目前较常用的药物有:西布曲明(新型的食欲抑制剂),通过一种独特的作用机制抑制食欲,减轻体重,并可降低血脂水平与胆固醇水平;奥利司他(抑制肠道消化吸收的药物),此药在结构上与甘油三酯相似,通过竞争抑制作用,减少能量摄取而达到减肥目的。

(六)外科手术疗法

仅适合于极度肥胖或有严重肥胖并发症的患者,即 BMI>40kg/m² 的极度肥胖症患者或因肥胖症引起心肺功能不全等而使用其他减肥治疗方法长期无效者。可选择使用切脂术、吸脂术和各种减少食物吸收的手术,如胃气囊术、空肠回肠分流术、垂直结扎胃成形术及小胃手术等。手术有一定效果,但可能并发吸收不良、贫血、管道狭窄等,存在一定风险。术前要对患者全身情况作出充分评估并给予相应监测和处理。

(七)中医康复疗法

中医对肥胖的认识源远流长,《素问·通评虚实论》说:"肥贵人,则膏粱之疾也",《丹溪心法》指出:"肥人多痰湿"。另外还有"久卧伤气,久坐伤肉",等等。认为年老体衰、过食肥甘、缺乏运动、久病正虚、情志所伤都可导致脏腑功能失调,水湿、痰浊、膏脂等壅盛于体内而发生肥胖。

中医减肥的治疗方法很多,疗效确切,主要有内治法和外治法。内治法根据中医辨证论治来确定证型,或配合药膳、食疗等。外治法有针灸、穴位埋线、耳穴贴等。

1. 内治法 将单纯性肥胖症(无并发症)按辨证分为五型,根据不同辨证分型选择中药汤剂及药膳。胃热湿阻型选用防风通圣散合己椒苈黄丸加减清热利湿;脾虚湿阻型常选用参苓白术散合防己黄芪汤加减健脾益气祛湿;肝郁气滞型常用柴胡疏肝散加减以疏肝理气清热;脾肾阳虚型常以金匮肾气丸温肾健脾化湿;阴虚内热型以杞菊地黄丸加减滋养肝肾。还可配合食疗、药膳(如薏苡仁粥、荷叶粥、冬瓜粥等),从而取得有效持久的疗效。

2. 外治法 此疗法主要包括毫针刺法、耳穴贴压法、穴位埋线法等。

毫针刺法选穴特点体现"腧穴所在,主治所及""经络所过,主治所及"的治疗规律。主穴常取中脘、天枢、气海、滑肉门、大横、梁丘、足三里。根据不同的辨证分型及肥胖突出的部位选取相应配穴:胃热湿阻型配合谷、支沟、曲池、丰隆、上巨虚、内庭;脾虚湿阻型配水分、足三里、阴陵泉、丰隆、三阴交、公孙、脾俞;肝郁气滞型配膻中、期门、阳陵泉、太冲、支沟、三阴交、曲泉、行间、肝俞等;脾肾阳虚型配关元、足三里、三阴交、照海;阴虚内热型配内关、足三里、三阴交、太溪;食欲亢进明显配上脘、手三里、足三里、下巨虚;便秘配腹结、支沟、上巨虚;月经不调配合谷、关元、带脉、子宫、血海、三阴交;浮肿配上脘、水分、天枢、太渊、阴陵泉、阴谷、复溜;伴高血压者配风池、太冲;伴冠心病者配内关、膻中、三阴交;伴糖尿病者配阳池、足三里、三阴交。

穴位埋线疗法机制同针刺法,与针刺治疗单纯性肥胖相比,穴位埋线疗法间隔时间长,效果稳固而持久,与现代快节奏的生活方式相适应。主穴:中脘、下脘、天枢、大横、气海、足三里、丰隆;局部肥胖者阿是穴加减:腰部肥胖加带脉,上臂肥胖加臂臑,下肢肥胖加髀关、伏兔、梁丘、承筋、承山。

耳穴压丸疗法减肥方便有效,《灵枢》曰:"耳者,宗脉之所聚也",认为耳与脏腑相应,通过耳穴压丸治疗可调理脾胃、利湿降脂、抑制食欲。耳穴疗法主穴取饥点、神门、交感、内分泌、三焦;便秘加便秘点、大肠、肺;多食加脾、胃;血压高加降压沟,月经不调加内分泌。

四、康复教育

随着人民生活水平的增高,肥胖症的患病率和发病率无论在发达国家还是发展中国家都迅速增加,并呈低龄化趋势。我国的肥胖问题也日趋严重,超重和肥胖人群增长很快。肥胖症的危害不仅是肥胖本身会影响美观、造成日常生活不便,更重要的是,肥胖是 2 型糖尿病、冠心病、高血压、血脂异常等一系列疾病的基础,肥胖症已成为 21 世纪人类健康的杀手,对肥胖症的防治刻不容缓。肥胖症患者往往躯体不适的同时伴有一定的心理障碍,受社会主流审美观的影响,肥胖症患者往往恐惧社会活动,易产生自卑、焦虑、抑郁等不良情绪,从而影响心理健康和生命质量。因此,在患者坚持合理运动、健康饮食的同时,帮助肥胖症患者建立战胜肥胖的信心,使其保持良好的心态十分重要。良好的健康教育在肥胖症治疗中具有重要作用,应通过有计划、有组织、系统的教育,使患者自觉采纳有利于健康的行为和生活方式。

第四节　烧伤的康复

烧伤在日常生活中不可避免。深度烧伤治愈后常遗留程度不同的瘢痕和功能障碍,使患者承受难以忍受的痛、痒等痛苦,同时造成患者心理伤害,影响其生活和工作。随着医疗水平的提高,烧伤的救治不仅是保存生命,而且还要提高患者的生活质量,促使其功能恢复,达到生活自理。因此,对烧伤患者给予及时、合理、系统的康复治疗,可以帮助恢复其日常生活活动能力,提高生活质量。

一、概述

(一)定义

烧伤又称灼伤、烫伤。泛指由于人体接触热力(火焰、沸液、灼热气体或热金属等)、电流、强辐射或者腐蚀性物质等引起皮肤、黏膜、肌肉甚至骨骼组织的损伤。严重烧伤,如大面积深度烧伤,可引起全身多系统感染、休克甚至危及生命。烧伤的种类一般有热力烧伤、化学烧伤、电烧伤及射线烧伤四类。

（二）流行病学

我国烧伤年发生率为总人口的 5‰~10‰,其中 7%~10% 需要住院治疗,其中 3.5%~5% 有暂时或永久的功能损害。烧伤中以热烧伤最常见,占 85%~90% 以上。烧伤发生的男女比例为 3∶1。中小面积烧伤占多数,头颈、四肢等暴露和功能部位居多。

（三）病因及发病机制

高温是引起烧伤的主要原因,某些化学物质、电流和辐射也能引起灼伤。皮肤常常只是身体烧伤的一部分,皮下组织也可能被烧伤,甚至没有皮肤烧伤时,也可能有内部器官烧伤。根据烧伤病理生理特点,一般将其临床过程分为三期。

1. 体液渗出期（休克）　组织烧伤后迅速发生的变化是体液渗出,导致体液渗出的主要病理生理变化为烧伤区及其周围或深层组织间隙形成内皮细胞损伤,以致毛细血管扩张和通透性增加,大量血浆样液体自血液循环渗入组织间隙,形成水肿或自创面渗出,因而丧失了大量水分、钠盐和蛋白质。小面积浅度烧伤,体液渗出量有限,通过人体代偿,不致影响全身的有效循环血量。烧伤面积大而深者,由于体液的大量外渗,可发生低血容量性休克。

2. 感染期　严重烧伤由于经历休克的打击,全身免疫功能处于低下状态,烧伤创面的坏死组织和含有大量蛋白的渗出液是细菌的良好培养基,对病原菌的易感性很高,早期暴发全身性感染的概率也很高。深度烧伤如早期处理不当,会出现创面炎症。因此,继休克之后,感染就上升为主要矛盾。

感染的威胁将持续到创面愈合。如处理不当,病原菌可侵入邻近的非烧伤组织。大面积的侵入性感染,细菌量持续增多,可形成烧伤创面脓毒症。创面表现晦暗、糟烂、凹陷,出现坏死斑,即使细菌未侵入血液,也可致死。为此,近年多采用早期切痂或削痂手术,及时皮肤移植以消灭创面。当创面基本修复后,并发症明显减少。

3. 恢复期　组织烧伤后,机体严重反应的同时,组织修复也已开始,创面修复的时间与烧伤面积、深度等多种因素有关。浅度烧伤多自行修复,深Ⅱ°烧伤靠残存的上皮岛融合修复,Ⅲ°烧伤靠皮肤移植修复。

（四）临床特征

烧伤所致的功能障碍主要有:①皮肤瘢痕;②关节功能障碍;③肌萎缩和肌力下降;④压疮;⑤心肺功能障碍;⑥日常生活活动能力障碍;⑦职业能力障碍;⑧心理障碍等。

二、康复评定

烧伤的严重程度与烧伤的面积和深度密切相关,正确评定烧伤的面积和深度,是判断病情和确定治疗方案的重要依据。

（一）烧伤面积评定

1. 中国新九分法　是我国创建的、适用于判断国人烧伤面积的评估方法。将体表面积划分为 11 个 9% 的等分,另外加 1%,构成 100% 的体表面积。主要用于成人,对儿童则加以修改（表 5-15）。

表 5-15　烧伤面积评估表

部位		占成人体表%		占儿童体表%
头颈部	面部	3		
	发部颈部	3	9(1×9)	1×9+(12−年龄)
		3		
躯干	躯干前	11		
	躯干后	13	27(3×9)	3×9
	会阴	3		
双上肢	双上臂	7		
	双前臂	6	18(2×9)	2×9
	双手	5		
双下肢	双臀	5		
	双大腿	21	46(5×9+1)	5×9+1−(12−年龄)
	双小腿	13		
	双足	7		

2. **手掌法**　是将伤者本人的五指并拢,一掌面积约等于体表面积的 1%,以此估算烧伤面积的方法。一般用于面积小、不规则的烧伤面积估算。

(二) 烧伤深度评定

目前普遍采用三度四分法。即根据烧伤的深度分为 Ⅰ°、浅Ⅱ°、深Ⅱ°和Ⅲ°。

1. **Ⅰ°烧伤(红斑性烧伤)**　损伤表皮浅层,包括角质层、透明层、颗粒层,有时可伤及棘细胞层,但生发层健在,再生能力活跃。局部似红斑,轻度红肿,表面干燥,烧灼感,皮温稍高,拔毛痛,3~7 日可脱屑痊愈,短期内有色素沉着,不留瘢痕。

2. **浅Ⅱ°烧伤(水疱性烧伤)**　损伤表皮深层和真皮乳头层,依赖残存的生发层细胞和皮肤附件,可较快地进行修复。表现为局部红肿明显,大小不一的水疱形成,内含淡黄色澄清液体,水疱皮如剥脱,创面红润、潮湿、疼痛明显,皮温增高,拔毛痛,上皮再生靠残存的表皮生发层和皮肤附件的上皮增生,如不感染,1~2 周内愈合,一般不留瘢痕,多数有色素沉着。

3. **深Ⅱ°烧伤(水疱性烧伤)**　损伤及真皮,可达深层。深浅不尽一致,也可有水疱,水疱较小,去疱皮后,创面微湿,红白相间,痛觉较迟钝。局部皮温略低,如不感染,可融合修复,需 3~4 周时间。可依赖残留的皮肤附件形成上皮岛而逐渐上皮化,多有不同程度的瘢痕产生。

4. **Ⅲ°烧伤(焦痂性烧伤)**　损伤及全皮层,达皮下、肌肉、骨骼。创面无水疱,呈蜡白或焦黄色,甚至炭化,痛觉消失,局部温度低,皮层凝固性坏死后形成焦痂,触之如皮革,痂下可显树枝状栓塞的血管。因皮肤及附件已全部烧毁,无上皮再生的细胞来源,必须靠植皮愈合。只有很局限的小面积Ⅲ°烧伤,才有可能靠周围健康皮肤的上皮爬行而收缩愈合。无论何种方法治疗,愈合后都会有瘢痕遗留。

（三）烧伤严重程度分类

目前国内通用的是 20 世纪 70 年代全国烧伤会议拟定的标准,如表 5-16 所示。

表 5-16　国内通用烧伤严重程度分类标准

严重程度	成人		小儿	
	烧伤总面积(%)	或Ⅲ°面积(%)	烧伤总面积(%)	或Ⅲ°面积(%)
轻	≤10	0	≤5	0
中	11～13	≤10	6～15	5≤
重	31～50	11～20	16～25	10
特重	≥51	≥21	≥26	≥11

（四）烧伤后肥厚性瘢痕评估

1.临床评定　记录患者的受伤时间,通过肉眼观察和照相比较增生性瘢痕的面积、厚度、色泽、弹性、质地,询问患者是否有瘙痒、疼痛等症状。可采用 Vancouver 烧伤瘢痕评估表(表 5-17)。弹性也可采用弹力计测定。

表 5-17　Vancouver 烧伤瘢痕评估表

项目			评分标准
色素沉着	M	0	正常:与身体其他部位颜色相似
		1	较浅色素
		2	混合色泽
		3	色素沉着
血供	V	0	正常:与身体其他部分颜色相似
		1	粉红色
		2	红色
		3	紫色
柔顺性	P	0	正常
		1	柔软:很小外力作用即变形
		2	较软:压力作用下即变形
		3	坚硬:外力作用下不变形,不易被推动或呈块状移动
		4	带状:绳索样,伸展瘢痕时,组织变白
		5	挛缩:瘢痕永久性缩短,导致畸形
瘢痕厚度	H	0	正常:平坦
		1	0mm<H≤1mm
		2	1mm<H≤2mm
		3	2mm<H≤4mm
		4	H>4mm

2. 仪器测定

（1）超声波测量：高分辨率超声波的分辨率可达 0.05mm，可以在人体各种组织界面上进行反射。瘢痕和下方正常组织之间存在界面，因此可用于测量瘢痕的厚度。用超声波测量的同时，在体外施加动态压力，仪器连续记录多个压力和厚度的数据，经分析得到压力与变形的关系，作为瘢痕的硬度指标。

（2）激光多普勒：可测定组织的血流量，反映肥厚性瘢痕的血流指数明显高于正常瘢痕和皮肤。

（3）经皮氧分压测定：反映组织代谢状况。血氧测定计可测量瘢痕的经皮氧分压。肥厚性瘢痕的氧分压明显高于皮肤和一般瘢痕，治疗后氧分压明显下降。

（4）血、尿羟脯氨酸测定：反映胶原代谢的情况。增生性瘢痕面积与血、尿羟脯氨酸含量成正比，与病程无明显关系。

（五）其他功能评定

包括关节活动范围评定、肌力的评定、日常生活活动能力（ADL）评定、心理状态的评定、职业能力的评定等。

三、康复治疗

烧伤的康复治疗是烧伤患者全面整体治疗的重要内容之一，是使患者身心健康与功能恢复的重要手段。在烧伤患者病情的不同阶段，采用的康复治疗手段及其侧重点有所不同。

（一）早期康复

烧伤的康复治疗应从早期开始，不仅可以减轻疼痛，预防和控制感染，促进创面愈合，更有利于防止关节挛缩畸形和瘢痕增生，促进肢体功能恢复。

1. 物理因子疗法　烧伤早期对烧伤创面除进行清创、去痂、抗感染治疗外，在创面进行理疗，有助于保护和促进新鲜肉芽组织生长，促进烧伤的愈合，缩短愈合时间及减轻瘢痕程度，从而为康复训练创造条件。

（1）水疗：对轻度烧伤先用冷水冲洗创面，然后使用专业烧烫伤药物处理，采用暴露疗法，即涂药后不用包扎，直接暴露在空气中，有利于创面愈合。中重度烧伤可以在水疗中或水疗后进行机械性清创，采用 35～36℃旋涡浴有利于创面的焦痂脱落，对局部烧伤进行治疗时水温可稍高，为 37～39℃，每次 30 分钟。可在水中加入 1：5000 高锰酸钾溶液或 1：1000 苯扎溴铵溶液进行消毒。

（2）光疗：①电光浴、红外线疗法：主要作用是促进创面干燥结痂，减少渗出，预防感染，并有一定的保温作用。大面积烧伤可用全身光疗，温度 30～33℃或更高些，每日 1～2 次，每次 30～60 分钟。小创面用红外线灯，每次 30～60 分钟，每日 1～4 次。②紫外线疗法：紫外线照射可加快局部组织的血液循环，抑制细菌生长，刺激结缔组织和上皮细胞生长。当创面脓性分泌物或坏死组织多，肉芽生长不良时，可进行紫外线治疗，用中强红斑量照射；分泌物较少或脱痂露出肉芽组织时，减至阈红斑量；浅而新鲜的创面可用亚红斑量照射，直至创面愈合。

（3）短波及超短波治疗：主要用于局部治疗，可使局部血管扩张、单核-巨噬细胞系统的功能增强，因而能促进坏死组织分离、脱落，起到控制炎症、加速结缔组织再生的作用。可用微热量，每日 1～2 次，每次 10～15 分钟。但是，有瘢痕增生倾向者慎用超短波治疗,以免促进瘢痕生长。

(4) 冷疗法:对中小面积和较浅的烧伤进行冷水浸泡、冲洗或冷敷,能减少组织中的热量,收缩周围血管,减少渗出、减轻水肿,且降低感觉神经末梢的兴奋性和神经传导速度,减轻疼痛。温度以 5~10℃ 为宜,持续 30 分钟以上,以去除冷疗后创面不痛或稍痛为准。

2. **体位摆放**　大面积烧伤的急性期,通过恰当的体位摆放,可限制水肿的形成,维持关节活动度,防止挛缩和畸形,以及使受损的功能获得代偿。大面积烧伤患者应每隔 2 小时变换体位 1 次,并用绷带、布垫、夹板、矫形器等维持肢体在正确的位置上。一般采用抗挛缩体位,原则上取伸展和外展位,但不同的烧伤部位体位摆放也有差别。以下是各部位正确摆放体位的方式。

(1) 头:仰卧位时头颅保持正中位,避免耳部受压;俯卧位时使头颅居中,吊带悬吊前额以支持头重,颅、面悬空;侧卧位时则每半小时左右交换一次,以免面肌萎缩。

(2) 颈:颈前烧伤时,去枕,颈部充分后仰;颈后两侧烧伤时,取颈部中立位,口部闭合。

(3) 肩部:用枕头或夹板使上肢外展 60°~90°,腋下烧伤时,肩外展 90°~100° 和外旋。

(4) 肘部:上肢屈侧烧伤时取肘伸展位,伸侧烧伤保持肘屈曲 90°。

(5) 腕与手部:手背烧伤时,用夹板使腕关节掌屈 20°~30°,掌指关节屈曲 50°~70°,指间关节伸直,拇指外展;掌侧烧伤时,用夹板使腕关节背伸 30°~49°,掌指、指间关节伸直,拇指水平外展;全手烧伤时,腕置于微背伸位,掌指关节屈曲 80°~90°,使侧副韧带保持在最长位置,指间关节屈曲 5°~10°,以免伸肌肌腱损伤和紧张。

(6) 脊柱:保持脊柱成一条直线,以预防脊柱侧弯,尤其是身体一侧烧伤者。

(7) 髋部:髋关节伸展中立位,大腿内侧烧伤时,髋外展 15°~30°。

(8) 膝部:以夹板等保持伸直位或轻微屈曲。

(9) 踝部:以夹板或足托保持踝关节背伸位,防止跟腱挛缩。

以上体位需持续至下床后的一段时间,出现挛缩时则予以持续牵引。

3. **运动疗法**　烧伤后运动的目的是维持关节活动度,防止肢体挛缩,保持肌肉力量和改善躯体功能。烧伤后的运动疗法应根据患者的不同病程、身体功能状态及康复目标选择恰当的方法及运动量,尽早进行训练。运动宜少量多次进行,尽可能进行主动和助力运动训练,对不能主动运动的患者进行被动运动。在病情允许的情况下尽早开始坐起和站立训练,避免并发症的发生。

(1) 关节活动度训练:此法有助于预防烧伤后组织粘连和关节囊的紧缩,维持关节活动度。对已有挛缩的肢体,通过牵张训练可逐步延长挛缩和粘连的纤维组织,增加关节活动度。早期病情许可的情况下,进行受伤肢体的主动运动或助力运动,只有患者不能主动运动时才给予被动运动。患者各关节全范围被动活动训练,每天至少 3~4 次,每一关节活动 3~5 次。锻炼时密切观察生命体征,如出现呼吸困难、面色苍白、皮肤冰凉,应立即终止训练并给予对症处理。

(2) 关节松动技术:主要应用于烧伤后关节功能障碍者。可促进关节液的流动,增加关节软骨和软骨盘无血管区的营养,缓解疼痛,防止关节退变,改善关节活动范围。松动手法分为4级,对伴有关节肿胀明显、关节炎症或未愈合骨折的烧伤患者不适宜此法治疗。

(3)改善肌力的运动:对病情不同的烧伤患者进行不同的肌力训练,可防止因长期卧床、肢体制动所引起的失用性肌萎缩,增强肌肉力量,加强关节的动态稳定性。肌力在0~1级给予神经肌肉电刺激或传递神经冲动训练;肌力在2~3级者可进行助力运动或主动运动;肌力在4级以上可进行抗阻训练,具体有渐进性抗阻练习、短暂最大等长收缩练习、等速练习等。此外,还可通过有氧运动增强耐力。

(4)呼吸训练:长期卧床尤其是有呼吸道损伤的患者,应指导其进行呼吸训练。重点进行腹式呼吸训练、咳痰训练、胸部震颤和拍击手法等。配合体位引流,促进排痰,可达到保持肺活量、提高呼吸的有效性、预防或减少呼吸系统并发症的目的。

对于下列情况要慎用运动疗法:①手背部烧伤,无论是深Ⅱ°还是Ⅲ°,运动疗法均受到限制,应立即用夹板固定,在治疗师的指导和监督下锻炼;②穿着弹力衣治疗时,治疗师不能直接观察创面张力变化,容易造成创面撕裂;③关节或肌腱暴露时,不能进行运动,即使轻微的关节活动也应避免,否则可能导致肌腱或关节囊的断裂或关节结构的移位;④关节深部疼痛,提示关节存在病理性变化,查出原因前应停止关节运动;⑤皮肤移植术后5~7天内,禁止被动关节运动。

4. 作业疗法　功能性的作业活动可以维持关节活动度与灵活性,保持一定的肌力和耐力,改善运动的协调性和灵活性,特别是对手精细活动功能的改善。通过ADL训练和使用自助具,可提高患者在体位变换、穿衣、进食、修饰、行走、如厕及家务等方面的自理能力。文娱性的作业活动可调节患者的情绪,发展业余爱好,同时通过集体和社会性活动,培养患者参与社会和重返社会的意识。作业治疗按治疗目的分为三类。

(1)维持日常生活必需的作业治疗:如床上活动、穿衣、洗漱、进食、使用工具、护理皮肤、行走、如厕、家务活动等方面。

(2)消遣性的作业治疗:主要是满足患者的个人爱好,消遣时间,保持平衡等方面的作业活动。如棋类活动、投圈游戏。

(3)能创造价值的作业活动:进行这类作业活动,能使患者体现生存价值,又能取得报酬,在经济上自给和抚养家庭。如木工工作、纺织、刺绣、编制等。

5. 压力疗法　以弹性物质对创面痊愈部位持续压迫而达到预防和治疗瘢痕增生的方法,称为压力疗法。是目前公认的预防和治疗肥厚性瘢痕最有效的方法。作用机制可能为一定压力下,瘢痕组织中增生的毛细血管栓塞,数量减少,造成瘢痕组织缺氧,使成纤维细胞合成胶原的速度下降,胶原降解过程加速并接近正常皮肤胶原排列样式。对水肿肢体应用压力治疗,可促进体液回流,减轻水肿。因为瘢痕形成和烧伤愈合时间密切相关,因此,一般10~21天愈合的烧伤应该预防性加压包扎,21天以上愈合的烧伤必须进行预防性加压包扎。常用弹性包裹、管型加压绷带、紧身服等。对于高低不平的部位,如面部、腋窝、乳房、指蹼等,要使用轻薄而可塑的弹性物,塑成体表形态,如硬性透明面具用于口和口颊周围,弹性面具用于额、颞和下颌。

6. 矫形器治疗　为了对抗创面的收缩,当患者不能自觉维持正确体位或必须制动时,需要借助矫形器。它可以帮助体位摆放,保持已有的关节活动度,尽管瘢痕可继续挛缩,但不致产生严重畸形。肌腱暴露需要使用矫形器固定在肌腱松弛位,防止肌腱断裂,关节暴露者使用矫形器是为了保护关节。例如,为预防颈前部皮肤烧伤引起的挛缩畸形,可采用热塑材料制成的颈部成形夹板使颈部处于伸展位。

自体植皮后,植皮部位及其远端和近端一个关节需在短期内制动。在此期间,可利用矫形器进行固定,直至移动皮肤着床为止。在体位固定和矫形器应用期间,每日须两次除去矫形器,观察创面愈合情况,并进行运动治疗,每日锻炼时间一般不超过4小时。

7. 心理疗法 烧伤后由于瘢痕增生、肢体畸形、毁容、丧失独立生活能力等,容易使患者产生悲观、厌世等情绪,其心理变化一般要经历震惊阶段、否定阶段、抑郁反应阶段、对抗独立阶段、适应阶段。烧伤患者的心理治疗应贯穿早期、手术前后期、后期全过程。进行及时的心理治疗,可改善患者的心理状态,树立对治疗的信心,充分配合康复治疗,促进功能恢复。可应用松弛疗法、催眠疗法减轻患者的压力和疼痛,集体交流减轻患者的不良适应反应。

8. 中医康复疗法

(1)10%黄柏、地榆、紫草油,煎水冷湿敷,亦可加入鸡蛋清调匀涂敷。

(2)紫色疽疮膏和化毒散软膏各半混匀外敷,待痂皮脱落后可用五倍子、白及等研细撒在疮面上。

(二)后期康复

1. 肥厚性瘢痕 肥厚性瘢痕是皮肤真皮层损伤后形成的瘢痕,潮红、质地硬,伴有瘙痒、疼痛的病理结构肥厚。深Ⅱ°和Ⅲ°烧伤后常出现严重的瘢痕增生,肥厚性瘢痕一般在烧伤后3个月后出现,0.5~1年最明显,最后自行变软、变薄,整个过程可以持续2~3年,最终为部分缓解或完全缓解,也可能终生不缓解。通过积极的康复治疗,可以控制瘢痕发展,恢复肢体功能,促进患者重返家庭和社会。目前的治疗方法有:

(1)压力疗法:压力治疗应该尽早进行,不同时期的瘢痕所需施加的压力不同,一般以1.33~3.33kPa为宜。治疗必须持续进行,除洗涤、进食外,每天宜加压治疗23~24小时,持续6~18个月,直至瘢痕成熟。压力治疗的效果取决于压力的合适与否和患者的依从性。压力治疗效果肯定,但也有其局限性:使用时摩擦部位易产生水疱和皮肤破溃;面、颈和会阴等特殊部位难以维持有效的压力;对儿童的生长发育有一定的影响。

(2)矫形器应用:由于运动或牵张后瘢痕仍会紧缩,选择合适的矫形器(如夹板)可以保持已获得的关节活动度,还可控制瘢痕的发展。根据患者的具体情况设计适宜的矫形器,严重的挛缩畸形往往需要设计一系列的矫形器,定期予以更换。

(3)硅凝胶治疗:硅凝胶治疗能使肥厚性瘢痕在短时间内变薄、变软,现已广泛使用。其作用机制可能与硅凝胶下的皮肤水分蒸发速度降低,产生皮肤的水储存作用,以及硅凝胶膜可持续缓解释放硅酮油,有助于分离坏死组织,加速肉芽组织增生以及上皮形成有关。硅凝胶治疗宜早期使用,一般采用硅胶膜贴敷的方法,使用时将硅凝胶膜置于瘢痕上,与其直接接触,每日持续12小时以上,硅凝胶每日取下,清洗瘢痕及硅凝胶膜后再戴上,连续使用3个月以上,直至瘢痕消退。由于硅凝胶膜的伸展性与人体皮肤的伸展性一致,不影响关节的活动,因此,根据患者需要可进行抗阻训练,使用固定自行车、划船器等机械进行有氧训练,以增强肌肉力量和耐力,还可以提高患者的职业能力。

（4）物理因子疗法

1）激光治疗:激光束能使直径小于0.05mm的血管闭塞,引起周围组织局灶性坏死,并有直接和间接增加胶原酶的作用,从而治疗增生性瘢痕。

2）超声波疗法:其机械作用能使坚硬的结缔组织延长、变软,可软化和消除瘢痕。接触移动法用于体表较平的部位,肢体远端,如手、足、腕、踝可用水下法,面部则用水囊法。

3）冷冻疗法:能引起细胞内冰晶形成,使瘢痕组织中水分结冰,细胞脱水,电解质浓缩,细胞死亡;低温（-196℃）可使细胞膜的主要成分脂蛋白复合物发生变性,导致细胞膜破裂,瘢痕组织及细胞坏死,使瘢痕变平、软化。

（5）放射治疗:由于生物细胞被 X 线和 β 射线照射后会出现损害,尤其是正处于增殖、分裂状态的细胞对 X 线更为敏感,β 射线对瘢痕进行较长时间的照射,可抑制成纤维细胞的增殖分化,进而抑制瘢痕过度增生,所以常用浅层 X 线照射和放射性核素敷贴法来治疗瘢痕。但此法不适用于大面积瘢痕,否则容易引起全身副作用及诱发恶性肿瘤。

（6）手术治疗:手术切除对皮肤造成二次创伤,单纯的手术治疗肥厚性瘢痕复发率较高,且受供皮皮源短缺的限制,只适用于小面积的瘢痕和有严重功能障碍者。

（7）药物疗法

1）肾上腺皮质激素:常用的有曲安西龙、复方倍他米松等。但此类药物存在一些副作用,如皮下组织萎缩、色素沉着或减退、毛细血管扩张等。因而只适合于面积较小的瘢痕。

2）秋水仙碱:是一种细胞有丝分裂的抑制剂,能抑制成纤维细胞的微管功能,阻止胶原蛋白分泌到细胞外,还可增加胶原酶的活性,促进胶原降解。

3）苯海拉明:能去除肉芽组织中成纤维细胞的收缩性,抑制瘢痕组织增生过程中的免疫反应。

4）胶原酶:胶原酶活性降低,胶原降解不足可能是增生性瘢痕形成的重要原因,因此可用胶原酶治疗瘢痕,治疗后可见瘢痕缩小,质地变软。

2. 挛缩　严重烧伤患者会长期卧床,加上不正确体位的摆放,位于关节附近的肥厚性瘢痕收缩均可以造成关节挛缩。正确的体位保持、关节活动范围的保持以及急性期适当的床和床垫的选择都能有效防止挛缩的发生。一旦出现烧伤后挛缩,可以采用下列方法处理:

（1）牵引:包括徒手牵伸、滑车训练、踝关节背伸训练、矫形器牵引等。

（2）矫形器:根据挛缩部位的不同,分别选择适当的夹板等矫形器使挛缩部位固定于抗挛缩位置,起到持续牵引的作用。热塑夹板除有固定作用外,还可将敷料置于其表面加压包扎。活动时可去除夹板。

（3）被动运动:主要以间歇被动运动为主。运动时必须使关节活动范围尽可能达到最大,但应以不引起严重疼痛为度。为改善软组织的延伸性,在被动运动前进行温热治疗会提高治疗效果。

（4）手术治疗：对严重影响关节活动功能而保守治疗无效的挛缩部位，可采用手术局部松解、皮片移植、皮瓣修复等方法修复重建。术后再行康复治疗以提高疗效。

四、康复教育

烧伤是一种常见的灾害性疾病，早期、全面的康复治疗至关重要，不仅能减轻损伤程度，改善功能障碍，还能为患者后期回归家庭和社会提供有利的基础。

康复应早期介入，伤后即开始进行体位摆放训练。由于创面及疼痛的存在，患者往往采取个人感觉舒适的体位并保持不动。应告知患者舒适的体位也是易发生肢体挛缩的体位，指导患者正确的体位摆放，家属可利用棉垫、枕头、泡沫垫、矫形器等辅助器具维持体位，帮助患者对抗可能出现的肢体挛缩和功能障碍。

烧伤患者往往因肢体功能受限、毁容、瘙痒等一系列问题，常伴有悲观、抑郁、焦虑、恐惧等心理障碍，对治疗的依从性较差。因此，应该重视患者的心理状态，对患者进行疾病知识的宣教，使患者了解损伤程度和对未来可能产生的影响，帮助患者克服伤后焦虑、抑郁、悲观等心理障碍。

由于患者及家属对烧伤相关康复护理知识的缺乏，易导致并发症增多、治疗周期延长，增加了康复治疗的难度。应从多方面进行康复知识宣教，提高患者及家属对该病的认识，指导家属正确的康复护理、督促患者行 ADL 能力锻炼，指导和监督使用压力衣、矫形器等。

此外，康复治疗应贯穿全程，患者伤愈出院后也需坚持社区或家庭康复训练，定期随访，评估功能状态，及时调整治疗方案，最终使患者早日回归社会。

第五节　精神发育迟滞儿童的康复与教育

精神发育迟滞又称精神发育不全，是一种可由多种原因引起的脑发育障碍所致的综合征，以智力低下和社会适应困难为主要特征，可伴有精神障碍或躯体疾病，是导致儿童终身残疾的主要原因之一。精神发育迟滞关键在于早期发现、早期干预，治疗原则是以照管、训练教育促进康复为主，并结合病因和具体病情采用药物治疗。由于患儿治疗周期长，功能恢复慢，甚至可伴有终身残疾，因此常常给社会和家庭带来沉重负担。

一、概述

（一）定义

精神发育迟滞（mental retardation）是指 18 岁以前发育阶段由于遗传因素、环境因素或社会心理因素等各种原因引起，临床表现为以智力明显低下和社会适应能力缺陷为主要特征的一组疾病。理解精神发育迟滞的概念必须注意以下几方面：①精神发育迟滞不是独立的疾病单元，它是由多种因素造成的脑发育受阻的一组疾病。②起病年龄划定在 18 岁以前。因此，如果在 18 岁以后，由于某种原因引起脑损害，继发智能障碍，医学诊断为痴呆（dementia）范畴。③整个智力水平显著低于同年龄平均水平。精神发育迟滞患者智商（intelligence quotient，IQ）为 70 或低于 70，缺陷程度越严重，智商

越低。④在智力低下的同时,伴有不同程度的社会适应能力缺陷。社会适应能力缺陷是指社会交往技能和责任、日常生活技能、独立生活和自给自足的能力等,达不到患者所处文化社会环境所期望的标准。

(二)流行病学

精神发育迟滞患病率因国家和地区、调查方法和诊断标准不同而各有差别。据世界卫生组织(WHO)1985年报告,世界各国和各民族的发病率不低于1%~3%。据1982年我国6大行政区12个地区精神发育迟滞调查结果,总患病率为3.33‰(包括中度和重度精神发育迟滞),而7~14岁的患病率为5.27‰。我国于1988年对0~14岁儿童进行了抽样调查,发现儿童智力低下患病率为10.7‰;农村患病率高于城市,前者为14.6‰、后者为7.5‰。程度的比率以轻度精神发育迟滞占多数,约占75%;重度和中度占20%;极重度占5%。程度越重者,往往伴有躯体先天畸形,而且死亡率也越高。本病男性患者略多于女性。

(三)病因和发病机制

世界卫生组织将造成精神发育迟滞的病因分为十大类:①感染和中毒;②外伤和物理因素;③代谢障碍或营养不良;④大脑疾病(出生后的);⑤不明的出生前因素和疾病;⑥染色体异常;⑦未成熟儿;⑧重性精神障碍;⑨心理社会剥夺;⑩其他和非特异性的病因。

精神发育迟滞的病因复杂多样,涉及范围广泛,诸如生物学因素、社会心理因素以及其他因素等,均可能导致脑功能发育阻滞或大脑组织结构的损害。随着医学科学的发展,部分病例可查明病因,但仍有许多病例尚未能发现致病原因。

(四)临床特征

精神发育迟滞的临床表现与智力缺陷的程度密切相关。通过临床检查包括智力测验和社会适应能力评定结果,确定智力低下的程度。IQ可作为评定精神发育迟滞分级的指标,IQ=(智龄/实际年龄)×100,正常范围为100±15,IQ在70或70以下者为智力低下。临床根据IQ将精神发育迟滞分为4个等级:轻度(智商为50~70);中度(智商为35~49);重度(智商为20~34);极重度(智商为20以下)。

1. 精神发育迟滞的临床特征

(1)轻度精神发育迟滞:最为多见,但因程度轻,往往不易被识别。躯体一般无异常。语言发育迟滞。适应社会能力低于正常水平,可以社会交往,具有某些实用技能,如能自理生活,能从事简单的劳动或技术性操作,但学习能力、技巧和创造性均较正常人差。读写、计算和抽象思维能力比同龄儿童差,显示学习困难,但经过特殊教育可使他们的智力水平和社会适应能力得到提高。

(2)中度精神发育迟滞:能部分自理简单的日常生活,能做简单的家务劳动。语言、运动功能和技巧能力明显落后于同龄正常儿童。阅读、计算能力很差,理解能力差,对学校的功课缺乏学习的能力。成年时期不能完全独立生活。少数患者伴有躯体发育缺陷和神经系统异常体征。

(3)重度精神发育迟滞:社会适应能力明显缺陷,一切日常生活均需别人照护,无法判别和防御危险。言语发育明显障碍,或只能学会一些简单的词句,不能理解别人的言语。运动功能发育受限,严重者不能坐、立和走路。不能接受学习教育。常伴有癫痫、先天畸形。

（4）极重度精神发育迟滞：较少见。大多数在出生时就有明显的先天畸形。完全缺乏生活自理能力，终生需别人照料，不会讲话、不会走路，无法接受训练。

（5）边缘智力：智商在 70~85 之间，为精神发育迟滞与正常智力的过渡状态，可伴有轻度的社会适应不良。严格而言，边缘智力并非精神发育迟滞。

2. **精神发育迟滞的心理特征** 患儿心理活动特征与中枢神经系统损害及智力缺陷的程度有密切关系。这里简述弱智儿童心理特征如下：

（1）言语和思维：往往表现为言语发育迟缓，表达能力差，思考与领悟迟钝，缺乏抽象、概括能力。重度或极重度者言语能力丧失，几乎无思维能力。

（2）感知：感知缓慢，知觉范围狭窄，很难区分物体形状、大小、颜色的微小差异。

（3）注意和记忆：注意力往往不集中，注意广度明显狭窄。记忆力差、识记速度慢和再现不准确。

（4）情感：表现为幼稚、不成熟、情感不稳定，缺乏自我控制，易冲动。常表现出胆小、孤僻、害羞、退缩等。

（5）运动和行为：常见体型不匀称，运动不协调、灵活性差，或表现过度活动，破坏、攻击行为或其他不良行为等。

知识拓展

如何早期发现精神发育迟滞患儿

有些孩子从出生时就表现出某些精神发育迟滞的特征，而有些父母忽视了。如果你发现自己说过如下的言辞，建议带你的孩子去做测试。

"他总是一个很乖、很安静的宝宝，几乎从来不哭。"

"我们几乎意识不到他在那儿；他从不给我们惹任何麻烦。"

"有时她只是躺在她的婴儿车里，根本一动不动，而且能睡很长时间。"

"他出奇的乖，绝妙的宝宝，没有麻烦，不像他兄弟。"

"他很少发出声音，他似乎生活在他自己的世界里。"

"他到 8 个月时才好像刚刚有了生命，在那之前他很少活动。"

这样的孩子几乎在各方面都成长迟缓（也许除了学坐和走路）；最早的迹象几乎总是较晚去注意事物及微笑。有时，甚至应该怀疑失明的可能性，因为孩子表现得对他周围发生的任何事都不注意。

3. **精神发育迟滞的特殊类型** 本症是由各种不同原因所致的一组疾病。有部分病例由于染色体异常、先天代谢障碍等所致，临床构成了特殊类型。几种常见的特殊类型为：Down 综合征（又称 21 三体综合征或先天愚型）、脆性 X 综合征、结节性硬化、苯丙酮尿症、半乳糖血症、先天性甲状腺功能减退症（又称地方性呆小病或克汀病）、先天性睾丸发育不全、先天性卵巢发育不全及胎儿酒精综合征等。

二、康复评定

精神发育迟滞的康复评定，需要依靠收集多方面资料，加以综合评定。

（一）临床评定

1. 详细收集病史 特别应了解家族有无遗传史、父母是否近亲婚配、母孕期是否存在高危因素,患儿的发育史和既往病史等。

2. 体格检查 包括神经系统检查,生长发育状况,如身高、体重、头围、头形、有无畸形,视力、听力以及皮肤、毛发有无异常等。

3. 实验室检查 包括脑电图、头颅影像学检查、脑诱发电位、生化检验和遗传细胞学检查等。

（二）心理学评定

包括智力测验、发育评估、社会适应能力评定。

1. 智力测验 目前国内常用的有多种智力量表和发育评定量表,可根据个体具体情况正确运用。Bayley 婴儿发育量表,适用于 2~30 个月儿童;Peabody 图片词汇筛查试验,适用于 2 岁以上儿童;Gesell 发育量表,适用于 0~3.5 岁儿童;Denver 发育筛查(DDST),适用于 0~6 岁儿童;Wechler 学龄前期和学龄初期智力量表,适用于 4~6.5 岁儿童;50 项提问智能测验法,适用于 4~7 岁儿童;画人试验,适用于 4~12 岁儿童;修订 Wechler 儿童智力量表(WISC-RC)适用于 6~16 岁儿童。

2. 发育评估 诊断精神发育迟滞,不能单纯依靠智力测验,应结合儿童具体情况、社会文化教育背景、临床多方面资料以及社会适应能力评定加以综合分析,诊断是否为智力低下,取慎重态度,避免轻易给予"智力低下"的标签。

3. 社会适应能力评定 社会适应能力是指人类适应外界环境,从而赖以生存的能力,即个体对其周围的自然环境和社会需要作出反应和适应的能力。是儿童心理发展的重要组成部分,可用幼儿社会适应量表评定,如左启华等修订的婴儿-初中学生社会生活能力量表(日本 S-M 社会生活能力检查-修订本)。全量表分为独立生活能力(SH)、运动能力(L)、作业(O)、交往(C)、参加集体活动(S)、自我管理(SD)6 个领域,共有 132 个项目,全表共 7 个起始年龄,由每个家长或每天照料孩子的抚养者根据相应的年龄段、按儿童具体情况进行逐项填写。得分越高,表示适应能力越强,根据总分值由低至高分轻度、边缘、正常、高常、优秀 5 个级别。

（三）日常生活自理能力（ADL）评定及言语、吞咽功能评定

具体参见本套教材《康复评定学》。

三、康复治疗

精神发育迟滞关键在于早期发现、早期干预。治疗原则是以照管、训练教育、促进康复为主,并结合病因和具体病情采取药物治疗。

（一）教育干预

教育干预是精神发育迟滞的主要康复治疗方法。研究证明智力低下儿童也具有相当大的潜能,他们的心理发展和成熟的速度虽较缓慢,积极进行早期教育与训练,可促使他们智力的发展,有效地补偿其智力和适应行为能力的缺陷,使智力残疾人尽量得到补偿和康复,提高他们适应社会生活的基本能力和发展其智力水平与技能,帮助他们成为家庭和社会残而不废的成员。

1. 教育干预的原则 教育干预应遵循的原则是根据精神发育迟滞儿童的严重程

度分级,从简单到复杂,从易到难,进行有计划的、循序渐进的训练与教育。对轻度和中度精神发育迟滞儿童,着重训练其劳动技能,达到自食其力。大多数轻度精神发育迟滞儿童在成年后可过接近正常人的生活,尤其是程度较轻的精神发育迟滞儿童,经过早期教育干预可达到正常人的智力和适应能力。对重度和极重度精神发育迟滞儿童,着重训练其生活自理能力,教会其简单的卫生习惯及基本的生活能力。社区康复应包括社区特殊训练和特殊教育,在康复中心可进行语言、运动或听力障碍等有针对性的特殊训练,以纠正和补偿其生理缺陷。在弱智幼儿园或弱智学校可进行智力开发、行为习惯、思想品德、独立生活能力和文化基础知识方面的特殊教育。对于无社区康复条件者,可进行家庭康复,在家中对精神发育迟滞儿童进行家庭训练和教育。可入学者,尽量入学,智力低不能入普通学校者,可入特殊学校就读,如培智学校,盲、聋、哑学校等,进行学习和训练。

2. 教育干预的方法与内容　对精神发育迟滞儿童需要进行社区康复和家庭康复。社区康复应包括特殊训练和特殊教育,国外是将两者结合起来进行。在康复中心可进行特殊训练,通过康复治疗师对精神发育迟滞儿童的语言、运动或听力等障碍进行有针对性的特殊训练,以纠正和补偿其生理缺陷。在弱智幼儿园或弱智学校可进行特殊教育,通过特殊教育工作者对精神发育迟滞儿童进行智力开发以及行为习惯、思想品德、独立生活能力和文化基础知识方面的教育。对于无社区康复条件者,可进行家庭康复,在家中对精神发育迟滞儿童进行家庭训练和教育。

(1)教育干预方法:可采用个别训练、集体训练和集体活动 3 种训练方法。个别训练是根据每个患儿的具体情况和接受能力制订个性化训练计划,由 1 位教师对 1 名精神发育迟滞患儿进行教学。集体训练是由 1 位教师同时对 10~15 名精神发育迟滞患儿进行训练,训练内容和难易程度依据绝大多数患儿的水平来定。集体活动是由教师或其他专业人员组织活动,如去公园、动物园、郊外等地方,内容较为丰富。

(2)干预内容:主要包括对自身及他人理解训练、奠定生活基础训练、培养兴趣及理解事物训练、语言理解及沟通训练、促进身体运动训练和基本生活训练等。

1)自身及他人理解训练:①对自身及他人关系的理解:a. 让患儿意识到自己:提高对自己的关心程度,扩大对周围人和事的兴趣。b. 扩展人际交流:设定一个有丰富人际交流体验的训练场景,找出与患儿相处的方式;学习反应及应答的方法,即在作出反应的同时辅以相应的动作,如叫到名字时举手等;在一天的日常生活中寻找一对一训练的时机,明确在什么场景中训练什么内容,如用餐时,对患儿说"这是你的牛奶"等。c. 让患儿意识到自己的名字:不要在远处叫喊,同时手放在患儿肩上,看着患儿的脸,做出尽量与患儿接触的举动;在日常具体事件中自然呼唤患儿名字。d. 训练患儿对别人的声音有反应:可在自由活动、运动游戏等场景中将语言和动作结合在一起训练。e. 训练患儿关心别人的行为:如一起散步、一起看其他孩子做游戏等。f. 注意与患儿情绪紧密结合,适当给予奖赏的行为,如握手、拥抱等。②对身体部分及身边的人的认识训练:通过学习身体接触寻求人际关系的扩展,初步学习动作模仿。a. 以身体为轴心,尝试各种各样的身体接触:包括理解自己的身体,意识到别人的存在,理解镜子中的自己。可以通过做游戏、触摸孩子的身体、模仿练习来完成。b. 采用患儿容易理解的方式:如让患儿抚摸老师的身体同时说出名字,身体某

个部分的运动。模仿游戏。c. 培养患儿的情感,和孩子多做荡秋千等游戏,培养患儿意识。

2) 奠定生活基础训练:①奠定人际关系的基础:a. 培养对交往方式的理解能力:身体接触培养初步人际关系,引导出预测行为的能力,理解所做任务并作出反应。b. 明确游戏的目的:游戏必须伴随动作,简单易学,动作与简单的语言结合在一起,同时利用感觉刺激,大量使用身体运动,积累快乐经验。c. 身体接触距离:按身体紧密接触,牵手面对面,保持一定距离的顺序完成。d. 身体接触游戏:如脸贴脸、拥抱、背背翘、举高高、转圈圈等。e. 利用感觉及运动的游戏:如挠痒痒、跑步、摔跤、球类游戏、翻滚游戏等。②从独自玩耍向集体游戏过渡:a. 提高游戏技能:给患儿充分的独立游戏的经验,优先考虑和大人游戏,提高对人的关心程度的训练。b. 和别人交往的游戏与方法:和大人游戏获得交往及游戏方法,和低年龄、同年龄的孩子游戏创造角色任务,制造交流机会。③在集体中获得规则和角色分配的常识:此类训练着眼于了解自己,关心别人,与别人情感上的交流,理解简单的行为构成。采用阶梯训练的原则,从具体的活动开始,给予行为修正及示范性提示。如拼人脸、纸牌、图画卡训练,大运动和感觉运动组合的体力循环游戏,过家家和购物游戏等。

3) 培养兴趣及理解事物训练:①触觉、视觉、听觉训练:提高区分各种刺激的能力,训练内容包括看人、看物、追视人和物及区分人或物,训练时注意利用视觉发现兴趣点,利用听觉了解兴趣点,以个别训练为中心,重视感知觉训练。动作模仿训练:患儿先观看动作,然后发指令模仿。看物训练:找同样的东西,拼图,拼形状,找图画的缺损部分,可以用色彩鲜艳并能引起患儿兴趣的照片或商品目录。追视人或物的训练:训练的目标是关心远处的人和物,对患儿关心的对象、表现出的兴趣一旦发现应立即作出反应。区分人或物体训练:最好和患儿手拉手进行。对人、物、声音关心的训练:选择能自然与人脸部相对并进行接触的游戏,如集体舞、捉迷藏等。②理解即将发生的事件:在各种场景中指导患儿以物为线索,理解目前所处的环境状况,推断正确的行为,理解某个事物和行为的联系。如将语言和物品结合起来,洗澡前认识毛巾、香皂,起床时认识衣服,购物前认识购物袋等。③认识两个事物之间的关系:可促进语言理解及物体的对应方法。寻找物物之间的关系,如具体物与具体物配对,具体物与图片配对,图片与图片配对;理解物与状况的关系,如给娃娃穿衣服游戏;将声音和行为联系起来的游戏,如随口令跑停、韵律游戏等。④提高模仿能力,如身体模仿,模仿人,包含学习要素的模仿,各种模仿游戏(握手、拍手、点头、举手、电视模仿,模仿老师、父母,仿画等)。⑤用形状、图画、文字表达:可促进患儿将不断丰富的对人或物的影像与对物的认知、语言社会性的发育结合。训练目标是通过积木、橡皮泥、纸、笔等将头脑中各种各样的物体或状况的影像表现出来。如穿脱衣服、洗脸、积木搭电车、橡皮泥游戏、拼图、画画、使用剪刀、折纸游戏等。

4) 语言理解及沟通训练:①指示沟通训练:以指示为连接点,让患儿学会关心人和物,提高语言的理解力。训练包括表达要求、指认身体名称、颜色触摸识别、插图内容识别、图片购物等,训练从具体到抽象。②模仿发音说话:以构音发育为基础,从单音节向双、三音节过渡,重叠音的组合。认识声音训练,如模仿元音、口唇

笔记

音;母亲对患儿多说话;旋律简单、歌词短、重复的歌曲等;通过游戏模仿声音;引入学习要素的训练:培育听的能力和态度,以听懂单词和音节为目标,如配乐器游戏、声音配对游戏、分辨词汇游戏等;训练发声器官的游戏:如吹纸人、吹乒乓球等学习气息的使用方法,嚼口香糖、舔盘子提高两颌运动能力。③动作表现训练:动作表现为患儿学会语言之前频繁使用的一种沟通方法,如 Bye-Bye、再见、你好、请给我、我要、不、嗯、Yeah、上厕所的信号、敲门等,训练的目标是增加与人沟通的机会,提高语言理解力。训练采用日常生活中的内容,如传递小物品、帮忙拿报纸、物品搬家等,将语言和动作结合起来,逐渐向有声语言发展。④提高语言理解能力:从患儿感兴趣的内容开始,着重观察患儿现在能够理解什么程度的语言,现有的应对方式是什么,循序渐进增加词汇量。训练内容包括:身体部位、进食时食物、动物、交通工具、动词(坐、站、跳)、方位词(前后、左右、上中下)的识认训练。⑤理解故事的脉络训练:故事应该简单,叙述清楚,重复的语言多,包含患儿在实际生活中常见的东西。

5)促进身体运动训练:①大运动训练:可培养韵律感和协调性,奠定动作模仿的基础,保持身心协调。应该按照发育的顺序进行干预,把身体的运动变为快乐的活动,从他动到自动,辅以丰富的感觉训练,以反复进行、持续不断为原则,活泼的身体运动游戏,如彩带操,根据不同旋律节奏的音乐改变活动以培养韵律感及协调性;抢椅子游戏培养速度感及敏捷性;跑步培养持久力,抬轿子等培养肌肉力量等。②协调运动训练:通过走、跑、跳等大肌肉运动自由移动身体;各个关节在可动范围内的训练提高关节的可动性,如下楼梯、攀登架、垫上翻转运动等;四肢协调训练,如爬、彩虹筒、独轮车、荡秋千;结合声音韵律的身体运动训练,如广播体操。③手指精细运动训练:应细心安排游戏,结合患儿兴趣,内容符合患儿日常生活活动,且不能太难,表现出色应及时表扬。如将物体放入、取出、摆杯子、玉珠盘、穿绳子、使用剪刀、拧螺丝等。④发声器官的训练:如各种吹气游戏,吹蜡烛、吸果汁、嚼苹果、舔果汁、刷牙等。

6)基本生活训练:①进食训练:最大目标是独立进食,一对一开始,按洗手到最后收拾的一定顺序进行,尽量少的规则,重视自发性的培养。同时注意患儿进食时离开座位、撒饭、进食时间太长等问题。②大小便自理训练:目标是明白尿意、便意的感觉,掌握排泄技能,确立指示行为和自我控制能力,同时考虑个体差异,重复进行,注意孩子的信号,在固定的顺序下进行,让孩子有安全感。③穿衣的自理:帮助患儿记住穿衣的顺序,培养患儿区分裤子从脚穿、上衣从头穿的能力,发展手指功能及手眼协调能力。必须循序渐进,菜单化指导,从易到难,在日常生活场景中练习以及重复练习。适当时机予以帮助及赞扬。

3. 注意事项　在进行精神发育迟滞患儿教育干预时,应注意下列问题:①每次训练内容不可多,先易后难,对较困难的内容可分为有连贯的小项目,顺序进行,然后再连成整个内容。②每天坚持定时、定量训练,以便养成训练习惯。每天训练时间不宜过长,15~30分钟即可。③从一个训练项目转换到另一个项目时,不可追求速度,以免患儿难以适应。④尽量利用图片、实物进行训练,以便于理解。⑤训练环境要安静,过多无关物品应拿开,以免患儿分心。注意患儿的心境,心境不佳时可暂停训练。对训练要抱有信心,并要多次重复训练,不可轻易放弃。

（二）药物疗法

1. 病因治疗　对某些精神发育迟滞类型病因明确者,在特殊教育训练的同时,应针对不同的病因进行治疗,以防止病情发展,有利于康复。如先天代谢缺陷、先天性甲状腺功能减退,早期采用饮食疗法或补充必需的元素或甲状腺素,可预防精神发育迟滞;性染色体遗传性疾病致使某些性激素分泌不足,可适时给予性激素以改善患者的性征发育。

2. 促进或改善脑细胞功能的治疗　可以选用多种氨基酸、吡拉西坦、γ-氨酪酸等药物治疗。

3. 对症治疗　对伴发精神症状和癫痫等,可选用小剂量抗精神病药物和抗癫痫药物治疗。

（三）中医康复疗法

1. 中药辨证治疗　中医认为本病属中医"五迟"范围,因先天胎禀不足、肝肾亏损、后天失养、五脏之精气不能上荣元神之府所致。以致神志失聪,谋虑失常,思维不灵,反应迟钝,记忆减退,智力低下,应治以补肾填精,益髓健脑,益气健脾,化瘀开窍,益智醒脑。

2. 穴位注射治疗　维生素 B_1 0.1g,维生素 B_{12} 0.5mg,生理盐水 20ml,取百会、四神聪、哑门等注射,奥拉西坦 100mg/kg 用生理盐水 10ml 稀释,取神庭、双侧头维等,针与头皮成 15°角快速刺入帽状腱膜下,有针感而回抽无血后每穴推注药液 1~2ml,隔日 1 次,10 次为 1 个疗程,中间间隔 1 周。

3. 针灸治疗　取百会、四神聪、神庭、印堂、廉泉、内关、合谷、通里等。针刺方法:百会、四神聪、神庭、印堂用 1 寸毫针与头皮成 30°角沿头皮斜刺;内关、合谷、通里以直刺方法,进针后强刺激留针 1 小时,0.5 小时后采用捻转手法强刺激行针 1 次,隔日 1 次。

四、康复教育

（一）三级预防

降低精神发育迟滞患病率的最根本措施就是预防,1981 年联合国儿童基金会提出了精神发育迟滞三级预防的概念,主要内容如下:

1. 初级预防　消除精神发育迟滞的致病因素,预防疾病的发生,主要措施包括避免近亲结婚、婚前检查、遗传咨询、产前保健等以预防遗传性疾病;加强卫生宣传教育,提高人民防病意识、预防接种、合理喂养、预防中枢神经感染等以减少出生后的各种不良因素;加强和提高经济文化水平,避免心理挫伤,提高心理文化素质,努力促进生物医学模式向社会心理医学模式转变。

2. 二级预防　早期发现伴有智力低下的疾病,尽可能在症状尚未明显之前就作出诊断,以早期干预,使不发生智力缺陷,主要措施有遗传病产前诊断、先天代谢病新生儿筛查、高危儿随访、出生缺陷监测、发育监测等。

3. 三级预防　积极对症治疗,已经有脑部功能异常症状以后应采取综合治疗措施,及时正确诊疗脑部疾病,以预防发展为智力残疾,避免智力缺陷进一步加重。

（二）健康教育

精神发育迟滞作为一种发育障碍性疾病,往往治疗周期长,疗效缓慢,预防的意义往往大于治疗。首先应向广大群众宣传婚前检查、产前检查的重要性,倡导优生政策。其次,再对患儿进行康复治疗的同时,应向患者家属交代病情可能的变化及预后情况,提高家属及患儿应对疾病的信心及耐心。针对患儿的教育应有学校教师、家长、临床医师及康复治疗师相互配合进行。根据患儿的病情轻重不同,按照儿童正常的发育进程进行有目的、有计划、有步骤的教育,使患儿能够掌握其智力水平相当的文化知识、日常生活和社会适应能力。

(三)康复护理

精神发育迟滞患儿的康复护理应该与康复治疗相配合,根据患儿年龄、患病情况等制定相应的护理方案。如在患儿大脑发育阶段,要注重加强营养,适量进食有助大脑生长的食物,促进智力发育;在日常生活护理中,要着重引导和训练患儿进行穿衣、脱衣、洗脸、刷牙、洗手等,提高患儿独自生活的自理能力;多与患儿进行言语交流,培养患儿语言表达能力;多给予患儿鼓励,避免患儿产生自卑的心理及形成内向、孤僻的性格;加强看护,避免患儿跌伤、烫伤、迷失等。

第六节　睡眠障碍的康复

睡眠(sleep)和觉醒是人和高等动物普遍存在的生理节律现象。睡眠约占据人生时间的1/3,是维护机体健康以及中枢神经系统正常功能必不可少的生理过程。睡眠障碍是很多躯体疾病、神经精神疾病的表现之一,若不及时处理和调整,又可诱发更为严重的躯体和心理疾病,因此其在康复治疗中越来越受到重视。

一、概述

(一)定义

睡眠障碍(dyssomnia or sleep disorders)是指睡眠的数量、质量、时间或节律紊乱。

(二)流行病学

世界卫生组织调查发现世界上27%的人睡眠有问题。据报道,美国的发生率高达32%~50%,英国为10%~14%,日本为20%,法国为30%,中国为38.2%。失眠给全球经济、环境和人类的生命安全带来极其巨大的影响,因此睡眠问题引起了国际社会的广泛关注。国际精神卫生和神经科学基金会于2001年起将每年3月21日定为"世界睡眠日"。

(三)病因及发病机制

1. 病因　引起睡眠障碍的原因很多,包括生理、心理、环境等因素的改变,以及药物、神经、精神和躯体疾患。按照现行通用睡眠障碍的国际分类,将其分为以下5类:①内源性睡眠疾病,如发作性睡病、睡眠呼吸暂停综合征、不宁腿综合征等内在原因引起的睡眠障碍;②外源性睡眠疾病,睡眠习惯和酒精等外在原因引起的睡眠障碍;③昼夜节律睡眠疾病,由于夜班或飞行等生物钟紊乱引起;④异态睡眠,如睡行症、睡惊症等;⑤其他:精神、神经或呼吸循环系统疾病引起的睡眠障碍。

2. 发病机制　神经系统疾病伴发睡眠障碍的具体机制复杂,可能的机制包括:

笔记

（1）神经系统疾病累及睡眠相关的神经结构和神经递质平衡引起：如双侧脑桥被盖部分的病变常有 REM 睡眠障碍；双侧旁正中丘脑梗死常有睡眠增多；家族性致死性失眠患者有双侧丘脑前核、背内侧核的神经细胞严重缺失；痴呆患者体内褪黑素的分泌量降低，24 小时分泌曲线低平，昼夜节律异常等。

（2）神经系统疾病导致躯体症状和伴发的神经症状引起：如帕金森病患者肢体活动和翻身动作减少所致的不适感，也会使觉醒次数增加。疾病所致的焦虑和抑郁也会诱发或加重睡眠障碍。

（3）神经系统疾病治疗药物引起：抗癫痫药物和帕金森治疗药物对睡眠均有显著的影响。

（四）临床特征

睡眠障碍临床特征多表现为失眠、睡眠过多、异相相关睡眠、睡眠节律紊乱等。睡眠障碍不仅会引起夜间睡眠困难，还会导致白天的疲乏无力和困倦，或是在夜间会发生异常事件。睡眠障碍还对警觉性、注意力产生不利影响，从而可能导致损伤和医学不良后果。警觉性损害的临床表现呈多样性，包括疲乏、精力不足、懒惰、淡漠、瞌睡、记忆减退、注意力集中困难、注意力下降、烦躁不安、工作学习表现差、自主性行为、频繁的意外、精神不振、发作性思睡等。

二、康复评定

睡眠状况的评估有助于了解病情和对康复疗效作出评价。康复医师通过对睡眠状况的评定，可以扩大观察病情的眼界，开阔分析病情的思路，全面了解和掌握病情变化，及时对康复治疗的疗效作出评价，促进康复疗效的提高。

（一）匹兹堡睡眠质量指数（PSQI）

1989 年 Bussy 等人编制了睡眠质量自评量表（表 5-18），它可评定被试者最近 1 个月的睡眠质量。各成分含义及计分方法如下：

1. 睡眠质量　根据条目 6 的应答计分，"较好"计 1 分，"较差"计 2 分，"很差"计 3 分。

2. 入睡时间　①条目 2 的计分为"≤15 分"计 0 分，"16~30 分"计 1 分，"31~60 分"计 2 分，"≥60 分"计 3 分；②条目 5a 的计分为"无"计 0 分，"<1 周/次"计 3 分；③累加条目 2 和 5a 的计分，若加分为"0"计 0 分，"1~2 分"计 1 分，"3~4 分"计 2 分，"5~6 分"计 3 分。

3. 睡眠时间　根据条目 4 的应答计分，">7 小时"计 0 分，"6~7 小时"计 1 分，"5~6 小时"计 2 分，"<5 小时"计 3 分。

4. 睡眠效率　①床上时间=条目 3（起床时间）−条目 1（上床时间）；②睡眠效率=条目 4（睡眠时间）/床上时间×100%；③成分 D 计分为，睡眠效率>85%计 0 分，75%~84%计 1 分，65%~74%计 2 分，<65%计 3 分。

5. 睡眠障碍　根据条目 5b~5j 的计分为"无"计 0 分，"<1 周/次"计 1 分，"1~2 周/次"计 2 分，"≥3 周/次"计 3 分，累加条目 5b~5j 的计分，若累加分为"0 分"则成分 E 计 0 分，"1~9"计 1 分，"10~18"计 2 分，"19~27 分"计

3 分。

　　6. 催眠药物　根据条目 7 的应答计分,"无"计 0 分,"<1 周/次"计 1 分,"1~2 周/次"计 2 分,"≥3 周/次"计 3 分。

　　7. 日间功能障碍　①根据条目 7 的应答计分,"无"计 0 分,"<1 周/次"计 1 分,"1~2 周/次"计 2 分,"≥3 周/次"计 3 分;②根据条目 7 的应答计分,"没有"计 0 分,"偶尔有"计 1 分,"有时有"计 2 分,"经常有"计 3 分;③累加条目 8 和 9 的计分,若累加分为"0 分"则成分 G 计 0 分,"1~2 分"计 1 分,"3~4 分"计 2 分,"5~6 分"计 3 分。

　　PSQI 总分=成分 A+成分 B+成分 C+成分 D+成分 E+成分 F+成分 G。PSQI 总分,总分范围为 0~21 分,得分越高,表示睡眠质量越差。0~5 分,睡眠质量很好;6~10 分,睡眠质量还行;11~15 分,睡眠质量一般;16~21 分,睡眠质量很差。

表 5-18　匹兹堡睡眠质量指数（PSQI）条目构成

请根据您近 1 个月的实际情况回答下列问题:

1. 近 1 个月晚上睡眠通常是　分钟

2. 近 1 个月晚上入睡通常需　分钟

3. 近 1 个月通常早上　点起床

4. 近 1 个月每晚通常实际睡眠　小时（不等于卧床时间）

对下列问题请用"√"号画出一个最适合的答案:

5. 近 1 个月,因以下情况睡眠而烦恼:

a. 入睡困难（30 分钟内不能入睡）	①无　②<1 次/周　③1~2 次/周　④≥3 次/周
b. 夜间易醒或早醒	①无　②<1 次/周　③1~2 次/周　④≥3 次/周
c. 去厕所	①无　②<1 次/周　③1~2 次/周　④≥3 次/周
d. 呼吸不畅	①无　②<1 次/周　③1~2 次/周　④≥3 次/周
e. 咳嗽或鼾声高	①无　②<1 次/周　③1~2 次/周　④≥3 次/周
f. 感觉冷	①无　②<1 次/周　③1~2 次/周　④≥3 次/周
j. 其他影响睡眠的事情	①无　②<1 次/周　③1~2 次/周　④≥3 次/周

如有请说明:

6. 近 1 个月,总的来说,您认为自己的睡眠	①很好　②较好　③较差　④很差
7. 近 1 个月,您用药催眠的情况	①无　②<1 次/周　③1~2 次/周　④≥3 次/周
8. 近 1 个月,您常感到困倦吗?	①无　②<1 次/周　③1~2 次/周　④≥3 次/周
9. 近 1 个月,您做事的精力不足吗?	①没有　②偶尔　③有时有　④经常有

10. 近 1 个月有无下列情况（请问同寝者）

续表

a. 高声打鼾	①无 ②<1 次/周 ③1~2 次/周 ④≥3 次/周
b. 睡眠中,您有呼吸较长时间的暂停(呼吸憋气)现象吗?	①无 ②<1 次/周 ③1~2 次/周 ④≥3 次/周
c. 睡眠中,您因腿部不适必须踢腿或活动腿吗?	①无 ②<1 次/周 ③1~2 次/周 ④≥3 次/周
d. 睡眠中,您有转向或睡迷糊的情况吗?	①无 ②<1 次/周 ③1~2 次/周 ④≥3 次/周
e. 您在睡眠过程中有无其他特殊情况?	①无 ②<1 次/周 ③1~2 次/周 ④≥3 次/周

（二）睡眠障碍自评量表（self-rating scale of sleep，SRSS）

国内外除使用 PSQI 量表外,SRSS 为临床常用的睡眠自我评定量表(表 5-19),项目较全面,内容具体,方法简便易行,评定的时间范围,为过去的 1 个月内患者睡眠状况,SRSS 共有 10 个项目,每个项目分 5 级评分(1~5 分),总分范围为 10~50 分,评分越高,说明睡眠问题越严重。最低分为 10 分(基本无睡眠问题),最高分为 50 分(最严重)。

（三）阿森斯失眠量表（Athens insomnia scale，AIS）

AIS 是根据 ICD-10 失眠症诊断标准制订的失眠严重程度评估量表(表 5-20),为一种简洁适用的自评量表。总分<4 分,无睡眠障碍;4~6 分,可疑失眠;>6 分,失眠。

表 5-19　睡眠障碍自评量表（SRSS）

导语:下面 10 个问题是了解您睡眠情况的。请您在最符合自己的每个问题下选择一个答案(√)。时间限定在近 1 个月内。

姓名	性别	年龄	职业	文化程度

1. 您觉得平时睡眠足够吗?

①睡眠过多了　②睡眠正好　③睡眠欠一些　④睡眠不够　⑤睡眠时间远远不够

2. 您在睡眠后是否已觉得充分休息了?

①觉得充分休息过了　②觉得休息过了　③觉得休息了一点儿　④觉得休息过了　⑤觉得一点儿也没休息

3. 您晚上已睡过觉,白天是否打瞌睡?

①0~5 天　②很少(6~12 天)　③有时(13~18 天)　④经常(19~24 天)　⑤总是(25~31 天)

4. 您平均每个晚上大约睡几小时?

①≥9 小时　②7~8 小时　③5~6 小时　④3~4 小时　⑤1~2 小时

5. 您是否有入睡困难?

①0~5 天　②很少(6~12 天)　③有时(13~18 天)　④经常(19~24 天)　⑤总是(25~31 天)

续表

姓名	性别	年龄	职业	文化程度

6. 您入睡后中间是否易醒?

①0~5 天　②很少(6~12 天)　③有时(13~18 天)　④经常(19~24 天)　⑤总是(25~31 天)

7. 您醒后是否难以再入睡?

①0~5 天　②很少(6~12 天)　③有时(13~18 天)　④经常(19~24 天)　⑤总是(25~31 天)

8. 您是否多梦或常被噩梦惊醒?

①0~5 天　②很少(6~12 天)　③有时(13~18 天)　④经常(19~24 天)　⑤总是(25~31 天)

9. 为了睡眠,您是否吃安眠药?

①0~5 天　②很少(6~12 天)　③有时(13~18 天)　④经常(19~24 天)　⑤总是(25~31 天)

10. 您失眠后心情(心境)如何?

①无不适　②无所谓　③有时心烦、急躁　④心慌、气短　⑤乏力、没精神、做事效率低

表 5-20　阿森斯失眠量表(AIS)

导话:本量表用于记录您对遇到过的睡眠障碍的自我评估。对以下列出的问题,如果在过去 1 个月内每周至少在您身上发生 3 次,就请您圈点相应的自我评估结果。

问题	自我评估结果
1. 入睡时间(关灯后到睡着的时间)	0:没问题 1:轻微延迟 2:显著延迟 3:延迟严重或没有睡觉
2. 夜间苏醒	0:没问题 1:轻微延迟 2:显著延迟 3:严重影响或没有睡觉
3. 比期望的时间早醒	0:没问题 1:轻微提早 2:显著提早 3:严重提早或没有睡觉
4. 总睡眠时间	0:足够 1:轻微不足 2:显著不足 3:严重不足或没有睡觉
5. 总睡眠质量(无论睡多长)	0:足够 1:轻微不足 2:显著不足 3:严重不足或没有睡觉

续表

问题	自我评估结果
6. 白天情绪	0:正常 1:轻微低落 2:显著低落 3:严重低落
7. 白天身体功能(体力或精神,如记忆力、认知力和注意力等)	0:足够 1:轻微影响 2:显著影响 3:严重影响
8. 白天思睡	0:无思睡 1:轻微思睡 2:显著思睡 3:严重思睡

(四)睡眠障碍评定量表(SDRS)

SDRS是我国张宏根等人自行设计的睡眠障碍量表。无论是内容,还是条目设置方面SDRS都与AIS相似。量表共有10个条目,采用0~4分5级评分,各条目均有评定指导语和评分标准。量表着重对失眠的严重度进行总体评价,也可以对失眠的不同临床表现形式进行概括描述(表5-21)。

表5-21　睡眠障碍评定量表(SDRS)

量表条目	主要功能
1. 睡眠充分否	睡眠时间及其对社会功能影响的总体主观感受
2. 睡眠质量	睡眠质量的主观体验
3. 睡眠长度	总睡眠时间的客观记录
4. 早段失眠、频度	难以入睡发生频率
5. 早段失眠、程度	入睡困难程度及睡眠潜伏期的客观记录
6. 中段失眠、频度	睡眠不深,中途醒转频率
7. 中段失眠、程度	睡眠不深而转醒后再次入睡情况
8. 末段失眠、频度	早醒发生频率
9. 末段失眠、程度	早醒时间
10. 醒后不适感	因失眠而造成的不适感,如头晕、疲倦、疲乏等

(五)睡眠日记

睡眠日记监测是既实用又经济、应用最广泛的睡眠评估方法之一,通过追踪患者较长时间内睡眠模式,更准确地了解患者的睡眠情况。睡眠日记是针对失眠诊断、治疗和研究极具价值的信息,有助于了解个人睡眠的具体情况和提供失眠的数字化资料。大多数睡眠研究中心均已采用该方法进行睡眠时间和半觉醒情况的监测与睡眠质量的评估。在失眠期间,坚持记日记有助于了解:失眠的诱因、导致失眠的原因;失眠是否与每年、每月或每周的某一特定时间有关;生活中哪些特定事件可引起失眠、哪些事件能改善睡眠等情况。记录睡眠时间、觉醒次数及睡眠质量的相关信息,将有助于失眠类型和失眠原因的确定。一般连续填写日记7~10天(表5-22)。

表5-22　睡眠日记

日期	卧床时间	睡眠开始时间	觉醒时间	觉醒时间总量	最后觉醒时间	总睡眠时间	睡眠质量	备注

(六)多次小睡睡眠潜伏期试验(MSLT)

MSLT是通过让患者白天进行一系列的小睡来客观判断其白天嗜睡程度的一种方法(表5-23)。目前已将其用于评定白天过度嗜睡的严重程度、康复治疗效果,同时作为鉴别诊断的重要客观指标。睡眠分期按现行通用的国际标准进行。报告内容包括睡眠潜伏期、REM睡眠潜伏期及异常REM出现次数。睡眠潜伏期时间是指从关灯到出现任何一个窗面的任何一期睡眠之间的时间,小于5分钟为嗜睡;5~10分钟之间称为"灰色带";睡眠潜伏时间10分钟以上为正常;出现2次或以上REM睡眠,加上其他临床症状,强烈提示患者可能患有发作睡病(narcolepsy)。

表5-23　MSLT测试步骤

时间	测试步骤
测试前	
30分钟	停吸烟
15分钟	停止较为剧烈的体力活动
10分钟	准备上床(宽衣,拖鞋)
5分钟	静卧床上定标(睁眼60秒,闭眼60秒,睁眼、左、右、左、右直视,下、上、直视,眨眼5次,动嘴)
30秒	嘱患者保持习惯的睡姿
5秒	嘱患者闭眼入睡

(七)其他客观评估方法

睡眠障碍还包括很多其他评定方法,如夜帽、微动敏感床垫、肢体活动电图、唤醒标记仪、清醒状态维持试验、电子瞳孔描计仪等。

多导睡眠图

多导睡眠图是1957年德门特（Dement）和克莱特曼（Kleitman）在脑电技术发展的基础上进一步发展与完善创建的。包括脑电图（EEG）、肌电图（EMG）、心电图（ECG）、眼动电图（EOG）和呼吸描记装置等。测量指标包括：①睡眠过程：总记录时间、睡眠潜伏期、早醒时间、醒觉时间、运动觉醒时间、睡眠总时间、睡眠效率、睡眠维持率。②睡眠结构：第一阶段百分比（S1%）、第二阶段百分比（S2%）、第三阶段百分比（S3%）、第四阶段百分比（S4%）、快速眼动相（REM）睡眠百分比。③REM睡眠测量值：REM睡眠潜伏期、REM睡眠强度、REM睡眠密度、REM睡眠时间、REM睡眠周期数。通过检测指标的测定，不仅提供了一个评估睡眠和觉醒的方法，同时可以识别睡眠时是否发生异常生理事件，为睡眠障碍的诊断、分类和鉴别诊断提供客观依据。

三、康复治疗

通过康复治疗，建立良好的睡眠卫生习惯，使患者学会控制与纠正各种影响睡眠的行为与认知因素，改变与消除导致睡眠紊乱慢性化的持续性因素；帮助患者建立较正常的睡眠模式，恢复正常的睡眠结构，摆脱失眠的困扰。

（一）物理因子疗法

1. 生物反馈疗法 通过松弛训练，降低交感神经的张力，使大脑的兴奋与抑制调节功能得到改善，达到治疗失眠的目的。

2. 光疗法（bright light therapy） 定时暴露于强光下2~3日，人的睡眠节律可以转换；晨起或夜间强光治疗可使睡眠时相前移或后移。该治疗对多数生理节律性失眠有效，可以促使夜班工作者在白天进行睡眠，提高工作时的警觉水平，也可治疗飞行旅行造成的失眠和睡眠时相延迟。适用于睡眠-觉醒节律紊乱者。根据失眠的不同表现，照光时间也有所不同。

3. 其他物理因子疗法 例如磁疗、直流电离子导入、水疗、负离子疗法等。

（二）认知-行为治疗（cognitive-behavioral treatment）

指出患者种种不正确的、不良的认知方式，通过个体在长期生活实践中逐渐形成的价值观念，分析其不现实和不合逻辑的方面，用较现实的或较强适应能力的认知方式取而代之，以消除或纠正其适应不良的情绪和行为，即认知疗法。失眠的行为疗法，就是在患者对失眠有了正确认识和树立了治疗信心的基础上，教患者一套能促进良好睡眠的行为准则，即睡眠卫生。

（三）药物疗法

由于睡眠类药物长期服用会有依赖性及停药反弹，原则上应使用最低剂量、间断给药（每周2~4次）、短期用药（常规用药不超过3~4周）、减药缓慢和逐渐停药（每天减掉原药的25%）。

镇静催眠药物主要有三类：巴比妥类、苯二氮䓬类、非苯二氮䓬类。巴比妥较少用于睡眠障碍。苯二氮䓬类药物使用较广泛,根据其半衰期长短可分为:①短效类(半衰期<6小时):咪达唑仑、去羟西泮、溴替唑仑等,主要用于入睡困难和醒后难以入睡;②中效类(半衰期6~24小时):替马西泮、劳拉西泮、阿普唑仑、氯氮平等,主要用于睡眠浅、易醒和晨起需要保持头脑清醒者;③长效类(半衰期24小时以上):地西泮、氯硝西泮、硝基西泮等,主要用于早晨。长效类起效慢,有抑制呼吸和次日头昏、无力等不良反应。非苯二氮䓬类药物包括佐匹克隆、唑吡坦、扎来普隆等。这类药物具有起效快、半衰期短、无宿醉症状、无药物依赖和停药反弹小等优点,是目前治疗睡眠障碍的一线药物。

(四)中医康复疗法

中医治疗睡眠障碍时,多采用中药疗法,并佐以针灸、推拿等方法。其中尤以失眠为多见,中医又称"不寐""不得眠""目不瞑"等。

1. 中药疗法　治疗当以补虚泻实,调整脏腑阴阳为原则。常用方剂有:龙胆泻肝汤、黄连温胆汤、归脾汤、六味地黄丸、交泰丸、安神定志丸、酸枣仁汤等。常用药物有:酸枣仁、远志、合欢皮、夜交藤、朱砂、磁石等。

2. 针灸疗法　临床常用于治疗失眠的针灸疗法有体针、耳针法及温和灸法。

(1)体针:以调理跷脉、安神利眠为治则,针刺以相应八脉交会穴、手少阴经及督脉穴为主,常用穴位有:照海、申脉、神门、印堂、四神聪、安眠等。

(2)耳针法:选皮质下、心、肾、肝、神门、垂前、耳背心等穴位,以毫针刺、埋针或王不留行籽贴压。

(3)温灸法:温和灸肾俞、命门、百会等穴位以调和阴阳、通畅血脉、宁心定神。

3. 推拿疗法　在头面四肢经穴进行推拿按摩,可以达到疏经通络、宁心安神、促进睡眠的目的。一般最好在睡前0.5~1小时进行。

4. 温浴疗法　以40℃左右的水泡浴、擦浴或足浴。使用40~41℃温水泡浴30分钟,每日一次以镇静安神。对于年龄过大或体力较差的老人可行1小时足浴,足浴时使用40~41℃温水,水量高出踝部20cm,以安神助眠。亦可入睡前热水淋浴20分钟,做按摩、静坐等松弛运动。

四、康复教育

首先应强调纠正不良的睡眠习惯,对于轻度睡眠障碍患者可能是唯一需要的治疗。包括:规律的作息时间和就寝常规、适宜的睡眠环境、适度的睡前运动等,此外应限制上床时间,如上床20分钟不能入睡,应起床待有睡意时再上床;尽量避免日间小睡和午睡;晚餐不宜过饱,不饮用干扰睡眠的饮料和药物,睡前可用适量温牛奶。

睡眠时应注意睡眠卫生。患者只在有睡意时才上床,若上床15~20分钟不能入睡,则应离开床到另一间屋子,只有当再感到困倦时才回到卧室,每天晚上可以经常重复;无论夜间睡多久,清晨应准时起床,保持良好的睡眠习惯,睡眠时间适度并保持节律;不要在床上进行与睡眠不适应的活动(如在床上看电视、读书),要把床和卧室作为睡眠时才需要的地方;除午饭后机体处于低潮期间可稍作午睡外,应尽量避免在白天入睡;促进和增强白天的精神和体力活动,只有白天精神处于兴奋状态和躯体处于活动状态,才能使机体在夜间处于静止和安息状态,从而有利于入眠;每日白天定时在日光下参加一些适合体力的体育活动,阴雨天时,可在强照射下的室内进行,但精神应避免过度紧张,体力活动应避免过度劳累。

笔记

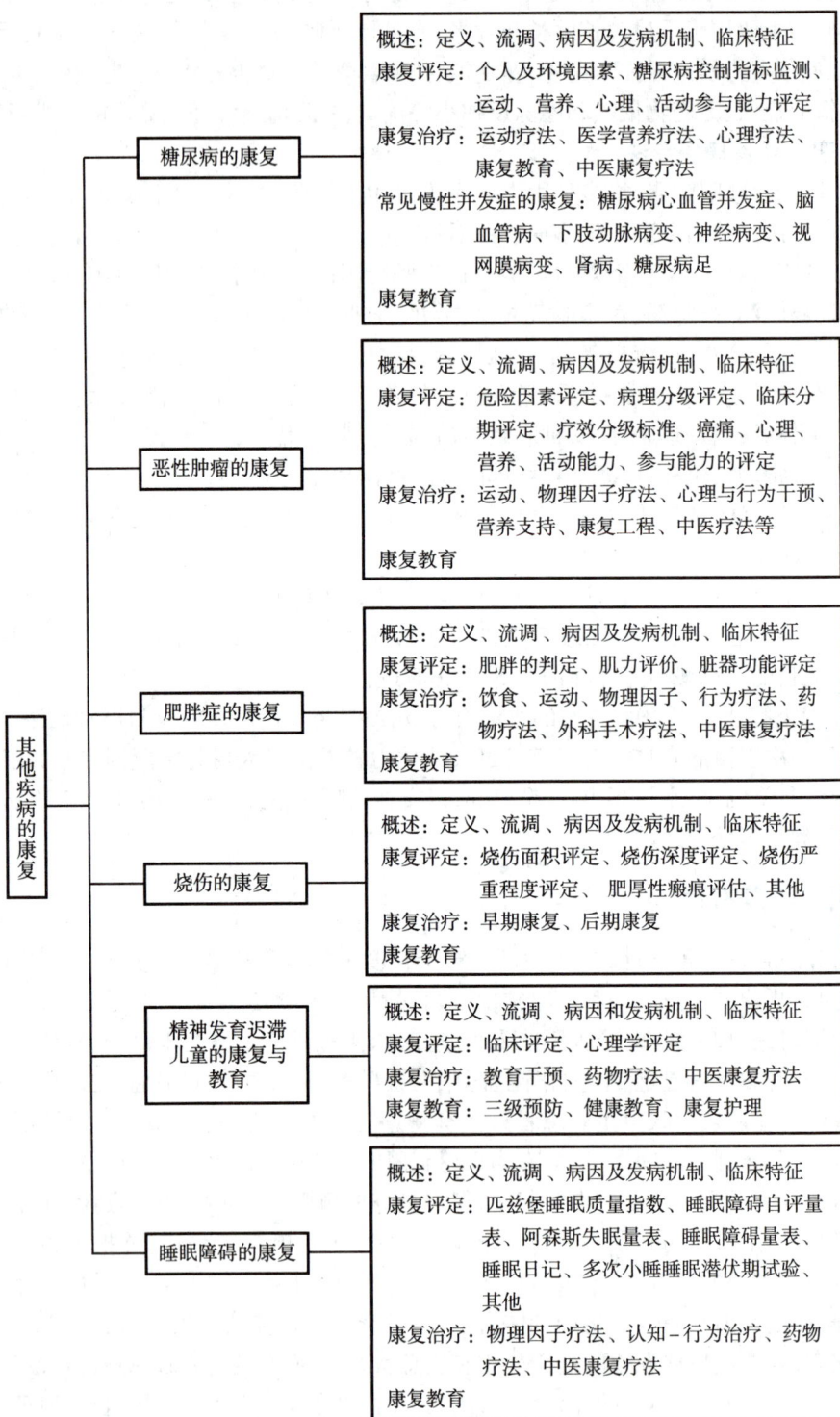

学习小结

1. 学习内容

其他疾病的康复

糖尿病的康复
- 概述：定义、流调、病因及发病机制、临床特征
- 康复评定：个人及环境因素、糖尿病控制指标监测、运动、营养、心理、活动参与能力评定
- 康复治疗：运动疗法、医学营养疗法、心理疗法、康复教育、中医康复疗法
- 常见慢性并发症的康复：糖尿病心血管并发症、脑血管病、下肢动脉病变、神经病变、视网膜病变、肾病、糖尿病足
- 康复教育

恶性肿瘤的康复
- 概述：定义、流调、病因及发病机制、临床特征
- 康复评定：危险因素评定、病理分级评定、临床分期评定、疗效分级标准、癌痛、心理、营养、活动能力、参与能力的评定
- 康复治疗：运动、物理因子疗法、心理与行为干预、营养支持、康复工程、中医疗法等
- 康复教育

肥胖症的康复
- 概述：定义、流调、病因及发病机制、临床特征
- 康复评定：肥胖的判定、肌力评价、脏器功能评定
- 康复治疗：饮食、运动、物理因子、行为疗法、药物疗法、外科手术疗法、中医康复疗法
- 康复教育

烧伤的康复
- 概述：定义、流调、病因及发病机制、临床特征
- 康复评定：烧伤面积评定、烧伤深度评定、烧伤严重程度评定、肥厚性瘢痕评估、其他
- 康复治疗：早期康复、后期康复
- 康复教育

精神发育迟滞儿童的康复与教育
- 概述：定义、流调、病因和发病机制、临床特征
- 康复评定：临床评定、心理学评定
- 康复治疗：教育干预、药物疗法、中医康复疗法
- 康复教育：三级预防、健康教育、康复护理

睡眠障碍的康复
- 概述：定义、流调、病因及发病机制、临床特征
- 康复评定：匹兹堡睡眠质量指数、睡眠障碍自评量表、阿森斯失眠量表、睡眠障碍量表、睡眠日记、多次小睡睡眠潜伏期试验、其他
- 康复治疗：物理因子疗法、认知-行为治疗、药物疗法、中医康复疗法
- 康复教育

笔记

2. 学习方法

（1）糖尿病的并发症是患者产生功能障碍的主要原因，需要掌握糖尿病常见并发症的发生机制与临床特征，根据康复评定结果，制订相应的康复治疗方案及康复教育。

（2）本章各个疾病之间的关联较少，学习中要重点把握各个疾病代表性评定方法和量表。如烧伤面积、烧伤深度、烧伤严重程度和烧伤后肥厚性瘢痕评定、睡眠障碍的睡眠日记等。

（3）本章糖尿病、肥胖症等多个疾病均涉及运动疗法，但不同疾病和疾病的不同阶段，运动疗法有其不同的治疗作用，运动处方也有所差别，需要重点把握，进行横向对比学习。

（钟建国　秦照梅　齐瑞　杨俊兴　王鹏琴）

复习思考题

1. 糖尿病患者如何进行运动功能评定？
2. 简述恶性肿瘤的康复治疗目标和康复治疗措施。
3. 简述肥胖症康复治疗的目的及最基本的2种康复治疗措施。
4. 烧伤深度的评定方法是什么？
5. 如何评定一个患儿是精神发育迟滞儿童？
6. 简述西药治疗睡眠障碍的种类及注意事项。

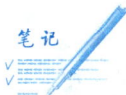

临床康复中常见问题处理

第一节　痉　　挛

　　痉挛是中枢神经系统疾病的常见并发症,是临床康复治疗中的难题。严重的痉挛会导致患者出现异常姿势与平衡障碍、转移困难、无法行走,日常生活活动能力严重受限,甚至终生需要照顾。痉挛不仅影响患者的生存质量,而且给患者及其家庭带来巨大痛苦。

一、概述

(一)定义

　　痉挛(spasticity)是指由于不同中枢神经系统疾病引起的,表现为肌肉的不自主收缩反应和速度依赖性的牵张反射亢进,属于上运动神经元综合征。

　　脑或脊髓损伤后,高级中枢对脊髓牵张反射的调控发生障碍,使牵张反射兴奋性增高,或反应过强,表现为肌张力随着牵张速度的增高而升高。

🌐 **知识链接**

上运动神经元综合征

　　上运动神经元综合征(upper motoneuron,UMN):中枢神经系统损伤通常会出现上运动神经元综合征,其临床特点为痉挛、肌力减退,以及各种主动运动的控制和协调能力受损等。上运动神经元综合征多见于脑外伤、缺血缺氧性脑病、脑卒中等患者,严重者可见肌力和组织张力的异常而造成四肢关节畸形。临床上可以将这类损伤所致的异常运动表现分为"动态"和"静态"两种类型(模式),动态异常运动模式是由于肌肉的异常收缩所致;而静态异常运动模式主要表现为软组织的自身张力过高,即查体时所感受到的患者肢体组织张力,如弹力、塑型力和黏滞力等,主要来源于皮肤、肌肉、肌腱、关节囊、血管和神经等组织。这类关节周围动态和静态张力的异常或失衡所致的异常运动模式,可视为上运动神经元综合征的典型临床表现。

(二)流行病学

目前还没有关于肌痉挛患病率较为精确的流行病学调查,约 1/3 的脑卒中患者、60%的重度多发性硬化(multiple sclerosis,MS)患者以及 75%的重度创伤性脑损伤后身体残疾的患者可能发生肌痉挛。

(三)病因及发病机制

1. 病因 痉挛常见于脑卒中、脊髓损伤、脊髓病、脑瘫、多发性硬化等多种中枢神经系统疾病。

2. 发病机制 痉挛的机制尚不十分清楚,目前主要倾向于两种机制:反射介导机制和非反射介导机制。

(1)反射介导机制:传统理论认为,肌痉挛是由于上运动神经元损害后,肌梭Ⅰa类纤维敏感度和支配肌梭的γ运动纤维活力增加所致牵张反射亢进引起的,这与α运动神经元的兴奋性增高和各种抑制的减弱有关。

各种抑制是指对拮抗肌运动神经元交替性的Ⅰa类纤维抑制、Ⅰa类纤维终板的突触前抑制和非交替性的Ⅰb类纤维抑制而言,肌痉挛是三重抑制减弱的结果。拮抗肌运动神经元受损可导致这种抑制减弱;屈肌反射通过中间神经元可以整合伤害性刺激反射,而上运动神经元的损害可使中间神经元整合突触前的抑制减弱;痉挛性瘫痪的患者中,可见非交替性Ⅰb类纤维抑制的减弱,而脊髓神经元过度兴奋又可导致非交替反射的过分活跃。此外,由于下行抑制的减弱,使α运动神经元冲动发放过分活跃,影响了正常的下运动神经元兴奋抑制水平,导致肌痉挛。

(2)非反射介导机制:肌张力除与牵张反射有关外,还与组织的内在特性(intrinsic muscle mechanical properties),即肌肉、肌腱、关节等组织的黏弹性(visco-elastic properties)等机械特性有关,这种生物力学特性使肌纤维及结缔组织在受到牵拉时,产生弹性回缩力,它是肌张力产生的基础。研究表明,上运动神经元病变后,肌肉的内在特性会发生一定程度的变化,尤其是长期患者,可继发肌肉融合、胶原和弹性组织纤维化等一系列结构改变,这也是痉挛性肌张力增高的原因之一,但这一机制与牵张反射无关,因此称为"非反射介导机制"(non-reflex mediate mechanism)。

(3)痉挛神经递质的变化:研究表明,乙酰胆碱(ACh)是脊髓内的主要递质。可以认为脊髓横断后的痉挛状态是一种胆碱能现象,可能与α运动神经元活动有关。氨基酸类神经递质(AANTS)在肌张力中起重要作用,肌张力异常与 AANTS 浓度有关。屈肌痉挛和其他皮肤反射被认为是下行抑制通路被破坏后,背侧脊髓网状结构通路释放所致,这一系统的轴索通常释放去甲肾上腺素(NE)、5-羟色胺(5-HT)及非单

胺能递质,下行 NE、5-HT 是脊髓中间神经元的抑制物,正常情况下抑制伤害感受冲动传入脊髓。痉挛患者脊髓内源性阿片肽的活性也有减少。纹状体的主要神经递质,如单胺及乙酰胆碱的不平衡被认为是锥体外系紊乱的病因。

（四）临床特征

牵张反射异常是本病的主要临床特征,紧张性牵张反射的速度依赖性增加,具有选择性,并由此导致肌群间的失衡,进一步引发协同运动障碍。临床上可表现为肌张力增高、腱反射活跃或亢进、阵挛、被动运动阻力增加、运动协调性降低。

痉挛症状有阳性与阴性之分。肌张力高、腱反射活跃或亢进,出现阵挛等属于阳性症状,这是抑制作用减弱所致。而缺乏灵活性、选择性运动控制的丧失,以及耐力降低等属于阴性症状,这是由于以中枢神经系统为基础的特殊技能丧失所致。严重痉挛可导致多种并发症,包括静脉栓塞和静脉炎、皮肤损伤、疼痛、搬运困难、排痰困难等;长期的活动受限将导致骨质疏松和挛缩以及由此产生的关节畸形;而严重的下肢痉挛可导致骨折、关节脱位和其他严重损伤。

二、康复评定

康复评定要从临床病史、视诊、反射检查、被动运动检查、功能评定等方面全面地了解痉挛的情况。

（一）痉挛的评价标准

1. 改良 Ashworth 分级法　是目前临床上常用的痉挛评定方法。将肌张力的等级分为 0~4 级,从而使痉挛评定由定性转为定量。改良 Ashworth 分级法具有较好的评定者间信度,评定方法也较为便捷,但这一方法不能区分痉挛和其他导致肌张力增高的障碍问题。

2. Penn 分级法　按自发性肌痉挛发作频率来划分痉挛严重程度的评定方法。

3. Clonus 分级法　是以踝阵挛持续时间来了解患者痉挛程度的评定方法。

（二）反射检查评定

主要检查患者是否存在腱反射亢进等现象。常采取的反射检查:肱二头肌反射、肱三头肌反射、桡骨膜反射、膝反射和跟腱反射。

（三）综合功能评定

痉挛常对患者的功能活动造成不同程度的影响,因此尚需对痉挛是否干扰坐或站立平衡、移行等功能,以及日常生活活动能力进行评定。包括日常生活活动评定(Barthel 指数)、功能独立性评定(FIM)、Brunnstrom 运动功能评定、平衡评定、步态评定等。

（四）生物力学评定

痉挛的生物力学评定方法主要目的是对痉挛肢体的位相性牵张反射和紧张性牵张反射进行量化。

1. 钟摆试验　是一种通过观察痉挛肢体从抬高体位沿重力方向下落的过程中,肢体由摆动到停止的情况,通过分析痉挛妨碍自由的状态进行评定的方法。痉挛程度与摆动受限程度呈正比。该试验主要对下肢痉挛进行评定,尤其是股四头肌和腘绳肌。

2. 屈曲维持试验　该试验主要用于上肢痉挛的评定。

3. 便携式测力计方法　是一种对痉挛的定量评定,使用便携式测力计可以精确地测定在对肌肉进行被动牵伸时阻力增高的现象。

4. 等速装置评定法　该方法亦是一种定量评定,主要包括等速摆动试验(主要表现的是痉挛在刚开始摆动时的特点)和等速被动测试(类似于 Ashworth 痉挛评定)两种方法。

(五)电生理评定方法

电生理评定方法可作为痉挛临床评定的定量方法,主要方法有表面电极肌电图、H 反射等。

1. 表面电极肌电图　将表面电极片贴在所测肌肉的表面,然后嘱痉挛患者进行主动或被动运动,根据肌电信号来反映患者的痉挛障碍情况。表面电极肌电图还可用于鉴别挛缩和拮抗肌痉挛,亦可用于辅助治疗方法的选择和对治疗效果进行随访。

2. H 反射　H 反射是一种单突触反射,与肌肉牵张反射相似。偏瘫、脊髓损伤患者出现痉挛时,会出现 H 反射增大的反应。

三、康复治疗及预防

痉挛对患者的运动功能造成严重影响,患者可出现日常生活活动受限,影响康复训练,严重痉挛是患者功能恢复的主要障碍,应给予积极有效的治疗。因痉挛的表现在不同患者之间差异很大,故制订治疗方案时必须因人而异。

(一)痉挛的预防

痉挛的预防主要是减少加重痉挛的不当处理和刺激。

1. 抗痉挛模式　脑外伤、脑卒中、脊髓损伤等患者从急性期开始应采取良肢位摆放,对于严重脑外伤、去皮层强直者采取俯卧位,去大脑强直者宜采取半坐卧位,使异常增高的肌张力得到抑制。如 Bobath 技术中反射性抑制体位的摆放(以偏瘫患者为例):仰卧位,上肢肩胛带下降、外展,肩关节呈外展、外旋,肘关节伸展,伸腕、拇指外展,下肢髋关节微屈曲,足背屈;坐位,头部和躯干保持直立,双手互握放在身体的前部,双腿微微分开,双足尖向上。早期进行斜板站立和负重练习,以避免不当刺激。

2. 消除加重痉挛的危险因素　压疮、便秘或泌尿道感染等各种原因引起的疼痛(如并发骨折、足嵌甲、关节疼痛),都可使痉挛加重。

3. 慎用某些抗抑郁药　抗抑郁的某些药物可对痉挛产生不良影响,甚至加重痉挛,应慎用或不用。

(二)痉挛的康复治疗

1. 运动疗法　保持软组织的伸展性和适当的训练,控制不必要的肌肉活动和避免不适当的用力,将会有效控制痉挛的发展。常用的方法包括:

(1)持续被动牵伸:关节活动应缓慢、稳定而达到全范围。每日持续数小时的静力牵伸,可使亢进的反射降低。站立对髋、膝、踝关节的屈肌肌群是另一种形式的静态牵伸,它可使早期的痉挛逆转并降低牵张反射的兴奋性。除良肢位外,还可应用空气夹板,使痉挛肢体得到充分缓慢的牵伸而暂时缓解痉挛。此外,还可利用上下肢夹板和矫形器做持续的静态肌肉牵伸,保持软组织长度,伸展痉挛的肌肉及维持功能位。踝足矫形器可用于控制踝关节的痉挛性马蹄足畸形。

(2)放松疗法:对于全身性痉挛,放松是一种有效的治疗手段。例如,脑卒中或脑瘫患者,让其仰卧位并屈髋屈膝,治疗师固定其膝、踝关节并左右摇摆下肢,或在不同体位下使用巴氏球,在多种体位下被动旋转躯干等。

(3)抑制异常反射性模式:使用控制关键点等神经发育技术抑制异常反射性模式。通过日常活动训练使患者获得再适应和再学习的机会,如要求偏瘫患者使用双上肢促进身体从坐位站起,反复进行坐站训练,使患者学习掌握肌肉活动的时机。由于坐位升高减少了使用伸肌的力量,使其容易站起,并有助于抑制下肢屈曲异常模式,从而抑制了痉挛。此外,鼓励非卧床患者参加某种形式的功能活动,如散步、游泳、踏车练习等,以减少肌肉僵直,治疗痉挛。

(4)收缩-松弛技术:是指通过提高痉挛肌群的主动收缩能力,逐步使患者能够自如地控制肢体的痉挛,从而可以完成各项主动活动。将患者痉挛肢体被动放置于即将引起痉挛的位置后,让患者在该位置做痉挛肌肉的等长收缩,然后再由治疗师帮助其做等张收缩,这可以提高痉挛肌在这一范围内收缩的能力,之后再把患者的痉挛肢体放置于新的即将引起痉挛的位置,重复进行上述动作。这样反复进行,直到患者可以完全控制痉挛,完成主动运动。

(5)皮肤感觉刺激:在 Rood 技术中,利用毛刷、手指等快速轻刷痉挛肌的拮抗肌,可以交互抑制痉挛肌的痉挛强度,从而达到缓解痉挛的目的。若直接对痉挛肌进行长时间的轻刷,亦可起到缓解痉挛的目的。在操作时,轻刷的频率是每秒 2 次,每个部位约为 3 秒。

(6)关节负重:该方法可使关节间隙变窄,刺激关节内的感受器,引起关节周围的肌肉收缩,从而可以提高患者对姿势的控制能力。

2. 物理因子疗法　许多物理因子均可使肌张力不同程度的暂时降低,从而缓解痉挛。

(1)冷疗法:如冰敷、冰水浸泡,将屈曲痉挛的手放在冰水中浸泡 5~10 秒后取出,反复多次后手指即可较容易被动松开。

(2)电刺激疗法:痉挛肌及其对抗肌的交替电刺激疗法,是利用交互抑制和神经肌梭兴奋引起抑制以对抗痉挛。其他还可应用脊髓通电疗法、痉挛肌电刺激疗法、直肠电极置入电刺激法。

(3)生物反馈疗法:治疗师将电极放置于一组或几组痉挛肌群上,给患者在仪器上设置一定目标,患者在训练时可根据仪器上表现为声、光等反馈信号,在尽量尝试放松痉挛肌后,努力找出和掌握使电压降到目标电压之下的方法。

(4)温热疗法:可以缓解疼痛,加速血液循环和新陈代谢,同时还可以软化结缔组织纤维,使之易于牵拉,进而防止粘连现象的进一步加剧。此外,还可刺激皮肤的温度感受器,使 γ 纤维的神经传导速度减慢,使肌梭的兴奋性降低,可在短时间内缓解肌肉痉挛。可选用传导热(沙、泥、盐)、辐射热(红外线)、内生热(微波、超短波)等不同温热疗法。

(5)温水浴:患者在一定水温的游泳池或 Hubbard 槽中治疗,利用温度的作用和进行被动关节活动,也能缓解痉挛。

(6)超声波疗法:此方法一般很少用于缓解中枢神经系统损伤后引起的痉挛,但对于那些痉挛程度较严重的患者,尤其是那些肢体长期处于痉挛模式,肌肉纤维发生粘连,严重妨碍功能性活动的患者,超声波疗法具有一定的效果。

3. 药物疗法　适用于全身多部位的肌肉张力增高。

（1）巴氯芬（baclofen）：应用时从小剂量开始，每次 5～10mg，每天 2 次，每 3 日增加 5mg，直到痉挛缓解为止，通常最大剂量为 80mg。对巴氯芬过敏者、2 岁以下儿童、帕金森病及肾衰竭晚期患者禁用。合并消化性溃疡、癫痫、精神病、延髓性麻痹、呼吸与肝肾功能障碍等疾病者慎用。

（2）丹曲林（dantrolene）：肌肉松弛剂，是目前作用于骨骼肌而非脊髓的唯一抗痉挛药物。因其作用于外周，可合并使用中枢性药物，适用于各种痉挛。

（3）地西泮：是最古老的抗痉挛药，至今还在临床上广泛应用，该药作用于颞叶中部等大脑皮质的几个部位。初始剂量为睡前 5mg，需要时可加至 10mg。白天的治疗可以从每天 2 次，每次 2mg 开始，缓慢加至每天 60mg 或更多，分次给药。睡前服用可预防痉挛影响睡眠。

（4）替扎尼定（tizanidine）：咪唑衍生物是相对选择性肾上腺受体激动剂，有降低脊髓反射和镇痛效果。

（5）乙哌立松（eperisone）：属于中枢性肌松弛剂，主要对 α、γ 系有抑制作用，并抑制脊髓、脑干等中枢内多突触反射及单突触反射。对中枢性肌痉挛早期用药效果较好。

（6）其他口服药：复方氯唑沙宗、吩噻嗪类（氯丙嗪等）等中枢神经抑制剂，也能降低过高的肌张力。

4. 神经阻滞疗法　局部注射药主要用于缓解肌肉或小肌群痉挛，其优点是药物直接作用于肌肉，减少全身副作用。

（1）肌内注射：目前国内外最常用的是肉毒毒素。临床治疗剂量一般按千克体重、靶肌肉的体积、痉挛严重程度计算。通常最大注射量为每个注射位点 50U，每次不超过 500U，儿童为 6～8U/kg。一般 3 个月内不能重复注射，以预防抗体的产生而造成耐药性。一般在注射后 3～10 日出现药物的有效作用，药效可维持 3～4 个月或者更长时间。在注射肉毒毒素后，还应配合相应的康复训练，以促进肉毒毒素的吸收和内化，促进患者运动功能的恢复。

（2）鞘内注射：常用巴氯芬。对常规口服药物反应不良或不能耐受的患者，或其他的物理疗法如电刺激等不起作用的难治性痉挛，以及严重痉挛伴剧烈疼痛的患者可考虑鞘内注射。所需剂量仅为口服用药的 1%，最初持续释放剂量为 25μg/d，剂量可逐渐增加至抗痉挛的最佳效果，一般维持剂量在 100～400μg/d 范围之内。主要副作用是药物过量可导致呼吸抑制。最近人们使用巴氯芬泵，有控制地向鞘内注药，对脊髓损伤后的严重痉挛效果良好，且没有不良反应和耐药现象。

（3）神经或运动点阻滞：应用乙醇、苯酚或局麻药进行神经阻滞，以溶解破坏神经轴索，降低或阻滞神经冲动传递，从而减轻痉挛。注射部位可以是神经干或肌肉运动点，所产生的影响持续时间较长，一般可持续数周或数月，适用于门诊患者，并可重复使用。

常用的注射包括：胫神经封闭、闭孔神经封闭、坐骨神经封闭、股神经封闭、肌皮神经封闭。

5. 矫形器的应用　合理科学地应用矫形器，能够预防痉挛引起的关节僵硬和肌肉挛缩，能够适当矫正已造成的挛缩畸形，改善患者日常生活活动能力。如上肢痉挛较为严重的患者多使用带掌侧指托的背侧腕手固定矫形器来抑制腕手的屈肌痉挛和

预防、矫正畸形。下肢足下垂、内翻尖足多使用踝足矫形器,这样既可以固定踝关节处于轻度背屈,又可以对抗或减少步行时引起的小腿三头肌反射性痉挛,防止膝关节过伸,改善步行功能。矫形器的种类很多,要根据患者情况选用,且根据病情及时改进、更换或停止使用。

6. 手术疗法　当痉挛不能用药物和其他方法缓解,可考虑手术治疗。通过破坏神经通路的某些部分而达到缓解痉挛的目的。

常用的方法包括选择性脊神经后根切断术、肌腱延长术和神经切断术等。脊神经后根切断术:属于显微手术,其作用机制是切断 Ia 纤维,阻断 α 环路。该方法不会影响运动功能,对感觉的影响也较小,主要适用于严重影响生活、护理以及其他康复训练的单纯肌痉挛。肌腱延长术:如跟腱延长主要用于因小腿三头肌痉挛而引起的足下垂。

7. 中医康复方法　中医学对痉挛的治疗,主要包括中药口服、针刺、艾灸、推拿等方法。

(1) 中药口服:①邪滞经络者用羌活胜湿汤加减:葛根、木瓜、全蝎、桂枝、蜈蚣等;②痰火阻络者:半夏、胆南星、石菖蒲、茯苓、丹皮、玄参、竹茹、橘皮等;③肝风内动者用四物汤合芍药甘草汤加减:当归、川芎、熟地、全蝎、地龙、蜈蚣、天麻、钩藤等;④气血两虚者用八珍汤合芍药甘草汤加减:人参、茯苓、白术、甘草、芍药、熟地、当归、川芎等;⑤督脉损伤者用右归丸加木瓜、甘草、白芍等。

(2) 针刺疗法:主穴:阳陵泉、足三里(双侧)。辨证取穴:气虚血瘀者,加气海、三阴交、脾俞、膈俞等穴;阴虚阳亢者,加太冲、太溪、风池、肝俞等穴;风痰阻络者,加风池、丰隆、阴陵泉、脾俞等穴;气滞血瘀者,加血海、膈俞、合谷等穴。上肢可加肩髃、外关、曲池等穴;下肢可加环跳、阳陵泉等穴。适用于偏瘫所致痉挛的治疗。

(3) 艾灸疗法:艾灸具有散寒解痉的作用,在一定程度上可缓解痉挛。以患侧穴位为主,取穴为足三里、曲池、悬钟。肘关节:能屈不能伸者,可灸手三里、上肢井穴等;能伸不能屈者,可灸内关、曲泽、上肢井穴等。下肢:能伸不能屈者,可灸阴陵泉、太溪、下肢井穴等;能屈不能伸者,可灸阳陵泉、昆仑、下肢井穴等。上下肢痉挛可督脉取穴,从大椎穴到腰俞穴,即益阳灸。

(4) 推拿疗法:推拿是传统康复疗法的一部分,具有促进血液循环,松解软组织粘连的作用,同时还可调节神经功能,因此,在一定程度上可缓解痉挛。常用的手法包括:㨰法、拿法、按法、捏法、推法、揉法、拍法等。

(5) 气功疗法:练功的重点在于松静自然,以心调息、安神运行。经常意守丹田,内养元气,可以达到使经络通畅,从而强化高级中枢与外周沟通,痉挛紧张现象会逐渐消失。例如,在姿势放松的同时,基本呼吸方式是默念呼吸,即吸气时心里默念"静"字,呼气时默念"松"字,保持轻松愉快的心情,在松与紧、动与静的对比中,充分体验"松感"与"静景",逐步达到深入的入静状态,有利于大脑功能的优化。

第二节　挛　缩

挛缩是骨关节、肌肉系统直接损伤或中枢神经系统疾病后肢体瘫痪患者常见的并发症。由于损伤、疼痛、失神经支配或痉挛等因素,使患者长时间的制动或长期卧床、坐轮椅,均可造成明显的肢体功能障碍,而组织发生挛缩后又进一步影响关节运动,是临床康复治疗中的常见问题。

一、概述

（一）定义

挛缩（contracture）是由各种原因导致的关节周围的软组织、韧带和关节囊的病理变化,使关节活动范围受限。

（二）流行病学

关节挛缩是脑卒中及重症脑外伤患者常见的并发症之一,其发生率高达90%左右。骨关节、肌肉系统损伤在挛缩关节活动受限中所占比例为14.75%。

> **知识拓展**
>
> 美国芝加哥康复协会发表的一项研究报告称,脑外伤后相继住院的75名患者中有63名发生了挛缩。Kaplan等人研究了在休斯敦康复研究所治疗脑外伤后患者挛缩所需要的费用,在21名相继住院进行脑外伤后挛缩治疗的患者中,每位外科矫形手术的费用介于13 000~21 000美元。一般跨过两个关节的肌肉更容易发生挛缩,而且治疗的难度更大。手蚓状肌、肱二头肌的长头、阔筋膜张肌、腓肠肌、腘绳肌腱、髂腰肌等这些两关节肌肉发生痉挛时,应特别注意防止挛缩的发生。

（三）病因及发病机制

挛缩由软组织、韧带、关节囊病变引起。主要原因可能是胶原纤维的结构和组合方式发生变化,造成结缔组织的性质改变,目前正处于研究阶段的有两种学说。

1. "胶原纤维网状支架"学说　在疏松结缔组织中,胶原纤维多以束的形式分支吻合成网,正常时分布是比较疏松的。当关节长期静止不动时,关节囊中的胶原纤维之间就出现了"桥样物质",使"网"的密度加大,从而形成了"胶原纤维网状支架"。如果在损伤后能早期活动,可预防这种变化,即不出现"桥样物质",但疏松结缔组织的结构仍然如常。如果已经出现了"桥样物质",经过训练后还可以消失,为"可逆的"。如果长期不运动,则这种变化不可改变,称为不可逆的现象。

2. "两种结缔组织相互转换"学说　疏松结缔组织纤维排列疏松,十分柔软,当其发生创伤、水肿时,形成"胶原纤维网状支架",从而转化为致密结缔组织,如果挛缩发生的早期能及时训练,则致密结缔组织还可由于"桥样物质"的消失,又转回疏松结缔组织。康复医学中早期采用运动疗法就是促进致密结缔组织逆转为疏松结缔组织的过程,达到治疗挛缩的目的。

3. 挛缩发生的分子机制　近来研究表明应力的非正常改变可能是挛缩的诱发因素,通过影响肌腱细胞表面的应力感受纤毛的活动改变了细胞内钙离子的浓度,而诱发了多种细胞因子的表达改变,这些细胞因子会作用于肌腱细胞,其代谢加快,致各种相关蛋白的表达与合成的平衡被打破,胶原排列发生紊乱。同时会引起细胞数量的改变。如果应力的改变持续下去,会导致肌腱细胞凋亡或合成原料不足,代

谢平衡最终向分解方向倾斜,出现胶原和基质的减少,力学性质的退变,形态学上表现为挛缩。

> **知识链接**
>
> ### 结构对生物力学的适应
>
> 各种病因所致的关节挛缩似乎都发生类似的病理改变,表现为关节内、外组织的挛缩变性或瘢痕粘连,导致关节活动度受限、功能障碍。正常情况下,关节内外结缔组织处于胶原与其他细胞外基质分解与合成的平衡状态,这种平衡维持着组织正常功能所需的组织结构和生物力学特性。当关节功能发生显著改变,作用于关节内外结缔组织的应力负荷增加或减少,组织将发生形态、生物力学和生物化学的一系列改变。Frost 等将这一现象称为"结构对生物力学的适应"。

(四)临床分类及特征

1. Hoffa 分类

(1)皮肤组织挛缩:好发于手部,多见于烧伤。

(2)结缔组织挛缩:皮下组织、韧带、肌腱的挛缩,如掌腱膜挛缩。

(3)肌性挛缩:肌肉长期不活动,使肌膜弹性下降、硬化,肌肉延展性丧失,造成肌性挛缩。

(4)神经性挛缩:①反射性挛缩:如疼痛引起的保护性反应;②痉挛性挛缩:好发于小儿大脑发育不完全、脑外伤及脑卒中患者;③弛缓性挛缩:好发于小儿麻痹症。

2. 根据是否存在动力因素分类

(1)动力性挛缩:由于主动肌和拮抗肌之间力的不均衡所致,如小儿麻痹症所导致的挛缩。

(2)静力性挛缩:是由于习惯性的姿势所致,如长期卧床所导致的足下垂。

在临床上,以上两种类型多混合存在。

二、康复治疗

(一)预防

患者在早期即给予良肢位的摆放,可有效预防挛缩的发生。具体操作方法可参考本章第一节痉挛的相关内容。

(二)运动疗法

1. 被动运动　被动运动是治疗挛缩最基本、最简单的手段,它具有预防作用,也有治疗作用。

(1)连续被动运动(CPM):应用下肢 CPM 机防止挛缩,使用时注意由慢到快,角度逐渐增加。一般每日持续 5~16 小时,连续 2~4 周。对已能离床活动的患者来说,可中断下床活动,但不宜超过 2 日。

连续被动运动的原理:①对关节及周围的组织进行持续且温和的牵引,可有效地防止纤维挛缩和松解粘连,从而维持关节的活动范围;②对关节进行持续的牵引,使关节面相对运动,可促进关节滑液的流动和更新,保证关节软骨的营养供应;③持续被动牵引可减轻韧带的萎缩程度,并可增强韧带的强度;④CPM 通过刺激关节本体感受器,可缓解疼痛;⑤CPM 还可预防骨关节疾病的发生。

(2)间歇性被动运动:间歇性被动运动为治疗师用手法进行,可以用于预防和治疗。用于预防时只需每日活动 2 次,活动的强度则视病情而定。挛缩较轻的每次运动只需 10 个反复,但每个反复运动均需在极限位置(如屈或伸,内收或外展)停留 8~10 秒,挛缩较重时每次被动运动需连续 20~30 分钟。对于有肌肉跨越两个关节的挛缩,应当进行热疗,增加牵伸的效果。被动运动时需固定关节的一端(多为近心端),而活动另一端。对于骨折愈合欠佳者,应固定骨折的近关节端,避免骨折断面受到剪应力而造成变形或再骨折。被动活动前进行关节松动可以增加关节活动度,避免软组织的冲击、压迫或撕裂。

(3)夹板:动态夹板是一种持续牵引的夹板,利用黏弹性组合蠕变的原理,逐渐降低结缔组织的抵抗,增加其可塑性和关节活动度。此种夹板多有金属或塑料固定部分,附加橡胶带或弹簧牵引。其优点之一是有按照需要定向持续加力的作用,且在牵引的同时可以进行主动运动。但由于力量有限,只适于上肢的肘、腕、指关节。

静态夹板和矫形器,有时也带铰链和可扩展装置,可以对抗成纤维细胞的收缩,防止瘢痕挛缩。

(4)系列塑形:适于阻力较大的膝踝挛缩。其方法是先行热疗以增加结缔组织的黏弹性,然后用力强制关节达到活动的限度,并在此极限位置予以石膏或低温热塑材料塑形。每 2~3 天更换 1 次,更换时拆去原塑形,清洁并检查局部皮肤无破损后施以热疗,并在强力被动活动下重行石膏或塑料塑形。这样的系列塑形可以逐次增加关节的活动度,最后达到完全矫正挛缩。

(5)牵引:对于已经挛缩的关节,可以通过滑轮进行重力牵引。此法简单,但作用力可以很强,适用于髋、膝等大关节。牵引一般较为持久,为 0.5~24 小时不等。必须注意牵引力的大小,牵引力过小为无效治疗,牵引力过大则可能造成骨关节的损伤。一般中度挛缩可以每日牵引 2 次,每次 20~30 分钟,严重者可以增加时间。牵引前可热敷关节囊或肌肉肌腱结合部。

在进行被动运动时应注意:①被动运动力的大小:挛缩组织的弹性较小而脆性较大,故不可用力过大而造成新的损伤。②被动运动的时机:一般是越早越好,关节手术后第 1 天即可开始治疗,但是仍要考虑外伤修复的稳定性。例如屈指肌腱缝合术后、骨折内固定、骨折外固定则应该根据具体情况具体对待。③区别对待:对于不同的关节应当根据其解剖生理特征进行相应的训练,包括运动的起始位、运动的轴向、范围和运动前的关节松动等。

2. 主动运动 主要包括徒手训练和阻力训练。

(1)徒手训练:包括步行、日常生活活动和防止个别关节挛缩的关节活动度训练,如关节体操。首先要设立训练的目的,然后示范并引导患者进行规定的动作,必要时予以保护或帮助,活动的时间视目的而定。

(2)阻力训练

1)人工阻力训练:可使用 PNF 技术中的主动抑制技术,常用以下三种技术:①保持-放松技术:在关节活动末端最大抗阻时收缩挛缩肌群,持续 10 秒后放松,牵伸挛缩肌群以增加关节活动度到新的范围;②保持-放松-拮抗肌收缩:在关节活动末端最大抗阻时收缩挛缩肌群,持续 10 秒后放松,再进行挛缩肌群拮抗肌的最大收缩;③拮抗肌收缩:使挛缩肌群的拮抗肌在最大抗阻力收缩而使挛缩肌群放松的方法。以上训练由治疗师提供阻力,其大小、方向、次数根据病情和经验而定。

2)机械用力训练:包括带器械的训练和在器械上的训练,又分为等长、等张、等速训练以及向心性与离心性训练,目的均为增加肌肉的收缩力、耐力和做功的能力。

在进行主动运动时应注意:①对于心血管病患者和老年人为减少心血管负荷,防止屏气的危害,不做等长训练和阻力训练。②每次剧烈运动后应有充分的休息时间,以消除疲劳。③注意控制阻力训练的强度、时间和频率,定期检查肌肉功能趋势,防止过量。④注意合适的体位并稳定肢体位置,防止训练的不是所需的肌肉或关节,预防出现替代运动。⑤注意导致挛缩的病因往往也导致骨质疏松,而骨质疏松者易导致病理性骨折,故阻力应适当控制。⑥防止肌肉疼痛,运动后肌肉立即疼痛多因血液和氧供应不足,乳酸和钾堆积所致,一般停止运动后可自行恢复。运动后 24~48 小时开始疼痛,延续 1 周左右消退,为延迟性肌肉疼痛,其原因是肌肉或结缔组织的损伤,严重时继以纤维的变性和坏死,为此,可在用力训练前先牵伸被训练的肌肉,逐渐增加阻力,有利于预防疼痛。⑦肌肉关节有炎症或肿胀时不宜进行阻力训练。

3. 体位保持　有的情况下挛缩难以避免或在一定的疾病发展阶段难以避免,如严重烧伤的增殖性瘢痕形成早期或侵及关节面的骨折。为了减轻挛缩,或减轻挛缩的后果,必须使关节保持在功能位。

(1)各关节的功能位:一般肩关节功能位为外展、前屈、内旋;肘关节屈曲 100°,前臂中立位;腕关节为背伸 30°,桡偏;掌指关节及近、远端指骨关节为屈曲 45°~60°;拇指与小指为轻度对掌位。下肢各关节的功能位以便于行走为目标,髋关节为前屈 10°~15°,膝关节为屈曲 5°~10°,踝关节为足底与胫骨成 90° 位。

(2)保持功能位的方法:功能位的保持必须是 24 小时连续进行,卧位患者可以用枕头、毛毯等软性织物保持关节功能位的固定。对于有明显挛缩倾向的患者可用石膏或塑料夹板矫形器,例如防止手指挛缩的分指手套。卧于硬床可以减少髋、膝挛缩的机会,足底垫板或用踝托可以预防足下垂。

(三)物理因子疗法

治疗挛缩的物理疗法主要是热疗。通常于主动或被动运动之前进行热疗,目的在于镇痛、松弛肌肉、降低胶原的黏弹性。几乎各种热疗法均可被采用,包括传导热的水疗(配合舒筋活络的中药熏洗)、蜡疗、泥疗,辐射热的红外线与热空气浴,内生热的高频电疗与超声波。用分米波凹槽形辐射器加热最深,适宜于大关节。

使用热疗时应注意温度的控制。研究表明,加温到 40~43℃ 可以降低胶原的黏弹性,增加其延展性,减少运动的阻力,但是,加温到 65℃ 时可以使胶原晶态结构破坏。关节加热后关节液中透明质酸增加,软骨的破坏增加。

(四)手术疗法

对于严重的挛缩应进行手术治疗,正确的手术治疗起效快而可靠。但手术治疗前后应尽可能使用多种康复手段,以减小手术的规模,增加手术的效果。

1. 关节镜下松解术　已形成关节内粘连的患者适用。在关节镜下,切除关节内增生的瘢痕组织,可解除关节内引起关节活动受限的因素。若在手术中配合牵引手法,可使关节囊受到牵拉及松解,以提高疗效。

2. 手术路径松解术　根据患者的病情及评定结果,确定患者挛缩的主要部位,并分析引起挛缩的主要原因,最终确定手术方案。常用的松解术有:关节成形术、关节囊松解术、肌腱延长术、肌腱和肌肉间粘连松解术等。需注意的是,术后应及时进行运动疗法和理疗,以防新的粘连形成。

第三节　神经源性膀胱

中枢性疾病、周围性神经病变、手术和外伤等造成神经系统损伤,以及一些累及神经系统的感染性疾病等,都可能导致膀胱功能失常,引起膀胱储存或排空机制发生障碍,并产生一系列并发症。因此,神经源性膀胱不是单一疾病,其临床表现、病理及预后均有差异性。

一、概述

(一)定义

神经源性膀胱(neurogenic bladder)是指控制膀胱的中枢或周围神经损伤引起的排尿功能障碍,可由多种神经系统疾病或外伤、药物、认知功能障碍等导致,最终表现为尿失禁或尿潴留。不同部位损伤导致的神经源性膀胱的临床症状和治疗方法有所不同。

> **知识链接**
>
> **常见的神经源性膀胱分类方法**
>
> 神经源性膀胱的分类方法有很多种,如 Lapides 分类(1970 年)、Bors-Comarr 分类(1971 年)、Hald-Bradley 分类(1982 年)、Krane 尿流动力学分类(1984 年)、Wein 分类(1988 年)、国际尿控协会分类(1990 年)等。良好的分类方法应具有以下特征:揭示原发病部位、表示膀胱尿道功能障碍的发病机制、提示膀胱尿道功能障碍的特征,更重要的是能够为临床治疗提供直接依据。

(二)病因及发病机制

1. 病因　既可由先天因素引起,如先天性脊柱裂,也可由后天损伤或疾病所致。损伤部位可以是中枢神经,如大脑、脑干、脊髓等,也可以是周围神经,如骶丛等。

2. 发病机制　膀胱和尿道的主要功能是储尿和排尿,储尿和排尿均为反射活动,这一活动是周围自主神经、躯体神经和中枢神经系统的协调活动。一旦神经系统损伤或者其他疾病导致神经功能出现异常,引起了膀胱的储存或者排空机制障碍时,即可出现神经源性膀胱。其发病机制包括:

(1)大脑皮质对储尿和排尿的调控:大脑皮质区域(中央前回、中央后回的上部)是与排尿相关的横纹肌运动终板之一,其损伤可以使启动排尿的功能丧失。而额叶存在逼尿肌运动中枢,该中枢在正常储尿过程中抑制排尿反射,损伤时可出现逼尿肌反射亢进,则表现为尿失禁。

（2）脑桥水平对储尿和排尿的调控：协调排尿反射的中枢位于脑干，即脑桥上的一个很小区域——蓝斑，是逼尿肌与尿道括约肌的运动和感觉的协调中枢。脑桥水平上下发生病损均可导致排尿障碍。脑桥下的神经通路受到损害，会出现尿失禁和逼尿肌括约肌协同失调。脑桥以上的神经通路受到损害，尽管下尿路神经反射通路完整，但大脑皮质无法感知膀胱充盈，不能随意控制排尿，因此也会出现尿失禁现象。

（3）脊髓中枢对储尿和排尿的调控：脊髓中枢是膀胱逼尿肌和尿道外括约肌的下级中枢。骶髓以上脊髓损伤，下尿路功能障碍，其病理生理变化模式是逼尿肌过度活动伴逼尿肌-横纹括约肌协同失调，导致尿潴留。骶髓以下病变，表现为逼尿肌无收缩伴括约肌功能不全，导致不能自发排尿和神经源性压力性尿失禁。

（三）临床特征

不同的分类有不同的临床特征，以下主要根据分类介绍其临床特征。

1. Lapides 分类　分为 5 种类型，包括运动麻痹性膀胱、感觉麻痹性膀胱、自主性膀胱、反射性膀胱、无抑制性膀胱。①运动麻痹性膀胱：指支配膀胱的副交感运动神经分布遭到破坏所致的排尿功能障碍，临床表现为尿潴留及充盈性尿失禁，无膀胱收缩。②感觉麻痹性膀胱：指膀胱至脊髓的感觉神经纤维或至大脑的传入脊髓束被切断，导致排尿功能障碍。病变初期出现膀胱感觉减低，膀胱过度扩张，继而会导致逼尿肌收缩力减弱。晚期尿动力学常表现为膀胱容积明显增大，高顺应性和逼尿肌反射低下。③自主性膀胱：受损部位在脊髓反射弧的两端，临床表现为膀胱感觉消失，尿流可突然停止，并有不同程度的尿失禁，膀胱容量较大，但残余尿量不定。④反射性膀胱：指脑干和骶髓之间损伤且脊髓休克期结束后的膀胱尿道功能状态。常见于创伤性脊髓损伤和横断性脊髓炎患者，也可发生于造成该段脊髓损伤的任何疾病。病理生理特征为膀胱感觉消失，充盈期早期膀胱即出现无抑制收缩而造成尿失禁。⑤无抑制性膀胱：指来自骶髓并分布于膀胱的运动神经和感觉神经完全分离，导致骶髓或骶神经根和盆腔神经的任何疾病均可造成此类膀胱尿道功能障碍。病理生理特征为启动排尿反射困难，或逼尿肌无反射性收缩的活动，膀胱的感觉也消失。

2. Bors-Comarr 分类　分为感觉神经元病变、运动神经元病变、感觉-运动神经元病变、混合性病变。此分类法主要基于外伤性脊髓损伤患者的临床表现，因此仅适用于脊髓损伤所致的神经源性排尿功能障碍。该分类系统应包括以下三个要素：①神经损伤病灶的解剖部位；②神经损伤病灶损伤的严重程度（如完全性或不完全性）；③下尿路功能是否平衡。上运动神经元损伤指骶上脊髓损伤，而下运动神经元损伤指骶髓或骶髓神经根损伤，包括感觉支和运动支；脊髓是否完全损伤取决于详尽的神经系统检查；非平衡下尿路功能指 UMN 患者残余尿量大于其膀胱容量的 20% 或 LMN 患者残余尿量大于其膀胱容量的 10%。脊髓损伤患者残余尿量增多常提示可能存在逼尿肌括约肌协同失调所致的下尿路梗阻或逼尿肌反射低下。该分类系统主要用于脊髓休克期已结束的脊髓损伤所致的排尿功能障碍。

3. Hald-Bradley 分类　根据病变部位进行分类：①脊髓上（中枢神经）病变：逼尿肌收缩与尿道括约肌舒张协调，多有逼尿肌反射亢进，但感觉功能正常；②骶髓上病变：大多有逼尿肌反射亢进，逼尿肌与尿道括约肌活动不协调，感觉功能与神经损害的程度有关，可分为部分丧失或完全丧失；③骶髓下病变：包括骶髓的传入和传出神经病变，由于逼尿肌运动神经损害可产生逼尿肌无反射，感觉神经损害可致感觉功能丧失；

④周围神经损害:膀胱感觉功能不全,剩余尿量增加,最后失代偿,逼尿肌收缩无力;
⑤肌肉病变:逼尿肌自身、平滑肌性括约肌、全部或部分横纹肌性括约肌,逼尿肌障碍最为常见,多继发于长期膀胱出口梗阻后的失代偿。

4. Krane 尿流动力学分类 Krane 等基于尿流动力学检查提出了逼尿肌的类型:分为逼尿肌反射亢进(或正常逼尿肌反射)、括约肌协同良好、横纹肌括约肌协同失调、平滑肌括约肌协同失调、平滑肌括约肌松弛不能、逼尿肌反射不能、括约肌协同良好、横纹肌括约肌松弛不能、去神经横纹肌括约肌、平滑肌括约肌松弛不能。此法简单、实用,在临床上应用广泛,并且可指导临床的治疗、评价和随访等。

5. Wein 分类 分为失禁型障碍、潴留型障碍和潴留失禁型障碍。此法是根据尿流动力学和尿道功能分类。

6. 欧洲泌尿协会(EAU)提供的 Madersbacher 分类系统 根据尿流动力学和临床症状,基于逼尿肌和括约肌运动情况进行功能分类。本分类方法已经被实践证实对发现危险因素及帮助确定治疗方案有非常重要的意义。

最主要和最常见的四种类型分别是:

(1)逼尿肌过度活跃+括约肌(或盆底肌)过度活跃:是反射性膀胱的典型模式,其特点是逼尿肌反射亢进。当逼尿肌收缩时,收缩的程度可能为正常收缩,或为过度收缩或为收缩乏力;收缩的时间可能过长或过短。该类型常合并逼尿肌膀胱颈或逼尿肌外括约肌失协调性尿失禁。

(2)逼尿肌无力+括约肌(或盆底肌)无力:是指脊髓圆锥的下运动神经元或马尾神经受损后的特征性表现。完全性损伤的患者骶反射弧被切断,从而出现膀胱和外括约肌的弛缓性麻痹。由括约肌无力而导致的神经源性压迫性尿失禁,在没有合理排空膀胱时可合并充溢性尿失禁。

(3)逼尿肌迟缓+括约肌(或盆底肌)过度活跃:不会出现自发性排尿,不适时排尿则会出现上尿路的损伤。

(4)逼尿肌过度活跃+括约肌(或盆底肌)弛缓:该类型最突出的问题是尿失禁,合并反射性尿失禁和神经源性压迫性尿失禁,但几乎没有上尿路损伤的风险。

二、康复评定

神经源性膀胱康复评定是其康复的重要内容和前提,它对康复治疗目标、康复治疗方案起着指导作用,且有利于康复效果的预测。

(一)病史

通过询问患者或者家属,全面了解患者一般情况和排尿情况,如尿急、尿频、每日尿次、间断、滴尿、潴留;尿量、尿色、臭味;是否用辅助用具;家属及个人史:肾病、糖尿病、泌尿系统感染、神经性疾病、外伤、性功能、排便等;药物使用:是否使用镇静剂、利尿肌、钙拮抗剂、抗乙酰胆碱、肾上腺素能阻滞剂等。

(二)体格检查

应循序进行全身系统体检,并对神经系统及腹部、泌尿、生殖器、直肠肛门等重点进行检查。神经系统检查:注意意识状态的情况,感觉、运动功能检查及特殊反射检查;腹部检查:注意腹肌张力,小腹有无包块、压痛,膀胱充盈状况;肛门检查:括约肌张力、会阴部感觉;球海绵体肌反射:挤压阴茎(阴蒂)头部,同时手指在肛门内测试肛门括约肌是否收缩,如为阳性,说明骶反射弧完整。

（三）实验室检查

尿常规、细菌计数、细菌培养、药敏试验、血尿素氮、血肌酐。

（四）尿流动力学检查

尿流动力学是根据流体力学原理,采用电生理学方法和传感技术来研究储尿和排尿的生理过程及其功能障碍的学科。依据检查的方法可分为上尿路尿流动力学和下尿路尿流动力学。其中下尿路尿流动力学检查技术已较成熟,可借助尿流动力检测仪,测定相关的生理参数,对下尿道功能进行评估。主要参数如下:

1. 尿流率测定(uroflometry, UF) 测定单位时间内排出的尿量,单位为 ml/s,反映排尿期膀胱、膀胱颈、尿道和尿道括约肌的功能以及它们相互间关系的结果。正常膀胱排尿发生在逼尿肌主动收缩、膀胱颈被动松弛和尿道外括约肌开放的时候,尿流曲线的形态反映了逼尿肌的收缩情况及尿道开放状态。主要参数:最大尿流率(maximum flow rate, MFA),是尿流率测定过程中获得的最大值,是区别正常人与排尿异常患者的灵敏指标。正常男性 $>20\sim25$ ml/s;女性为 $>20\sim30$ ml/s。其他指标有平均尿流率、尿流时间、达峰时间及尿量、残余尿量等。尿流率为无创伤性检查,反映下尿路贮尿/排尿的综合功能,适用于各种排尿功能障碍患者,但不能据此作出病因分析。

> **知识链接**
>
> 常见尿流曲线类型:①正常尿流曲线:呈平滑抛物线状。②低平梗阻性尿流率曲线:随程度不同可呈低斜坡曲线或不规则低平曲线,可提示逼尿肌收缩功能不全。③间断性尿流率曲线:排尿者依靠腹肌用力排尿,尿流常呈间断性;提示逼尿肌无力、严重膀胱出口梗阻或神经源性膀胱的逼尿肌外括约肌协同失调。④尿道狭窄的平台型尿流率曲线:呈平台型,不易判断曲线峰值,提示尿道狭窄。

2. 膀胱压力容积测定(cystometry) 储尿功能测定,即通过测定膀胱内压力与容积间的关系,反映膀胱功能。包括膀胱压、直肠压(代表腹压)及逼尿肌压(膀胱压减去直肠压),用于评估膀胱在充盈过程中的顺应性、逼尿肌功能、中枢神经系统对逼尿肌反射的控制及膀胱的感觉功能。

正常膀胱压力容积测定结果为:①无残余尿;②膀胱在充盈期内压力保持在 1.47 kPa(15 cmH$_2$O)以下,顺应性良好;③逼尿肌没有无抑制性收缩;④膀胱在充盈过程中最初出现排尿感觉时的容量为 200 ml,此时压力曲线无变化,膀胱内仍保持低压状态;⑤膀胱容量为 $400\sim500$ ml;⑥排尿及终止排尿受意识控制。

3. 尿道压力分布测定(urethral pressure profile, UPP) 尿道的压力是膀胱储尿期不漏尿的重要因素,此种压力由尿道内括约肌、外括约肌张力及尿道管壁静压力组成。尿道压力分布测定是沿尿道连续测定并记录压力,用于了解尿道功能、贮尿期尿道控尿能力和排尿尿道压力变化。主要参数有:最大尿道闭合压:男性为 $8.33\sim12.35$ kPa($85\sim120$ cmH$_2$O);女性为 $3.43\sim11.27$ kPa($35\sim115$ cmH$_2$O)。功能性尿道长度:男性($5.4+0.8$)cm;女性($3.7+0.5$)cm。咳嗽试验:正常人为阴性。压力传导率:咳嗽时尿道与膀胱压力差之比,正常人 >1,若 <1 可诊断为压力性尿失禁。

4. 括约肌肌电图（sphincter electromyography）　检测尿道外括约肌功能。正常排尿周期中,膀胱充盈期,尿道外括约肌呈现持续性肌电活动;排尿时,肌电活动突然停止,排尿完毕,肌电活动重新恢复。常见两种异常情况：

（1）逼尿肌收缩时,括约肌肌电活动同步增强,称为逼尿肌括约肌协同失调（derisory sphincter dyssynergia,DSD）。

（2）膀胱在充盈过程中,括约肌肌电活动突然停止,患者出现不自主性漏尿。

（五）尿流动力学和 B 超或 X 线同步联合检查

用稀释的15%碘溶液代替生理盐水充盈膀胱,可在进行尿流动力学检查时同步获得各项参数及膀胱动态形态变化。

（六）膀胱镜检查

将膀胱镜经尿道插入膀胱以直接观察膀胱和尿道内病变的检查方法。也可向输尿管口插入输尿管导管,分别收集双侧肾盂尿和进行逆行性泌尿系统造影,使肾盂和输尿管的影像更为清晰。

（七）影像学检查

肾脏、膀胱、尿道造影;CT 及 MRI 等。用于了解泌尿系各器官形态、肾功能、残余尿、是否并发泌尿系结石及新生物等。

（八）B 超检查

对泌尿系统进行 B 超检查,可以了解膀胱容量、残余尿量,有无泌尿系结石、肾盂积水及膀胱结构等,具有无创、简便的优点。

（九）神经电生理检查

神经电生理检查的目的是寻找神经病变或缺陷的直接证据。下尿路及盆底神经电生理检查项目包括:尿道括约肌或肛门括约肌肌电图、球海绵体反射潜伏期、阴部神经体感诱发电位、阴部神经传导速率等。

三、康复治疗

（一）治疗原则

神经源性膀胱康复治疗的原则:①预防和治疗尿路并发症,如结石及感染等;②增加膀胱的顺应性,恢复低压储尿功能,减少反流以保护肾脏功能;③使膀胱具有适当的排空能力和控尿能力;④尽量减少或不使用留置导尿管。

（二）治疗

1. 留置导尿　神经源性膀胱尿潴留常用的方法是留置导尿,但容易引起感染,需每隔1~2周更换1次,应争取早日拔出导尿管（2~4周）。在早期,导尿管引流以持续引流为主,以后要注意夹放导尿管的时机,一般1周后,每3~4小时开放1次,每次排出的尿量在300~400ml,以有利于恢复膀胱的自主收缩功能,从而可以防止膀胱挛缩。留置尿管有经尿道留置气囊尿管和经耻骨上留置尿管,两者均能有效引流膀胱,但长期经尿道留置尿管易造成尿道损伤、尿道狭窄、感染等;虽然经耻骨上导尿能避免这些损伤和并发症,但是从长期角度来讲最好是不留置任何尿管。

2. 集尿器的使用　各种类型的尿失禁患者都可使用集尿器。但集尿器不易固定而滑脱,且如果使用不当还可引起感染性溃疡、坏死及皮肤过敏等并发症。

3. 间歇性导尿　间歇性导尿又称清洁导尿,是指患者在膀胱残余尿量增多（>100ml）

或尿潴留时,可通过他人或自行导尿,然后拔除导尿管清洁后备用。这可使膀胱周期性扩张与排空,刺激膀胱功能恢复,并大大降低了感染等并发症的发生率。脊髓损伤患者初期即可进行间歇导尿,是最安全的膀胱引流方法。间歇导尿有助于膀胱反射的恢复,如逼尿肌反射不能、反射亢进型运动神经元损伤及逼尿肌外括约肌协同失调、膀胱输尿管反流和肾积水等,都可通过适当的间歇导尿得到妥善处理。

在开始导尿前,要与患者进行沟通,并向患者详细说明导尿的目的,以取得患者的配合。患者取仰卧位或侧卧位,手法要轻柔,根据尿道括约肌部位的阻力,当导尿管前端到达括约肌处时要稍作停顿,再继续插入。导尿完毕后,缓慢拔管,到达膀胱颈部时,稍作停顿,同时屏气增加腹压或用手轻压膀胱区,使全部尿液被引出,真正的排空膀胱。在操作时,用10～14号导尿管,两次导尿期间前后间隔4～6小时,每日不超过6次,每次导尿量控制在300～500ml。在每次导尿前,还可配合各种辅助方法进行膀胱训练,诱导出现反射性排尿。当出现反射性排尿后,可根据具体情况,酌情进行膀胱冲洗。

同时还应该根据患者的实际情况制订适当的饮水计划。饮水计划是按照计划的时间和量摄入液体,寻找尿液生成的规律,可使在膀胱内尿量达到安全容量时即排空膀胱,同时导尿次数还要尽可能减少。每日推荐的水分摄入量为2000～2500ml,分数次摄入。如:①某患者缺乏较准确的膀胱胀满感,同时完全不能自主排空膀胱,测得患者的膀胱安全容量为300ml,每日摄入的水分量约为2000ml,估计尿量约为1500ml,那么该患者需要导尿次数约为5次。在初次制订饮水计划时每隔3～4小时可摄入300～500ml液体,并根据摄入量、活动量和体位,摄入3～5小时后导尿,依据尿量和个人日常活动规律,逐渐调整饮水计划和导尿时间。摄入液体应尽量安排在白天,从而减少夜间导尿次数。②对于可以部分自主排空膀胱的患者,首先需要通过尿流动力学检查判断该患者自主排空膀胱的方法是否安全,如果安全,则可根据膀胱内残余尿量的多少来决定需要增加的导尿次数,如残余尿量为100ml,则每日导尿1次;如残余尿量为200ml,则每日导尿2次;如残余尿量为300ml,则每日导尿3次。③如经影像尿流动力学检查显示膀胱容量在某一数值时即出现膀胱输尿管反流,此时膀胱安全容量仍应以出现膀胱输尿管反流时的容量为准。④由于膀胱感觉的改变,使得患者不能像正常人那样感觉膀胱胀满的程度,所以可以尝试在执行饮水计划的过程中进行膀胱胀满感的训练。当患者利用残存的感觉能够较准确地估计膀胱内尿量时,就可以不再根据固定时间和量来摄入液体。

🌐 知识拓展

国际尿控协会排尿日记

国际尿控协会将排尿日记分为三种。

1. 排尿时间表　单纯记录白天和夜间的排尿次数,至少是24小时。

2. 频率-尿量表　记录白天和夜间的排尿次数以及每次排尿的量,至少是24小时。

3. 膀胱日记　记录排尿次数、排尿量、尿失禁的发生情况。尿急程度、尿失禁程度等内容。

4. **膀胱训练** 是指通过各种手法或物理方法进行刺激,从而提高膀胱排尿功能,达到自行排尿的常用方法。应及早对神经源性膀胱尿道功能障碍的患者进行训练,禁忌者包括膀胱输尿管反流、肾积水、肾盂肾炎患者,对于泌尿系统感染、结石和高血压、糖尿病、冠心病患者则应慎用。

在训练时,要循序渐进、逐渐增加,每2~5小时1次,每次10~15分钟。常用的膀胱训练方法如下:①耻骨上区轻叩法:用手指轻叩耻骨上区,此法常用于逼尿肌反射过度活跃的患者。②Crede手法排尿:双手重叠或并排放于膀胱上,缓慢向耻骨后下方挤压膀胱,手法由轻到重,忌用暴力。此法常用于骶部神经病变、无腹肌收缩、尿道括约肌功能不全者。③屏气法(Valsalva法排尿):患者身体前倾,快速呼吸3~4次后再做一次深吸气,然后屏住呼吸,向下用力做排便的动作,用增加腹内压的方法来增加膀胱压力,这样反复数次,一直到没有尿液排出为止。此法对于有痔疮、疝气的患者慎用,膀胱输尿管反流患者禁用。④扳机点法:在脊髓腰神经节段区找出扳机点,可通过反复挤捏阴茎(阴蒂),或牵拉阴毛,或在耻骨上区、会阴部及大腿内侧持续进行有节奏的轻敲等,诱导反射性膀胱排尿。脊髓骶神经以上病变的患者常用该方法。

5. **物理因子疗法** 通过电、磁等刺激重建膀胱的排尿功能,包括体外皮肤电极和体内置入电极,以及不同的置入部位,如膀胱壁电刺激、盆神经电刺激、骶髓神经前根电刺激、骶髓神经后根电刺激、脊髓圆锥电刺激、中枢(丘脑)电刺激等。

(1)电刺激疗法:常用的主要方法有肌电刺激或直肠内电刺激,或将电极置入体内,通过电极直接刺激逼尿肌,从而诱导逼尿肌收缩。

(2)超短波疗法:主要作用是缓解膀胱炎症、减轻膀胱痉挛。

(3)生物反馈疗法:主要作用是改善膀胱和盆底部肌肉功能,可使痉挛肌肉放松,提高无力肌收缩。

(4)磁刺激法:通过刺激骶神经达到排尿的目的,它较电刺激所具有的优点是无创伤、相对无痛等。

6. **心理疗法** 克服心理压力,使患者学会自我调控情绪,并根据患者的生活习惯,建立良好的饮水、饮食习惯,配合治疗师顺利完成膀胱功能训练以及一些相关的膀胱清洁护理。

7. **药物疗法** 应用药物来改善神经功能活动状态,以达到恢复或部分恢复膀胱和尿道正常功能的目的。然而影响膀胱储尿和排尿功能的神经递质及其作用非常复杂,药物也可能作用于神经系统的许多部位,既有起兴奋性作用的,也有起抑制作用的,因此应区别对待每一名膀胱功能障碍患者,采用个体化的药物治疗方法。

(1)抗胆碱能或具有抗胆碱能样作用的制剂:抑制逼尿肌收缩,增加膀胱容量。常用的有阿托品(atropine)、奥昔布宁、托特罗定(tolterodine)、溴丙胺太林(propantheline bromide)、曲司氯铵(trospium chloride)等。

(2)β_2肾上腺素能制剂:能抑制膀胱体平滑肌收缩,增加膀胱容量,如特布他林。

(3)α肾上腺素能制剂:麻黄碱(ephedrine)、苯丙醇胺(phenylpropanolamine)为拟交感神经药,兼有α肾上腺素受体、β肾上腺素受体的兴奋作用,主要提高尿道压力。

(4)胆碱能制剂:氯贝胆碱(bethanechol)相对选择性地作用于膀胱和胃肠道的平滑肌,增加膀胱收缩。

(5)α受体拮抗剂:酚苄明(phenoxybenzamine)可选择性地松弛前列腺组织及膀

胱颈平滑肌,降低尿道出口阻力,而不影响膀胱逼尿肌收缩。哌唑嗪(prazosin)为选择性突触后 α_1 受体阻滞药。

(6)抑制外括约肌痉挛的药物:巴氯芬(baclofen)抑制单突触和多突触兴奋传递,并可刺激 γ-氨基丁酸(GABA)β 受体,有效解除痉挛,缓解尿道阻力。

8. **外科手术**　当保守治疗无效时应考虑外科手术治疗,包括扩大膀胱容量的手术方法、增加膀胱排尿动力的手术方法、降低排尿阻力的手术方法、增加排尿阻力的手术方法及防止膀胱输尿管反流的手术方法等。外科手术效果差异大,并发症较多,选择需谨慎,在进行任何手术前需与患者充分沟通。常见的外科治疗方法有:A 型肉毒毒素膀胱壁注射术、自体膀胱扩大术(逼尿肌切除术)、肠道膀胱扩大术、骶神经调节治疗、人工尿道括约肌。

9. **中医康复疗法**　神经源性膀胱属中医学"癃闭"范畴,中医学对神经源性膀胱的治疗,主要包括中药口服、针刺、艾灸等方法。

(1)中药口服:①膀胱湿热证,八正散加减:黄柏、栀子、瞿麦、萹蓄、茯苓、车前子等;②肺热壅盛证,清肺饮加减:黄芩、桑白皮、鱼腥草、麦冬、地骨皮等;③浊瘀阻塞证,代抵当丸加减:当归尾、桃仁、莪术、郁金等;④脾气不升证,补中益气汤合春泽汤加减:党参、黄芪、白术、升麻、柴胡、茯苓、泽泻等;⑤肝郁气滞证,沉香散加减:沉香、橘皮、柴胡、青皮、乌药、郁金、车前子、冬葵子等。

(2)针刺疗法:①膀胱湿热证:主穴取次髎、会阳,配以中极、阴陵泉等;②脾气不升证:主穴取次髎、会阳,配以脾俞、太渊、三阴交、足三里等;③气虚血瘀证:可取膈俞、肝俞、肾俞、气海、会阳、委阳等;④肾气不足证:以次髎、会阳为主穴,配以肾俞、太溪、气海等。

(3)艾灸治疗:①局部取穴:关元、气海等下腹部任脉穴位;②强肾灸:神阙、中极、关元、命门等;③脐灸:灸神阙穴。④改良铺灸:灸腹部及腰骶部穴位。

(三)脊髓损伤神经源性膀胱各期、各型的治疗方法

1. **脊髓休克期的治疗**　脊髓休克期的治疗目的是预防尿路感染和膀胱过度的尿潴留。治疗方法主要是留置导尿,此时要保持导尿管的通畅,不需要定期夹闭导尿管。但需要注意的是,整个引流通路保持密闭性,同时保持尿道口或穿刺口的干燥,不要随意打开引流通路进行消毒或清洗,以降低感染的发生率。

2. **脊髓恢复期的治疗**　脊髓恢复期应首先通过尿流动力学检查或简易水柱法测定膀胱的压力容积,分析逼尿肌和括约肌各自的功能状态,选择适当的治疗方法,以达到规律排空膀胱的目的。

(1)膀胱逼尿肌过度活跃:治疗原则为抑制逼尿肌收缩。措施如下:

1)间歇性清洁导尿:间歇性清洁导尿是目前对于处理反射性尿失禁的推荐方法。脊髓损伤患者休克期过后,病情稳定即可开始进行间歇性清洁导尿。

2)药物治疗:①抗胆碱能制剂:主要有阿托品、奥昔布宁、溴丙胺太林等药物;②β 肾上腺素能制剂:特布他林、盐酸丙米嗪等;③钙拮抗剂:硝苯地平、特罗地林等。

3)神经阻滞:在逼尿肌肌内注射 A 型肉毒毒素,可以使膀胱松弛达 1 年左右,但最终的疗效需要根据患者的需求和长期使用的结果进行评估。

4)电刺激疗法:如果增加药物,疗效仍然不理想,可以选择电刺激。

5)反射性排尿训练:当尿流动力学检查提示在整个过程中,膀胱内压力在安全范

围内时才可以尝试用这种方法排尿。因为反射性排尿有潜在的危险性,膀胱的排空常常是失协调的,可致膀胱内压力过高,长期并发症发生率较高。

6)辅助具:如果以上方法都不能有效控制反射性尿失禁且也没有手术适应证,可选择集尿器。

7)留置导尿:若疗效较差的反射性尿失禁合并无法治疗的失协调性排尿,保守疗法的最后选择则是留置导尿或耻骨上造瘘。但因这种方法有很多不可避免的并发症,所以在有条件的情况下,应尽量避免使用该方法。

8)手术治疗:包括骶神经后根切断去传入术、骶神经根电刺激术、尿流改道术、膀胱扩大术等。在保守治疗效果不理想的情况下,可以选择手术治疗。

(2)膀胱逼尿肌迟缓:治疗原则为增加膀胱内压力或促进膀胱收缩。措施如下:

1)药物治疗:交感神经抑制剂或拟胆碱能制剂,如氯贝胆碱,相对选择性地作用于膀胱和肠道。对心血管系统作用较弱,并且耐胆碱酯酶水解。

2)间歇导尿:如果仅靠药物仍然不能规律有效排尿,且括约肌功能良好,间歇导尿将是最适合的方法。

3)挤压技术:主要有两种:①具体操作见上 Crede 手法;②Valsalva 法:即屏气法,具体操作见上膀胱训练中的屏气法。对于心脏病患者应慎用。

4)电刺激:对于不完全性损伤的患者,可采用经皮电刺激、膀胱内电刺激或直肠内刺激,主要作用于膀胱及骶神经运动支,从而改善逼尿肌敏感性和收缩性减弱的情况。该方法是人工激活正常的排尿机制:通过人工反复激活反射路径来改善自身的排尿反射。

(3)膀胱括约肌迟缓:治疗原则为增加膀胱出口阻力。措施如下:

1)药物疗法:拟肾上腺素能药,如麻黄碱,主要提高尿道压力。禁用于高血压、甲状腺功能亢进、心绞痛、接受洋地黄治疗的患者。盐酸丙米嗪主要是增加膀胱容量,禁忌同麻黄碱。普萘洛尔主要是增加尿道压力。

2)行为治疗:有规律排尿刺激、生物反馈、外部集尿器或盆底肌训练等。盆底肌训练法:主动收缩或负重收缩盆底肌,每次收缩持续 5 分钟,休息 10 分钟,重复练习,每组 40 次,每天 3~5 组。

3)手术疗法:人工括约肌置入、膀胱颈悬吊术等。

(4)膀胱括约肌过度活跃:治疗原则为减低膀胱出口阻力。措施如下:

1)药物疗法:巴氯芬,主要是缓解外括约肌痉挛。α 受体阻滞剂酚苄明,主要是降低尿道平滑肌压力。

2)行为治疗:肛门牵拉技术、间歇清洁导尿等。肛门牵拉方法:缓慢向各个方向牵拉肛门,可使盆底肌痉挛缓解,使尿道括约肌痉挛缓解,可改善流出道阻力。

3)神经阻滞:肉毒毒素肌内注射、阴部神经阻滞。

4)手术疗法:当上述保守疗法无效时,可选择手术治疗。经尿道外括约肌切开术、尿道内支架术及其他手术方法(前列腺切除术、尿道狭窄修复或扩张术、经尿道膀胱颈切除术、Y-V 膀胱颈成形术等)。

附:神经源性膀胱处理的长期策略

1. **概述** 神经源性膀胱功能障碍会随个体病程发展而改变,且上、下尿路均会发生先为功能性的,后为形态学的变化,并非形成后就静止不变,所以治疗方案也需随之

调整。对神经源性膀胱的处理(包括随访检测和治疗)是终身性的,以尽可能保护上尿路及下尿路的功能,及时控制及消除危险因素,减少泌尿系统并发症的产生。

2. 患者的自我检测　对可能发生的泌尿系统并发症及其危害性明确知情,掌握如何对自己的泌尿系统状态进行监测,其目的是及时发现变化,并向医师反映。患者平时自我监测的内容有:①有发热或无发热的尿路感染;②排尿的方式;③尿液的性状、尿量的变化;④大便的情况;⑤痉挛的情况;⑥抗生素的使用情况、其他用药情况及药物反应。

3. 医务人员的检查　包括病史的询问、体格检查、实验室器械检查及专科检查等。同时了解会影响神经源性膀胱患者泌尿系统功能的危险因素:

(1) 一般危险因素:①有发热的泌尿系统感染;②反复发生的泌尿系统感染;③与自主神经过反射相关的高血压危象;④多次检查显示残余尿增多;⑤增加次数或新发生的尿失禁或其他排尿问题;⑥肾积水;⑦膀胱形态学改变(如膀胱壁增厚、膀胱小梁形成、膀胱结石形成等);⑧持续性实验室检查结果异常(如血沉、血细胞计数、C反应蛋白、肾功能等);⑨任何反映肾功能退变的指征。

(2) 必须借助影像尿流动力学检查发现危险因素:一些病理变化必须要借助影像尿流动力学检查。如膀胱内高压力状态,检查表现为低顺应性、过早或时间过长的逼尿肌收缩、在排尿期逼尿肌的过度兴奋、膀胱小梁形成、括约肌失协调、膀胱-输尿管-肾脏反流、男性附件尿液灌注等。

4. 复诊时间和内容　如果有危险因素的出现,患者需随时到医院复诊。一般患者应在最初的2年内每6~12个月复诊1次,后期至少每2年复诊1次。复诊除了病史和体格检查外,实验室和器械检查的内容包括:①泌尿系统影像学检查(B超);②血液学检查(血常规、肾功能);③尿液学检查(尿常规);④尿流动力学检查(或水柱法膀胱内压力测定)等。根据检查结果及个体具体情况决定是否需要对处理方案进行调整及如何调整。另外,在神经泌尿科手术或特殊治疗后,如肉毒毒素注射、括约肌切开、膀胱扩大术或骶神经前根电刺激器置入等,应由神经泌尿科医师对患者进行专业的随访和检测。

5. 建立档案　因为影响泌尿系统功能的因素和需要监测的信息量较大,患者病程长,在条件允许的情况下,应尽可能建立和完善患者自我监测记录和医疗监测及处理档案,为制订个性化处理方案提供全面可靠的信息。

第四节　神经源性大肠

神经源性大肠(neurogenic bowel)是神经系统疾病常见的并发症,是严重影响患者日常生活质量和身心健康的一个问题。因此,对神经源性大肠进行积极的康复治疗具有非常重要的意义。

一、概述

(一) 定义

神经源性大肠是因多种神经系统疾病或外伤、药物、认知功能障碍、减少活动所引起的排便功能障碍,最终表现为排便失控。排便功能障碍包括排便困难、时间延长、排便疼痛、便秘、腹泻、计划外排便等。大多数情况下膀胱、直肠括约肌功能障碍同时存在或以一种损害为主,如果康复和护理不当,将使患者的生活质量严重下降,由此导致的感染等并发症甚至会危及患者的生命。

（二）病因及发病机制

正常排便时,排便指令由皮质经过脊髓下达到位于 $S_2 \sim S_4$ 的排便中枢,使整个大肠产生集团运动,将肠内容物推送至乙状结肠,再至直肠。乙状结肠和直肠收缩及增加腹压,同时肛提肌收缩和肛门内、外括约肌松弛而产生排便。脊髓损伤影响了神经系统的传导通路,形成神经源性肠道,导致大便失禁、便秘。在脊髓休克期,患者肛门括约肌松弛,多数表现为大便失禁,此时除做好局部清洁外,无须特别处理。进入恢复期后,肠鸣音恢复,肛门括约肌张力增高,由于肠蠕动减慢,肛门括约肌不能随意放松,出现排便障碍,表现为便秘。

（三）临床特征

不同的分类有不同的临床特征,以下主要是根据分类介绍其临床特征。

1. 反射性大肠　是指 $S_2 \sim S_4$ 以上的脊髓损伤,主要表现为排便反射存在,可通过反射自动排便,但缺乏主动控制能力。

反射性大肠通常具有以下特征:①局部刺激即可解出大便;②大便一般每次在半小时内即可完成,且量和稠度合适;③每次大便间隔时间基本规律。

2. 迟缓性大肠（又称无反射性大肠）　是指 $S_2 \sim S_4$ 以下的脊髓损伤（含 $S_2 \sim S_4$）和马尾神经损伤,主要表现为缺乏排便反射。迟缓性大肠通常具有以下特征:①局部刺激不能解出大便;②两次排便间隔有大便失禁。

二、康复评定

对肠道功能进行详细的系统评定,对神经源性大肠的康复治疗及随访具有重要的意义。在评定之前应先了解患者是否有神经系统疾病,胃肠道疾病等影响胃直肠功能的疾病病史;了解有无使用直肠刺激、计划外排便、使用诱发排便的食物及影响肠道功能的药物史等内容。神经源性大肠的康复评定如下:

（一）评定内容

1. 排便次数　排便次数因人而异。正常成人,每天排便 1～3 次,每次排便时间间隔基本固定。

2. 排便量　正常人每天排便量为 100～300g。

3. 粪便性状　正常人的粪便为成形软便。便秘时粪便坚硬;腹泻时为稀便或水样便。

4. 每次大便所需时间　正常人每次大便时间应在半小时内完成。便秘者消耗时间延长,腹泻者消耗时间短,但排便次数增多。

5. 括约肌功能　括约肌有无失能或失禁,即排便不受意识控制也不受场合和时间限制,粪便自行自肛门溢出。

（二）常用的评定方法

1. 肛门直肠指诊　即对直肠及肛门括约肌张力的检查。先观察肛门是否正常,把手置于肛周并向外侧牵拉皮肤,肛门功能差的患者会出现肛门开放。

（1）肛门张力:将检查者的手指插入肛管,手指感觉直肠内压力;肛门外括约肌、

耻骨直肠肌的张力和控制能力;球海绵体反射情况。肛门局部刺激有无大便排出:反射性大肠由于排便反射弧正常,故能排出大便;迟缓性大肠由于内外括约肌功能丧失,局部刺激也不能排出大便,同时评定直肠穹隆有无粪便嵌塞。

（2）肛门反射:即划动肛周皮肤后出现肛门收缩。这是检查上运动神经元病变的最佳方法。

（3）自主收缩:自主性的肛提肌收缩可以增加肛门括约肌的压力。如果一个女性患者在阴道检查时不能收缩阴道周围肌肉,她的肛门也会有类似病变。

2. 其他方法　结肠传输试验、肛肠测压试验、盆底肌电图检查、肛门自制功能试验、直肠动力学检查等方法。

3. 残损评估　对患者进行知识水平、认知、功能和行为的评估可以判断患者是否具备完成肠道康复计划的能力,或者指导护理人员安全有效地辅助完成康复进程。评估应包括:①学习的能力;②指导他人完成护理的能力;③坐位耐受时间和角度;④坐位平衡;⑤上肢肌力和本体感觉情况;⑥手和手臂的功能;⑦肌张力情况;⑧转移的能力;⑨皮肤可能存在的受损风险;⑩家庭无障碍条件以及辅助具情况;⑪对患者日常生活能力及社会参与能力的影响。

三、康复治疗

（一）治疗原则及目标

神经源性大肠的康复治疗要掌握以下原则:①与患者沟通现存有关问题,以取得患者的理解和配合;②应尽量少用可能影响肠道功能的药物,但可使用大便软化剂;③排便应尽量安排在有陪护在场的时间;④不应强迫患者每天进行排便;⑤建立起良好的排便规律,避免长期使用缓泻药;⑥鼓励患者提高信心,积极参与解决问题。

治疗目标:①降低便秘或大便失禁的发生率;②降低对药物的依赖性;③帮助患者建立胃结肠反射、直结肠反射、直肠肛门反射;④使大部分患者在厕所、便器上利用重力和自然排便的机制完成独立排便。

（二）康复治疗

神经源性大肠的治疗方案应该根据患者的具体情况进行适当的调整,主要治疗方法如下:

1. 一般治疗

（1）适量饮水:计算脊髓损伤患者的液体摄入量,公式为:1ml×总卡路里需要量+500ml 或 40ml×体重（kg）+500ml（液性粪便在结肠的推进速度较固性粪便快 $32 \sim 100$ 倍）。

（2）营养:营养对于脊髓损伤患者非常重要。对患者的既往饮食习惯和每日纤维素摄入量,以及目前的饮食是否能够得到满意的粪便情况和适当的排便频率进行系统的评估,然后确定患者的每日纤维素摄入量（一般来说,每人每天应摄入 $20 \sim 30g$ 纤维素）。

（3）每日站立和肌肉活动非常重要,可增加肠道蠕动,防止便秘。但四肢瘫患者活动明显受限,对排便不利。

（4）定时排便:在同一时间对直肠进行刺激以触发排便,有利于患者形成有规律的肠道运动和反射;每次尽量在排便前约 30 分钟摄入食物或液体以触发胃结肠反射的发生,此反射在早餐后最为明显;为了避免慢性结肠过度膨胀,排便应当至少每 2 天

1 次。选择排便的时间应依据患者受伤前的习惯和以后的生活进行计划安排。

（5）选用合适的排便器具,包括标准直立台和经改良的马桶,使用标准直立台,站立位下可产生双倍频率的肠道蠕动,缓解便秘;具有视觉反馈装置的改良式马桶,可以显著改善排便的护理时间;还可使用配有电子坐浴盆的马桶,浴盆内水流可冲入肛肠部位从而刺激肠蠕动。

（6）适当选用胃肠蠕动刺激剂、粪便软化剂和缓泻剂,但应注意用量要根据每个患者具体情况而定,不可常规和长期使用。

（7）排便前可以进行腹部按摩以刺激肠蠕动。

（8）做好每日的活动计划时间表。

（9）评估患者目前的用药,是否有影响肠道功能的作用。

2. 肠道功能训练

（1）指导患者饮食控制,以利于大便形成。

（2）利用胃结肠反射,规定早餐或晚餐后 30~60 分钟内排便,同时结合手直肠刺激法,可缓解神经肌肉痉挛,诱发直肠肛门反射,促进结肠尤其是降结肠的蠕动。具体方法为:戴上手套,在一根或两根手指涂上润滑剂,轻柔地插入肛门,并缓慢地以画圈式向各个方向牵拉肛门,一直持续到肠壁放松,直肠中有气体或粪便排出。手指刺激每次持续 15~20 秒,每隔 5~10 分钟要重复 1 次,直到粪块排尽。

（3）无反射性直肠的常规处理为采取坐位或侧卧位,轻柔且反复行 Valsalva 憋气动作,其后用手法将直肠内粪块抠挖干净。具体手法为:戴手套后将一根或两根手指涂抹润滑剂,插入直肠内,将粪块抠碎并挖出或拉出。需要注意的是:在做 Valsalva 动作之前,应排空膀胱以避免膀胱输尿管反流。无反射性大肠或下运动神经元损伤性大肠还需要每日 1 次或每日 2 次的肠道护理。

（4）盆底肌力训练（缩肛运动）:操作者协助患者平卧,双下肢并拢,双膝屈曲稍分开,叮嘱患者尽可能轻抬臀部缩肛、提肛 10~20 次,以促进盆底肌肉功能恢复,每天练习 4~6 次。

（5）每日站立和肌肉活动非常重要,可增加肠道蠕动,防止便秘。四肢瘫患者活动受限,可适当借助起立床进行训练。

3. 物理因子疗法

（1）电刺激法:包括经皮电刺激或直肠内电刺激。

（2）生物反馈治疗:采用肌电生物反馈可以改善直肠和盆底部肌肉功能,放松痉挛肌肉,提高无力肌收缩。

4. 直肠灌肠和排气　在通便药效果不佳、大便干结、量大、排出困难时,可以用肥皂水灌肠。肠道积气过多,可以插管排气,以缓解腹胀。

5. 行为疗法

（1）建立适合于患者的生活习惯:包括建立良好的饮水、饮食习惯,一次饮水量适当,不要过饮或少饮。饮食上应注意患者每日必需的热量,增加纤维含量高的食物,减少高脂肪、高蛋白质食物的大量摄入,同时避免刺激性食物,杜绝不良饮食习惯。此外,还应建立良好的排便习惯（排便时间、频率、排空量、排便体位、排便环境）。

（2）注意调节粪便稠度:养成每日肠道排空（栓剂和手指刺激）的习惯,避免口服泻药。

6. 药物疗法 在以上方法对神经源性大肠的治疗效果不明显时,可尝试药物治疗。

7. 手术疗法 顽固性便秘或失禁的患者,经一般康复措施无效者,可尝试经外科途径改善肠道功能,包括功能性神经、肌肉移位或移植,选择性骶神经后根切断配合骶神经刺激、体外磁刺激、建立人工可控的躯体-内脏神经反射弧、肠造口和肠缩短吻合术等,但必须严格掌控手术指征,尊重患者自身的意愿。

8. 心理疗法 克服患者的心理压力,使患者学会自我调控情绪,以配合治疗师顺利完成直肠功能训练和一些相关的直肠清洁护理。

9. 中医康复疗法 神经源性大肠属中医学"便秘""泄泻"范畴。对神经源性大肠的中医康复疗法主要包括中药口服、针刺、艾灸等。

（1）中药口服

1）便秘:①热秘:麻仁丸加减:大黄、枳实、厚朴、麻子仁、杏仁等;②冷秘:温脾汤加减:附子、大黄、党参、干姜、当归、肉苁蓉等;③气虚秘:黄芪汤加减:黄芪、麻子仁、白蜜、陈皮等;④血虚秘:润肠丸加减:当归、生地、麻子仁、桃仁、枳壳等。

2）泄泻:①脾胃虚弱证:参苓白术散加减:党参、白术、茯苓、陈皮、桔梗、扁豆、山药、莲子等;②肾阳虚衰证:四神丸加减:补骨脂、肉豆蔻、吴茱萸、五味子、附子、炮姜等。

（2）针刺疗法

1）便秘:主穴取天枢、支沟、水道、归来、丰隆。①热秘者,加合谷、内庭;②气秘者,加太冲、中脘;③虚秘者,加脾俞、气海。

2）泄泻:主穴取神阙、天枢、大肠俞、上巨虚、三阴交。①脾胃虚弱证,加脾俞、足三里;②脾气下陷证,加百会;③肾阳亏虚证,加肾俞、命门、关元。

3）艾灸疗法:以上诸穴,除常规针刺外,可神阙穴用隔盐灸或隔姜灸治疗。

第五节 压 疮

压疮多见于长期卧床或坐轮椅的患者,常见于因各种疾病而导致的制动、老年、皮肤营养状况不良等情况,最多见于脊髓损伤患者。压疮阻碍了临床与康复治疗的进程与疗效,因此在临床治疗、护理和康复过程中预防尤其重要。

一、概述

（一）定义

压疮(pressure sores 或 bed sores)是指局部皮肤长时间受压或受摩擦力和剪应力作用后,受力部位出现血液循环障碍而引起局部皮肤和皮下组织缺血、坏死。压疮可以发生于身体软组织受压的任何部位,包括来自夹板、矫形器、固定物的压迫。若长期创面不愈合可引发局部脓肿、菌血症、脓毒血症、骨髓炎等,严重影响患者受损功能的改善,甚至危及生命。

（二）病因及发病机制

1. 机械因素 是最主要的原因,压疮的发生主要与垂直压力、剪应力、摩擦力、血液循环、局部皮肤环境等因素有关。压力、摩擦力、剪应力是造成压疮发生的3种重要因素,其中压力是最主要的因素。以往认为压疮只发生于长期卧床者,但现在已经证实,只要施加足够压力并有足够长的时间,任何部位都可发生溃疡。压力×时间＝阈值,某一部位受压面积不变的情况下,所受压力越大,组织发生坏死的时间就越短;在压力较小的情况下,长时间受压也会导致压疮的发生。

2. 其他因素　导致压疮发生的因素还有:①医疗因素:如各种原因的制动、不恰当的护理、治疗和药物等;②内在因素:如骨骼突起、患者处于压力增加的固定位置、疾病导致机体营养状态下降、局部的潮湿、肌肉萎缩无力导致对其皮下组织的保护减弱;③其他因素:营养摄入不足可导致皮下脂肪减少,皮肤对外来压力的耐受性减弱;分解代谢加强,免疫功能障碍,各种营养成分中蛋白质、维生素、热量的摄入不足,使皮肤的抵抗力降低,均易导致压疮的发生。

有研究表明,人体毛细血管内的压力为 $10 \sim 30mmHg$,当作用于皮肤的外力(压力、剪应力和摩擦力)超过这一数值时,可导致毛细血管腔的闭塞和局部淋巴回流受阻,从而引起局部皮肤组织的缺血坏死。一般来说,局部皮肤受外力越大,其造成压疮所需时间越短。局部组织循环基础较差(如组织萎缩、瘢痕等)时,可增加其对外力的敏感性,发生压疮的概率就会增加。

(三)压疮好发部位

压疮多发于骨突明显且对皮肤及皮下组织压力过大的部位。超过93%的压疮发生在身体下部的骨突处。压疮最常见的好发部位是骶骨、坐骨结节、股骨大转子及足跟(表6-1),也可发生于身体软组织受压的任何部位,压迫来自夹板、矫形器、矫形固定物等。

表 6-1　压疮好发部位

部位	所占百分比(%)	部位	所占百分比(%)
骶尾部	55.6	肩胛	7.0
坐骨结节	15.0	足	6.3
足跟	11.2	股骨大转子	4.9

(四)临床特征

主要表现为皮肤、皮下组织的坏死和溃疡,常引起以下功能障碍:

1. 日常生活活动能力下降　压疮的发生直接影响患者的日常生活,穿衣、活动、体位、姿势等,导致患者生活质量严重下降。

2. 感染　约70%的压疮患者伴有感染,感染可直接向深部组织或邻近关节扩散而引起骨髓炎或关节炎。

3. 心理障碍　压疮长时间不愈,患者可发生焦虑、沮丧、忧郁等心理障碍。

4. 其他障碍　压疮发生可以诱发其他病症的发作,如加重肌痉挛等;压疮亦可导致康复治疗的延缓或停止,阻碍其他功能的恢复。

二、康复评定

压疮的评定主要包括对其创面及周围组织的描述、程度的分级,以及范围、深度的测量。从康复角度而言,不仅要评定压疮本身,更重要的是对患者整体进行评定。评定的目的:描述伤口及其周围组织的情况、对损伤进行分级及测量伤口的大小。此外,还应包括患者的一般状况、躯体功能(运动及感觉等)、日常生活活动能力、心理等因

笔记

素的评定。对于压疮的评定通常是根据皮肤的红斑或创面深度进行的,压疮的评定是制订和实施所有治疗措施的根本。

（一）常采用的分级标准

美国压疮学会的标准:Ⅰ度压疮:出现红斑,30分钟内不消退(不能变回原皮肤色泽),但皮肤完整;Ⅱ度压疮:损害涉及皮肤表层或真皮层,表现为皮损、水疱或浅层皮肤创面;Ⅲ度压疮:损害涉及皮肤全层及其与皮下脂肪交界的组织,表现为较深皮肤创面;Ⅳ度压疮:损害广泛,涉及肌肉、骨骼或结缔组织(肌腱、关节、关节囊等)。

（二）其他评定标准

其他常用的分级标准还有 Yarkony-Kirk 分级和 Shea 分级(表6-2)。

表6-2　Yarkony-Kirk 分级和 Shea 分级

Yarkong-Kirk 分级	Shea 分级
1. 有局部发红区域 　A. 持续存在>30分钟,但<24小时 　B. 持续存在>24小时	1. 局限于表皮,露出真皮,有发红区
2. 表皮和(或)真皮溃损,但看不到皮下脂肪组织	2. 真皮全层受损
3. 可见到皮下组织,但见不到肌肉	3. 有皮下脂肪破坏,深及皮肤深筋膜
4. 可见肌肉或筋膜,但未及骨骼	4. 溃疡深及骨骼
5. 深及骨骼,未波及关节	5. 闭合性大的腔道性损伤,有一个瘘管
6. 累及关节、压疮愈合	

（三）压疮危险度的评定

预防压疮是疾病康复治疗过程中的重要环节,规范的干预措施可以使压疮的发生率下降25%~30%,不但能提高患者的生活质量,而且为社会节约了大量的医疗资源。因此对于压疮发生的危险人群,还应进行压疮危险度评定,相关评估量有 Norton 量表、Gosnell 量表和 Braden 量表等。其中 Braden 评分法(表6-3)是国内外预测压疮最常用方法之一。Braden 量表包括6个危险因素:活动性、运动能力、摩擦和剪切力、感觉、湿度、营养。满分23分,最低得6分。得分越高,压疮风险越小。

表6-3　Braden 评分法

因素	项目/分值	4	3	2	1
活动性	身体活动程度	经常步行	偶尔步行	局限于床上	卧床不起
运动能力	活动能力改变控制体位能力	不受限	轻度限制	严重限制	完全不能
摩擦和切力	摩擦力和剪切力	无	无明显问题	有潜在危险	有
感觉能力	感觉对压迫有关的不适感受能力	未受损害	轻度丧失	严重丧失	完全丧失
湿度	皮肤暴露于潮湿的程度	很少发生	偶尔发生	非常潮湿	持久潮湿
营养	通常摄食状况	良好	适当	不足	恶劣

三、康复治疗

压疮的治疗应首先明确并去除产生压疮的原因,否则即使给予正确的治疗也很难达到治疗目的。

(一) 局部治疗

1. 保守疗法

(1) 减压:治疗压疮最重要的措施是立即缓解皮肤压力,即消除对创面的任何压力,增加翻身次数。根据压疮的部位选用能缓解压力的承托系统,如泡沫、凝胶垫圈、各种减压床垫和轮椅垫等。

(2) 压疮创面处理:换药是治疗压疮的基本措施,重要的是保持创面的清洁。创面局部不主张使用任何药液。湿性愈合理论促进了新型敷料的产生。湿性环境不仅能够阻止细菌侵入、减低疼痛、减少炎症,而且能够促使伤口产生多种促进愈合的生长因子,如白细胞介素-1、表皮生长因子、血小板衍生生长因子 β 等。湿性敷料包括多种,如聚合物膜敷料、聚合物泡沫敷料、藻酸盐敷料、水凝胶敷料、生物膜敷料等。近年来,银离子治疗压疮已被广泛应用,具有抗菌和促进肉芽组织再生的作用。

(3) 感染处理:控制感染的主要方法是加强局部换药,应用浸透到半湿的生理盐水敷料,创口引流要好;必要时用 2% 硼酸溶液,3% 的过氧化氢溶液冲洗创面。局部一般不使用抗菌药物,以免影响肉芽组织生长。个别患者因伤口处理不当,已造成严重感染而出现全身症状时,应做伤口细菌培养和药敏试验,选择合适的抗生素全身用药。

(4) 局部理疗

1) 紫外线疗法:治疗前均应清洁创面,有坏死组织应先清除,不涂任何药物,以利于对紫外线的吸收。早期皮肤损害未累及肌肉者,采用 Ⅱ ~ Ⅲ 级红斑量,每日或隔日 1 次,4 ~ 6 次为 1 个疗程;累及肌肉、骨骼者,Ⅲ ~ Ⅳ 级红斑量,每隔 1 ~ 2 天照射 1 次,中心重叠照射法;创面肉芽新鲜,为促进愈合,剂量应小于 Ⅰ 级红斑量。

2) 红外线疗法:适用于各期溃疡创面,感染已完全控制,创口肉芽新鲜、无脓性分泌物的患者。每天 1 ~ 2 次,每次 20 ~ 25 分钟,15 ~ 20 次为 1 个疗程。

3) 超短波疗法:早期皮肤损害,尚未累及肌肉者采用无热量或微热量,每次治疗 10 ~ 15 分钟;累及肌肉或骨骼者采用微热量,每次治疗 10 ~ 15 分钟。治疗前均应清洁创面,尽量少用外用药。

4) 超声疗法:超声波能刺激巨噬细胞释放生长因子和趋化因子,可促进对损伤部位新生结缔组织的生长。超声波还能促进慢性缺血肌肉内毛细血管的生成,加快循环恢复。

5) 局部艾灸:每次 15 ~ 30 分钟,有助于早期压疮的恢复。

6) 局部按摩:早期皮肤仍然完整的压疮,可以采用轻柔的局部按摩,改善组织代谢。

(5) 负压治疗:负压技术是治疗慢性伤口安全、简便、有效的方法。植皮或清创术后,根据创面选用面积适宜的生理盐水纱布和手术半透膜覆盖创面,其下放置多侧孔吸痰管,连接负压吸引装置持续 24 小时引流。负压维持在 16 ~ 60kPa 为宜。持续的负压吸引可彻底清除创面及皮片下渗液、渗血,加速组织消肿;同时能有效去除乳酸,保证了创面愈合所需的氧及营养成分。负压吸引使皮片与创面良好贴附,促进了新生毛细血管的生长,有利于创面愈合。

2. 手术治疗　压疮较重,深达肌肉或更深的部位时,均应考虑手术清创。手术适应证主要有:①压疮长时间,保守治疗不愈;②创面肉芽老化,边缘形成大量瘢痕组织;③合并骨、关节感染;④窦道形成,并存在滑囊和潜腔;⑤压疮的存在影响患者的康复治疗。

压疮的手术方法包括直接闭合、皮肤移植,皮瓣、肌皮瓣和游离瓣转移等,目前多采用肌皮瓣转移手术覆盖原伤口。剪除坏死组织,早期闭合创口可减少液体和营养物质的流失,改善患者的全身健康状况。术后确保手术区不受压迫,使用抗生素预防感染。

(二)全身治疗

改善全身营养状况,纠正缺血和低蛋白血症,有助于压疮创面的愈合。应该叮嘱患者多食高蛋白、高热量、高维生素食品,必要时可以静脉输入脂肪乳剂、白蛋白、氨基酸或全血等,必要时还可根据血常规、生化检查结果等少量输血或输入白蛋白。

1. 加强营养　患者营养缺乏不利于压疮的愈合。在组织水平上持续压力是导致皮肤破损重要的局部因素,而在细胞水平上由于营养物质的运输受阻和废物的排泄障碍而不能维持正常代谢,导致细胞分解,同时含有蛋白质、维生素和矿物质的液体通过压疮创面持续丢失。因此,对有压疮的患者,除了保证基本营养需要外,还要额外补充蛋白质、维生素和矿物质。所以压疮患者需增加液体的摄入量(240ml/2h 或至少 1L/d),并给予高蛋白、高热量、高纤维素的饮食。

(1) 蛋白质:如果出现压疮,必须给患者提供每日 1.5~2g/kg 的蛋白质。

(2) 维生素 C:维生素 C 可以促进胶原蛋白合成,应该每天补充 1g。

(3) 锌:锌是蛋白质合成和修复的必要物质。应先检查是否有锌的缺乏,如有锌的缺乏,建议每天补充锌 15mg。若有明显的锌缺乏时,可每天补充锌 35~150mg。

2. 贫血的治疗　压疮患者因食欲差、从压疮处丢失血清和电解质、感染以及虚弱等因素,因而往往患有贫血。血红蛋白水平低可引起低氧血症,导致组织内氧含量下降。加强营养的同时给予相应的药物治疗,必要时输全血治疗。

3. 抗生素治疗　当出现全身感染情况或压疮局部有蜂窝织炎应给予抗生素治疗。抗生素治疗应结合因软组织感染行外科清创术或因骨髓炎行截骨术进行。Ⅲ度、Ⅳ度压疮除了以上局部治疗、手术治疗外,还应该积极采取全身治疗以使压疮能够早日愈合。

4. 积极治疗原发疾病　改善心、肺、肾功能,积极治疗原发疾病,如控制糖尿病和消除水肿等。

5. 停用一些不利于伤口恢复的药物,如类固醇、镇静剂等。

(三)压疮的预防

压疮的预防是基于对病因学的理解,因此着重强调避免引起患者损伤的危险因素,同时保持患者良好的卫生状况和皮肤护理,对预防压疮也尤为重要。

1. 定时翻身　正确体位的目标是使压力分布在最大体表面积上,避免骨突处受压,过度肥胖、痉挛、挛缩、矫形支具、牵引及疼痛会加大体位摆放的困难。卧床患者应每1~2小时翻身1次,调整矫形器或对有多处压疮患者采取交替式充气床垫,避免持久受压,但应禁止使用橡皮圈,以免影响血流,进而影响组织生长。与传统的90°侧卧位相比较,30°侧卧位翻身已经被广泛应用。翻身时应将患者倾斜,使之与床面成30°角,并使用枕头或R形泡沫垫支撑。这有利于分散骨突处压力,促进局部血液循环。

2. 使用适合的轮椅　使用适合的轮椅及坐垫,轮椅坐姿应保证所达座位区域的最大支撑面,足踏板应置于不将重量传送到坐骨而是让大腿承重的高度。若需侧面支持以维持躯干直立时要注意不能引起局部受压。坐轮椅时最好至少每半小时进行一次姿势改变。在轮椅上减除身体重量有多种方法,包括向后、前、侧面倾斜及向上抬高身体,每天至少需要检查皮肤2次,特别要注意骨突部位的皮肤情况。另外,应特别注意避免碰到热源造成烫伤。

3. 定期进行皮肤检查　定期进行皮肤检查与护理是预防压疮的基础,每次翻身时必须检查皮肤,一般压力持续30分钟,去除压力1小时后皮肤发红才开始消退;如果压力持续6~12小时则局部皮肤可出现色泽变暗、坏死、皮肤破溃的表现。故及时观察皮肤变化有助于防止压疮的发生。同时要随时保持皮肤清洁干燥,对受压部位的皮肤应避免按摩,避免加重对局部毛细血管的损伤。

4. 综合调养

(1)改善患者全身营养状况:补充蛋白质、维生素及微量元素,贫血患者要纠正贫血状态。

(2)保持皮肤卫生:经常洗澡,勤换内衣、床单,床单应保持干燥与整洁,床面平坦无褶皱,服装宜宽松肥大。

(3)过度肥胖者要控制体重:体重过重是造成压疮的原因之一。

第六节　言语功能障碍

语言是人类交流思想的工具,是人类区别于其他动物的重要特征之一,是影响患者生存质量的重要因素。丧失言语交流能力,不仅降低了患者的生活质量,而且降低了患者活动能力、社会参与能力及重返工作岗位的可能。言语产生包含着非常复杂的神经、肌肉传导及协调的过程。正常言语形成有三个环节:言语感受阶段(输入)、脑内言语阶段(综合)、言语表达阶段(输出),以上三个环节中任何一环受损均可发生言语功能障碍。言语功能障碍是指构成言语的听、说、读、写四个部分单独或多个部分受损或发生功能障碍,临床常见的为失语症(aphasia)和构音障碍(dysarthria)。

一、概述

(一)定义

1. 失语症　是由于脑部损伤,使原已获得的语言能力受损或丧失的一种语言障碍综合征。表现为患者在意识清晰、无精神障碍及严重智能障碍的前提下,无感觉缺失和发音器官肌肉瘫痪及共济运动障碍,却听不懂别人及自己的讲话,说不出要表达的意思,不理解亦写不出病前会读、会写的字句等。

2. 构音障碍　是由于神经-肌肉系统损害,导致与言语产生有关的肌肉麻痹、肌张力异常以及运动不协调所致的言语障碍,又称为运动障碍性构音障碍。患者通常听理解正常并能正确地选择词汇以及按语法排列词句,但不能很好地控制重音、音量和音调。

知识链接

　　语言(language)和言语(speech)是两个既不同又有关联的概念。语言是以语音为物质外壳,由词汇和语法两部分组成,并能表达出人类思想的符号系统,人们通过应用这些符号达到交流的目的,包括听、说、读、写及姿势语等,代表性的语言障碍为失语症;言语是指口语交流的能力,是指人们掌握和使用语言的活动,代表性的言语障碍为构音障碍。语言只是客观地存在于言语之中,一切语言要素只体现在人们的言语活动和言语作品之中。在临床上,我们所遇到的交流障碍的患者均是个体的言语活动过程的障碍,因此可统称为言语功能障碍。

(二)流行病学

　　言语功能障碍多见于脑部病变,特别是脑血管病导致的言语障碍尤为多见。国外统计资料显示21%~38%的急性脑卒中患者存在失语症,30%~40%的脑卒中患者存在构音障碍。我国统计资料显示至少1/3以上的脑卒中患者可出现各种言语功能障碍,表现为口语交流障碍、书面语交流障碍,甚至姿势语言交流障碍等。同时有研究显示,在与脑损伤相关的交流障碍中,构音障碍发病率高达54%。

(三)病因及发病机制

　　1. 病因　失语症最常见的病因是脑血管病,其他包括颅脑损伤、脑部肿瘤、脑组织炎症、阿尔茨海默病等。构音障碍常见病因为脑血管病、颅脑外伤、脑性瘫痪、重症肌无力、多发性硬化、肌萎缩性侧索硬化症等。

　　2. 发病机制　言语功能障碍的发病机制十分复杂,至今尚不明确。任何病因导致脑部与言语有关的结构损伤皆可引起言语功能障碍。语言功能区的低灌注、低代谢可能为失语症的发病机制之一。优势半球不同部位受损,可出现不同类型的失语症。

(四)临床特征

　　1. 失语症　目前对失语症尚无统一的分类标准。随着功能影像学的发展,一般认为,大脑某一部位的损害,会造成一组完全或不完全的语言临床症状较高频率的出现。如果损害广泛,会出现非典型的失语症状;如果损害局限,会表现出典型的失语症状。几种常见失语症的语言障碍特征见表6-4。

表6-4　常见失语症类型的语言障碍特征

类型	病变部位	流利性	听理解	复述	命名	阅读	书写
运动性失语	优势侧额下回后部皮质或皮质下	不流利,费力,电报式	相对正常	差	部分障碍到完全障碍	朗读困难,理解好	形态破坏,语法错误
感觉性失语	优势侧颞上回后1/3区域及其周围部分	流利,缺乏实质词汇	严重障碍	差	部分障碍到完全障碍	朗读困难,理解差	形态保持,书写错误

续表

类型	病变部位	流利性	听理解	复述	命名	阅读	书写
传导性失语	优势侧缘上回或深部白质弓状纤维	流利,但语言错乱	正常或轻度障碍	很差	严重障碍	朗读困难,理解好	中度障碍
命名性失语	优势侧颞枕顶叶结合区	流利,但内容空洞	正常或轻度障碍	正常	完全障碍	轻度障碍或正常	轻度障碍
经皮质运动性失语	优势侧Broca区的前上部	不流利	正常	正常	部分障碍	部分障碍	中度障碍
经皮质感觉性失语	优势侧颞顶分水岭区	流利,但语言错乱	严重障碍	正常	部分障碍	部分障碍	有障碍
皮质下失语	丘脑或基底节区	介于流利与非流利之间	正常或轻度障碍	正常或轻度障碍	部分障碍	轻度障碍	中度障碍
完全性失语	颈内动脉或大脑中动脉分布区	不流利,自发语较少	严重障碍	完全障碍	完全障碍	完全障碍	形态破坏,书写错误

　　由于患者的病变性质、病灶部位以及病理的不同,其临床表现会有很大的差别。根据国内外研究观察,约30%的失语无法明确归于哪一类。因此,又有将失语症分为非流利型失语和流利型失语的二分法。此种分类方法注重失语症的语言障碍性质而非病灶的具体部位,其临床特征为:非流利型失语症语量减少(每分钟50字以下)、说话费力、有短语现象、韵律异常、信息量多(仅有实词,突出名词);流利型失语症语量多(每分钟100字以上)、说话不费力、没有短语现象、韵律正常、错语较多、信息量少(空洞、缺乏实词,虚词多)。

　　2. 构音障碍　几种常见构音障碍的言语特征见表6-5。

表6-5　常见构音障碍的言语特征

类型	常见病因	神经肌肉病变表现	言语异常特征
弛缓型	延髓性麻痹、重症肌无力、脑神经麻痹等	弛缓型瘫痪、肌肉萎缩、舌肌震颤	气息音,辅音不准,不适宜的停顿,音量降低
痉挛型	脑卒中、脑外伤、假性球麻痹等	痉挛型瘫痪、肌张力增高、腱反射亢进	费力音,刺耳音,鼻音过重,辅音不准,言语缓慢无力,音量急剧变化

续表

类型	常见病因	神经肌肉病变表现	言语异常特征
共济失调型	脑卒中、肿瘤、中毒、外伤、感染、共济失调型脑性瘫痪等	运动不协调、平衡障碍、肌张力低下、运动缓慢	以韵律失常为主,声音的高低强弱呆板,初始发音困难,不规则的言语中断
运动减少型	帕金森病等	运动缓慢、活动范围受限伴震颤	单音调,单音量,重音减弱,呼吸音,语音短促,速率缓慢或有失声现象
运动过多型	舞蹈症、手足徐动症等	异常的不随意运动	元音、辅音不准,语速、音量急剧变化,刺耳音,不适宜的停顿
混合型	肌萎缩侧索硬化、脑外伤、多发性硬化等	多种运动障碍的混合	各种症状的混合

二、康复评定

言语功能评定主要是通过交流、观察或使用通用的量表(必要时还可以通过仪器对发音器官进行检查)进行。评定的目的是了解被评者有无言语功能障碍,判断其性质、类型、程度及可能的原因;确定是否需要给予言语治疗以及采取何种有效的治疗方法;治疗前后评定以了解治疗效果;预测言语障碍恢复的可能性。

(一)失语症评定

1. 评定内容　具体评定内容主要包括以下几个方面:

(1)言语表达:采取与患者谈话的形式。通过询问患者的自然情况,了解其言语表达为流利型或非流利型。是否有命名障碍,是否可以复述、描述,是否有错语、杂乱语、模仿语、刻板语及言语持续现象,是否伴有构音障碍。

(2)听觉理解:将4~5个日常用品或卡片摆放在患者的面前并说出名称,由患者指出所说的物品,观察患者对单词的理解及句子的理解。如果患者的理解较好,可以让他按指令摆放物品,由易到难。

(3)阅读理解:向患者出示以上同样物品或卡片的文字,由患者读出并与图片相匹配;执行书面语言的指令。

(4)书写:可以让患者抄写、听写或自发书写自己的名字或物品的名称、数字等。

2. 常用标准化诊断量表

(1)波士顿诊断性失语症检查(Boston diagnostic aphasia examination,BDAE):是目前英语国家使用较为广泛的失语症标准化诊断量表。包括语言功能检查和非语言功能检查,由5个大项目组成。既可对患者语言交流水平进行定量分析,又可对语言特征进行定性分析;既可确定患者失语症严重程度,又可作出失语症分类。此检查对了解患者残存的语言能力是有价值的,可以作为治疗师制订治疗程序的依据。此检查详细、全面,但费时。

（2）西方失语症成套测验（the western aphasia battery，WAB）：是 BDAE 的缩简版，它克服了 BDAE 冗长的缺点，比较省时，是目前广泛用于失语症检查的方法之一。除评定失语外，还可评定运用、视空间功能、结构能力及大脑的非语言功能等。

（3）汉语标准失语症检查：此检查由中国康复研究中心听力语言科按照汉语的语法、语言特点并参考了日本的标准失语症检查而设计，只适合成人失语症患者。此检查包括两部分内容，第一部分为患者回答问题，第二部分由 30 个分测验组成，分为 9 个大项目。此方法简单、易操作，对训练有指导作用。

（4）Token 测验：是由 De Renzi 和 Vignolo 于 1962 年编制的，包含 61 个项目，适用于检测轻度或潜在失语症患者的听理解。目前应用较多的是简式 Token 测验。

（5）失语症严重程度的评定：BDAE 失语症严重程度分级标准见表 6-6。

表 6-6　失语症严重程度分级标准

等级	标准
0 级	无有意义的言语或听觉理解能力
1 级	言语交流中有不连续的言语表达，但大部分需要听者去推测、询问或猜测；可交流的信息范围有限，听者在言语交流中感到困难
2 级	在听者的帮助下，可能进行熟悉话题的交谈。但对陌生话题常常不能表达出自己的思想，使患者与听者都感到进行言语交流有困难
3 级	在仅需少量帮助或无帮助下，患者可以讨论几乎所有的日常问题。但由于言语和（或）理解能力的减弱，使某些谈话出现困难或不大可能
4 级	言语流利，可观察到有理解障碍，但思想和言语表达尚无明显限制
5 级	有极少的可分辨出的言语障碍，患者主观上可能感到有点儿困难，但听者不一定能明显觉察到

（6）其他：汉语失语成套测验、日本标准失语症检查、双语失语检查等。

知识链接

失语症功能性交往能力评定

在人们的交往过程中，言语与非言语的交流内容都起着很大的作用，而正式测评与熟悉的交际环境之间的言语内容是有差异的。治疗师要了解患者交往能力不令人满意的原因，还需要进行功能性交往能力评定，目的是要改善患者个人生活的交往能力。评定方法包括：日常生活交往活动检查、美国言语与听力学会交流能力的功能性评定、功能性交际测验、每日交往需求评定等。

（二）构音障碍评定

1. 评定内容　构音障碍常涉及运动障碍和所有的言语水平（呼吸、发声、发音、共鸣等），所以构音障碍的评定包括以下两部分：

（1）构音器官评定：通过构音器官的形态及粗大运动检查，确定构音器官是否存在器质异常和运动障碍。包括呼吸情况、面部、喉、舌、口部肌肉、硬腭、腭咽机制、下颌、反射及实验室检查。

检查时观察患者在静坐时的呼吸情况，面部、口唇、喉、舌、硬腭、腭咽、下颌在静止状态的位置及运动、发音时的动作是否异常。观察患者的咳嗽反射、吞咽动作及流涎情况。实验室检查包括纤维喉镜检查、电声门图检查、肌电图检查、鼻流量计检查、气体动力学检查、电脑嗓音分析检查等。

（2）构音评定：构音是指将已经组成的词转变成声音的过程。构音检查是以普通话语音为标准音，以国际音标作为标记，结合构音类似运动对患者的各个言语水平及其异常的运动障碍进行评价。检查时首先通过谈话询问患者的一般情况，观察其音量、音调、发音清晰度，是否有气息音、粗糙声、鼻音化等；然后进行单词检查、音节复述检查、文章水平检查、构音类似运动检查，发现构音障碍特点，为治疗计划提供依据。

2. 检查方法　采用我国修订的中文版 Frenchay 构音障碍评定法。该评定检查内容包括反射、呼吸、唇、颌、软腭、喉、舌、言语 8 大项，不仅能为临床动态观察病情变化、诊断分型和评定疗效提供依据，而且可指导治疗。

知识拓展

计算机辅助下的言语功能评定

1. 计算机辅助下的失语症筛查　近年来通过计算机探讨和研究人体大脑的病变部位和语言障碍的关系有了较快的发展，并得到了大量的临床研究数据。目前该方法对语言障碍患者筛查诊断的正确率达 90% 以上，并且可以针对该患者提供治疗方案，节省了大量的人力、物力，在临床试验中取得了良好的效果。

2. 计算机辅助下的构音评定　通过计算机的人工神经网络系统，制订标准的语音频谱曲线图，可以对患者的语音通过语音识别系统与标准样本比较，进行语音的声谱分析，获得客观的指标。与传统的人工检测相比，结果更客观、评估更量化、操作更方便。

三、康复治疗

言语治疗（speech therapy），又称言语训练或言语再学习，是指通过各种手段对有言语障碍的患者进行针对性治疗，其目的主要是通过言语训练来改善患者的言语功能，提高交流能力。对经过系统训练效果仍不理想者，应加强非言语交流方式的训练或借助于替代言语交流的方法，如手势语、交流手册、交流板等。

（一）言语治疗的原则

1. 早期开始　早期发现患者有言语功能障碍是关键。只有早期发现才能开始早期治疗。开始得越早，效果越好。

2. 及时评定　治疗前应进行全面的言语功能评定，了解障碍的类型及其程度，制订相应的治疗方案。并要定期评定以了解治疗效果，及时调整治疗方案。

3. 循序渐进　言语训练应遵循循序渐进的原则,先易后难。如果听、说、读、写均有障碍,治疗应从听理解开始,重点应放在口语的训练上。合理安排治疗时间及内容,避免患者疲劳及出现过多的错误。

4. 及时反馈　言语治疗就是治疗人员给予某种刺激,使患者作出反应。强化正确的反应,淡化错误的反应。错误的反应通过提示或修正刺激以形成正确反应。在康复训练过程中,正确反应逐渐增多并稳定时,可以考虑将训练难度升级。

5. 患者主动参与　言语治疗是训练者与被训练者之间的双向交流过程,需要患者的主动参与。

(二)言语障碍的康复治疗方法

1. 训练和指导　是言语治疗的核心,包括提高听理解度,促进语言的理解、表达,恢复或改善构音功能,提高语言清晰度等。

2. 手法治疗　可以利用中医康复的手法,对相关肌肉实施按摩,帮助改善与言语有关的运动功能障碍,适用于运动性构音障碍,特别是重症患者。

3. 辅助具　对于残存功能不足以代偿的情况,为了补偿功能缺失,有时需要装配辅助具,例如重度运动型构音障碍的腭咽肌闭合不全可佩戴腭托。

4. 替代方法　对于重度言语障碍,训练很难有效,要考虑使用替代言语交流的方法,如手势语、交流手册、交流板、言语交流器等。

(三)治疗时机

患者意识清楚,病情稳定,能够耐受集中训练 30 分钟左右,即可以开始进行言语训练。但由于言语训练需要患者的主动参与及配合,因此患者如果出现生命体征不稳定、意识障碍、有严重的并发症、重度智能低下、拒绝或无训练欲望、接受一段时间的系统言语训练已达到平台期等情况,则言语训练难以进行或疗效欠佳,应暂时停止训练。

(四)失语症的治疗

1. 治疗目标　失语症治疗的目的是利用各种方法改善患者的语言功能和交流能力,使之尽可能像正常人一样生活。根据 BDAE 失语症严重程度分级,制订相应的治疗目标。

(1)轻度失语(4 级、5 级):治疗目标是改善语言和心理障碍,适应职业需要。

(2)中度失语(2 级、3 级):治疗目标是充分利用残存的语言功能以改善功能障碍,适应日常交流需要。

(3)重度失语(0 级、1 级):治疗目标是尽可能利用残存的语言能力或使用代偿方法进行简单的日常交流,适应回归家庭的需要。

2. 治疗方法

(1)刺激疗法:Schuell 失语症刺激疗法是多种失语症治疗方法的基础。以对损害的语言符号系统应用强的、控制下的听觉刺激为基础,最大限度地促进失语症患者的语言重建和恢复。

1)Schuell 刺激疗法的基本原则:①采用强的听觉刺激:是刺激法的基础,因为听觉模式在语言过程中居于首位,而且听觉模式的障碍在失语症中也很突出。只有听理解改善,其他刺激才能产生反应。②采用恰当的语言刺激:采用的刺激必须能输入大脑,因此,要根据失语症的类型和程度,结合患者的兴趣,选用适当的控制下的刺激,在难度上要使患者感到有一些难度,但尚能完成为宜。③利用多途径的语言刺激:多途径刺激的输入,如给予听刺激的同时给予视、触、嗅等刺激(实物或仿制品),可以相互促进效果。④反复利用刺激:一次刺激得不到正确反应时,反复刺激可能会提高其反应性。⑤每个刺激均应引出反应:一项刺激应引出一个反应,这是评价刺激是否恰当的唯一方法,它能提供重要的反馈而使治疗师调整下一步的刺激。⑥正确反应要强化,并不断矫正刺激:当患者对刺激反应正确时,要鼓励和肯定以达到强化的目的;当刺激得不到正确反应时,多是刺激方式不当或刺激不充分,要及时修正刺激。

2) 常用的治疗课题选择方法:①根据语言模式和失语程度选择治疗课题见表 6-7。②根据失语症类型选择治疗课题见表 6-8。

表 6-7 不同语言模式和严重程度的训练课题

语言模式	程度	训练课题
听理解	重度	单词与画、文字匹配,做是或非反应
	中度	听简单句做是或非反应;执行简单口头指令
	轻度	复杂句、短文、长文章,内容更复杂(新闻理解等)
口语表达	重度	复述(单音节、单词、系列语、问候语);称呼(日常用词、动词、读单音节词)
	中度	称呼、读短文、复述短文、动作描述
	轻度	日常生活话题的交谈、事物描述
阅读理解	重度	画和文字匹配(日常物品、简单动作)
	中度	情景画、动作、句子、短篇文章;执行简单的文字指令,读短文回答问题
	轻度	执行较长的文字命令;读长篇文章(故事等)后提问
书写	重度	姓名;听写日常用词
	中度	听写(单词、短文);书写简单句
	轻度	复杂句书写、短文书写、描述性书写、记日记
其他		计算练习、绘画、写信、查字典、写作等,均应按程度进行训练

表 6-8 不同类型失语症训练重点

失语症类型	训练重点
命名性失语	口语命名训练、文字称呼训练
Broca 失语	构音训练、口语表达训练、文字表达训练
Wernicke 失语	听理解训练、复述训练、会话训练
传导性失语	听写训练、复述训练
经皮质感觉性失语	听理解训练(以 Wernicke 失语课题为基础)、会话训练
经皮质运动性失语	构音训练、口语和文字训练(以 Broca 失语课题为基础)

3) 治疗过程:①听理解训练:采用图片-图片匹配、文字-图片匹配、文字-文字匹配、图片选择等方法,由单词的认知和辨认开始,逐渐增加难度;把一定数量的物品或图片放在患者面前,让其完成简单的指令;记忆跨度训练等。如治疗师说:"帽子",患

者指出实物或图片;患者能够正确指认后,可增加动词成分,如"把帽子递给我";再逐渐增加更多的实物或图片,词义理解难度逐渐加大。进行记忆跨度训练,治疗师可出示一系列图片,让患者完成指令,如"把笔、帽子和牙刷拣出来",逐渐增加难度。②口语表达训练:包括语音训练、命名训练、复述练习、自发口语练习等。如与患者进行谈话,让患者回答自身、家庭及日常生活的问题等;给患者出示一组图片,就图片上的内容进行提问,如出示有一只水杯的图片,可问"这是什么?""是做什么用的?"等反复练习;看情景画,让患者自由叙述等。③阅读理解及朗读训练:包括视觉认知训练、听觉认知训练、词语理解训练,朗读单词、句子、短文等。治疗师可提供不同内容的视觉刺激,让患者做出回答,如图片-图片、文字-图片匹配;阅读补充短语、句子;阅读句子与图匹配;读句子回答问题或进行匹配词选择等。④书写训练:包括抄写、听写、描写、记日记和写信等。治疗师可提供不同方式的刺激,让患者用文字书写回答,如抄写一定数量的名词、动词、句子等;听写单词、短句、长句及短文等;让患者看图片,写出句子等。⑤计算能力训练:从患者现有的计算能力开始,逐渐增加难度。可结合日常生活中熟悉的内容进行,如买菜、买票等。

（2）实用交流能力的训练:据统计,正常人交谈时只有35%的信息是由言语传递的,其他65%是由非言语(如手势语等)交流方式传递。对大多数失语症患者来说,其言语功能与非言语功能多数时候同时受损,但非言语功能的损害可能较轻。因此,对失语症患者同时需要进行非言语交流的训练,尤其是经过系统的言语治疗,言语功能仍然没有明显改善者,要进行实用交流能力的训练。目的是使言语障碍的患者最大限度地利用其残存的能力(言语的或非言语的),掌握日常生活中最有效的交流方法。

1）训练原则:在实用交流能力的训练中要掌握以下原则:①实用为主:采用日常生活活动的内容为训练课题,选用接近现实生活的训练材料,如实物、照片、新闻报道等。充分调动患者的兴趣及积极性,并在日常生活中练习和体会训练效果。②多种交流手段综合应用:除了口语之外,要充分利用书面语、手势语、交流板或交流手册等代偿手段,通过多种方式,达到综合交流能力的提高。③随时调整交流策略:治疗计划中应包括促进运用交流策略的训练,使患者学会选择适合不同场合及自身水平的交流方法,并让其体验在互相交流过程中运用不同对应策略的成败。④重视双向交流:设定更接近于实际生活的语境变化,引出患者的自发交流反应,并在交流中得到自然反馈。

2）训练方法:由 Davis 和 Wilcox 创立的 PACE(promoting aphasics communication effectiveness)技术是目前国际上公认的实用交流训练法之一。此方法是在训练中利用接近于实用交流的对话结构,在治疗师与患者之间双向交互传递信息,使患者尽量调动自己的残存能力,以获得实用化的交流技术。具体训练方法为:将一叠图片正面向下扣置于桌上,治疗师与患者交替摸取,不让对方看见自己手中图片的内容。然后双方运用各种表达方式(如呼名、迂回语、手势语、指物、绘画等)将信息传递给对方,接受者通过重复确认、猜测、反复提问等方式进行适当反馈,以达到训练目的。治疗师可根据患者的能力提供适当的示范。

训练中选材应适合于患者的水平,由易到难,对重度患者应限制图片的数量。对于需要示范代偿方法者,可同时进行代偿手段的训练,如手势语、绘画等。通过此种方法的训练,可以调动患者积极性,提高治疗效果。

3)PACE 技术的特点:①交换新的未知信息;②自由选择交流手段;③平等分担会话责任;④根据信息传递的成功度进行反馈。

(3)非言语交流方式的利用和训练:非言语交流除了具有传递信息的功能外,对失语症患者来说也是一种重要的交流方式。作为一种社会交往技能,可以通过训练而得到加强。对重症失语症患者可将其作为最主要的交流代偿手段来进行训练。

1)手势语训练:手势语不单指手的动作,还应包括头及四肢的动作。训练可以从习惯用的手势开始(如用点头、摇头表达是或不是等)。治疗时,治疗师示范手势语→患者模仿→与图或物的对应练习→确立手势语。

2)画图训练:对重度言语障碍但具有一定绘画能力的患者,可以利用画图进行交流。训练中鼓励并用其他的传递手段,如画图加手势等。

3)交流板或交流手册的训练和利用:适用于口语及书写交流都很困难,但有一定的文字及图画认知能力的患者。交流板或交流手册是将日常生活中的活动通过常用的字、图片、照片等表示出来,患者通过指出其上的字或图片等来表明自己的意图。

4)电脑交流装置:包括发音器、电脑说话器、环境控制系统等。

(4)中医康复疗法:针灸疗法为常用方法,根据不同病情,采取辨证取穴和按症状取穴相结合的方法,可选择廉泉、金津、玉液、通里、照海等穴位。也可采用体针配合头针等综合疗法。

(5)计算机辅助训练:随着计算机技术的发展,利用计算机辅助治疗失语症的技术正逐渐普及。该系统训练内容丰富,通过游戏活动设计,增加了训练的趣味性,减轻了患者的心理压力,提高了训练效率。该系统虽有以上诸多优点,但仍不能替代个性化的、人工的、一对一的训练方式。

知识拓展

近年来重复经颅磁刺激(rTMS)疗法和经颅直流电刺激疗法在失语症的治疗方面取得了一定的效果,为失语症的治疗提供了新的方法,在临床研究及治疗上具有一定的前景。但刺激位置、刺激频率、刺激强度等方面仍需进行大量研究以确定最佳治疗方案。

(五)构音障碍的治疗

1.轻度至中度构音障碍的治疗　轻度至中度构音障碍时,有时听不懂或很难听懂和分辨患者的言语表达。治疗时往往针对的是异常的言语表现而不是构音障碍的类型,训练时以自身主动训练为主,并遵循由易到难的原则。

(1)构音改善的训练:①感觉刺激训练:用长冰棉棒按唇→牙龈→上齿龈背侧→硬腭、软腭→舌→口底→颊黏膜顺序进行环形刺激。②舌唇运动训练:唇的张开、闭合、前突、缩回;舌的前伸、后缩、上举、向两侧运动等,可用压舌板增加阻力进行力量训练。对于严重舌运动障碍的患者,可用冰刺激治疗,也可戴指套或用压舌板辅助舌肌运动,或利用舌肌训练器进行舌肌的被动及主动抗阻训练。③发音训练:顺序是先训练发元音,然后发辅音,再将元音与辅音相结合。按单音节→双音节→单词→句子的顺序进行。可以通过画图让患者了解发音的部位,主要问题所在,并告诉准确的发音音位。当患者发单音困难时,治疗师首先应明确患者是否已进行足够的发音器官训练和交替运动训练,只有当舌、唇、颌以及软腭的运动范围、运动力量、运动速度、协调性和准确性的训练已完成,才能进行发音训练。④减慢言语速度训练:要求患者在朗读和对话时减慢说话速度,使他们有足够时间完成每个音的发音动作。治疗师用节拍器或轻拍桌子,由慢到快,患者随节拍发音可明显增加发音的清晰度,并逐渐使韵律恢复正常。⑤辨音训练:通过口述或放录音,分辨出错音,进行纠正。

(2)鼻音控制训练:鼻音过重是由于软腭、腭咽肌无力或不协调,将鼻音以外的音发成鼻音。治疗方法包括:①"推撑"疗法:患者两手掌放在桌面上向下推或两手掌放在桌面下向上推,同时发短元音[a],也可训练发舌后部音[ka]等;②引导气流法:吹吸管、气球、蜡烛、纸张等,可以引导气流通过口腔,减少鼻漏气。

(3)费力音训练:此音是由于声带过分内收所致。治疗方法包括:①让患者处在一种很轻的打呵欠状态时发声;②颈部肌肉放松法:低头、头后仰、向左右侧屈以及旋转;③咀嚼练习:咀嚼动作可以使声带放松,训练患者咀嚼时从不发声到逐渐发声。

(4)气息音训练:此音的产生是由于声门闭合不充分引起的。通常方法有"推撑"法、咳嗽法。也可采用手法辅助发音(如辅助甲状软骨的运动等)。

(5)语调训练:语调不仅是声带振动的神经生理变化,而且是说话者表达情绪的方式。多数患者表现为音调低或单一音调,训练时可采用可视音调训练器来辅助训练。

(6)放松训练:痉挛型构音障碍的患者,在肢体肌张力增高的同时,往往伴有咽喉部肌群张力的增高,导致构音障碍。通过缓解肢体的肌紧张可以使咽喉部肌群也相应地放松,使构音器官的肌群处于易于发起运动的状态。训练方法:使患者身体处于放松状态。在各部位设计一些使肌肉先紧张、再放松的动作,让患者更容易体会松弛的感觉。如肩关节的放松,可以先做耸肩动作,使肩部肌肉紧张,保持3秒,然后再放松,重复3次。

(7)呼吸训练:①坐位:治疗师站在患者身后,双手置于患者第11、12肋部,令自然呼吸,在呼气终末时治疗师予以适当挤压,将残留气体挤压出。同时患者上肢上举、摇摆,可改善呼吸功能。②仰卧位:治疗师站在患者的一侧,方法基本同①,挤压时要向上推、向内收。③进行吸气-屏气-呼气训练;使用吸管在水杯中吹泡,吹气球、蜡烛、纸张等,尽量延长呼气时间。④双上肢伸展吸气,放松呼气,可改善呼吸协调动作。

2. 重度构音障碍的治疗　重度构音障碍是由于严重的肌肉麻痹及运动功能严重障碍以致难以发声和发音,这些患者即使经过言语治疗,其言语交流也难以进行。对急性期患者训练使用替代言语交流的方法,同时利用手法辅助进行呼吸、舌唇运动训练等,并进行感觉刺激训练。对病情长且已形成后遗症或病情逐渐加重的退行性患者进行适当的替代言语交流的方法训练,以保证基本的交流需要。

(六)注意事项

1. 选择适当的训练课题　一般来说,训练中选择的课题成功率在70%~90%的水平上,让患者有一定的成功感以激励其进一步坚持训练。对处于抑郁状态的患者应适当选择容易的课题;对过于自信的患者应适当选择稍难一些的课题,以加深其对障碍的认识。

2. 重视患者本人的能动性 一般来说,训练效果原则上与训练的时间成正比。因此,要充分调动患者本人的能动性并调动家属的积极性,积极配合训练,并将训练时学到的言语交流能力,有意识地应用到实际生活中去。

3. 注意观察患者的异常反应 开始前要了解患者原发病的情况,有无合并症以及可能出现的意外情况。训练时要特别注意患者的疲劳表情,如发现与平时状态不同,绝不要勉强训练。

4. 治疗师的态度 要想治疗取得成功,必须与患者建立充分的信赖关系。同时要尊重患者的人格,尊重患者的意见。要及时鼓励患者,增强其自信心。

第七节 吞咽功能障碍

吞咽功能障碍(dysphagia)是一种常见的临床症状,可由各种不同的疾病引起。吞咽功能障碍依据解剖结构是否变化可分为功能性吞咽障碍(functional dysphagia)、器质性吞咽障碍(constructional dysphagia)。功能性吞咽障碍主要由肌肉疾病、神经系统疾病、食管动力性疾病、癔病等引起;器质性吞咽障碍主要由口、咽、喉、食管等解剖结构异常引起,常见原因有肿瘤、外伤等。吞咽功能障碍给患者造成极大痛苦,影响摄食及营养吸收,如果食物被误吸入气管可导致吸入性肺炎,大量食物进入气管则会有引起窒息的风险,甚至危及患者生命。本节主要介绍临床中常见的由神经系统疾病引起的吞咽功能障碍的康复。

一、概述

(一)定义

吞咽功能障碍是指食物从口腔输送到胃的过程发生障碍。常常由于下颌、双唇、舌、软腭、咽喉、食管等器官结构和(或)功能受损,不能安全有效地把食物输送到胃内的过程。康复训练是改善神经源性吞咽功能障碍的必要措施。

(二)流行病学

吞咽功能障碍的发病率较高,据国外流行病学调查,德国年龄大于 55 岁的成人约有 16%~22%患有吞咽功能障碍;瑞典 50~80 岁人群中 35%患有吞咽障碍。国内缺乏大型吞咽障碍的流行病学调查,国内有文献报道脑卒中后吞咽障碍的发病率在 22%~65%;颅脑损伤后的吞咽障碍发生率在 25%~61%之间,但是发生隐匿性吞咽障碍的概率在 40%~60%之间,这类患者由于没有咳嗽等表现,临床上较难发现。随着 X 线动态造影录像和纤维咽喉内镜等检查方法逐渐普及,吞咽障碍的诊断率将会提高。

(三)吞咽运动的相关解剖、生理机制及分期

1. 吞咽器官的相关解剖结构

(1)口腔:为吞咽运动的起始器官,口腔前部为口唇,以口裂为界与外界相通,后部经咽峡与咽部相通,上壁为上齿列、硬腭、软腭,下壁为下齿列、舌、口腔底部,侧壁为颊部。

(2)咽部:咽部上方通鼻腔、前上方通口腔,下方通喉部、食管,故可分为鼻咽、口咽、喉咽三部分,是呼吸道和消化道的组成部分。

(3)食管:食管是与咽部相连的管腔,上端与环状软骨后部持平,由食管入口开

始,下端位于食管裂口下部,为贲门,与胃部相连。可分为颈部食管、胸部食管、腹部食管三个部分,并有各自狭窄的部分。

2. 生理机制　正常生理性吞咽动作是由中枢神经系统和6对脑神经共同参与完成的。吞咽功能的中枢为延髓和大脑,涉及感觉运动皮质外侧、岛叶、扣带回前部、运动前区等多个脑区。吞咽功能的传入神经为第Ⅴ、Ⅸ对脑神经(软腭部分)、第Ⅺ对脑神经(咽后壁部分)、第Ⅹ对脑神经(会厌部分);传出神经为Ⅴ、Ⅸ、Ⅻ对脑神经(舌、咽、喉肌部分)、第Ⅹ对脑神经(食管部分)。

3. 吞咽运动分期　正常人的吞咽运动可分为五个阶段:口腔前期、口腔准备期、口腔期、咽期和食管期。

(1)口腔前期:口腔前期是患者通过视觉和嗅觉感知食物,用餐具或手指将食物送入口中。

(2)口腔准备期:口腔准备期是摄入食物并在口腔内咀嚼成食团的过程。

具体过程为:患者充分张口,接受食团并闭合口唇将食团保持在口腔内,在口腔内感知食物的味道、质地、温度。如果是固体食物,需要将食物移至上下牙列之间进行咀嚼,舌对食物进行充分搅拌,食物与唾液混合,最终形成适宜吞咽的食团。在这个阶段软腭与舌根相接阻止食物提前进入咽腔。

(3)口腔期:将预备好的食团经口腔向咽推动的过程。此期时间短,一般少于1~1.5秒。

(4)咽期:食团通过吞咽反射由咽部向食管运送的过程。咽期是吞咽的最关键期,呼吸道必须闭合以防止食团进入呼吸系统。正常人单次吞咽呼吸道闭合时间约为0.3~0.5秒。此期为非自主性活动,一旦启动,则不可逆。

(5)食管期:食团通过食管进入胃的过程。

任何一阶段存在的器质性或神经肌肉性病变,都不同程度地影响到吞咽过程,可能导致吞咽功能障碍。

(四)起因及发生机制

吞咽障碍为症状诊断,而非疾病诊断。多种疾病状态下都可出现吞咽障碍。

1. 引起口咽部吞咽障碍的疾病

(1)中枢神经系统疾病:如脑卒中、帕金森病、放射性脑病、脑外伤、第四脑室肿瘤、脑干或小脑病变(卒中,外伤,炎症或肿瘤)、脑瘫、手足口病后脑干脑炎、舞蹈病、脊髓灰质炎累及球部、严重认知障碍或痴呆等。

(2)脑神经病变:见于多发性硬化症、运动性神经元病、吉兰—巴雷综合征等。

(3)神经肌肉接头疾病:重症肌无力、肉毒中毒、Lambert-Eaton肌无力综合征。

(4)肌肉疾病:多发性肌炎、硬皮病、代谢性肌病、张力性肌营养不良、眼咽型肌营养不良、环咽肌痉挛、口颜面或颈部肌张力障碍、脊髓灰质炎后肌萎缩等。

(5)口咽部器质性疾病:舌炎、扁桃体炎、咽喉炎等感染性疾病;甲状腺肿;淋巴结病;肌肉顺应性降低(肌炎、纤维化);口腔及头颈部恶性肿瘤或赘生物;颈部骨赘;口腔、鼻咽及头颈部放疗或化疗后;颈椎、口腔或咽喉部手术后;先天性腭裂以及舌、下颌、咽、颈部的外伤或手术切除。

(6)其他精神心理因素:如抑郁症、癔病、神经性厌食症;牙列不齐或缺齿、口腔溃疡、口腔干燥;气管插管或切开;减少唾液分泌或影响精神状态的药物等。

2. 引起食管性吞咽障碍的疾病

（1）神经肌肉疾病：影响平滑肌及其神经支配，破坏食管蠕动或下端食管括约肌松弛，或使两者皆受影响。如贲门失迟缓症、硬皮病、其他运动障碍、胃食管反流病、弥漫性食管痉挛、食管憩室。

（2）食管器质性病变：由于炎症、纤维化或增生使食管管腔变窄，包括继发于胃食管反流病的溃疡性狭窄、食管肌炎（缺铁性吞咽困难和 Plummer-Vinson 综合征）、食管瘤、化学损伤（如摄入腐蚀剂、药物性食管炎、对曲张静脉行硬化剂治疗）、放射性损伤、感染性食管炎、嗜酸性粒细胞性食管炎、食管手术后（胃底折叠术或抗反流术）。

（3）外源性纵隔疾病：通过直接侵犯或淋巴结肿大阻塞血管，包括肿瘤（如肺癌和淋巴瘤）、感染（如结核和组织胞浆菌病）、心血管因素（心耳扩张和血管受压）。

神经源性吞咽困难是指因神经系统疾病引起的与吞咽功能有关的肌肉无力、不协调、瘫痪或运动不精确造成的吞咽困难，中枢神经系统、周围神经系统、肌肉病变均可造成神经源性吞咽困难。口咽相关结构的相关神经控制通路尚未确定，所以神经源性吞咽困难病理生理机制尚未明确，吞咽功能障碍的各种表现很难完全归因于特定神经解剖损伤，因为神经系统损伤，尤其是中枢神经系统损伤很少引起孤立的功能障碍。

（五）临床特征

神经源性吞咽功能障碍，临床表现为口控制能力和食物咀嚼能力减弱；吞咽反射出现延迟；吞咽后，咽部遗有残留食物；在吞咽过程中，残留食物可被吸入气管。根据吞咽时发生的时相不同，表现亦有不同：

1. 准备期和口腔期障碍　主要表现为开口闭唇困难、流涎、食物从口中漏出、咀嚼费力、食物向口腔后部输送困难等。口腔控制食物能力降低的患者，食物可在吞咽发生前被吸入咽部，进入气管，发生"吞咽前吸入"，引起呛咳。

2. 咽期障碍　主要表现为吞咽时食物逆流入鼻腔，或吸入、误咽至气管，发生"吞咽期吸入"，引起呛咳；进食之后，滞留在咽壁、会厌谷和梨状隐窝的食物残渣可吸入气管，导致"吞咽后吸入"，表现为餐后呼吸道分泌物增多、咳嗽、痰中混有食物等。

3. 食管期障碍　由于食管平滑肌蠕动障碍，环咽肌和食管、胃括约肌开放迟缓，引起吞咽后胸部憋闷或咽下的食物反流至口咽部。

4. 反复发作支气管性肺炎　吞咽困难的患者，由于吸入或误咽，可导致反复发作支气管性肺炎。

5. 营养低下　因进食困难，机体所需营养和液体得不到满足，甚至因营养不良导致死亡。

6. 心理与社会交往障碍　因不能经口进食、佩戴鼻饲管，患者容易产生抑郁、社交隔离等精神心理症状。对于儿童来说，甚至可出现语言、交流技巧发育迟滞或障碍。

二、康复评定

吞咽功能障碍的评定可以判断吞咽功能障碍是否存在；提供吞咽功能障碍病因和解剖生理变化的依据；确定患者有无误吸的危险；确定是否需要改变提供营养的手段；为吞咽功能障碍的诊断和治疗推荐辅助测试。

（一）吞咽功能障碍的临床筛查

吞咽功能障碍的临床筛查包括完整的详细询问病史、症状，与吞咽有关的运动、感觉系统的检查。通过询问病史、填写量表、患者主诉以及床边检查来识别吞咽障碍。

吞咽的准备期和口腔期可通过观察患者进食情况及口腔功能作出评定。仔细观察口的开合、口唇闭锁、舌的运动、有无流涎、软腭上抬、吞咽反射、呕吐反射、牙齿状态、口腔内卫生状况、构音、发声(开鼻声:软腭麻痹;湿性嘶哑:声带上部有唾液等残留)、口腔内知觉、味觉等。

通常可先采用简易方法评定患者的吞咽功能,观察有无吞咽困难表现。目前常用的吞咽障碍筛查方法有:饮水试验、反复唾液吞咽测试(repetitive saliva swallowing test,PSST)。

1. 饮水试验 是一种常用的吞咽功能检查方法。检查时患者取坐位,以水杯盛温水 30ml,嘱患者正常饮下,注意观察患者饮水经过,并记录时间。结果可分为 5 种情况:

(1)一次喝完,无呛咳(根据计时差分为 a:5 秒之内喝完;b:5 秒以上喝完)。

(2)两次以上喝完,无呛咳。

(3)一次喝完,有呛咳。

(4)两次以上喝完,有呛咳。

(5)呛咳多次发生,不能将水喝完。

吞咽功能判断正常:(1)a;可疑:(1)b 或(2);异常:(3)(4)或(5)。

2. 反复唾液吞咽测试(PSST) 是一种观察引发随意性吞咽反射的简易方法,具体操作步骤:

(1)患者一般取坐位,若卧床患者,则应采取放松体位。

(2)检查者将示指横置于患者甲状软骨上缘,嘱患者做吞咽动作。当确认喉结随吞咽动作上举、越过示指后复位,即判定完成一次吞咽反射。当患者诉口干难以吞咽时,可在其舌上滴注少许水,以利吞咽。

(3)嘱患者尽快反复吞咽,并记录完成吞咽的次数。

老年患者在 30 秒内能达到 3 次吞咽即可。有吞咽困难的患者,一般即使能顺利完成第 1 次吞咽动作,但接下来的吞咽动作会变得困难或者喉结尚未充分上升就已下降。

(二)与吞咽有关的颜面功能评估

1. 直视观察 观察唇结构及黏膜有无破损,两颊黏膜有无破损,唇沟和颊沟是否正常,硬腭(高度和宽度)的结构,软腭和悬雍垂的体积,腭、舌咽弓的完整性,舌的外形及表面是否干燥、结痂,牙齿及口腔分泌物状况等。

2. 唇、颊部的运动静止状态 唇的位置,有无流涎,龇牙时口角收缩的运动、闭唇鼓腮、交替重复发"u"和"i"音、观察会话时唇的动作。

3. 颌的运动 静止状态下颌的位置,言语和咀嚼时颌的位置,是否能抗阻力运动。

4. 舌的运动 静止状态下舌的位置,伸舌运动、抬舌运动、舌向两侧的运动、舌的交替运动、言语时舌的运动及抗阻运动。舌的敏感程度,是否过度敏感及感觉消失。

5. 软腭运动 发"a"音时观察软腭的抬升、言语时是否有鼻腔漏气,刺激腭弓是否有呕吐反射出现。

6. 喉的运动及功能 观察发音的音高、音量、言语的协调性、空咽运动时喉上抬的运动。做空吞咽检查喉上抬运动的方法是:治疗师将手放于患者下颏下方,手指张开,示指轻放于下颌骨下方的前部,中指放在舌骨,环指放于甲状软骨上缘,小指放于甲状软骨下缘,嘱患者吞咽时,环指的甲状软骨上缘能否接触到中指来判断喉上抬的能力。正常吞咽时,甲状软骨能碰及中指(2cm)。

通过以下两方面检查喉功能:①屏气功能检查:令患者吸气后闭气,以检查声门是否能关闭;②闭气后发声:令患者随意咳嗽,若能够随意咳嗽,说明可以自己清理声门及喉前庭的食物残渣。

(三)摄食-吞咽过程的评估

观察患者进食流质、半流质、糊状、半固体、固体食物的状态。开始时使用糊状食物(最容易吃),逐步使用流质、半流质,然后过渡到半固体、固体。

进食量开始为1/4茶匙,约2.5ml,再逐步增至半茶匙(约5ml)、一茶匙(10ml),最后至一匙半(15ml),进食液体顺序为使用匙、杯到使用吸管。整个评估时间约为20~30分钟。注意观察以下方面:

1. 是否对食物有认知障碍 给患者看食物,观察其有无反应。将食物触及其口唇,观察是否张口或有张口的意图。意识障碍的患者常有这方面的困难。

2. 是否有入口障碍 观察患者有无张口困难、不能闭唇,食物外流的情况。鼻腔反流是腭咽功能不全或无力的伴随症状。

3. 进食所需时间及吞咽时间 正常吞咽仅需2~3秒把食物或液体从口腔送到胃中,吞咽困难时吞咽时间延长。

4. 送入咽部障碍 主要表现为流涎、食物在患侧面颊堆积或嵌塞于硬腭、舌搅拌运动减弱或失调致使食物运送至咽部困难或不能。

5. 经咽部至食管障碍 主要表现为哽噎和呛咳,尤其是试图吞咽时尤为明显。由环咽肌不能及时松弛所致。其他症状包括鼻腔反流、误吸、气喘、多次吞咽、吞咽启动延迟、咽喉感觉减退或消失、食物残留在梨状窝、声音嘶哑或"湿音"、构音障碍、呕吐反射减退或消失、痰增多。声音嘶哑、"湿音"常提示误吸的可能性。

6. 与吞咽有关的其他功能

(1)进食姿势:根据患者的躯体功能,评价最适合患者进食的姿势,以减轻误吸症状。体力较佳者,应尽量采取自然的坐位姿势;体力较弱者,可采取卧位,头部确保维持在30°以上。

(2)呼吸状况:正常吞咽时,需要暂停呼吸一瞬间(会厌关闭气道0.3~0.5秒)让食物通过咽部;咀嚼时,用鼻呼吸。如果患者在进食过程中呼吸急速,咀嚼时用口呼吸或吞咽瞬间呼吸,均易引起误吸。主要观察呼吸节律、用口呼吸还是用鼻呼吸、咀嚼和吞咽时呼吸的情况等。

(四)影像学评定

常规的临床体检很难全面评估吞咽功能,对吞咽的全面评定需要借助于影像学评定。视频透视吞咽检查(videofluoroscopyswallowing study,VFSS)是检查吞咽功能最常用的方法。

VFSS:此项检查是在实际进食时,在X线透视下,针对口、咽、喉、食管的吞咽运动所进行的特殊造影,可以通过录像来动态记录所看到的影像,并加以分析的一种检查方法。在检查过程中,言语治疗师可以指导患者在不同姿势下(分别于垂直坐位、30°及60°坐位)进食,注意观察软腭、舌骨、舌根的活动;有无吞咽反射减弱、喉闭合不良及环咽肌张力过低的表现;梨状隐窝、会厌谷是否有食物滞留等。如发现吞咽障碍,则采用针对性的干预措施,并观察其干预效果。还可以提示患者吞咽的最佳体位、食物放入口中的最佳部位、患者所能适应的食物种类及物理性质等。但VFSS也有许多不足之处:包括转送患者到放射科费时、费力,被迫接受 X 射线的辐射;需要患者的密切配合;不能定量分析咽肌收缩力和食团内压;也不能反映咽的感觉功能。

(五)其他评定方法

吞咽困难的检查方法还有纤维光学内镜超声波、肌电图、电声门描记、吞咽压测定等,因其操作的复杂性及检查内容的局限性在临床上较少应用。

三、康复治疗

吞咽功能障碍的治疗目标主要是恢复或提高患者的吞咽功能,改善身体的营养状况;改善因不能经口进食所产生的心理恐惧与抑郁;增加进食的安全性,减少食物误咽、误吸入肺的机会;减少吸入性肺炎等并发症发生的概率。吞咽训练可分为基础训练(间接训练)和摄食训练(直接训练)。基础训练指不用食物、针对吞咽功能障碍的训练;摄食训练是在进食的同时,通过调整体位及食物种类,应用辅助吞咽动作等进行的训练。

(一)基础训练(间接训练)

基础训练从预防失用性功能低下、改善吞咽相关器官的运动及协调动作入手,为经口腔摄取营养做必要的功能性准备。由于间接训练不使用食物,安全性好,因此适用于从轻度到重度的各类吞咽困难患者。基础训练一般先于摄食训练进行,摄食训练开始后仍可并用基础训练。基础训练常用的训练方法有:

1. 颜面肌群的锻炼

(1)口唇闭锁训练:包括闭唇、噘嘴、咧嘴、咂唇、鼓腮、吹气等。口唇运动训练可以改善食物或水从口中漏出。让患者面对镜子独立进行紧闭口唇的训练。对无法主动闭锁口唇的患者,可予以辅助。当患者可以主动闭拢口唇后,可让患者口内衔已经系线的大纽扣,治疗师牵拉系线,患者紧闭口唇进行对抗,尽量不使纽扣脱出。其他训练包括反复交替噘嘴-咧嘴,或交替发"u""i",抗阻鼓腮等。

(2)下颌运动训练:包括张颌和闭颌,可促进咀嚼功能。让患者尽量张口,然后松弛,下颌向两侧运动训练。开口和闭口时做最大力的抗阻运动。对张口困难的患者,可对痉挛肌肉进行轻柔按摩,使咬肌放松;通过主动、被动运动让患者体会开合下颌的感觉。为强化咬肌肌力,可让患者做以口齿咬紧压舌板的训练。

(3)舌运动训练:包括伸出、侧伸、舌尖舌根抬高。可以促进对食丸的控制及向咽部输送的能力。让患者向前及两侧尽力伸舌,伸舌不充分时,可用吸舌器吸住舌尖轻轻牵拉,然后让患者用力缩舌,促进舌的前后运动;用吸舌器吸住舌后向前及两侧牵拉,嘱患者向相反方向的抗阻运动,可增强舌的力量。通过以舌尖舔吮口唇周围,训练舌的灵活性;用舌尖顶上腭、门牙背面;用压舌板抵抗舌尖、舌根部,训练舌尖和舌根抬高等。

2. 感官刺激

(1)触觉刺激:如用手指、棉签、压舌板等刺激面颊部内外、唇周、整个舌部等,以增加这些器官的敏感度。

(2)味觉刺激:用棉棒蘸不同味道果汁或菜汁(酸、甜、苦、辣等),刺激舌面部味觉,增强味觉敏感性及食欲。

(3)咽部冷刺激:将冰冻棉棒蘸少许水,轻轻刺激软腭、腭弓、舌根及咽后壁,然后嘱患者做吞咽动作。冷刺激能有效地强化吞咽反射,反复训练,可使之易于诱发且吞咽有力。如出现呕吐反射即应终止刺激;如患者流涎过多,可对患侧颈部唾液腺行冷刺激,每次 10 分钟,每日 3 次,至皮肤稍发红。

3. 间接吞咽功能训练

(1)构音训练:吞咽困难患者常伴有构音障碍,通过构音训练可以改善吞咽有关器官的功能。常用的构音障碍训练方法有松弛练习、呼吸训练、语音发音训练等。

(2)声带内收训练:通过声带内收训练,可有效防止误吸。具体方法有:患者深吸气,两手按住桌子或在胸前对掌,用力推压,闭唇屏气 5 秒钟,反复数次。或患者双手压在桌上或墙壁上的同时,发"a"音,在伴随发声时,过度用力可增强声带的内收。

(3)咳嗽训练:吞咽困难患者由于肌力和体力下降、声带麻痹,咳嗽会变得无力。强化咳嗽有利于排出吸入或误咽的食物,促进喉部闭锁。起到防止肺部感染的目的。

(4)促进吞咽反射训练:用手指上下摩擦甲状软骨至下颌下方的皮肤可引起下颌的上下运动和舌部的前后运动,继而引发吞咽。此法可用于口中含有食物却不能产生吞咽运动的患者。

4. 呼吸道保护吞咽法

(1)声门上吞咽训练:声门上吞咽又称"屏气吞咽"。让患者由鼻腔深吸一口气,然后屏住气进行吞咽,吞咽后立即咳嗽,咳嗽后再次进行吞咽。其原理是:屏住呼吸,使声门闭锁,声门气压加大,吞咽时食丸不易进入气管;吞咽后咳嗽可以清除滞留在咽喉部的食物残渣。

(2)超声门上吞咽法:超声门上吞咽法和声门上吞咽法操作步骤相似,只是超声门上吞咽法要求患者在吞咽前用力屏住呼吸,可使杓状软骨向前倾至会厌软骨的底部,使声门完全闭合。

(3)用力吞咽法:用力吞咽法又称强力吞咽法,在吞咽时,咽喉部的肌肉一起用力,使舌尽可能向后运动,与腭之间接触更紧密,从而使口腔压力增大,更有利于食物的吞咽。

(4)门德尔松吞咽法:该法是为了增加喉部上抬的幅度和时间,改善整个吞咽的协调性,保护呼吸道的一种吞咽方法。吞咽前要求患者感觉喉向上抬,如果患者无法自己上抬,则治疗师用示指和拇指置于环状软骨处帮助,同时保持喉上抬位置数秒;或者吞咽时让患者舌尖顶住硬腭,屏住呼吸数秒,让患者示指放于甲状软骨上,中指放于环状软骨上,感受喉结上抬。

(5)呼吸训练:正常吞咽时,呼吸停止,而吞咽障碍患者有时会在吞咽时吸气,引起误吸。呼吸训练中,缩口呼吸可提高呼吸控制能力,使呼气平稳;腹式呼吸可转换为咳嗽动作,学会随意咳嗽,及时排出误吸入气道的食物;强化声门闭锁可以训练声门的闭锁功能、强化软腭的肌力,有利于去除残留在咽部的食物。

(二)摄食训练(直接训练)

摄食训练的适应证为患者意识状态清醒、全身状态稳定、能产生吞咽反射、少量误吸或误咽能通过随意咳嗽咳出。

在考虑治疗性进食时,应明确治疗对象的病因、吞咽障碍的程度和情形水平,以确定是否适宜进行治疗性进食。气道保护性机制的功能减退,尤其是咳嗽,将增加误咽的危险。要注意患者的清醒状态。理想的患者是意识清晰,至少表现出中度的注意力,对环境能够理解,对听觉、视觉刺激和简单指令能作出正确反应。包括:

1. **体位** 进食时的体位是气道保护最重要的因素之一。口腔期及咽期同时存在功能障碍的患者较多,因此开始训练时,应选择既有代偿作用,又安全的体位。开始先可尝试30°半卧位、颈部前倾的体位。该体位可利用重力使食物易于摄入和吞咽;颈部前倾可使颈前肌群放松,有利于吞咽。偏瘫患者应将患侧肩背部垫高,健侧在下,护理者于健侧喂食。

2. **食物的选择** 应本着先易后难的原则进行选择。容易吞咽的食物一般具有以下特征:①密度均一、有适当的黏性;②易于咀嚼,不易松散,通过咽及食管时容易变形;③不易在黏膜上残留等。应根据患者的具体情况及饮食习惯进行选择,选择那些容易吞咽、易于口内控制的半固体、半流质的食物(如菜泥、果冻、蛋羹等),同时也要兼顾食物的色、香、味及温度等。

3. **一口量** 即最适于吞咽的每次摄食一口量,正常人为流质20ml左右。一口量过多,食物易从口中漏出或引起咽部食物残留,容易导致误咽;过少,则会因刺激强度不够,难以诱发吞咽反射。一般先以少量(3~4ml)试之,然后酌情增加。

4. **进食速度** 指导患者以合适的速度进行摄食、咀嚼和吞咽,需在前一口吞咽完成后再进行空吞咽,确定食物无残留后再进行下一口食物,避免两次食物重叠入口的现象。一般每餐进食的时间控制在45分钟左右为宜。

5. **咽部残留食物去除训练**

(1)空吞咽:"空吞咽"指口中无食物时吞咽唾液。每次吞咽食物后,反复进行空吞咽,使残留食物全部咽下,然后再继续进食。

(2)交互吞咽:交替吞咽固体食物和流食,或每次吞咽后饮用少许水(1~2ml),以便激发吞咽反射,达到去除咽部食物滞留的目的。

(3)点头样吞咽:颈部后伸可使会厌谷变得狭小,可挤出残留食物,随后,颈部尽量前屈,同时做空吞咽动作,似点头状。点头样吞咽可清除并咽去残留食物。

(4)侧方吞咽:让患者左右转动或倾斜颈部,同时做吞咽动作,可清除梨状隐窝部的残留食物。

6. **呛咳的处理** 呛咳是吞咽困难的最基本特征。出现呛咳时,患者应腰、颈部弯曲,身体前倾,下颌低向前胸。当咳嗽清洁气道时,这种体位可防止残渣再次侵入气道。如果食物残渣卡在喉部,危及呼吸,患者应再次弯腰低头。治疗师在肩胛骨之间快速连续拍击,使残渣溢出。并可采取海姆立克(Heimlich)手法,站在患者背后,将手臂绕过胸廓下,手指交叉,对横膈肌施加一个向上猛拉的力量,由此产生的一股气流经过会厌,可"吹"出阻塞物。

(三)物理因子治疗

1. **低频电刺激** 低频电疗法可增加肌肉收缩蛋白的容积、增加肌肉氧化能力、增加肌肉毛细血管的密度、提高Ⅱ型肌纤维的募集,促进运动的形成。目前较多使用的有神经肌肉电刺激疗法、经皮神经电刺激疗法等。

2. **表面肌电(surface electromyography,sEMG)生物反馈训练** 吞咽动作是口腔、咽部和喉部许多小肌肉复杂的协调运动过程,直接观察这些复杂的肌肉运动比较困难。通过表面电极监测肌肉活动,为患者提供肌肉收缩力量大小和时序的视觉提示,并通过肌电声音、波形反馈及语言提示,训练患者提高吞咽肌群的力量和协调性。

3. **重复经颅磁刺激(repetitive transcranial magnetic stimulation,rTMS)、经颅直流电**

刺激(transcranial direct current stimulation, tDCS)　通过改变脑的兴奋性诱导脑可塑性的改变,结合吞咽训练对吞咽功能的恢复有效。

(四)中医康复疗法

古代中医文献中没有吞咽障碍的专门记载,只见于"喉痹""硬噎""痱""舌强"等病候之中。针灸治疗吞咽功能障碍具有较好的疗效,主要包括头针疗法、项针疗法、舌针疗法、耳针疗法、电针疗法、水针疗法、刺络放血法、咽后壁点刺法及眼针等。

常见的取穴原则如下:

1. 邻近选穴　一般选百会、头针运动区(顶颞前斜线)及感觉区(顶颞后斜线)下2/5区域。

2. 局部取穴　选取风府、风池、翳风、完骨、天突、人迎、廉泉、金津、玉液、外金津、外玉液、吞咽穴、提咽穴、地仓、颊车、水沟、承浆等。

3. 远端选穴　列缺、内关、足三里、三阴交、公孙、照海等。

4. 辨证选穴　气血虚证加选气海、血海;阴虚风动证加太溪、风池等。

(五)康复治疗的注意事项

1. 吞咽训练前要充分了解患者的情况　患者的口腔周围肌肉运动功能状况;患者的呼吸功能和咳嗽反射;患者有无义齿,有无痰液等。

2. 不适宜进行吞咽训练的疾病　运动神经元病、中度至重度老年痴呆症、严重弱智、早产婴儿、脑外伤后有严重行为问题或神志错乱者,不适宜进行吞咽训练。

3. 暂不适宜进食的状态　昏迷状态或意识尚未清醒、对外界的刺激迟钝、认知严重障碍,吞咽反射、咳嗽反射消失或明显减弱,处理口水的能力低、不断流涎、口咽部功能严重受损的患者暂时不宜进食。

第八节　慢　性　疼　痛

随着人们生活节奏的加快,工作压力的增加,越来越多的人遭受着各种疼痛的困扰,严重影响了生活、工作和学习。疼痛成为继体温、脉搏、呼吸、血压后的第五大生命体征,已经受到越来越多的关注,并成为一个亟待解决的问题,受到世界各国的重视。国际疼痛研究学会(international association for the study of pain, IASP)在 2004 年世界疼痛大会上明确:慢性疼痛(chronic pain)是一种疾病。我国近年来对疼痛也愈加重视,许多医院成立了疼痛诊疗科或疼痛诊疗中心,采用综合疗法治疗疼痛,取得了一定的效果。

一、概述

(一)定义

疼痛是患者就诊时的常见主诉,是临床常见的症状之一,是迄今尚未完全明了的外周和中枢神经系统相互影响的复杂过程,也是每天面对的最严重的健康问题之一。2001 年国际疼痛研究学会将疼痛定义为"一种不愉快的感觉体验,和伴有实际或潜在组织损伤的情绪体验"。疼痛是躯体感觉、情绪、认知以及与其他因素有关的一种主观感受。慢性疼痛是一类常见的临床症状和疾病,常伴有精神、心理的改变,严重地影响了患者的生活及工作质量。

知识链接

疼 痛 日

2004年世界疼痛研究学会将每年10月第3个星期一定为"世界疼痛日"。中华医学会疼痛学分会将每年世界疼痛日之后的一周定为"中国疼痛周",以唤起人们对疼痛的重视。

（二）流行病学

由于疼痛原因多,发生的机制复杂,且缺乏统一的标准,因此确定疼痛病例较困难,对疼痛的流行病学了解很有限。根据相关资料报道,慢性疼痛在普通人群中的发生率为19%,其中66%为中度疼痛,34%为严重疼痛,且多见于女性。慢性疼痛在北美地区被认为是仅次于呼吸道感染的第二大疾病。有调查表明,美国40%人群、英国20%人群都受到慢性疼痛的困扰,我国至少有1亿以上慢性疼痛患者。

（三）病因及发病机制

1. 病因 疼痛的病因很多,不仅仅是由躯体障碍所致,而且受到生理、病理、心理、认知、环境和社会因素的综合影响。影响疼痛体验的生物、心理、社会因素见图6-1。

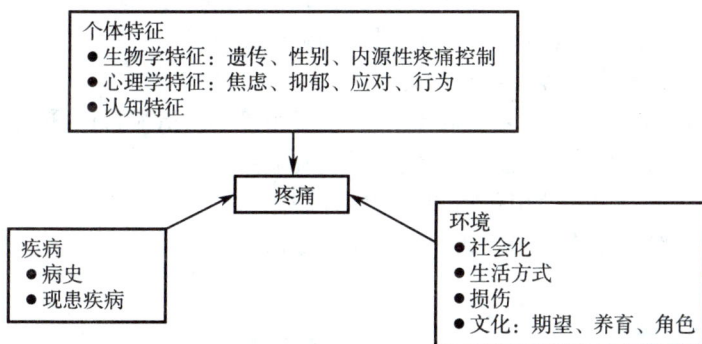

图 6-1 影响疼痛体验的生物、心理、社会因素

2. 发病机制 疼痛是由一定的伤害性刺激作用于外周伤害性感受器,换能后转变为传递伤害性信息的神经冲动,通过激活离子通道和外周感受器,引起脊髓背根神经节细胞膜的去极化,循相应的伤害性感觉传入通路进入中枢神经系统,经脊髓、脑干、间脑中继核后直达大脑边缘系统和大脑皮质,通过各级中枢整合后产生疼痛感觉和疼痛反应。疼痛传导纤维包括Aδ纤维和C类纤维:Aδ纤维是传导速度最快的疼痛纤维,其传导的疼痛是一种快速、明确的疼痛,经常被描述为锐痛、放射痛或者剧痛;C类纤维是传导速度最慢的疼痛纤维,被描述为稳定、缓慢和持续的疼痛。

疼痛机制分为中枢机制和外周机制。中枢机制包括中枢敏化、脱抑制、扩大异化和结构重组;外周机制包括伤害性感受、外周敏化等。中枢敏化和外周敏化是引起损伤后超敏感性疼痛的主要原因。

慢性疼痛的发病机制是多因素的,十分复杂,迄今尚未完全明了。可能因素包括:

①持续性的伤害性刺激导致正反馈机制失衡,进而引起疼痛调节失控;②神经系统的可塑性、敏感性的改变;③慢性疼痛引起的机体各系统功能异常;④细胞因子和炎性介质的作用;⑤社会心理因素等。

(四) 临床特征

人体对急性疼痛(acute pain)做出的反应是一种机体对有害刺激所做出的正常防御性反应,是一种有用的生物效应,可对受损的机体部分进行保护。当有害刺激被消除后,急性疼痛通常也能得到控制。慢性疼痛可能是急性损伤的一个后遗症状(如带状疱疹后遗神经痛),也可能是退行性疾病的一个症状(如骨性关节炎),一直隐匿存在。当此症状持续超过6个月时,慢性疼痛则成为躯体性因素与环境、心理因素相互作用的结果。对慢性疼痛患者应重视其人格特征、心理健康情况、家庭及社会背景、教育背景、职业背景等信息。

1. 与急性疼痛相比,慢性疼痛主要存在三大方面的差别。

(1) 心理反应不同:急性疼痛常伴随着焦虑;慢性疼痛常伴随着抑郁。

(2) 产生疼痛之外的各种失能表现:①疼痛组织的代谢改变;②运动控制不良;③自主神经功能不良;④中枢神经系统功能不良;⑤自我感觉差;⑥心理障碍。

(3) 一旦慢性疼痛形成之后,则疼痛完全缓解的可能性极小。

2. Grabois 曾总结了慢性疼痛的一些特征:

(1) 疼痛症状在疾病应该已经痊愈的情况下仍持续存在。

(2) 伴有行为和情绪改变:沮丧、"疼痛行为"、喜怒无常和焦虑。

(3) 伴有活动受限:适应能力下降、肌力和柔韧性下降。

(4) 导致工作能力下降、经济窘迫。

(5) 可有婚姻、家庭和社会关系改变:关系紧张、冲突、退缩、过分依赖。

(6) 疼痛常与机体的器质性病理改变无明确关系。

(7) 不恰当或过多地使用药物和其他医疗服务。

(8) 常因保险或工伤赔偿问题而发生纠纷或法律诉讼。

> **知识链接**
>
> #### 疼痛的临床分类
>
> 根据疼痛持续时间将其分为急性疼痛、亚急性疼痛和慢性疼痛。急性疼痛的疼痛持续时间通常在 1 个月内;慢性疼痛的界定意见不一,大多数学者将其定义为持续 6 个月以上的疼痛,也有学者以 3 个月为界;亚急性疼痛的疼痛持续时间介于两者之间。慢性疼痛可以分为两大类,一类是进行性机体组织破坏所致,如癌症性疼痛;另一类虽有持续的疼痛,但是没有进行性机体组织破坏,临床上常见的有头痛、颈腰部疼痛、关节炎、创伤后痛、肌筋膜炎、神经病理性疼痛等。

二、康复评定

因疼痛由多因素造成,且病因复杂,所以应对每一位慢性疼痛患者进行全面的评定。

（一）病史

1. 病史询问非常重要。病史询问中,应着重了解患者疼痛的特征,对确立正确合理的诊断和制订治疗计划具有重要意义。重点询问疼痛的性质、部位、范围、程度、时间、疼痛加重和缓解的因素等。

2. 具体了解某一躯体系统或某一种疾病的病史,如肌肉骨骼系统、神经系统、消化系统、泌尿生殖系统、心理疾病史等。

3. 必要时,应根据相关的疾病情况进行针对性的提问。

（二）体格检查

正确、全面而系统的检查有助于对患者疾病作出正确诊断和进行有效治疗。在体格检查中,尤其应详尽进行神经肌肉和关节功能的检查,以明确导致疼痛的病因所在。同时还应根据疼痛的所在部位进行相关针对性检查,如对胸痛患者常需对心脏进行有关检查。

检查中应注意慢性疼痛患者常有与机体组织受损不相符合的体征(Waddell 征),其功能障碍也常与机体组织受损和客观检查结果不相符。

（三）疼痛评定的内容与方法

临床上对疼痛进行评定的主要目的就是要了解疼痛的性质、部位、程度、疼痛的发作情况和时间进程,以及诱发原因与伴随症状等,协助对疼痛的病因进行诊断,以便确定最有效的疼痛控制方法。

疼痛评定方法分为两种:①直接法:依据刺激-反应的原则,直接给患者以某种致痛性刺激所测得的痛阈,包括机械伤害感受阈、电刺激痛阈、温度痛阈等。②间接法:让患者自己描述或评定现有疼痛的性质和程度的方法,包括目测类比评分法、数字疼痛评分法、口述分级评分法、问卷法、行为评定法等。对于小儿或有认知障碍的老年人等特殊人群的评定方法有新生儿疼痛评定量表(CRIES)、重症监护患者疼痛观察工具(CPOT)、老年痴呆患者疼痛评定量表(PAINAD)等。临床上多以间接法为主。

临床常用的疼痛评定方法如下:

1. 目测类比评分法(visual analogue scale,VAS)　也称为视觉模拟评分法。在纸上或尺上画 10cm 长的线段,按毫米画格,直线左端表示无痛(0),右端表示剧痛(10)。目测后让患者根据自己所感受的疼痛程度,在直线上用手指出疼痛位置。从起点至记号处的距离长度也就是疼痛的量。一般重复两次,取两次的平均值。VAS 是用来测定疼痛的幅度或强度,此法简单、快速、精确、易操作,具有较高的信度和效度,在临床上广泛应用于评价治疗的效果。缺点是不能做患者之间的比较,而只能对患者治疗前后做评价。

应用目测类比评分法的关键是医师或检查人员在使用前需要对受检者进行详细的解释工作,让患者理解该方法的操作以及此法测痛与真正疼痛的关系,然后让患者在直线上相应的部位标出自己疼痛的强度。对那些理解能力差的人士会有困难。

2. 数字疼痛评分法(numerical pain rating scale,NPRS)　用数字计量评测疼痛的幅度或强度,是临床上最简单、最常使用的测量主观疼痛的方法之一。数字范围为 0~10,0 表示无痛,10 表示最痛,被测者根据个人疼痛感觉指出其疼痛所代表的数字。此方法容易被患者理解和接受,可以口述,也可以记录,结果较为可靠。

应用数字疼痛评分法测定治疗过程中的疼痛强度时,最好以小时为单位进行间歇评估,不宜过度频繁使用。过度频繁的疼痛评估不仅需要患者的耐心,而且可导致患者发生过度焦虑和丧失自控能力,甚至出现无助的感觉,结果是自述的疼痛评分出现不准确甚至夸大。另外,自控丧失和焦虑加重也能加重疼痛感觉,使结果不准确。临床上因效度较高,常用于评测下背痛、类风湿关节炎及癌痛。

3. 口述分级评分法(verbal rating scale,VRS)　是另一种评价疼痛强度和变化的方法。特点是列举一系列从轻到重依次排列的关于疼痛的描述性词语,让患者从中选择最适合于形容自身疼痛程度的词语。VRS是由简单的形容疼痛的字词组成,所以能迅速被医师和患者双方接受。

口述分级评分法包括4级评分、5级评分、6级评分、12级评分和15级评分,这些词通常按从疼痛最轻到最强的顺序排列。最轻程度疼痛的描述常被评估为0分,以后每增加1级即增加1分,因此每个描述疼痛的形容词都有相应的评分,以便定量分析疼痛。这样,患者的总疼痛程度评分就是最适合其疼痛水平有关的形容词所代表的数字。口述分级评分法见表6-9。

表6-9　口述分级评分法

4级评定法	5级评定法	6级评定法	12级评定法	15级评定法
1 无痛	1 无痛	1 无痛	1 不引人注意的痛	1 无痛
2 轻度痛	2 轻度痛	2 轻度痛	2 刚刚注意到的疼痛	2 极弱的痛
3 中度痛	3 中度痛	3 中度痛	3 很弱的痛	3 刚刚注意到的疼痛
4 严重痛	4 严重痛	4 严重痛	4 弱痛	4 很弱的痛
	5 剧烈痛	5 剧烈痛	5 轻度痛	5 弱痛
		6 难以忍受的痛	6 中度痛	6 轻度痛
			7 强痛	7 中度痛
			8 剧烈痛	8 不适性痛
			9 很强烈的痛	9 强痛
			10 严重痛	10 剧烈痛
			11 极剧烈痛	11 很强烈的痛
			12 难以忍受的痛	12 很剧烈的痛
				13 极剧烈的痛
				14 不可忍受的痛
				15 难以忍受的痛

此方法简单,适用于作为临床简单的定量评测疼痛强度以及观察疗效的指标。由于缺乏精确性、灵敏度,不适于科学研究。

4. 莫克吉尔疼痛问卷(McGill pain questionnaire)　莫克吉尔疼痛问卷调查表是由

Melzack 和 Torgerson 于 1971 年提出的,是目前世界上应用最为广泛的疼痛评定工具。从感觉、情感、评价和其他相关类四个方面因素以及现时疼痛强度(present pain intensity,PPI),比较全面地评定疼痛性质、程度及影响因素。此方法敏感性强,结果可靠,不仅能顾及疼痛体验的多个方面,而且对疼痛的治疗效果和不同诊断亦十分灵敏,所以是目前较为合理的测痛工具,多应用于科研。因此调查表的观察项目较多,应用较为费时,故常用简化的 McGill 疼痛问卷(short-form of McGill pain questionnaire,SF-MPQ)。此问卷包括 I 疼痛分级指数(pain rating index,PRI)评定、II 目测类比评分法、III 现时疼痛强度评定三部分。简化的 McGill 疼痛问卷内容见表 6-10。

表 6-10 简化的 McGill 疼痛问卷

I 疼痛分级指数(PRI)评定

疼痛性质	疼痛程度			
A 感觉项	无	轻	中	重
跳痛	0	1	2	3
刺痛	0	1	2	3
刀割痛	0	1	2	3
锐痛	0	1	2	3
痉挛牵扯痛	0	1	2	3
绞痛	0	1	2	3
烧灼痛	0	1	2	3
持续固定痛	0	1	2	3
胀痛	0	1	2	3
触痛	0	1	2	3
撕裂痛	0	1	2	3
B 情感项				
软弱无力	0	1	2	3
厌烦	0	1	2	3
害怕	0	1	2	3
受罪、惩罚感	0	1	2	3

感觉项总分:_____ 情感项总分:_____

II 目测类比评分法(VAS)

无痛(0) |————————————————————| 剧痛(10)

III 现时疼痛强度(PPI)评定

0 无痛
1 轻度痛
2 疼痛不适
3 难受
4 可怕
5 极度痛

5. 行为评定法(behavioral rating scale,BRS) 由于疼痛对人体的生理和心理都造成一定的影响,所以疼痛患者经常表现出一些行为和举止的改变。通过观察并记录患者卧、坐、立、行姿势的日常行为,包括防痛动作、减痛动作、肌肉紧张度、各种表情等,可以为临床疼痛评价提供一些较客观的辅助依据。

目前常用的行为评定法为6分制行为评分法(the 6-point behavioral rating scale)。该方法由Budzynski等人提出,将疼痛分为6级:①无疼痛;②有微痛但易被忽视;③有疼痛,无法忽视,但不影响日常生活;④有疼痛,无法忽视,干扰注意力;⑤有疼痛,无法忽视,所有日常活动均受影响,但能完成基本生理需求,如进食和排便等;⑥存在剧烈疼痛,无法忽视,需休息或卧床。每级定为1分,从0分(无疼痛)到5分(剧烈疼痛,无法从事正常工作和生活)。

研究发现,该行为评分系统的可靠性和有效性较高,缺点是指标较为局限,而且观察、监测和评分所需要的时间较长。

6. 其他 痛阈的测定、生理生化指标检测、影像学检查、临床测痛法等。

(四)慢性疼痛影响的评定

疼痛不仅是一种生理感受,而且被描述为同时与个人经历、情感、文化背景等因素相关的体验,它受到精神、心理、情绪及经验等多因素的影响。由于疼痛是一种主观感觉,不可能对其进行直接测量,因此,实际上测定的是慢性疼痛的影响。在有些时候,患者可能只在某些方面有所改善,而其他方面却依旧。如患者床下活动时间可能有延长,而主观疼痛感觉保持不变。因此,需从多个方面综合评定方可获得足够的有关慢性疼痛患者的病情资料,以便敏感地反映出患者的病情变化。慢性疼痛影响的评定方法见表6-11。

表6-11 慢性疼痛影响的评定方法

项目	内容
主观疼痛评定	疼痛部位图示;疼痛强度分级(VAS);全面的疼痛评估方法(McGill问卷表)
生物力学评定	柔韧性(ROM测定);耐力(活动时间、平板或功率自行车测试);肌肉力量(重复举一物体的次数等)
功能评定	基本的ADL功能;家务活动能力;活动时间(活动日记):包括坐、站、走、躺等;业余爱好
生理学评定	EMG;肌肉紧张度(生物反馈);诱发电位检查;自主神经反应检查;运动耗氧量测试
心理/行为评定	人格因素(明尼苏达多项人格量表);情绪(Beck抑郁量表);"疼痛行为"的频率;紧张情绪管理和应对技能;疼痛对患者和其家庭的"意义"
家庭/社交情况	婚姻及家庭状况;社交退缩情况;家庭、社会、经济情况对维持疼痛的作用
医疗评估	用药情况;治疗效果;睡眠状况;其他健康问题

三、康复治疗

在疼痛的急性期应强调预防性干预,一旦发现慢性疼痛的危险因素,要及时治疗。在慢性疼痛的治疗中,首先要确实证明患者的疼痛是良性的,没有进行性的破坏性疾病存在。然后根据全面评估的结果,针对存在的问题,确定治疗目标,为患者制订和实施合理的治疗方案。由于慢性疼痛是一个复杂的问题,是由多因素造成的,因此其治疗应该从多方面入手,采用综合的康复治疗计划。慢性疼痛患者康复治疗的主要目标是消除疼痛行为的强化因素,缓解或控制疼痛反应,最大限度地保持和恢复躯体功能,提高生活质量,减少药物使用,防止慢性症状的复发,使患者更积极、有效地参与到家庭及社会活动中去。

（一）运动疗法

一些骨骼肌肉疾病的慢性疼痛的发生主要由长期处于某一不良姿势或反复进行某一活动造成局部慢性劳损,以致骨骼肌肉的力量关系不平衡。运动疗法主要是通过促进骨骼肌肉正常生物力学关系的恢复,改善运动组织的血液循环和代谢,恢复肌肉的正常肌张力、肌力和关节的正常活动范围,增加柔韧性,纠正功能障碍,达到止痛目的。同时可以产生良好的心理效应,消除或减轻疼痛。主要包括被动运动、主动助力运动、主动运动、牵伸运动、放松训练、牵引、关节活动度训练、肌力训练、关节松动术、PNF 技术等。

（二）作业疗法

对于慢性疼痛患者,可通过一些有目的的活动,减轻疼痛,训练和提高患者的运动功能和 ADL 能力。通过一些娱乐休闲活动改善患者的心理及精神状态,转移注意力,改善患者的情绪和对治疗活动的参与性,改善其功能,达到提高生活质量的目的。根据病情需要可选用适当的辅助用具,如矫形器、颈腰围、杖、步行器等以缓解疼痛,提高功能,同时要注意合理使用支具和佩戴支具的时间。

（三）物理因子疗法

在慢性疼痛患者功能恢复中具有重要作用。物理因子治疗通过改善血液及淋巴循环、减轻痉挛、阻断痛觉冲动传入、激发镇痛物质释放等缓解疼痛。可根据患者的具体情况选择一种或几种治疗方法。

1. 电疗法　首选经皮神经电刺激疗法。其他可选用直流电药物离子导入疗法、经皮脊髓电刺激疗法、感应电疗法、间动电疗法、干扰电疗法、音频电疗法、调制中频电疗法、高频电疗法等。

2. 热疗和冷疗　热疗包括电热垫、电光浴、热水袋、热水浴、石蜡疗法、热裹疗法、中药熏蒸等;冷疗包括冷敷、冷喷、冰按摩、冰水浴等。热疗可以抑制疼痛反射,提高痛阈;可使肌梭兴奋性下降,减轻肌肉痉挛;可改善循环,促进炎症吸收。冷疗可以降低肌张力,减慢肌肉内神经传导速度,从而减轻肌肉痉挛。根据病情可选取单一方法或热疗/冷疗交替使用。

3. 光疗法　包括红外线、红外偏振光、激光、紫外线等。

4. 超声波疗法　特别适合神经肌肉、骨骼系统所引起的疼痛。

5. 生物反馈疗法　常采用肌电生物反馈疗法、手指皮肤温度生物反馈疗法等,帮助患者体会紧张和放松的感觉,学会对疼痛的自我调节和控制。经过训练,有些患者可以达到无须仪器帮助就可自行放松肌肉和对疼痛进行调控的效果。

6. 其他　磁疗法、水疗、体外冲击波疗法等。

知识链接

体外冲击波疗法

低能量体外冲击波自20世纪90年代开始应用于骨骼肌肉系统疼痛的治疗。通过机械应力作用、空化效应等原理,产生增加细胞通透性、改善循环、促进组织再生、分离组织粘连等生物学效应。主要适应证为肌腱止点和韧带疾病,如肱骨外上髁炎、跟腱炎等。近年来体外冲击波疗法对于骨不连、骨性关节炎等疾病的治疗也收到很好的疗效。

(四)心理疗法

50%~70%的慢性疼痛患者伴有认知行为和精神心理的改变,大部分患者表现为焦虑、抑郁、躯体形式障碍和疑病性疼痛,从而进一步加重疼痛,若不进行干预,易形成恶性循环。对于慢性疼痛患者,其重要的一个治疗目标是降低心理不良应激,控制病态行为(如减少用药量和就诊次数),改变生活习惯以获得良好的适应行为,改变对人、对己、对事物的错误思想观念,从而改善个人与生活环境的关系,强化健康行为(如增加体能锻炼及日常活动、逐步恢复工作等)。为此,必须阻断伤害性刺激的输入,缓解紧张和压抑,引导患者重新安排和强化新的健康行为。可采用的心理疗法有认知行为矫正、放松训练、注意力转移训练等。

1. 认知行为矫正　通过改变疼痛的认知结构和与疼痛经历有关的认知过程来帮助患者学习自我控制和自我处理疼痛的能力。

2. 放松训练　是应用较多、效果较好的治疗方法,主要用于缓解慢性疼痛患者的紧张情绪,转移注意力,减少疼痛的压力。可采用的方法包括全身肌肉放松法、缓慢深呼吸、意念活动、打太极拳等。

3. 注意力转移训练　鼓励患者多从事一些休闲性活动,如园艺活动、户外散步、观赏风景、听轻音乐等,以分散大脑对疼痛的注意力。

(五)健康教育

利用宣传板、宣传册、健康讲座、媒体等对患者进行宣传教育,增强患者对疼痛的正确认识。学会控制自己的不良情绪及对压力的反应,适当宣泄。要劳逸结合,确保睡眠的时间和质量,保持充沛的精力。热爱生活,充分享受生活的乐趣,使自己拥有愉快的心境。

(六)药物疗法

药物治疗是疼痛治疗中最基本的、常用的方法。目的是使疼痛尽快缓解,有利于患者尽早恢复或获得功能性活动。

1. 非甾体抗炎药　具有解热、镇痛、抗炎、抗风湿等作用,对慢性疼痛有一定的镇痛效果。常用的有对乙酰氨基酚、阿司匹林、布洛芬、吲哚美辛、依托考昔等。

2. 麻醉性镇痛药　镇痛作用强,常用于治疗顽固性疼痛,特别是癌痛。此类药物具有成瘾性,应尽量避免用于慢性疼痛患者。常用的有可待因、哌替啶、吗啡、芬太尼等。

3. 辅助性镇痛药 慢性疼痛患者常伴有焦虑、抑郁、烦躁、失眠等症状,需联合使用辅助药物治疗。常用的有抗抑郁药(氟西汀、阿米替林等)、抗癫痫药(卡马西平、加巴喷丁等)、镇静药(地西泮、咪达唑仑等)等。

4. 其他药物 NMDA 受体拮抗剂:氯胺酮、金刚烷胺、右美沙芬等。α_2肾上腺受体激动剂:可乐定、右美托咪等。糖皮质激素:氢化可的松等。骨骼肌松弛药:乙哌立松、巴氯芬等。

(七)局部神经阻滞及痛点注射疗法

应用局部麻醉剂如利多卡因等,注射于周围神经干、神经根或神经节以阻断疼痛向中枢传导的方法称为神经阻滞疗法,是中重度疼痛的有效治疗方法之一。神经阻滞疗法通过阻断痛觉的神经传导通路、阻断疼痛的恶性循环、改善血液循环、抗炎等达到镇痛目的。也可采用100%乙醇、苯酚等神经破坏性药物进行神经阻滞,产生长期止痛效果。

临床上也可选用麻醉剂、激素等注射于疼痛点,或在腱鞘内、关节内、骶管内等处行局部注射以缓解疼痛。疼痛部位不同,选用的神经阻滞不同,如肩手综合征行星状神经节阻滞;偏瘫、截瘫、脑瘫等引起的足跖屈痉挛及疼痛行胫神经阻滞等。

(八)中医康复疗法

1. 中药治疗 依据中医理论进行辨证论治。常用活血化瘀、行气止痛方剂或补气补血、温经散寒止痛方剂等。

2. 针灸疗法 常用体针疗法,取穴原则为近取法、远取法、近取与远取结合法、随证取穴法等。

3. 推拿疗法 对关节或肌肉进行推拿治疗,可疏通经络、促进气血运行,有助于肌肉的放松,改善异常收缩,纠正关节的紊乱,减轻活动时的疼痛。

4. 拔罐疗法 拔罐可以逐寒祛湿、疏通经络、促进局部血液循环,达到消肿止痛、恢复功能的目的。

5. 其他 刮痧、敷贴、熏洗、热烘等疗法。

(九)小针刀疗法

小针刀是一种介于手术和非手术疗法之间的闭合性松解术,通过对病变处进行切割、剥离等达到止痛祛病的目的,其适应证主要是软组织损伤性病变和骨关节病变。

(十)手术疗法

严重的且经保守治疗无效的顽固性疼痛,可考虑用手术方法破坏神经通路达到止痛的目的,但手术除痛方法需慎重选择。目前较常用的有交感神经切断术、脊神经后根切断术、脊髓前外侧柱切断术等。还可以进行外科手术置入刺激器治疗慢性疼痛,如脊髓电刺激术、脑深部电刺激术、运动皮层电刺激术、鞘内药物泵输注系统植入术等。

> **知识拓展**
>
> **多学科疼痛管理**
>
> 　　多学科疼痛管理组织(PMDT)是以患者为中心、以多学科专家组为依托,为患者提供最科学合理的疼痛诊疗方案的诊疗模式,其针对某一器官或系统疾病,通过会议形式提出综合诊疗意见。多学科疼痛管理组织由核心成员(包括麻醉医师、外科医师、护理人员)和扩展成员(康复医师、心理医师、基础医学人员等)组成。多学科综合治疗模式已成为疼痛综合管理的发展方向。

第九节　失　认　症

　　失认症是大脑半球特定的功能部位受损所引起的一种后天性感知觉功能障碍,是颅脑损害常见的一种并发症,给患者的日常生活带来诸多不便,也对其他功能障碍的康复治疗带来诸多不利影响。及时有效的针对失认症进行康复治疗可以促进运动、感觉等功能恢复,从而缩短康复进程,改善患者日常生活自理能力,提高患者的生存质量。

一、概述

(一)定义

　　失认症(agnosia)是由于大脑损伤而引起的面对某些事物不能通过相应的感官感受而加以识别的症状,为一种后天性感知觉功能障碍,而非因感觉器官功能不全或智力低下、意识不清、注意力不集中、言语困难和对该物不熟悉引起的。包括体像障碍、Gerstmann 综合征、疾病失认、视觉失认、触觉失认、听觉失认等。

(二)流行病学

　　国外临床研究资料表明,脑卒中偏瘫患者失认症的发病率在 17%~58% 之间,其中单侧忽略占左侧偏瘫患者的 13%~81%;脑卒中后 3 天有 47% 的左侧脑卒中患者仍有单侧忽略,右侧脑卒中则有 72%;在脑卒中后 2 个月,左侧脑卒中患者有 26%~52% 仍旧有单侧忽略,右侧脑卒中则减少至 0%~20%。疾病失认的发生率在超急性期为 32%,1 周后即降低了近一半(18%),发病后 6 个月很少发生(5%)。

(三)病因及发病机制

　　1. 病因　失认症的主要病因多为脑血管疾病、颅内肿瘤、颅脑外伤和颅内感染等。

　　(1)脑血管疾病:脑血管病变范围局限时可出现典型单纯失认症。如枕叶病损可引起视觉性失认症,优势半球颞叶损害时出现听觉性失认症,顶叶损伤时出现触觉失认症和体像障碍,优势半球顶叶病损时可同时出现失写、失算、左右分辨障碍及手指失认,临床称为 Gerstmann 综合征。但疾病失认症病变范围常较广泛,一般为脑卒中后继发表现,并有大脑中动脉病变的其他临床表现。

　　(2)脑肿瘤:枕叶肿瘤以成胶质细胞瘤居多,病灶于优势半球时可有颜色失认。

病灶于非优势半球则有相貌失认和视空间失认。颞叶肿瘤可有对侧同向 1/4 视野缺损和听觉失认症。顶叶肿瘤多为转移瘤,非优势半球受累可有疾病失认症和自身感觉失认症。优势半球受累可出现 Gerstmann 综合征。

(3)颅脑外伤:发生于颞、顶、枕叶的脑挫裂伤和颅内血肿等均可引起失认症。

(4)颅内感染:耳源性脑脓肿占全部颅内感染的一半以上,绝大多数位于颞叶中、下部,或小脑半球前、外侧部。血源感染则多见于动脉末梢供血区,神经系统局灶症状中均可能出现失认症。其他如脑炎、神经梅毒、脑部寄生虫等也可引起失认症。

2. 发病机制 目前尚未完全清楚,一般而言,由参与认知活动的大脑不同区域功能障碍引起。

(1)初级感觉区:大脑的视觉、听觉、躯体感觉等初级感觉区分别接受不同的刺激,初级感觉区的破坏使传入的冲动无法在大脑内产生感觉。

(2)感觉联络区:抵达大脑皮质初级感觉区的信息再传到相邻的感觉联络区才成为理解的"成形"的知觉,这种知觉是单一的,出现的视像没有声音,听到的声音不伴视像,如果初级感觉区完好,而感觉联络区受破坏,患者能感受到刺激但不具体、"不成形",所以对这些感觉也就不能理解。

(3)感觉总联络区:颞上回后部的角回前部,特别是优势半球,汇总来自顶叶躯体感觉联络区、颞上回听觉联络区、枕叶视觉联络区的信息深化达到较完整的知觉,此区称"感觉总联络区"。它与大脑皮质的其他区有广泛联系,不仅把各感觉联络区传来的信息加以综合,而且与颞叶内侧的有重要记忆认知功能的海马区相联系,与经验记忆对照比较,得到较完整的知觉,然后作出行为反应。感觉总联络区病变可出现感知分离,即失认现象。

(四)临床特征

失认症不同的类型有不同的临床特征。

1. 视觉失认症 患者的视力无改变,但不能够通过视觉来辨认或辨认不清楚以前无任何困难就能辨认的事物,患者对熟悉的场所、周围的事物、各种容貌,甚至他的亲人,有时对颜色的鉴别都变得困难,甚至不可能。病变部位一般在枕叶副纹区及纹周区,特别是优势大脑半球。常见的临床表现有视觉空间失认、物品失认、面孔失认和颜色失认。

2. 听觉失认症 患者能听到各种声音,但不能识别声音的种类。如闭目后不能识别熟悉的钟声、动物鸣叫声等。包括了失音乐症、声音辨认障碍。

3. 触觉失认症 主要为实体感觉缺失,患者触觉、温度觉、本体感觉等基本感觉存在,但闭目后不能凭触觉辨别物品。在闭眼的情况下,患者对手里所握持的物体不能辨别其形状、大小、重量、温度、质感等,甚至在皮肤上写字也不能认知,有的患者仅感到手中有物但不能定性,有的可形容物品的个别属性,但不能辨别究竟为何物。

4. 体像障碍 是脑损害后患者对自身空间表象的认知障碍,是一种综合的复杂的失认症,通常是由顶叶功能受损所致,多发生在非优势侧,右顶叶病变时更为突出。

(1)自体部位失认症:指患者不能够正确地说出自己身体各部位的名称,也不能根据名称指出各个肢体所在的部位,甚至可能否认自体的某个部分(如上肢)是属于自己的。在各种自体部位失认中,手指失认最常见;这种障碍的病灶定位于优势半球角回周围的顶枕叶交界处。

(2) Gerstmann 综合征:临床包括 4 大症状,即手指失认、左右失定向、失写和失算。多见于右利手患者的优势半球枕叶、顶叶皮质之间特别是角回病变,常因该区皮质或皮质下颅内肿瘤性或脑血管性病变所致。

(3) 病感失认:患者根本不认为自己有病,因而安然自得,对自己漠不关心,淡漠,反应迟钝。临床上通常指偏瘫疾病缺失感,患者否认或拒绝承认偏瘫的存在,并常捏造出偏瘫侧肢体不能动的"各种理由"。大多数研究者认为,这类障碍与顶叶皮质、顶叶皮质下、丘脑区域或这几个部位联合区的受损害有关,其中左半球顶叶皮质是主要的部位。

(4) 单侧忽略:是脑损伤患者常见的一种行为综合征,指患者对大脑损伤对侧一半视野内物体的位置关系不能辨认。大部分研究认为单侧忽略与非优势半球的顶叶有关。也可由顶-枕-颞叶的交界部引起,此外额叶、枕叶、皮质下、基底节或丘脑均可发生。

二、康复评定

(一)适应证与禁忌证

适应证:临床考虑可疑有知觉障碍的患者。

禁忌证:①全身状态不佳、病情进展期或体力差难于耐受检查者;②意识障碍者;③严重痴呆难以配合检查者;④拒绝检查或完全无训练动机及要求者。

(二)视觉失认症评定

1. 视空间失认评定

(1) 空间关系紊乱:患者难于感知两个或更多的物体和患者本身的关系,以及它们彼此之间的关系。例如要串一串念珠,弄不清珠和线的关系而无法完成;患者做越过身体中线的动作有困难,不知何处为中;在轮椅上不知怎样放置手和足;因不了解长短针的关系,不能从钟上了解时刻。评定方法如下:

1) 绘钟面:让患者绘一由阿拉伯数字表示时间的钟面,可明显看出其位置关系不正常。

2) 串念珠:出现前述现象者为阳性。

3) 对侧活动:做越过身体中线的活动,如不能完成者为阳性。

4) 认钟:从钟面上看时间,有困难者为阳性。

5) 放餐具:按指定要求在桌上放餐具,有困难者为阳性。

(2) 空间位置紊乱:空间位置紊乱患者不能了解和解释物体在空间的位置,如不明白进出、上下、前后等。例如告诉他废纸篓在下面,他不知到哪儿去找。评定方法如下:

1) 按要求放方块积木:取两小方块积木放在患者面前,一块不动,让患者将另一块放在它的上面、前面、左面、右面,不能为阳性。

2) 取一双鞋和一个空鞋盒,让患者将鞋放在盒内、盒前、盒后和两侧,不能为阳性。

3）向患者出示牙刷和刷牙杯,把牙刷分别放在杯内、杯上、杯下,让患者说出其位置,不能为阳性。

（3）地理定向障碍:患者不能理解和记住地点之间的关系,因而在地理关系上迷失方向。评定包括:

1）将患者领到某治疗室让他自己回到病房,多次领他走后仍迷路为阳性。

2）在患者前面展示一张其所在地的城市交通图,先告诉患者目前所在地,让他找出回家的路线,找不出为阳性。

（4）垂直定向障碍:患者自身的垂直概念异常,如门框本来是垂直的,但在他看来却不是垂直的而是斜的,因而侧弯着身子进门,结果撞在门框上。评定包括:

1）让患者在贴在墙上的纸上绘一垂线,显著偏离正常为阳性。

2）让患者持一长圆柱状罐头,通过手的旋前或旋后将它水平地放倒在桌上,再让他把罐头放回至垂直位,不能恢复到垂直位为阳性。

2. 物品失认评定

（1）对象背景分辨困难:患者不能从背景中将埋在其内的目的物找出,如不能从笔记本中找出所需的项目;不能从杂乱的抽屉中找出自己所要的东西;不能在衬衣中找出颜色与衬衣颜色相近的纽扣;穿衣时难以找出袖口;下楼梯时不知是否下完,在中间平台段再向下走时不知哪儿是下一阶等。评定方法如下:

1）Ayres 对象背景试验:试验图片每组分两页,一页将各物的单独图片绘上,分别为茶杯、广口水杯、木槌、喇叭、钥匙、木手枪。另一页图片由以上三种图形重叠而成,让患者一一看清后,让患者说出图中由哪三件物品组成,不能说出为阳性。

2）把白毛巾放在白床单上让患者找出,不能为阳性。

3）让患者指出白衬衣中的袖、领、袖口,找出有困难为阳性。

（2）形状细节分辨困难:患者不能注意形状上的细微变异,常将形状相仿的物品混淆,甚至将水勺和尿壶相混,常见的是分不清钢笔和牙刷、手杖与拐杖、轮椅和椅子、药瓶和酒瓶等。评定方法如下:将一些形状类似,但大小不一的物体让患者区分,如一组为铅笔、钢笔、牙刷、手表;另一组为钥匙、回形针、硬币、指环等,将每种物体在不同的位置和方向上出示数次,分辨不清为阳性。

3. 面孔失认评定　面孔失认患者对于原先认识的人病后不能靠面容认识,往往需靠言语或熟悉的体态来区别。评定方法如下:

（1）向患者出示家人照片,不能辨认为阳性。

（2）从画报上剪下人尽皆知的著名人物的面部照片,不能辨认为阳性。

4. 颜色失认评定　颜色失认患者病前分辨颜色无异常,病后对颜色不能分辨。评定方法如下:

（1）向患者出示一套彩色铅笔,让他说明各支是什么颜色,不能正确回答为阳性。

（2）给患者一张绘有苹果、香蕉,但没有上色的图,让患者用彩色铅笔涂上正确的颜色,不能为阳性。

（三）听觉失认症评定

听觉失认患者能分辨出有无声音存在,但辨别不出是什么声,如不能区分门铃声,还是电话铃声,不能区分狗吠,还是打雷等,可进行如下评定:

1. 让患者闭目分辨摇铃、电话铃、汽车喇叭声,不能为阳性。

2. 让患者听到声音指出图上的发声体,不能为阳性。

(四)触觉失认症评定

触觉失认患者尽管触觉、本体觉和冷热觉正常,但不能通过触摸辨认物体。评定方法:

1. 在桌子上放球、铅笔、硬币、钥匙、积木块、剪刀等物品,让患者闭目,认真用手触摸其中的一件,然后放回桌面,再让患者睁眼辨认刚才触摸过的是哪一件物品,答不出为阳性。

2. 让患者闭目,用手触摸分辨粗砂纸、布料、绸缎、呢绒,不能分辨为阳性。

(五)体像障碍评定

1. 躯体失认评定　躯体失认是指不认识身体的结构以及身体各部分之间的关系。其评定方法是让患者按治疗人员口令指向相应的身体部位,不能为阳性。

(1)模仿:让患者模仿医师"摸左手""触右肘""摸左膝"等活动,不能为阳性。

(2)回答:询问患者关于身体部位相互关系的问题,如牙齿在口内还是口外,口在眼上还是眼下,背部在你的前面还是后面等,回答错误为阳性。

(3)绘人:给患者纸笔,让他绘一人,如在头、躯干、左右臂、左右手、左右腿、左右足 10 项中,只能绘出 6 项者为阳性;绘出 6~9 项为轻度损伤;绘出不到 5 项为严重损伤。

2. Gerstmann 综合征评定

(1)左右失定向:患者不能理解和应用左右的概念,分不清自己身上、他人身上和环境中的左或右,采用如下方法评定:

1)辨认自身的左或右:医师坐在患者对面,下达"伸出您的右手""触您的左耳""用您的右手拿此笔"等口令,让患者按口令做动作,不能分辨和执行为阳性。

2)分辨他人身上的左右:让患者按医师口令指出面对面地坐在他对面的医师身上各部的左、右,不正确为阳性。

3)随机分辨:让患者按要求随机指出自身、他人和人物玩具或人像拼板身上的左右,不能正确进行为阳性。

(2)手指失认:患者不能按命令指出正确的手指,尤以分辨不清示指、中指和环指为常见,评定方法包括:

1)指出相同的手指:让患者掌心向下地将双手放在桌上,在他前面放一张手指图,图中手指的朝向与患者放在桌上的相同。医师每次一个个地接触患者某一指,让患者用另外的手指出图上与这相应的手指,如指不正确为阳性。注意患者手指的触觉必须正常。

2)按名称指出手指:医师叫出手指的名称,如环指、中指等,让患者按名称指出自身的手指,不正确为阳性。

3)模仿检查者的手指运动:医师做出"左拇指尖和小指尖相触""右示指弯成钩状""右拇指划圈"等动作,让患者一一模仿,如不能为阳性。注意排除手的失用或麻痹。

(3)失写检查:让患者写下医师口述的几个短句或书写在纸上的几个短句,不能为阳性。

(4)失算检查:让患者进行心算,从 1 开始,每次加 6,直到 90,不能为阳性。

3. **疾病失认评定**　患者有病,但否认自身有病为疾病失认。可通过询问患者有什么不舒服,有无瘫痪,"为什么您的腿不能动"等进行评定。患者否认,并常捏造出腿不能动的"理由"等。

4. **单侧忽略评定**　患者不能整合和利用来自身体或环境一侧的知觉,对自身的一半(左侧或右侧)不能感知,右脑损伤后的左侧忽略最多见。患者常不洗被忽略侧的脸、不刮该侧的胡子、不穿该侧的衣服、不吃该侧的饭菜等。除在日常生活中观察上述忽略现象外,尚可进行下列检查。

(1) 等分线段:在一张白纸上画一条横线,线段通常放在患者的中间位置,患者垂直坐立,嘱其用健手持笔在线段的中点作一标记,若患者作出的中点明显偏向一侧为阳性。

(2) 删除测试:要求患者寻找并划掉纸上的指定符号。不能删除病损对侧要求删除的符号为阳性。各种不同版本的删除测试包括删除形状符号、星星、数字、字母、线段等,而测试的进行又因有无"分散符号",即不被删除的非刺激符号,是单个或两个删除目标,以及删除符号是散乱或有序排列而不同。

(3) 绘图试验:可让患者模仿画人、房子、花或钟面,如绘画缺少一半或明显偏歪、扭曲等,为阳性。

(4) 拼板试验:让患者拼人形拼板,如一侧遗漏为阳性。

(5) 阅读试验:让患者读一段落文字,如遗漏一侧字为阳性。

(6) 行为忽略测试:由 15 个项目的评估组成的视觉忽略的成套测试,包括:6 项笔纸测试(删掉线段、删除字母、星星删除、人物临摹、等分线段及自发画图);9 项行为测试(图画阅览、拨电话号码、看菜单、读文章、报时和定时、硬币分类、抄写地址和句子、查找地图及卡片分类)。由于它有明确的评分标准,能对测试完成情况进行分级,所以提高了其客观性评分,能反映忽略的临床表现的多样化,可以有效地反映忽略对个体周围空间活动的影响。

三、康复治疗

(一)视觉失认训练法

1. **视空间失认**

(1) 让患者按治疗师要求用火柴、积木、拼版等构成不同图案。如用彩色积木拼图,治疗师向患者演示拼积木图案,然后要求患者按其排列顺序拼积木,如正确后再加大难度进行。

(2) 垂直线感异常:监控患者头的位置,偏斜时用声音给患者听觉暗示。进行镜子前训练,在中间放垂直线,让患者认知垂直线,反复训练。

2. **物品失认**　①对常用的、必需的、功能特定的物品通过反复实践进行辨认,如便器。②提供非语言的感觉-运动指导,如通过梳头来辨认梳子,教患者注意抓住物品的明显特征。③让患者自己画钟面、房屋,或在市区路线图上画出回家路线等。如画一张地图,让患者用手指从某处出发到某处停止,让患者手放在停止处,要求其能原路找回出发点,如此反复训练。连续两次无误可再增加难度。④鼓励患者在活动中多运用感觉,如触觉、听觉等。⑤为了最大限度地独立,必要时可在物品上贴标签,提示患者。

3. 面孔失认 ①先用亲人的照片,让患者反复看,然后把亲人的照片混放在几张无关的照片中,让患者辨认出亲人的照片;②让患者从不同场景、不同角度、与不同人合影的照片中寻找他熟悉的人;③教患者根据人的特征,如发型、声音、身高、服饰等进行辨认。

4. 颜色失认 用各种颜色的图片和拼版,先让患者进行辨认、学习,然后进行颜色匹配和拼出不同颜色的图案,再按指令指出不同的颜色,反复训练。

(二)听觉失认训练法

1. 辨识训练

(1)声-图辨识:治疗师首先让患者听一种声音,然后让患者从绘有各种发声体的图书中挑选出与该声音对应的图片,需要反复训练。

(2)声-词辨识:要求患者在听过某一种声音后,从若干词卡中找出相应的词。

2. 代偿训练 用其他感官代偿,可将发声体放在患者的视野内,如用门铃附加闪灯代偿,使患者利用视觉输入帮助识别。

(三)触觉失认训练法

触觉失认包括实体觉和体像觉障碍。实体觉训练方法同躯体失认训练。体像觉障碍则是对身体各部分的定位及命名能力有障碍。训练时可用人的轮廓图或小型人体模型让患者学习人体的各个部分及名称。再用人体拼版让患者自己拼配;同时,刺激患者身体某一部分,让其呼出这一部分的名称,或呼出患者身体某一部分的名称,让其刺激自己身体的这一部分。也可以看图说明,让患者按要求指出身体的各部分和呼出身体各部位名称。

(四)体像障碍训练法

1. 躯体失认

(1)感觉-运动法:令患者自己用粗糙布擦拭治疗师所指部位。

(2)在活动中鼓励运用双侧肢体或患侧肢体,多用口头暗示,如不要说"请举起你的手",而说"请举起你拿东西的手"。

(3)对躯体部位定位不准确时,如让他动手,他可能动肩或肘,此时口头暗示"请动一下比你刚才动过的部位低的那个部位"。

2. Gerstmann 综合征

(1)左右失定向:反复辨认身体的左或右,接着辨认左侧或右侧的物体。左右辨认训练可贯穿于运动训练、作业训练及日常生活活动中。

(2)手指失认:给患者手指以触觉刺激,让其呼出该手指的名称,反复在不同的手指上进行。

(3)失读:让患者按自动语序,辨认和读出数字,让患者阅读短句、短文,给予提示,让他理解其意义。

(4)失写:辅助患者书写并告知写出材料的意义,着重训练健手书写。

3. 单侧忽略

(1)代偿及环境适应的训练:①医护人员在查房、治疗、交流中,患者家属在探视时,站在忽略侧一方以增加患者对患侧的关心和注意,站在忽略侧与患者训练;②在镜子前面穿衣服;③在行走或坐凳子时,陪伴人都应站在忽略侧;④床档加在忽略侧或将床靠近忽略侧墙壁防坠床;⑤如靠床侧有暖气,要注意防护,忽略侧避免使用热水袋,防烫伤;⑥使用椅子和硬质沙发可以减少坐下时的摔倒;⑦为防止发生意外,可将食物、电话、呼叫铃放在健侧。

（2）激发警觉:①可用蜂鸣器,5~20秒鸣1次,以提醒将注意力放在忽略侧,可提高全身警觉;②将闹钟放在忽略侧,将手机放在忽略侧的衣服口袋里,都可以提醒患者的注意;③在忽略侧放置色彩鲜艳的物品或灯光提醒其对忽略侧的注意。

（3）感觉输入:①治疗师用手、粗糙的毛巾、毛刷、冰或振动按摩器对忽略侧肢体的皮肤进行冷热觉、触觉刺激;②患者自己在注视下用健侧手摩擦患侧上肢;③主动或被动活动忽略侧肢体;④患侧肢体做负重训练,可促进本体感觉的出现;⑤训练患者对忽略侧有意识的扫描,面对镜子自画像,进行梳洗等。

（4）注意力训练:删除作业训练,可采用文字、字母、数字或图形作为划消目标。

（5）交叉促进训练:①健侧上肢越过中线在患侧进行作业;②如果上肢的近端功能有一些恢复,可以借助滑板在桌面上做跨中线的弧形活动;③木钉盘作业:将木钉放在忽略侧,让患者将木钉拿起插进位于对侧的木钉盘中,整个过程均需在患者的目光注视下进行。

（6）暗示训练:暗示形式与任务方式必须相一致才能取得最好效果。①红色胶带贴在桌面或餐盘的忽略侧;②阅读文章时给予视觉暗示,在忽略侧用彩色线条标出或用手指指出作标记;③书写时给予运动暗示;④在桌面上或膝上间歇移动左手（主动或被动）。

（7）健侧眼遮蔽训练:遮盖左侧忽略者的右眼,以提高患者对左侧物体的注意水平;遮盖右侧忽略者的左眼,以提高患者对右侧物体的注意水平。

（8）躯干旋转训练:如左侧空间失认者可采取躯干左侧旋转。

（9）日常生活活动能力训练及早期步行训练。

（五）中医康复疗法

1. 饮食康复法　中医素来有食治胜于药治、药补不如食补之说。由于饮食不节、脾失健运、聚郁化热、阻滞经络、蒙蔽清窍,会使病情加重和复发。在恢复期要加强滋养肝肾、固本的调养,要辨证饮食,达到机体阴阳平衡。气虚血瘀者宜食益气、健脾通络之物,如山药薏仁粥、黄芪粥、莲子桂圆粥、白菜、冬瓜、丝瓜、木耳、赤小豆等;阴虚风动者以养阴清热为主,如百合莲子薏仁粥、绿豆粥、甲鱼汤、淡菜汤、面汤、银耳汤、黄瓜、芹菜等;风火上扰者饮食宜清淡甘寒,如绿豆、芹菜、菠菜、冬瓜、黄瓜、丝瓜、桔、梨等,忌食羊肉、鸡肉、狗肉、鲢鱼、韭菜、大蒜、葱等辛辣走窜之品;痰阻脑络者饮食宜温热,少食多餐,以素食为主,多食山楂、冬瓜、芹菜等,少食生冷瓜果之品,忌食糯米、甜食、肥甘厚腻等助湿助火之品;痰热腑实者饮食以清热化痰润燥食物为主,忌食辛辣、油腻肥甘等食品,如糯米、羊肉、韭菜、辣椒等,痰多者可多饮温开水及果汁等。

2. 情志调控　要注意中医证候特点,根据辨证的不同采取相应的情志调控,如气虚血瘀者应强调静养,保持心情舒畅,减少情绪变化,发挥脏腑正常生理功能;阴虚风动者阴虚火旺、五心烦热,最易躁动,应做好解释安抚工作,尽量安置在背阴病室,使患者感到凉爽安静;风火上扰者平素性情急躁易怒,应在保持环境安静的同时,多关心体贴患者,鼓励其树立信心,积极配合治疗,避免不良刺激,以免引起复中;痰阻脑络者应减少不必要的思虑,促其脾之运化功能,使之心情开朗,积极主动配合治疗;痰热腑实者往往燥热性急,应耐心注意态度和语气,待其情绪安定后再慢慢劝导和安慰,通过开导患者,从而使其心境坦然,精神愉快,心情舒畅,气机条达,气血调和,脏腑气血功能旺盛,促使疾病早愈。

3. 针灸治疗　以醒脑开窍、滋补肝肾为主,疏通经络为辅,根据不同症候选择合理的穴位配伍和适宜的手法进行治疗。中医学认为年老体弱,肾精亏耗,脑无所养,髓海空虚,或脑卒中后瘀阻脉络,气血运行不畅,空窍失养所致。肾主骨生髓,膀胱与肾相表里,膀胱经循行"其支者,从巅至耳上角,其直者,从巅入络脑"。督脉"与太阳起于目内眦,上额交巅上,入络脑"。因此,脑的病变与肾、膀胱经、督脉有关。针灸治疗可选取头部及有关经脉的穴位。①头皮针:取四神聪、智三针(神庭、双本神)等方法治疗。②辨证循经取穴:根据经脉循行及脏腑辨证的理论,选取有关的肾、膀胱、督脉穴位,如太溪、肾俞、大肠俞、命门、腰阳关、风府、悬钟等穴,病程长者可用直接灸法。也可应用当归注射液、胎盘组织液、鹿茸注射液等药物,行穴位注射背俞穴,如肾俞、脾俞、胆俞等交替使用。

4. 推拿按摩　按摩部位和穴位要根据疾病所涉及的部位和中医取穴加以选定,依照先轻后重、由浅而深、由慢而快的原则,采用推、按、揉、捏法,每天给患者按摩2~3次。上肢选用曲池、外关、合谷等穴,下肢选用环跳、承扶、委中、阳陵泉、足三里等穴,头面选用太阳、头维、百会等穴。

5. 中药熏洗　以益气养阴活血法组方:黄芪50g,麦门冬、丹参各30g,桃仁、红花、地龙各10g,川芎12g,鸡血藤30g,进行煎制后,取其汁液泡洗手足,热敷四肢关节,保持水温40℃,每晚睡前1次,每次20分钟,具有舒筋通络、活血化瘀、改善循环的作用。热敷时避免伤及皮肤,冬季注意保暖,夏季注意避风。

6. 耳穴埋豆法　根据人体脏腑经络与穴位分布之间的密切关系,通过刺激耳廓上的相应穴位达到调理脏腑、平衡阴阳、疏通经络等功效。可根据病情选用肝点、肾点、脑干点交替刺激,也可刺激神门、降压沟起到预防作用。

第十节　局部感染

感染(infection)是临床常见疾病,尤其是外科感染(surgical infection)。临床上感染的及时控制可以避免或减轻一些后遗症及其可能导致的功能障碍。物理治疗是治疗外科感染的手段之一,可促进炎症吸收或局限化,减轻症状,可有效地防止感染扩散或转为慢性。根据病情需要结合药物及手术治疗,可缩短病程,提高疗效,预防功能障碍。本节主要介绍非特异性感染(nonspecific infection)的康复治疗。

一、概述

(一)定义

感染是由病原体入侵、滞留与繁殖所引起的炎症反应,病原体包括病毒、细菌、真菌与寄生虫等。

外科感染一般是指需要外科治疗的感染,包括创伤、手术、烧伤、器械检查等并发的感染。外科感染在外科领域中最常见,占所有外科疾病的1/3~1/2,其中非特异性感染占外科感染的大多数。

知识链接

感染的分类

1. 按病菌种类区分 外科感染可分为非特异性感染和特异性感染(specific infection)。由金黄色葡萄球菌、溶血性链球菌、大肠埃希菌、变形杆菌、铜绿假单胞菌(俗称绿脓杆菌)等化脓菌侵入人体某一部位生长繁殖,破坏组织时所发生的炎症过程为非特异性感染,亦称化脓性感染或一般性感染。由结核分枝杆菌、破伤风梭菌、产气荚膜梭菌、炭疽杆菌、念珠菌等致病菌引起的感染为特异性感染。

2. 按病程区分 外科感染可分为急性、亚急性与慢性感染三种。病变以急性炎症为主,病程在3周以内的外科感染为急性感染,大多数非特异性感染属于此类。病程超过2个月为慢性感染,部分急性感染迁延日久可转为慢性感染。病程介于急性与慢性感染之间的称亚急性感染。

(二)病因及发病机制

1. 病因 常见病因为局部皮肤黏膜有病损或破损、管腔阻塞内容物淤积、局部组织血流障碍、全身性抗感染能力降低等。

2. 发病机制 非特异性感染的发病机制是由致病菌入侵,在局部引起急性炎症反应所致。致病菌侵入组织并繁殖,释放多种酶与毒素,可以激活激肽、补体、凝血系统以及血小板和巨噬细胞等,导致炎症介质的生成,引起血流动力学改变、血管通透性增加和白细胞渗出的炎症过程。引发炎症反应的作用是使入侵微生物局限化并最终被清除。部分炎症介质、细胞因子和病菌毒素等还可进入血流,引起全身性反应。病变的演变与结局取决于致病菌的毒性、机体的抵抗力、感染的部位以及治疗措施是否得当。感染可能出现下列结局:①局限化、吸收;②局部形成脓肿;③转为慢性感染;④感染扩散。

(三)临床特征

1. 局部症状 大部分感染常为几种细菌的混合感染,多数有明显而典型的局部症状,表现为红、肿、热、痛和功能障碍。体表与浅处的化脓性感染均有局部疼痛、肿胀和触痛,皮肤色红、温度增高,还可以发现肿块或硬结;慢性感染也有局部肿胀或硬结肿块,但疼痛大多不明显;体表病变脓肿形成时,触诊可有波动感。如病变位置深,则局部症状不明显。

2. 器官-系统功能障碍 感染侵及某一器官时,该器官或系统可出现功能异常。

3. 全身状态 感染轻微时可无全身症状,感染重时常有发热、乏力、周身不适、食欲减退等表现。严重脓毒症时可有神志不清、尿少,甚至出现休克和多器官功能障碍。

二、康复评定

（一）临床检查

1. 病史　首先应详细询问病史，全面了解患者的一般情况。重点了解患者是否有外伤史、手术史、有创器械检查史等；是否有糖尿病、足癣、溃疡等病史；是否伴有全身症状，如发热、乏力、周身不适、食欲减退等。

2. 体格检查　局部红、肿、热、痛的部位、范围、程度，触诊是否有压痛、肿块或硬结及波动感，区域淋巴结是否肿大等。

（二）实验室检查

根据病情可选择相应的检查，如血常规（尤其是白细胞计数及分类）、尿常规、肝功能、肾功能、血糖等。必要时取脓液、血、尿、痰或穿刺液做细菌培养以及药物敏感试验。

（三）影像学检查

主要用于内在感染，包括超声检查、X 线摄片、CT、MRI 等。根据病情选择相应的检查方法。

三、康复治疗

（一）治疗原则

外科局部感染的治疗原则是消除病因、抑制病菌生长、增强人体抗感染能力以促使组织修复。应从局部处理与全身性治疗两方面着手，对于轻度感染，有时仅需局部治疗即可治愈。

1. 一般治疗　适当休息、抬高患肢、必要时止痛退热等对症治疗。

2. 局部处理　物理治疗、外用药物、手术治疗。

3. 抗感染药物的应用　较轻或局限的感染可不用或口服抗菌药物，范围较大或有扩展趋势的感染，需全身用药。应根据细菌培养与药敏试验结果选用有效药物。以清热解毒为主的中药也有抗感染作用。

4. 全身支持治疗　外科感染对患者全身有不同程度的影响。对严重感染患者要改善患者的全身营养状态，增强机体抵抗力。

（二）常见局部感染的康复

1. 疖和痈

（1）概述：疖（furuncle）是一个毛囊及其所属皮脂腺的急性化脓性感染，多见于受摩擦和皮脂腺丰富的部位，如头部、颈部、面部、腋部、背部、会阴部、臀部等，多个疖同时在身体各部位发生或反复发作称为疖病。痈（carbuncle）是细菌侵入多个相邻毛囊及其周围组织的急性化脓性感染，也可由多个疖融合而成，病变好发于项部和背部等皮肤较厚的部位。两者感染的致病菌主要是金黄色葡萄球菌，其发病与患者的抗感染能力较低（如糖尿病患者）或皮肤不洁且常受擦伤有关。其临床特征为：①单一疖肿一般无全身症状，疖病则常有发热、食欲减退等全身症状。早期以毛囊及皮脂腺为中心的局部皮肤有红、肿、痛的小硬结。数日后结节中央组织坏死、软化，出现黄白色的脓栓，继之脓栓变软，破溃后有少量脓液溢出，脓液流尽，炎症逐步消退后即可愈合。区域淋巴结可肿大。②痈早期在病变局部为小片皮肤硬肿、色暗红、边界不清、疼痛,有畏寒、发热、食欲减退和全身不适。随后皮肤硬肿范围增大,周围呈现浸润性水肿,引流区域淋巴结肿大,局部疼痛加剧,全身症状加重。中心皮肤多有坏死,表面有多个脓栓,破溃后中央塌陷,使疮口呈蜂窝状,有脓血样分泌物溢出,很难自行愈合。延误治疗,病变可继续扩大加重,出现严重的全身反应。唇痈容易引起颅内化脓性海绵状静脉窦炎,可危及生命。实验室检查血中白细胞及中性粒细胞计数可增高。

（2）康复治疗

1）物理因子疗法:①紫外线疗法:对早期疖、痈局部照射,一般用Ⅱ级红斑量照射病灶局部,照射面积应包括周围正常皮肤 1~3cm,有明显的抗炎、促进炎症局限、止痛作用。如炎症进展迅速,可用Ⅲ级红斑量照射。范围大、炎症重者多采用中心重叠照射法,病灶局部用Ⅲ级红斑量,周围正常皮肤(3~5cm)用Ⅱ级红斑量。对已切开排脓的疖肿,如分泌物多、创面不洁,可用Ⅲ级红斑量照射(创面周围涂上凡士林保护皮肤),促使创面坏死组织脱落;待创面干净、肉芽组织比较新鲜时,应酌情减量,用Ⅰ级红斑量或亚红斑量照射,可促进伤口愈合。疖病常采用全身照射,每日或隔日 1 次。②超短波疗法:电极对置或并置于病灶局部,根据病情采用无热量至微热量,每次 8~15 分钟,每日 1~2 次。与紫外线疗法联合应用疗效更好,治疗时先行超短波疗法,后行紫外线疗法。③微波疗法:辐射器照射病灶局部,辐射器距离治疗部位皮肤5~10cm,无热量,每次 5~10 分钟,每日 1 次。④激光疗法:He-Ne 激光,散焦,照射病灶局部,功率密度 5mW/cm^2,每次 8~10 分钟,每日 1 次。也可用半导体激光局部照射。⑤直流电抗菌药物离子导入疗法:根据不同的致病菌选择不同的抗菌药物。病灶局部对置或并置。常用的抗菌药物有青霉素 1 万~2 万 U/ml,阴极导入;庆大霉素2000~4000U/ml,阳极导入;链霉素 0.02~0.05g/ml,阳极导入。治疗时电流密度0.1~0.2mA/cm^2,每次 20 分钟,每日 1 次。使用青霉素、链霉素前必须做皮试,阴性后方可进行治疗。

2）药物及手术治疗:病灶局部可外敷药物治疗。若有发热、头痛、周身不适等全身症状,面部疖或并发急性淋巴结炎、淋巴管炎时,可选用敏感抗菌药物治疗。局部化脓时及早排脓或做切开引流。糖尿病患者应给予降糖药物或胰岛素等相应治疗措施。

3）中医康复疗法:火罐疗法多用于疖、痈早期或帮助排脓;也可选用清热解毒中药方剂等。

2. 急性蜂窝织炎

（1）概述:急性蜂窝织炎(acute cellulitis)是指皮下组织、筋膜下、肌间隙或深部疏松结缔组织的急性化脓性感染。致病菌主要为溶血性链球菌和金黄色葡萄球菌,少数为普通厌氧菌及需氧菌。蜂窝织炎有原发性和继发性两种,后者以伤口感染引起的最为常见。由于受侵组织质地较疏松,病变常扩展较快。病变附近淋巴结肿大,可有全身反应,严重者可发生脓毒症。其临床特征为:表浅的急性蜂窝织炎局部明显红肿、剧痛,病变区与正常皮肤无明显分界,扩展迅速,压痛明显;深部的急性蜂窝织炎局部红肿多不明显,常只有局部水肿和深部压痛,但全身症状剧烈,有高热、寒战、头痛、全身无力等,严重者可有意识改变。邻近病变部位的淋巴结常有肿痛,实验室检查血中白细胞和中性粒细胞计数可增高。

（2）康复治疗

1）物理因子疗法：可选用紫外线、超短波、直流电抗菌药物离子导入疗法、激光疗法等。如炎症已控制、伤口愈合、局部残留硬块，可选用超声波疗法、等幅正弦中频电疗法、蜡疗法、红外线疗法、磁疗法等治疗以促进吸收，防止瘢痕形成。

2）运动疗法：肢体部位，尤其关节附近部位蜂窝织炎时，待炎症控制后，可进行适当的被动、主动活动，预防挛缩和功能障碍。

3）药物及手术治疗：早期蜂窝织炎可外敷药物治疗，同时需应用抗菌药物，根据临床治疗效果或细菌培养与药敏结果指导用药。脓肿形成时应切开引流，口底及颌下急性蜂窝织炎应及早切开减压，以防喉头水肿压迫气管。

3. 丹毒

（1）概述：丹毒（erysipelas）是皮肤淋巴管网的急性感染，好发于下肢与面部。当机体抵抗力下降，有皮肤或黏膜的某种病损，如皮肤损伤、足癣、口腔溃疡等时，β-溶血性链球菌从损伤处侵入皮内网状淋巴管而引起急性感染。病变蔓延较快，常有高热等全身反应，但很少有组织坏死或化脓，引流区域淋巴结肿大，治愈后容易复发。下肢丹毒如反复发作可致淋巴管阻塞、淋巴淤滞，导致淋巴性水肿，表现为肢体肿胀、局部皮肤粗厚，甚至发展成"象皮肿"。其临床特征是起病急，开始即有畏寒、高热、头痛、全身不适等。随后病变局部出现皮肤红疹、色鲜红、微隆起、压之褪色，红疹向外周扩散，界限清楚。局部有烧灼样疼痛，有时红肿区有水疱。附近淋巴结常肿大、有压痛，但皮肤和淋巴结少见化脓破溃，病情加重时可出现脓毒症。实验室检查血中白细胞和中性粒细胞计数可增高。

（2）康复治疗

1）一般治疗：卧床休息，抬高患肢。与患处接触的物品均需消毒，注意防止接触性传染。注意皮肤清洁，及时处理小创口。与丹毒相关的足癣、溃疡等应积极治疗以避免复发。

2）物理因子疗法：①紫外线疗法：病灶局部一般使用Ⅲ～Ⅳ级红斑量照射，照射面积应包括周围正常皮肤4～6cm。根据红斑反应情况，每次加1～2MED，每日或隔日1次。紫外线疗法与超短波疗法联合应用效果更好。②超短波疗法：请参考"疖和痈"的康复治疗方法。③微波疗法：请参考"疖和痈"的康复治疗方法。④直流电抗菌药物离子导入疗法：病灶局部用青霉素或庆大霉素等抗菌药物进行离子导入，多用于后期。请参考"疖和痈"的康复治疗方法。⑤激光疗法：请参考"疖和痈"的康复治疗方法。⑥红外线疗法：适用于全身和局部症状消失后，可预防复发。病灶局部照射，每次20分钟，每日1次。⑦超声波疗法：适用于病变后期病灶局部有硬结者。声头置于肢体硬结部位，接触移动法，剂量0.75～1.2W/cm²，每次8～10分钟，每日1次。⑧压力疗法：适用于慢性丹毒反复发作致肢体淋巴回流障碍导致的淋巴性水肿。

3）药物治疗：局部可以50%硫酸镁液湿敷。全身应用抗菌药物，如青霉素、头孢类等。局部及全身症状消失后，继续用药3～5天，以防复发。

4. 甲沟炎和脓性指头炎

（1）概述：甲沟炎（paronychia）是甲沟及其周围组织的感染，因刺伤或逆剥伤，或因修甲过短、嵌甲所致指甲附近软组织损伤后，细菌经损伤处侵入而引起感染。脓性指头炎(felon)是因指头刺伤或挤压伤致手指末节掌面的皮下化脓性感染,重者可致末节指骨骨髓炎。两者感染的致病菌主要为金黄色葡萄球菌。其临床特征为:①甲沟炎开始先发生在一侧甲沟皮下,出现红肿、疼痛。若病变发展,则疼痛加剧,红肿区内有波动感。炎症可蔓延至甲根或对侧甲沟,形成甲下脓肿,在指甲下可见白色脓点,但不易破溃出脓,偶有全身症状。②脓性指头炎初起指头有针刺样疼痛,轻度肿胀。继而指头肿胀加重,形似"蛇头状",有剧烈的跳痛,手下垂时加重,轻触即产生剧痛,局部波动感不明显。感染加重时,神经末梢因受压和营养障碍而麻痹,指头疼痛反而减轻,皮色由红转白,可有发热、周身不适等全身症状。实验室检查血中白细胞和中性粒细胞计数可增高,重症患者 X 线检查可显示末节指骨骨髓炎的表现及死骨形成。

(2)康复治疗

1)一般治疗:早期抬高患手、制动,充分休息。已化脓者宜拔除指甲并充分引流。

2)物理因子疗法:可选用下列疗法进行治疗:①紫外线疗法:中心重叠照射法,病灶局部用Ⅳ级红斑量照射,周围正常皮肤可用Ⅰ～Ⅱ级红斑量照射,每日或隔日 1 次。如切开引流,视伤口情况决定紫外线剂量(请参考"疖和痈"的康复治疗方法)。紫外线疗法与超短波疗法联合应用效果更好。②超短波疗法:请参考"疖和痈"的康复治疗方法。③微波疗法:请参考"疖和痈"的康复治疗方法。

3)运动疗法:感染控制后,应立即开始被动或主动运动训练,防止指关节强直,以保证关节功能正常。

4)药物及手术治疗:早期局部可选用外敷药物治疗。如果症状重或出现全身症状,需同时用抗菌药物治疗。形成脓肿时应行手术切开引流。

5. 急性乳腺炎

(1)概述:急性乳腺炎(acute mastitis)是乳腺组织的急性化脓性炎症。患者多是产后哺乳期妇女,尤以初产妇更为多见,发病多在产后 3~4 周。在产后全身抵抗力下降的情况下,有乳汁淤积或乳头破损时,给入侵的细菌生长繁殖创造了环境,导致乳腺炎的发生。主要致病菌为金黄色葡萄球菌。临床分为三个时期:①乳汁淤积期:发病早期,患乳肿胀疼痛,局部红肿、发热,有压痛的硬块,常伴有畏寒、高热等全身症状。②浸润期:炎症继续发展,乳房肿块增大,疼痛呈搏动性,压痛明显,可伴有患侧腋下淋巴结肿大、触痛。③脓肿形成期:炎症在数天内局限而形成脓肿,可触及波动感,脓肿可以是单房或多房性。表浅脓肿可向外破溃,或穿入乳管自乳头排出脓液;深部脓肿可向乳房后部疏松组织内破溃,形成乳房后脓肿。感染严重者可并发脓毒症。实验室检查血中白细胞和中性粒细胞计数可增高。如脓肿形成,超声检查可见液性暗区,穿刺可抽出脓液。

(2)康复治疗

1)一般治疗:患侧乳房停止哺乳,用乳罩托起乳房,用吸乳器吸尽乳汁,避免挤压。乳头有破损或皲裂要及时治疗,同时注意婴儿口腔卫生。

2)物理因子疗法:首先,乳汁淤积期可选用下列疗法进行治疗:①超短波疗法:病灶部位,单极法或对置法,无热量,每次 8～10 分钟,每日 1～2 次。②超声波疗法:病灶部位,接触移动法,0.5～1.2W/cm²,每次 8～10 分钟,每日 1～2 次。③紫外线疗法:患侧整个乳房照射(乳头应遮盖),Ⅱ～Ⅲ级红斑量照射,每日或隔日 1 次。④激光疗法:

可选用 He-Ne 激光或半导体激光。⑤直流电镁离子导入疗法:5%镁离子阳极导入,电流密度 0.1mA/cm² ,每次 15~20 分钟,每日 1 次。⑥按摩疗法:以柔和手法,用手掌按摩乳房,促进淤积的乳汁排出或消散,每日 3~4 次。

其次,浸润期可选用下列疗法进行治疗:①超短波疗法:病灶部位,单极法或对置法,无热量至微热量,每次 12~15 分钟,每日 1 次。②紫外线疗法:同乳汁淤积期。③直流电抗菌药物离子导入疗法:根据不同的菌种选用相应的抗菌药物。电极置于乳房患处,加抗菌药物,另一电极置于肩胛间区,每次 20 分钟,每日 1 次。④激光疗法:可选用 He-Ne 激光或半导体激光。

最后,脓肿形成期的患者在脓肿切开后次日即可开始治疗以促进伤口愈合。可选用下列疗法进行治疗:①超短波疗法:病灶部位,单极法或对置法,微热量,每次 12~15 分钟,每日 1 次。②紫外线疗法:开始创口坏死组织多,可用Ⅱ~Ⅲ级红斑量照射患侧整个乳房(乳头应遮盖),待坏死组织脱落、肉芽组织开始生长时,逐渐降低为Ⅰ级红斑量或亚红斑量,每日或隔日 1 次。③红外线疗法:适用于创口脓性分泌物已显著减少时。可促进肉芽组织生长,加速创口愈合。病灶部位照射,每次 20 分钟,每日 1 次。

3)药物及手术治疗:根据细菌培养结果和药敏结果指导选用抗菌药物。脓肿形成后,应及时切开引流。

6. 化脓性关节炎

(1)概述:化脓性关节炎(suppurative arthritis)是由化脓性细菌所引起的关节内化脓性感染,多见于儿童,发病部位多为髋关节和膝关节。最常见的致病菌为金黄色葡萄球菌,血行感染较多见。化脓性关节炎的病变发展过程可分成三个阶段:浆液性渗出期、浆液纤维素性渗出期和脓性渗出期。其临床特征为:急性发病,寒战、高热,甚至出现谵妄与昏迷。受累关节迅速出现剧痛与功能障碍,关节多处于屈曲畸形位。病变关节有红、肿、热、压痛,膝关节浮髌试验可为阳性。实验室检查血中白细胞和中性粒细胞计数增高。关节液涂片检查可发现大量白细胞和细菌。X 线检查早期可见关节周围软组织肿胀的阴影,关节间隙稍增宽;随后出现骨质疏松、关节软骨破坏、关节间隙变窄;继之软骨下骨质破坏、增生、硬化;晚期关节挛缩畸形,关节间隙狭窄或消失,发生纤维性或骨性强直。

(2)康复治疗

1)制动:急性期采用石膏、夹板或牵引等方法限制患肢活动以减少感染扩散;减轻对关节软骨面的压力,减少软骨破坏;减轻肌肉痉挛及疼痛,防止畸形及病理性脱位。

2)物理因子疗法:①超短波疗法:患病关节局部,对置法,急性期无热量,炎症消退后采用微热量,每次 8~15 分钟,每日 1~2 次。②直流电抗菌药物离子导入疗法:选用青霉素、链霉素(皮试阴性后方可使用)、庆大霉素等,患病关节区导入。请参考"疖和痈"的康复治疗方法。③热疗法:适用于炎症已基本消退,但仍有疼痛及关节功能障碍者。常用蜡疗法、红外线疗法等,配合运动疗法则效果更佳。

3)运动疗法:为防止关节内粘连,改善关节功能,在对病变关节进行有效的局部治疗后,即可将肢体置于关节持续被动活动器(CPM)上做 24 小时持续性被动运动。

局部炎症消退后应尽早开始主动运动,以改善关节活动度、增强肌力。如局部仍有肿胀,运动量可小一些,随着病情的好转可增加运动量。应用牵引方法可防止或矫正关节挛缩畸形,操作时手法应轻柔,以免引起炎症复发或其他并发症。

4)药物及手术治疗:早期、足量、全身应用抗菌药物。根据病情行关节腔内注射抗菌药物、经关节镜灌洗、关节腔持续性灌洗、关节切开引流等。后期如出现关节畸形经功能训练无效者,可行矫形手术。手术后尽早进行康复治疗。

7. 伤口感染

(1)概述:伤口感染多于割伤、刺伤、擦伤、裂伤、咬伤及手术等开放性损伤后因细菌的侵入而发生。伤口感染持续越久,所遗留的瘢痕往往越肥厚,尤其关节部位,会导致局部功能障碍。其临床特征为:皮肤或黏膜有缺损,局部疼痛,皮肤红、热。伤口处红肿,可触及浸润性硬块并有压痛。重者伴有低热、寒战等全身症状。实验室检查血中白细胞及中性粒细胞计数可正常或增高。

(2)康复治疗

1)物理因子疗法:①紫外线疗法:开始用Ⅰ级红斑量在病灶局部照射,每日 1 次。如分泌物较多,创面不干净,可用Ⅱ~Ⅲ级红斑量局部照射。如伤口创面新鲜,可用亚红斑量局部照射,每次增加 1/2~1MED,每日 1 次。②超短波疗法:病灶局部,对置法,根据病情采用无热量至微热量,每次 10~15 分钟,每日 1 次。③微波疗法:辐射器照射病灶局部,根据病情采用无热量至微热量,每次 10~15 分钟,每日 1 次。④伤口愈合后,如局部有瘢痕增生、硬结,可采用等幅正弦中频电疗法、超声波疗法、磁疗法、红外线疗法、蜡疗法等治疗。

2)药物治疗:根据病情可局部或全身应用抗菌药物。

第十一节　性功能障碍

性功能是生活质量必要且重要的组成部分。性功能障碍包括男性性功能障碍和女性性功能障碍。性功能障碍往往会造成性生活的不和谐,甚至导致婚姻家庭的破裂,为此积极开展性功能障碍的康复工作,恢复夫妻之间性生活,对促进家庭和谐、社会稳定具有重要意义。

一、概述

(一)定义

性功能障碍是指性反应周期的某一阶段或某几个阶段发生异常而影响性生活正常进行的一类疾病。症状常表现为无性欲、性欲低下、性厌恶、性欲亢进等。

(二)流行病学

性功能障碍的发病率较高,不可忽视。性功能障碍不仅导致患者丧失自尊,还可导致夫妻双方的生活质量下降。性功能障碍不是男性独有的,女性亦有性功能障碍。相比男性而言,对女性性功能障碍的认识较晚。尽管性功能障碍是一个普遍性的健康问题,但由于性问题的敏感性及评估标准的不同,故尚无大样本的流行病学研究。有文献研究表明女性性功能障碍的发病率约为 26%~60%,高于男性性功能障碍发病率。美国的调查中,被调查的 18~60 岁女性约有 1/3 声称对性不感兴趣。性功能障

碍随着年龄增加发病率升高,40%~45%的成年女性和20%的成年男性有至少一种明显的性功能障碍。

(三)病因及发病机制

1. 病因

(1)生物因素:性功能障碍可能由年龄、遗传、精神心理、社会因素、健康状况、激素水平、疾病(包括慢性病、神经精神系统疾患、内分泌疾病、生殖器官疾病)等多种原因所引起。其中精神心理因素对性功能的影响比较突出,包括错误的性观念、过去性经历的影响,人际关系紧张和各种外界因素所造成的负性情绪等。

(2)药物因素:能改变病患精神状态、神经传导、生殖系统及性激素水平的药物都有可能导致性欲减退和性功能低下,这类药物主要有抗高血压药、抗胆碱药、抗抑郁药、镇静药、抗惊厥药及激素等。

1)抗高血压药:尤其是肾上腺素能受体阻滞剂,有降低性欲、抑制射精功能和导致勃起功能障碍的副作用。也可以使女性性欲降低。

2)抗胆碱药:因抑制副交感神经,可使阴茎血管的调节功能受到影响而不能反射性充血,也不能维持阴茎勃起。女性可以发生阴道渗出液减少和性欲减退。

3)抗抑郁药:氯米帕明、阿米替林等均可造成男性射精障碍和勃起功能障碍。

4)镇静药:如地西泮,有镇静、抗焦虑以及肌肉松弛的作用,同时也有降低性欲的作用,大剂量服用可导致勃起功能障碍。

5)抗惊厥药:如巴比妥类,可导致性欲减退和男性勃起功能障碍。

6)激素:如果长期应用,可影响性功能,甚至可以抑制精子生成。女性可引起性欲减退、不孕症等。

2. 发病机制　性功能障碍的临床表现很多,其发病机制也各有不同。正常的性活动必须依赖健全的性功能中枢进行传导、激素的调节等。性活动与心理、血管、性器官等密切相关。如某些功能性或器质性的原因引起大脑性唤起或传导功能障碍则会出现勃起功能障碍、性欲障碍等。而内分泌功能紊乱则会引起性激素的不足,临床上可表现为性欲低下、阳痿等。

(四)临床特征

1. 男性性功能障碍的特征

(1)勃起功能障碍(erectile dysfunction,ED):旧称"阳痿",主要表现为持久地丧失插入阴道的能力和(或)不能维持阴茎的硬度至射精。

(2)性欲障碍:包括性欲低下、性欲亢进。

1)性欲低下:主要表现为持续性或反复出现对性行为的性幻想及性欲不足或缺乏,导致明显的压抑或人际关系困难。

2)性欲障碍性亢进:表现为难以抑制的性冲动,如过度强迫的性行为(过度手淫和乱交)、纵欲(性发泄对象可以是人或其他可以满足性欲的物体)并伴随情感障碍、性冲动难以控制。

(3)射精功能障碍:包括早泄、射精延迟或不射精、射精痛。

1)早泄:主要表现为在插入阴道前、插入时或插入后不久即射精,一般在2分钟内,可造成患者本人或其配偶在精神心理上的不适。

2)无射精或射精延迟:表现为患者有性欲,并能够产生有效的勃起,在性交的过程中缺乏射精的动作和性高潮,或在长时间的性刺激下才能发生射精甚至不射精。

3)射精时疼痛:临床主要表现为持久或反复出现的射精过程中或射精后的生殖器痛,临床上除心理压力因素外难以找到与之相关的确切病因。

(4)性高潮障碍:男性性高潮障碍表现为持久或反复出现性活动期间正常性兴奋后的高潮延迟或缺失。

(5)阴茎勃起后的迟缓障碍:阴茎持续勃起症是指勃起时间延长(超过4小时)、阴茎勃起伴极度疼痛、无性欲,且多由性刺激引起。

2. 女性性功能障碍的临床特征

(1)性欲望障碍:持续性或间断性发生的性幻想和性欲低下或缺乏,引起患者痛苦,性生活被动,害怕甚至拒绝配偶的性接触。

(2)性唤起障碍:持续性或间断性发生不能获得和维持足够的性兴奋,并导致患者痛苦。表现为缺乏主观性兴奋或缺乏性器官反应、躯体其他部分的性反应。性唤起障碍包括阴道的湿润不足或干涩、阴蒂及阴唇的敏感性下降、阴蒂和阴唇充血降低、阴道平滑肌不松弛。

(3)性高潮障碍:在经过足够的性刺激和性唤起后,发生持续性或反复发生的达到性高潮困难、延迟或根本没有性高潮的出现,引起患者痛苦。

(4)性交痛:泛指在性交时伴有的急性或反复发生的生殖器后盆腔的疼痛。性交痛的特点是性交时经常伴有下腹疼痛,且反复发作,往往性交后数小时疼痛仍不能消失,有时不得不拒绝性交。

(5)阴道痉挛:反复发作或持续存在的阴道外1/3平滑肌不自主地发生痉挛性收缩,使阴茎的插入受阻。

(6)非接触式性交疼痛:由非直接性交刺激引起的反复发作或持续存在的生殖器疼痛。

二、康复评定

性功能障碍不仅是医学问题,而且涉及婚姻、家庭、道德观念等社会问题。性功能障碍的评估不仅需要对性功能障碍的解剖和生理基础有全面的了解,还应收集和分析患者的病史、心理学病史、性生活史等,这对性功能障碍的评定具有重要意义。

(一)男性性功能障碍的评定

1. 内分泌检查　性腺功能低下无论是原发性还是继发性,都是引起性功能障碍的重要的内分泌原因。若患者性欲低下、第二性征减少、发育障碍,出现嗅觉丧失症、头痛、视力障碍,有药物摄入或查体发现性腺功能低下或雄激素抵抗,如异常第二性征、睾丸形态较小或睾丸质地异常时,应检测患者的血清睾酮。

2. 血管检查

(1)阴茎肱动脉血压指数(penile brachial index,PBI):将阴茎动脉血压与肱动脉血压比较可测得,检测值>0.7为正常,小于此值就表示阴茎供血不足。

(2)彩色多普勒超声仪检查:是利用高频探头显示阴茎海绵体、尿道海绵体及白膜的实时成像,探测阴茎的血流动力学改变。

（3）阴部内动脉造影：经股动脉穿刺插入导管，到达髂内动脉，注入造影剂，观察阴部内动脉及分支的供血情况。

（4）阴茎海绵体造影：将造影剂直接注入阴茎海绵体内，同时拍 X 线片，可见静脉及回流情况，从而诊断有无静脉漏存在。

3. 神经病学检查

（1）确定患者运动神经中枢损害程度、腱反射变化、括约肌有无松弛；触觉或针刺觉有无下降，尤其对生殖器部位应重点检查；用酒精棉签测试阴茎的温度觉；挤压龟头应该引出球海绵体反射，同时可观察肛门外括约肌或者球海绵体肌的收缩情况，70%的正常男性可引起该反射，更为敏感的阴茎震动知觉阈值试验可以确认球海绵体反射。

（2）海绵体肌电图可直接评价控制血管舒缩的自主神经的整体功能。

（3）尿道直肠反射潜伏期测定：可反映自主神经和躯体神经反射弧的结合关系。

（4）阴部诱发电位：可评价阴茎背神经经脊髓到大脑生殖投射区的神经传导通路的功能状态。

4. 特殊检查

（1）阴茎夜间勃起硬度测定（nocturnal penile tumescence and rigidity, NPTR）：主要用于鉴别心理性和器质性 ED。正常男性夜间阴茎勃起前提是处于深睡眠时期，次数 3~6 次，需连续观察 2~3 个夜晚，阴茎头硬度大于 60%，且持续 10 分钟为有效的功能性勃起。

（2）视听刺激下阴茎硬度测试（visual stimulation tumescence and rigidity, VSTR）：VSTR 是一种生理性勃起测试，说明患者没有器质性问题。由于个体差异性，该测试没有较好的反应亦不能说明其有器质性 ED。故常适用于对门诊患者进行快速初步诊断及评价患者对药物治疗的反应情况，也可用于观察患者口服 5 型磷酸二酯酶抑制剂（phosphodiesterase-5 inhibitor, PDE5i）后阴茎勃起情况。

（3）阴茎海绵体注射血管活性药物（ICI）试验：ICI 主要用于鉴别血管性、心理性和神经性 ED，一般为前列腺素 E_1 或罂粟碱加酚妥拉明。

5. 运用国际勃起功能评分（IIEF-5）（表 6-12）、男子健康问卷（SHIM）对男性勃起功能障碍进行量化。

表 6-12　国际勃起功能评分（IIEF-5）

项目	0	1	2	3	4	5	得分
1. 对阴茎勃起及维持勃起的信心	没有	很低	低	中等	高	很高	
2. 受到性刺激时，有多少次阴茎能坚挺地插入阴道	无性活动	几乎没有	只有几次	大约一半	大多数时候	几乎每次	
3. 性交时有多少次能在进入阴道后维持勃起	没有	几乎没有	只有几次	大约一半	大多数时候	几乎每次	

续表

项目	0	1	2	3	4	5	得分
4. 性交时保持勃起至性交结束有无困难	没有尝试	非常困难	很困难	有困难	有点困难	没困难	
5. 尝试性交后是否感到满足	没有尝试性交	几乎没有或完全没有	只有几次	大约一半时间	大多数时间	几乎每次或每次	

（二）女性性功能障碍的评定

1. 女性性功能评估缺乏客观评价指标,如果由于器质性病变引起,需要仔细询问病史,详细体格检查,配合必要的实验室检查及相关的辅助检查才能作出诊断。

2. 对患者还需进行心理测试,以了解是否有心理方面的障碍。

3. 运用女性性功能量表(FSFI)对性功能进行评估,包括患者的性交次数、性欲强度、性高潮次数等问题,分数越高,性功能越好。

4. 对所有患者都需要了解是否服用了影响性欲的药物和性功能的药物,了解有无干扰下丘脑-垂体轴功能或导致女性性激素缺陷的疾病或治疗史。

三、康复治疗

从古至今,性都是一个备受关注而敏感的话题。人类的性行为不仅只是生理本能的反应,也是社会、心理等因素相互作用的结果,因此其康复治疗亦应从多方面进行综合康复。

（一）男性性功能障碍的康复

勃起功能障碍是中老年男性多发病,近几年来其治疗的进展比较快,也引起了广泛关注。尽管勃起功能障碍不是一个危及生命的疾病,但是它与患者的日常生活、夫妻关系、家庭稳定和生活质量密切相关。

1. 心理疗法　主要通过以下两个阶段来进行。

（1）第一阶段:通过心理治疗师与夫妻一起探讨所面临的勃起功能障碍,了解病情的过程,给予指导,纠正错误的性观念,改善夫妻关系,重建夫妻间的性交流。

（2）第二阶段:主要介绍性感集中训练方法。性感集中训练要求在良好的环境下进行。保证无人干扰、合适的温度、柔和的光线和轻松的音乐等。

2. 药物疗法　口服药物是治疗勃起功能障碍的一线治疗方法。目前常用的一线口服治疗药物包括西地那非、他达那非和伐地那非,临床效果相似,但各有其特点。

（1）西地那非:它的作用可以使性刺激时成功勃起,西地那非被认为是治疗勃起功能障碍的一线口服药,但其作用较慢,一般服用30分钟后才开始生效。临床应用总体是安全、可靠的,服用西地那非的绝对禁忌证是同时服用硝酸盐类药物,因为两者合用可使血压骤降而发生危险。

（2）他达那非：是一种磷酸二酯酶抑制药（phosphodiesterase，PDEs），它对 PDE-11 的亲和力高于西地那非和伐地那非。

（3）伐地那非：是一种结构和西地那非相似的高价和高选择性口服 PDE-5 抑制药。

3. 局部治疗

（1）血管活性药物阴茎海绵体注射治疗：海绵体内注射药物治疗曾经是勃起功能障碍具有里程碑意义的治疗方法。其机制是通过血管变化诱发阴茎勃起，而无需勃起最初必须有精神神经刺激的限制。常用扩血管药物包括前列腺素 E_1、酚妥拉明、罂粟碱，可以单用，也可联合使用。

（2）负压装置：利用真空泵，其原理是利用真空吸引原理，使阴茎充血胀大达到能性交的硬度后，将缩窄环推至阴茎根部，限制血液回流，去除真空筒后仍能维持其硬度进行性交。真空装置通常是安全的，但主要副作用是造成阴茎瘀斑和阴茎低温。其他可能的副作用包括皮肤溃疡、短暂麻木及蜂窝织炎等。

（3）其他：是将具有血管扩张作用的药物涂在阴茎皮肤、口腔黏膜或做尿道内灌注，药物通过皮肤或黏膜吸收，引起阴茎血管扩张而使阴茎勃起。常用药物有硝酸甘油糊剂、米诺地尔溶液等，前列腺素 E_1 尿道内注射是目前最常用的方法。

4. 中医康复疗法

（1）中药治疗：中医治疗勃起功能障碍的关键在于辨证施治，根据不同的病因病机确定不同的治疗原则。中青年患者实证偏多，情志所伤，湿热浸淫，瘀血阻络是主要病机，治疗主要以疏肝理气，清热利湿，和血通络为主。老年患者，年老体衰以虚证或虚实夹杂证占多数，肾阴阳两虚，心脾两虚，气滞血瘀等较多，治疗以温补下元，滋阴补肾，健脾益胃，养心补血为主。常用方剂有金匮肾气丸、右归丸、柴胡舒肝散、六味地黄丸等。常用药物有枸杞子、菟丝子、淫羊藿、杜仲、肉苁蓉、牛膝等。

（2）针灸治疗：取穴多以任脉、足少阴经为主。一般选取中极、关元、气海、三阴交、肾俞、命门等穴位，以补肾益气，调理任督阴阳之气，再根据辨证配伍相应穴位，采用不同手法。

（3）按摩治疗：患者仰卧，用掌根按神阙穴，以脐下有温热感为宜，手法应柔和而深沉，时间约 3 分钟，再用鱼际按揉气海、关元、中极，每穴各约 2 分钟，然后在气海、关元处用掌摩法治疗约 3 分钟，以小腹部有温热感觉为度。

5. 手术治疗

（1）血管手术：包括阴茎动脉重建术及静脉结扎手术，适用于经特殊检查证实的部分年轻血管性男性性功能障碍患者。

（2）阴茎假体置入：通过阴茎海绵体内手术置入勃起装置，以辅助阴茎勃起完成性交的半永久性治疗方法，适用于各种方法治疗无效的重度男性性功能障碍患者。

知识链接

阴茎假体置入术的适应证

随着假体性能不断完善,选择阴茎假体置入的 ED 患者日渐增多,美国泌尿外科学会已将阴茎假体置入术作为治疗 ED 的标准。中华医学会男科学分会主编的《男科疾病诊疗指南》2007 版中也将阴茎假体置入术作为 ED 的第三线治疗方法。阴茎假体置入术适应证为:①重度器质性 ED 患者,包括根治性前列腺切除术后、骨盆骨折合并后尿道损伤、脊髓损伤所致 ED,严重阴茎硬结症、阴茎海绵体纤维化所致 ED 患者;②对口服药物、海绵体内或尿道内药物注射治疗无效的 ED 患者;③一般情况良好,无全身或泌尿生殖系统急慢性感染患者;④精神心理状态稳定,自愿要求接受手术患者。

（二）女性常见性功能障碍的康复

性功能障碍原因非常复杂,是多种因素共同造成的。对器质性病变引起的性功能障碍如阴道炎症、甲状腺功能低下或性腺功能低下所致者,可针对原发病采用相应的治疗。而多数性功能障碍均是由心理因素所致,故多采用一般治疗、心理、行为等疗法进行治疗。一般治疗主要包括提供正确的性教育、增加性刺激、提供使注意力分散的技巧、鼓励非性交行为、最大程度减少性交不适等。目前,性欲减退已成为所有性功能障碍中较常见和较严重的一种。

1. 心理疗法　通过心理治疗师对性欲减退形成的原因进行深入分析,分析其不合理想法及错误思维方式,作出有针对性的疏导治疗。夫妻双方要共同解决生活中存在的矛盾及冲突,营造良好的伴侣模式,相互之间学会平等、坦诚、尊重,学会如何沟通、交流和配合。相互交流性生活的感受、意见方面的信息。通过共同欣赏音乐、旅游、散步等重温昔日美好时光,增加双方的亲昵感受。

2. 行为疗法　女性训练自己在性生活中的感觉,把注意力集中在性的感觉上。震动器或手淫疗法是常用的治疗手段,通过对性高潮的体验来提高性欲。这些积极的手段有助于增强性欲及建立自信心。

3. 药物疗法

（1）激素治疗

1）雌激素替代治疗可以增加阴蒂的敏感性和性欲,减少性交疼痛,防止骨质疏松及降低心脏病的危险性。

2）绝经后妇女甲基睾酮与雌激素合用可缓解性欲减退、性交痛和阴道干涩。

3）雄激素替代治疗可用于卵巢功能或肾上腺功能不足而雌激素水平正常的患者,但只作为辅助治疗。

（2）西地那非单用或与其他血管活性药物合用,均可有效治疗女性性功能障碍。

4. 盆底肌练习与阴道刺激　适用于器质性导致的女性性功能障碍。女性性功能主要依赖于盆腔血管、神经和肌纤维的正常功能。盆底肌练习和阴道电刺激,可增加盆底的肌力及持久力,有助于性高潮和阴道快感的产生,从而增加自信心,改善性欲及性伴侣的满意度。

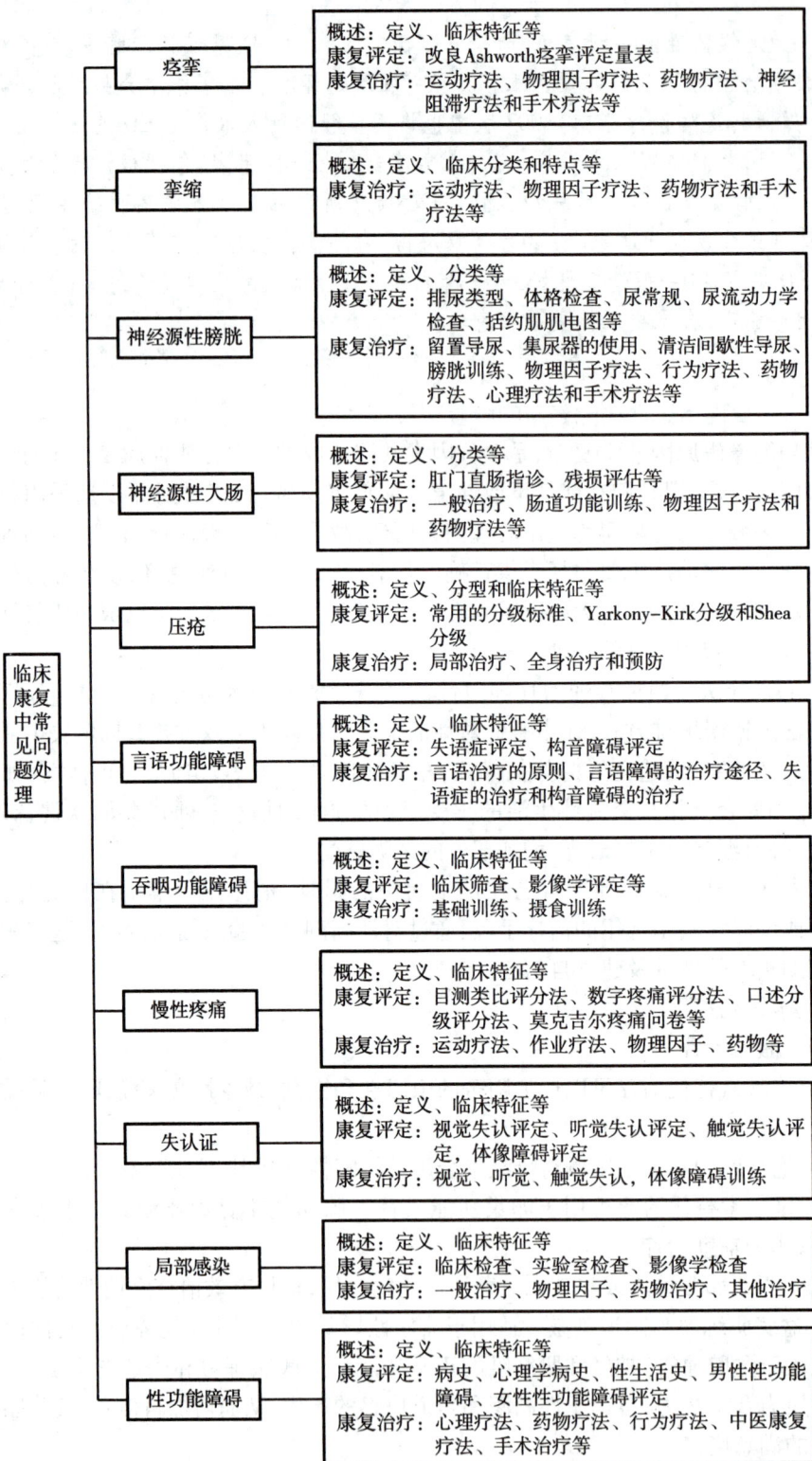

学习小结

1. 学习内容

```
临床康复中常见问题处理
├─ 痉挛
│    概述：定义、临床特征等
│    康复评定：改良Ashworth痉挛评定量表
│    康复治疗：运动疗法、物理因子疗法、药物疗法、神经
│    　　　　　阻滞疗法和手术疗法等
│
├─ 挛缩
│    概述：定义、临床分类和特点等
│    康复治疗：运动疗法、物理因子疗法、药物疗法和手术
│    　　　　　疗法等
│
├─ 神经源性膀胱
│    概述：定义、分类等
│    康复评定：排尿类型、体格检查、尿常规、尿流动力学
│    　　　　　检查、括约肌肌电图等
│    康复治疗：留置导尿、集尿器的使用、清洁间歇性导尿、
│    　　　　　膀胱训练、物理因子疗法、行为疗法、药物
│    　　　　　疗法、心理疗法和手术疗法等
│
├─ 神经源性大肠
│    概述：定义、分类等
│    康复评定：肛门直肠指诊、残损评估等
│    康复治疗：一般治疗、肠道功能训练、物理因子疗法和
│    　　　　　药物疗法等
│
├─ 压疮
│    概述：定义、分型和临床特征等
│    康复评定：常用的分级标准、Yarkony-Kirk分级和Shea
│    　　　　　分级
│    康复治疗：局部治疗、全身治疗和预防
│
├─ 言语功能障碍
│    概述：定义、临床特征等
│    康复评定：失语症评定、构音障碍评定
│    康复治疗：言语治疗的原则、言语障碍的治疗途径、失
│    　　　　　语症的治疗和构音障碍的治疗
│
├─ 吞咽功能障碍
│    概述：定义、临床特征等
│    康复评定：临床筛查、影像学评定等
│    康复治疗：基础训练、摄食训练
│
├─ 慢性疼痛
│    概述：定义、临床特征等
│    康复评定：目测类比评分法、数字疼痛评分法、口述分
│    　　　　　级评分法、莫克吉尔疼痛问卷等
│    康复治疗：运动疗法、作业疗法、物理因子、药物等
│
├─ 失认证
│    概述：定义、临床特征等
│    康复评定：视觉失认评定、听觉失认评定、触觉失认评
│    　　　　　定，体像障碍评定
│    康复治疗：视觉、听觉、触觉失认，体像障碍训练
│
├─ 局部感染
│    概述：定义、临床特征等
│    康复评定：临床检查、实验室检查、影像学检查
│    康复治疗：一般治疗、物理因子、药物治疗、其他治疗
│
└─ 性功能障碍
     概述：定义、临床特征等
     康复评定：病史、心理学病史、性生活史、男性性功能
     　　　　　障碍、女性性功能障碍评定
     康复治疗：心理疗法、药物疗法、行为疗法、中医康复
     　　　　　疗法、手术治疗等
```

2. 学习方法

（1）临床康复常见问题的处理与前面的相关章节联系较为紧密，多为相关疾病伴随的症状或并发症等，学习时应承前启后，在熟悉相关疾病康复的基础上，才能更好地把握这一章。

（2）学习本章还要注意，一些病症可能在同一疾病的某个时期同时出现，也可能在这个疾病的不同时期出现。如痉挛、神经源性膀胱、压疮、言语功能障碍、吞咽功能障碍和失认症等都可能在脑卒中后出现，它们可能有共同的病因，但临床特征、发病机制不同，康复评定和康复方法也不同，但之间又有所联系，应注意区分和融会贯通。

（3）痉挛、挛缩和慢性疼痛三者关联度比较大，学习要前后联系，更好地理解和掌握相关康复评定和治疗技术。

（4）言语功能障碍包括失语症和构音障碍，是本章相对比较难掌握的知识点，对于失语症，主要从言语表达、听觉理解、阅读理解、书写等方面进行评定，围绕不同的功能障碍问题进行相应的康复治疗；对于构音障碍主要从构音器官和构音两方面进行评定，掌握常用的 Frenchay 构音障碍评定法，熟练采用相应的技术对患者进行康复治疗。

（冯晓东　崔银洁　齐素萍　钟建国　杨俊兴　王鹏琴）

复习思考题

1. 临床康复中如何处理痉挛问题？
2. 简述关节挛缩的定义及常见原因。
3. 简述常见神经源性膀胱的分类方法及临床特征。
4. 神经源性大肠的治疗方法有哪些？
5. 试述如何预防压疮。
6. 失语症 Schuell 刺激疗法的基本原则有哪些？
7. 吞咽功能障碍患者康复治疗中摄食训练包括哪些内容？
8. 慢性疼痛的影响因素有哪些？治疗目标是什么？
9. 什么是失认症？简述失认症的几种分类。
10. 局部感染治疗中，如何选择紫外线的治疗剂量？
11. 简述女性常见性功能障碍的原因及康复方法。

主要参考书目

1. 陈立典,吴毅.临床疾病康复学[M].北京:科学出版社,2010.

2. 励建安,黄晓琳.康复医学[M].北京:人民卫生出版社,2016.

3. 倪朝民.神经康复学[M].第2版.北京:人民卫生出版社,2012.

4. 唐强,张安仁.临床康复学[M].北京:人民卫生出版社,2012.

5. 张长杰.肌肉骨骼康复学.[M].第2版.北京:人民卫生出版社,2013.

6. 何成奇.内外科疾病康复学.[M].第2版.北京:人民卫生出版社,2013

7. 王玉龙.康复功能评定学.[M].第2版.北京:人民卫生出版社,2013

8. 黄晓琳,燕铁斌.康复医学[M].第5版.北京:人民卫生出版社,2013.

9. 燕铁斌.康复护理学[M].北京:人民卫生出版社,2012.

10. 赵辉三.假肢与矫形学.[M].第2版.北京:华夏出版社,2013

11. 那彦群.叶章群.中国泌尿外科疾病诊断治疗指南(2014版)[M].北京:人民卫生出版社,2014.

12. 冯晓东.实用康复治疗学[M].北京:人民军医出版社,2012.

13. 高崇荣.神经病理性疼痛学[M].北京:人民卫生出版社,2013.

14. 陈孝平,汪建平.外科学[M].第8版.北京:人民卫生出版社,2013.

15. 郭政.王国年.疼痛诊疗学[M].第4版.北京:人民卫生出版社,2016.

16. 刘延青.崔健君.实用疼痛学[M].北京:人民卫生出版社,2013.

17. 葛均波.徐永健.内科学[M].第8版.北京:人民卫生出版社,2013.

18. 李玉林.病理学[M].第7版.北京:人民卫生出版社,2013.

19. Dawn A.Marcus,MD.慢性疼痛临床诊疗指南[M].倪家骧,孙海燕,薛富善译.北京:人民卫生出版社,2007.

20. 于长隆.骨科康复学[M].北京:人民卫生出版社,2010.

21. 吴江.神经病学[M].北京:人民卫生出版社,2010.

22. 卫芳盈.病症康复学[M].北京:高等教育出版社,2010.

23. 朱红华.康复心理学[M].上海.复旦大学出版社,2009.

24. 陈忠.崔喆.神经源性膀胱[M].北京:人民卫生出版社,2009.

25. 王茂斌.神经康复学[M].北京:人民卫生出版社,2009.

26. Kandeel.F.R.男性性功能障碍病理生理与治疗学[M].王明晓,钟伟译.北京:人民卫生出版社,2009.

27. 柚木馥.白崎研司.发育障碍儿童诊断与训练指导[M].王宁译.北京:华夏出版社,2008.

28. 卓大宏.中国康复医学[M].第2版.北京:华夏出版社,2004.

29. 范振华.周士枋.实用康复医学[M].南京:东南大学出版社,2002.

全国中医药高等教育教学辅导用书推荐书目

一、中医经典白话解系列

黄帝内经素问白话解(第2版)	王洪图	贺娟
黄帝内经灵枢白话解(第2版)	王洪图	贺娟
汤头歌诀白话解(第6版)	李庆业	高琳等
药性歌括四百味白话解(第7版)	高学敏等	
药性赋白话解(第4版)	高学敏等	
长沙方歌括白话解(第3版)	聂惠民	傅延龄等
医学三字经白话解(第4版)	高学敏等	
濒湖脉学白话解(第5版)	刘文龙等	
金匮方歌括白话解(第3版)	尉中民等	
针灸经络腧穴歌诀白话解(第3版)	谷世喆等	
温病条辨白话解	浙江中医药大学	
医宗金鉴·外科心法要诀白话解	陈培丰	
医宗金鉴·杂病心法要诀白话解	史亦谦	
医宗金鉴·妇科心法要诀白话解	钱俊华	
医宗金鉴·四诊心法要诀白话解	何任等	
医宗金鉴·幼科心法要诀白话解	刘弼臣	
医宗金鉴·伤寒心法要诀白话解	郝万山	

二、中医基础临床学科图表解丛书

中医基础理论图表解(第3版)	周学胜
中医诊断学图表解(第2版)	陈家旭
中药学图表解(第2版)	钟赣生
方剂学图表解(第2版)	李庆业等
针灸学图表解(第2版)	赵吉平
伤寒论图表解(第2版)	李心机
温病学图表解(第2版)	杨进
内经选读图表解(第2版)	孙桐等
中医儿科学图表解	郁晓微
中医伤科学图表解	周临东
中医妇科学图表解	谈勇
中医内科学图表解	汪悦

三、中医名家名师讲稿系列

张伯讷中医学基础讲稿	李其忠
印会河中医学基础讲稿	印会河
李德新中医基础理论讲稿	李德新
程士德中医基础学讲稿	郭霞珍
刘燕池中医基础理论讲稿	刘燕池
任应秋《内经》研习拓导讲稿	任廷革
王洪图内经讲稿	王洪图
凌耀星内经讲稿	凌耀星
孟景春内经讲稿	吴颢昕
王庆其内经讲稿	王庆其
刘渡舟伤寒论讲稿	王庆国
陈亦人伤寒论讲稿	王兴华等
李培生伤寒论讲稿	李家庚
郝万山伤寒论讲稿	郝万山
张家礼金匮要略讲稿	张家礼
连建伟金匮要略方论讲稿	连建伟

书名	作者	
李今庸金匮要略讲稿	李今庸	
金寿山温病学讲稿	李其忠	
孟澍江温病学讲稿	杨进	
张之文温病学讲稿	张之文	
王灿晖温病学讲稿	王灿晖	
刘景源温病学讲稿	刘景源	
颜正华中药学讲稿	颜正华	张济中
张廷模临床中药学讲稿	张廷模	
常章富临床中药学讲稿	常章富	
邓中甲方剂学讲稿	邓中甲	
费兆馥中医诊断学讲稿	费兆馥	
杨长森针灸学讲稿	杨长森	
罗元恺妇科学讲稿	罗颂平	
任应秋中医各家学说讲稿	任廷革	

四、中医药学高级丛书

中医药学高级丛书——中药学(上下)(第2版)	高学敏	钟赣生
中医药学高级丛书——中医急诊学	姜良铎	
中医药学高级丛书——金匮要略(第2版)	陈纪藩	
中医药学高级丛书——医古文(第2版)	段逸山	
中医药学高级丛书——针灸治疗学(第2版)	石学敏	
中医药学高级丛书——温病学(第2版)	彭胜权等	
中医药学高级丛书——中医妇产科学(上下)(第2版)	刘敏如等	
中医药学高级丛书——伤寒论(第2版)	熊曼琪	
中医药学高级丛书——针灸学(第2版)	孙国杰	
中医药学高级丛书——中医外科学(第2版)	谭新华	
中医药学高级丛书——内经(第2版)	王洪图	
中医药学高级丛书——方剂学(上下)(第2版)	李飞	
中医药学高级丛书——中医基础理论(第2版)	李德新	刘燕池
中医药学高级丛书——中医眼科学(第2版)	李传课	
中医药学高级丛书——中医诊断学(第2版)	朱文锋等	
中医药学高级丛书——中医儿科学(第2版)	汪受传	
中医药学高级丛书——中药炮制学(第2版)	叶定江等	
中医药学高级丛书——中药药理学(第2版)	沈映君	
中医药学高级丛书——中医耳鼻咽喉口腔科学(第2版)	王永钦	
中医药学高级丛书——中医内科学(第2版)	王永炎等